Roy Hay und Patrick M. Synge

Das große Blumenbuch

Pflanzenlexikon
der Garten- und Hauspflanzen
mit 2048 Farbfotos

Deutsche Bearbeitung von
Achim Herklotz und Peter Menzel

4. Auflage

Verlag Eugen Ulmer Stuttgart

CIP-Kurztitelaufnahme der Deutschen Bibliothek

Das große Blumenbuch: Pflanzenlexikon d. Garten- u. Hauspflanzen / Roy Hay u. Patrick M. Synge. Dt. Bearb. von Achim Herklotz u. Peter Menzel. – 4. Aufl. – Stuttgart: Ulmer, 1979
Einheitssacht.: The dictionary of garden plants in colour with house and greenhouse plants (dt.)
ISBN 3-8001-6100-1

NE: Hay, Roy (Hrsg.); Herklotz, Achim (Bearb.); EST

Titel der englischen Originalausgabe:
The Dictionary of Garden Plants in colour with House and Greenhouse Plants
Published in collaboration with The Royal Horticultural Society
Satz: Ungeheuer & Ulmer KG, Ludwigsburg
Druck und Bindung: Passavia Druckerei GmbH Passau

Inhalt

Vorwort

Als der Verlag Eugen Ulmer sich an uns wandte, die deutsche Ausgabe des von Roy Hay und Patrick M. Synge geschriebenen „Dictionary of Garden Plants“ zu übernehmen, hatten wir zunächst einige Bedenken, und zwar aus folgenden Gründen:

Bei der riesigen Mannigfaltigkeit des Pflanzenreiches wird eine Auswahl stets subjektiv sein, selbst wenn gewisse Maßstäbe angelegt werden, etwa das Pflanzensortiment, das vom Gartenbau angeboten wird. Es bleibt somit nicht aus, daß mancher Leser bestimmte Pflanzen, mit denen er vertraut ist, nicht in diesem Buch findet.

Die Sortimente sind von Land zu Land verschieden, in der Regel um so mehr, je mehr die Klimate der Länder voneinander verschieden sind. So können in den milden westlichen Gebieten Großbritanniens viele Pflanzen, die unsere deutschen Winter nicht überstehen, das ganze Jahr hindurch im Freien bleiben. Beispiele dafür sind *Arbutus, Eucalyptus,* manche Palmen, die bei uns unter Glas überwintert werden müssen und nur im Sommer im Freien stehen können.

Dazu kommt, daß durch rege Sammlertätigkeit von Angehörigen des British Commonwealth ein starker Zustrom von Pflanzen ferner Länder nach Großbritannien erfolgte, wo seit langem eingerichtete Institutionen die Bewahrung und Erweiterung der Sortimente übernahmen. Daher sind manche Pflanzen in diesem Buch abgebildet, die bei uns nur mit Mühe oder gar nicht zu bekommen sind.

Andererseits sind manche Pflanzen nicht abgebildet, die bei uns eine bedeutende Rolle spielen und weithin bekannt sind, z. B. *Kalanchoe blossfeldiana* (Flammendes Käthchen).

Für deutsche Verhältnisse müßte die Bildzusammenstellung also eigentlich etwas anders aussehen. Die Farbtafeln der englischen Ausgabe mußten aber aus verlags- und drucktechnischen Gründen mit Ausnahme der Bildunterschriften ohne Änderung übernommen werden.

Wenn wir uns trotzdem entschlossen haben, die Bearbeitung der deutschen Ausgabe zu übernehmen, dann aus der Überlegung heraus, daß ein Buch mit über 2000 farbigen Abbildungen von Pflanzen doch etwas Seltenes ist und die Pflanzenliebhaberei fördert.

Herr Dr. h. c. Fritz Encke hat sich die große Mühe gemacht, unser Manuskript kritisch durchzusehen und manchen Fehler zu korrigieren. Wir sind ihm dafür sehr dankbar. Das Verzeichnis von Autoren der Pflanzennamen (Seite 358–371) beruht auf dem von Herrn Dr. Encke für die 10. Auflage des „Zander, Handwörterbuch der Pflanzennamen“ verfaßten Manuskript.

Hannover und Niederzissen, Frühjahr 1971

Achim Herklotz und Peter Menzel

Das große Blumenbuch

Erläuterungen

Gliederung des Bild- und Textteils

Der *Bildteil* ist gegliedert in 8 Gruppen, innerhalb derer die Gattungen alphabetisch angeordnet sind (wo die alphabetische Ordnung aufgrund einer nomenklatorischen Berichtigung gegenüber der englischen Ausgabe durchbrochen ist, steht neben dem betreffenden Gattungsnamen das Synonym in Klammern):

1. Alpen- und Steingartenpflanzen
2. Ein- und zweijährige Pflanzen (Sommerblumen)
3. Gewächshaus- und Zimmerpflanzen
4. Winterharte und nicht winterharte Zwiebel- und Knollenpflanzen
5. Stauden
6. Laubgehölze
7. Kletternde Laubgehölze
8. Nadelgehölze

Diese Gruppen sind im Bildteil zur leichteren Orientierung jeweils durch bestimmte Symbole am Kopf der Seiten gekennzeichnet.

Die Bearbeitung der Gruppen 3, 4, 6, 7, 8 übernahm A. Herklotz, die der Gruppen 1, 2, 5 P. Menzel. 64 Gattungen, die in der englischen Ausgabe nicht enthalten sind, bei uns aber eine Rolle spielen, wurden eingefügt, ohne daß indessen Abbildungen gegeben werden konnten.

Im *Textteil* sind alle Gattungen in alphabetischer Reihenfolge angeordnet, innerhalb der Gattungen die Arten ebenfalls. Einige Ausnahmen werden bei umfangreichen Gattungen gemacht, wo eine Gruppierung nach Verwendungsart (z. B. winterhart, nicht winterhart) oder natürlicher Verwandtschaft sinnvoll erscheint.

Einteilung des Pflanzenreichs

Zur besseren Überschaubarkeit erfährt das Pflanzenreich eine hierarchisch aufgebaute Gliederung. Die Maßstäbe sind dabei vor allem Merkmale im Aufbau der Pflanzen (äußerlich und innerlich), aber auch Eigenschaften des Wachstums u. a. Der höchste Oberbegriff ist die Abteilung (z. B. Abteilung Bakterien, Abteilung Pilze, Abteilung Moose, Abteilung Farnpflanzen, Abteilung Nacktsamige Blütenpflanzen, Abteilung Bedecktsamige Blütenpflanzen); insgesamt gibt es 17. In diesem Buch haben wir es nur mit Angehörigen der Abteilungen Farnpflanzen, Nacktsamige Blütenpflanzen (hierher Nadelgehölze) und Bedecktsamige Blütenpflanzen zu tun. Eine Abteilung ist weiter untergliedert in Klassen, diese in Reihen, diese wiederum in Familien. Die Familie ist derjenige Oberbegriff, der in diesem Buch als höchster auftaucht, nämlich als Beifügung zu den Gattungen. Dies geschieht, um Verwandtschaftsverhältnisse aufzuzeigen. Eine Familie besteht wiederum aus Gattungen, welche weiter untergliedert werden in Arten. Beispiel: Familie *Liliaceae* (Familienname). Hierzu gehören unter anderen die Gattungen *Allium, Lilium, Scilla, Tulipa.* Die Gattung *Scilla* (Gattungsname) enthält mehrere Arten, unter anderen *bifolia* (Artname), *sibirica* (Artname). Die Art ist die kleinste natürliche Rangstufe. In ihr wird die Gesamtheit aller Einzelpflanzen zusammengefaßt, deren äußere und – soweit erkennbar – innere Merkmale innerhalb eines gewissen Variationsbereichs genau übereinstimmen.

Durch menschliche Eingriffe (Züchtung), aber auch ohne menschliches Zutun in der freien Natur, ist es zur Bildung noch kleinerer Rangstufen gekommen, nämlich der Sorten (in der Regel durch Züchtung) und der varietates (natürliche Varietäten). Die letzgenannte Bezeichnung wird heute in der wissenschaftlichen Literatur dann verwendet, wenn es sich um abweichende, in der Natur entstandene Sippen handelt. Ob eine abweichende Sippe durch Tätigkeit des Menschen oder ohne diese entstand, ist oft überhaupt nicht klärbar. In diesem Buch werden daher die varietates als Sorten behandelt.

Benennung der Pflanzen und Schreibweise der Namen

Der schwedische Naturforscher Linné veröffentlichte 1753 ein bahnbrechendes Werk über die Klassifizierung des Pflanzenreichs. Er verwendete darin als erster die heute für Pflanzennamen international gebräuchliche Schreibweise, nach der der Name für die kleinste natürliche Sippe (der Art) einer Pflanze grundsätzlich aus zwei Wörtern, und zwar in lateinischer oder latinisierter Form, besteht: dem Gattungsnamen (z. B. *Scilla*) und dem Artnamen (z. B. *sibirica*), also *Scilla sibirica.* In der wissenschaftlichen Literatur wird dazu eine genaue Beschreibung der Merkmale gegeben (nach internationaler Übereinkunft in lateinischer Sprache), die es ermöglicht, diese Art von einer anderen, z. B. *Scilla bifolia* (der ebenfalls eine genaue Beschreibung gegeben wird), anhand bestimmter Merkmale zu unterscheiden. Hinter dem Namen einer Gattung oder Art steht dann in typographisch unterscheidbarer Form der Name einer Person, des Beschreibers oder Autors. Dieser Name kann entweder ausgeschrieben (z. B. Regel) oder abgekürzt (z. B. Andr.) sein. Als Autor gilt diejenige Person, die der Gattung oder Art den Namen gegeben hat und sie zum erstenmal *gültig*, d. h. unter Einhaltung bestimmter international festgelegter Regeln, beschrieben und veröffentlicht hat, z. B. *Scilla sibirica* Andr. Oft ist eine Beschreibung von mehreren Autoren gemeinsam verfaßt worden; dann stehen mehrere Namen hinter dem Pflanzennamen. Des öfteren steht zwischen dem Pflanzennamen und dem Autorennamen noch ein weiterer in Klammern. Damit wird angedeutet, daß die betreffende Pflanze schon einmal beschrieben worden war, doch zu einer anderen Gattung gehörig. Derjenige Autor, der dann später eine Korrektur (Umstellung zu einer anderen Gattung) vornimmt, setzt dann den Namen des früheren Autors in Klammern. Derartige Angaben sind aus Gründen der Genauigkeit unerläßlich; hierüber Einzelheiten mitzuteilen, liegt jedoch außerhalb dieses Buches. Für den geschichtlich und biographisch interessierten Leser ist es aber sicherlich recht reizvoll, über die Personen einiges zu erfahren, die Pflanzen beschrieben haben (siehe das Verzeichnis auf Seite 358).

Pflanzennamen in deutscher und lateinischer Form

Häufig wird den Botanikern und insbesondere den Gärtnern der Vorwurf gemacht, sie würden immer nur die lateinischen Namen verwenden und keine deutschen. Der Sinn der lateinischen Namen ist aber, Verwirrung zu vermeiden und eine bestimmte Pflanze eindeutig zu charakterisieren. Denn: die lateinischen Namen sind international gültig. Sie werden auch in Sprachen verwendet, die sich anderer Buchstaben oder Schriftzeichen als der lateinischen bedienen. Sie sind somit eindeutig. Dagegen sind die in der Umgangssprache verwendeten Namen oft mehr- oder vieldeutig, d. h. je nach Land oder Mundart wird ein und derselbe Name für verschiedene Pflanzenarten gebraucht, oder aber es gibt mehrere bis viele Namen für eine Pflanzenart. Das kann z. B. auch bei Bestellungen zu Verstimmung führen, wenn man etwas anderes erhält, als man gewünscht hat. In diesem Buch sind daher nur solche deutschen Namen angeführt, die gebräuchlich oder brauchbar sind (siehe auch das Verzeichnis auf Seite X). Allerdings sind auch bei den lateinischen Namen mitunter mehrere für ein und dieselbe Pflanzenart verwendet worden. Davon kann jedoch stets nur einer gültig sein. Ist ein ungültiger Name aber noch häufig in Gebrauch, dann ist dieser in Klammer hinter den gültigen gesetzt worden, unter Vorsetzen der Abkürzung syn. (Synonym, Nebenname). Das Vorsetzen eines ×-Zeichens vor einen Namen sagt aus, daß es sich dabei um keine natürliche Gattung oder Art, sondern um einen Bastard (in der Regel entstanden aus Kreuzung zwischen zwei verschiedenen Gattungen oder Arten) handelt, die jedoch von einem Autor in lateinischer Form beschrieben worden ist.

Sortennamen

Sie sind stets (wie international gebräuchlich) in einfache Anführungsstriche oben gesetzt, und es wird der Originalname, den der Züchter gab, verwendet (bzw. bei Sprachen, die andere als lateinische Buchstaben verwenden, die Transliteration). So erhalten z. B. in England entstandene und mit einem Sortennamen in englischer Sprache versehene Sorten keinen übersetzten Namen in deutscher Sprache.

Pflanzenbeschreibungen

Die in diesem Buch gegebenen Beschreibungen der Gattungen und Arten sind kurz gehalten. Sie sollen lediglich eine zusätzliche Information zu den Abbildungen geben. Sie sind im Sinne der wissenschaftlichen Pflanzenbeschreibung unvollständig und können nicht zur eindeutigen Bestimmung einer Pflanzenart verwendet werden. Alle Angaben von Maßen sind Durchschnittswerte, wie sie am häufigsten vorkommen, und dienen ebenfalls der Orientierung. Je nach Zustand der Pflanze (Alter, Ernährung, Standort und anderen Wachstumsbedingungen) können sie über oder unter den angegebenen Werten liegen.

Pflanzengruppen

Die Gruppierung des Bildteils wäre, wie schon im Vorwort erwähnt, für deutsche Verhältnisse in manchen Teilen anders zu sehen. Einige Gruppen sind nach Verwendungszweck, andere nach botanischen Definitionen (z. B. Stauden, Gehölze) zusammengestellt. Da die in einer Gruppe angeführten Arten in ihren Ansprüchen an die Wachstumsfaktoren außerordentlich verschieden sind, können Kulturanleitungen nur sehr allgemeiner Art sein. Daher wird darauf verzichtet und nur eine kurze Charakterisierung der Gruppen gegeben.

Alpen- und Steingartenpflanzen (Abb. 1–224). Diese Gruppe ist nach dem Hauptverwendungszweck, nämlich im Steingarten, aufgestellt. Viele der hier eingeordneten Pflanzen können natürlich auch außerhalb des Steingartens gedeihen, wenngleich Arten, die kleine und kompakte Polster bilden, zweckmäßigerweise nicht auf eine Rabatte zwischen Großstauden gepflanzt werden. Sie sind überwiegend Stauden, aber auch Zwergsträucher und zwiebel- und knollenbildende Pflanzen. Manche der hier gezeigten Arten sind in unserem Klima nicht ausreichend winterhart. Sie sind besser unter Glas zu ziehen (sog. Alpinenhaus) und vor Frost und Nässe im Winter zu schützen.

Einjährige (annuelle) und zweijährige (bienne) Pflanzen (Sommerblumen) (Abb. 225–400). Einjährige sind solche, die ihren Lebenszyklus (Samenkeimung – Wachstum – Blühen – Fruchten) innerhalb eines Jahres durchlaufen. Dabei kann man unterscheiden zwischen Sommereinjährigen: Keimen bis Fruchten von Frühjahr bis Herbst (Beispiel Sommeraster) und Wintereinjährigen: Keimen, Wachsen, Blühen im Sommer und Herbst, Überdauern während des Winters, Weiterblühen und Fruchten im darauffolgenden Frühjahr oder Frühsommer (Beispiel Stiefmütterchen). Zweijährige sind solche, die im ersten Jahr keimen und wachsen, aber nicht blühen. Dies geschieht erst im darauffolgenden Jahr, nachdem winterliche Periode niedriger Temperatur eingewirkt hat (Beispiel Bartnelke). Vermehrung dieser Gruppe in der Regel durch Aussaat. Sommereinjährige entweder, vor Spätfrösten geschützt, unter Glas, im zeitigen Frühjahr, oder aber ab Mitte Mai ins Freiland. Als Sommerblumen im weiteren Sinne werden zum Auspflanzen im Freien aber auch Arten verwendet, die definitionsgemäß keine Ein- oder Zweijährigen sind, sondern Mehrjährige, z. B. Pelargonien.

Gewächshaus- und Zimmerpflanzen (Abb. 401–656). Diese Gruppe ist wiederum nach dem Hauptverwendungszweck aufgestellt. Sie umfaßt mehrjährige Kräuter und Gehölze. Gemeinsam ist ihnen, daß sie nicht winterhart sind. Einige werden auch im Sommer im Freien ausgepflanzt, z. B. Knollenbegonien, Fuchsien, Pelargonien.

Winterharte und nicht winterharte Zwiebel- und Knollenpflanzen (Abb. 657–944). Gemeinsame Merkmale sind, daß Überdauerungsorgane (unterirdisch) in Form von Zwiebeln oder Knollen gebildet werden. Viele davon sind winterhart

(*Allium, Crocus, Lilium*) und können ständig im Freien bleiben. In diese Gruppe sind aber auch andere eingereiht, deren Zwiebeln oder Knollen frostfrei überwintert werden müssen (Gartengladiolen, *Sprekelia*).

Stauden (Abb. 945–1424). Dies sind mehrjährige Kräuter, die in der Regel mit nur wenig über der Erdoberfläche befindlichen Erneuerungsknospen überdauern. Die meisten unserer Stauden sind sommergrün, es gibt aber auch wintergrüne, z. B. manche Polsterpflanzen (*Saxifraga*-Arten). Definitionsgemäß wären hierher auch die zwiebel- und knollenbildenden Pflanzen der vorigen Gruppe zu zählen. Die in der Gruppierung eingeordneten sind nicht alle winterhart, sondern müssen bei uns frostfrei überwintert werden, z. B. Dahlien.

Laubgehölze (Abb. 1425–1956), *Kletternde Laubgehölze* Abb. 1957–2000), *Nadelgehölze* (Abb. 2001–2048). Die Holzgewächse oder Gehölze haben ihre Erneuerungsknospen in der Regel hoch über der Erdoberfläche und sind mehrjährig. Je nach Wuchsform lassen sich unterscheiden: Sträucher (mehrtriebig, ohne ausgeprägten Stamm); Bäume (mit ausgeprägtem Stamm); Kettersträucher (kletternd, haftend, windend). Außerdem Laub- und Nadelgehölze. Dabei können die Blätter im Herbst abfallen (sommergrün) oder mehrere bis viele Jahre hindurch grün bleiben (immergrün). Die Nadelgehölze sind in ihrer überwiegenden Mehrheit immergrün. Von den in die drei letzten Gruppen eingeordneten Arten sind viele bei uns nicht winterhart (*Acacia, Arbutus,* viele *Rhododendron, Tibouchina*).

Verzeichnis der deutschen Pflanzennamen

Wie im Text sind hier nur die allgemein eingebürgerten deutschen Namen aufgeführt, ausgenommen solche, die, unmittelbar abgeleitet von den botanischen Bezeichnungen, nicht oder nur wenig abweichen (z. B. Anemone, Dahlie, Lavendel, Lilie). Viele Gattungen und Arten besitzen keine deutschen Namen.

Absinth	Artemisia absinthium
Ackerhornkraut	Cerastium arvense
Adonisröschen	Adonis
Ägyptische Lotosblume	Nymphaea lotus
Ahorn	Acer
„Akazie“	Robinia pseudoacacia
Akelei	Aquilegia
Alant	Inula
Allermannsharnisch	Allium victorialis
Almrausch	Rhododendron hirsutum
Alpenaster	Aster alpinus
Alpen-Aurikel	Primula auricula
Alpenedelweiß	Leontopodium alpinum
Alpenglöckchen	Soldanella alpina
Alpengoldregen	Laburnum alpinum
Alpenmannstreu	Eryngium alpinum
Alpenmohn	Papaver alpinum
Alpennelke	Dianthus alpinus
Alpenrose	Rhododendron ferrugineum
Alpenveilchen	Cyclamen
Alpenwaldrebe	Clematis alpina
Amarant	Amaranthus
„Amaryllis“	Hippeastrum
Amberbaum	Liquidambar
Amerikan. Blaubeere	Vaccinium corymbosum
Amerikanische Hülse	Ilex opaca
Amerikanische Roteiche	Quercus rubra
Amstelraute	Thalictrum aquilegifolium
Ananasgewächse	Aechmea, Billbergia, Cryptanthus, Guzmania, Neoregelia, Nidularium, Puya, Tillandsia, Vriesea
Apfelbaum	Malus
Aprikose	Prunus armeniaca
Arizona-Zypresse	Cupressus arizonica
Aronstab	Arum
Arve	Pinus cembra
Aschenblümchen	Senecio-Cruentus-Hybriden
Aspe	Populus tremula
Atlasblume	Godetia
Atlaszeder	Cedrus atlantica
Australische „Silbereiche“	Grevillea robusta
Azalee	Rhododendron
Ballonblume	Platycodon
Balsamine	Impatiens balsamina
Balsampappel	Populus balsamifera
Bärenfellschwingel	Festuca scoparia
Bärenklau	Acanthus
Bär(en)lauch	Allium ursinum
Bärenohr	Arctotis
Bartfaden	Penstemon
Bartnelke	Dianthus barbatus
Bauernpfingstrose	Paeonia officinalis
Baumhasel	Corylus colurna
Baumheide	Erica arborea
Baummalve	Lavatera arborea
Baummohn	Dendromecon
Baummohn	Romneya
Baumwürger	Celastrus
Becherglocke	Edraianthus
Becherkätzchen	Garrya
Bechermalve	Lavatera
Becherprimel	Primula obconica
Beifuß	Artemisia
Beinwell	Symphytum
Berberitze	Berberis
Bergahorn	Acer pseudo-platanus
Bergaster	Aster amellus
Bergeisenhut	Aconitum napellus
Bergflockenblume	Centaurea montana
Berggünsel	Ajuga pyramidalis
Berghähnlein	Anemone narcissiflora
Bergkiefer	Pinus mugo
Bergulme	Ulmus glabra
Bertramsgarbe	Achillea ptarmica
Berufkraut	Erigeron
Besenginster	Cytisus scoparius
Besenheide	Calluna
Betelpfeffer	Piper betle
Bibernellrose	Rosa pimpinellifolia
Binsenginster	Spartium
Binsenlilie	Sisyrinchium
Birke	Betula
Birnbaum	Pyrus
Bischofsmütze	Astrophytum
Bitterorange	Poncirus
Bittersüß	Solanum dulcamara
Bitterwurz	Lewisia
Blattkaktus	Epiphyllum
Blaublattfunkie	Hosta sieboldiana
Blaudolde	Didiscus
Blaue Atlaszeder	Cedrus atlantica 'Glauca'
Blaufichte	Picea pungens 'Glauca'
Blaufichte	Picea pungens 'Glauca Koster'
Blauglöckchen	Mertensia
Blaugummibaum	Eucalyptus globulus
Blaukissen	Aubrieta
Blauminze	Nepeta × faassenii
Blauschwingel	Festuca glauca
Blausternchen	Scilla sibirica
Blaustrahlhafer	Avena sempervirens
Bleiwurz	Plumbago
Blumenbinse	Butomus
Blumenesche	Fraxinus ornus
Blumenhartriegel	Cornus florida
Blumenrohr	Canna
Blutbirke	Betula pendula 'Purpurea'
Blutbuche	Fagus sylvatica 'Atropunicea' u. 'Cuprea'
Bluthasel	Corylus maxima 'Purpurea'
Blutjohannisbeere	Ribes sanguineum
Blutpflaume	Prunus cerasifera 'Nigra'
Blutroter Storchschnabel	Geranium sanguineum
Blutweiderich	Lythrum salicaria
Blutwurz	Sanguinaria
Bogenhanf	Sansevieria
Bohne	Phaseolus
Bourbonrose	Rosa × borboniana
Brandkraut	Phlomis
Braunelle	Prunella
Braunwurz	Scrophularia
Braut in Haaren	Nigella damascena
Brautmyrte	Myrtus communis
Breitblattsegge	Carex plantaginea
Breitwedel-Dornfarn	Dryopteris dilatata
Brennende Liebe	Lychnis chalcedonica
Brombeere	Rubus
Brutfiligranfarn	Polystichum setiferum 'Proliferum'
Buche	Fagus
Buchsbaum	Buxus
„Buntnessel“	Coleus
Büschelglocke	Edraianthus
Buschwindröschen	Anemone nemorosa
Calamondine	Citrus microcarpa
Calla	Zantedeschia aethiopica
Campernell-Jonquille	Narcissus odorus
„Chilenischer Krokus“	Tecophilea cyanocrocus
„Chincherinchee“	Ornithogalum thyrsoides
Chinesenprimel	Primula sinensis
Chinesische Nelke	Dianthus chinensis
Chinesische Päonie	Paeonia lactiflora
Chinesischer Rhabarber	Rheum palmatum
Christophskraut	Actaea
Christrose	Helleborus
Cinerarie	Senecio-Cruentus-Hybriden
Cremeschale	Platystemon
„Croton“	Codiaeum variegatum
Damaszenerrose	Rosa damascena
„Dame in Trauer“	Iris susiana
Dattelpalme	Phoenix
„Deutsche Eiche“	Quercus robur
Dichternarzisse	Narcissus poeticus
Dickblatt	Crassula
Diptam	Dictamnus
Doppelsporn	Dicentra
Dost	Origanum
Dotterblume	Caltha
Drachenbaum	Dracaena draco
Drachenwurz	Dracunculus
Dreiblatt	Trillium
Dreimasterblume	Tradescantia
Duftende Flockenblume	Centaurea moschata
Duftsteinrich	Lobularia
Duftveilchen	Viola odorata
Duftwicke	Lathyrus odoratus
Dünenrose	Rosa pimpinellifolia
Eberesche	Sorbus
Eberwurz	Carlina
Echte Blutbuche	Fagus sylvatica 'Atropunicea'
Echte Dattelpalme	Phoenix dactylifera
Echte Hauswurz	Sempervivum tectorum
Echter Feigenbaum	Ficus carica
Echte Zypresse	Cupressus sempervirens
Edeldistel	Eryngium
Edelhopfen	Beloperone guttata
Edelpelargonien	Pelargonium-Grandiflorum-Gruppe
Edeltanne	Abies procera
Edelweiß	Leontopodium
Efeu	Hedera
Efeuaralie	× Fatshedera

Hornveilchen	Viola cornuta
Hortensie	Hydrangea
Hülse	Ilex aquifolium
Hundskamille	Anthemis
Hundsrose	Rosa canina
Hundsveilchen	Viola canina
Hundszahn	Erythronium
Hundszunge	Cynoglossum
Hungerblümchen	Draba
Husarenknopf	Sanvitalia
Hyazinthe	Hyacinthus
Igelfichte	Picea abies 'Echiniformis'
Igelginster	Erinacea
Igelsäulenkaktus	Echinocereus
Immergrün	Vinca
Indianernessel	Monarda
Indigolupine	Baptisia
Ingwerorchidee	Roscoea
Inkalilie	Alstroemeria
Irische Heide	Daboecia
Islandmohn	Papaver nudicaule
Italienische Waldrebe	Clematis viticella
Jakobslilie	Sprekelia
Japanische Aprikose	Prunus mume
Japanische Blütenkirsche	Prunus serrulata
Japanische Lärche	Larix kaempferi
Japanische Mispel	Eriobotrya japonica
„Japanische Weinbeere"	Rubus phoenicolasius
Japansegge	Carex morrowii
Jasmin	Jasminum
Jelängerjelieber	Lonicera caprifolium
Johannisapfel	Malus pumila
Johannisbeere	Ribes
Johanniskraut	Hypericum
Jonquille	Narcissus jonquilla
Judasbaum	Cercis
Judassilberling	Lunaria annua
Judenbart	Saxifraga sarmentosa
Jungfer im Grünen	Nigella damascena
Junkerlilie	Asphodeline
Jupiterblume	Lychnis flos-jovis
Kaffeestrauch	Coffea
Kaiserkrone	Fritillaria imperialis
Kakteen	Astrophytum, Cephalocereus, Chamaecereus, Coryphanta, Echinocactus, Echinocereus, Epiphyllum, × Heliaporus, Lobivia, Mammillaria, Nopalxochia, Notocactus, Opuntia, Rebutia, Rhipsalidopsis, Trichocereus, Zygocactus
Kalifornische Flußzeder	Libocedrus decurrens
Kanadische Hybridpappeln	Populus-Canadensis-Hybriden
Känguruhklimme	Cissus antarctica
Kanonierblume	Pilea
Kapringelblume	Dimorphotheca
Kapuzinerkresse	Tropaeolum
Karpatenglockenblume	Campanula carpatica
Kartoffelrose	Rosa rugosa
Kätzchenweide	Salix caprea
Katzenminze	Nepeta
Katzenschwanz	Acalypha hispida
Kaukasusvergißmeinnicht	Brunnera
Kiefer	Pinus
Kirsche	Prunus
„Kirschlorbeer"	Prunus laurocerasus
Kirschpflaume	Prunus cerasifera
Kissenprimel	Primula vulgaris
Klatschmohn	Papaver rhoeas
Klebsame	Pittosporum
Kletterhortensie	Hydrangea petiolaris
„Klettermaxe"	Polygonum aubertii
Knabenkraut	Orchis
Knäuelglockenblume	Campanula glomerata
Knöterich	Polygonum
Köcherblümchen	Cuphea
Kokardenblume	Gaillardia
„Kokospälmchen"	Microcoelum weddelianum
Kokospalme	Cocos
Kolibritrompete	Zauschneria
Kölle	Satureja
Koloradotanne	Abies concolor
Königsfarn	Osmunda
Königskerze	Verbascum
Königsrhabarber	Rheum alexandrae
Korallenbeere	Nertera
Korallenbeere	Symphoricarpos orbiculatus
Korallenstrauch	Erythrina
Korallenstrauch	Solanum pseudocapsicum
Korbweide	Salix viminalis
Korkeiche	Quercus suber
Korkenzieherhasel	Corylus avellana 'Contorta'
Korkenzieherweide	Salix matsudana 'Tortuosa'
Kornblume	Centaurea cyanus
Kornelkirsche	Cornus mas
Kornrade	Agrostemma
Kratzdistel	Cirsium
Kreuzblume	Polygala
Kreuzkraut	Senecio
Kriechgünsel	Ajuga reptans
Kriechkiefer	Pinus pumila
Kriechweide	Salix repens
Krimlinde	Tilia × euchlora
Krokus	Crocus
Kronwicke	Coronilla
Krötenlilie	Tricyrtis
Krummholzkiefer	Pinus mugo
Küchenschelle	Pulsatilla
Kugelamarant	Gomphrena
Kugeldistel	Echinops
Kugelkaktus	Echinocactus
Kugelprimel	Primula denticulata
Kugelrobinie	Robinia pseudoacacia 'Umbraculifera'
Kugelweide	Salix purpurea 'Gracilis'
Kuhschelle	Pulsatilla
Kupferbirke	Betula albo-sinensis
Kürbis	Cucurbita
„Kußmäulchen"	Hypocyrta glabra
Küstentanne	Abies grandis
Lambertsnuß	Coryllus maxima
Lampionblume	Physalis
Lärche	Larix
Laternenbaum	Crinodendron hookerianum
Latsche	Pinus mugo
Lauch	Allium
Laugenblume	Cotula
Läuseblümchen	Senecio-Cruentus-Hybriden
Lebende Steine	Lithops
Lebensbaum	Thuja
Leberblümchen	Hepatica
Leimkraut	Silene
Lein	Linum
Leinkraut	Linaria
Lerchensporn	Corydalis
Levkoje	Matthiola
Libanonzeder	Cedrus libani
Lichtnelke	Lychnis
Liguster	Ligustrum
Lilienfunkie	Hosta plantaginea
Linde	Tilia
Lorbeerbaum	Laurus
Lorbeerkirsche	Prunus laurocerasus
Lorbeerrose	Kalmia
Lorbeerseidelbast	Daphne laureola
Loquate	Eriobotrya japonica
Lousiana-Moos	Tillandsia usneoides
Löwenmaul	Antirrhinum
Lumamyrte	Myrtus luma
Lungenkraut	Pulmonaria
Lupine	Lupinus
Mädchenauge	Coreopsis
Mädesüß	Filipendula vulgaris
Madonnenlilie	Lilium candidum
Madroña	Arbutus menziesii
Mähnengerste	Hordeum jubatum
Mährische Eberesche	Sorbus aucuparia 'Edulis'
Maiapfel	Podophyllum hexandrum
Maiglöckchen	Convallaria
Malve	Malva
Mammutbaum	Sequoia
Mammutbaum	Sequoiadendron
Mandel	Prunus
Mandelbäumchen	Prunus triloba
Mandelbaum	Prunus amygdalus
Manna-Esche	Fraxinus ornus
Mannsschild	Androsace
Mannstreu	Eryngium
Marienblatt	Chrysanthemum balsamita
Mariendistel	Silybum marianum
Marokkokamille	Anacyclus depressus
Märzbecher	Leucojum vernum
Maßholder	Acer campestre
Maßliebchen	Bellis
Mauerpfeffer	Sedum acre
Mauerraute	Asplenium ruta-muraria
Mäusedorn	Ruscus
Meerkohl	Crambe
Meerlavendel	Limonium
Meerwermut	Artemisia maritima
Mehlbeere	Sorbus aria
Mehlprimel	Primula farinosa
Meister	Asperula
Melde	Atriplex
Metzgerpalme	Aspidistra
Mexikanische Weißkiefer	Pinus ayacahuite
Milchstern	Ornithogalum
„Mimose" (falsche)	Acacia decurrens
Miniaturrosen	Rosa chinensis 'Minima'
Mohn	Papaver
Momitanne	Abies firma
„Montbretie"	Crocosmia
Montereykiefer	Pinus radiata
Montezumakiefer	Pinus montezumae
Moorbirke	Betula pubescens
Moorheide	Erica tetralix
Mooskraut	Selaginella
Moosrose	Rosa centifolia 'Muscosa'
Moossteinbrech	Saxifraga-Sektion Dactyloides
Morgensternsegge	Carex grayi
Mormonentulpe	Calochortus
Moschusrose	Rosa moschata
Muschelblume	Molucella
Muskatellersalbei	Salvia sclarea
Myrobalane	Prunus cerasifera
Myrte	Myrtus
Nabelwurz	Omphalodes
Nachtkerze	Oenothera
Nachtschatten	Solanum
Narzisse	Narcissus
Natternkopf	Echium
Nelke	Dianthus
Nelkenwurz	Geum
Nestfarn	Asplenium nidus
Nestfichte	Picea abies 'Nidiformis'
Netzweide	Salix reticulata
Neuseeländer Flachs	Phormium
Nieswurz	Helleborus
Nikkotanne	Abies homolepis
Ochsenauge	Buphthalmum
Ochsenzunge	Anchusa
„Ohrgehänge der Prinzessin"	Hibiscus schizopetalus
Okra	Hibiscus esculentus

Ölbaum	Olea
Oleander	Nerium
Olive	Olea
Ölrose	Rosa damascena 'Trigintipetala'
Ölweide	Elaeagnus
Omorikafichte	Picea omorika
Orangenblume	Choisya
Orchideen	Bletilla, Cattleya, Coelogyne, Cymbidium, Cypripedium, Dendrobium, Epidendrum, Maxillaria, Miltonia, Odontoglossum, Oncidium, Orchis, Paphiopedilum, Phalaenopsis, Pleione
Orchideenprimel	Primula vialii
Ornäsbirke	Betula pendula 'Dalecarlica'
Osterkaktus	Rhipsalidopsis gaertneri
Osterlilie	Lilium longiflorum
Osterluzei	Aristolochia clematitis
Österreichische Schwarzkiefer	Pinus nigra 'Austriaca'
Palma Christi	Ricinus
Palmen	Chamaerops, Cocos, Microcoelum, Phoenix, Trachycarpus
Palmlilie	Yucca
Pampasgras	Cortaderia
Pankrazlilie	Pancratium
Pantherlilie	Lilium pardalinum
Pantoffelblume	Calceolaria
Papierbirke	Betula papyrifera
Papierknöpfchen	Ammobium
Pappel	Populus
Paprika	Capsicum
Papyrusstaude	Cyperus papyrus
Parmaveilchen	Viola suavis 'Cyanea'
Passionsblume	Passiflora
Pechnelke	Lychnis viscaria
Perlpfötchen	Anaphalis
Perückenstrauch	Cotinus
Pfaffenhütchen	Euonymus europaeus
Pfauenradfarn	Adiantum pedatum
Pfeffer	Piper
Pfeifenblume	Aristolochia
Pfeifenstrauch	Philadelphus
Pfeifenwinde	Aristolochia macrophylla
Pfeilkraut	Sagittaria
Pfennigkraut	Lysimachia nummularia
Pfingstnelke	Dianthus gratianopolitanus
Pfingstrose	Paeonia
Pfirsich	Prunus
Pfirsichbaum	Prunus persica
Pflaume	Prunus domestica
Pfriemengras	Stipa
Pinie	Pinus pinea
Pippau	Crepis
Platane	Platanus
Platterbse	Lathyrus
Poinsettie	Euphorbia pulcherrima
Polsterphlox	Phlox subulata
Portugiesische Heide	Erica lusitanica
Portulakröschen	Portulaca
Porzellanblümchen	Saxifraga umbrosa
Prachtscharte	Liatris
Prachtspiere	Astilbe
Preiselbeere	Vaccinium vitis-idaea
Primel	Primula
Prophetenblume	Echioides
Provencerose	Rosa centifolia
Prunkbohne	Phaseolus coccineus
Prunkwinde	Ipomoea
Purpurglöckchen	Heuchera
Purpurkönigsfarn	Osmunda regalis 'Purpurascens'
Purpurtanne	Abies amabilis

Purpurweide	Salix purpurea
Pyramideneberesche	Sorbus aucuparia 'Fastigiata'
Pyramideneiche	Quercus robur 'Fastigiata'
Pyramidenpappel	Populus nigra 'Italica'
Quendel	Thymus serpyllum
Rainfarn	Chrysanthemum vulgare
Rainweide	Ligustrum
Ranunkel	Ranunculus asiaticus
Ranunkelstrauch	Kerria japonica 'Pleniflora'
Rasselblume	Catananche
Rauhblattaster	Aster novae-angliae
Raute	Ruta
Rebe	Vitis
Reifrocknarzisse	Narcissus bulbocodium
Reifweide	Salix daphnoides
Reiherschnabel	Erodium
Rhabarber	Rheum
Riesengranadilla	Passiflora quadrangularis
Riesenhanf	Cannabis sativa 'Sinensis'
Riesenlebensbaum	Thuja plicata
Riesenlilie	Cardiocrinum giganteum
Riesentanne	Abies grandis
Riesenweißrandfunkie	Hosta crispula
Riesenzittergras	Briza maxima
Rindsauge	Buphthalmum salicifolium
Ringblume	Anacyclus
Ringelblume	Calendula
Rittersporn	Delphinium
Ritterstern	Hippeastrum
Rizinus	Ricinus
Rohrglanzgras	Phalaris
Rohrkolben	Typha
Rose	Rosa
Roseneibisch	Hibiscus rosa-sinensis
„Rosengeranie“	Pelargonium graveolens
„Rosengeranie“	Pelargonium radens
Rosenginster	Cytisus purpureus
Rosenlauch	Allium oreophilum
Rosenpappel	Malva alcea
Rosenpelargonie	Pelargonium graveolens
Rosenpelargonie	Pelargonium radens
Rosmarin	Rosmarinus
Rosmarinseidelbast	Daphne cneorum
Roßkastanie	Aesculus
Rotahorn	Acer rubrum
Rotbuche	Fagus sylvatica
Roter Fingerhut	Digitalis purpurea
Roter Hartriegel	Cornus sanguinea
Rotfichte	Picea abies
Rotschleierfarn	Dryopteris erythrosora
Ruhmesblume	Clianthus
Runzelblattfunkie	Hosta fortunei
Rüster	Ulmus
Rutenweiderich	Lythrum virgatum
Safran	Crocus sativus
Salbei	Salvia
Salomonssiegel	Polygonatum
Salweide	Salix caprea
Sammetblume	Tagetes
Sammetgras	Lagurus
Sandbirke	Betula pendula
Sanddorn	Hippophaë
Sandimmortelle	Ammobium alatum
Sandphlox	Phlox bifida
Sauerbaum	Oxydendrum
Sauerdorn	Berberis
Sauerkirsche	Prunus cerasus
Sauerklee	Oxalis
Säulenbirke	Betula pendula 'Fastigiata'
Säuleneibe	Taxus baccata 'Fastigiata'
Säulenkiefer	Pinus sylvestris 'Fastigiata'
Säulenzypresse	Cupressus sempervirens 'Stricta'

Saumfarn	Pteris
Sawara-Scheinzypresse	Chamaecyparis pisifera
Schachbrettblume	Fritillaria meleagris
Schafgarbe	Achillea millefolium
Schafschwingel	Festuca ovina
Schaftdolde	Hacquetia
Scharbockskraut	Ranunculus ficaria
Scharfer Hahnenfuß	Ranunculus acris
Scharlacheiche	Quercus coccinea
Scharlachfuchsie	Fuchsia magellanica
Scharlachsumach	Rhus glabra
Scharlachtürkenbund	Lilium chalcedonicum
Scharte	Serratula
Schaumblüte	Tiarella
Scheinakazie	Robinia
Scheinbuche	Nothofagus
Scheineller	Clethra
Scheinhasel	Corylopsis
Scheinmohn	Meconopsis
Scheinzypresse	Chamaecyparis
Schiefblatt	Begonia
Schiefteller	Achimenes
Schierlingstanne	Tsuga
Schildblatt	Peltiphyllum
Schildblume	Chelone
Schildfarn	Polystichum
Schillergras	Koeleria
Schirmtanne	Sciadopitys
Schlafmützchen	Eschscholzia
Schlangenhautkiefer	Pinus heldreichii 'Leucodermis'
Schlangenkopf	Chelone
Schlehdorn	Prunus spinosa
Schlehe	Prunus spinosa
Schleierkraut	Gypsophila
Schleifenblume	Iberis
Schmetterlingsstrauch	Buddleja
Schmuckkörbchen	Cosmos
„Schnee auf dem Berge“	Euphorbia marginata
Schneeball	Viburnum
Schneeballhortensie	Hydrangea arborescens 'Grandiflora'
Schneebeere	Symphoricarpos
Schneeglöckchen	Galanthus
Schneeglöckchenbaum	Halesia
Schneeheide	Erica carnea
Schneerose	Helleborus
Schneestolz	Chionodoxa
Schnittlauch	Allium schoenoprasum
Schnurbaum	Sophora
Schöllkrautmohn	Stylophorum
Schönranke	Eccremocarpus
Schopflilie	Eucomis
Schöterich	Erysimum
Schottiche Zaunrose	Rosa rubiginosa
Schuppenheide	Cassiope
Schusterpalme	Aspidistra
Schwalbenwurzenzian	Gentiana asclepiadea
Schwarzäugige Susanne	Thunbergia alata
Schwarzdorn	Prunus spinosa
Schwarzer Holunder	Sambucus nigra
Schwarzerle	Alnus glutinosa
Schwarzer Pfeffer	Piper nigrum
Schwarzkiefer	Pinus nigra
Schwarzkümmel	Nigella
Schwarznessel	Ballota
Schwarznessel	Perilla
Schwarzpappel	Populus nigra
Schwertlilie	Iris
Schwingel	Festuca
Seerose	Nymphaea
Seetraube	Coccoloba uvifera
Segge	Carex
Seidelbast	Daphne
Seifenkraut	Saponaria
Serbische Fichte	Picea omorica
Sicheltanne	Cryptomeria
Siegwurz	Gladiolus communis
Silberährengras	Stipa calamagrostis

Silberahorn	Acer saccharinum
Silberblatt	Lunaria rediviva
Silberdistel	Carlina acaulis
Silberimmortelle	Anaphalis margaritacea
Silberkerze	Cimicifuga
Silberkissen	Raoulia
Silberkriechweide	Salix repens 'Nitida'
Silberlinde	Tilia tomentosa
Silberling	Lunaria
Silberpappel	Populus alba
Silberweide	Salix alba
Silberwinde	Convolvulus cneorum
Silberwurz	Dryas
Simse	Scirpus
Singrün	Vinca
Siskiyoufichte	Picea breweriana
Skabiose	Scabiosa
Sommeraster	Callistephus
Sommerefeu	Senecio mikanioides
Sommereiche	Quercus robur
„Sommerflieder“	Buddleja davidii
Sommerhyazinthe	Galtonia
Sommerlinde	Tilia platyphyllos
Sommerphlox	Phlox drummondii
Sommerzypresse	Kochia
Sonnenauge	Heliopsis
Sonnenblume	Helianthus
Sonnenbraut	Helenium
Sonnenfreund	Heliophila
Sonnenröschen	Helianthemum
Späte Traubenkirsche	Prunus serotina
Spanische Heide	Erica australis
Spanischer Pfeffer	Capsicum
Spargel	Asparagus
Sperrkraut	Polemonium
Spierstaude	Filipendula
Spierstrauch	Spiraea
Spindelstrauch	Euonymus
Spinnenpflanze	Cleome spinosa
Spitzahorn	Acer platanoides
Spornblume	Centranthus
Springkraut	Impatiens
Stachelbärenklau	Acanthus spinosus
Stachelbeere	Ribes
Stachelmohn	Argemone
Stachelnüßchen	Acaena
Staudenlupine	Lupinus polyphyllus
Staudenmajoran	Origanum vulgare
Staudenphlox	Phlox-Paniculata-Hybriden
Staudenwicke	Lathyrus latifolius
Stechapfel	Datura
Stechfichte	Picea pungens
Stechginster	Ulex
Stechpalme	Ilex
Steinbrech	Saxifraga
Steineibe	Podocarpus
Steineiche	Quercus ilex
Steinfeder	Asplenium trichomanes
Steinkraut	Alyssum
Steinrose	Rhododendron hirsutum
Steinsame	Lithospermum
Steintäschel	Aethionema
Steinweichsel	Prunus mahaleb
Steppenkerze	Eremurus
Sterndolde	Astrantia
Sternmagnolie	Magnolia stellata
Sternmoos	Sagina
Stern von Bethlehem	Ornithogalum umbellatum
Stiefmütterchen	Viola tricolor
Stiefmütterchen	Viola-Wittrockiana-Hybriden
Stieleiche	Quercus robur
Stockmalve	Althaea
Stockrose	Althaea
Storaxbaum	Styrax
Storchschnabel	Geranium
Strauchpäonie	Paeonia suffruticosa
Strauchveronika	Hebe
Streifenahorn	Acer pensylvanicum
Streifenfarn	Asplenium
Strohblume	Helichrysum
Stundeneibisch	Hibiscus trionum
Sturmhut	Aconitum napellus
Sumach	Rhus
Sumpfblume	Limnanthes
Sumpfdotterblume	Caltha palustris
Sumpfeibe	Taxodium
Sumpfeiche	Quercus palustris
Sumpfgarbe	Achillea ptarmica
Sumpfhahnenfuß	Ranunculus lingua
Sumpfsalbei	Salvia uliginosa
Sumpf-Siegwurz	Gladiolus palustris
Sumpfvergißmeinnicht	Myosotis palustris
Sumpfwolfsmilch	Euphorbia palustris
Sumpfzypresse	Taxodium
Süßkirsche	Prunus avium
Tabak	Nicotiana
Tafelblatt	Astilboides
Taglilie	Hemerocallis
Tamariske	Tamarix
Tanne	Abies
Täschelkraut	Thlaspi
Taschentuchbaum	Davidia
Taubenbaum	Davidia
Taubnessel	Lamium
Tausendschön	Bellis perennis
Tazette	Narcissus tazetta
Teufelskralle	Phyteuma
Thymian	Thymus
Tigerblume	Tigridia
Tigerglocke	Codonopsis ovata
Tigerlilie	Lilium tigrinum
Torfmyrte	Pernettya
Tränendes Herz	Dicentra spectabilis
Tränenkiefer	Pinus griffithii
Traubeneiche	Quercus petraea
Traubenholunder	Sambucus racemosa
Traubenhyazinthe	Muscari
Traubenkirsche	Prunus padus
Trauerweide	Salix alba 'Tristis'
Trichtermalve	Malope trifida
Trichterschwertel	Dierama
Tritome	Kniphofia
Troddelblume	Soldanella
Troddelfrauenfarn	Athyrium filix-femina 'Corymbiferum'
Trollblume	Trollius
Trompetenbaum	Catalpa
Trompetenblume	Campsis
Trompetennarzisse	Narcissus pseudonarcissus
Trompetenzunge	Salpiglossis sinuata
Tuberose	Polianthes tuberosa
Tulpe	Tulipa
Tulpenbaum	Liriodendron
Tupelobaum	Nyssa
Tüpfelfarn	Polypodium
Türkenbund	Lilium martagon
Türkischer Mohn	Papaver orientale
Ufertraube	Coccoloba uvifera
Ulme	Ulmus
Ungarische Silberlinde	Tilia tomentosa
Urweltmammutbaum	Metasequoia
Usambaraveilchen	Saintpaulia
Veilchen	Viola
Venusschuh	Paphiopedilum
Venusspiegel	Legousia
Vergißmeinnicht	Myosotis
Vexiernelke	Lychnis coronaria
Vogelbeerbaum	Sorbus aucuparia
Vogelkirsche	Prunus avium
Wacholder	Juniperus
Wachsblume	Hoya
Wachsglocke	Kirengeshoma
Waldfrauenfarn	Athyrium filix-femina
Waldgeißblatt	Lonicera periclymenum
Waldlilie	Trillium
Waldrebe	Clematis
Waldstorchschnabel	Geranium sylvaticum
Walnußbaum	Juglans
Walzenwolfsmilch	Euphorbia myrsinites
Wandelröschen	Lantana
Warzenkaktus	Mammillaria
Wasserähre	Aponogeton
Wasserdost	Eupatorium
Weichselkirsche	Prunus cerasus
Weide	Salix
Weiderich	Lythrum
Weigelie	Weigela
Weihnachtskaktus	Zygocactus
Weihnachtsstern	Euphorbia pulcherrima
Weinraute	Ruta graveolens
Weinrebe	Vitis vinifera
Weinrose	Rosa rubiginosa
Weinstock	Vitis vinifera
Weißbecher	Nierembergia
Weißbirke	Betula pendula
Weißbuche	Carpinus
Weißdorn	Crataegus
Weißer Dorant	Achillea ptarmica
Weißerle	Alnus incana
Weißer Pfeffer	Peper nigrum
Weißfichte	Picea glauca
Weißtanne	Abies alba
Weißweide	Salix alba
Wellblattfunkie	Hosta undulata
Wermuth	Artemisia absinthium
Wetterdistel	Carlina acaulis
Weymouthkiefer	Pinus strobus
Widerstoß	Limonium
Wiesenhafer	Helictotrichon
Wiesenknöterich	Polygonum bistorta
Wiesenknopf	Sanguisorba
Wiesenmargerite	Chrysanthemum leucanthemum
Wiesenraute	Thalictrum
Wiesensalbei	Salvia pratensis
Wiesenstorchschnabel	Geranium pratense
Wilde Akelei	Aquilegia vulgaris
Wilder Wein	Parthenocissus quinquefolia
Winde	Convolvulus
Winterblüte	Chimonanthus
Winterbohnenkraut	Satureja montana
Wintereiche	Quercus petraea
Winterjasmin	Jasminum nudiflorum
Winterlinde	Tilia cordata
Winterling	Eranthis
Wohlriechendes Veilchen	Viola odorata
Wolfsmilch	Euphorbia
Wolfsschwertel	Hermodactylus
Wollmispel	Eriobotrya
Wollziest	Stachys olympica
Wunderblume	Mirabilis
Wunderbaum von Sansibar	Ricinus
Wunderstrauch	Codiaeum
Wurmfarn	Dryopteris
Ysop	Hyssopus
Zaubernuß	Hamamelis
Zeder	Cedrus
Zeitlose	Colchicum
Zentifolie	Rosa centifolia
Zephirblume	Zephyranthes
Zerreiche	Quercus cerris
Zickzackweide	Salix matsudana 'Tortuosa'
Zierkürbis	Cucurbita pepo 'Ovifera'
Zierquitte	Chaenomeles
Ziest	Stachys
Zigarettenblümchen	Cuphea ignea
Zimmeraralie	Fatsia
Zimmercalla	Zantedeschia aethiopica
Zimmerlinde	Sparmannia
Zimmertanne	Araucaria heterophylla

Zimtfarn	Osmunda cinnamomea
Zinerarie	Senecio-Cruentus-Hybriden
Zirbelkiefer	Pinus cembra
Zistrose	Cistus
„Zitronengeranie“	Pelargonium odoratissimum
Zitronenpelargonie	Pelargonium odoratissimum
Zitrus	Citrus
Zittergras	Briza
Zitterpappel	Populus tremula
Zuckerhutfichte	Picea glauca ‘Conica’
Zwergbengalrosen	Rosa chinensis ‘Minima’
Zwergbirke	Betula nana
Zwergcereus	Chamaecereus
Zwerggranatbaum	Punica granatum ‘Nana’
Zwergkönigsfarn	Ormunda regalis ‘Gracilis’
Zwergliguster	Ligustrum vulgare ‘Lodense’
Zwergmandel	Prunus tenella
Zwergmispel	Cotoneaster
Zwergpalme	Chamaerops
Zwetschge	Prunus domestica
Zylinderputzer	Callistemon (S. 357)
Zypergras	Cyperus
Zypresse	Cupressus

Quellenverzeichnis

Abbildungen

Die aus der Originalausgabe komplett übernommenen 2048 farbigen Pflanzenaufnahmen stammen zum allergrößten Teil von den folgenden sechs Fotografen, die ihr Bildmaterial in englischen Gärtnereien und Baumschulen, Gärten und Parks sowie auf Pflanzenschauen und -ausstellungen, unterstützt durch die Royal Horticultural Society, im Laufe von etwa anderthalb Jahren zusammengetragen haben.

J. E. Downward und E. Crowson: Besonders die Fotos von den Schauen der Royal Horticultural Society.

Valerie Finnis: Die meisten Aufnahmen der Alpen- und Steingartenpflanzen.

J. Gapp: Nahezu alle Abbildungen der ein- und zweijährigen Pflanzen sowie der Gewächshaus- und Zimmerpflanzen.

Elsa S. Megson: Viele Fotos von Beetpflanzen aus der Gruppe der Stauden.

D. Woodland: Die meisten Aufnahmen der Laub- und Nadelgehölze.

Weitere Abbildungen (alle Pflanzengruppen) kommen von B. Alfieri, A. Huxley (alpine und andere Pflanzen), H. C. Russel (Chrysanthemum), H. Smith und P. M. Synge.

Quellen besonderer Bildbeiträge sind:

Armstrong Nurseries, USA (Rosen): Abb. 1865, 1872.

H. Castle-Fletcher (Iris): Abb. 1187, 1189, 1191, 1194, 1196, 1198, 1200, 1201, 1202, 1206, 1208–1210, 1212, 1213, 1215, 1216, 1218–1221.

H. D. J. Cole (Iris): Abb. 1205, 1207.

John Goater (Fuchsien): Abb. 534–536.

Jan de Graaff (Lilien): Abb. 815.

George Kalmbacher, Botanischer Garten Brooklyn, New York: Abb. 635, 644.

Rosen von Fred Edmunds, USA: Abb. 1862.

Star Roses, USA: Abb. 1884.

G. Wells (Fuchsien): Abb. 537–539.

Einige Abbildungen sind der Buchreihe „The Ilford Books of Flower Identification“ von Ilford Limited, Ilford, Essex, entnommen.

Bücher, Zeitschriften und sonstige Literatur

Arbeitskreis Staudensichtung (federführend R. Hansen), Institut für Stauden und Gehölze, Weihenstephan: Ergebnisse der Staudensichtung.

Berg, J., und Heft, L.: Rhododendron und immergrüne Laubgehölze. Verlag Eugen Ulmer, Stuttgart 1969.

Boom, B. K., und Ruys, J. D.: Gekweekte kruidachtige gewassen. Verlag H. Veenman & Zonen, Wageningen 1950.

Encke, F. (Hrsg.): Pareys Blumengärtnerei. Verlag Paul Parey, Berlin und Hamburg 1958–1961, 2. Aufl.

Encke, F.: Sommerblumen. Verlag Eugen Ulmer, Stuttgart 1961.

Engler, A.: Die natürlichen Pflanzenfamilien, Bd. 18a. Verlag W. Engelmann, Leipzig 1930, 2. Aufl.

Engler, A.: Syllabus der Pflanzenfamilien, Bd. 1 u. 2. Gebr. Borntraeger, Berlin-Nikolassee 1954 u. 1964, 12. Aufl., hrsg. von H. Melchior und E. Werdermann.

Engler, A., und Prantl, K.: Die natürlichen Pflanzenfamilien. Teil 1–4 und Ergänzungen. Verlag W. Engelmann, Leipzig 1887–1915.

Foerster, K.: Der Steingarten. Verlag Neumann, Radebeul 1956.

Jäger, H.: Die schönsten Pflanzen. Verlag Cohen & Ritsch, Hannover 1873.

Jelitto, L., und Schacht, W. (Hrsg.): Die Freiland-Schmuckstauden, Bd. 1 u. 2. Verlag Eugen Ulmer, Stuttgart 1963 u. 1966.

Kataloge verschiedener europäischer Firmen.

Krüssmann, G.: Handbuch der Laubgehölze. Verlag Paul Parey, Berlin und Hamburg 1959–1962.

Krüssmann, G.: Rhododendron und andere immergrüne Laubgehölze und Koniferen. Verlag Paul Parey, Berlin und Hamburg 1968.

Krüssmann, G., Siebler, G. W., und Tangermann, W.: Winterharte Gartenstauden. Verlag Paul Parey, Berlin und Hamburg 1970.

Launert, E.: Gebirgsflora in Farben. Verlag Otto Maier, Ravensburg 1969.

Morgenthal, J.: Sommerblumen. BLV Verlagsgesellschaft, München, Basel, Wien 1969.

Oberdorfer, E.: Pflanzensoziologische Exkursionsflora für Süddeutschland und die angrenzenden Gebiete. Verlag Eugen Ulmer, Stuttgart 1970, 3. Aufl.

Plenzat, F.: Duftende Pflanzen in Garten und Haus. C. Bertelsmann Verlag, Gütersloh 1963.

Rothmaler, W.: Exkursionsflora von Deutschland, Bd. 2, 3 u. 4. Volkseigener Verlag, Berlin 1966–1968, 4. u. 6. Aufl.

Rünger, W.: Licht und Temperatur im Zierpflanzenbau. Verlag Paul Parey, Berlin und Hamburg 1964, 2. Aufl.

Schacht, W.: Der Steingarten. Verlag Eugen Ulmer, Stuttgart 1968, 4. Aufl.

Schmeil, O., und Fitschen, J.: Flora von Deutschland und seinen angrenzenden Gebieten. Verlag Quelle & Meyer, Heidelberg 1970. 84. Aufl.

Silva Tarouca, Ernst Graf, und Schneider, C.: Unsere Freiland-Stauden. Verlag G. Freytag, Leipzig, und F. Tempsky, Wien 1934, 5. Aufl.

Strasburger, Lehrbuch der Botanik für Hochschulen. Verlag Gustav Fischer, Stuttgart 1967, 29. Aufl.

Synge, P.: Dictionary of Gardening, Vol. 1–4. Clarendon Press, Oxford 1965, Suppl. 1969, 2. Aufl.

Trelease, W.: The Piperaceae of Northern South America, Vol. 1, 2. University of Illinois Press, Urbana 1950.

Tutin, T. G., u. a. (Hrsg.): Flora Europaea, Vol. 1, 2. University Press, Cambridge 1964–1968.

Zander, Handwörterbuch der Pflanzennamen. Verlag Eugen Ulmer, Stuttgart 1971, 10. Aufl. von F. Encke und G. Buchheim.

Zeitschriften: Der Erwerbsgärtner (früher Süddeutscher Erwerbsgärtner), Deutsche Gartenbauwirtschaft, Die Gartenbauwissenschaft, Gartenwelt.

Verzeichnis der in Deutschland tätigen Vereinigungen und Gesellschaften für Pflanzenliebhaber

Deutsche Bromelien-Gesellschaft. Vorsitzender: Dr. Gustav Schoser. Geschäftsstelle: 6 Frankfurt/Main, Siesmayerstraße 61 (Palmengarten).

Deutsche Dahlien- und Gladiolen-Gesellschaft e. V. Präsident: Oberbürgermeister Walter Morio, 674 Landau, Altes Stadthaus. Geschäftsführer: Stadtgartenbauamtsrat Erich Mehlis, 674 Landau, Gartenamt, Annweiler Straße 8.

Deutsche Dendrologische Gesellschaft e. V. Präsident: Prof. Dr. Franz Meyer, 3002 Bissendorf, Fasanenstraße 11. Stellv. Präsident und Geschäftsführer: Hans Hardt, 5608 Dahlhausen–Wupper.

Deutsche Iris- und Liliengesellschaft e. V. Vorsitzender und Geschäftsführer: Hermann Hald, 725 Leonberg, Justinus-Kerner-Straße 11.

Deutsche Kakteen-Gesellschaft e. V. Anschrift: Horst Berk, 44 Münster, Marientalstraße 70/72.

Deutsche Orchideen-Gesellschaft. Präsident: Dr. Gustav Schoser, 6 Frankfurt/Main, Siesmayerstraße 61 (Palmengarten). Geschäftsstelle: 652 Worms, Postfach 575.

Deutsche Rhododendron-Gesellschaft e. V. Präsident: G. W. Hirschfeld, 282 Bremen-St. Magnus, Holthorst 14. Geschäftsführer: Willi Müller, 282 Bremen-Vegesack, I, Schönbecker Heidberg 4.

Verein Deutscher Rosenfreunde e. V. Präsident: Gartenbaudirektor Walter Rieger, 757 Baden-Baden, Frankreichstraße 12. Geschäftsführerin: Marianne von Rosenthal, 757 Baden-Baden, Lichtentalerstraße 16, Postfach 1011.

1
Adonis amurensis

2
Aethionema armenum 'Warley Rose'

3
Alyssum saxatile 'Citrinum'

4
Anacyclus depressus

5
Anagallis monelli 'Grandiflora'

6
Anagallis monelli

7
Androsace helvetica

8
Androsace villosa 'Jacquemontii'

9
Androsace
lanuginosa

10
Androsace
pyrenaica

11
Androsace villosa
'Arachnoidea'

12
Anthemis
cupaniana

13
Arabis caucasica
'Plena'

14
Armeria caespitosa
'Bevans Variety'

15
Armeria maritima
'Vindictive'

16
Asperula
suberosa

17
Aster alpinus

18
Astilbe chinensis 'Pumila'

19
Aubrieta 'Barkers Double'

20
Aubrieta 'Lavender Queen'

21
Boykinia jamesii

22
Calceolaria darwinii

23
Campanula carpatica

24
Campanula cochleariifolia 'Alba'

25
Campanula garganica

26
Campanula portenschlagiana

27
Campanula zoysii

28
Cassiope 'Edinburgh

29
Cassiope lycopodioides

30
Celmisia coriacea

31
Celmisia petiolata

32
Celmisia spectabilis

33
Celsia acaulis

34
Cheiranthus cheiri 'Wenlock Beauty'

35
Chrysanthemum haradjanii

36
Codonopsis ovata

37
Convolvulus althaeoides

38
Convolvulus mauritanicus

39
Cornus canadensis

40
Corydalis cashmeriana

41
Chiastophyllum oppositifolium (syn. Cotyledon oppositifolia)

42
Cyananthus lobatus

43
Cyananthus microphyllus

44
Cypripedium calceolus

45
Cytisus ardoinii

46
Cytisus × beanii

47
Daphne cneorum

48
Daphne petraea 'Grandiflora'

49
Dianthus alpinus

50
Dianthus deltoides

51
Dianthus gratianopolitanus

52
Dianthus pavonius

53
Dicentra peregrina

54
Dimorphotheca barberiae

55
Dionysia aretioides

56
Dodecatheon alpinum

57
Douglasia
vitaliana

58
Draba bryoides
'Imbricata'

59
Draba mollissima

60
Dryas octopetala

61
Edraianthus
pumilio

62
Edraianthus serpylli-
folius 'Major'

63
Erigeron
aureus

64
Erigeron
karvinskianus

65
Erinacea anthyllis

66
Eritrichium nanum

67
Erodium corsicum
'Rubrum'

68
Erodium
guttatum

69
Euphorbia myrsinites

70
Euryops acraeus

71
Gentiana acaulis

72
Gentiana 'Inverleith'

73
Gentiana septemfida
'Lagodechiana'

74
Gentiana
saxosa

75
Gentiana sino-ornata

76
Gentiana verna

77
Gentiana
verna

78
Geranium cinereum
'Ballerina'

79
Geranium
subcaulescens

80
Glaucidium
palmatum

81
Gypsophila repens
'Rosea'

82
Haberlea rhodopensis
'Virginalis'

83
Hacquetia
epipactis

84
Helianthemum
'Ben Hope'

85
Helianthemum
'Fire Dragon'

86
Helichrysum
frigidum

87
Helichrysum
milfordiae

88
Hepatica × ballardii

89
Hepatica
nobilis

90
Hypericum
polyphyllum

91
Hypericum
cerastioides

92
Iberis
saxatilis

93
Iris douglasiana

94
Iris lacustris

95
Iris verna

96
Jankaea heldreichii

97
Plagiorhegma dubium (syn. Jeffersonia dubia)

98
Leontopodium alpinum

99
Leptospermum scoparium 'Nanum'

100
Helichrysum leontopodium (syn. Leucogenes leontopodium)

101
Lewisia cotyledon

102
Lewisia cotyledon

103
Lewisia cotyledon 'Howellii'

104
Lewisia tweedyi

105
Linum elegans
'Gemmells Hybrid'

106
Linum
elegans

107
Lithodora diffusa
'Grace Ward'

108
Lithodora oleifolia

109
Lysimachia
nummularia

110
Mimulus
primuloides

111
Moltkia × intermedia

112
Morisia monanthos

113
Nierembergia repens

114
Omphalodes cappadocica

115
Omphalodes luciliae

116
Omphalogramma vinciflorum

117
Orchis elata

118
Orchis maculata

119
Orchis foliosa

120
Origanum amanum

121
Orphanidesia gaultherioides

122
Ourisia elegans

123
Oxalis adenophylla

124
Oxalis inops

125
Oxalis laciniata

126
Papaver alpinum

127
Penstemon fruticosus 'Crassifolius'

128
Penstemon newberryi

129
Penstemon scouleri
'Alba'

130
Petrocosmea
kerrii

131
Phlox adsurgens

132
Phlox amoena

133
Phlox
bifida

134
Phlox douglasii
'Ronsdorfer Schöne'

135
Phlox
nana

136
Phlox subulata
'Temiscaming'

137
Phyteuma comosum

138
Platycodon grandiflorum 'Mariesii'

139
Pleione formosana

140
Pleione formosana 'Alba'

141
Pleione pogonioides

142
Polygala calcarea

143
Polygala chamaebuxus 'Rhodoptera'

144
Polygonum affine 'Donald Lowndes'

145
Polygonum vaccinii-
folium

146
Potentilla nitida
'Rubra'

147
Primula allionii

148
Primula auricula

149
Primula × pubescens
'Queen Alexandra'

150
Primula denticulata
'Alba'

151
Primula edgeworthii

152
Primula farinosa

153
Primula forrestii

154
Primula 'Garryarde Guinevere'

155
Primula gracilipes

156
Primula nutans

157
Primula pubescens 'Rufus'

158
Primula reidii

159
Primula rosea 'Visser de Greer'

160
Primula sieboldii 'Alba'

161
Primula spectabilis

162
Primula vialii

163
Primula vulgaris

164
Primula whitei

165
Prunus prostrata

166
Pulmonaria angustifolia

167
Pulsatilla alpina

168
Pulsatilla halleri

169
Pulsatilla alpina
'Sulphurea'

170
Pulsatilla
vernalis

171
Pulsatilla
vulgaris

172
Pulsatilla vulgaris
'Alba'

173
Pulsatilla vulgaris
'Rubra'

174
Punica granatum
'Nana'

175
Ramonda
myconi

176
Ranunculus
amplexicaulis

177
Ranunculus ficaria 'Major'

178
Ranunculus glacialis

179
Ranunculus gramineus

180
Raoulia lutescens

181
Rhodohypoxis baurii

182
Rhodohypoxis 'Margaret Rose'

183
Roscoea cautleoides

184
Roscoea humeana

185
Salix
reticulata

186
Sanguinaria
canadensis 'Plena'

187
Saponaria ocymoides
'Rubra Compacta'

188
Saxifraga
paniculata

189
Saxifraga
× apiculata

190
Saxifraga
burseriana 'Gloria'

191
Saxifraga burseriana
'Sulphurea'

192
Saxifraga ferdinandi-
coburgii

193
Saxifraga
cortusifolia 'Fortunei'

194
Saxifraga
grisebachii

195
Saxifraga
× jenkinsae

196
Saxifraga
longifolia

197
Saxifraga oppositi-
folia 'Splendens'

198
Saxifraga
'Peter Pan'

199
Saxifraga × jenkinsae
'Riverslea'

200
Saxifraga umbrosa
'Primuloides'

201
Schizocodon
soldanelloides
'Magnus'

202
Sedum acre

203
Sedum spathulifolium
'Capa Blanca'

204
Sedum spurium
'Schorbusser Blut'

205
Sempervivum
arachnoideum

206
Sempervivum
'Commander Hay'

207
Sempervivum
montanum

208
Shortia
uniflora

209
Sisyrinchium
bermudiana

210
Soldanella
alpina

211
Soldanella
montana

212
Soldanella
pusilla 'Alba'

213
Thlaspi
rotundifolium

214
Thymus serpyllum
'Coccineus'

215
Ptilotus manglesii
(syn. Trichinium
manglesii)

216
Tropaeolum
polyphyllum

217
Verbascum dumulosum

218
Verbascum spinosum

219
Veronica prostrata

220
Viola gracilis 'Major'

221
Viola tricolor

222
Waldsteinia ternata

223
Weldenia candida

224
Zauschneria cana

225
Ageratum
houstonianum

226
Agrostemma githago
'Milas'

227
Alonsoa warscewiczii

228
Althaea rosea

229
Althaea rosea
'Powder Puffs'

230
Lobularia maritima
(syn. Alyssum
maritimum) 'Minima'

231
Lobularia maritima
(syn. Alyssum
maritimum)
'Violet Queen'

232
Amaranthus
caudatus

233
Amaranthus tricolor

234
Ammobium alatum 'Grandiflorum'

235
Anchusa capensis 'Blue Bird'

236
Antirrhinum majus 'Floral Carpet'

237
Antirrhinum majus 'Glamour Shades Double'

238
Arctotis breviscapa

239
Arctotis-Hybriden

240
Argemone mexicana

241
Atriplex hortensis

242
Begonia (Semperflorens-Hybride) 'Organdy'

243
Bellis perennis 'Pomponette'

244
Brachycome iberidifolia

245
Briza maxima

246
Calandrinia umbellata 'Amaranth'

247
Calceolaria-Hybride 'Nana'

248
Calendula officinalis 'Geisha Girl'

249
Calendula officinalis
'Lemon Queen'

250
Calendula officinalis
'Orange King
Improved'

251
Callistephus chinensis

252
Callistephus chinensis

253
Callistephus chinensis

254
Callistephus chinensis

255
Campanula medium
'Calycanthema'

256
Capsicum
annuum

257
Celosia argentea
'Cristata'

258
Celosia argentea
'Plumosa'

259
Centaurea cyanus
'Julep'

260
Centaurea
moschata

261
Erysimum × allionii
(syn. Cheiranthus
× allionii)
'Lemon Delight'

262
Cheiranthus
cheiri

263
Chenopodium
amaranticolor

264
Chrysanthemum
carinatum
'Monarch Court
Jesters'

265
Chrysanthemum
coronarium
'Golden Glory'

266
Chrysanthemum
segetum
'Eastern Star'

267
Senecio bicolor
(syn. Cineraria
maritima)
'Candicans'

268
Senecio-Cruentus-
Hybriden
(syn. Cineraria
× hybrida)

269
Clarkia unguiculata
'Plena'

270
Cleome spinosa
'Helen Campbell'

271
Collinsia
heterophylla

272
Convolvulus tricolc
'Royal Ensign'

273
Convolvulus tricolor
'Royal Marine'

274
Coreopsis tinctoria
'Dazzler'

275
Cosmos sulphureus
'Klondyke Early
Goldcrest'

276
Cosmos
bipinnatus
'Sensation'

277
Cotula barbata

278
Crepis rubra

279
phea llavea 'Firefly'
(siehe Bemerkung
Seite 284)

280
Dahlia
'Coltness Scarlet Gem'

281
Dahlia
'Unwins Dwarf'

282
Delphinium ajacis
'Plenum'

283
Dianthus
barbatus

284
Dianthus
caryophyllus
'Giant Chabaud'

285
Dianthus chinensis
'Heddewigii Gaiety'

286
Dianthus
'Sweet Wivelsfield'

287
Diascia barberae

288
Didiscus caeruleus

289
Digitalis purpurea
'Excelsior-Hybride'

290
Digitalis purpurea
'Foxy'

291
Dimorphotheca
sinuata

292
Echium lycopsis
'Blue Bedder'

293
Echium
lycopsis
'Dwarf Hybrids'

294
Eschscholzia
californica
'Mission Bells'

295
Clarkia concinna
(syn. Eucharidium
concinnum)
'Pink Ribbon'

296
Gaillardia pulchella
'Lorenziana-
Hybriden'

297
Gazania-Hybride

298
Gilia-Hybriden

299
Glaucium flavum

300
Godetia-Hybride 'Sybil Sherwood'

301
Godetia-Hybride 'Vivid'

302
Gomphrena globos 'Buddy'

303
Gypsophila elegans 'London Market'

304
Helianthus annuus

305
Helichrysum
bracteatum
'Monstrosum'

306
Heliophila
longifolia

307
elipterum manglesii

308
Hordeum jubatum

309
Humulus scandens
'Variegatus'

310
Iberis umbellata
'Dwarf Fairy'

311
mpatiens balsamina
(Kamelienblütige)

312
Ipomoea violacea
'Praecox'

313
Centranthus
(syn. Kentranthus)
macrosiphon

314
Kochia
scoparia
'Trichophylla'

315
Lagurus
ovatus

316
Lathyrus odoratus
'Anne Vestey'

317
Lathyrus odoratus
'John Ness'

318
Lathyrus odoratus
'Knee-hi'

319
Lathyrus odoratus
'Leamington'

320
Lathyrus odoratus
'Pink Pride'

321
Lathyrus odoratus
'White Ensign'

322
Lavatera trimestris
'Sunset'

323
Layia
elegans

324
Coreopsis stillmanii
(syn. Leptosyne
stillmanii)

325
Limnanthes
douglasii

326
Limonium sinuatum
'Pacific Giants'

327
Limonium suworowii

328
Linaria maroccana

329
Linum grandiflorum
'Rubrum'

330
Lobelia erinus
'Cambridge Blue'

331
Lobelia erinus
'Mrs. Clibran
Improved'

332
Lobelia erinus
'Rosamunde'

333
Lunaria annua

334
Lupinus hartwegii

335
Silene coeli-rosa

336
Malcolmia
maritima

337
Malope
trifida

338
Proboscidea
louisianica
(syn. Martynia
louisianica)

339
Chrysanthemum
parthenium
(syn. Matricaria
parthenium,
M. eximia hort.)
'Balls Double White'

340
Chrysanthemum
parthenium
(syn. Matricaria
parthenium,
M. eximia hort.)
'Golden Ball'

341
Matthiola incana

342
Mentzelia lindleyi

343
Dorotheanthus
bellidiformis
(syn. Mesem-
bryanthemum
criniflorum)

344
Mimulus
variegatus

345
Mirabilis jalapa

346
Moluccella laevis

347
Myosotis sylvatica
'Blaue Kugel'

348
Nemesia-
Hybriden

349
Nemophila menziesii

350
Nicandra physaloides

351
Nicotiana alata
'Lime Green'

352
Nigella damascena
'Miss Jekyll'

353
Nigella damascena
'Persian Jewels'

354
Nolana acuminata
'Lavender Gown'

355
Papaver rhoeas
(Gefülltblühend)

356
Pennisetum
setaceum

357
Perilla frutescens
'Nankinensis'

358
Petunia-Hybride
'Blue Bedder'

359
Petunia-Hybride
'Pink Satin'

360
Phacelia campanularia
'Blue Bonnet'

361
Phlox drummondii
'Cuspidata Twinkle'

362
Platystemon
californicus

363
Portulaca grandiflora
'Flore Pleno'

364
Primula-Elatior-
Hybriden

365
Reseda odorata
'Goliath'

366
Ricinus communis
'Gibsonii'

367
Ricinus communis
'Zanzibarensis'

368
Rudbeckia hirta
'Gloriosa'

369
Salpiglossis sinuata
'Superbissima'

370
Salvia horminum
'Pink Sundae'

371
Salvia splendens
'Harbinger'

372
Sanvitalia
procumbens

373
Scabiosa
atropurpurea

374
Sedum
caeruleum

375
Silene pendula

376
Silybum marianum

377
Legousia speculum-veneris (syn. Specularia speculum)

378
Tagetes-Erecta-Hybride 'Golden Age'

379
Tagetes-Erecta-Hybride 'Spanish Brocade'

380
Tagetes-Patula-Hybride 'Dainty Marietta'

381
Tagetes-Patula-Hybride 'Harmony'

382
Tagetes tenuifolia 'Golden Gem'

383
Thunbergia alata

384
Thunbergia gregorii

385
Tithonia rotundifolia

386
Torenia fournieri 'Grandiflora'

387
Tropaeolum-Hybride

388
Tropaeolum-Hybride 'Flore Pleno'

389
Ursinia anethoides

390
Ursinia versicolor 'Golden Bedder'

391
Venidium fastuosum

392
Verbena-Hybriden

393
Viola-Cornuta-
Hybride
'Clear Crystals'

394
Viola-Cornuta-
Hybride
'Chantreyland'

395
Viola-Wittrockiana-
Hybriden

396
Viola-Wittrockiana-
Hybriden

397
Zinnia elegans
(Chrysanthemen-
blütige)

398
Zinnia elegans
(Dahlien-
blütige)

399
Zinnia angustifolia
'Persian Carpet'

400
Zinnia angustifolia
'Thumbelina'

401
Acalypha hispida

402
Aechmea fulgens

403
Aglaonema commutatum

404
Aglaonema roebelinii 'Silver Queen'

405
Aglaonema commutatum 'Treubii'

406
Allamanda cathartica

407
Aloe variegata

408
Anthurium andreanum

409
Ardisia crenata

410
Aristolochia elegans

411
Arum creticum

412
Asplenium nidus

413
Begonia (Knollenbegonien-Hybride, Pendula-Klasse)

414
Begonia masoniana

415
Begonia (Lorraine-Hybride) 'Ida'

416
Begonia (Lorraine-Hybride) 'Marina'

417
Begonia (Lorraine-Hybride) 'Leopold de Rothschild'

418
Begonia (Lorraine-Hybride) 'Regent'

419
Begonia (Knollenbegonien-Hybride) 'Buttermilk'

420
Begonia (Knollenbegonien-Hybride) 'Corona'

421
Begonia (Knollenbegonien-Hybride) 'Diana Wynyard'

422
Begonia (Knollenbegonien-Hybride) 'Elaine Tartellin'

423
Begonia (Knollenbegonien-Hybride) 'Fantasy'

424
Begonia (Knollenbegonien-Hybride) 'Gold Plate'

425
Begonia (Knollen-begonien-Hybride) 'Guardsman'

426
Begonia (Knollen-begonien-Hybride) 'Harlequin'

427
Begonia (Knollen-begonien-Hybride) 'Mary Heatley'

428
Begonia (Knollen-begonien-Hybride) 'Red Beacon'

429
Begonia (Knollen-begonien-Hybride) 'Roy Hartley'

430
Begonia (Knollen-begonien-Hybride) 'Sugar Candy'

431
Beloperone guttata

432
Billbergia nutans

433
Bomarea
kalbreyeri

434
Cattleya-Hybride
(Brassocattleya
'Magnifica')

435
Browallia
speciosa

436
Brunfelsia calycina
'Macrantha'

437
Caladium (Bicolor-
Hybride) 'Candidum'

438
Calceolaria-Hybride
(Grandiflora-Gruppe)

439
Calceolaria-Hybride
(Nana-Gruppe)

440
Campanula
isophylla

441
Canna-
Hybride

442
Cattleya-Hybride
'Catherine Subod'

443
Cephalocereus senilis

444
Cestrum aurantiacum

445
Cestrum
nevellii

446
Chamaecereus
silvestrii

447
Chlorophytum
comosum
'Variegatum'

448
Chrysanthemum
'Patricia
Barnett'

449
Chrysanthemum
'Red Majestic'

450
Chrysanthemum
'William Mascall'

451
Chrysanthemum
'Audrey Shoesmith'

452
Chrysanthemum
'Frances Jefferson'

453
Chrysanthemum
'John Rowe
Supreme'

454
Chrysanthemum
'Flash'

455
Chrysanthemum
'Parade'

456
Chrysanthemum
'Fair Lady'

457
Chrysanthemum
'Fred Shoesmith'

458
Chrysanthemum
'Glenshades'

459
Chrysanthemum
'Golden Mayford
Perfection'

460
Chrysanthemum
'Harmony'

461
Chrysanthemum
'Silver Haze'

462
Chrysanthemum
'Marion Stacey'

463
Chrysanthemum
'Yellow Graceland'

464
Chrysanthemum
'Peggy Stevens'

465
Chrysanthemum
'Preference'

466
Chrysanthemum
'Portrait'

467
Chrysanthemum
'Rayonnante'

468
Senecio-Cruentus-Hybride (syn. Cineraria × hybrida)

469
Cissus antarctica

470
Citrus microcarpa

471
Clerodendrum speciosissimum

472
Clerodendrum thomsoniae

473
Clianthus speciosus

474
Clivia miniata

475
Coccoloba
uvifera

476
Codiaeum variegatum
'Pictum'

477
Coelogyne
ochracea

478
Coleus-Blumei-
Hybride

479
Coleus
thyrsoideus

480
Columnea gloriosa
'Purpurea'

481
Cordyline terminalis

482
Coryphantha arizonica

483
Crassula arborescens

484
Crassula sarcocaulis

485
Cryptanthus fosterianus

486
Cyclamen persicum (Zimmer-Alpen-veilchen)

487
Cymbidium-Hybride 'Castle Hill'

488
Cymbidium-Hybride 'Ramley'

489
Cymbidium-Hybride
'Pinkie'

490
Cymbidium-Hybride
'Exbury'

491
Cymbidium-Hybride
'Vieux Rose'

492
Cyperus
papyrus

493
Paphiopedilum-Hybride (syn. Cypripedium hort.)
'Alma Gaevert'

494
Paphiopedilum-Hybride (syn. Cypripedium hort.)
'Regency'

495
Datura suaveolens
'Plenum'

496
Dendrobium-Hybrid
'Lyoth Gold'

497
)endrobium-Hybride
'Stella Hallmark'

498
Dendrobium-Hybride
'Virginale'

499
Dianthus (Edelnelke)
'Arthur Sim'

500
Dianthus (Edelnelke)
'Ballerina'

501
)ianthus (Edelnelke)
'Brighton Rock'

502
Dianthus (Edelnelke)
'Brocade'

503
)ianthus (Edelnelke)
'Edna Samuel'

504
Dianthus (Edelnelke)
'Flamingo Sim'

505
Dianthus (Edelnelke)
'Fragrant Ann'

506
Dianthus (Edelnelke
'Heather Beauty'

507
Dianthus (Edelnelke)
'Helios'

508
Dianthus (Edelnelke
'Hollywood Sim'

509
Dianthus (Edelnelke)
'Montys Pale Rose'

510
Dianthus (Edelnelke
'William Sim'

511
Dieffenbachia
'Amoena'

512
Dieffenbachia
'Exotica'

513
Dieffenbachia
'Roehrsii'

514
Dizygotheca
elegantissima

515
Dracaena deremensis
'Bausei'

516
Dracaena fragrans
'Massangeana'

517
Dracaena marginata

518
Dracaena sanderiana

519
Echeveria gibbiflora
'Metallica'

520
Echinocactus
grusonii

521
Echinocereus scheerii

522
Epidendrum ibaguense

523
Nopalxochia × ackermannii („Epiphyllum“)

524
Nopalxochia-Hybride („Epiphyllum“)

525
Eucharis grandiflora

526
Euphorbia fulgens

527
× Fatshedera lizei 'Variegata'

528
Ficus benjamina

529
Ficus elastica
'Decora'

530
Ficus elastica
'Schryveriana'

531
Ficus
pumila

532
Ficus radicans
'Variegata'

533
Fittonia
verschaffeltii

534
Fuchsia
'Coachman'

535
Fuchsia
(Triphylla-Hybride)
'Heinrich Henkel'

536
Fuchsia
'Mission Bells'

537
Fuchsia
'Molesworth'

538
Fuchsia
'Red Spider'

539
Fuchsia
'Television'

540
Gynura
procumbens

541
Gynura procumbens
(Purpurform)

542
Haemanthus
katharinae

543
Hedera canariensis
'Gloire de Marengo'

544
Hedera helix
'Eva'

545
Hedera helix
'Jubilee'

546
Hedera helix
'Little Diamond'

547
× Heliaporus
mallisonii

548
Hibiscus
rosa-sinensis

549
Hippeastrum
aulicum

550
Hippeastrum
× johnsonii

551
Hippeastrum-
Hybride

552
Impatiens
walleriana 'Petersiana'

553
Senecio haworthii
(syn. Kleinia
tomentosa)

554
Lachenalia
aloides
'Nelsonii'

555
Lithops
species

556
Maranta leuconeura
'Kerchoveana'

557
Maxillaria
lepidota

558
Miltonia-Hybride
'Isis'

559
Miltonia-Hybride
'Lyoth Alpha'

560
Monstera deliciosa
'Borsigiana'

561
Neoregelia carolinae
'Tricolor'

562
Neoregelia princeps
'Marechalii'

563
Nerine sarniensis
'Corusca Major'

564
Nerine sarniensis
'Miss E. Cator'

565
Nidularium
innocentii

566
Notocactus
mammulosus

567
Nymphaea
capensis

568
Nymphaea capensis
'Zanzibariensis'

569
Nymphaea lotus
'Dentata'

570
Nymphaea
rubra

571
Nymphaea rubra
'B. G. Berry'

572
Nymphaea
'Daubenyana'

573
Nymphaea
'Dir. Geo. T. Moore'

574
× Odontioda
'Astomar'

575
× Odontioda
'Colwell'

576
× Odontioda
'Marzorka'

577
Odontoglossum
'Alport'

578
Odontoglossum
'Edalva'

579
Odontoglossum
'Lyoth Aura'

580
× Odontonia
'Regal'

581
× Odontonia
'Lyoth Majesty'

582
× Odontonia
'Icefall'

583
puntia phaeacantha

584
Oscularia deltoides

585
Pamianthe
peruviana

586
Pelargonium crispum
'Variegatum'

587
Pelargonium
(Grandiflorum-
Gruppe)
'Applause'

588
Pelargonium
(Grandiflorum-
Gruppe)
'Aztec'

589
Pelargonium
(Grandiflorum-
Gruppe)
'Braque'

590
Pelargonium
(Grandiflorum-
Gruppe)
'Carisbrooke'

591
Pelargonium
(Grandiflorum-
Gruppe)
'Cezanne'

592
Pelargonium
(Grandiflorum-
Gruppe)
'Degas'

593
Pelargonium
(Grandiflorum-
Gruppe)
'Doris Frith'

594
Pelargonium
(Grandiflorum-
Gruppe)
'Grand Slam'

595
Pelargonium
(Grandiflorum-
Gruppe)
'Renoir'

596
Pelargonium
(Grandiflorum-
Gruppe)
'Rogue'

597
Pelargonium
(Grandiflorum-
Gruppe)
'South American
Bronze'

598
Pelargonium
(Zonale-
Gruppe)
'A Happy
Thought'

599
Pelargonium
(Zonale-Gruppe)
'Flower of the Day'

600
Pelargonium
(Zonale-Gruppe)
'Mrs. Henry Cox'

601
Pelargonium
(Zonale-Gruppe)
'The Czar'

602
Pelargonium
(Zonale-Gruppe)
'Elaine'

603
Pelargonium
(Zonale-Gruppe)
'Elizabeth Angus'

604
Pelargonium
(Zonale-Gruppe)
'Festiva Maxima'

605
Pelargonium
(Zonale-Gruppe)
'Gazelle'

606
Pelargonium
(Zonale-Gruppe)
'Irene Genie'

607
Pelargonium
(Zonale-Gruppe)
'Jane Campbell'

608
Pelargonium
(Zonale-Gruppe)
'Lief'

609
Pelargonium
(Zonale-Gruppe)
'Muriel Parsons'

610
Pelargonium
(Zonale-Gruppe)
'Orangesonne'

611
Pelargonium
(Zonale-Gruppe
'Xenia Field'

612
Pelargonium
(Zonale-Gruppe)
'Zinc'

613
Pelargonium
(Peltatum-Gruppe)
'Claret Crousse'

614
Pelargonium
(Peltatum-Gruppe)
'Crocodile'

615
Pelargonium
(Peltatum-Gruppe)
'King Edward VII'

616
Pelargonium
(Peltatum-Gruppe)
'L'Elegante'

617
Pelargonium
(Peltatum-Gruppe)
'Trotting Hill'

618
Peperomia
argyreia

619
Peperomia
caperata

620
Peperomia
griseo-argentea

621
Peperomia obtusifolia
'Variegata'

622
Philodendron
„hastatum"

623
Philodendron
laciniatum

624
Philodendron
melanochrysum

625
Philodendron scandens

626
Phoenix roebelinii

627
Pilea cadierei 'Nana'

628
Dracaena (syn. Pleomele) reflexa 'Song of India'

629
Podocarpus gracilior

630
Polianthes tuberosa

631
Primula malacoides

632
Primula obconica

633
´Rebutia minuscula

634
Rebutia xanthocarpa

635
Rhipsalidopsis
rosea

636
Cissus rhombifolia
(syn. Rhoicissus
rhomboidea)

637
Saintpaulia ionantha

638
Saintpaulia ionantha

639
Saintpaulia ionantha

640
Saintpaulia ionantha

641
Sansevieria
grandis

642
Sansevieria
trifasciata 'Hahnii'

643
Sansevieria
trifasciata
'Laurentii'

644
Rhipsalidopsis
gaertneri
(syn. Schlumbergera
gaertneri)

645
aphidophora aurea
(syn. Scindapsus
aureus)

646
Sedum
sieboldii
'Mediovariegatum'

647
laginella involvens
'Argentea'

648
Sinningia-
Hybride

649
Sonerila
margaritacea

650
Spathiphyllum
wallisii

651
Stephanotis
floribunda

652
Streptocarpus-
Hybride
'Constant Nymph'

653
Streptosolen
jamesonii

654
Trichocereus
candicans

655
× Wilsonara
(Odontoglossum-
Hybride) 'Lyoth'

656
Zygocactus
truncatus

657
Acidanthera bicolor
'Murielae'

658
Allium
aflatunense

659
Allium beesianum

660
Allium cernuum

661
Allium christophii

662
Allium flavum

663
Allium karataviense

664
Allium moly

665
Allium
narcissiflorum

666
Allium
oreophilum

667
Allium
pulchellum

668
Allium
schoenoprasum

669
Allium siculum

670
Amaryllis belladonna

671
Anemone blanda
'Atrocoerulea'

672
Anemone coronaria
'De Caen'

673
Anemone nemorosa
'Allenii'

674
Anemone
pavonina

675
Anemone pavonina
'St. Bavo'

676
Arum
italicum

677
Brevoortia
coccinea

678
Triteleia laxa
(syn. Brodiaea laxa)

679
alochortus uniflorus

680
Camassia cusickii

681
Camassia quamash

682
Cardiocrinum giganteum

683
Chionodoxa luciliae

684
Chionodoxa luciliae 'Pink Giant'

685
Chionodoxa sardensis

686
Colchicum autumnal

687
Colchicum byzantinum 'Cilicicum'

688
Colchicum speciosum

689
Colchicum speciosum
'Album'

690
Colchicum speciosum
'The Giant'

691
Corydalis solida

692
× Crindonna corsii

693
Crinum
× powellii

694
Crocosmia
'Jackanapes'

695
Crocosmia
masonorum

696
Crocus
flavus

697
Crocus chrysanthus
'Blue Pearl'

698
Crocus chrysanthus
'Cream Beauty'

699
Crocus chrysanthus
'E. Aug. Bowles'

700
Crocus chrysanthus
'Goldilocks'

701
Crocus chrysanthus
'Ladykiller'

702
Crocus chrysanthus
'Warley'

703
Crocus etruscus

704
Crocus imperati

705
Crocus laevigatus

706
Crocus minimus

707
Crocus sieberi

708
Crocus tomasinianus

709
Crocus tomasinianus
'Whitewell Purple'

710
Crocus vernus
'Vanguard'

711
Crocus
'Kathleen Parlow'

712
Crocus
'Negro Boy'

713
Crocus 'Purpureus Grandiflorus'

714
Crocus 'Yellow Giant'

715
Crocus nudiflorus

716
Crocus speciosus

717
Crocus speciosus 'Oxonian'

718
Cyclamen cilicicum

719
Cyclamen coum

720
Cyclamen libanoticu

721
Cyclamen linearifolium

722
Cyclamen persicum (Wildform)

723
Cyclamen pseudibericum

724
Cyclamen vernale

725
ierama pulcherrima

726
Dracunculus vulgaris

727
Scilla non-scripta (syn. Endymion)

728
Eranthis cilicica

729
Eranthis hyemalis

730
Eranthis × tubergenii

731
Erythronium
dens-canis
'Rose Queen'

732
Erythronium
revolutum
'White Beauty'

733
Eucomis bicolor

734
Freesia-Hybride

735
Freesia-
Hybriden

736
Fritillaria
acmopetala

737
Fritillaria imperialis 'Aurora'

738
Fritillaria imperialis 'Lutea Maxima'

739
Fritillaria meleagris 'Alba'

740
Fritillaria meleagris 'Purple King'

741
Fritillaria pallidiflora

742
Galanthus elwesii

743
Galanthus ikariae

744
Galanthus nivalis

745
Galanthus nivalis
'S. Arnott'

746
Galanthus
plicatus

747
Galtonia candicans

748
Gladiolus byzantinu

749
Gladiolus
(Colvillei-Gruppe)
'Charm'

750
Gladiolus
(Colvillei-Gruppe)
'Robinette'

751
Gladiolus
(Colvillei-Gruppe)
'Spring Glory'

752
Gladiolus
'Black Jack'

753
Gladiolus
'Golden Standard'

754
Gladiolus
'Peter Pears'

755
Gladiolus
'Purple Star'

756
Gladiolus
'Toulouse-Lautrec'

757
Gladiolus
(Butterfly-Gruppe)
'Chinatown'

758
Gladiolus
(Butterfly-Gruppe)
'Green Woodpecker'

759
Gladiolus
(Butterfly-Gruppe)
'Mokha'

760
Gladiolus
(Butterfly-Gruppe)
'Page Polka'

761
Gladiolus
(Primulinus-Gruppe)
'Chartres'

762
Gladiolus
(Primulinus-Gruppe)
'Sappho'

763
Gladiolus
(Primulinus-Gruppe)
'Treasure'

764
Hermodactylus
tuberosus

765
Hyacinthus
amethystinus

766
Hyacinthus
'Cynthella'

767
Hyacinthus
'Cynthella'

768
Hyacinthus
(verschiedene Sorten

769
Hyacinthus
'Ostera'

770
Hyacinthus
'Perle Brilliant'

771
Hyacinthus
'Princess Margaret'

772
Hyacinthus
'Queen of the Whites'

773
Ipheion uniflorum

774
Iris aucheri

775
Iris bakeriana

776
Iris bucharica

777
Iris
danfordiae

778
Iris histrioides
'Major'

779
Iris planifolia

780
Iris reticulata

781
Iris reticulata
'Cantab'

782
Iris reticulata
'Clarette'

783
Iris reticulata
'Harmony'

784
Iris
tingitana

785
Iris
(Spanische Iris)

786
Iris
(Spanische Iris)
'Gipsy Girl'

787
Iris
(Spanische Iris)
'King of the Blues'

788
Iris
(Holländische Iris)
'Blue Champion'

789
Iris
(Holländische Iris)
'Lemon Queen'

790
Iris
(Holländische Iris)
'Wedgwood'

791
Iris
acutiloba

792
Iris (Regeliocyclus)
'Chione'

793
Lapeyrousia
laxa

794
Leucojum aestivum
'Gravetye Giant'

795
Leucojum
autumnale

796
Leucojum vernum
'Carpathicum'

797
Lilium
auratum

798
Lilium
(Bellingham-Hybri

799
Lilium (Bellingham-
Hybride) 'Shuksan'

800
Lilium
'Black Dragon'

801
Lilium 'Brocade'

802
Lilium canadense

803
Lilium candidum

804
Lilium 'Cinnabar'

805
Lilium 'Destiny'

806
Lilium 'Enchantment'

807
Lilium
'Golden Clarion'

808
Lilium
henryi

809
Lilium × hollandicum 'Grandiflorum'

810
Lilium japonicum

811
Lilium 'Limelight'

812
Lilium martagon

813
Lilium pardalinum

814
Lilium × parkmann

815
Lilium 'Pink Glory'

816
Lilium pyrenaicum

817
Lilium regale

818
Lilium 'Royal Gold'

819
Lilium rubellum

820
Lilium speciosum 'Melpomene'

821
Lilium szovitsianum

822
Lilium × testaceum

823
Muscari armeniacum

824
Muscari botryoides

825
Muscari botryoides
'Album'

826
Muscari comosum
'Plumosum'

827
Muscari
latifolium

828
Muscari
aucheri

829
Narcissus
asturiensis

830
Narcissus
bulbocodium

831
Narcissus
bulbocodium
'Conspicuus'

832
Narcissus
bulbocodium
'Romieuxii'

833
Narcissus
cyclamineus

834
Narcissus
jonquilla

835
Narcissus
juncifolius

836
Narcissus
lobularis

837
Narcissus
× minicycla

838
Narcissus
pseudonarcissus

839
Narcissus
pseudonarcissus
'W. P. Milner'

840
Narcissus
triandrus

841
Narcissus triandrus
'April Tears'

842
Narcissus triandrus
'Hawera'

843
Narcissus triandrus
'Silver Chimes'

844
Narcissus
watieri

845
Narcissus (Gruppe 1)
'Kingscourt'

846
Narcissus (Gruppe 1
'Preamble'

847
Narcissus (Gruppe 1)
'Vigil'

848
Narcissus (Gruppe 2
'Ceylon'

849
Narcissus (Gruppe 2)
'Fortune'

850
Narcissus (Gruppe 2)
'Arbar'

851
Narcissus (Gruppe 2)
'Tudor Minstrel'

852
Narcissus (Gruppe 3)
'Chungking'

853
Narcissus (Gruppe 3)
'Rockall'

854
Narcissus (Gruppe 3)
'Chinese White'

855
Narcissus (Gruppe 4)
'Double Event'

856
Narcissus (Gruppe 6)
'February Gold'

857
Narcissus (Gruppe 6)
'Charity May'

858
Narcissus (Gruppe 6)
'Dove Wings'

859
Narcissus (Gruppe 6)
'Peeping Tom'

860
Narcissus (Gruppe 7)
'Trevithian'

861
Narcissus (Gruppe 8)
'Cragford'

862
Narcissus (Gruppe 8)
'Grand Soleil d'Or'

863
Narcissus (Gruppe 8)
'Paperwhite Grandiflora'

864
Narcissus (Gruppe 8)
'Geranium'

865
Nerine
bowdenii

866
Nerine bowdenii
'Fenwicks Variety'

867
Nomocharis
pardanthina

868
Nomocharis
saluenensis

869
Ornithogalum
nutans

870
Ornithogalum
thyrsoides

871
Ornithogalum
umbellatum

872
Pancratium
illyricum

873
Puschkinia scilloides
'Libanotica'

874
Ranunculus
asiaticus

875
Romulea
bulbocodium

876
Schizostylis
coccinea

877
Schizostylis
coccinea
'Mrs. Hegarty'

878
Scilla
bifolia

879
Scilla peruviana

880
Scilla pratensis

881
Scilla sibirica

882
Scilla tubergeniana

883
Sprekelia formosissima

884
Sternbergia lutea

885
Tecophilaea cyanocrocus

886
Tigridia pavonia

887
Trillium chloropetalum

888
Trillium grandiflorum

889
Trillium sessile

890
Tropaeolum tricolor

891
Tropaeolum
tuberosum

892
Tulipa
clusiana

893
Tulipa
eichleri

894
Tulipa
(Fosteriana-Hybride)
'Red Emperor'

895
Tulipa
(Fosteriana-Hybride)
'Purissima'

896
Tulipa
greigii

897
Tulipa
kaufmanniana

898
Tulipa
(Kaufmanniana-
Hybride)
'Shakespeare'

899
Tulipa
kolpakowskiana

900
Tulipa
linifolia

901
Tulipa
praestans

902
Tulipa (Fosteriana-
Hybride) 'Princeps'

903
Tulipa stellata
'Chrysantha'

904
Tulipa
tarda

905
Tulipa turkestanica

906
Tulipa violacea

907
Tulipa whittalli

908
Tulipa (Gruppe 2) 'Brilliant Star Maximus'

909
Tulipa (Gruppe 2) 'Keizerskroon'

910
Tulipa (Gruppe 3)

911
Tulipa (Gruppe 15) 'Eros'

912
Tulipa (Gruppe 15) 'Mt. Tacoma'

913
Tulipa (Gruppe 5)
'Mary Housley'

914
Tulipa (Gruppe 5)
'Ringo'

915
Tulipa (Gruppe 9)
'Dyanito'

916
Tulipa (Gruppe 9)
'Mariette'

917
Tulipa (Gruppe 9)
'Queen of Sheba'

918
Tulipa (Gruppe 10)
'Blushing Bride'

919
Tulipa (Gruppe 10)
'Dillenburg'

920
Tulipa (Gruppe 10)
'Marshal Haig'

921
Tulipa (Gruppe 10)
'Mrs. John Scheepers'

922
Tulipa (Gruppe 10)
'Artist'

923
Tulipa (Gruppe 10)
'Greenland'

924
Tulipa (Gruppe 6)
'Glacier'

925
Tulipa (Gruppe 6)
'Niphetos'

926
Tulipa (Gruppe 6)
'Sweet Harmony'

927
Tulipa (Gruppe 6)
'Mamasa'

928
Tulipa (Gruppe 6)
'Queen of Bartigons'

929
Tulipa (Gruppe 6)
'Nobel'

930
Tulipa (Gruppe 6)
'Scarlet O'Hara'

931
Tulipa (Gruppe 6)
'La Tulipe Noire'

932
Tulipa (Gruppe 7)
'Apeldoorn'

933
Tulipa (Gruppe 7)
'Gudoshnik'

934
Tulipa (Gruppe 7)
'Jewel of Spring'

935
Tulipa (Gruppe 7)
'Oxford'

936
Tulipa (Gruppe 11)
'Cordell Hull'

937
Tulipa (Gruppe 12)
'Absalon'

938
Tulipa (Gruppe 13)
'May Blossom'

939
Tulipa (Gruppe 14)
'Fantasy'

940
Tulipa (Gruppe 14)
'Orange Parrot'

941
Vallota speciosa

942
Watsonia beatricis

943
Zantedeschia
aethiopica

944
Zephyranthes
candida

945
Acanthus spinosus

946
Achillea 'Clypeolata'

947
Achillea
'Coronation Gold'

948
Achillea filipendulina
'Schwefelblüte'

949
Achillea millefolium
'Fire King'

950
Achillea
'Moonshine'

951
Achillea ptarmica
'Boule de Neige'

952
Aconitum napellus
'Newry Blue'

953
Agapanthus orientalis

954
Ajuga pyramidalis

955
Ajuga reptans
'Multicolor'

956
Alchemilla
mollis

957
Alstroemeria
aurantiaca

958
Alstroemeria-Ligtu-
Hybriden

959
Amsonia
tabernaemontana

960
Anaphalis
nubigena

961
Anaphalis triplinervis

962
Anaphalis yedoensis

963
Anchusa italica 'Loddon Royalist'

964
Anemone hupehensis

965
Anemone × lesseri

966
Anemone narcissiflora

967
Anthemis sancti-johannis

968
Anthemis tinctoria 'Grallagh Gold'

969
Anthemis tinctoria
'Perrys Variety'

970
Anthemis tinctoria
'Wargrave Variety'

971
Anthericum
liliago

972
Aponogeton
distachyos

973
Aquilegia-Hybride

974
Aquilegia-Hybride

975
Echioides
longiflorum (syn.
Arnebia echioides)

976
Artemisia
absinthium
'Lambrook Silver'

977
Artemisia lactiflora

978
Artemisia maritima 'Nutans'

979
Aruncus dioicus

980
Aster sedifolius

981
Aster amellus 'King George'

982
Aster amellus 'Rudolf Goethe'

983
Aster × frikartii

984
Aster linosyris

985
Aster novae-angliae
'Septemberrubin'

986
Aster novi-belgii
'Ada Ballard'

987
Aster novi-belgii
'Ernest Ballard'

988
Aster novi-belgii
'Marie Ballard'

989
Aster novi-belgii
'Winston S. Churchill'

990
Aster dumosus
'Jenny'

991
Aster dumosus
'Snowsprite'

992
Aster
spectabilis

993
Aster thomsonii
'Nanus'

994
Astilbe-Arendsii-
Hybride

995
stilbe 'Deutschland'

996
Astilbe 'Fanal'

997
Astilbe 'Granat'

998
Astilbe 'Hyazinth'

999
Astrantia
maxima

1000
Ballota
pseudodictamnus

1001
Baptisia australis

1002
Bergenia delavayi

1003
Bergenia purpurascens

1004
Bletilla striata

1005
Brunnera macrophylla

1006
Buphthalmum salicifolium

1007
Butomus umbellatus

1008
Calamintha nepeta

1009
Caltha palustris
'Multiplex'

1010
Campanula
× burghaltii

1011
ampanula glomerata
'Superba'

1012
Campanula lactiflora
'Loddon Anne'

1013
Campanula latifolia
'Alba'

1014
Campanula persici-
folia 'Bluebell'

1015
Campanula persici-
ia 'Telham Beauty'

1016
Catananche
caerulea

1017
Cautleya
robusta

1018
Centaurea dealbata
'John Coutts'

1019
Centaurea dealbata
'Steenbergii'

1020
Centaurea montana
'Parham'

1021
Cheiranthus cheiri
'Harpur Crewe'

1022
Cheiranthus cheiri
'Moonlight'

1023
Cheiranthus cheiri
'Rufus'

1024
Chelone
obliqua

1025
Chrysanthemum
(Indicum-Hybride)
'Topper'

1026
Chrysanthemum
(Indicum-Hybride)
'Cherry Glow'

1027
Chrysanthemum
(Indicum-Hybride)
'Headliner'

1028
Chrysanthemum
(Indicum-Hybride)
'Regalia'

1029
Chrysanthemum
(Indicum-Hybride)
'Standard'

1030
Chrysanthemum
(Indicum-Hybride)
'Tracey Waller'

1031
Chrysanthemum
(Indicum-Hybride)
'Evelyn Bush'

1032
Chrysanthemum
(Indicum-Hybride)
'Harry James'

1033
Chrysanthemum
(Indicum-Hybride)
'Incurved Primrose
Evelyn Bush'

1034
Chrysanthemum
(Indicum-Hybride)
'Joe Edwards'

1035
Chrysanthemum
(Indicum-Hybride)
'Kathleen Doward'

1036
Chrysanthemum
(Indicum-Hybride)
'Westfield Bronze'

1037
Chrysanthemum
(Indicum-Hybride)
'Cameo'

1038
Chrysanthemum
(Indicum-Hybride)
'Fairie'

1039
Chrysanthemum
(Indicum-Hybride)
'Grandchild'

1040
Chrysanthemum
(Indicum-Hybride)
'Jante Wells'

1041
Chrysanthemum
(Indicum-Hybride)
'Masquerade'

1042
Chrysanthemum
(Indicum-Hybride)
'Brightness'

1043
Chrysanthemum
(Indicum-Hybride)
'Golden Orfe'

1044
Chrysanthemum
(Indicum-Hybride)
'Gold Treasure'

1045
Chrysanthemum
(Indicum-Hybride)
'Charm Spoon'

1046
Chrysanthemum
(Indicum-Hybride)
'Garnet Spoon'

1047
Chrysanthemum
(Indicum-Hybride)
'Hansel'

1048
Chrysanthemum
(Indicum-Hybride)
'Moonlight Spoon'

1049
Chrysanthemum maximum 'Wirral Pride'

1050
Chrysogonum virginianum

1051
Cimicifuga racemosa

1052
Cirsium rivulare 'Atropurpureum'

1053
Clematis heracleifolia 'Davidiana'

1054
Clematis recta

1055
Coreopsis grandiflora 'Goldfink'

1056
Coreopsis verticilla[ta] 'Grandiflora'

1057
Cortaderia selloana

1058
Crambe cordifolia

1059
Cynoglossum nervosum

1060
Dahlia (Anemonenblütige D.) 'Comet'

1061
Dahlia (Halskrausen-D.) 'Fashion Monger'

1062
Dahlia (Halskrausen-D.) 'Libretto'

1063
Dahlia (Schmuck-D.) 'Lavengro'

1064
Dahlia (Schmuck-D.) 'Night Editor'

1065
Dahlia
(Schmuck-D.)
'Blithe Spirit'

1066
Dahlia
(Schmuck-D.)
'Pattern'

1067
Dahlia
(Schmuck-D.)
'Terpo'

1068
Dahlia
(Schmuck-D.)
'Vigor'

1069
Dahlia
(Schmuck-D.)
'David Howard'

1070
Dahlia
(Ballförmige D.)
'Rothesay Superb'

1071
Dahlia
(Pompon-D.)
'Willos Violet'

1072
Dahlia
(Cactus-D.)
'Poetic'

1073
Dahlia
(Cactus-D.)
'Drakenburg'

1074
Dahlia
(Cactus-D.)
'Authority'

1075
Dahlia
(Cactus-D.)
'Doris Day'

1076
Dahlia
(Cactus-D.)
'Klankstad Kerkrade'

1077
Dahlia
(Semicactus-D.)
'Bestevaer'

1078
Dahlia
(Semicactus-D.)
'Nantenan'

1079
Dahlia
(Semicactus-D.)
'Royal Sceptre'

1080
Dahlia
(Semicactus-D.)
'Apache'

1081
Dahlia
(Semicactus-D.)
'Fleur de Hollande'

1082
Dahlia
(Semicactus-D.)
'Goyas Venus'

1083
Dahlia
(Semicactus-D.)
'Marilyn'

1084
Delphinium
brunnonianum

1085
Delphinium
(Belladonna-Gruppe)
'Pink Sensation'

1086
Delphinium
'Betty Hay'

1087
Delphinium
'Blackmores
Glorious'

1088
Delphinium
'Blue Nile'

1089
Delphinium
'Blue Tit'

1090
Delphinium
'Butterball'

1091
Delphinium
'Swan Lake'

1092
Dianthus
'Catherine Glover'

1093
Dianthus
'Fiery Cross'

1094
Dianthus
'Imperial Clove'

1095
Dianthus
'Lustre'

1096
Dianthus
'Robin Thain'

1097
Dianthus
'Salmon Clove'

1098
Dianthus
'Warrior'

1099
Dianthus
'Zebra'

1100
Dianthus
'Show Beauty'

1101
Dianthus
'Show Enchantress'

1102
Dianthus
'Show Ideal'

1103
Dianthus
'Show
Beauty'

1104
Dianthus
(Allwoodii-Gruppe)
'Doris'

1105
Dianthus
(Allwoodii-Gruppe)
'Lilian'

1106
Dianthus
(Allwoodii-Gruppe)
'Robin'

1107
Dianthus
(Allwoodii-Gruppe)
'Thimothy'

1108
Dicentra
eximia
'Alba'

1109
Dicentra formosa

1110
Dicentra spectabilis

1111
Dictamnus
albus 'Purpureus'

1112
Dodecatheon
meadia 'Album'

1113
Doronicum orientale
'Frühlingspracht'

1114
Doronicum
columnae

1115
Echinops ritro
'Veitchs Blue'

1116
Eremurus steno-
phyllus 'Bungei'

1117
Eremurus robustus

1118
Erigeron 'Charity'

1119
Erigeron 'Dignity'

1120
Erigeron 'Felicity'

1121
Erigeron 'Festivity'

1122
Erigeron 'Lilofee'

1123
Erigeron
'Sincerity'

1124
Eryngium alpinum
'Donard'

1125
Eryngium
giganteum

1126
Eryngium
tripartitum

1127
Eryngium
variifolium

1128
Eupatorium
purpureum

1129
Euphorbia characias

1130
Euphorbia polychroma

1131
Euphorbia griffithii 'Fireglow'

1132
Euphorbia palustris

1133
Euphorbia robbiae

1134
Festuca ovina 'Glauca'

1135
Filipendula vulgaris 'Plena'

1136
Filipendula purpurea

1137
Foeniculum vulgare

1138
Gaillardia 'Goblin'

1139
Gaillardia
'Wirral Flame'

1140
Galega officinalis
'Her Majesty'

1141
Galega officinalis
'Lady Wilson'

1142
Gentiana
asclepiadea

1143
Geranium
ibericum

1144
Geranium ibericum
'Plenum'

1145
Geranium
'Johnsons
Blue'

1146
Geranium
macrorrhizum
'Album'

1147
Geranium pratense
'Plenum'

1148
Geranium
sanguineum

1149
Geranium
sylvaticum
'Mayflower'

1150
Geranium
wallichianum
'Buxtons Blue'

1151
Geum × borisii

1152
Geum-Hybride
'Mrs. Bradshaw'

1153
Gypsophila
paniculata
'Bristol Fairy'

1154
Gypsophila
paniculata
'Rosenschleier'

1155
Helenium autumnale
'Butterpat'

1156
Helenium autumnale
'Coppelia'

1157
Helenium autumnale
'Moerheim Beauty'

1158
Helenium autumnale
'Wyndley'

1159
Helichrysum
angustifolium

1160
Helictotrychon
sempervirens

1161
Heliopsis helianthoides 'Goldgefieder'

1162
Heliopsis helianthoides 'Light of Loddon'

1163
Helleborus corsicus

1164
Helleborus niger

1165
Helleborus niger 'Potters Wheel'

1166
Helleborus orientalis

1167
Hemerocallis 'Banbury Canary'

1168
Hemerocallis citrina 'Baronii'

1169
Hemerocallis
'El Magnifico'

1170
Hemerocallis
'Pink Damask'

1171
Hemerocallis
'Pink Prelude'

1172
Heuchera 'Bressingham Hybrids'

1173
Heuchera
Scintillation'

1174
Hieracium
villosum

1175
Hosta
crispula

1176
Hosta fortunei
'Aureomaculata'

1177
Hosta plantaginea
'Grandiflora'

1178
Hosta
sieboldiana

1179
Hosta undulata

1180
Hylomecon japonicu

1181
Hyssopus officinalis
'Aristatus'

1182
Iberis sempervirens
'Snowflake'

1183
Incarvillea
delavayi

1184
Incarvillea mairei
'Grandiflora'

1185
Inula ensifolia
'Golden Beauty'

1186
Inula
hookeri

1187
Iris delavayi

1188
Iris foetidissima

1189
Iris brevicaulis

1190
Iris innominata

1191
Iris japonica
'Ledgers Variety'

1192
Iris kaempferi
'Geihan'

1193
Iris kaempferi
'Sasameyuki'

1194
Iris laevigata
'Alba'

1195
Iris laevigata
'Monstrosa'

1196
Iris
ochroleuca

1197
Iris pallida
'Variegata'

1198
Iris
pseudacorus

1199
Iris sibirica
'Blue Mere', 'Purple
Mere', 'White Swirl'

1200
Iris sibirica
'Caesars
Brother'

1201
Iris spuria
'Wadi Zem Zem'

1202
Iris
tectorum

1203
Iris
unguicularis

1204
Iris unguicularis
'Alba'

1205
Iris versicolor
'Kermesina'

1206
Iris (Barbata-
Media-Gruppe)
'Lilli-Bitone'

1207
Iris (Barbata-
Media-Gruppe)
'Scintilla'

1208
Iris (Barbata-
Media-Gruppe)
'Small Wonder'

1209
Iris (Barbata-
Elatior-Gruppe)
'Arctic Flame'

1210
Iris (Barbata-
Elatior-Gruppe)
'Dancers Veil'

1211
Iris (Barbata-
Elatior-Gruppe)
'Ennerdale'

1212
Iris (Barbata-
Elatior-Gruppe)
'Esther Fay'

1213
Iris (Barbata-
Elatior-Gruppe)
'Helen McGregor'

1214
Iris (Barbata-
Elatior-Gruppe)
'Jane Phillips'

1215
Iris (Barbata-
Elatior-Gruppe)
'Lady Mohr'

1216
Iris (Barbata-
Elatior-Gruppe)
'Mary Todd'

1217
Iris (Barbata-Elatior-Gruppe) 'Ola Kala'

1218
Iris (Barbata-Elatior-Gruppe) 'Olympic Torch'

1219
Iris (Barbata-Elatior-Gruppe) 'Rippling Waters'

1220
Iris (Barbata-Elatior-Gruppe) 'Starshine'

1221
Iris (Barbata-Elatior-Gruppe) 'Velvet Robe'

1222
Centranthus (syn. Kentranthus) ruber

1223
Kirengeshoma palmata

1224
Kniphofia galpinii

1225
Kniphofia
'Bees Sunset'

1226
Kniphofia
'H. C. Mills'

1227
Kniphofia
'Maid of Orleans'

1228
Kniphofia
'Royal Standard'

1229
Koeleria gracilis
'Britannica'

1230
Lamium galeobdolc
'Variegatum'

1231
Lamium maculatum
'Roseum'

1232
Lathyrus
vernus

1233
Lavatera olbia
'Rosea'

1234
Liatris
'Callilepis'

1235
Liatris spicata

1236
Ligularia dentata

1237
Ligularia
'Gregynog Gold'

1238
Ligularia
'Hessei'

1239
Ligularia hodgsonii

1240
Ligularia japonica

1241
Linaria purpurea
'Canon Went'

1242
Linum
narbonense

1243
Lobelia fulgens

1244
Lotus corniculatus

1245
Lunaria rediviva

1246
Lupinus polyphyllu

1247
Lupinus polyphyllus
'Freedom'

1248
Lupinus polyphyllu
'Harlequin'

1249
Lychnis chalcedonica

1250
Lychnis coronaria 'Abbotswood Rose'

1251
Lychnis flos-jovis

1252
Lychnis × haageana

1253
Lychnis viscaria 'Plena'

1254
Lysichiton americanus

1255
Lysichiton camtschatcensis

1256
Lysimachia ephemerum

1257
Lysimachia
punctata

1258
Lythrum salicaria
'The Beacon'

1259
Lythrum virgatum
'Rose Queen'

1260
Macleaya
cordata

1261
Macleaya
microcarpa

1262
Malva alcea
'Fastigiata'

1263
Meconopsis
betonicifolia

1264
Meconopsis
cambrica

1265
Meconopsis grandis
'Branklyn'

1266
Meconopsis
integrifolia

1267
Meconopsis
quintuplinervia

1268
Meconopsis
regia

1269
Meconopsis regia

1270
Mertensia virginica

1271
Mimulus cupreus
'Burnetii'

1272
Mimulus cupreus
'Whitecroft Scarlet'

1273
Mimulus luteus

1274
Mimulus luteus 'A. T. Johnson'

1275
Miscanthus sinensis

1276
Monarda didyma 'Cambridge Scarlet'

1277
Morina longifolia

1278
Nepeta × faassenii 'Six Hills Giant'

1279
Nymphaea 'Escarboucle'

1280
Nymphaea 'Fire Crest'

1281
Nymphaea
'Gladstoniana'

1282
Nymphaea
'James Brydon'

1283
Nymphaea
'Marliacea
Chromatella'

1284
Nymphaea
'Sulphurea
Grandiflora'

1285
Nymphaea
'Paul Hariot'

1286
Nymphaea
'Sunrise'

1287
Oenothera biennis

1288
Oenothera fruticosa

1289
Oenothera
missouriensis

1290
Oenothera tetragona
'Fyrverkeri'

1291
Oenothera tetragona
'Riparia'

1292
Origanum
× hybridum

1293
Origanum vulgare
'Aureum'

1294
Pachysandra
terminalis 'Variega

1295
Paeonia
cambessedesii

1296
Paeonia lactiflora
'Defender'

1297
Paeonia lactiflora
'Bowl of Beauty'

1298
Paeonia
mlokosewitschii

1299
Paeonia officinalis

1300
Papaver orientale

1301
Papaver orientale
'Mrs. Perry'

1302
Papaver orientale
'Sultana'

1303
Peltiphyllum
peltatum

1304
Pennisetum
alopecuroides

1305
Pennisetum villosum

1306
Penstemon barbatus

1307
Penstemon hartwegii
'Paul Schönholzer'

1308
Penstemon
'Six Hills Hybrid'

1309
Perovskia
atriplicifolia

1310
Phalaris
arundinacea 'Picta'

1311
Phlox
divaricata

1312
Phlox maculata
'Alpha'

1313
Phlox
Paniculata-Hybride)
'Brigadier'

1314
Phlox
(Paniculata-Hybride)
'Mother of Pearl'

1315
Phlox
Paniculata-Hybride)
'Norah Leigh'

1316
Phlox
(Paniculata-Hybride)
'Prince of Orange'

1317
Phlox
Paniculata-Hybride)
'Starfire'

1318
Physalis
alkekengi

1319
Physostegia
virginiana 'Vivid'

1320
Podophyllum
hexandrum

1321
Polemonium
foliosissimum

1322
Polemonium
foliosissimum
'Sapphire'

1323
Polygonatum
multiflorum

1324
Polygonum
amplexicaule

1325
Polygonum bistorta
'Superbum'

1326
Polygonum
campanulatum

1327
Pontederia
cordata

1328
Potentilla
'Gibsons Scarlet'

1329
Potentilla
'Mons. Rouillard'

1330
Potentilla recta
'Warrenii'

1331
Primula beesiana

1332
Primula florindae

1333
Primula helodoxa

1334
Primula japonica

1335
Primula japonica
'Postford White'

1336
Primula
pulverulenta

1337
Primula pulverulenta
'Bartley Strain'

1338
Prunella grandiflora
'Loveliness'

1339
Puya
alpestris

1340
Chrysanthemum
coccineum (syn.
Pyrethrum roseum)
'White Bonnet'

1341
Chrysanthemum
coccineum (syn.
Pyrethrum roseum)
'Brenda'

1342
Chrysanthemum
coccineum (syn.
Pyrethrum roseum)
'Eileen May Robins

1343
Chrysanthemum
coccineum (syn.
Pyrethrum roseum)
'Vanessa'

1344
Ranunculus
acris
'Multiplex'

1345
Ranunculus lingua

1346
Rhazya orientalis

1347
Rheum alexandrae

1348
Rheum palmatum

1349
Rodgersia pinnata 'Superba'

1350
Rodgersia podophylla

1351
Astilboides tabularis (syn. Rodgersia tabularis)

1352
Rudbeckia fulgida

1353
Rudbeckia laciniata 'Goldquelle'

1354
Echinacea purpurea (syn. Rudbeckia purpurea) 'Robert Bloom'

1355
Echinacea purpurea (syn. Rudbeckia purpurea) 'The King'

1356
Rudbeckia fulgida 'Goldsturm'

1357
Sagittaria sagittifolia 'Flore Pleno'

1358
Salvia pratensis 'Haematodes'

1359
Salvia sclarea 'Turkestanica'

1360
Salvia nemorosa

1361
Salvia nemorosa
'Lubeca'

1362
Salvia nemorosa
'Mainacht'

1363
Salvia
uliginosa

1364
Sanguisorba
canadensis

1365
Satureja montana
'Coerulea'

1366
Scabiosa caucasica
'Clive Greaves'

1367
Scirpus
tabernaemontani
'Zebrinus'

1368
Scrophularia
nodosa
'Variegata'

1369
Sedum aizoon

1370
Sedum cauticolum

1371
Sedum telephium
'Purpureum'

1372
Sedum spectabile
'Autumn Joy'

1373
Sedum spectabile
'Meteor'

1374
Sedum spectabile
'Ruby Glow'

1375
Senecio
doronicum
'Sunburst'

1376
Ligularia
przewalskii (syn.
Senecio przewalskii)
'The Rocket'

1377
Senecio bicolor
'White Diamond'

1378
Serratula
sceoanei

1379
Sisyrinchium
striatum

1380
Smilacina
racemosa

1381
Solidago canadensis
'Strahlenkrone'

1382
Solidago canadensis
'Goldenmosa'

1383
Solidago canadensis
'Golden Thumb'

1384
Solidago canadensis
'Lemore'

1385
× Solidaster luteus

1386
Stachys olympica

1387
Stachys
grandiflora

1388
Stachys spicata
'Robusta'

1389
Stipa calamagrostis

1390
Stipa pennata

1391
Stokesia
laevis

1392
Stylophorum
diphyllum

1393
Symphytum
[o]fficinale 'Argenteum'

1394
Teucrium
pyrenaicum

1395
Thalictrum
aquilegi-
folium

1396
Thalictrum
dipterocarpum
'Hewitts Double'

1397
Thalictrum lucidum

1398
Tiarella polyphylla

1399
Tiarella
wherryi

1400
Tradescantia-Ander-
soniana-Hybride

1401
Tradescantia-Andersoniana-Hybride 'Isis'

1402
Tricyrtis stolonifera

1403
Trollius-Hybride 'Golden Monarch'

1404
Trollius-Hybride 'Orange Princess'

1405
Trollius europaeus 'Superbus'

1406
Trollius chinensis 'Golden Queen'

1407
Verbascum chaixii

1408
Verbascum-Hybride 'Cotswold Queen'

1409
Verbascum-Hybride
'Gainsborough'

1410
Verbascum-Hybride
'Pink Domino'

1411
Verbena peruviana

1412
Verbena rigida

1413
Verbena tenera
'Maonettii'

1414
Veronica
exaltata

1415
Veronica
gentianoides

1416
Veronica
incana

1417
Veronica longifolia
'Blue Giant'

1418
Veronica teucrium
'Blue Fountain'

1419
Veronica teucrium
'Crater Lake Blue'

1420
Vinca minor
'Variegata'

1421
Viola
cornuta

1422
Viola cornuta
'Ardross Gem'

1423
Viola cornuta
'Northfield Gem'

1424
Viola
aetolica

1425
Abelia
× grandiflora

1426
Abeliophyllum
distichum

1427
Abutilon
megapotamicum

1428
Abutilon
vitifolium

1429
Acacia decurrens
'Dealbata'

1430
Acer
campestre

1431
Acer
griseum

1432
Acer japonicum
'Aureum'

1433
Acer
nikoense

1434
Acer palmatum
'Atropurpureum'

1435
Acer palmatum
'Dissectum'

1436
Acer palmatum
'Heptalobum
Osakazuki'

1437
Acer pensylvanicum

1438
Acer platanoides

1439
Acer
pseudo-platanus
'Brilliantissimum'

1440
Acer
rubrum
'Schlesingeri'

1441
Aesculus × carnea

1442
Aesculus octandra

1443
Alnus
cordata

1444
Amelanchier
canadensis

1445
Amelanchier
canadensis

1446
Aralia elata
'Variegata'

1447
Arbutus
× andrachnoides

1448
Arbutus
× andrachnoides

1449
Arbutus menziesii

1450
Arbutus unedo

1451
Arbutus unedo
'Rubra'

1452
Artemisia
arborescens

1453
Aucuba japonica

1454
Azara microphylla

1455
Berberis darwinii

1456
Berberis darwinii

1457
Berberis
× lologensis

1458
Berberis
× stenophylla
'Semperflorens'

1459
Berberis thunbergii
'Atropurpurea Nana'

1460
Beschorneria
yuccoides

1461
Betula albo-sinensis
'Septentrionalis'

1462
Betula
pendula

1463
Betula pendula
'Youngii'

1464
Buddleja
alternifolia

1465
Buddleja
colvillei

1466
Buddleja davidii
'Royal Red'

1467
Buddleja
globosa

1468
Buddleja
× weyeriana

1469
Bupleurum
fruticosum

1470
Buxus
sempervirens

1471
Caesalpinia
japonica

1472
Calceolaria
integrifolia
'Angustifolia'

1473
Callistemon salignus

1474
Calluna vulgaris

1475
Calluna vulgaris
'Alba Plena'

1476
Calluna vulgaris
'Hammondii Aurea'

1477
Calluna vulgaris
'H. E. Beale'

1478
Calluna vulgaris
'Peter Sparkes'

1479
Camellia japonica
'Adolphe Audusson'

1480
Camellia japonica
'Alba Simplex'

1481
Camellia japonica
'Althaeaeflora'

1482
Camellia japonica
'Drama Girl'

1483
Camellia japonica
'Jupiter'

1484
Camellia japonica
'Lady Clare'

1485
Camellia japonica
'Mrs. D. W. Davis'

1486
Camellia japonica
'Tricolor'

1487
Camellia reticulata
'Captain Rawes'

1488
Camellia reticulata
'Mary Williams'

1489
Camellia reticulata
'Leonard Messel'

1490
Camellia reticulata
'Cornish Snow'

1491
amellia × williamsii
'Donation'

1492
Camellia × williamsii
'Inspiration'

1493
amellia × williamsii
'J. C. Williams'

1494
Camellia × williamsii
'St. Ewe'

1495
Carpenteria
californica

1496
Caryopteris
× clandonensis

1497
Caryopteris
× clandonensis
'Ferndown'

1498
Catalpa
bignonioides

1499
Ceanothus arboreus

1500
Ceanothus 'Delight

1501
Ceanothus
'Dignity'

1502
Ceanothus 'Gloire
Versailles'

1503
Ceanothus impressus
'Puget Blue'

1504
Ceanothus
thyrsiflorus

1505
Ceratostigma plumbaginoides

1506
Ceratostigma willmottianum

1507
Cercis siliquastrum

1508
Chaenomeles-Hybride 'Rowallane'

1509
aenomeles-Hybride 'Knap Hill Scarlet'

1510
Chamaerops humilis

1511
Chimonanthus praecox 'Luteus

1512
Choisya ternata

1513
Cistus ladanifer

1514
Cistus laurifolius

1515
Cistus
× pulverulentus

1516
Cistus
× purpureus

1517
Clerodendrum
bungei

1518
Clerodendrum
trichotomum

1519
Clerodendrum
trichotomum

1520
Clethra
barbinervis

1521
Convolvulus cneorum

1522
Cordyline australis

1523
Cordyline indivisa

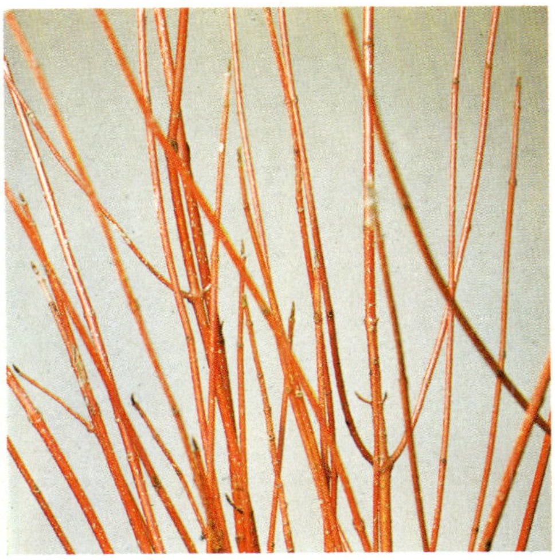
1524
Cornus alba 'Sibirica'

1525
Cornus alba 'Sibirica'

1526
Cornus florida 'Rubra'

1527
Cornus kousa 'Chinensis'

1528
Cornus mas

1529
Coronilla glauca

1530
Corylopsis pauciflora

1531
Corylopsis sinensis

1532
Corylopsis spicata

1533
Corylus avellana 'Contorta'

1534
Cotinus obovatus

1535
Cotinus coggygria

1536
Cotinus coggygria 'Rubrifolius'

1537
Cotoneaster
conspicuus 'Decorus'

1538
Cotoneaster
'Cornubia'

1539
Cotoneaster
'Exburyensis'

1540
Cotoneaster
sternianus

1541
Cotoneaster
horizontalis

1542
Crataegus
× lavallei

1543
Crataegus
laciniata

1544
Crataegus laevigata
'Rubra Plena'

1545
Crinodendron hookerianum

1546
Cytisus battandieri

1547
Cytisus × kewensis

1548
Cytisus scoparius

1549
Daboecia cantabrica

1550
Daphne arbuscula

1551
Daphne blagayana

1552
Daphne sericea

1553
Daphne
genkwa

1554
Daphne mezereum
'Bowles White'

1555
Daphne odora
'Aureo-Marginata'

1556
Daphne
retusa

1557
Daphne striata

1558
Davidia involucrata

1559
Decaisnea fargesii

1560
Dendromecon rigida

1561
Desfontainea
spinosa

1562
Deutzia-Hybride
'Magicien'

1563
Deutzia-Hybride
'Rosea'

1564
Deutzia
scabra

1565
Deutzia
setchuenensis

1566
Disanthus
cercidifolius

1567
Drimys winteri
'Latifolia'

1568
Edgeworthia
papyrifera

1569
Elaeagnus
× ebbingei

1570
Elaeagnus pungens
'Dicksonii'

1571
Elaeagnus pungens
'Maculata'

1572
Embothrium
coccineum

1573
Embothrium
coccineum
'Norquinco'

1574
Enkianthus
campanulatus

1575
Enkianthus
cernuus

1576
Enkianthus cernuus
'Rubens'

1577
Erica arborea
'Alpina'

1578
Erica australis
'Mr. Robert'

1579
Erica carnea
'Springwood'

1580
Erica carnea
'Vivellii'

1581
Erica
cinerea

1582
Erica cinerea
'Atrorubens'

1583
Erica cinerea
'Rosea'

1584
Erica purpurascens
'Darleyensis'

1585
Erica
lusitanica

1586
Erica tetralix
'Alba'

1587
Erica
umbellata

1588
Erica vagans
'Mrs. D. F. Maxwell'

1589
Erica vagans
'St. Keverne'

1590
Erica
× veitchii

1591
Eriobotrya
japonica

1592
Erythrina
crista-galli

1593
Escallonia
'C. F. Ball'

1594
Escallonia
'Donard Star'

1595
Escallonia
'Peach Blossom'

1596
Escallonia
macrantha

1597
Eucalyptus
gunnii

1598
Eucalyptus
niphophila

1599
Eucalyptus gunnii
'Perriniana'

1600
Eucalyptus
simmondsii

1601
Eucryphia
glutinosa

1602
Eucryphia
× nymansensis

1603
Euonymus
alatus

1604
Euonymus europaeus
'Red Cascade'

1605
Euonymus
sachalinensis

1606
Euonymus hamilto-
nianus 'Yedoensis'

1607
Exochorda giraldii

1608
Fabiana imbricata

1609
Fagus sylvatica
'Cuprea'

1610
Fatsia
japonica

1611
Forsythia
× intermedia
'Beatrix Farrand'

1612
Forsythia
× intermedia
'Spectabilis'

1613
Fothergilla
gardenii

1614
Fothergilla
monticola

1615
Fraxinus
excelsior
'Pendula'

1616
Fuchsia
magellanica
'Mme. Cornelissen'

1617
Fuchsia
magellanica

1618
Fuchsia magellanica
'Mrs. Popple'

1619
Garrya
elliptica

1620
Gaultheria
procumbens

1621
Genista cinerea

1622
Genista hispanica

1623
Genista
lydia

1624
Genista tinctoria
'Royal Gold'

1625
Grevillea
juniperina 'Sulphurea'

1626
Griselinia
littoralis

1627
Hakea microcarpa

1628
Halesia monticola

1629
Halimium
lasianthum

1630
Hamamelis japonic
'Arborea'

1631
Hamamelis japonica
'Zuccariniana'

1632
Hamamelis
mollis

1633
Hamamelis mollis
'Brevipetala'

1634
Hamamelis mollis
'Pallida'

1635
Hebe
'Autumn Glory'

1636
Hebe
brachysiphon

1637
Hebe
hulkeana

1638
Hebe
pinguifolia 'Pagei'

1639
Hebe speciosa
'La Seduisante'

1640
Hebe speciosa
'Midsummer Beauty'

1641
Hebe speciosa
'Sapphire'

1642
Helichrysum
lanatum

1643
Hibiscus
syriacus

1644
Hibiscus syriacus
'Blue Bird'

1645
Hibiscus syriacus
'Snow Drift'

1646
Hibiscus syriacus
'Woodbridge'

1647
Hippophae
rhamnoides

1648
Hoheria
sexstylosa

1649
Hydrangea macrophylla 'Blue Wave'

1650
Hydrangea macrophylla 'Hamburg'

1651
Hydrangea macrophylla 'Preciosa'

1652
Hydrangea paniculata 'Grandiflora'

1653
Hydrangea macrophylla 'Acuminata'

1654
Hydrangea aspera 'Villosa'

1655
Hypericum calycinum

1656
Hypericum elatum 'Elstead'

1657
Hypericum patulum
'Hidcote'

1658
Hypericum
'Rowallane Hybrid'

1659
Ilex
aquifolium

1660
Ilex aquifolium
'Bacciflava'

1661
Ilex aquifolium
'Golden Queen'

1662
Ilex aquifolium
'Pyramidalis'

1663
Itea ilicifolia

1664
Jasminum nudiflor

1665
Kalmia
latifolia

1666
Kalmia latifolia
'Brilliant'

1667
Kerria japonica
'Pleniflora'

1668
Kolkwitzia
amabilis

1669
burnum × watereri
'Vossii'

1670
Lagerstroemia
indica

1671
Lavandula angusti-
folia 'Hidcote'

1672
Lavatera
arborea

1673
Leptospermum cunninghamii

1674
Leptospermum scoparium 'Keatleyi'

1675
Leycesteria formosa

1676
Lindera triloba

1677
Liquidambar styraciflua

1678
Liriodendron tulipifera

1679
Lomatia longifolia

1680
Magnolia campbell

1681
Magnolia campbellii
'Alba'

1682
Magnolia
'Charles Raffill'

1683
Magnolia
denudata

1684
Magnolia
grandiflora

1685
Magnolia
× highdownensis

1686
Magnolia kobus
'Merrill'

1687
Magnolia hypoleuca
(Frucht)
Bild steht kopf

1688
Magnolia
salicifolia

1689
Magnolia
sieboldii

1690
Magnolia
× soulangiana

1691
Magnolia
× soulangiana
'Alba'

1692
Magnolia
× soulangiana
'Alexandrina'

1693
Magnolia
× soulangiana
'Rustica Rubra'

1694
Magnolia
stellata
'Water Lily'

1695
Mahonia aquifolium

1696
Mahonia 'Charity'

1697
Mahonia
japonica

1698
Mahonia
lomariifolia

1699
Malus
floribunda

1700
Malus × zumi
'Golden Hornet'

1701
Malus pumila
'John Downie'

1702
Malus × purpurea
'Lemoinei'

1703
Malus × robusta

1704
Malus tschonoskii

1705
Melianthus major

1706
Mimulus aurantiacus

1707
Mitraria coccinea

1708
Myrtus luma

1709
Neillia
longiracemosa

1710
Nerium
oleander

1711
Nothofagus procera

1712
Nyssa sylvatica

1713
Olea europaea

1714
Olearia × haastii

1715
Olearia macrodonta

1716
Osmanthus delavayi

1717
Oxydendrum arboreum

1718
Paeonia lutea 'Ludlowii'

1719
Paeonia suffruticosa 'Black Pirate'

1720
Paeonia suffruticosa 'Hakuo-Jishi'

1721
Parrotia persica

1722
Paulownia tomentos

1723
Paulownia tomentosa

1724
Pernettya mucronata

1725
Philadelphus
'Beauclerk'

1726
Philadelphus
'Belle Etoile'

1727
Philadelphus
'Bouquet Blanc'

1728
Philadelphus
coronarius

1729
Philadelphus
'Manteau d'Hermine'

1730
Philesia
magellanica

1731
Phlomis fruticosa

1732
Phormium tenax

1733
Photinia
beauverdiana

1734
Photinia
serrulata

1735
Phygelius
aequalis

1736
Phygelius capensis
'Coccineus'

1737
Pieris forrestii

1738
Pieris japonica

1739
Pieris taiwanensis

1740
Pittosporum crassifolium

1741
Platanus orientalis

1742
Poncirus trifoliata

1743
Poncirus trifoliata

1744
Populus tremula

1745
Potentilla fruticosa
'Elisabeth'

1746
Potentilla fruticosa
'Katherine Dykes'

1747
Potentilla fruticosa
'Mandshurica'

1748
Potentilla fruticosa
'Moonlight'

1749
Potentilla fruticosa
'Tangerine'

1750
Potentilla fruticosa
'Vilmoriniana'

1751
Prostanthera
ovalifolia

1752
Prunus serrulata
'Accolade'

1753
Prunus avium
'Plena'

1754
Prunus
cerasifera

1755
Prunus
conradinae

1756
Prunus incisa
(Hängeform)

1757
Prunus mume

1758
Prunus padus

1759
Prunus persica
'Iceberg'

1760
Prunus
sargentii

1761
Prunus serrula

1762
Prunus serrulata 'Shimidsu-Sakura'

1763
Prunus serrulata 'Tai-Haku'

1764
Prunus serrulata 'Yedo-Zakura'

1765
Prunus subhirtella 'Autumnalis'

1766
Prunus tenella 'Fire Hill'

1767
Prunus triloba

1768
Punica granatum

1769
Pyracantha
coccinea

1770
Pyracantha
rogersiana 'Flava'

1771
Pyrus
salicifolia

1772
Quercus coccinea
'Splendens'

1773
Rhododendron
albrechtii

1774
Rhododendron
arboreum

1775
Rhododendron
augustinii

1776
Rhododendron
barbatum

1777
Rhododendron calophytum

1778
Rhododendron ciliatum

1779
Rhododendron dalhousiae

1780
Rhododendron edgeworthii

1781
Rhododendron ferrugineum

1782
Rhododendron griersonianum

1783
Rhododendron kaempferi

1784
Rhododendron lutescens

1785
Rhododendron
macabeanum

1786
Rhododendron
moupinense

1787
Rhododendron
mucronulatum
'Acuminatum'

1788
Rhododendron
obtusum

1789
Rhododendron
pemakoense

1790
Rhododendron
quinquefolium

1791
Rhododendron
racemosum

1792
Rhododendron
rex

1793
Rhododendron
sargentianum

1794
Rhododendron
schlippenbachii
'Prince Charming'

1795
Rhododendron
sino-grande

1796
Rhododendron
strigillosum

1797
Rhododendron
sutchuenense

1798
Rhododendron
trichostomum
'Ledoides'

1799
Rhododendron
wallichii

1800
Rhododendron
williamsianum

1801
Rhododendron
xanthocodon

1802
Rhododendron
yakusimanum

1803
Rhododendron
'Azor'

1804
Rhododendron
'Britannia'

1805
Rhododendron
'Choremia'

1806
Rhododendron
'Cilpinense'

1807
Rhododendron
'Crest'

1808
Rhododendron
'Elizabeth'

1809
Rhododendron
'Elspeth'

1810
Rhododendron
'Fragrantissimum'

1811
Rhododendron
'Lady Rosebery'

1812
Rhododendron
'King George'

1813
Rhododendron
'Mrs. G. W. Leak'

1814
Rhododendron
'Penjerrick Cream'

1815
Rhododendron
'Polar Bear'

1816
Rhododendron
'Praecox'

1817
Rhododendron
'Seta'

1818
Rhododendron
'Susan'

1819
Rhododendron
'Tally-Ho'

1820
Rhododendron
'Temple Belle'

1821
Rhododendron
'Addy Wery'

1822
Rhododendron
'Fedora'

1823
Rhododendron
'Hi No Mayo'

1824
Rhododendron
'Daybreak'

1825
Rhododendron
'Hotspur Orange'

1826
Rhododendron
'Hugh Wormald'

1827
Rhododendron
'Ribera'

1828
Rhododendron
'Satan'

1829
Rhododendron
'Scarlet O'Hara'

1830
Rhododendron
'Silver Slipper'

1831
Rhododendron
'Sun Chariot'

1832
Rhus
typhina

1833
Ribes sanguineum
'Pulborough Scarlet'

1834
Ribes
speciosum

1835
Richea scoparia

1836
Robinia hispida

1837
Romneya
coulteri

1838
Rosa hugonis
'Cantabrigiensis'

1839
Rosa damascena
'Hebes Lip'

1840
Rosa moyesii
'Highdownensis'

1841
Rosa moyesii

1842
Rosa glauca

1843
Rosa pimpinellifolia
'Altaica'

1844
Rosa
webbiana

1845
Rosa woodsii
'Fendleri'

1846
Rosa rugosa 'Blanc
Double de Coubert'

1847
Rosa centifolia
'Constance Spry'

1848
Rosa
'Dagmar Hastrup'

1849
Rosa ubiginosa
'Fritz Nobis'

1850
Rosa
'Frühlingsgold'

1851
Rosa gallica
'Complicata'

1852
Rosa gallica
'Versicolor'

1853
Rosa moyesii
'Marguerite Hilling'

1854
Rosa moyesii
'Nevada'

1855
Rosa moschata
'Penelope'

1856
Rosa × borboniana
'Zéphérine Drouhir

1857
Rosa × borboniana
'Zigeunerknabe'

1858
Rosa
'Alison Wheatcroft'

1859
Rosa
'Anna Wheatcroft'

1860
Rosa
'Elizabeth of Glamis'

1861
Rosa
'Evelyn Fison'

1862
Rosa
'Golden Slippers'

1863
Rosa
'Schneewittchen'

1864
Rosa
'Jan Spek'

1865
Rosa
'John S. Armstrong'

1866
Rosa
'Masquerade'

1867
Rosa
'Orangeade'

1868
Rosa
'Pink Parfait'

1869
Rosa
'Queen Elizabeth'

1870
Rosa
'Sarabande'

1871
Rosa
'Mainzer Fastnacht'

1872
Rosa
'Charlotte Armstroı

1873
Rosa
'Christian Dior'

1874
Rosa
'Eden Rose'

1875
Rosa
'Ena Harkness'

1876
Rosa
'Duftwolke'

1877
Rosa
'Gail Borden'

1878
Rosa
'Grandmère Jenny'

1879
Rosa
'Monique'

1880
Rosa
'Gloria Dei'

1881
Rosa
'Kordes Perfecta'

1882
Rosa
'Primaballerina'

1883
Rosa
'Rose Gaujard'

1884
Rosa
'Royal Highness'

1885
Rosa
'Super Star'

1886
Rosa
'Tzigane'

1887
Rosa
'Virgo'

1888
Rosa
'Wendy Cussons'

1889
Rubus 'Tridel'

1890
Ruscus aculeatus

1891
Ruta graveolens
'Jackmans Blue'

1892
Salix alba
'Tristis'

1893
Salix caprea

1894
Salix daphnoides

1895
Salix matsudana
'Tortuosa'

1896
Salvia
microphylla

1897
Salvia officinalis
'Tricolor'

1898
Sambucus racemosa
'Plumosa Aurea'

1899
Santolina
chamaecyparissus

1900
Senecio
laxifolius

1901
Sinarundinaria
murielae

1902
Skimmia
japonica

1903
Skimmia japonica

1904
Sophora tetraptera

1905
Sorbus aucuparia

1906
Sorbus cashmiriana

1907
Sorbus hupehensis

1908
Sorbus 'Joseph Rock'

1909
Sorbus prattii

1910
Sorbus reducta

1911
Sorbus sargentiana

1912
Sorbus scalaris

1913
Sorbus vilmorinii

1914
Spartium junceum

1915
Spiraea
(Bumalda-Hybride)
'Anthony Waterer'

1916
Stachyurus
chinensis

1917
Stranvaesia
davidiana

1918
Styrax
hemsleyana

1919
Styrax
japonica

1920
Symphoricarpos alb
'Laevigatus'

1921
Syringa
× josiflexa

1922
Syringa
(Vulgaris-Hybride)
'Charles X'

1923
Syringa
(Vulgaris-Hybride)
'Firmament'

1924
Syringa
(Vulgaris-Hybride)
'Mme. Lemoine'

1925
Syringa
(Vulgaris-Hybride)
'Massena'

1926
Syringa
(Vulgaris-Hybride)
'Primrose'

1927
Tamarix
pentandra

1928
Tibouchina
semidecandra

1929
Tilia
vulgaris

1930
Trachycarpus
fortunei

1931
Ulex europaeus
'Plenus'

1932
Ulmus minor
'Aurea'

1933
Vaccinium
corymbosum

1934
Vaccinium
cylindraceum

1935
Vaccinium
glaucoalbum

1936
Vaccinium
myrsinites

1937
Vaccinium
vitis-idaea

1938
Viburnum
betulifolium

1939
Viburnum
× bodnantense
'Dawn'

1940
Viburnum
carlesii

1941
Viburnum davidii

1942
Viburnum farreri

1943
'iburnum hupehense

1944
Viburnum × juddii

1945
Viburnum
opulus

1946
Viburnum opulus
'Sterile'

1947
Viburnum
rhytidophyllum

1948
Viburnum
tinus 'St. Ewe'

1949
Viburnum plicatum
'Mariesii'

1950
Viburnum plicatum
'Rowallane'

1951
Vinca major

1952
Weigela 'Eva Rathk

1953
Weigela
'Newport Red'

1954
Weigela
florida

1955
Yucca
filamentosa

1956
Yucca gloriosa
'Nobilis'

1957
Actinidia
kolomikta

1958
Campsis
× tagliabuana

1959
Celastrus
orbiculatus

1960
Clematis
armandii

1961
Clematis
× jouiniana

1962
Clematis
macropetala

1963
Clematis montana
'Rubens'

1964
Clematis
orientalis

1965
Clematis rehderiana

1966
Clematis tangutica

1967
Clematis 'Comtesse
de Bouchaud'

1968
Clematis
'Henryi'

1969
Clematis
× jackmanii

1970
Clematis
'Lasurstern'

1971
Clematis
'Nelly Moser'

1972
Clematis
'Ville de Lyon'

1973
Clematis
'Vivyan Pennell'

1974
Clianthus
puniceus

1975
Cobaea scandens

1976
Eccremocarpus scaber

1977
Fremontodendron californicum

1978
Jasminum polyanthum

1979
Jasminum humile 'Revolutum'

1980
Lonicera × americana

1981
Lonicera × brownii 'Fuchsioides'

1982
Lonicera periclymenum

1983
Lonicera sempervirens

1984
Mutisia oligodon

1985
Parthenocissus tricuspidata 'Veitchii'

1986
Passiflora caerulea

1987
Rosa 'Albertine'

1988
Rosa 'Flammentanz'

1989
Rosa 'Easleas Golden Rambler'

1990
Rosa 'Mermaid'

1991
Rosa 'New Dawn'

1992
Rosa 'Wedding Day'

1993
Solanum crispum
'Autumnale'

1994
Tropaeolum
speciosum

1995
Vitis coignetiae

1996
Vitis coignetiae

1997
Vitis vinifera
'Brandt'

1998
Wattakaka
sinensis

1999
Wisteria
sinensis

2000
Wisteria floribunda
'Macrobotrys'

2001
Abies alba

2002
Abies forrestii

2003
Cedrus atlantica
'Glauca'

2004
Chamaecyparis
lawsoniana 'Alumii'

2005
Chamaecyparis
lawsoniana
'Columnaris'

2006
Chamaecyparis
lawsoniana
'Fletcheri Nana'

2007
Chamaecyparis
lawsoniana
'Lutea'

2008
Chamaecyparis
lawsoniana
'Triomf van Boskoop'

2009
Chamaecyparis obtusa 'Nana Variegata'

2010
Chamaecyparis obtusa 'Tetragona Aurea'

2011
Cryptomeria japonica

2012
× Cupressocyparis leylandii

2013
Cupressus arizonica 'Glauca'

2014
Ginkgo biloba

2015
Juniperus communis

2016
Juniperus commun 'Compressa'

2017
uniperus communis
'Hibernica'

2018
Juniperus
horizontalis

2019
Juniperus chinensis
'Pfitzeriana Aurea'

2020
Juniperus recurva
'Castlewellan'

2021
uniperus squamata
'Meyeri'

2022
Larix
decidua

2023
Larix decidua

2024
Libocedrus decurrens

2025
Metasequoia glyptostroboides

2026
Picea breweriana

2027
Picea glauca 'Conica'

2028
Picea likiangensis

2029
Picea omorika

2030
Picea pungens 'Glauca'

2031
Pinus ayacahuite

2032
Pinus montezumae

2033
Pinus nigra
'Austriaca'

2034
Pinus
radiata

2035
Pinus sylvestris

2036
Pinus griffithii

2037
Sciadopitys
verticillata
(links)

2038
Sequoia
sempervirens
'Adpressa'

2039
Sequoiadendron
giganteum

2040
Sequoiadendron
giganteum

2041
Taxodium distichum

2042
Taxus baccata

2043
Taxus baccata
'Fastigiata Aurea'

2044
Thuja orientalis
'Rosedalis Compacta'

2045
Thuja orientalis
'Semperaurea'

2046
Thuja plicata
'Fastigiata'

2047
Thuja plicata
'Zebrina'

2048
Tsuga
canadensis

Beschreibungen der Pflanzen

A

Abelia R. Br., *Caprifoliaceae*

Etwa 30 Arten, überwiegend in Mittel- und O-Asien. Sträucher mit trichter- oder glockenförmigen Blüten. Die schönsten Arten bei uns nicht mit Sicherheit winterhart. Verwendung als Blütensträucher im Garten.

chinensis R. Br., China. Blütezeit Sommer. Sommergrün. 1,5 m hoch. Blüten weiß, duftend. Winterschutz, doch besser unter Glas.

floribunda (Mart. et Gal.) Dcne., Mexiko. Blütezeit Sommer. Immergrün. 1,5–3 m hoch. Blüten purpurn, in Büscheln, hängend. Winterschutz, doch besser unter Glas.

× **grandiflora** (André) Rehd., Blütezeit Spätsommer–Herbst. Hybride aus *chinensis* × *uniflora*, um 1886 entstanden. Halbimmergrün. 1,5–3,5 m hoch. Blüten weiß-rosa, in Büscheln. Glänzend grüne Blätter, Herbstfärbung bronze-purpurn. **1425,** S. 179.

schumannii (Graebn.) Rehd., China. Blütezeit Spätsommer. Halbimmergrün. 1,5 m und höher. Blüten rosa, meist einzeln. Winterschutz, doch besser unter Glas.

triflora R. Br., NW-Himalaja. Blütezeit Sommer. Sommergrün. 1–2 m hoch. Blüten rosa, in Büscheln, duftend. Winterschutz.

Abeliophyllum Nakai, *Oleaceae*

Nur 1 Art.

distichum Nakai, Korea. Blütezeit Frühjahr. Strauch. Sommergrün. 1–2 m hoch. Blüten weiß, im Schlund orangegelb, duftend. Winterschutz. Verwendung als Blütenstrauch im Garten. **1426,** S. 179.

Abies Mill., Tanne, *Pinaceae*

Etwa 40 Arten in den nördl. gemäßigten Zonen und N-Afrika. Zu den Nadelgehölzen gehörende immergrüne Bäume. Wuchs keglig, Äste in Quirlen; Borke meist glatt oder mit Harzbläschen, an alten Stämmen tief rinnig. Nadeln mit scheibchenartiger Basis, beim Abfallen eine ebensolche Narbe hinterlassend (wichtiges Unterscheidungsmerkmal zu verwandten Gattungen, z. B. *Picea*). Blütezeit Frühjahr. Männliche und weibliche Blüten getrennt auf derselben Pflanze (einhäusig). Männliche Blüten in Kätzchen. Weibliche Blütenstände als aufrechtstehende Zapfen meist an den oberen Teilen der Pflanze; Zapfen fallen bei der Reife nicht als Ganzes ab (wie bei Fichte), sondern Spindel bleibt stehen. Alle Tannen ungeeignet für Pflanzung in Städten, wo Luftverunreinigung. Trockene Standorte ungeeignet (außer *A. concolor*). Nur bei weitem Stand gute Entwicklung (sonst Stangenholz!).

alba Mill., Weißtanne. Europa. Bis 50 m hoch. Borke grau, glatt, erst an alten Teilen schuppig. Nadeln in kammförmig gescheitelter Anordnung, an jungen Ästen aufrecht, bis 30 mm lang, oberseits glänzend grün, unterseits mit 2 weißen Längsstreifen. Äste für Advents- und Weihnachtsdekoration sehr begehrt. **2001,** S. 251. Mehrere abweichende Formen, die jedoch wenig kultiviert.

amabilis (Dougl.) Forb., Purpurtanne. Westl. N-Amerika. Bis 25 m (in der Heimat 80) hoch. Borke grau. Nadeln in gescheitelter, an jungen Ästen bürstenförmiger Anordnung, bis 30 mm lang, oberseits dunkelgrün, unterseits mit 2 weißen Längsstreifen, beim Zerreiben nach Orangen duftend. Zapfen vor der Reife dunkelpurpurn.

concolor (Gord. et Glend.) Lindl. ex Hildebr., Koloradotanne. Westl. N-Amerika. Bis 25 m (40) hoch. Borke hellgrau. Nadeln sichelförmig nach oben gerichtet, an jungen Ästen bläulich bereift, Längsstreifen wenig auffallend, bis 60 mm lang. Widerstandsfähig gegen Luftverunreinigung (Rauch) und Trockenheit. Mehrere Formen, die aber wenig kultiviert.

firma Sieb. et Zucc., Momitanne. Japan. Bis 20 m (in der Heimat 50) hoch. In Sammlungen kultiviert.

forrestii Craib, W-China. In der Heimat 20–40 m hoch, bei uns weniger. Borke der jungen Triebe rostrot, runzlig. Nadeln in kammförmig gescheitelter Anordnung, bis 30 mm lang, oberseits glänzend dunkelgrün, unterseits bläulich, mit 2 weißen Längsstreifen. Zapfen vor der Reife blaupurpurn. Bei uns nur in Sammlungen kultiviert. **2002,** S. 251.

grandis Lindl., Küstentanne, Riesentanne. Westl. N-Amerika. 30 m (90) hoch. Borke an jüngeren Trieben glatt, mit Harzbeulen, später dunkelbraun und rissig. Nadeln in kammförmig gescheitelter Anordnung, bis 35 mm lang, oberseits leuchtend grün, unterseits mit 2 weißen Längsstreifen. Raschwachsend, nur auf feuchtem Standort.

homolepis Sieb. et Zucc., Nikkotanne. Japan. Bis 30 m hoch. Borke grau, schuppig. Nadeln an jüngeren Ästen dicht, auch aufrecht stehend, an älteren in gescheitelter Anordnung, bis 30 mm lang, oberseits lebhaft grün, unterseits weiß. Widerstandsfähig gegen Luftverunreinigung, nicht gegen Trockenheit.

nobilis siehe *procera*

nordmanniana (Stev.) Spach, Kaukasus. Bis 30 m hoch, dicht beastet. Borke schwarzgrau. Nadeln in bürstenförmiger (nicht gescheitelter) Anordnung, bis 30 mm lang, oberseits glänzend grün, unterseits mit 2 weißen Längsstreifen. Zapfen bis 20 cm lang. Gute Entwicklung nur bei hoher Luftfeuchtigkeit und feuchten Böden.

procera Rehd. (syn. *A. nobilis* (Dougl. et Lamb.) Lindl.), Edeltanne. Westl. N-Amerika. Bis 20 m (in der Heimat 80) hoch. Borke glatt, rotbraun, an älteren Teilen dunkelbraun, rissig. Nadeln an jüngeren Zweigen dicht und ungescheitelt, bis 35 mm lang, bläulichgrün, etwas nach oben gebogen. Zapfen bis 25 cm lang. Häufiger als die Art wird die Sorte 'Glauca' kultiviert, mit blauweißen Nadeln.

Abutilon Mill., *Malvaceae*

Etwa 150 Arten in den warmen Gebieten der ganzen Erde. Sträucher, z. T. baumartig. Blüten oft groß, in Schalen- oder Glockenform. Verwendung als Zimmerpflanzen oder im Sommer im Freien. Vermehrung meist durch Stecklinge.

megapotamicum St. Hil. et Naud., Brasilien. Hauptblütezeit Sommer, unter Glas auch im Herbst und Winter. Bis 1,5 m hoch, verzweigt. Blüten in Blattachseln, hängend an langen Stielen, gelb, Kelch auffallend, groß, purpurrot. Im Sommer ausgepflanzt im Freien an Wänden. Überwinterung (nach Rückschnitt) frostfrei. **1427,** S. 179. Häufiger kultiviert wird 'Aureum', eine Sorte mit gelbgescheckten Blättern.

striatum Dicks., Guatemala. Blütezeit Sommer. Aufrechter wachsend als vorige, Blätter größer, 3–5-lappig, grün, bei der häufiger kultivierten Sorte 'Thompsonii' gelb gescheckt. Blüten in Blattachseln, glockenförmig, hellrot. Verwendung wie vorige; auch als Kübelpflanze mehrjährig zu ziehen (jährlicher Rückschnitt).

vitifolium K. B. Presl, Chile. Blütezeit Sommer. Strauchig, bis 2 m hoch. Blätter 3–5lappig. Blüten zu mehreren an den Zweigenden, schalenförmig, lavendelblau (auch weiß). Jährlich neue Anzucht (Stecklinge im Herbst, auch Aussaat) ratsam. **1428,** S. 179.

Acacia Mill., *Leguminosae*

Etwa 400 Arten in den Tropen und Subtropen der ganzen Erde. Sträucher oder Bäume (z. T. bedornt), einige wenige Kräuter. Blätter doppelt gefiedert. Bei vielen Arten Blätter zu Phyllodien (= verbreiterter Blattstiel von blattähnlichem Aussehen) umgewandelt. Blüten meist gelb, oft zu Köpfchen zusammengefaßt. Keine Art winterhart. Bei uns nur in botanischen Sammlungen. Für Liebhaber zur Topfkultur geeignet, da schon als kleine Pflanzen blühend:

armata R. Br., Australien. Blütezeit Frühjahr. Reichverzweigter Strauch mit Phyllodien, bedornt. Blüten gelb, köpfchenförmig, einzeln in den Achseln der Phyllodien.

decurrens (J. C. Wendl.) Willd., „Falsche Mimose". Australien. Als Schnittblume ab Dezember bei uns auf dem Markt. Baum. Art und Sorten an der Riviera zur Schnittblumengewinnung angebaut. Blüten leuchtend gelb, ballähnlich angeordnet. **1429,** S. 179.

pulchella R. Br., Australien. Blütezeit Frühjahr. Reichverzweigter Strauch mit doppelt gefiederten Blättern, bedornt. Blüten gelb, kuglig, in den Blattachseln.

Überwinterung beider Arten hell und kühl, 5°.

Acaena Mutis, Stachelnüßchen, *Rosacea*

Etwa 125 Arten in den kühlen Gebieten der Süd halbkugel, meist in den Anden. Stauden ode Halbsträucher mit kriechendem Stengel und un paarig gefiederten Blättern. Blüten unscheinbar, i kugligen Köpfchen; schmückende borstig-hakig Fruchtstände (Name). Ausläufer treibender Boden decker. Vermehrung durch Teilung, Stecklinge un Aussaat. Boden sandig, trocken, sonst Ausfaulen de Pflanze über Winter. Sonne bis Halbschatten. Gut Unterpflanzung für Zwiebelgewächse, Orchidee und Solitärstauden.

buchananii Hook. f., Neuseeland. Pflanze flac dichtwachsend, 5–10 cm hoch. Blätter rundlich teils gering gezähnt, ober- und unterseits bläulich weiß-grün. Gelbliche Kelchstacheln, Früchte a Juli–August.

microphylla Hook., Neuseeland. Pflanze mit kri chenden Stengeln, etwa 5 cm hoch. Dichter Wuch runde, am Rand gesägte Blättchen, die graugrün b bronzefarben sind. Ab Juli–August Früchte mit au fallend karminfarbenen Stacheln.

Acalypha L., *Euphorbiaceae*

Etwa 430 Arten in den wärmeren Gebieten der Erd Bäume, Sträucher, Kräuter.

hispida Burm. f., Katzenschwanz. Neuguine Hauptblütezeit Sommer. Strauch mit eiförmige bis 15 cm langen, gesägten, dunkelgrünen Blätter in deren Achseln bis 50 cm lange hängende, qu stenartige, rote Blütenstände. Nur als Zimme pflanze geeignet. Hohe Luftfeuchtigkeit günsti Wintertemperatur kühler, um 15°. Vermehrur durch Stecklinge. Oft von roten Spinnmilben b fallen. Pflanzenschutz! **401,** S. 51.

wilkesiana Muell. Arg., Südseeinseln. Strauch m rotgescheckten Blättern. Blüten wenig auffallend. A Blattpflanze kultiviert, nicht im Freien verwendb

Acanthus L., Bärenklau, *Acanthaceae*

Etwa 30 Arten im Mittelmeergebiet, Kleinasien u Tropen. Distelartige ausdauernde Kräuter mit z.

großen, gebuchteten Blättern, oft Blattlappen in Dornspitzen auslaufend. Blüten in endständiger Ähre, kalkhold. Vermehrung durch Wurzelschnittlinge, Teilung und Aussaat. Wichtig ist Feuchtigkeit beim Schossen der Blütenähre. Blattform als Verzierung im Kapitell korinthischer Säulen. Stauden für Einzelstand und sonnige bis halbschattige Lage. Zum Schnitt geeignet.

longifolius Poir. (syn. *A. mollis* hort. non L.), Dalmatien und Griechenland. Blütezeit Juli–August. Tiefgebuchtete, bis 60 cm lange, grundständige Blätter, nicht stechend. Blüte weißlila geadert, in bis 100 cm hoher Ähre.

mollis siehe *longifolius*

spinosus L., Stachelbärenklau. Dalmatien bis Griechenland. Blütezeit Juli–August. 90–120 cm hohe Staude mit tiefgebuchteten, glänzenden grünen glatten Blättern. Blattlappen mit stachelspitzem oder dornartigem Ende. Blüten grünlichrosa, in bis 70 cm hoher Ähre. **945,** S. 119.

Acer L., Ahorn, *Aceraceae*

Etwa 150 Arten in den gemäßigten Zonen Europas, Asiens, N-Amerikas, N-Afrika. Meist Bäume, selten kleine Sträucher. Sommergrün, einige wintergrün. Blätter gegenständig, bei den meisten Arten gelappt. Alle angeführten Arten winterhart. Verwendung im Garten.

campestre L., Feldahorn, Maßholder. Europa, Vorderasien. Bis 15 m hoch. Sommergrün. Blätter 5lappig, in den Blattstielen Milchsaft. Herbstfärbung gelb. Auch als Heckenpflanze verwendet. **1430,** S. 179. Zahlreiche Formen, auch mit weißgefleckten Blättern.

ginnala Maxim., Feuerahorn. China, Japan. Bis 6 m hoch. Meist strauchartig. Sommergrün. Blätter 3lappig. Herbstfärbung rot.

griseum (Franch.) Pax, China. Bis 12 m hoch. Borke glatt, zimtbraun, sich vom Stamm abrollend. Sommergrün. Blätter 3geteilt. Herbstfärbung purpurrot. **1431,** S. 179.

japonicum Thunb., Japan. Bis 6 m hoch. Äste abstehend. Sommergrün. Blätter 7–11lappig. Herbstfärbung rot. In den Gärten besonders die Formen: 'Aconitifolium', Blätter tief eingeschnitten, Herbstfärbung rot; 'Aureum', schwachwachsend, bis 3 m hoch, Blätter während des ganzen Jahres gelbgrün, **1432,** S. 179.

negundo L., Eschenahorn. N-Amerika. Bis 15 m hoch. Sommergrün. Blätter gefiedert, meist 5zählig, hellgrün. Männliche und weibliche Blüten auf verschiedenen Bäumen (zweihäusig). Zahlreiche Gartenformen mit weiß- oder gelbbunten Blättern.

nikoense Maxim., Japan. Bis 10 m hoch. Junge Zweige rostgelb behaart. Sommergrün. Blätter 3-geteilt. Herbstfärbung orangescharlach. **1433,** S. 180.

palmatum Thunb., Fächerahorn. Japan, Korea. Bis 8 m hoch, meist niedriger und strauchartig. Sommergrün. Blätter tief eingeschnitten, 5–11lappig. Herbstfärbung glänzend rot. Sehr viele Gartenformen (meist in Japan entstanden), z. B.: 'Atropurpureum', Blätter schon im Sommer tiefrot, **1434,** S. 180; 'Dissectum', Blätter fast bis zur Mittelrippe eingeschnitten, Lappen fiederschnittig, Blätter grün, im Herbst gelb, **1435,** S. 180; 'Dissectum Atropurpureum', Blätter schon im Sommer rot; 'Heptalobum Osakazuki', Blätter meist 7lappig, leuchtrote Herbstfärbung, **1436,** S. 180.
Alle Formen von *A. palmatum* aufgrund ihres geringeren Wachstums auch für kleinere Gärten geeignet.

pensylvanicum L., Streifenahorn. N-Amerika. –12 m hoch. Charakteristisch die grüne, später braune Borke mit weißen Längsstreifen. Sommergrün. Blätter groß, bis 18 cm lang, kurz 3lappig, Blattrand doppelt gesägt. Herbstfärbung gelb. **1437,** S. 180.

platanoides L., Spitzahorn. Europa bis Kaukasus. Bis 30 m hoch. Sommergrün. Blätter groß, bis 18 cm breit, 5lappig. Herbstfärbung gelb. Blütezeit April, vor dem Blattaustrieb. **1438,** S. 180. Zahlreiche Gartenformen, z. B. Wuchs säulenförmig ('Columnare'), kuglig ('Globosum'), zwergig ('Pygmaeum'), aber auch in Blattform und -farbe: 'Crimson King' (dunkelrot), 'Schwedleri' (Austrieb blutrot, dann dunkelgrünrot).

pseudo-platanus L., Bergahorn. Mitteleuropa, Kaukasus. Bis 40 m hoch, breit gewölbte Krone. Sommergrün. Blätter 5lappig. Herbstfärbung goldgelb. Viele Gartenformen (insbesondere Blattform und -farbe), z. B. 'Brilliantissimum', Blätter im Austrieb goldgelb, später hellgelb gefleckt. Im Wuchs schwächer als die Art. **1439,** S. 180.

rubrum L., Rotahorn. Östl. N-Amerika. 7–10 m hoch (in der Heimat bis 40). Einjährige Zweige rot. Sommergrün. Blätter 3–5lappig, oberseits dunkelgrün, unterseits bläulich. Herbstfärbung orange bis karminrot. Blütezeit März–April, vor dem Laubaustrieb. Früchte rot. Blatt dieser Art im Wappen Kanadas. Zahlreiche Gartenformen, z. B. 'Schlesingeri', Blätter größer. Nur männliche Bäume bekannt. **1440,** S. 180.

saccharinum L., Silberahorn. N-Amerika. Aufgrund seiner Größe nur für größere Anlagen. Zahlreiche Gartenformen. Zuckerahorn ist *A. saccharum* Marsh.

Achillea L., Garbe, *Compositae*

Über 100 Arten, meist Nordhalbkugel, besonders Europa und Asien. Ausdauernde Kräuter mit ungeteilten bis mehrfach fiederteiligen Blättern von länglich-lanzettlicher Form. Oft aromatischer Duft. Blütenköpfchen mit weißen bis roten Zungenblüten in doldenähnlichen Blütenständen auf 20–150 cm hohen Stielen. Vermehrung durch Aussaat, Sorten durch Teilung. Keine besonderen Bodenansprüche, aber in trockener und sonniger Lage, kalkhold. Bei alpinen Arten Schutz gegen Winternässe und keine starke Düngung. Die meisten Arten bzw. Sorten blühen bei Rückschnitt nach. Gute Schnittblume, auch für Trockensträuße.

'Clypeolata', Gartenhybride. Blütezeit Juni–August. Blätter silbergrau, fiederteilig, etwa 20 cm lang, 3 cm breit. Blütendolden goldgelb, etwa 5 cm breit, auf 40–60 cm hohen Stielen, geeignet für Steingarten. **946,** S. 119.

'Coronation Gold' (*A. filipendula* × 'Clypeolata'), etwa 70 cm hoch, Blüten goldgelb. **947,** S. 119.

eupatorium siehe *filipendulina*

filipendulina Lam. (syn. *A. eupatorium* Bieb.). Kaukasus, Kleinasien. 70 cm hohe Staude. Blätter gefiedert, graugrün. Blüten in goldgelben Dolden. 'Parkers Variety', etwa 120 cm hoch, Blüten goldgelb in flachen großen Doldentrauben, sehr gute Schnittsorte; 'Schwefelblüte' ('Flowers of Sulphur'), etwa 60 cm hoch. Blüten schwefelgelb. **948,** S. 119.

millefolium L., Schafgarbe. Heimische Art, aber auch in allen anderen Erdteilen verbreitet oder eingeschleppt. Blütezeit Juni–Oktober. Vielgestaltige Staude mit kriechendem Wurzelstock. Blätter tief gefiedert, lanzettlich, dem Boden aufliegend. Pflanze sehr trittfest, deshalb als Rasenersatz möglich. Blütenköpfchen mit weißen bis roten Zungenblüten in Doldentrauben, 10–40 cm hoch.
'Cerise Queen', 50–60 cm hoch, Blütenfarbe leuchtend kirschrot, Blütezeit Juni–September; 'Fire King', 70–90 cm hoch, dunkelrot, Blütezeit Juli–September, **949,** S. 119; 'Kelwayi', 50 cm hoch, lilarosa, Blütezeit Juni–August.

'Moonshine' (*A.* 'Clypeolata' × 'Taygetea'), Gartenhybride. Blütezeit Mai–Juli. Laub silbriggrün. Blütenstände etwa 60 cm hoch, hellgelb, flach, bis 10 cm Durchmesser. **950,** S. 119.

ptarmica L., Sumpfgarbe, Weißer Dorant, Bertramsgarbe. Europa. Blütezeit Juni–September. 20–100 cm hoch. Lanzettliche, ungeteilte, eingesägte Blätter. Blüten weiß, in lockeren Doldentrauben. Ausnahme! Diese Art braucht frischen feuchten bis nassen Standort. Sorten breiten sich weniger stark aus, alte Kulturpflanze.
'Perrys White', gefüllte kleine Blüten, 70–80 cm hoch; 'Boule de Neige' ('The Pearl', 'Schneeball'), 40–60 cm hoch, gefüllte reinweiße Blüten, Blütezeit Juli–September, hervorragend für Schnitt geeignet, **951,** S. 119.

'Taygetea' (*A.* 'Clypeolata' × *A. millefolium*) Gartenhybride. Blütezeit Juni–August. Ganze Pflanze dicht grauweiß-filzig, 20–40 cm hoch. Blüten goldgelb, für Steingarten, besser Alpinenhaus, vor Winternässe schützen.

Achimenes Pers., Schiefteller, *Gesneriaceae*

Etwa 25 Arten in Mittel- und S-Amerika. Kräuter mit unterirdischen Überdauerungsorganen (Rhizome). Blüten meist groß. In botanischen Gärten eine Reihe von Arten in Kultur. Im Handel angeboten werden meist:

Achimenes-Hybriden. Blütezeit Sommer und Herbst. Entstanden aus Kreuzungen mehrerer Arten. Blüten groß (bis 5 cm) in den Farben rosa und blau. Bei uns bekannte Sorten 'Little Beauty' und die Michelsen-Sorten. Verwendung als reichblühende Topfpflanzen im Zimmer. Im Spätherbst trockener halten, bis oberirdische Teile vertrocknet. Überwinterung des verbleibenden Topfballens trocken und kühl, im Frühjahr die Rhizome neu einpflanzen und warm, hell und feucht halten.

Acidanthera Hochst., *Iridaceae*

Etwa 25 Arten in Afrika. Als Dauerorgan Knollen ähnlich denen der ihnen verwandten Gladiolen. Bei uns in Kultur wohl nur:

bicolor Hochst., Äthiopien. Blütezeit August–September. Stengel bis 50 cm hoch. Blätter schwertförmig. Blüten wenige, in lockerer Ähre, weiß, innen purpurrot gefleckt, duftend. Häufiger als die Art wird kultiviert 'Murielae'. Größer. Blüten innen kastanienrot gefleckt.
Mitte–Ende Mai Knollen ins Freiland pflanzen, sonniger Standort. Blütezeit dann im September. Vorkultur ab April in Töpfen unter Glas, Auspflanzen Mitte Mai, bringt frühere Blüte. Knollen im Herbst herausnehmen, wie Gladiolen überwintern. **657,** S. 83.

Aconitum L., Eisenhut, *Ranunculaceae*

Etwa 300 Arten auf der Nordhalbkugel, besonders im Gebirge. Im Winter oberirdisch absterbende Staude mit knolligem oder rübenförmigem, giftigem Wurzelstock. Blätter handförmig gelappt und Lappen z. T. gefiedert. Blüten ähnlich den mittelalterlichen eisernen Sturmhauben mit Spornen, aus 5 Blütenblättern, meist in lockerer Traube, 50–200 cm hoch. Vermehrung durch Aussaat, Sorten durch Teilung. Für Sonne und Halbschatten in humosem, möglichst frisch feuchtem Boden. Wild vorkommend, in Europa geschützt. Für Schnitt geeignet.

carmichaelii Debx. (syn. *A. fischeri* hort.), Mittelchina. Blütezeit August–September. Blätter lederartig, handförmig, tief 3teilig gelappt. Blütentraube locker, etwas behaart. 50–100 cm hoch. Blüten dunkelblau.

var. **wilsonii** (Stapf) Munz (syn. *A. wilsonii* Stapf), China. Wuchs stärker als bei der Art, 150–200 cm hoch. Blüten dunkel amethystfarben. 'Barkers Variety', Blüten dunkler.

fischeri siehe *carmichaelii*
lycoctonum siehe *vulparia*

napellus L., Sturmhut, Bergeisenhut. Gebirge Europas. Blütezeit Juli–August. Vielgestaltige Art. Blätter glänzend, handförmig 5–7teilig. Lappen stark geschlitzt. Blüten weißblau bis dunkelblau in lockerer, später durch Seitentriebe verzweigter, etwa 100 cm hoher Traube. Boden eher feucht als frisch. 'Bressingham Spire', Blüten violettblau, etwa 100 cm hoch; 'Newry Blue', etwa 90 cm hoch, Blüten tiefblau, **952,** S. 119; 'Sparks Variety', 120–150 cm hoch, Blüten tiefviolettblau.

vulparia Rchb. (syn. *A. lycoctonum* L.), Mitteleuropa, Balkan. Blütezeit Juni–August. Blätter 5–7teilig gelappt. Blüten hellgelb, in locker verzweigter Traube. 80–150 cm hoch. Ausnahme, Wurzelstock ist nicht knollig oder rübenförmig.

wilsonii siehe *carmichaelii*

Actaea L., Christophskraut, *Ranunculaceae*

7 Arten auf der Nordhalbkugel, besonders Eurasien. Stauden mit doppelt- bis 3fachzähligen Blättern. Blüten weiß und unscheinbar in einer Traube, die sich bei Fruchtentwicklung streckt. Die zierenden Früchte sind einsamige giftige Beeren. Vermehrung durch Aussaat (Herbst) und Teilung. Verwendung als Unterpflanzung in humosem Boden.

alba (L.) Mill., östl. N-Amerika. Blütezeit Mai–Juni. Blätter grob ungleich, 5teilig gefiedert, 40–50 cm hoch. Beeren weiß, an roten verdickten Stielen im August–September.

spicata L., Europa. Blätter doppelt bis 3fach gefiedert, 30–60 cm hoch. Blüten in gedrängten Trauben, Mai–Juni. Beeren schwarz, Beerenstiele nicht verdickt.

Actinidia Lindl., *Actinidiaceae*

Etwa 35 Arten in O-Asien. Sträucher mit windenden Trieben, sommergrün. Blätter ungeteilt, ganzrandig oder gesägt oder gezähnt. Blüten weiß, gelb oder rötlich, einzeln oder zu mehreren in den Blattachseln. Frucht eine Beere. Verwendung zur Bekleidung von Pergolen, Mauern. Stütze nötig.

arguta (Sieb. et Zucc.) Miq., China, Japan, Korea. Blütezeit Juni. Bis 5 m hoch. Blätter dünn, elliptisch-eiförmig, bis 12 cm lang. Blüten weiß, zu mehreren in den Blattachseln, 10 mm lang. Männliche und weibliche Blüten auf verschiedenen Sträuchern (zweihäusig). Frucht eiförmig, bis 2 cm lang, eßbar.

kolomikta (Maxim. et Rupr.) Maxim., O-Asien. Blütezeit Juni. Bei uns 2–3 m hoch. Blätter dünn, länglich-eiförmig, bis 16 cm lang, am Rande gesägt, bei weiblichen Pflanzen in der oberen Blatthälfte weißlich, später rosa werdend. Blüten weiß, duftend, 1,5 cm breit. Frucht gelbgrün, eßbar. **1957,** S. 245.

Adiantum L., Frauenhaarfarn, *Adiantaceae*

Etwa 200 Arten in den warmen, z. T. auch gemäßigten Zonen der Erde. Farne mit meist lang kriechenden oder auch kurzen, aufsteigenden Rhizomen. Blätter fiederig zerteilt. Die meisten Arten sind Schattenpflanzen, nicht winterhart. Einer Pflege im Zimmer steht meistens ihr Anspruch an hohe Luftfeuchtigkeit entgegen. Als Topfpflanzen, besonders aber als wichtiges Schnittgrün, sind von Bedeutung.

cuneatum Langsd. et Fisch., trop. Amerika, mit mehreren Sorten.

tenerum Sw., trop. Amerika, mit mehreren Sorten. Beide Arten für gut klimatisierte Blumenfenster geeignet. Luftfeuchtigkeit muß hoch sein.

pedatum L., Pfauenradfarn. N-Amerika. Rhizom kriechend. Blätter breit fächerförmig (Name), auf bis 60 cm hohen, schwarzglänzenden Stielen. Einzige winterharte Art der Gattung. Verwendung als Freilandfarn an etwas schattigem Standort auf feuchten Böden. Blätter auch als Schnittgrün geeignet.

Adonis L., Adonisröschen, *Ranunculaceae*

Etwa 20 Arten, Europa bis Japan. Einjahrpflanzen und Stauden. Blätter handförmig, fiederig geschlitzt, wechselständig am Grunde und am Stengel. Vermehrung: einjährige Pflanzen durch Aussaat im Herbst, da zur Keimung niedrige Temperaturen erforderlich sind, Stauden durch Teilung gleich nach der Blüte. Blüten hahnenfußartig, 5 Kelchblätter, 5 Blütenblätter, weiß, gelb, rot. Kalkhaltiger, nicht feuchter Boden. Für sonnige bis halbschattige Lagen. Pflanzen giftig.

amurensis Regel et Radde, Amurgebiet bis Japan. Blütezeit Februar–März. 20–30 cm hohe Stauden mit sehr fein zerteilten, bis 15 cm breiten dunkelgrünen Blättern. Viele japanische Sorten auch gefülltblühend. Pflanze setzt keinen Samen an. Oberirdische Pflanzenteile sterben bereits im Juni ab. **1,** S. 1.

Einjährige Arten:

aestivalis L., 30–50 cm hoch, Blüten rot oder gelb.

annua L., 10–30 cm hoch, Blüten dunkelrot.

aleppica Boiss., 30–50 cm hoch, sehr große dunkelrote Blüten.
Wertvolle Bereicherung des Frühjahrsflors, besonders auch im Steingarten für trockene, warme Stellen. Oft Selbstaussaat, Aussaat ins freie Land. Blütezeit je nach Saat an Ort und Stelle variabel. Bei Herbstaussaat Blütezeit Februar–April. Bei Frühjahrsaussaat Blütezeit Juni–Oktober.

Aechmea Ruiz et Pav., *Bromeliaceae*

Etwa 150 Arten in S- und Mittel-Amerika. Die meisten sind Epiphyten. Blätter bestachelt, in rosettenförmiger Anordnung, ihre Basisteile einen Trichter bildend, in dem Wasser gehalten werden kann. Auch in Kultur stets Wasser im Trichter halten; Wasser- und Nährstoffaufnahme geschieht (neben den Wurzeln) durch Saugschuppen im Innern des Trichters. Pflanze blüht nur einmal in ihrem Leben und stirbt dann allmählich ab, bildet aber an den Basisteilen Erneuerungssprosse (Kindl), die zur Vermehrung dienen. Blütenstand meist ansehnlich, gekennzeichnet durch oft lebhaft gefärbte Hochblätter, die mehrere bis viele Wochen haltbar und in deren Achseln die meist unscheinbaren Blüten sind. Frucht eine Beere. Obwohl Epiphyten, Kultur im Topf üblich. Erde muß locker sein. Vermehrung durch Aussaat (in Gärtnereien) oder durch Kindl (Seitensprosse an der Basis der Pflanze), die einige Jahre bis zur Blüte brauchen. Haltbare Zimmerpflanzen, bei höheren Temperaturen (20°) und viel Licht. Im Winter etwas kühler.

fasciata (Lindl.) Bak., Brasilien. Hauptblütezeit Sommer. Blätter bis 50 cm lang, 10 cm breit, grün, in querliegenden Bändern weiß bemehlt. Blütenstand bis 50 cm hoch; die dunkelrosa, stachligen Hochblätter kopfig gedrängt, behalten Farbe mehrere Monate. In Kultur häufigste Art. Vom Kindl bis zur Blüte 3–4 Jahre. Verfrühung der Blüte durch Langtage (über 14 Stunden).

fulgens Brongn., Brasilien. Hauptblütezeit Herbst. Blätter bis 40 cm lang, grün. Blütenstand bis 50 cm hoch; Hochblätter korallenrot (2 Monate haltbar), Blüten blau. **402,** S. 51. Bei 'Discolor' Blätter oberseits olivgrün, unterseits violettrot.

weilbachii Dietr., Brasilien. Blätter bis 60 cm lang. Blütenstand mit korallenroten Hochblättern. Blüten blau.

Aesculus L., Roßkastanie, *Hippocastanaceae*

Etwa 25 Arten in Europa, N-Amerika, O-Asien. Bäume oder Sträucher mit gegenständigen, handförmig geteilten Blättern. Sommergrün. Blüten in aufrechtem, rispigem Blütenstand an den Zweigenden. Winterhart. Verwendung im Garten.

× **carnea** Hayne, Blütezeit Mai. Hybride, entstanden aus *A. hippocastanum* × *pavia*. Baum, 15–20 m hoch. Blätter meist 5geteilt. Blütenrispe bis 20 cm lang, hellrot. Fruchtbehang gering. **1441,** S. 181. 'Biotii', Blütenstände größer, leuchtend blutrot.

hippocastanum L., Gebirge SO-Europas. Blütezeit Mai. Bei uns die am weitesten verbreitete Roßkastanie. Großer Baum, bis 25 m hoch. Blätter 5–7-geteilt, doppelt gesägt. Blüten weiß, gelbrot gefleckt, Rispe bis 30 cm lang. Früchte stachlig, Samen („Kastanien") glatt, dunkelrotbraun. Mehrere Gartenformen. Wichtig 'Baumannii', mit gefüllten Blüten. Setzt keine Früchte an.

octandra Marsh., N-Amerika. Blütezeit Mai–Juni. Bis 15 m hoch. Blätter 5geteilt. Herbstfärbung gelb. Blüten grüngelb, im Schlund rötlich. Frucht stachellos, giftig. **1442,** S. 181.

parviflora Walt., N-Amerika. Blütezeit Juli–August. Bis 4 m hoch. Strauch, breit-niederliegend, mit Ausläufern, dadurch größere Flächen bedeckend. Blüten weiß; Rispe schlank, bis 30 cm lang.

pavia L., N-Amerika. Blütezeit Juni. Bis 4 m hoher Strauch. Blüten hellrot. Rispen bis 15 cm lang, locker.

Aethionema R. Br., Steintäschel, *Cruciferae*

Etwa 40 Arten besonders im östlichen Mittelmeergebiet. Einjährige bis ausdauernde Kräuter, Stengel rund, Zweige dünn, kleine blau-grau-grüne Blättchen, Blüten klein, weiß bis rot in kurzer Traube. Vermehrung durch Aussaat. Besonders geeignet für Steingarten und Trockenmauern. Boden sandig, durchlässig und warm in sonniger Lage. Blüte mit meist intensivem Honigduft.

armenum Boiss., Anatolien und Kaukasus. Blütezeit Mai–Juni. Dicht buschiger Wuchs, etwa 15 cm hoch. Blüten rosa, gedrängt in aufrechten Trauben. 'Warley Rose', breit-buschig, 15–20 cm hoch. Blüten leuchtend rosa. Vermehrung vegetativ, da kein Samenansatz. Schwachwachsend. Blütezeit Juni–August. **2,** S. 1.

grandiflorum Boiss. et Hohen. (syn. *A. pulchellum* Boiss. et Huet). Elbursgebirge. Blütezeit Juni–Juli. Hoher Wuchs mit vielen unverzweigten Stengeln, 15–30 cm hoch. Blüten lilarosa, größer als bei anderen Arten, in lockeren abgerundeten Trauben.

pulchellum siehe *grandiflorum*

Agapanthus L'Hérit., *Liliaceae*

Etwa 10 Arten in S-Afrika. Mehrjährige Pflanzen mit kurzem, dickem, aus den unteren Blatteilen gebildetem Stamm. Blätter riemenförmig, in 2zeiliger Anordnung. Blüten trichterförmig, bis 5 cm lang, blau oder weiß, zu vielen (bis 100) in einer Scheindolde, die von meist kräftigem (bis 1 m langem) Stiel getragen wird. Wurzeln dickfleischig.

orientalis Leighton, Blütezeit Sommer. Am häufigsten kultiviert. Zahlreiche Formen mit dunkel- oder hellblauen, auch weißen Blüten. Mehrere Wuchsformen: kleine zierliche, mit 50 cm langen Stielen (Blüten meist dunkelblau), große, mit 1 m langen Stielen (Blüten meist hellblau). Vermehrung durch Aussaat, bis zur Blüte dann etwa 4 Jahre, leichter durch Teilung. Pflanze blüht endständig und bildet dann meist 2 Seitentriebe, von denen einer im folgenden Jahr wieder blüht. Verwendung als Kübelpflanze, im Sommer im Freien, in voller Sonne. Reichlich Wasser und Nährstoffe geben, Überwinterung frostfrei im Keller bei 5–8°, wenn hellere Räume vorhanden, bei 8–10°. Blütenbildung nur bei Winter-Temperaturen unter 15°; Blüten werden also schon im Winter in der Pflanze angelegt. Besonders schön sind große Exemplare mit mehreren Blütenständen (große Kübel nötig). Auch Auspflanzen im Freien möglich, dann guter Winterschutz durch starke Laubschüttung. Gute Schnittblume. **953,** S. 120.

Agave L., *Agavaceae*

Etwa 300 Arten im südl. N-Amerika, Mittel- und nördl. S-Amerika. Mehrjährige Pflanzen von rosettenartigem Wuchs. Blätter derb, oft dickfleischig, länglich. Die meisten Arten blühen nur einmal in ihrem Leben; die Pflanze bildet dann keine neuen Blätter mehr, obwohl die vorhandenen noch mehrere Jahre am Leben bleiben können. Bis zur Blüte vergehen meist viele Jahre. Blütenstände oft riesig, mehrere Meter hoch. Verwendung der Agaven als Kübelpflanzen, im Sommer vollsonnig im Freien, Überwinterung kühl. Am häufigsten bei uns gezogen.

americana L., Heimat unbekannt, im Mittelmeergebiet verwildert. Blätter dickfleischig, meist hellgrau; auch Formen mit weißen oder gelben Blatträndern. Im Laufe der Jahre sehr groß werdend. Vermehrung durch am Grunde der Rosette entstehende Seitensprosse (Kindl), die abgetrennt und eingepflanzt werden.

Ageratum L., *Compositae*

Etwa 30 Arten in Mittel- und S-Amerika. Kräuter oder Sträucher mit gegenständigen Blättern. Kultiviert fast nur:

houstonianum Mill. (syn. *A. mexicanum* Sims), Mexiko bis Peru. Blütezeit Sommer. Bekannte Sommerblume, bei uns einjährig gezogen. Von Juni bis Frosteintritt blühend. Durch Züchtung zahlreiche Sorten entwickelt, Hauptblütenfarbe blau, aber auch weiß und rosa. Verwendung für Sommerblumenbeete, besonders die gedrungen wachsenden Sorten (bis 15 cm hoch und gleichem Pflanzendurchmesser). Vermehrung durch Stecklinge oder Aussaat im März. Besser ist Jungpflanzenkauf. Auspflanzen, wenn Nachtfrostgefahr vorbei. Sorten hier nicht angegeben, da rascher Wechsel. Rat erteilen Gärtnereien. **225,** S. 29.

mexicanum siehe *houstonianum*

Aglaonema Schott, *Araceae*

40 Arten in O-Indien und Indonesien. Mehrjährig. Stammbildend; Blätter eirund-lanzettlich oder länglich-lanzettlich, meist nicht einfarbig grün, sondern in verschiedenen Tönungen (häufig silbergrau) marmoriert oder gefleckt. Blütenstand in Kolbenform, Spatha (Hochblatt) weiß, zusammengerollt, nach oben offen und verbreitert. Frucht eine Beere, rot. Zimmerpflanzen, nicht unter 15°. Hohe Luftfeuchtigkeit günstig. Erde locker. Zierend als Blattpflanze.

commutatum Schott, Celebes. Bis 50 cm hoch, Blätter 20 cm lang, länglich, zwischen den Blattnerven grau gefleckt. **403,** S. 51. 'Treubii', Java, bis 1 m hoch, Blätter bis 30 cm lang, länglich, dunkelgrün, grau gefleckt zwischen den Hauptnerven, **405,** S. 51.

costatum N. E. Br., SW-Indonesien. Gedrungen wachsend, mehrtriebig, dadurch buschig. Blätter bis 15 cm lang, eiförmig, weiß gefleckt mit weißer Mittelrippe. Vermehrung gut durch Teilung.

pictum (Roxb.) Kunth, Sumatra, Borneo. Gedrungen wachsend, mehrtriebig. Blattstiele kurz, Blätter länglich-elliptisch, bis 20 cm lang, dunkelgrün mit hellgrünen-grauen Flecken unregelmäßig besetzt.

roebelinii (Lind.) Gentil, Java. Starkwachsend, bis 1 m hoch. Blätter langgestielt, bis 30 cm lang, breiteirund, dunkelgrün, silbergrau gezeichnet. 'Silver Queen' stärker silbergrau gezeichnet mit glänzend grünen Fleckchen längs der Hauptnerven. **404,** S. 51.

Agrostemma L., Kornrade, *Caryophyllaceae*

2 Arten, im Mittelmeergebiet. Heute Getreideunkraut in vielen Ländern, 30–100 cm hoch. Einjährige Pflanzen mit kleinen enganliegenden graufilzigen Blättern. Stengel gabelspaltig-ästig. Für sonnigen Stand. Saat direkt ins Freiland (März), Samen giftig!

githago L., 60–100 cm hoch, Blüten blaßpurpurn, langgestielt. Blütezeit Juni–August. 'Milas', rotviolette Blüten, reichblühend, **226,** S. 29.

Ajuga L., Günsel, *Labiatae*

Etwa 45 Arten über die Erde verbreitet, nicht in den Tropen. Einjährige oder ausdauernde Kräuter, Stengel niederliegend, teilweise Ausläufer treibend. Blätter gegenständig, selten ganzrandig, meist eingeschnitten oder grob gezähnt. Blüten in achselständigen Quirlen oder Ähren, blau, weiß, rot und gelb. Vermehrung durch Teilung. Humoser, frischfeuchter Boden. Für sonnige bis halbschattige Lagen. Durch Virosen erkrankte Pflanzen zeigen starke Wuchsdepressionen und sind sofort zu entfernen.

pyramidalis L., Berggünsel. Europäische Gebirge. Blütezeit Juni–Juli. Staude mit grob gekerbten, rauhbehaarten Blättern in kräftiger Rosette ohne Ausläufer. Blüten violett oder hellblau in blattachselständigen Quirlen, etwa 30 cm hoch. Verträgt Trockenheit besser als andere Arten. **954,** S. 120. 'Metallica Crispa', metallisch glänzende braunrote Blätter.

reptans L., Kriechgünsel. Europa, Vorderasien bis Persien. Blütezeit Mai–August. Staude mit dunkelgrünen, spatelförmigen, schwach gekerbten, etwas welligen, oft rötlich überlaufenen Blättern. Bildet dichte Matten durch oberirdisch wurzelnde Ausläufer, 10–20 cm hoch. Blütenquirle bilden dichte Ähre. Blütenfarbe blau, selten rosa oder weiß. Art und Sorten hervorragende Bodendecker. 'Atropurpurea', Blätter hellbraunrot, Blüten sattblau; 'Multicolor' ('Rainbow'), Feuersalamandergünsel, Blätter grünlichgelb, rot gescheckt, Blüten blau, **955,** S. 120; 'Variegata', Blätter weißbunt, Blüten blau.

Alchemilla L., Frauenmantel, *Rosaceae*

Etwa 200 Arten, Hochgebirge der gemäßigten Zonen aller Erdteile. Meist niedrigwachsende Kräuter. Blätter langgestielt, gelappt, gefingert oder gefaltet. Blüten klein, grüngelb, in Trugdolden. Vermehrung durch Aussaat und Teilung. Für sonnige bis schattige Stellen mit frischfeuchtem Boden. Für Schnitt geeignet. Anspruchslos und wüchsig.

acutiloba siehe *mollis*

mollis (Buser) Rothm. (syn. *A. acutiloba* hort.), Kleinasien, Karpaten. Blätter dicht weich behaart, 10–15 cm breit, graugrün, gebuchtet, gezähnt, langgestielt. Wuchs kräftig. Blätter bis 30 cm hoch. Blüten hellgelb, in bis 50 cm hohen Trugdolden, sehr zierend. **956,** S. 120.

Allamanda L., *Apocynaceae*

12 Arten in S-Amerika. Bäume oder kletternde Sträucher.

cathartica L., Brasilien. Hauptblütezeit Sommer. Mehrere Meter hoch kletternd. Blätter in Quirlen. Blüten leuchtend gelb, trichterförmig, etwa 5 cm breit, zu mehreren an den Zweigenden. Als Topfpflanze angeboten, blüht zunächst an kurzen Trieben, bildet später aber lange Triebe. Zimmerpflanze, im Spätwinter zurückschneiden. Im Winter kühler (10°) halten. **406,** S. 51.
'Grandiflora', weniger stark kletternd; 'Hendersonii', starkwachsend, als Topfpflanze weniger geeignet.

Allium L., Lauch, *Liliaceae*

Fast 300 Arten, besonders auf der nördl. Halbkugel. Meist Stauden, die Zwiebeln oder Zwiebelstämme bilden. Blätter grundständig, Blüten meist zu vielen in schirm- oder kugelförmigen Blütenständen. Außer den Nutzpflanzen Knoblauch, Küchenzwiebel, Porree, Schnittlauch, zahlreiche Arten im Freien als winterharte Zierpflanzen verwendet. Lieferung und Pflanzung der Zwiebeln im Herbst. Standort volle Sonne. Blätter meist im Spätsommer schon abgestorben. Vermehrung auf natürliche Weise durch Brutzwiebeln. Wenn zu dicht gewachsen, im Spätsommer nach Verschwinden der Blätter ausgraben, zu dichte Zwiebelklumpen teilen und gleich wieder pflanzen. Als Schnittblumen mehrere Arten geeignet. Belästigung durch Geruch meist nur beim Auswechseln des Vasenwassers, nicht durch die Blüten.

aflatunense B. Fedtsch., Persien. Blütezeit Mai–Juni. Stengel bis 90 cm hoch. Blütenstand kuglig, 10 cm Durchmesser. Blüten violettrosa. **658,** S. 83.

albopilosum siehe *christophii*

atropurpureum Waldst. et Kit., Ungarn. Blütezeit Mai–Juni. Stengel 80 cm hoch. Blüten schwärzlichrot, zu vielen in schirmförmigem Blütenstand.

beesianum W. W. Sm., China. Blütezeit Juni. Stengel bis 25 cm hoch. Blüten zu wenigen, röhrig, hängend, blau. **659,** S. 83.

caeruleum Pall., asiat. Rußland. Blütezeit Mai–Juni. Stengel bis 60 cm hoch. Blüten kornblumenblau, zu vielen in kugligem Blütenstand. Auch Schnittblume.

cernuum Roth, S-Europa. Blütezeit Juni. Stengel bis 50 cm hoch. Blüten purpurrosa, in lockeren kugligen Blütenständen. **660,** S. 83.

christophii Trautv. (syn. *A. albopilosum* C. H. Wright). Türkei, Persien. Blütezeit Juni–Juli. Stengel bis 60 cm hoch. Blüten lila, mit metallischem Glanz, langgestielt, zu vielen in kugligem Blütenstand, der bis 25 cm im Durchmesser. Blütenblätter fallen nicht ab, sondern werden hellbraun und erstarren; getrocknete Fruchtstände als Trockenblume verwendbar. **661,** S. 83.

flavum L., S-Europa, Balkan. Blütezeit Juli. Stengel bis 50 cm hoch. Blüten gelb, in lockeren Blütenständen. **662,** S. 83.

giganteum Regel, Himalaja. Blütezeit Juli–August. Stengel 1,5 m hoch. Blüten rosa oder violettrosa, zu vielen in dichtem kugligem Blütenstand, der bis 20 cm (meist weniger) im Durchmesser. Wertvoll als Schnittblume.

jesdianum Boiss. (syn. *A. rosenbachianum* Regel), Turkestan. Blütezeit Mai–Juni. Stengel bis über 1 m hoch. Blüten lila, in kugligem Blütenstand, weniger dicht als bei *A. giganteum*. Fruchtstände als Trockenblume verwendbar.

karataviense Regel, Turkestan. Blütezeit April–Mai. Blätter nur 2, breit, zungenförmig, blaugrün. Stengel bis 20 cm hoch. Blüten silbrigrosa, zu vielen in dichtem kugeligem Blütenstand. **663,** S. 83.

moly L., Goldlauch. S-Europa. Blütezeit Mai–Juni. Stengel bis 30 cm hoch. Blüten leuchtend gelb, zu wenigen in schirmförmigem Blütenstand. Vermehrt sich reichlich. **664,** S. 83.

narcissiflorum Vill., S-Frankreich. Blütezeit Juni–Juli. Stengel bis 30 cm hoch. Blüten dunkelrosa, glockenförmig, hängend, zu wenigen. Bildet Zwiebelstamm. **665,** S. 84.

neapolitanum Cyr., S-Europa. Blütezeit April–Mai. Stengel bis 30 cm hoch. Blüten weiß, in lockerem schirmförmigem Blütenstand, duftend. Winterschutz.

oreophilum C. A. Mey. (syn. *A. ostrowskianum* Regel), Rosenlauch. Turkestan. Blütezeit Juni–Juli. Stengel bis 15 cm hoch. Blüten rosa, zu wenigen in schirmförmigem Blütenstand. **666,** S. 84.
'Zwanenburg', rosarot.

ostrowskianum siehe *oreophilum*

pulchellum G. Don, Alpen, Balkan. Blütezeit Juli–August. Stengel bis 50 cm hoch. Blüten rotviolett, in lockerem, kugligem Blütenstand. **667,** S. 84.
'Album', Blüten weiß, in neuerer Zeit entstanden bei van Tubergen, Haarlem.

rosenbachianum siehe *jesdianum*

schoenoprasum L., Schnittlauch. Europa. Blütezeit Juni–Juli. Im blühenden Zustand auch als Zierpflanze verwendbar. **668,** S. 84.

siculum Bernardino, Sizilien. Blütezeit Juni–Juli. Stengel bis 80 cm hoch. Blüten rötlichbraun, mit blaugrünen Streifen, in lockerem Blütenstand. **669, S.** 84.

sphaerocephalon L., Mittelmeergebiet. Blütezeit Juli–August. Stengel bis 1 m hoch. Blüten dunkelpurpurn, zu vielen in sehr dichtem, kleinem Blütenstand.

triquetrum L., S-Europa. Blütezeit April–Mai. Stengel bis 30 cm hoch. Blüten weiß, mit grünen Streifen, glockenförmig, hängend. Winterschutz.

ursinum L., Bär(en)lauch. Europa. Blütezeit Mai. Stengel bis 40 cm hoch. Blüten weiß, sternförmig, in schirmförmigem Blütenstand. Standort halbschattig. Verwildernd. Nicht für kleine Gärten.

victorialis L., Allermannsharnisch. Europa, N-Asien, N-Amerika, in Gebirgen. Blütezeit Juli–August. Stengel bis 70 cm hoch. Blüten grünlich-(gelblich-)weiß, zu vielen in lockerem halbkugligem Blütenstand. Standort halbschattig.

Alnus Mill., Erle, *Betulaceae*

Etwa 30 Arten auf der nördlichen Halbkugel. Bäume oder Sträucher mit einhäusigen Blüten. Sommergrün. Verwendung im Garten.

cordata (Loisel.) Duby, Italien. Bis 10 m hoher Baum von aufrechtem Wuchs, mit dunkelgrünen Blättern. **1443,** S. 181.

glutinosa (L.) Gaertn., Schwarzerle. Europa, N-Asien. Bis 25 m hoher Baum mit lockerer Krone und schwarzbrauner Borke. Nur für feuchte Standorte. Zahlreiche Gartenformen, insbesondere durch Blattform unterschieden.

incana (L.) Moench, Grauerle, Weißerle. Europa. Bis 20 m hoher Baum mit dichter Krone und hellgrauer Borke. Auch auf trockenen Böden gedeihend. Von zahlreichen Gartenformen häufiger angepflanzt 'Aurea', Golderle; bis 10 m hoch, mit im Austrieb gelben, später gelbgrünen Blättern.

Aloe L., *Liliaceae*

Etwa 200 Arten, überwiegend in S-Afrika. Mehrjährige Sukkulenten. Einige Arten infolge geringer Größe gute haltbare Zimmerpflanzen. Im Sommer auch im Freien. Vollsonnig. Wintertemperatur etwas kühler (10°). Erde durchlässig. Vermehrung durch an der Basis entstehende Seitensprosse (Kindl). Vor allem die kleiner bleibenden Arten geeignet für Liebhabersammlungen. Blütenstände oft von beträchtlicher Länge, verzweigte oder unverzweigte Trauben mit vielen röhrenförmigen Einzelblüten. Blütenfarben überwiegend rot, orange, gelb.

arborescens Mill., S-Afrika. Blütezeit Winter. Im Alter strauchartig. Blätter grün. Blütenstand dicht, vielblütig. Blüten rot. Häufig kultiviert.

aristata Haw., S-Afrika. Blütezeit Frühsommer. Wuchs rosettenartig, dicht. Pflanzendurchmesser 10–15 cm, Höhe 10 cm. Blätter grün, mit kleinen weißen Höckern. Blüten rot.

variegata L., S-Afrika. Blütezeit Frühsommer. Wuchs fast stammlos, bis 20 cm hoch, rosettenartig. Blätter grün, mit weißen Querbändern. Blüten in lockerer Traube, rot. **407,** S. 51.

Alonsoa Ruiz et Pav., *Scrophulariaceae*

10 Arten in den Trockentälern der Anden. Dünnstengelige Kräuter und Halbsträucher, Blüten in endständigen Trauben, leuchtend salvienrot. Vermehrung durch Aussaat (März für Sommerblüte, Auspflanzung Mai), bei uns als Einjahrsblume gezogen.

warscewiczii Regel, geeignetste Art zum Auspflanzen, etwa 30–90 cm hoch. Einzelblüte etwa 1 cm Durchmesser, Blütezeit Juli–September. Trotz Herkunft aus Trockentälern lohnt sich reichliches Wässern. **227,** S. 29.

Alstroemeria L., Inkalilie, *Amaryllidaceae*

Etwa 60 Arten in S-Amerika. Stauden mit fleischigen, büschelig angeordneten, zerbrechlichen Wurzeln. Bei uns wohl nur 2 Arten für Freiland geeignet, beide mit Winterschutz. Pflanzung nur in durchlässigen Boden, sonst Ausfall im Winter.

aurantiaca D. Don, Chile. Blütezeit Juli. Bis 1 m hoch. Schlanke, mit schmalen Blättern besetzte Stiele. Blüten endständig, zu etwa 20 in einer Dolde, 5 cm lang, orangegelb, dunkler gestrichelt. Standort vollsonnig. Vermehrung durch Teilung oder Aussaat. Da Keimung nur bei niedrigeren Temperaturen, Aussaat im Herbst, gerade frostfrei halten. Austriebe im Frühjahr durch Spätfrost gefährdet. Auch als Schnittblume geeignet. **957,** S. 120. Mehrere Sorten, z. B. 'Aurea', Blüten gelb.

Ligtu-Hybriden, entstanden aus Kreuzung von *A. ligtu* mit *A. haemantha*. Blütenfarben überwiegend rosalila. Im Freien schwächer wachsend und schwieriger zu überwintern als *A. aurantiaca*. **958,** S. 120.

Althaea L., Stockrose, Stockmalve, *Malvaceae*

Etwa 25 Arten, in gemäßigten Gebieten Europas und Asiens, Bis 2 m hohe aufrechte zweijährige Stauden. Weiße, gelbe und rote Blüten in bis $1\frac{1}{2}$ m langen Trauben. Herzförmige Blätter. Vermehrung durch Aussaat (Mai–Juni, Auspflanzung im August), Blüten im folgenden Jahr. Auch Stockteilung möglich und bei Sorten zu empfehlen. Nährstoffreicher frischer Boden und Düngung während des Wachstums. Da anfällig für Malvenrost, mit Kupfermitteln oder anderen Fungiziden schon ab Frühjahr vorbeugend spritzen.

rosea (L.) Cav., Stockrose, Stockmalve. Blütezeit Juli–September. 2–$2\frac{1}{2}$ m hoch. **228,** S. 29. Bereits im Kräuterbuch des Hieronymus Bock (1551) sind Sorten beschrieben. Früher wurde aus der Sorte 'Nigra' der rote Farbstoff Althein gewonnen und zum Färben des Rotweins benutzt. Viele Farben und Blütenformen.
'Begonienblütige', gefüllte Blüten in Pastellfarben, gefranste Blütenblätter; 'Chatersche Malven', gedrungene Blütenstände mit dicht gefüllten Blüten; 'Powder Puffs', eine gefüllte Sorte mit vielen Einzelfarben, **229,** S. 29; 'Hybride Semperflorens', eine Sorte, die bei früher Aussaat im Kasten und Auspflanzung ab Mitte Mai noch im gleichen Jahr blüht; einfache und gefüllte Formen.

Alyssum L., Steinkraut, *Cruciferae*

Etwa 100 Arten in Mitteleuropa, im Mittelmeergebiet und in Zentralasien. Halbsträucher oder niedrige Stauden, dünnästig mit schmalen bis spateligen, etwas graufilzigen Blättern. Blüten in Trauben, klein, weiß oder gelb. Vermehrung durch Aussaat z. T. selbst an Ort und Stelle. Sorten durch Stecklinge; Standort trocken und sonnig. Starker Honigduft der Blüten.

maritima siehe *Lobularia maritima*

saxatile L., Felsensteinkraut. Mitteleuropa bis Kleinasien. Blütezeit April–Mai, Pflanze 15–30 cm hoch. Nach der Blütezeit Rückschnitt bis etwa 5 cm über dem Boden, da sonst verkahlend.
'Compactum', gedrungen wachsende Form, goldgelb, 20 cm hoch; 'Citrinum', blaß zitronengelb, **3,** S. 1; 'Sulphureum', schwefelgelb mit leicht silbrigem Laub.

Amaranthus L., Fuchsschwanz, Amarant, *Amaranthaceae*

Etwa 50 Arten, z. T. als Unkräuter in der ganzen Welt verbreitet. Aufrechte oder niederliegende einjährige, selten mehrjährige Kräuter. Blüten sehr klein, in aufrechten oder überhängenden end- oder seitenständigen Scheinähren; grünweißlich und rot. Bereits im 16. Jahrhundert in den Bürgergärten vorhanden.

caudatus L., Gartenfuchsschwanz. Blütezeit Juli–Oktober. Kräftigwachsende einjährige krautige Pflanze. Stengel 60–100 cm hoch, dicht mit langgestielten, länglich-ovalen Blättern wechselständig besetzt. Sehr lange, meist verzweigte, amarantrote Blütenähren. Aussaat an Ort und Stelle April–Mai, später oft Selbstaussaat. Boden nährstoffreich, sonnige Lage. **232,** S. 29.

tricolor L., trop. Asien. 30–120 cm hohe Kräuter; stark verzweigte gelbe, weiße oder rot gefleckte Blätter. Dekorative Blattpflanze für sonnige Stellen. Blütenähren bei Erscheinen auskneifen. Anzucht im Haus oder Frühbeet. **233,** S. 30.

Amarcrinnum siehe *Crindonna*

Amaryllis L., *Amaryllidaceae*

Nur 1 Art in S-Afrika. Die „Amaryllis" der Gärten sind *Hippeastrum*.

belladonna L., Blütezeit September–Oktober. Mehrjährig, zwiebelbildend. Zwiebel im Laufe von Jahren bis Faustgröße erreichend. Blätter schmallänglich, 2zeilig gestellt, erscheinen nach der Blüte im Oktober; im Juli-August-September nicht vorhanden. Stengel 50–80 cm hoch. Blüten zu 10 (15), trompetenförmig, etwa 10 cm lang, rosa, duftend. Mehrere Sorten, hauptsächlich unterschieden durch Stärke der rosa Farbe; auch weißblühende. Wertvolle Schnittblume. In milden Gegenden unter gutem Schutz im Freiland ausdauernd. Besser aber in Töpfen. Wintertemperatur um 10°. Im Sommer nach dem Absterben der Blätter trocken halten. Vermehrung durch Samen (bis zur Blüte 5–6 Jahre) oder Nebenzwiebeln. Nicht oft verpflanzen, da nach Verpflanzen im darauffolgenden Jahr oft keine Blüten (der in der Zwiebel schon angelegte Blütenstand vertrocknet). **670,** S. 84.

Amberboa moschata siehe *Centaurea moschata*

Amelanchier Medik., Felsenbirne, *Rosaceae*

25 Arten, überwiegend in N-Amerika. Kleine Bäume oder Sträucher. Sommergrün. Blüten in Trauben, weiß, an den im Vorjahr gebildeten Zweigen. Nachstehende Arten auch für kleinere Gärten.

canadensis (L.) Medik., östl. N-Amerika. Blütezeit April–Mai. Strauch, bis 8 m hoch, breit wachsend. Blüten weiß, in hängenden Trauben. Früchte schwarzpurpurn, eßbar. Herbstliche Laubfärbung orangescharlach. **1444, 1445,** S. 181.

laevis Wieg., östl. N-Amerika. Blütezeit Mai. Strauch, bis 5 m hoch. Äste waagerecht abstehend, Zweigspitzen überhängend. Blüten weiß, bis 4 cm breit, in lockeren hängenden Trauben. Blätter im Austrieb kupferrot, Herbstfärbung scharlachrot.

Ammobium R. Br., Papierknöpfchen, *Compositae*

2 Arten in Australien. Etwas filzige, kahle steife Kräuter. Blüten einzeln oder zu wenigen endständig. Weiße oder gelbe Blütenblätter papierähnlich. Aussaat Anfang April im Frühbeet, Mitte Mai auspflanzen. Blüten vor dem Erblühen schneiden und mit dem Köpfchen nach unten an schattigem Ort als Strohblume trocknen.

alatum R. Br., Sandimmortelle. Blütezeit Juli–September. Kultiviert wird 'Grandiflorum'. Blütendurchmesser etwa 2–3 cm, Pflanze 40–60 cm hoch. **234,** S. 30.

Ampelopsis siehe *Parthenocissus*

Amsonia Walt., *Apocynaceae*

19 Arten in USA und Mexiko, je 1 Art in Japan und Kleinasien. Kräuter oder Halbsträucher. Blätter wechselständig, lanzettlich-spitz. Vermehrung durch Aussaat oder Teilung.

tabernaemontana Walt. (syn. *A. salicifolia* Pursh). USA (Florida und Texas). Blütezeit Juni–Juli. Bis 1 m hohe Staude, kahle Stengel mit schmalen weidenähnlichen Blättern. Blüte blau, sternförmig, in endständigen Trauben. Pflanzen möglichst ungestört stehenlassen, Sonne bis Halbschatten. Boden frisch und schwer. **959,** S. 120.

salicifolia siehe *tabernaemontana*

Anacyclus L., Ringblume, *Compositae*

15 Arten im Mittelmeergebiet. Einjährige oder mehrjährige, flach ausgebreitete, vielstengelige Kräuter mit Blattrosette. Blätter wechselständig, doppelt oder 3fach gefiedert, z. T. wollig behaart, schafgarbenähnlich. Vermehrung durch Aussaat. Nur für sonnige, trockene, vor Winternässe geschützte Stellen geeignet, besser noch Alpinenhaus.

depressus Ball, Marokkokamille. Atlasgebirge in Marokko. Flachliegende 20–30 cm lange Stiele, die dicht mit mehrfach fiederteiligen Blättern besetzt sind. Blüten endständig, margeritenähnlich, 3–4 cm Durchmesser. Randblüten innen weiß und außen rosa. Bei trübem Wetter oder Regen schließen sich die Blüten. **4,** S. 1.

Anagallis L., Gauchheil, *Primulaceae*

40 Arten in allen gemäßigten Gebieten der Erde. Einjährige oder ausdauernde Kräuter, aufrecht oder flachliegend. Kleine, schmale, gegen- oder wechselständige Laubblätter. Blüten gestielt, rot, blau oder weiß, achselständig mit radförmiger bis weit glokkenförmiger Krone. Vermehrung durch Aussaat Ende März im Frühbeet. Bei uns nur als einjährige Sommerblume zu kultivieren. Benötigt voll sonnigen, trockenen Standort.

monelli L., westl. Mittelmeergebiet. Blütezeit Sommer–Herbst. Ausdauernde, etwa 40 cm hohe Pflanze. Blüten blau, bis 2,5 cm im Durchmesser, zu 2–3 zusammen. **6,** S. 1.
'Grandiflora', tetraploide, sehr großblumige Mischung mit roten und blauen Blütenfarben, z. T. dunkeläugig. **5,** S. 1.

Anaphalis DC., Perlpfötchen, *Compositae*

50 Arten in N-Amerika und N-Asien. Aufrechte graufilzige oder silberwollige Kräuter mit ganzrandigen wechselständigen, sitzenden oder herablaufenden schmalen Blättern. Blüten weiß, in endständigen, vielblütigen, lockeren Trauben. Vermehrung durch Teilung oder Stecklinge (Frühjahr). Standort muß sonnig, trocken und sandig sein. Anspruchslose Stauden, deren Blütenstände sich als Trockenblume eignen.

margaritacea (L.) C. B. Clarke, Silberimmortelle. N-Amerika. Blütezeit Juli–September. Pflanze hat bis 1 m hohe Stengel, weißwollig, dichtbeblättert, unverzweigt. Blütenstand groß, locker, mit weißen perlmuttartigen Blüten.

nubigena DC., Tibet bis Yunnan. 10–15 cm hohe Pflanze mit kriechendem Wurzelstock. Blätter unterseits wollig und oben dunkelgrün, Stengel ganz wollig behaart. Blütenstände wenigköpfig, weiß; schönste Art. Pflanze vor Kälte und Winternässe schützen. **960,** S. 120.

triplinervis (Sims) C. B. Clarke, Tibet, ähnlich *A. nubigena*, aber größer, etwa 20–25 cm hoch. Blütezeit Juli–August. **961,** S. 121.

yedoensis Maxim., Himalaja. Blütezeit Juli–September. Ähnlich *A. nubigena*, Blätter aber ober- und unterseits weißfilzig, etwa 15 cm hoch. Blüten weiß, in gedrängten Köpfchen. Liebt mehr Feuchtigkeit als die anderen Arten. **962,** S. 121.

Anchusa L., Ochsenzunge, *Boraginaceae*

Etwa 40 Arten im Mittelmeergebiet, Kleinasien und S-Afrika. Aufrechte buschige, rauhhaarige Stauden, ein- und zweijährig. Blätter wechselständig, länglich bis lanzettlich. Größtenteils verästelte Blütenstände mit weißen, blauen, violetten und selten gelben Blüten. Vermehrung durch Teilung und Wurzelschnittlinge im Herbst. Für sonnigen bis halbschattigen Standort mit frischem, kalkhaltigem Boden.

azurea siehe *italica*

capensis Thunb., S-Afrika. Zweijährige, bei uns als einjährige Sommerblume gezogene 30–60 cm hohe rauhhaarige Staude. Großer Blütenstand mit blauen, rotgeränderten weißschlundigen Blüten. Aussaat Ende März in kaltes Frühbeet und in günstiger Lage direkt ins Freie (Mai). Lange Blütezeit. 'Blue Bird' ('Blauer Vogel'), indigoblau, etwa 45 cm hoch, **235,** S. 30.

italica Retz. (syn. *A. azurea* auct.), Mittelmeergebiet, Blütezeit Mai–Juli. 100–150 cm hoch. Blätter lanzettlich, bis 30 cm lang; sehr großer verzweigter Blütenstand, deutlich gestielte dunkelblaue Blüten. 'Loddon Royalist', sehr große enzianblaue Blüten, etwa 90 cm hoch, **963,** S. 121; 'Morning Glory', großblumig, tiefblau, Pflanzen etwa 150 cm hoch, Blütezeit Juni–August.

myosotidiflora siehe *Brunnera macrophylla*

Androsace L., Mannsschild, *Primulaceae*

Etwa 120 Arten, meist alpine Pflanzen, hauptsächlich auf der nördl. Halbkugel verbreitet. Polsterbildende, ausläufertreibende Stauden. Blätter in Rosetten, meist grundständig. Blüten glockig bis trichterförmig, weiß, rosa oder rot in kurzgestielten Dolden. Vermehrung durch Teilung, Stecklinge oder Aussaat. Bis auf *A. sarmentosa*, die für trockene, sonnige Hänge geeignet ist, alle Arten nur ins Alpinenhaus. Am besten Nordlage, in Spalten und Ritzen mit guter Dränung. Für das Alpinenhaus hervorragende Sammelobjekte, Winterfeuchtigkeit ist schädlich.

helvetica All., Alpen, in der Schweiz und Österreich. Blütezeit Mai–Juni. Dichte feste Rosettenpolster; Blüte weiß, einzeln, Alpinenhaus. **7,** S. 1.

jacquemontii siehe *villosa* 'Jacquemontii'

lanuginosa Wall., Himalaja. Blütezeit Mai–Juni. Silbrige, rosettige 10 bis 20 cm lange Triebe. Blüten rosa, in kurzgestielten Dolden. Pflanze ist schwierig in der Kultur. **9,** S. 2.

primuloides Duby, Himalaja. Blütezeit Juni–Juli. Rosetten mit ganzrandigen, weißlich behaarten Blättern an 5–10 cm langen Ausläufern. 8–10 rosa Blüten in Dolden an bis 10 cm hohem Stiel. Sehr variable Art. 'Chumbyi', zierlich, Blüten größer und dunkler gefärbt.

pyrenaica Lam., Pyrenäen. Blütezeit Frühjahr. Zierliche, kleine kegelförmige Polster. Blüten klein, weiß. Kultur nur im Alpinenhaus. Pflanze ist nässeempfindlich. **10,** S. 2.

sarmentosa Wall., Himalaja. Blütezeit Juni–Juli. Behaarte Rosetten, 7–10 cm Durchmesser. Durch Ausläufer bilden sich schnell geschlossene Flächen. Am leichtesten zu kultivieren. Blütenfarbe rosa bis dunkelrosa.
'Watkinsii', zierlich, stark behaart, sehr dichtstehende kleine Blätter; 'Yunnanensis', Blüten größer als bei der Art, starkwüchsig.

villosa L., Hochgebirge in Europa und Asien. Blütezeit Mai–Juni. Dichte Polster aus zartblättrigen Rosetten. Wenigblütige Dolden, blaß rosafarben. Blüten mit dunkler Mitte. Durch ihr großes Verbreitungsgebiet sehr variable Art.
'Arachnoidea', stärker behaart als die Art, **11,** S. 2.
'Jacquemontii', 2–3 cm große, zierliche, behaarte Rosetten. Rosa Blütendolden auf kurzem Stiel. Blütezeit Mai–Juni. **8,** S. 1.

Anemone L., Anemone, *Ranunculaceae*

120 vielgestaltige Arten auf der nördlichen Halbkugel in den gemäßigten Gebieten. Niedrige bis mittelhohe ausdauernde Stauden mit kräftigem ausläuferartigem oder knolligem Wurzelstock. Stengel aufrecht mit grundständigen, gestielten und meist gelappten oder gefiederten Blättern. Blüten weiß, blau und rot, einzeln oder viele endständig oder durch Verzweigung in den Achseln der Hochblätter. Vermehrung durch Aussaat, Sorten besser durch Teilung. Meist für mehr halbschattigen als sonnigen Standort und frischen, humosen Boden. Viele Arten sind gute Schnittblumen.

alpina siehe *Pulsatilla alpina*

blanda Schott et Kotschy, Griechenland, Kleinasien. Blütezeit März–April. 10–15 cm hoch, Wur-

zeln knollig, Blätter 3zählig mit gestielten 3teiligen, eingeschnittenen, gezähnten Teilen. Blüten rosa, rot und blau. Knollen 6–8 cm tief legen. Laubdecke als Winterschutz liegenlassen.
'Atrocoerulea' ('Ingramii'), dunkelblau, **671,** S. 84; 'Blue Star', hyazinthenblau; 'Charmer', dunkelrosa; 'Radar', dunkelrosa mit weißer Mitte; 'White Splendour', weiß, Blütenblattunterseite lilarosa.

coronaria L., Mittelmeergebiet bis Vorderasien. 25 bis 40 cm hohe Staude mit schwärzlichem Wurzelstock. Blätter gestielt, handförmig geteilt mit vielspaltigen Teilen. Blüten einzeln mit grünen gegenständigen, geschlitzten Hochblättern (wie Halskrause). Blüten 6–8 cm groß, einfach oder gefüllt, leuchtend rot, blau, violett, rosa oder weiß. Gute Schnittblume. Knollen im September–Oktober 4–8 cm tief legen. Winterschutz gut. Von den Sorten seien genannt:
'Admiral', violettblau, halbgefüllt; 'De Caen', Mischung einfachblühend, **672,** S. 84; 'General Gordon', dunkelrot, gefüllt; 'St. Brigid', Mischung halbgefüllt; 'Sylphide', violettrosa, einfach; 'The Governor', scharlachrot, halbgefüllt.

elegans siehe Japonica-Gruppe
halleri siehe *Pulsatilla halleri*
hepatica siehe *Hepatica nobilis*

hupehensis Lemoine (syn. *A. japonica* var. *hupehensis* hort.), Mittel- und W-China. Blütezeit August–Oktober. 40–90 cm hoch, Staude, schwach behaart. Blätter 3teilig und Blättchen schwach 3–5lappig und grob gezähnt. Blüten 6–7 cm breit in lockeren bis 15blütigen Rispen (Einzelblüte hat 5–6 rosa Hüllblätter). **964,** S. 121. Viele Sorten, z. B.:
'Japonica', Blüten klein mit mindestens 20 Blütenblättern, bereits in China Kultursorte; 'Praecox', rosa; 'September Charm', dunkelrosa; 'Splendens', nur 50–60 cm hoch, hellrot bis violett.

× *hybrida* siehe Japonica-Gruppe

Japonica-Hybriden (hierzu gehören *A. hupehensis* var. *japonica* × *A. vitifolia*; *A.* × *hybrida* Paxt.; *A. elegans* Decne.). Sorten, die aus Kreuzungen, insbesondere mit japanischen und chinesischen Gartensorten, stammen. Blütezeit September–Oktober. 60–150 cm hohe Stauden mit 6–7 cm großen Blüten (je 7–20 Blütenblätter).
'Honorine Jobert', 90 cm hoch, reinweiß; 'Königin Charlotte', 70–100 cm hoch, silbrigrosa, halbgefüllt; 'Prinz Heinrich', 80–100 cm hoch, rosarot, halbgefüllt; 'Whirlwind' ('Wirbelwind'), 90 cm hoch, reinweiß, halbgefüllt.

japonica siehe *A. hupehensis* 'Japonica' und Japonica-Gruppe

× **lesseri** Wehrh., Gartenhybride. Blütezeit Mai–Juni. 30–60 cm hohe Staude. Blätter rund, grün glänzend. Blüten purpurrosa. Oft nicht langlebig. **965,** S. 121.

narcissiflora L., Berghähnlein. Europa bis Asien und N-Amerika. Blütezeit Mai–Juni. 30–60 cm hohe Staude mit handförmig geteilten 3–5lappigen wollig behaarten Blättern. Blattlappen ebenfalls 3- und mehrspaltig. Blüten weiß in 3–8blütiger Dolde. **966,** S. 121.

nemorosa L., Buschwindröschen. Europa. Blütezeit März–Mai. 15–20 cm hohe Staude mit dünnem, braunem Rhizom. Blätter langgestielt, 3teilig mit gebuchteten Abschnitten. Blüten weiß, außen rötlich, abends oder bei trockenem Wetter schließen sich die Blüten.
'Allenii', Blüten außen rosalila und innen blaß lavendelblau, **673,** S. 85; 'Robinsoniana', blaß lavendelblau; 'Royal Blue', sehr dunkles Blau.

pavonina Lam., Mittelmeergebiet. Blütezeit Mai–Juni. Knolliger Wurzelstock, Pflanze ähnlich *A. coronaria.* Blüten scharlachrot mit gelbweißem Rand. Knolle nach dem Einziehen der Pflanze aus dem Boden nehmen und trocknen. Bis zur Pflanzung im Herbst aufbewahren. Schnittblume mit Sorten. **674,** S. 85.
'St. Bavo', Mischung guter ausgelesener Farben. **675,** S. 85.

pulsatilla siehe *Pulsatilla vulgaris*

tomentosa (Maxim.) Pe'i (syn. *A. vitifolia* Buch.-Ham. var. *tomentosa* (Maxim.) Ulbr.; *A. hupehensis* var. *tomentosa* (Maxim.) Hyl.). Himalaja. Blütezeit August–September. 30–50 cm hohe dicht wollig behaarte Staude. Blätter 3teilig grob gezähnt. Blüten 5 cm groß mit 5–6 hellrosa Blütenblättern in lokkeren Rispen. Mit sehr winterharten Sorten!
'Albadura', 80 cm hoch, Blüten außen rosa, innen weiß, Juli–August; 'Robustissima', 100 cm hoch, Blüten außen rötlich, innen dunkelrosa.

vernalis siehe *Pulsatilla vernalis*
vitifolia siehe *tomentosa*
Anomatheca siehe *Lapeirousia*

Anthemis L., Hundskamille, *Compositae*

110 Arten im Mittelmeerraum und Vorderasien. Ein- oder mehrjährige Kräuter mit wechselständigen 1–3fach fiederschnittigen Blättern. Pflanze und Blätter mancher Arten dicht wollig behaart, aromatisch duftend. Blütenköpfchen endständig, weiß und gelb. Vermehrung durch Teilung, Aussaat oder Stecklinge; auspflanzen in leichten Boden an sonnigen Stellen.

biebersteiniana (Adam) Boiss., Kleinasien. Blütezeit Mai–Juni. Pflanze 15–40 cm hoch. Blätter ungeteilt, klein, sitzend, grauseidenhaarig. Blüten goldgelb auf straffen Stielen. Schönste Art für Steingarten, erfordert sonnige, trockene Stellen und in strengen Wintern etwas Schutz. 'Tetra', großblumige Sorte.

cupaniana Tod., Italien, S-Europa. Blütezeit Juli–September. Halbstrauchig, bildet dichte Flächen mit feinzerteilten, silbrig behaarten Blättern. Blüten 3–5 cm groß, einzeln auf 10–15 cm hohen Stielen. Pflanze 15–25 cm hoch. Nicht ganz winterhart, deshalb im Herbst Stecklinge machen und frostfrei überwintern. **12,** S. 2.

sancti-johannis Stoj., Steff. et Turrill, Bulgarien. Blütezeit Juni–August. Pflanze 30–50 cm hoch. Blätter graugrün, silbrig behaart; Blüten einzeln, 3–5 cm groß, dunkelorange. Oft nicht mehr als reine Art erhältlich, sondern als Kreuzung mit *A. tinctoria.* **967,** S. 121.

tinctoria L., Färberkamille. Europa, in viele Erdteile eingeschleppt. Blütezeit Juli–September. Staude 40–70 cm hoch. Blätter graugrün, doppelt kammartig gefiedert, oberseits kahl und unterseits wenig behaart. Blütenköpfchen 3–5 cm, goldgelb, einzeln an langen Stielen.
'Grallagh Gold', bis 70 cm hoch. Blüten größer als bei der Art, tief goldgelb, **968,** S. 121; 'Perrys Variety', Pflanze 70–80 cm hoch, Blüten leuchtend gelb, **969,** S. 122; 'Wargrave Variety', flache zitronengelbe Blüten, **970,** S. 122.

Anthericum L., Graslilie, *Liliaceae*

Etwa 100 Arten in Europa, Afrika, Amerika. Stauden von meist rosettenartigem Wuchs. Für Freiland geeignet und winterhart sind folgende Arten:

liliago L., Mittel- und S-Europa. Blütezeit Mai–Juni. Blätter schmal, grasähnlich, bis 50 cm lang. Stengel bis 50 cm hoch mit sternförmigen, 3–4 cm breiten weißen Blüten. Standort sonnig. Kalkhaltige Böden bevorzugt. Vermehrung durch Teilung oder Herbstaussaat im Freien. **971,** S. 122.

ramosum L., Mittel- und S-Europa. Blütezeit Juli–August. Stengel bis 80 cm hoch, verzweigt, mit vielen weißen, 2–3 cm breiten sternförmigen Blüten.

Anthurium Schott, *Araceae*

Etwa 500 Arten im trop. Amerika. Mehrjährig, stammlos oder stammbildend, Blätter immergrün. Nur als Gewächshaus- oder Zimmerpflanzen. Zierwert als Blattpflanzen oder durch lebhaft gefärbte Blütenscheide (Spatha). Die meisten Arten gedeihen in lockerer, durchlässiger Erde. Beimischung von Sumpfmoos (Sphagnum) günstig

andreanum Lind., Flamingoblume. Kolumbien. Blütezeit fast das ganze Jahr. Die Art ist nicht in Kultur, sondern Sorten, die auch als *A.* × *cultorum* Birdsey zusammengefaßt werden. Stammbildend, im Alter bis 1 m hoch werdend, Blätter groß, länglich-herzförmig, dunkelgrün, mit langen Blattstielen. Blütenscheiden bis 20 cm lang, je nach Sorte leuchtend rot, rosa, weiß, lackartig glänzend. Kolben fingerförmig, weiß. Gutes Wachstum nur bei Temp. nicht unter 20°, im Winter nur wenig kühler. Auch als Schnittblume geeignet. **408,** S. 51.

crystallinum Lind. et André, Kolumbien. Blätter sehr groß werdend, breit-herzförmig, dunkelgrün mit Samtglanz, Blattadern silbrig. Verwendung als Blattpflanze, aber empfindlich.

× *cultorum* siehe *andreanum*
× *hortulanum* siehe *scherzerianum*

scherzerianum Schott, Flamingoblume. Costa Rica, Guatemala. In Kultur nur Gartenformen, die auch als *A.* × *hortulanum* Birdsey zusammengefaßt werden. Kaum stammbildend, kleiner als *A. andreanum.* Blütenscheide rot, rosa, weiß, nicht lackglänzend. Kolben gedreht. Häufig gezogene Zimmerpflanze. Auch als Schnittblume. Erstmals lebend nach Europa (Hannover-Herrenhausen) eingeführt von Hermann Wendland (1862).

Antirrhinum L., Löwenmaul, *Scrophulariaceae*

Etwa 40 Arten auf der Nordhalbkugel, besonders im Mittelmeergebiet. Ein- oder mehrjährige Kräuter oder am Grunde verholzende Halbsträucher mit meist ganzrandigen, länglichen Blättern. Blätter gegenständig, obere wechselständig. Blüten weiß, gelb bis rot, einzeln achselständig oder als endständige Trauben. Vermehrung durch Aussaat, bei uns als einjährige Sommerblume gezogen, die staudigen Arten fürs Alpinenhaus.

majus L., Gartenlöwenmaul. Mittelmeergebiet. Blütezeit Juni–September. 20 bis 100 cm hohe, am Grunde verholzende Staude. Blätter dicht stehend, länglich-spitz und ganzrandig. Röhrenblüten 4–6 cm lang, bei der Wildart mit purpurner Lippe und gelbem Schlund. Seit dem 16. Jahrhundert bei uns als Gartenpflanze. Wird als einjährige Sommerblume bei uns kultiviert, in Weinbaugegenden oder in milden Wintern zeigt sich der halbstrauchige Charakter der Art: Sie verholzt am Grunde und treibt im Frühjahr wieder aus. Die Löwenmaulsorten reagieren z. T. photoperiodisch; Förderung des Blühens im Langtag. Es gibt eine große Anzahl Sorten mit einfachen und gefüllten Rachenblüten und kreisförmigen radiären Blüten. Die Farben reichen von weiß über gelborange, rosa bis rot. Ebenfalls gibt es für Schnittblumenkultur Sorten, die sich wenig oder gar nicht verzweigen, viele F_1-Sorten. Folgende Gruppen sind hauptsächlich im Handel als Mischungen und Farbsorten):

a) Grandiflorum- und Maximum-Gruppe, 80–100 cm hoch; z. B. 'Glamour Shades Double', gefüllte Mischung, pastellfarben, **237,** S. 30.
b) Nanum-Grandiflorum- und Maximum-Gruppe, 40–50 cm hoch.
c) Nanum-Compactum-Gruppe, 20–30 cm hoch.
d) Pumilum-Gruppe, 15–20 cm hoch; z. B. 'Floral Carpet' als Mischung und in Farbsorten, **236,** S. 30.
e) Sorten der Gruppen a–d, aber mit radiären Blüten.

Aphelandra R. Br., *Acanthaceae*

Etwa 80 Arten im trop. und subtrop. Amerika. Kräuter oder Sträucher mit meist gegenständigen großen Blättern. Blüten in endständigen Ähren.

squarrosa Nees, Brasilien. Blütezeit Sommer und Herbst. Von dieser Art werden einige Formen angeboten und als Zimmerpflanzen verwendet. Blätter eiförmig-elliptisch, bis 30 cm lang, längs den Blattadern silberweiß. Blüten und Hochblätter leuchtend gelb. Vermehrung den Gärtnereien überlassen, da schwierig.

Aponogeton L. f., Wasserähre, *Aponogetonaceae*

Etwa 40 Arten im trop. Afrika und indomalaiischen Raum. Ausdauernde Wasserpflanzen mit teils knolligem Wurzelstock und auf der Wasseroberfläche schwimmenden Blättern. Blüten weiß, gelb oder lila in einer am Grunde mehrfach gegabelten Ähre, duftend, blühen 2–3mal im Jahr. Vermehrung durch Teilung und Aussaat. Für warme Teiche geeignet, die nicht bis zum Boden durchfrieren, sonst Überwinterung im Haus.

distachyos L. f., Wasserähre. S-Afrika. Blütezeit Juli bis zum Frost. Knolle hat etwa einen Durchmesser von 2 cm. Die ersten Blätter über Wasser, spätere schwimmend auf der Oberfläche. Blüten weiß, in aufrechten Ähren über Wasser, etwa 15–20 cm lang. Kultur in 40–70 cm tiefem Wasser, am besten mit tiefem Schlammuntergrund. **972,** S. 122.

Aporocactus mallisonii siehe *Heliaporus*

Aquilegia L., Akelei, *Ranunculaceae*

Etwa 70 Arten in den gemäßigten Zonen der Nordhalbkugel. Stauden mit gestielten, grundständigen 3zähligen Blättern. Pfahlwurzel. Blüten groß, blau, gelb oder rot, auch gefüllt, in Rispen oder einzelstehend. Blüten 5zählig mit jeweils 5 langen Honigspornen. Vermehrung durch Aussaat, Sorten am besten durch Teilung. Wachsen in jedem guten, nicht zu trockenen Gartenboden. Sonne bis Halbschatten. Viele Sorten, da sich alle Arten leicht miteinander kreuzen lassen; auch für Schnitt.

Hybriden. Langspornige, großblumige Hybriden in Farben von karmin über rosa, lila, blau, gelb bis weiß. Blütezeit Mai–Juni. Pflanzen 40–70 cm hoch (Eltern u. a. *A. canadensis*, *A. chrysantha*, *A. formosa*, *A. vulgaris*; letztere besonders bei kurzspornigen Hybriden). **973, 974,** S. 122.
'Crimson Star', 50–60 cm hoch, sehr reich blühend, Blüten tief rot; 'McKana Hybrids', 70–90 cm hoch, z. Z. großblumigste Sorte mit allen möglichen Akeleifarben.

vulgaris L., Wilde Akelei. Europa. Blütezeit Mai–Juni. 40–80 cm hoch. Blätter graugrün. Viele Farbsorten und Blütenfüllungen, da seit dem 15. Jahrhundert beliebte Gartenpflanze.

Arabis L., Gänsekresse, *Cruciferae*

Etwa 100 Arten, vorwieg. in Gebirgsgegenden der Nordhalbkugel. Kahle oder behaarte Kräuter, einoder mehrjährig. Blätter wechselständig, ungeteilt, meist sitzend. Blüten weiß, selten gelb, rosa oder purpurn in endständigen Trauben. Manche Arten, z. B. *A. alpina*, duftend. Vermehrung durch Teilung, Stecklinge und Aussaat. Für Trockenmauern, Sonne bis Halbschatten.

albida siehe *caucasica*

caucasica Schlechtend., SO-Europa und Kleinasien. Blütezeit März–April. Pflanze 15–25 cm hoch. Blüte weiß. Pflanzen bilden dichte Flächen; geeignet zum Schnitt. Oft als *A. alpina* im Handel, die jedoch duftet, während *A. caucasica* nicht duftet.
'Plena', Blüten weiß, gefüllt, wächst etwas schwächer als die Art, **13,** S. 2; 'Rosabelle', Blüten rosa.

Aralia L., *Araliaceae*

Etwa 35 Arten im nördl. gemäßigten Amerika, Asien sowie Australien. Meist sommergrüne Sträucher mit zahlreichen Blüten in endständigen großen Trugdolden oder Rispen. Bei uns im Freien angepflanzt und winterhart ist

elata (Miq.) Seem., O-Asien. Blütezeit August. Mehrere Meter hoher Strauch mit bestachelten Trieben. Blätter bis 80 cm lang, doppelt gefiedert. Blüten klein, weiß, zu vielen in großer endständiger Trugdolde. Mehrere Gartenformen, z. B. 'Variegata' ('Albo-Marginata'), mit weißgerandeten Blättern. **1446,** S. 181.

elegantissima siehe *Dizygotheca elegantissima*
japonica siehe *Fatsia japonica*
sieboldii siehe *Fatsia japonica*

Araucaria Juss., *Araucariaceae*

12 Arten in S-Amerika, Australien, Inseln im Stillen Ozean. Immergrüne, hohe Bäume, den Nadelgehölzen verwandt. Bei uns keine mit Sicherheit winterhart.

araucana (Mol.) C. Koch (syn. *A. imbricata* Pav.), S-Chile. In der Heimat hoch werdender Baum mit sehr regelmäßig in Quirlen angeordneten Ästen. Blätter eirund-lanzettlich, fest, stachelspitzig („Haifischzähne"). In milderen Gegenden oft jahrelang im Freien aushaltend; sehr strenge Winter aber nicht überlebend. Kleinere Pflanzen können durch Einbinden geschützt werden. Bis zu einer gewissen Größe als Kübelpflanze haltbar.

excelsa siehe *heterophylla*

heterophylla (Salisb.) Franco (syn. *A. excelsa* R. Br.), Zimmertanne. Norfolk-Inseln. In der Heimat hoher Baum mit quirlig angeordneten Ästen und feinen, sichelförmigen Blättern. Bei uns als Topf- bzw. Kübelpflanze gezogen, im Sommer auch im Freien. Überwinterung hell und kühl (6–8°).

imbricata siehe *araucana*

Arbutus L., Erdbeerbaum, *Ericaceae*

Etwa 20 Arten im Mittelmeergebiet, W-Europa, N-Amerika. Bäume oder Sträucher, immergrün, Borke abblätternd, rötlich oder weißgrau. Blätter wechselständig, gesägt oder ganzrandig. Blüten krugförmig, rosa, weiß, grünlich, zu mehreren bis vielen in rispigem, aufrechtem oder hängendem Blütenstand. Früchte beerenartig, glatt oder höckerig. Bei uns nicht winterhart, aber als Kübelpflanze verwendbar. Im Sommer im Freien, Überwinterung bei 6–8°. Zierend durch Blüten und die lebhaft gefärbten Früchte. Vermehrung durch Stecklinge oder Samen. Erde schwach sauer (mit Torf anreichern).

× **andrachnoides** Link (*A. andrachne* × *unedo*). Blütezeit Herbst oder Frühjahr. Strauch (im Alter auch baumartig) mit roter Borke und ledrigen grünen Blättern. Blüten weißlichrosa, in etwas hängender Rispe. Früchte etwa 1,5 cm dick, rot, ähneln hängenden Erdbeeren. **1447, 1448,** S. 181.

menziesii Pursh, Madroña. NW-Amerika, Blütezeit Frühjahr. Strauch (in der Heimat Baum). Borke orangekarmesin, abblätternd, der später glatte Stamm zimtbraun. Blüten cremeweiß, in aufrechter Rispe. Früchte 1 cm dick, orangerot. **1449,** S. 182.

unedo L., SW-Irland und Mittelmeergebiet. Blütezeit Oktober–Dezember. Strauch (in der Heimat Baum) mit schuppiger Borke. Blüten weiß bis hellrosa, in hängender, 5 cm langer Rispe. Früchte 2 cm dick, orangerot. **1450,** S. 182. 'Rubra', Blüten tiefrosa, **1451,** S. 182.

Arctotis L., Bärenohr, *Compositae*

Etwa 30 Arten, meist in S-Afrika. Ein- oder mehrjährige Kräuter oder Halbsträucher mit wollig behaarten, gebuchteten oder fiedrig eingeschnittenen Blättern. Blüten etwa 5 cm groß, gelb bis rotbraun, fast violett, auf 15–40 cm langen Stielen. Bei uns als einjährige Sommerblume gezogen. Aussaat Ende März im Kasten oder Haus. Auspflanzen Mitte–Ende Mai. Pflanzen haben Pfahlwurzeln, deshalb vor dem Auspflanzen in Töpfe setzen. Für warme geschützte Lagen.

breviscapa Thunb., S-Afrika. Blütezeit Juli–September. Kräuter mit etwa 15 cm langen grundständigen, oberseits grünen und unterseits weißfilzigen Blättern. Blüten orange, auf 15–40 cm hohen Stielen. **238,** S. 30.

Hybriden. Sorten aus England, durch Kreuzung verschiedenster Arten entstanden; enthalten das gesamte Farbenspiel. Angeboten als Mischungen. **239,** S. 30. 'Neue Hybriden', 'Großblumige Hybriden'.

Ardisia Sw., *Myrsinaceae*

Etwa 240 Arten, überwiegend in den Tropen. Sträucher oder kleine Bäume, immergrün. Blätter wechselständig. Blüten klein, weiß oder rot, zwitterig; bei manchen Arten zweihäusig, in end- oder achselständigen Trauben oder Rispen. Früchte beerenartig, weiß, rot, blau, schwarz.

crenata Sims, Japan bis S-Asien. Blütezeit Sommer. Bis 1,2 m hoher Strauch, meist Stämmchen mit abstehenden Zweigen. Blätter ledrig, dunkelgrün, wellig gerandet, mit kleinen Knötchen, in denen sich Bakterien (nicht gefährlich) als Symbionten befinden. Blüten weiß oder rosa, 6 mm lang, in vielblütigen endständigen Rispen. Früchte kuglig, bis 10 mm dick, korallenrot. Verwendung als längerlebige Topfpflanze, zierend durch die Früchte. Überwinterung hell, um 15°, **409,** S. 52.

Argemone L., Stachelmohn, *Papaveraceae*

9 Arten in N- und Mittelamerika, den Anden und Hawaii. Meist einjährige Kräuter mit gelbem Saft und graugrünen eingeschnitten fiederteiligen, stachelig gezähnten oder steifborstigen Blättern. Blüten einzeln, endständig, weiß, gelb oder purpurfarben. Bei uns seltene Sommerblume, für sonnige Stellen mit tiefgründigem, nährstoffreichem und durchlässigem Boden.

mexicana L., Mexiko. Blütezeit Juli–September. Heute Unkraut an den Küsten aller wärmeren Länder. Einjährige, sehr sparrige, 60–80 cm hohe graugrüne Kräuter. Blüten blaßgelb bis orange. Bereits im 16. Jahrhundert nach Europa eingeführt. **240,** S. 30.

Arisaema Mart., Feuerkolben, *Araceae*

130 Arten in den Tropen und Subtropen Asiens und Afrikas. Knollenpflanzen; Blätter 1–3, lang gestielt, ein- und mehrteilig bis schirmförmig. Blüten aronstabähnlich mit einem die Blütenröhre überdeckenden Zipfel. Vermehrung durch Samen oder Teilung. Verwendung in lichten Laubwaldstellen oder Alpinum in frischen, nährstoffreichen Böden.

candidissimum W. W. Smith, W-China. Blütezeit Mai. Blätter 3schnittig auf bis 75 cm langen Stielen, einzeln. Spatha weiß oder rosa überlaufen. Rote Beeren im Juli. Härteste Art, für strenge Winter Decke aus Laub und Reisig ratsam, sonst Überwinterung im Kalthaus.

Aristolochia L., Pfeifenblume, *Aristolochiaceae*

Etwa 300 Arten in den gemäßigten und warmen Zonen der Erde. Stauden oder ausdauernde strauchige Winde- und Kletterpflanzen mit ungeteilten oder 3–5lappigen, meist großen Blättern. Blüten meist pfeifenförmig, bei manchen tropischen Arten sehr groß.

clematitis L., Osterluzei. Mittelmeergebiet, in Deutschland heimisch geworden. Blütezeit Mai–Juni. Staude, bis 60 cm hoch, nicht windend. Blüten unscheinbar.

elegans Mast., Brasilien. Blütezeit Sommer. Verholzende Kletterpflanze mit herzförmigen Blättern. Blüten bis 10 cm breit, braunpurpurn mit weißen Flecken. Verwendung als Topfpflanze, an kleinen Gerüsten hochzuziehen. Rückschnitt im Frühjahr. Vermehrung durch Stecklinge oder Samen. **410,** S. 52. Viele andere Arten mit noch größeren Blüten nur für Gewächshäuser geeignet.

macrophylla Lam. (syn. *A. sipho* L'Hérit.), Pfeifenwinde. N-Amerika. Blütezeit Juni–Juli. Sommergrüner Strauch, bis 10 m hoch windend. Blätter herzförmig, bis 30 cm lang. Blüten innen braunpurpurn. Winterhart. Verwendung zur dichten Bekleidung von Pergolen und Mauern.

sipho siehe *macrophylla*

Armeria Willd., Grasnelke, *Plumbaginaceae*

50 Arten in der nördl. gemäßigten und arktischen Zone und den Anden von Chile bis Feuerland. Meist ausdauernde Kräuter mit grundständigen, schmalen grasartigen Blättern. Blüten weiß bis rot in kopfigen, langgestielten Blütenständen. Vermehrung durch Aussaat, Sorten durch Teilung. Für trockene, warme und sonnige Stellen. Blüten auch zum Schnitt geeignet.

caespitosa (Cav.) Boiss., Pyrenäen. Blütezeit Mai–Juni. Bildet 3–5 cm hohe Kissen mit ihren schmalen, 3kantigen grasartigen Blättern. Blütenstiel kaum länger als Blätter. Blüten zartrosa bis weiß. Pflanze ist besonders für Trockenmatten und Steingärten geeignet. 'Bevans Variety', Blüten dunkelrosa, Blütezeit April–Mai, **14,** S. 2.

maritima (Mill.) Willd., zirkumpolar verbreitet. Blütezeit Mai–Oktober. Blätter schmal-länglich, grasartig, meist einnervig und am Rande gewimpert, 10–20 cm lang. Variable Art. Blüten in Köpfchen auf bis 40 cm langen Stielen, blaßrosa bis dunkelkarmin oder violett.
'Düsseldorfer Stolz', 10–15 cm hohe, feste dunkelgrüne Polster. Blüten intensiv rosa in Köpfchen auf 20–25 cm langen Stielen. Blüht reichlich und lange.
'Vindictive', Blüten leuchtend scharlachrot. **15,** S. 2.

pseudarmeria (Murr.) Mansf., Blütezeit Mai–Juli. Blätter blaugrün, grasartig, bis 2 cm breit, bildet rasenähnliche 40–50 cm hohe Polster. Blüten in sehr großen Köpfchen auf bis 60 cm hohen Stielen, lilarosa.
'Bees Ruby', etwa 25 cm hoch. Blüten purpurrosa in sehr großen Köpfchen auf kräftigen langen Stielen. Blütezeit Juni–August. Gut für Schnitt geeignet.

Arnebia echioides siehe *Echioides longiflorum*

Artemisia L., Beifuß, *Compositae*

Etwa 250 Arten auf der Nordhalbkugel, meist Steppenpflanzen, selten alpin. Stauden, Sträucher oder Halbsträucher. Blätter meist hand- oder fiederförmig, aromatisch duftend. Blüten unscheinbar in zu Trauben oder Rispen vereinigten Köpfchen. Vermehrung durch Aussaat oder Teilung. Für trockene Stellen als zierende Blattpflanzen.

absinthium L., Wermut, Absinth. Europa. Blütezeit Juli–September. Halbstrauchig, bis 1 m hoch; reichbeblätterter aufrechter Stengel. Blätter beiderseits seidig behaart. Blüten unscheinbar. Vollsonniger Standort. 'Lambrook Silver', Sorte mit besonders silberhaarigen Blättern, **976,** S. 122.

arborescens L., S-Europa. Strauch, bis 2 m hoch; feinfiedrige, silbrige Blätter. Für warme, sonnige Stellen. Erfriert in strengen Wintern, deshalb bewurzelte Stecklinge frostfrei überwintern. **1452,** S. 182.

lactiflora Wall., China und Indien. Blütezeit September–Oktober. 100–150 cm hohe Pflanze; aufrechte, kahle Triebe. Blüten cremeweiß in dichten 30–60 cm langen Rispen. Sonnige bis halbschattige Stellen mit frischem bis feuchtem Boden. Für Schnitt geeignet. **977,** S. 123.

maritima L., Meerwermut. Europa. Blütezeit August–September. 40–60 cm hoch. Blätter silbergrau, Blüten gelblich-rötlich. Für nährstoffarme, leichte Böden und sonnige Lagen, nicht so feuchtigkeitsempfindlich wie die anderen Arten, 'Nutans', zierliches, silbergraues Laub. **978,** S. 123.

Arum L., Aronstab, *Araceae*

12 Arten in Mitteleuropa, Mittelmeergebiet bis Persien. Pflanzen mit knolligem Wurzelstock und gestielten, pfeilartigen, meist glänzenden Blättern. Blüten mit großer Spatha, weiß, gelblichgrün bis rötlichbraun gefleckt. Vermehrung durch Aussaat und Teilung. Pflanzung an feuchte halbschattige Stellen. Beerenfrüchte sind giftig.

creticum Boiss. et Heldr., Kreta. Blütezeit April–Mai. Pflanze etwa 30 cm hoch, mit pfeilförmigen 10–15 cm langen Blättern. Blüte etwa 10–15 cm lang, cremegelb auf 20–30 cm langem Stiel. Winterschutz erforderlich. **411,** S. 52.

dracunculus siehe *Dracunculus*

italicum Mill., Europa und N-Afrika. Blütezeit Mai–Juni. Pflanze mit dekorativen gefleckten Blättern (für Schnitt geeignet), die im Herbst bereits erscheinen. Etwa 40 cm hoch. Spatha innen grünlichweiß, außen rötlich. Die roten Beeren an den Kolben zeigen sich im Juli. Oft Verbreitung durch Selbstaussaat. Winterschutz erforderlich. **676,** S. 85.

Aruncus Adans., Geißbart, *Rosaceae*

3 Arten in der nördlichen gemäßigten Zone. Kräftige, bis 2 m hohe Stauden mit großen bis 5fach gefiederten Blättern. Blüten weiß, in großen, lockeren, bis 50 cm langen verzweigten Rispen. Vermehrung durch Aussaat oder Teilung. Für schattige, feuchte Standorte; humoser Boden.

dioicus (Walt.) Fern. (syn. *A. sylvester* Kostel.), Blütezeit Juni–Juli. Pflanze zweihäusig, 1–2 m hoch. Blüten in lockeren Rispen, weibliche Blütenstände kräftig und gelblichweiß, männliche Blütenstände zierlich und reinweiß. Für Schnitt geeignet. **979,** S. 123. 'Kneiffii', Form mit fein zerschlissenen Blättern.

sylvester siehe *dioicus*

Asarum L., Haselwurz, *Aristolochiaceae*

Etwa 100 Arten auf der nördl. gemäßigten Halbkugel, besonders SO-Asien. Stauden mit kriechendem Rhizom. Herz- oder nierenförmige, langgestielte, meist immergrüne Blätter. Blüten bräunlich, glockig, kurzgestielt am Boden aufliegend. Vermehrung durch Teilung. Verwendung als guter Bodendecker im Schatten. Gedeiht gut in frischem, nährstoffreichem Boden.

canadense L. östl. N-Amerika. Blätter nicht immergrün, im Austrieb behaart, starkwüchsig.

caudatum Lindl., Kalifornien, ähnlich *A. europaeum*, aber größer, immergrüne Blätter.

europaeum L., Haselwurz. Europa bis Sibirien. Staude mit kriechendem Wuchs, 10–15 cm hoch. Blätter pfefferartig riechend und schmeckend. Blüten braunpurpurn, liegen einzeln dem Boden auf.

Asparagus L., Spargel, *Liliaceae*

Etwa 300 Arten in den gemäßigten und wärmeren Zonen Europas, Afrikas, Australiens. Kräuter oder Halbsträucher mit aufrechten oder kletternden Trieben. Die nadelähnlichen „Blätter" sind Scheinblätter. Blüten meist wenig ansehnlich. Einige Arten werden als zierende Grünpflanzen verwendet.

filicinus Buch.-Ham., Himalaja. Strauch von aufrechtem Wuchs, über 1 m hoch. Beeren schwarz. Winterhart.

plumosus Bak., S-Afrika. Zuerst aufrecht, im Alter kletternd. Sehr fein benadelt. Verwendung als Zimmerpflanze. Liefert Grün für Schnittblumen.

sprengeri Regel, S-Afrika. Aufrecht-überhängend. Beeren rot. *Der* Asparagus für Zimmerpflege. Liefert Schnittgrün. Im Sommer auch im Freien.

verticillatus L., Kaukasus. Halbstrauch. Mehrere Meter hoch kletternd. Verwendung zur Bekleidung von Säulen, Pfosten. Winterhart.

Asperula L., Meister, *Rubiaceae*

90 Arten in Australien, Eurasien, besonders Mittelmeergebiet. Kriechende oder polsterbildende Kräuter mit quirlständigen, nadelförmigen Blättern. Röhrenblüten weiß oder rosa in endständiger Traube. Vermehrung durch Aussaat oder Teilung. Für schattige Stellen mit frischem, humosem Boden als Bodendecker.

nitida Sibth., Griechenland. Blütezeit Juni–August. 3–5 cm hohe Polster mit lanzettlichen, an der Spitze weiß begrannten Blättern. Blüten weiß bis rosa. Geeignet für trockene Stellen im Steingarten. Schutz vor Winternässe.

suberosa Sibth. et Sm., Griechenland. Blütezeit Mai–Juni. 8–10 cm hoch, Blüten lilarosa. Blätter silbrig behaart. Für sonnige Stellen im Steingarten besser noch Alpinenhaus. Schutz vor Winternässe. **16,** S. 2.

Asphodeline Rchb., Junkerlilie, *Liliaceae*

20 Arten im Mittelmeergebiet. Stauden mit Rhizom. Wurzeln fleischig. Blätter büschelig, linealisch. Blüten weiß oder gelb, kurzgestielt in langer, dichter Traube. Schaft bis obenhin dicht beblättert. Vermehrung durch Aussaat im Frühjahr (Blüte erst im dritten Jahr). Pflanze verlangt sonnigen, trockenen Standort, empfindlich gegen Nässe im Sommer und Winter.

liburnica (Scop.) Rchb., Kleinasien. Blütezeit Mai–Juni. Blätter 3kantig, an den Rändern rauh. Blütenstand verzweigt, etwa 60 bis 120 cm hoch. Blüten gelb, in schlanken, lockerblütigen Trauben.

lutea (L.) Rchb., Mittelmeergebiet. Blütezeit April–Mai. Stauden mit etwa 30 cm langen Blättern. Blütenschaft bis obenhin beblättert, etwa 90–120 cm hoch. Blüten gelb, in 30–40 cm langen endständigen Trauben. Seit 1561 in Kultur.

Aspidistra Ker-Gawl., Metzgerpalme, Schusterpalme, *Liliaceae*

8 Arten in O-Asien.

elatior Bl., Japan. Mehrjährig, mit dickem Erdstamm und immergrünen, ledrigen, länglich-lanzettlichen, dunkelgrünen Blättern. Bis 80 cm hoch. Blüten am Grunde der Pflanze auf der Erdoberfläche. Verwendung als ungewöhnlich widerstandsfähige Zimmerpflanze, auch für Treppenhäuser u. a.

Asplenium L., Streifenfarn, *Aspleniaceae*

Etwa 700 Arten auf der ganzen Erde. Erdbewohnende oder auch epiphytische Farne. In der Erscheinungsform sehr mannigfaltig. Verwendung der winterharten Arten im Freiland, z. T. auch zur Bekleidung von Mauern, der nicht winterharten als Zimmerpflanzen, besser aber im Blumenfenster mit hoher Luftfeuchtigkeit.

1. *Winterharte Arten:*

ruta-muraria L., Mauerraute. Europa, Asien, N-Amerika. 5–15 cm hoch. Blätter dreieckig im Umriß, gefiedert, dunkelgraugrün. Zur Bekleidung von Mauern. Standort sonnig oder auch schattig.

septentrionale (L.) Hoffm., Gabelstreifenfarn. Gebirge Europas, Asiens, N-Amerikas. Blätter gablig oder 3zählig, gefiedert, lederartig, dunkelgrün.

trichomanes L., Steinfeder. Nördl. gemäßigte Zonen. In Deutschland in Felsritzen und Mauern vorkommend. Blätter linealisch, einfach gefiedert, niederliegend. Pflanze etwa 10–15 (20) cm hoch. Blattstiele schwarz.

viride Huds., Grüner Streifenfarn. Europa, N-Amerika. Ähnelt den vorigen, Blattstiele jedoch mit Ausnahme ihres basalen Teiles grün.

2. *Nicht winterharte Arten:*

bulbiferum G. Forst., Australien, Neuseeland. Blätter bis 60 cm lang, 3fach gefiedert, hellgrün, aufrecht, oberer Teil überhängend. Bildung von jungen Pflänzchen auf der Oberseite der Hauptrippe an den Ansatzstellen der Fiedern. Zimmerpflanze.

nidus L., Nestfarn. SO-Asien, trop. Australien. Blätter ungeteilt, lanzettlich, einen Trichter bildend, hellgrün. In botanischen Sammlungen oft 1,5 m Höhe erreichend; als Zimmerpflanze jedoch viel kleiner. **412,** S. 52.

Aster L., Aster, *Compositae*

300–600 Arten in Europa, Asien und Amerika sowie S-Afrika. Die Arten kreuzen leicht miteinander, so daß alle Übergänge vorhanden und die Arten schlecht abzugrenzen sind. Ein- bis zweijährig, doch meist ausdauernde Stauden. Pflanzen kahl oder behaart, Blätter wechselständig, von lanzettlich bis spatelförmig, ganzrandig oder gezähnt. Blütenköpfchen einzeln oder in Rispen oder Doldensträußen vereinigt. Zungenblüten weiß, blau, violett und rot. Röhrenblüten gelb, selten dunkel. Vermehrung durch Teilung oder Stecklinge. Für sonnige bis halbschattige Lagen mit durchlässigem Boden und guter Wasserversorgung. Die meisten Arten sind kalkliebend. Werden die Pflanzen in der Mitte kahl, dann ist Zeit zum Umpflanzen.

acris siehe *sedifolius*

alpinus L., Alpenaster. Europa bis Sibirien. Blütezeit Mai–Juni. 15–25 cm hohe rauhhaarige Staude ohne Ausläufer. Blätter länglich, spatelförmig, grundständig, eine Rosette bildend. Blütenköpfchen 3–5 cm groß, einzeln, gestielt. Röhrenblüten gelb, Zungenblüten violett, rosa oder weiß, **17,** S. 3.
'Dunkle Schönheit', dunkelviolett; 'Freude', hellblau, violett; 'Güte', reinrosa; 'Treue', dunkelblau.

amellus L., Bergaster. Europa bis Sibirien und Kleinasien. Blütezeit August–September. 30–80 cm hoch. Stengel steif, aufrecht, oben stark verzweigt. Blätter breit-lanzettlich, unterseits behaart. Blüten in endständiger, ebensträußiger Dolde. Zungenblüten blau, lila oder weiß, rot. Röhrenblüten gelb. Viele, besonders durch Auslese, entstandene Sorten. Wichtig ist leichter Boden, da auf schwerem Boden nur kurzlebig.
'Breslau', Blüten mittelgroß, blauviolett, starkwüchsig, 40 cm hoch; 'Hermann Löns', Blüten groß, hellblau, 60 cm hoch; 'King George', dunkelviolettblau, 70–80 cm hoch, **981,** S. 123; 'Kobold', violettblau, 40 cm hoch; 'Lady Hindlip', Blüten groß, rosa, 60 cm hoch; 'Rudolf Goethe', lavendelblau, 60–70 cm hoch, **982,** S. 123; 'Sternkugel', hellblau, 40–50 cm hoch.

dumosus L., die reine Art aus N-Amerika ist 30 bis 100 cm hoch mit kriechendem Wuchs und rispigverzweigten Stengeln. Sie ist Stammelter vieler Sorten. Kreuzungen insbesondere mit *A. novi-belgii*. Blütezeit August–Oktober. So entstand die Gruppe der „Kissenastern".
'Diana', leuchtend rosa, 30 cm hoch; 'Herbstgruß vom Bresserhof', mittelrosa, 40 cm hoch; 'Jenny', kirschrot, 30 cm hoch, **990,** S. 124; 'Prof. Anton Kippenberg', leuchtend blau, 40 cm hoch; 'Schneekissen', reinweiß, 30 cm hoch; 'Snowsprite', reinweiß, 35–40 cm hoch, **991,** S. 124.

ericoides L., N-Amerika. Blütezeit September–November. Bis 100 cm hohe Staude mit rispig verzweigtem Stengel und dicht mit linealisch-lanzettlichen Blättern besetzt. (Name rührt von dem erikenähnlichen Aussehen her.) Blütenköpfchen klein, in großer breiter Rispe. Zungenblüten weiß, weißrosa oder blau. Röhrenblüten gelb bis braun. 'Schneetanne', cremeweiß, sehr reich blühend.

× **frikartii** Frikart, Hybride aus *A. thomsonii* × *A. amellus*, ähnlich *A. amellus*, aber mit großen, bis 9 cm großen Blütenköpfchen. Blütezeit Juli–September. Zungenblüten lila bis blau, Röhrenblüten gelb. Pflanzen empfindlich gegen Nässe. **983,** S. 123.
'Wunder von Stäfa', himmelblau, 80 cm hoch.

linosyris (L.) Bernh., Goldaster. Europa, Kleinasien und N-Afrika. 20–50 cm hohe unverzweigte, graugrüne Staude mit schmalen grasähnlichen Blättern. Kleine goldgelbe Köpfchen (ohne Zungenblüten) zu vielen in dichter endständiger Doldentraube. **984,** S. 123.

novae-angliae L., Rauhblattaster. N-Amerika. Blütezeit September–Oktober. 150–180 cm hohe, gänzlich weichbehaarte Pflanze mit kriechendem Wurzelstock. Straffe Stengel dicht mit langen, lanzettlichen, halb den Stengel umfassenden Blättern besetzt. Blütenstand dicht verzweigt, vielblütig. Die Blüten gehen bei trübem Wetter und abends in Schlafstellung, so daß sie dann wie welk aussehen. Viele Sorten:
'Andenken an Paul Gerber', karminrot, 150–180 cm hoch; 'Harrington Pink', lachsrosa, 140 cm hoch; 'Rudelsburg', leuchtend dunkelrosa, 100–120 cm hoch; 'Septemberrubin', leuchtend rubinrot, 120 cm hoch, **985,** S. 124.

novi-belgii L., Glattblattaster. N-Amerika. Blütezeit Juli–September. Bis 150 cm hohe, in allen Teilen kahle Pflanze. Blätter breit-lanzettlich, ganzrandig und halbstengelumfassend. Blütenköpfchen mit blauen, weißen oder rosa Zungenblüten und gelben oder braunen Röhrenblüten, in doldenrispigem Blütenstand. Verbreitetste hohe Staudenart, die sehr nährstoffreichen Boden und reichliche Wasserversorgung benötigt. Viele Sorten, z. B.:
'Ada Ballard', malvenblau, 90 cm hoch, **986,** S. 124; 'Crimson Brocade', karminrot, gefüllt, 80–100 cm hoch; 'Dauerblau', lavendelblau, 140 cm hoch; 'Erfurt blüht', violett, 120 cm hoch; 'Ernest Ballard', karminrot, halbgefüllt, 90 cm hoch, **987,** S. 124; 'Fellowship', rosa, 100–120 cm hoch; 'Marie Ballard', hellblau, gefüllt, 90 cm hoch, **988,** S. 124; 'Weißes Wunder', reinweiß, beim Verblühen zartlila, 120–150 cm hoch; 'Winston S. Churchill', tiefrot, 70–90 cm hoch, **989,** S. 124.

sedifolius L. (syn. *A. acris* L.), Europa und W-Asien. Blütezeit August–September. 60–80 cm hoch, Stengel doldenrispig verzweigt, dicht mit lanzettlichen, blaugrünen, ungestielten Blättern besetzt. Zungenblüten lila, Röhrenblüten gelb. **980,** S. 123. 'Nanus', dicht buschig wachsend, 25 cm hoch, lilarosa.

spectabilis Dryand., N-Amerika. Blütezeit September–Oktober. 40–60 cm hoch. Blätter oval, fleischig, etwa 10 cm lang, etwas gezähnt. Blüten leuchtend violett, 5 cm groß, **992,** S. 124.

subcaeruleus siehe *tongolensis*

thomsonii C. B. Clarke, Himalaja. Blütezeit September–Oktober. 30–60 cm hoch. Blätter herzförmig, stengelumfassend, gezähnt. Blüten lavendelfarben, einzeln stehend. 'Nanus', Zwergform, 35 cm hoch, **993,** S. 125.

tongolensis Franch. (syn. *A. subcaeruleus* S. Moore), W-China. Blütezeit Mai–Juli. 30–40 cm hohe, Ausläufer treibende Staude. Grundblätter länglich-spatelförmig, ganzrandig, bis 15 cm lang. Stengelbätter länglichlanzettlich, sitzend. Blätter oft behaart. Blütenköpfchen einzeln mit hellblauen Zungenblüten und gelben Röhrenblüten.
'Berggarten', Zungenblüten blaulila, Röhrenblüten gelb, 40–50 cm hoch; 'Napsbury', Zungenblüten heliotropfarben, Röhrenblüten orange, 45–50 cm hoch, sehr gute reichblühende Schnittblume; 'Wartburgstern', Zungenblüten dunkellila, Röhrenblüten gelb, 30–40 cm hoch.

Astilbe Buch.-Ham., Prachtspiere, *Saxifragaceae*

Über 30 Arten im Himalaja bis Japan, Malesien und atlantischem N-Amerika. Niedrige bis halbhohe, starkwüchsige Stauden mit 3fach 3zähligen Grundblättern. Blüten klein, weiß bis rot, in Ähren oder Trauben zu großen Rispen vereint. Vermehrung durch Teilung. Nur noch Hybriden in Kultur. Pflanzung in Sonne bis Halbschatten, nährstoffreiche, kühlfrische bis feuchte Böden. Zur Triebzeit reichliche Wassergaben nötig. Für Schnitt geeignet, Stiele sofort in Wasser stellen.

Arendsii-Hybriden, eine Vielzahl von Farbsorten aus Kreuzungen von *A. chinensis* 'Davidii' mit anderen Arten hervorgegangen. Blütenfarben weiß, rosa, scharlach und rot Blütezeit je nach Sorte Juli–September. **994,** S. 125.
'Brautschleier', reinweiß, 60–70 cm hoch, Blütezeit Juli–August; 'Cattleya', lilarosa, 80–100 cm hoch, Blütezeit August; 'Fanal', dunkelgranatrot, dunkellaubig, 50–70 cm hoch, Blütezeit Juli, **996,** S. 125; 'Feuer', lachsrot, 80–100 cm hoch, Blütezeit Juli–August; 'Glut', leuchtend rot, dunkellaubig, 80–100 cm hoch, Blütezeit August; 'Granat', scharlachrot, 50–60 cm hoch, Blütezeit Juli-August, **997,** S. 125; 'Hyazinth', lilarosa, 80–100 cm hoch, Blütezeit Juli–August, **998,** S. 125.

chinensis (Maxim.) Franch. et Sav., N-China, Korea und Amurgebiet. Kriechender Wurzelstock, Pflanze bis 60 cm hoch. Blätter 2–3fach gefiedert, doppelt gesägt. Pflanze in allen Teilen braun behaart. Verträgt mehr Trockenheit als andere Arten. 'Pumila', Tibet, lilarosa, 30 cm hoch. Blütezeit August–September. Sehr guter reichblühender Bodendecker, der Sonne und Trockenheit besser als andere verträgt. **18,** S. 3.
'Finale', frischrosa, 50 cm hoch, Blütezeit Juli–August; 'Serenade', hellrosa, 40 cm hoch, Blütezeit August–September.

japonica (Moore et Decne.) Gray, Japan. Blütezeit Mai–Juni. 30–40 cm hoch, mit glänzend dunkelgrünen Blättern. Rötliche Blattstiele und pyramidale Blütenstiele. Blüten weiß.
Heute nur Japonica-Hybriden im Handel:
'Bremen', dunkelrosa, 50–60 cm hoch, Blütezeit Juli; 'Deutschland', reinweiß, 40–50 cm hoch, Blütezeit Juni–Juli, **995,** S. 125; 'Mainz', lilarosa, 50–60 cm hoch, Blütezeit Juni–Juli.

thunbergii (Sieb. et Zucc.) Miq., China und Japan. 60–100 cm hohe braunbehaarte Staude. Blätter doppelt bis 3fach 3teilig; lockere überhängende Blütenrispen an rötlichen Stielen. Blüten weiß oder lilarosa. 'Straußenfeder', lachsrosa Blüten in breiten, weitverzweigten, überhängenden Rispen, 80–100 cm hoch. Blütezeit Juli–August.

Astilboides (Hemsl.) Engl., Tafelblatt, *Saxifragaceae*

1 Art.

tabularis (Hemsl.) Engl. (syn. *Rodgersia tabularis* (Hemsl.) Kom.), nördl. O-Asien. Blütezeit Juni–Juli. 100–150 cm hohe Staude mit langgestielten, 50–90 cm großen, schildförmigen Blättern und gezähntem Blattrand. Blüten klein, weiß, in überhängender Rispe. Vermehrung durch Aussaat, Teilung und Wurzelschnittlinge. Für Halbschatten bis Schatten und frischen, kühlen Boden. **1351,** S. 169.

Astrantia L., Sterndolde, *Umbelliferae*

9 Arten von den Pyrenäen bis zum Kaukasus und Kleinasien. Stauden mit handförmigen, 3–5teiligen Blättern und schwärzlichen aromatischen Wurzeln. Blütenstand von farbigen Hüllblättern umgeben, dadurch im Aussehen wie ein Korbblütler. Pflanzen 30–60 cm hoch. Vermehrung durch Teilung, Stecklinge oder Aussaat. Pflanzen für frische bis feuchte, nährstoffreiche, nicht zu sonnige Stellen. Auch für Schnitt geeignet.

maxima Pall., Kaukasus. Blätter handförmig 3teilig. Blütezeit Juni–August. Rosa Hochblätter der Blüten. **999,** S. 125.

Astrophytum Lem., Bischofsmütze, *Cactaceae*

4 Arten in Mexiko. Mehr oder weniger kuglig wachsend, mit ausgeprägten Rippen.

asterias (Zucc.) Lem., Blütezeit Sommer. Blüten gelb, mit rotem Schlund. Zimmerpflanze. Überwinterung hell und kühl (5–8°).

Athyrium Roth, Frauenfarn, *Athyriaceae*

180 Arten, meist in den gemäßigten, weniger in den tropischen Bereichen der Erde, besonders in O-Asien. Mit dünnwandigen Schuppen besetztes, aufrechtes Rhizom. Blätter 1–3fach gefiedert an langer Mittelrippe mit starker Ader. Fruchtende und nichtfruchtende Blätter gleichgestaltet. Vermehrung durch Sporenaussaat, bei Sorten nur durch Teilung. Schattiger, bei entsprechender Bodenfeuchtigkeit auch sonniger Stand.

filix-femina (L.) Roth, Waldfrauenfarn. Heimisch. Derbstengelige, 40–100 cm lange Wedel, deren Spreite jeweils doppelt bis 3fach gefiedert ist. Sporenhaufen (Sori) hufeisenförmig. Es gibt sehr viele Sorten, deren Blattfiedern vielfältig geformt sind, z. B.:
'Corymbiferum', Troddelfrauenfarn. Blattfieder mit seitlicher Kammbildung.
'Victoriae', die schmalen Fiedern stehen kreuzweise und bilden Gitter entlang der Mittelrippe.

Atriplex L., Melde, *Chenopodiaceae*

Etwa 150 Arten in allen Trockengebieten der Erde, besonders Eurasien und Australien. Ein- und mehrjährige Kräuter und Sträucher mit graugrünen vielgestaltigen Blättern. Pflanzen von baumartigem Wuchs und Verzweigung. Bei uns nur als Einjahrspflanze. Vermehrung durch Aussaat. Als Blattpflanzen für Rabatten und als Gemüse geeignet.

hortensis L., Gartenmelde. Ursprünglich aus O-Indien, heute Kosmopolit. Bereits indogermanische Kulturpflanze. Spinatähnliche Verwendung, 50–150 cm hoch. **241,** S. 31. 'Rubra', blutrote Blätter und Stengel.

Aubrieta Adans., Blaukissen, *Cruciferae*

12 Arten vom Mittelmeer bis Persien. Polster- oder rasenbildenden Stauden mit kleinen, meist behaarten gegenständige Blättern. Blüten violett, blau, rot oder weiß in endständigen wenigblütigen Trauben. Vermehrung durch Teilung und Aussaat. Für vollsonnigen Stand auf nährstoffreichem, durchlässigem Boden. Bei Nachlassen der Reichblütigkeit neu aufpflanzen.

Hybriden. Hierunter werden alle Züchtungen zusammengefaßt. 10–20 cm hoch, auch gefüllte und buntblättrige Formen.
'Barkers Double', dunkelpurpurrosa, halbgefüllt, nicht remontierend, **19,** S. 3; 'Blue Emperor', blauviolett, remontierend, starkwüchsig; 'Lavender Queen', lavendelpurpurn, **20,** S. 3; 'Dr. Mules', blauviolett, remontierend, starkwüchsig; 'Neuling', hellblau violett, groß, gut remontierend, starkwüchsig; 'Rosengarten', rosa, bildet gute geschlossene Polster; 'Rosenteppich', karminrosa, groß; 'Schloß Eckberg', blauviolett, sehr groß, stark remontierend.

Aucuba Thunb., *Cornaceae*

3 Arten in O-Asien. Immergrüne Sträucher, die bei absonnigem Standort winterhart sind. In sehr kalten Wintern erfrieren die Zweige, aber es kommen Neutriebe von unten.

japonica Thunb., Japan. Blütezeit März–April. Bis 2 m hoch. Blätter gegenständig, elliptisch, ledrig, glänzend grün. Blüten wenig ansehnlich, Früchte jedoch leuchtend rot. Männliche und weibliche Blüten auf verschiedenen Pflanzen (zweihäusig). **1453,** S. 182. Mehrere Gartenformen, mit gelb gepunkteten oder gefleckten Blättern. Verwendung überwiegend als robuste Kübelpflanze, im Sommer vollsonnig im Freien. Überwinterung bei wenig über 0°.

Avena L., Hafer, *Gramineae*

35 Arten im Mittelmeergebiet bis Zentralasien. Einjährige und ausdauernde Gräser. Blätter meist starr und rauh, graugrün. Blüten in „Hafer"rispe. Vermehrung durch Aussaat oder Teilung für sonnige, trockene Lagen.

candida siehe *Helictotrichon sempervirens*

sempervirens Vill., Blaustrahlhafer. S-Rußland und Turkestan. 50–80 cm hohe Horste mit immergrünen starren, bläulich bereiften Blättern. Blütenrispe Juni–Juli. 'Pendula', mit stark nach außen gebogenen Rispen.

sterilis L., Mittelmeergebiet. Blütezeit Juli–August. Einjährig, 50–80 cm hohes Gras mit sehr großen überhängenden Rispen, bei denen jedes Ährchen 2 starke 5–8 cm lange Grannen aufweist. Sehr gut für Schnitt geeignet, zum Trocknen noch im unreifen Zustand schneiden.

Azalea siehe *Rhododendron*

Azara Ruiz et Pav., *Flacourtiaceae*

20 Arten in den Anden S-Amerikas. Immergrüne Sträucher oder kleine Bäume mit ledrigen Blättern und kleinen, duftenden, achselständigen Blüten.

microphylla Hook. f., Chile. Blütezeit Februar–April. Strauch mit fiedriger Verzweigung. Blätter gegenständig, 2 cm lang. Blüten klein, grünlich, mit gelben Staubfäden, wohlriechend. Beeren kuglig, orangerot. Nicht winterhart. Verwendung als Kübelpflanze. Überwinterung hell (frühe Blütezeit!). **1454,** S. 182.

B

Ballota L., Schwarznessel, *Labiatae*

Etwa 25 Arten in Mitteleuropa bis Vorderasien. Je eine Art in Somaliland und S-Afrika. Stauden, deren Stengel und Blätter reich behaart sind. Blüten in vielzähligen Halbquirlen in den Achseln von Tragblättern. Blütenfarbe weiß, bläulich und rot. Vermehrung durch Stecklinge oder Teilung. Für sonnige trockene Stellen geeignet.

pseudodictamnus (L.) Benth., Kreta. Blütezeit Juni–August. Etwa 60 cm hoch, mit herzförmigen, weißwolligen Blättern. Blüten weiß mit purpurnen Flecken. Vor Winternässe schützen. **1000,** S. 125.

Baptisia Vent., Indigolupine, *Leguminosae*

Etwa 30 Arten in N-Amerika. Ausdauernde, lupinenähnliche Stauden mit 3teiligen dunkelgrünen Blättern. Blüten blaulila, in end- oder seitenständigen Rispen. Vermehrung durch Teilung und Aussaat (Blüte im 2.–3. Jahr). Für sonnige, warme und trockene Stellen.

australis (L.) R. Br., Färberhülse. USA. Blütezeit Juni–Juli. Bis 1 m hohe buschige Staude. Blüten tiefblau, in lockeren Trauben. Blätter bleiben länger als bei Lupinen grün. **1001,** S. 126.

Bartonia aurea siehe *Mentzelia lindleyi*

Begonia L., Schiefblatt, *Begoniaceae*

Mehr als 1000 Arten in Tropen und Subtropen Afrikas, Asiens, Amerikas. Kräuter (z. T. mehrjährig, überdauernd mit Knollen) oder Halbsträucher. Deutscher Name nach den asymmetrischen Blättern (Blattmittelrippe teilt ungleiche Hälften). In Blattform und -größe sehr vielgestaltig, ebenso in Wuchsform. Blüten meist ansehnlich, einhäusig (männliche und weibliche getrennt auf derselben Pflanze), rosa, rot, gelb, weiß. Verwendung vieler Arten als blühende oder durch das Laub zierende Zimmerpflanzen, anderer als Sommerblumen im Freiland (Knollenbegonien, Semperflorens-Gruppe) Keine Art mit Sicherheit winterhart.

corallina Carr. 'Luzerna'. Strauchartig wachsend, bis über 1 m hoch werdend. Blätter länglich, bis 30 cm lang, oberseits dunkelgrün mit weißen Fleckchen, unterseits braunrot. Blüten rosa, in hängenden Blütenständen. Widerstandsfähige Zimmerpflanze. Vermehrung durch Stecklinge.

× **credneri** hort. (*B. metallica* × *B. scharffiana*). Aufrecht wachsend, mit oberseits dunkelgrünen, behaarten, unterseits dunkelroten Blättern. Blüten weiß, rot behaart, in großen Blütenständen. Blüten- und Blattpflanze für Zimmer. Vermehrung durch Stecklinge.

Elatior-Hybriden. Blütezeit Winter, Frühjahr. Zu dieser Gruppe gehört eine Reihe von Sorten.

Buschig wachsend, Blätter schief-rundlich. Blüten groß, rosa, rot, gelb, weiß. Reichblühende Topfpflanze für Zimmerpflege. Die meisten Sorten reagieren in ihrer Blütenbildung auf Tageslänge und Temperatur und können daher in Gärtnereien durch Manipulation von Tageslänge und Temperatur während des ganzen Jahres zum Blühen gebracht werden. Heute verbreitet die Sorten von Rieger in Nürtingen, z. B. 'Riegers Lachsorange', 'Riegers Leuchtfeuer', 'Riegers Schwabenland'. Vermehrung schwierig, den Gärtnereien überlassen.

glaucophylla siehe *limmingheiana*
'Iron Cross' siehe *B. masoniana*

Knollenbegonien-Hybriden (syn. *B.* × *tuberhybrida* Voss). Blütezeit während des ganzen Sommers bis zum ersten Frost. Aus Kreuzung mehrerer Arten entstandene Gruppe von Hybriden, gekennzeichnet durch unterirdische Sproßknollen. Können daher jedes Jahr erneut verwendet werden. Blütenfarben weiß, gelb, rosa, rot. Angeboten werden im wesentlichen 4 Gruppen:

1. Kleinblumige, niedrig (15–20 cm) wachsend (Multiflora-Klasse), z. B. 'Flamboyant', scharlachrot; 'Frau Helene Harms', gelb; 'Kommandant Felix', rosa.

2. Mittelblumige, halbhoch (20–30 cm) wachsende (Floribunda-Klasse), Blütengröße zwischen denen der 1. und 3. Klasse.

3. Großblumige, hoch (20–50 cm) wachsend (Gigantea-Klasse). Blüten 10 cm und mehr im Durchmesser. **419–430,** S. 53, 54 sind englische Sorten. Bei uns Sorten dieser Klasse meist als Farbensorten ohne Namen angeboten. Bevorzugt werden in allen Klassen die Sorten mit gefüllten Blüten. Verwendung der Knollenbegonien als Topf- und Balkonpflanzen im Freien und ausgepflanzt auf Beeten. Sie gedeihen sowohl am sonnigen als auch halbschattigen Standort. Vermehrung durch Samen, den Gärtnereien überlassen. Im Frühjahr erst nach den letzten Frösten ins Freie bringen. Hat man erst einmal Pflanzen, dann ist die Wiederverwendung im folgenden Jahr möglich. Wenn oberirdische Teile durch den ersten Frost im Herbst abgestorben, Knollen herausnehmen, abtrocknen lassen, trocken und kühl (5–10°) lagern. Ende März–April Knollen vorsichtig von Erd- und Wurzelresten reinigen, in Töpfe pflanzen und feucht, warm und hell halten. Beim Einpflanzen richtige Knollenlage im Topf beachten: Oberseite ist meist die etwas eingesunkene Knollenseite, an der Knospen schwach erkennbar sind. Im Herbst nicht vor dem ersten Frost herausnehmen, da größter Knollenzuwachs im herbstlichen Kurztag. Als Zimmerpflanze im Herbst und Winter nicht geeignet, da unter Kurztageinfluß kein oberirdisches Wachstum.

4. Ampelbegonien (Pendula-Klasse). Ansprüche und Behandlung wie die der anderen Klassen. Verwendung infolge des hängenden Wuchses nicht auf Beeten, sondern als Balkon- und Ampelpflanzen. **413,** S. 52.

limmingheiana C. Morr. (syn. *B. glaucophylla* Gower), Brasilien. Wuchs hängend, Blätter eiförmiglänglich, zugespitzt. Blüten hellrot. Verwendung als hängende (Ampel) Zimmerpflanze. Braucht zur Blütenbildung niedrige Temperaturen (15° günstig) und Kurztage (Tageslänge unter 11½ Stunden) für die Dauer von 50 Tagen. Im gut geheizten Zimmer bei 20° und mehr nur Wachstum und keine Blütenbildung. Vermehrung durch Stecklinge.

Lorraine-Hybriden. Blütezeit Herbst und Winter. Ursprung dieser mehrere Sorten enthaltenden Gruppe ist 'Gloire de Lorraine', von Lemoine in Nancy (1891) durch Kreuzung von *B. socotrana* mit *B. dregei* gezüchtet. Heute verbreitete reichblühende Blütenpflanzen für Zimmer. Im Wuchs ähnlich den Elatior-Begonien, aber Blüten kleiner. Hauptfarbe rosa in den verschiedensten Stärken, aber auch weiß. Auch hängende Sorten vorhanden (Ampelpflanzen). Die Sorten zeigen ebenfalls Reaktion auf Tageslänge und Temperatur und können daher von Gärtnereien während des ganzen Jahres zum Blühen gebracht werden. Vermehrung den Gärtnereien überlassen. Den auf **415–418** (S. 52, 53) abgebildeten Sorten sind die übrigen ähnlich.

masoniana Irmsch. (syn. 'Iron Cross'), China. Buschig wachsend, mit kriechendem Rhizom. Blätter ungleichseitig-eiförmig, bis 20 cm lang und 15 cm breit, mit doppelt gezähntem Rand. Blattoberseits runzelig, apfelgrün mit roten Haaren, entlang den Hauptnerven mit dunkelbraunen, nach außen sich verbreiternden Streifen, ähneln einem Kreuz. 1952 von L. M. Mason aus Singapur nach Europa eingeführt. Heute ziemlich verbreitete Blattpflanze für Zimmer. **414,** S. 52.

metallica W. G. Smith, Brasilien. Aufrecht und verzweigt wachsend, ähnlich *B.* × *credneri*. Widerstandsfähige Zimmerpflanze.

Rex-Hybriden. Die viele Sorten umfassende Gruppe der Rex-Begonien ist hervorgegangen aus Kreuzungen mehrerer Arten, u. a. *B. rex* Putz aus Assam. Wuchs niedrig, mit kriechendem oder etwas aufsteigendem Rhizom. Blätter meist groß mit runzeliger Oberfläche, sehr vielfältig in den Farben, z. B. grün mit weiß, braunrot mit weiß, silbrigrosa. Bekannte, oft jahrelang haltende Blattpflanzen für Zimmer. Einige Sorten mit ansehnlichen Blütenständen (rosa) im Spätwinter–Frühjahr.

Semperflorens-Hybriden. Blütezeit Sommer bis zum ersten Frost. Entstanden aus Kreuzung *B. semperflorens* × *B. gracilis*. Weit verbreitet als einjährige Sommerblumen mit reichem Blütenflor von großer Leuchtkraft. Heute meist buschig und niedrig (15 bis 20 cm) wachsende Sorten verwendet. Blätter meist lackartig glänzend und meist grün, aber auch braunrot. Hauptblütenfarben rosa und rot, aber auch weiß. Anzucht den Gärtnereien überlassen. Im Freiland nach den letzten Frösten Ende Mai auspflanzen. Wegen des großen Sortiments werden hier keine Sorten angeführt, als Beispiel lediglich 'Organdy' (**242,** S. 31), eine sog. Formelmischung, d. h. Saatgut mehrerer definierter Sorten in bestimmtem Mengenverhältnis gemischt. Überwiegend aber Sorten in Einzelfarben im Handel.

× *tuberhybrida* siehe Knollenbegonien-Hybriden

Bellis L., Gänseblümchen, Maßliebchen, *Compositae*

10 Arten in Europa, besonders Mittelmeergebiet. Niedrige, selten verzweigte, meist kahle Kräuter. Blätter grundständig, länglich oder spatelförmig, ganzrandig oder gebuchtet. Blattspreite den Stiel ganz herablaufend. Köpfchen einzeln auf Stielen; Körbchen innen mit Röhrenblüten, am Rand Zungenblüten. Vermehrung durch Aussaat (Teilung auch möglich). Bei uns als zweijährige Pflanzen. Vor Kahlfrost durch Reisigdecke schützen. Pflanze wird gern von Kaninchen und Hasen abgefressen. Für guten nährstoffreichen, nicht zu leichten Boden. Sehr alte Gartenpflanze mit vielen Formen und Sorten.

perennis L., Tausendschön. Blütezeit März–Juni. Als Wildart nicht in Kultur; nur Sorten, die nach Blütenform unterschieden werden. Blütenfarben weiß über rosa bis rot.

a) Ligulosa oder Zungenblütige, bei denen fast alle Blüten in Zungenblüten umgewandelt sind, großköpfig. 'Monstrosa', großblumig.

b) Tubulosa oder Röhrenblütige, bei denen alle oder fast alle Blüten zu Röhrenblüten umgewandelt sind. 'Super Enorma', großköpfige Farbsorten; 'Pomponette', kleinköpfige Farbsorten, **243,** S. 31.

Beloperone Nees, *Acanthaceae*

30 Arten im wärmeren Amerika. Halbsträucher oder Sträucher.

guttata Brandeg., Mexiko. Blütezeit fast während des ganzen Jahres. Manchmal auch Edelhopfen genannt. Halbstrauch, bis 1 m hoch, stark verzweigt, kurz behaart. Blätter eiförmig, weich, bis 6 cm lang. Blüten in vielblütigen Ähren an den Zweigenden, weiß. Farbwirkung besonders durch die braunroten Tragblätter, in deren Achseln die Blüten entspringen. Zur kräftigen Färbung der Tragblätter vollsonniger Standort. Verwendung als Zimmerpflanze, im Sommer an geschützten Stellen auch im Freien. Vermehrung durch Stecklinge, die nach dem Bewurzeln einmal gestutzt werden. Überwinterung hell und kühl (10–15°). Im März Rückschnitt. **431,** S. 54.

Berberis L., Berberitze, Sauerdorn, *Berberidaceae*

Etwa 190 Arten in Europa, N-Afrika, Amerika, Asien. Bedornte, immergrüne oder sommergrüne Sträucher mit wechselständigen Blättern. Blüten meist gelb, einzeln oder in Büscheln, Dolden, Trauben. Früchte (Beeren) rot oder schwarz. Verwendung auch in kleineren Gärten, einzeln oder auch dichte Heckenpflanzung (nicht an öffentlichen Wegen, Schadensgefahr!). Manche Arten nur unter Schutz den Winter überdauernd.

buxifolia Lam., Chile. 'Nana', immergrüne Zwergform (50 cm hoch) mit rötlichgrünen Blättern. Zierend durch die Belaubung. Blüht selten. Winterhart.

darwinii Hook., Chile. Blütezeit April–Mai. Immergrüner Strauch, bis 2 m hoch. Blätter ledrig, dunkelgrün. Blüten in hängenden Trauben, goldgelb mit rötlichem Anflug. Beeren blaugrün. Winterschutz nötig. **1455, 1456,** S. 182. Hierzu mehrere in England entstandene Sorten.

gagnepainii Schneid., China. Blütezeit Mai–Juni. Angeboten wird 'Lanceifolia'. Immergrün, bis 2 m hoch. Bei älteren Pflanzen hängen die Zweige über. Blätter lanzettlich, mattgrün. Blüten goldgelb, Früchte blauschwarz. Winterhart.

julianae Schneid., China. Blütezeit Mai–Juni. Immergrün, bis 3 m hoch. Stark bedornt. Blätter bis 10 cm lang, lederig, dunkelgrün. Blüten gelb, in Büscheln. Beeren blauschwarz. Winterhart.

× **lologensis** Sandwith (*B. darwinii* × *linearifolia*), Argentinien. Blütezeit April–Mai. Naturhybride. Immergrün, bis 2 m hoch. Blüten orangegelb. Winterhart. **1457,** S. 183.

× **ottawensis** Schneid. (*B. thunbergii* × *vulgaris*), Blütezeit Mai. Sommergrün. 'Superba', bis 4 m hoch. Blätter tiefrot, Herbstfärbung leuchtend rot. Blüten gelb mit rotem Anflug. Früchte hellrot. Fruchtende Zweige im Spätherbst zum Schnitt. Winterhart.

× **stenophylla** Lindl. (*B. darwinii* × *empetrifolia*). Blütezeit Mai. Immergrün, bis 3 m hoch. Zweige überhängend. Blätter bis 3 cm lang, lanzettlich, dunkelgrün. Blüten gelb. Beeren schwarz, weiß bereift. Hierher gehören mehrere Sorten, z. B. 'Semperflorens', bis 1 m hoch. Blätter im Austrieb bronzefarben, später hellgrün. Blüten dunkelgelb. Blüht im Herbst zum zweitenmal. Winterhart. **1458,** S. 183.

thunbergii DC., Japan. Blütezeit Mai. Sommergrün, bis 1 m hoch. Blätter bis 3,5 cm lang, lebhaft grün, Herbstfärbung rot. Blüten gelb, auf der Außenseite rötlich. Beeren rot. Wird häufig als Heckenpflanzung verwendet. Mehrere Sorten, auch mit gelben oder weißbunten Blättern. 'Atropurpurea', Blätter von Anfang an rot. 'Atropurpurea Nana', Zwergform, bis 40 cm hoch, aber sehr breit, winterhart, **1459,** S. 183.

vulgaris L., Europa, N-Amerika. Blütezeit Mai. Unser einheimischer Sauerdorn. Sommergrün, bis 2 m hoch. Blätter dunkelgrün. Blüten gelb, in hängenden Trauben. Beeren länglich, rot. Mehrere Sorten mit roten oder weiß (gelb) gerandeten Blättern. 'Lutea', Beeren gelb, winterhart.

Bergenia Moench, *Saxifragaceae*

8 Arten im Himalaja, Sibirien, Mittel- und O-Asien. Stauden mit dickem Erdstamm und meist immergrünen, großen ganzrandigen Blättern. Blüten weiß bis rot, in Trugdolden oder Wickeln auf langem Schaft. Vermehrung durch Teilung und Stammschnittlinge. Für jeden, auch trockenen, Standort in Sonne und Schatten. Die reinen Arten in Kultur sind fast alle nicht richtig benannt. Für den Garten spielen nur Sorten oder Auslesen eine Rolle.

delavayi (Franch.) Engl., China. Blütezeit April–Mai. Die unter diesem Namen gehandelten Pflanzen haben mittelgroße, im Herbst dunkelrot gefärbte Blätter. Etwa 20 cm hoch. Blüten rosa bis purpurn, etwas überhängend. **1002,** S. 126.

Hybriden
'Abendglut', 20–30 cm hoch, Blätter rötlich, im Herbst bronzefarben. Blüten dunkelrot auf roten Stielen.
'Admiral', 30–40 cm hoch, wintergrüne Blätter, im Frühjahr rötlich. Blüten karminrot, groß.
'Glockenturm', 30–40 cm hoch, sehr großes wintergrünes Blatt. Blüten karminrot.
'Morgenröte', 20–30 cm hoch. Blätter mit rotem Saum. Blüten purpurn, später leuchtend rosa. Blütezeit April–Mai, September.
'Silberlicht', etwa 40 cm hoch. Blätter kahl, gerötet. Blüten weiß bis rosa auf roten Stielen. Blütezeit April–Mai.

purpurascens (Hook. et Thoms.) Engl., Himalaja bis China. Blütezeit Mai–Juni. Etwa 40 cm hoch, mit bis 20 cm großen Blättern. Blüten purpurn. **1003,** S. 126.

Beschorneria Kunth, *Amaryllidaceae*

Etwa 10 Arten in Mexiko. Mehrjährige Sukkulenten mit Rosettenwuchs. Im Aussehen einer Agave ähnlich, aber Blätter weniger dick.

yuccoides Hook. f., Rosette bis 50 cm hoch. Blätter ledrig, bläulich. Blütenschaft bis 1 m hoch, unverzweigt, rot. Blüten hängend, röhrenförmig, hellgrün. Verwendung als Kübelpflanze. Im Sommer im Freien; Überwinterung frostfrei. In sehr milden Gegenden kann Überwinterung im Freiland unter Schutz gelingen. **1460,** S. 183.

Betonica siehe *Stachys*

Betula L., Birke, *Betulaceae*

Etwa 40 Arten der nördl. gemäßigten Zonen. Bäume oder Sträucher, sommergrün. Blätter wechselständig, mit meist gesägten oder gezähnten Rändern. Blüten einhäusig (männliche und weibliche getrennt auf derselben Pflanze), zu vielen in Kätzchen. Winterharte Gehölze für kleinere und größere Gärten. Die meisten Arten geben im Sommer lichten, angenehmen Schatten. Zierend auch durch die Färbung der Borke.

albo-sinensis Burk., Kupferbirke. China. Baum, bei uns bis 8 m hoch, mit lockerer Krone. Herbstfärbung gelb. Borke leuchtend orange, abrollend. 'Septentrionalis', etwas höher werdend, Borke orangebraun bis gelborange. **1461,** S. 183.

ermanii Cham., Goldbirke. NO-Asien. Baum, bis 15 m hoch, Borke gelblichweiß, abrollend. Herbstfärbung gelb bis orange.

nana L., Zwergbirke. N-Europa, nördl. N-Amerika. Strauch, 0,5–1 m hoch, mit niederliegenden oder etwas aufsteigenden Ästen. Blätter fast rund, 1,5 cm lang. Verwendung auch in kleinen Gärten.

papyrifera Marsh., Papierbirke. N-Amerika. Baum, bis 20 m hoch. Borke an jungen Teilen rötlich, später blendend weiß. Herbstfärbung goldgelb.

pendula Roth (syn. *B. verrucosa* Ehrh.), Sandbirke, Weißbirke. Europa. Baum, bis 20 m hoch. Borke weiß, abblätternd, später dickborkig und schwarz. Krone locker, mit zunehmendem Alter etwas hängend. Widerstandsfähig. **1462,** S. 183. Hierher gehört eine Reihe von Formen, z. B.:
'Dalecarlica', Ornäsbirke. Schweden. Bis 10 m hoch, Zweigenden hängend.
'Fastigiata', Säulenbirke, Wuchs straff aufrecht.
'Purpurea', Blutbirke, Blätter dunkel purpurrot.
'Youngii', Hängebirke. Von allen Formen den stärksten Hängewuchs, mit sehr dünnen Zweigen. **1463,** S. 183.

pubescens Ehrh., Moorbirke. Europa, Sibirien. Baum, bis 20 m hoch. Borke weiß, abrollend. Für feuchte Standorte. Zahlreiche Gartenformen, besonders in der Blattform.

verrucosa siehe *pendula*

Billbergia Thunb., *Bromeliaceae*

Etwa 60 Arten in Mittel- und S-Amerika. Wuchs rosettenartig. Blätter an den Rändern gesägt oder dornig, die unteren Teile der Blätter einen Trichter bildend. Blütenstand rispig oder ährig. Frucht eine Beere. Die meisten *Billbergia*-Arten wachsen epiphytisch (= aufsitzend) auf Bäumen oder auch Felsen. Sie sind keine Schmarotzer. Die Pflanze blüht nur einmal (Blütenstand erscheint aus der Mitte des Trichters) und stirbt dann allmählich ab. Blütenstand der meisten Arten auffallend durch die lebhaft gefärbten Hochblätter. Verwendung als Zimmerpflanze. Vermehrung durch Samen (den Gärtnereien überlassen) oder durch Seitensprosse (Kindl); diese werden abgetrennt und in lockere, grobe Erde getopft. Im Trichter ständig Wasser halten. Temperaturen nicht unter 15° (12°) im Winter. Standort so hell wie möglich.

nutans H. Wendl., Brasilien. Rosette bis 30 cm hoch, obere Blatteile überhängend. Hochblätter rosa, Blütenblätter grün, blau gerandet. Eine der am besten wachsenden und widerstandsfähigsten. **432,** S. 54. Außer dieser Art werden noch andere dekorative Arten und auch Hybriden angeboten.

Bletilla Rchb. f., *Orchidaceae*

6 Arten in Japan, China, Formosa. Terrestrische (= erdbewohnende) Orchideen mit länglichen, längs etwas gefältelten Blättern und flachkugeligen halboberirdischen Knollen.

striata (Thunb.) Rchb. f., Japan, China. Blütezeit Mai–Juni. Stengel bis 50 cm hoch, mit bis zu 7 leuchtend purpurnen, 3 cm großen Blüten. Verwendung als Topfpflanze, im Frühjahr bei nicht zu hohen Temperaturen. Die Pflanzen verlieren im Herbst die Blätter. Überwinterung kühl und mäßig trocken. Hält unter starkem Winterschutz (Laubschüttung) auch im Freien aus. Vermehrung durch Teilung der Knollen, bevor das neue Wachstum beginnt. **1004,** S. 126. 'Alba', Blüten weiß.

Bocconia siehe *Macleaya*

Bomarea Mirb., *Amaryllidaceae*

Etwa 120 Arten im trop. S-Amerika. Mehrjährige Pflanzen mit knollig verdickten Rhizomen oder knolligen Wurzeln. Stengel meist windend. Blüten röhrig oder trichterförmig. Die Gattung ist den Alstroemerien verwandt. Am besten gedeihen sie ausgepflanzt im Gewächshaus oder in großen Gefäßen. Für die kletternden Triebe sind Stützen nötig. Standort auch im Sommer kühl und leicht schattig. Überwinterung frostfrei, mäßig trocken. Neuer Austrieb erscheint im Frühjahr. Blüten doldenartig an den Spitzen der Triebe. Vermehrung durch Aussaat oder Teilung der Rhizome.

kalbreyeri Bak., Kolumbien. Bis 3 m hoch kletternd. Blüten rotorange. **433,** S. 55.
In botanischen Gärten werden weitere Arten gezogen.

Bougainvillea Comm., *Nyctaginaceae*

Etwa 14 Arten im trop. und subtrop. Amerika. Sträucher oder Bäumchen, einige kletternd. Blüten röhrig, mit oft lebhaft gefärbten Hochblättern. In den wärmeren, frostfreien Gebieten der Erde oft angepflanzte Blütensträucher. Bei uns nicht winterhart.

× **buttiana** Holttum et Standl. (*B. glabra* × *peruviana*) 'Mrs. Butt' (syn. 'Crimson Lake'). Wurde 1910 in Kolumbien gefunden. Hochblätter scharlachrot. Hierher gehören noch andere Sorten mit orangefarbenen, gelben oder rosafarbenen Hochblättern, z. B. Sorten von Ruser. Verwendung meist nur als Zimmerpflanzen, da im Sommer im Freien empfindlicher als *B. glabra*.

glabra Choisy, Brasilien. Blütezeit Sommer. Mehrere Meter hoch kletternd; Zweige bedornt. Blüten weiß. Auffallend (und als „Blüte“ angesehen) die lilafarbenen Hochblätter.
'Alexandra', Hochblätter purpurviolett; 'Sanderiana', Hochblätter violett, Wuchs schwächer, wird häufiger angepflanzt als die Art; 'Variegata', Blätter weißbunt.
Verwendung als Zimmerpflanze, besser aber im Sommer im Freien. Überwinterung kühl (5–10°) und hell. Blütenbildung ist abhängig von Temperatur und Tageslänge. Reichliche Blütenbildung bei Temperaturen zwischen 10 und 15°. Wenn nicht in einem Gewächshaus ausgepflanzt werden kann, dann besser nicht kletternd wachsen lassen, sondern als Busch auf kleinen Stämmchen ziehen. Wird erzielt durch Rückschnitt im Herbst.

Boykinia Nutt., *Saxifragaceae*

9 Arten in N-Amerika und O-Asien. Stauden mit langstieligen, handförmig gelappten großen Blättern. Blüten grünlich, weiß oder rosaviolett, in Rispen oder Trugdolden. Vermehrung durch Aussaat oder Teilung. Für nicht zu leichten, humosen Boden in halbschattigen bis schattigen Lagen.

jamesii (Torr.) Engl., westl. N-Amerika. Blätter 10–20 cm hoch, halbrund, langgestielt und behaart. Blüten 2–3 cm groß, in Trauben. Pflanze ist kaum winterhart, besser ins Alpinen- oder Kalthaus. Boden kalkfrei. **21,** S. 3.

Brachycome Cass., *Compositae*

Über 50 Arten in Australien, Tasmanien und Neuseeland. Kleine ausdauernde oder einjährige Kräuter mit aufrechten ästigen Stengeln. Blätter grund- oder wechselständig. Einzeln stehende Köpfchen mit weißen, blauen oder violetten Zungenblüten am Rande. Bei uns als einjährige Sommerblume. Aussaat unter Glas März–April, ins Freie Ende April. Für sonnige warme Stellen. Blüten duften.

iberidifolia Benth., Australien. Blütezeit Juli–September. Einjähriges, stark verästeltes Kräutchen, etwa 30 cm hoch. Blätter wechselständig, fiedrig. Köpfchen 2–3 cm groß, Zungenblüten blau. **244,** S. 31.

'Blausternchen', blau; 'Rotsternchen', rot; 'Schneesternchen', weiß.

Brassocattleya siehe *Cattleya*
Brassolaeliocattleya siehe *Cattleya*

Brevoortia Wood, *Liliaceae*

2 Arten in Kalifornien.

coccinea Wood (syn. *Brodiaea coccinea* Wats., *Dichelostemma ida-maia* Greene). Blütezeit Mai–Juni. Zwiebelpflanze mit grasartigen, bis 50 cm langen Blättern. Blütenschaft bis 60 cm hoch. Blüten bauchig-röhrig, 4 cm lang, feuerrot, an der Öffnung gelbgrün gesäumt, bis zu 15 in einer Dolde. Standort sonnig im Garten. Nicht sicher winterhart. Besser in Töpfen frostfrei überwintern. Für Liebhaber. Haltbare Schnittblume. **677,** S. 85.

Briza L., Zittergras, *Gramineae*

30 Arten ein- oder mehrjähriger Gräser in Europa bis Zentralasien, Mittel- und S-Amerika. Blätter flach oder schmal, zusammengerollt. Vielblütige ausgebreitete oder ährenförmige, zusammengedrängte Rispen. Vermehrung durch Aussaat oder Teilung; für jeden Boden in sonniger bis schattiger Lage geeignet. Rispen für Trockensträuße geeignet (im Gefäß aufrechtstehend trocknen). Seit dem 15. bis 16. Jahrhundert Gartenpflanze.

maxima L., Riesenzittergras. Mittelmeergebiet. Blütezeit Mai–Juni. Einjähriges, 30–50 cm hohes Gras mit lockeren Rispen, die 2–3 cm große hängende Ährchen haben. **245,** S. 31.

minor L., N-Amerika. Ähnlich *B. maxima*, aber zierlicher, ebenfalls einjährig.

Brodiaea coccinea siehe *Brevoortia coccinea*
Brodiaea ida-maia siehe *Brevoortia coccinea*
Brodiaea laxa siehe *Triteleia laxa*
Brodiaea uniflora siehe *Ipheion uniflorum*

Bromeliaceae (Ananasgewächse) siehe *Aechmea; Billbergia; Cryptanthus; Guzmania; Neoregelia; Nidularium; Puya; Tillandsia; Vriesea*

Browallia L., *Solanaceae*

6 Arten im trop. Amerika. Einjährige Kräuter (Ausnahme *B. speciosa*, halbstrauchig) mit violetten, blauen oder weißen Blüten

speciosa Hook., Kolumbien. Blütezeit Sommer. Halbstrauchig, bis 50 cm hoch, verzweigt. Blüten einzeln, in den Achseln der Blätter, bis 5 cm breit, blau. Verwendung als sommerblühende Zimmerpflanze. Kann an warmen geschützten Standort auch ins Freie gepflanzt werden. Vermehrung durch Samen; Aussaat März, spätere Aussaat für Spätsommerblüte im Juni. **435,** S. 55.

Brunfelsia L., *Solanaceae*

Etwa 30 Arten in Mittel- und S-Amerika. Meist Sträucher, mit wechselständigen, lederigen Blättern. Blüten gelb oder violett, groß, tellerförmig. Keine Art winterhart.

calycina Benth. (syn. *Franciscea calycina* (Benth.) Hook.), Brasilien. Blütezeit Frühjahr. Strauch, bis 1 m und höher, mit länglich-eirunden, oberseits dunkelgrünen Blättern. Blüten bis 5 cm im Durchmesser, violett, zu mehreren in endständigen Trugdolden, aber auch in den oberen Blattachseln. Blütenbildung am besten bei 12°, bei 18° und mehr nur wenig. Für reiche Blütenbildung Pflanzen ab November für 6–8 Wochen kühl stellen, anschließend wieder etwas höhere Temperaturen geben. Nach der Blütezeit Rückschnitt und höhere Temperaturen, da neue Triebe dann besser wachsen. Verwendung als Zimmerpflanze.
'Macrantha', Wuchs stärker, Blüten größer, **436,** S. 55.

Brunnera Stev., Kaukasusvergißmeinnicht, *Boraginaceae*

3 Arten im Kaukasus bis Persien. Stauden mit großen rauhen, etwas herzförmigen Blättern. Lockerer, traubiger bis doldiger Blütenstand mit kleinen vergißmeinnichtähnlichen Blüten, weiß bis blau. Vermehrung durch Teilung und Aussaat oder Wurzelschnittlinge. Für halbschattige Stellen mit feuchtem, nährstoffreichem Boden.

macrophylla (Adam) Johnst. (syn. *Anchusa myosotidiflora* Lehm.), W-Kaukasus. Pflanze 30–50 cm hoch. Blüten blau mit gelbem Schlund. **1005,** S. 126.

Buddleja L., Schmetterlingsstrauch, *Buddlejaceae*

Etwa 150 Arten in den Tropen und Subtropen Asiens, Afrikas (immergrün), Amerikas (1 Art, immergrün). In O-Asien einige Arten sommergrün. Meist Sträucher. Bei den meisten Arten Blätter gegenständig. Blüten in Rispen oder Scheinähren oder Köpfchen, kurzröhrig oder glockig oder langröhrenförmig. Nur einige Arten winterhart.

alternifolia Maxim., China. Blütezeit Juni. Strauch, sommergrün, bis 4 m hoch. Zweige dünn, überhängend, Blätter wechselständig. Blüten röhrenförmig mit breiterer Öffnung, lavendelpurpurn, zu vielen in achselständigen Büscheln an den im vorangegangenen Jahr gewachsenen Zweigteilen. Stark duftend. Verwendung im Garten. Winterhart. **1464,** S. 183.

colvillei Hook. f., Himalaja. Blütezeit Juni. Immergrüner Strauch mit eiförmig-lanzettlichen, fein gezähnten Blättern. Blüten bis 2,5 cm lang und breit, karminrot, zu vielen in bis zu 20 cm langen Rispen. Winterschutz nötig. **1465,** S. 184.

davidii Franch., China. „Sommerflieder". Blütezeit Juli–Oktober je nach Entwicklungszustand der Triebe. Strauch, sommergrün, bis 4 m hoch. Blüten röhrenförmig mit breiterer Öffnung, lila, zu vielen in bis zu 25 cm langen, aufrechten oder nickenden Rispen an den Enden der Triebe des gleichen Jahres. Duftend. Besonders von Pfauenauge-Schmetterlingen besucht. Friert meist bis zum Boden zurück, treibt aber im Frühjahr wieder aus (bis 2 m lang) und blüht im gleichen Jahr. Sehr viele Sorten, die die Art verdrängt haben.
'Black Knight', dunkelviolett; 'Cardinal', tief purpurrot; 'Empire Blue', blauviolett; 'Fascinating', rosa; 'Ile de France', dunkelviolett; 'Peace', weiß; 'Royal Red', leuchtend purpurrot, **1466,** S. 184. Verwendung im Garten.

globosa Hope, Chile, Peru. Blütezeit Juni. Strauch, bis 3 m hoch, sommergrün. Blüten gelb, in Köpfchen. Duftend. Überwinterung schwierig, am besten im Kübel, frostfrei. **1467,** S. 184.

× **weyeriana** Weyer (*B. davidii* × *globosa*). Blütezeit Juli–Oktober. 1914 in England gezüchtet. Strauch, sommergrün, bis 2 m hoch. Blüten gelb, in Köpfchen, endständig. **1468,** S. 184.

Bulbocodium vernum siehe *Colchicum bulbocodium*

Buphthalmum L., Ochsenauge, *Compositae*

2 Arten im Gebirge Mittel- und S-Europas. Hohe, lockere verzweigte oder straffe unverzweigte Stauden. Pflanze kahl bis zottig behaart. Blätter länglich, ganzrandig oder gezähnt. Blüten gelb bis orange. Vermehrung durch Teilung und Aussaat. Für sonnige, nicht zu feuchte Stellen.

salicifolium L., Rindsauge. Mitteleuropa. Blütezeit Juni–August. 30–60 cm hohe Staude, weißstengelig und unverzweigt. Blätter breit-lanzettlich, ungestielt, ganzrandig und leicht behaart. Blüten einzeln, Köpfchen endständig, gelb. **1006,** S. 126.

Bupleurum L., Hasenohr, *Umbelliferae*

Über 150 Arten besonders in Eurasien, auch arkt. N-Amerika, N-Afrika und S-Afrika. Einjährige Kräuter, Stauden oder Halbsträucher mit länglich-ovalen, ganzrandigen Blättern in spiraliger Anordnung. Zusammengesetzte Blütendolden aus kleinen gelben bis gelbgrünen Blüten. Vermehrung durch Teilung, Stecklinge, besser jedoch jedes Jahr Aussaat, da die Pflanze in strengen Wintern nicht hart genug ist.

fruticosum L., S-Europa. Blütezeit Juli–September. Strauchig, 100–150 cm hoch; dunkelblaugrüne Blätter. Blüten blaß zitronengelb, in 10 cm großen Dolden. Winterschutz nötig. **1469,** S. 184.

Butomus L., Blumenbinse, *Butomaceae*

Nur 1 Art, weitverbreitet in allen Gebieten Eurasiens mit gemäßigtem Klima.

umbellatus L., Blütezeit Juni–August. Sumpf- und Wasserpflanze mit kriechendem Wurzelstock. Blätter lineal-länglich, 3kantig. Pflanze 50–130 cm hoch. Zahlreiche rosafarbene, bis 3 cm große Blüten in aus Hüllblättern gebildeter, großer Dolde. Vermehrung durch Aussaat oder Teilung. Geeignet für alle flachen Gewässer im Uferschlamm an sonnigen Stellen. **1007,** S. 126.

Buxus L., Buchsbaum, *Buxaceae*

30 Arten in Europa, Mittelmeergebiet, Asien, Mittelamerika. Sträucher oder kleine Bäume, immergrün, mit zähem, festem Holz. Blätter gegenständig, klein, lederig. Blüten unscheinbar, einhäusig. Nicht alle Arten winterhart.

microphylla Sieb. et Zucc., Japan. Strauch, bis 1 m hoch, gedrungen wachsend, winterhart.

sempervirens L., S-Europa, N-Afrika, Vorderasien. Strauch, auch kleiner Baum, mit kantigen, olivgrün-braunen Zweigen. Blätter je nach Sorte eirund oder länglich-elliptisch oder länglich. Vielseitige Verwendung im Garten. Winterhart. **1470,** S. 184. Sehr viele Sorten, die sich in Wuchs- und Blattform unterscheiden. Auch gelb- oder weißbunte Blätter.
'Arborescens', baumartig wachsend.
'Suffruticosa', niedrig wachsend, sehr dicht- und feinzweigig. Blätter 1–2 cm lang. Einfassungsbuchsbaum. Wird häufig als geschnittene Einfassung verwendet.

C

Cactaceae (Kakteen) siehe *Astrophytum; Cephalocereus; Chamaecereus; Coryphanta; Echinocactus; Echinocereus; Epiphyllum;* × *Heliaporus; Lobivia; Mammillaria; Nopalxochia; Notocactus; Opuntia; Rebutia; Rhipsalidopsis; Trichocereus; Zygocactus*

Caesalpinia L., *Leguminosae*

Etwa 60 Arten in den Tropen und Subtropen. Sträucher (in der Heimat z. T. Bäume), sommergrün. Blätter doppelt gefiedert. Blüten in endständigen Trauben. Nicht winterhart.

japonica Sieb. et Zucc., Japan. Blütezeit Juni–Juli. Strauch, bis 2 m hoch, bedornt, kletternd. Blätter doppelt gefiedert, Fiederpaare mit bis zu 20 Blättchen. Blüten zu 20–30 in endständiger Traube, hellgelb. Verwendung als Kübelpflanze. Überwinterung frostfrei. **1471,** S. 184.

Caladium Vent., *Araceae*

60 Arten im trop. Amerika. Knollenbildende und dadurch mehrjährige, sommergrüne Kräuter mit langgestielten, schild-, herz- oder pfeilförmigen Blättern. Nicht winterhart.

Bicolor-Hybriden (syn. *C.* × *hortulanum* Birdsey). Hierunter werden die zahlreichen, durch Kreuzungen verschiedener Arten entstandenen Sorten zusammengefaßt. Blätter farbig, grün, weiß und rosa in vielfältigen Kombinationen, z. B. grün mit weißen oder roten Tupfen, oder völlig rosa oder weiß mit grünen Adern ('Candidum', **437,** S. 55). Die großblättrigen Sorten sind empfindlich gegen Lufttrockenheit; die kleinblättrigen (meist pfeilförmig) sind etwas derber und widerstandsfähiger. Verwendung als Zimmerpflanze. Knollen unterirdisch; während ihrer Ruhezeit (Blätter sterben ab) bei Temperaturen um 15° aufbewahren. Bei zu niedriger Aufbewahrungstemperatur sog. „Vergipsen"; die Knollen sind dann unbrauchbar. Im Frühjahr Knollen eintopfen (lockere, grobe Erde, feucht) und bei Temperaturen um 20° zum Austreiben der Blätter bringen. Vermehrung durch Knollenteilung. Besser ist Kauf neuer Pflanzen.

× *hortulanum* siehe Bicolor-Hybriden

Calamintha Mill., *Labiatae*

nepeta Savi, S-Europa. Blütezeit Sommer. Staude, bis 60 cm hoch. Blüten lavendelfarben bis weiß. **1008,** S. 126.

Calandrinia H. B. K., *Portulacaceae*

Etwa 150 Arten im westl., besonders andinen Amerika sowie N- und W-Australien. Kräuter oder Halbsträucher. Blätter wechselständig oder rosettig. Blüten einzeln oder an langen Stielen in den Blattachseln oder schopfig bis traubig angeordnet. Vermehrung durch Aussaat im März, April im Haus oder Ende April, Anfang Mai ins Freie. Für sonnige, trockene, gut durchlässige Stellen.

umbellata (Ruiz et Pav.) DC., Peru und Chile. Blütezeit Juli–September. Einjährig bis halbstrauchig, Stengel rötlich, verholzend, bis 15 cm hoch. Blätter schmal-linealisch, behaart, 1–2 cm lang. Blüten in vielblütigen Doldentrauben, leuchtend rot bis purpurviolett. 'Amaranth', Blüten lebhaft scharlachpurpurn, **246,** S. 31.

Calceolaria L., Pantoffelblume, *Scrophulariaceae*

Etwa 300 Arten in S-Amerika. Kräuter, Halbsträucher oder Sträucher mit gegen- oder quirlständigen Blättern. Blüten mit stark aufgeblasener, schuhähnlicher Unterlippe (deutscher Name!), in vielen Farben. Die meisten Arten sind nicht winterhart, nur einige wenige unter gutem Schutz.

darwinii Benth., S-Argentinien, S-Chile. Blütezeit Sommer. Staude, nur wenige cm hoch, kriechend. Blüten einzeln, orangegelb, bis 3 cm groß. Verwendung für Liebhaber alpiner Pflanzen. Überwinterung frostfrei, unter Glas. **22,** S. 3.

Hybriden (*C.* × *herbeohybrida* Voss). Blütezeit Frühjahr. Hierzu zählt man die vielen, meist großblumigen Sorten, die aus Kreuzungen verschiedener Arten entstanden sind. Pflanze rosettenartig, nach Einwirkung niedriger Temperatur (etwa 10°) Blütenbildung und Streckung. Blüten in vielen Farben und Farbkombinationen, z. B. gelb, rot, gelb mit rot getuscht, getigert, usw. Vermehrung den Gärtnereien überlassen. Verwendung als nicht sehr langlebige, aber reichblühende Zimmerpflanze. 'Grandiflora', **438,** S. 55; 'Nana', **247,** S. 31; **439,** S. 55.

integrifolia Murr. (syn. *C. rugosa* Ruiz et Pav.), Chile. Blütezeit Frühsommer–Herbst. Halbstrauchig, bis 1 m hoch. Blüten zahlreich, in doldentraubigen Rispen, gelb. Verwendung als reichblühende Sommerblume im Freien (hier bis 50 cm hoch). Nicht winterhart. Vermehrung durch Stecklinge im Herbst, kühl (5–10°) und hell überwintern. Auspflanzen im Freien nach den letzten Frösten. Mehrere Sorten, hauptsächlich in der Blütengröße verschieden, z. B. 'Angustifolia', **1472,** S. 184.

polyrrhiza Cav., S-Argentinien, S-Chile. Blütezeit Juni–September. Staude, bis 20 cm hoch, rasenbildend-kriechend. Blüten einzeln, gelb. Verwendung im Freien. Guter Winterschutz nötig.

rugosa siehe *integrifolia*

Calendula L., Ringelblume, *Compositae*

15 Arten im Mittelmeergebiet. Ein- oder mehrjährige Kräuter mit schmalen, rauhhaarigen, ganzrandigen oder buchtiggezähnten wechselständigen Blättern. Blütenköpfchen gelb bis orange, einzeln an Zweigenden. Vermehrung durch Aussaat im April direkt an Ort und Stelle, durch weitere spätere Saaten verlängerter Flor; Samen ansetzende Blüten ausschneiden. Für sonnigen trockenen Standort. Alte Arznei- und Zierpflanze, bereits im 11.–12. Jahrhundert.

officinalis L., Gartenringelblume. S-Europa. 30–60 cm hoch. Blütezeit Juli–Oktober. Eine Vielzahl von Sorten ist im Handel, besonders solche mit gefüllten Blüten, bei denen die Füllung durch Röhren- oder meist durch Zungenblüten erreicht wird.
'Geisha Girl', Blüten tief leuchtend orange, etwa 60 cm hoch, **248,** S. 31; 'Lemon Queen', Blüten leuchtend zitronengelb, 40–60 cm hoch, **249,** S. 32; 'Orange King Improved', Blüten dunkelorange, gefüllt, 40–60 cm hoch, **250,** S. 32.

Calliopsis siehe *Coreopsis*

Callistemon siehe Nachtrag Seite 357

Callistephus Cass., Sommeraster, *Compositae*

Nur 1 Art.

chinensis (L.) Nees, China, Japan. Blütezeit der Pflanze Juli–Oktober. Einjährige Sommerblume von großer Bedeutung. Entstanden ist ein riesiges Sortiment. Farben der Blütenkörbe violett, blau, gelb, rosa, rot, weiß. Form der Blütenkörbe sehr vielgestaltig, z. B. einfach, mit Scheibe in der Mitte, oder gefüllt, kompakt (Pompon), locker, strahlenförmig. Dementsprechend vielfältige Klassifizierung des Sortiments. Verwendung als Sommerblumen im Garten, entweder als Beetaster (niedrig, oft nur 20 cm hoch) oder als Schnittaster (sparrig verzweigt, bis 1 m hoch, Blumen auf langen Stielen). Vermehrung durch Aussaat direkt ins Freiland Mitte Mai, später verziehen und auf 20–30 cm Abstand pflanzen oder im April ins Frühbeet und Mitte Mai ins Freiland pflanzen. Beispiele in Abb. **251–254,** S. 32.

Calluna Salisb., Besenheide, *Ericaceae*

1 Art in Europa.

vulgaris (L.) Hull, Blütezeit Juni–November. Strauch, immergrün, 20–40 cm hoch (zuweilen auch bis 1 m), Zweige niederliegend, mit schmalen Blättchen. Blüten rosalila, in dichten, langen Trauben. **1474,** S. 185. Hierzu eine sehr große Zahl von Sorten, die sich z. T. durch den Wuchs, besonders aber in der Blütenfarbe unterscheiden. Beispiele **1475–1478,** S. 185. Alle winterhart. Verwendung als langblühende Blütensträuchlein im Garten. Boden muß stark mit Torf angereichert werden (saurer Boden), außerdem jährlich Rückschnitt im Spätwinter, sonst verkahlen die Pflanzen rasch. In den Heidegebieten Niedersachsens wird der Rückschnitt (und dadurch die Verjüngung) durch Beweidung mit Heidschnukken besorgt.

Calocedrus decurrens siehe *Libocedrus*

Calochortus Pursh, Mormonentulpe, *Liliaceae*

50–60 Arten im westl. N-Amerika. Mehrjährig, zwiebelbildend. Im Aussehen den Tulpen sehr ähnlich. Blüten in verschiedenen Farben. Verwendung im Freiland, doch ist frostfreie Überwinterung ratsam. Besonders empfindlich gegen hohe Bodenfeuchtigkeit im Winter. Von den zahlreichen, durchaus kulturwürdigen Arten sind hier genannt:

amabilis Purdy, Blütezeit Juni–Juli. Blüten goldgelb, hängend.

uniflorus Hook. f., Blütezeit Juni. Blüten lilarosa. **679,** S. 85.

Caltha L., Dotterblume, *Ranunculaceae*

20 Arten auf der Nord- und Südhalbkugel außer den Tropen. Stauden mit fleischigen, gelappten oder meist ungelappten, ganzrandigen oder gekerbt runden bis herzförmigen Blättern auf grundständigen Stielen. Blüten weiß, gelb oder bläulich, in einzelnem oder vielblütigem Stand. Vermehrung durch Aussaat oder Teilung. Für Sumpfpartien in Sonne bis Halbschatten.

palustris L., Sumpfdotterblume. Europa. Blütezeit April–Juni. 20–60 cm hoch. Blüten 2–5 cm breit, glänzend goldgelb. 'Alba', einfach, weißblühend; 'Multiplex', gefüllt, goldgelb, **1009,** S. 127.

Calycanthus L., Gewürzstrauch, *Calycanthaceae*

4 Arten in N-Amerika. Sträucher, sommergrün, mit aromatischer Rinde. Blätter gegenständig. Blüten mit zahlreichen dunkelrotbraunen Blütenblättern, endständig an kurzen Seitentrieben.

floridus L., Blütezeit Juni–Juli. Bis 3 m hoch. Vegetative Pflanzenteile nach Gewürznelke duftend. Blüten dunkelrotbraun, nach Erdbeeren duftend. Verwendung im Garten. Winterhart.

praecox siehe *Chimonanthus*

Camassia Lindl., *Liliaceae*

5 Arten in N-Amerika. Mehrjährige, zwiebelbildende Pflanzen mit länglichen oder riemenförmigen, rosettenartig angeordneten Blättern. Blüten zu vielen in aufrechter, lockerer Traube, in blau, violett, weiß. Die angeführten Arten sind winterhart; Verwendung im Garten. Pflanzung der gekauften Zwiebeln im September.

cusickii S. Wats., Blütezeit April–Mai. Zwiebeln bis 10 cm dick. Blütenstand bis 1 m hoch, vielblütig. Blüten hellblauviolett, bis 4 cm groß. **680,** S. 85.

esculenta siehe *quamash*

leichtlinii (Bak.) S. Wats., Blütezeit April–Mai. Zwiebeln mit schwarzbrauner Haut. Blütenstand bis 1 m hoch, vielblütig. Blüten meist weiß, auch blau.

quamash (Pursh) Greene (syn. *C. esculenta* (Nutt.) Lindl.), Blütezeit Mai–Juni. Zwiebel kleiner als bei den oben genannten Arten. Blütenstand bis 50 cm hoch. Blüten weniger zahlreich, violett, aber auch weiß. **681,** S. 86.

Camellia L., *Theaceae*

Etwa 80 Arten im trop. und subtrop. SO-Asien. Sträucher, in der Heimat auch Bäume, immergrün. Blüten in den Blattachseln, einzeln oder auch zu 2–3, meist groß, weiß, rosa, rot oder mehrfarbig. Nicht winterhart. Verwendung einiger Arten als Kübelpflanzen, anderer als Zimmerpflanzen. Schönste Entwicklung dann, wenn ausgepflanzt in kühlen Gewächshäusern. Angeboten werden heute überwiegend gefülltblühende Sorten, die vor allem in Großbritannien, USA und Japan eine bedeutende Rolle spielen, da in diesen Ländern teilweise im Freien verwendbar, ebenso auch in S-Europa. Im 19. Jahrhundert waren die Camellien auch bei uns sehr beliebt, Camelliengärtnereien befanden sich besonders in Sachsen. Die Bedeutung dieser Pflanze ist bei uns wieder ansteigend. Vermehrung den Gärtnereien überlassen. Werden Pflanzen mit Blütenknospen gekauft, so fallen diese häufig noch vor dem Erblühen ab oder die Blüten verkrüppeln. Ursache ist zu hohe Temperatur im Zimmer. Sie sollte 15° nicht übersteigen. 10° sind noch günstiger für die Blütengröße und -ausfärbung, doch dauert es dann länger bis zum Aufblühen. Die häufig vertretene Auffassung, daß Berühren oder Bewegen der Pflanzen die Ursache des Knospenfalles sei, ist falsch. Nach der Blütezeit (Winter–Frühjahr) sind für das Wachstum höhere Temperaturen (um 20°) günstig. Wichtig ist dabei, daß das Wachstum erst dann beginnt, wenn die Tageslänge mehr als 13 Stunden beträgt, was bei uns ab Ende März der Fall ist. Für die Blütenbildung sind ebenfalls höhere Temperaturen und Langtage sowie heller Standort notwendig (und nicht das oft empfohlene Trockenhalten!). Erst wenn im Herbst die Blütenknospen gut ausgebildet sind, sind niedrige Temperaturen (s. oben) für die Weiterentwicklung bis zum Aufblühen günstig. Diese Angaben gelten für die überwiegend angebotenen Sorten von *C. japonica*.

japonica L., Japan, Korea. In Japan seit langem als Kulturpflanze angebaut. Die dazugehörigen Sorten sind sehr zahlreich. Blüten einfach, halbgefüllt, gefüllt und meist sehr groß. Beispiele dafür sind Abb. **1479, 1480,** S. 185; **1481–1486,** S. 186.

reticulata Lindl., China. Hierzu ebenfalls Gartenformen, zum Teil entstanden durch Kreuzungen mit anderen Arten. Beispiele Abb. **1487, 1488,** S. 186; **1489, 1490,** S. 187.

× **williamsii** W. W. Smith, Gruppe von Hybriden, entstanden aus Kreuzungen von *C. japonica* mit *C. saluenensis*. Die verblühten Blüten fallen bei dieser Gruppe von selbst ab, während sie bei den *C. japonica*-Sorten haften bleiben und entfernt werden müssen. **1491–1494,** S. 187.

Campanula L., Glockenblume, *Campanulaceae*

Etwa 300 Arten auf der Nordhalbkugel, besonders europäischen Gebirgen und Mittelmeergebiet. Ausdauernde, seltener einjährige Kräuter. Blüten glockig oder trichterförmig bis schalenförmig, achselständig oder endständig. Vermehrung durch Aussaat, Teilung oder Stecklinge. Für Sonne bis Schatten.

× **burghaltii** hort., Gartenhybride. Blütezeit Juni–August. Etwa 30–50 cm hoch. Blätter schmal und spitz. Blüten blaßblau, hängende Glocken in reicher Folge. **1010,** S. 127.

carpatica Jacq., Karpatenglockenblume. Karpaten. Blütezeit Juni–September. 15–30 cm hohe, nicht wuchernde Staude. Triebe dicht mit eirunden oder herzförmigen, unregelmäßig gekerbten Blättern besetzt. Blätter langgestielt. Blüten hellblau, groß, schalenförmig, aufrecht und meist einzeln. **23,** S. 3. Viele Sorten, z. B.:
'Blaumeise', Blüten blauweiß, 20 cm hoch; 'Isabel', Blüten hellviolett, 20–30 cm hoch; 'Karpatenkrone', Blüten blau, 25 cm hoch; 'Zwergmöwe', Blüten reinweiß, 15 cm hoch.
Erstmals 2 Sorten, die aus Samen sehr einheitliche Bestände ergeben (Benary): 'Blaue Clips', himmelblau, 20 cm hoch; 'Weiße Clips', weiß, 20 cm hoch.

cochleariifolia Lam. (syn. *C. pusilla* Haenke), Pyrenäen bis Karpaten. Blütezeit Juni–August. 10–15 cm hohe Staude mit Ausläufern, rasig wachsend. Blätter eiförmig bis rundlich, in den Stiel übergehend, grob gesägt. Stengelblätter lanzettlich und ungestielt. Blüten hellblau, glockig, nickend, langgestielt, zu 2–6 in einer endständigen Traube. 'Alba', Blüten weiß, **24,** S. 3.

garganica Ten., S-Italien und Dalmatien. Blütezeit Juni–September. 10–20 cm hohe, polsterförmig wachsende Staude ohne Ausläufer. Ganze Pflanze weich behaart. Stengel niederliegend, verzweigt. Blätter immergrün, herzförmig, gekerbt bis gesägt. Blüten hellblau, nicht glockig, sondern sternförmig. Blüten meist in achselständigen Büscheln. **25,** S. 4.

glomerata L., Knäuelglockenblume. Europa bis Kamtschatka. Blütezeit Juni–August. 30–60 cm hohe Staude mit rötlichen Stengeln, wuchernd. Blätter herzförmig bis länglich, zugespitzt und unregelmäßig gezähnt und rauhbehaart. Blüten hellblauviolett, zu mehreren (bis 20) in Knäueln, achsel- oder endständig. Seit dem 16. Jahrhundert Gartenpflanze. Für Schnitt geeignet.
'Acaulis', Blütenstiel nur 5 bis 10 cm hoch; 'Alba', weißblühend; 'Superba', Blüten dunkelviolett, **1011,** S. 127.

isophylla Moretti, Italien. Blütezeit Juli–August. Nicht winterharte, 10–20 cm hohe Staude, als Topfhängepflanze kultiviert. Blätter breit-oval. Blüten einzeln an kleinen Zweigen, hellblau. Kalthauspflanze für kühlen luftigen Stand. Stecklinge vom Februar (bei 8–10°) zu 3–5 in einen 8er-, später 12er-Topf; mehrfach entspitzen, damit gute Verzweigung erfolgt. Pflanzen blühen nur im Langtag. **440,** S. 55. 'Alba', weißblühend; 'Mayii', weißbehaarte und großblütige Auslese.

lactiflora M. B., Kaukasus bis Sibirien. Blütezeit Juni–August. 100–200 cm hohe Staude mit unverzweigtem, weißbehaartem, krautigem Stengel. Wurzelstock dickfleischig. Blätter sitzend, oval-lanzettlich, rauhhaarig. Blüten breitglockig, weißblau bis lilablau, in bis 75 cm langen, verzweigten, reichblütigen Rispen. Für windgeschützten Standort oder anbinden, gut düngen und wässern, sonst 50–100 cm Kümmerwuchs. 'Alba', weißblühend; 'Loddon Anne', lilarosablühend, **1012,** S. 127.

latifolia L., Europa und Asien. Blütezeit Juni–Juli. 100–150 cm hohe Staude ohne Ausläufer, mit rübenförmiger Wurzel. Blätter sitzend, eilänglich, zugespitzt. Blüten weitglockig, bis 5 cm groß, violettblau, innen behaart, in den Blattachseln.
'Alba', weißblühend, **1013,** S. 127; 'Brantwood', violettpurpurn.

medium L., S-Europa. Blütezeit Juni–Juli. Zweijährige, 50–90 cm hohe kräftige, verzweigte Büsche bildende Pflanze. Blätter ungleich gekerbt, gesägt. Grundblätter gestielt, in Rosetten. Stengelblätter sitzend. Blüten groß, glockenförmig, hängend, weiß, blau, rot und einfach oder gefüllt in lockeren Trauben. Gartenpflanze seit dem 16. Jahrhundert. Als Mischungen im Handel. Aussaat Juni ins Freie, Verpflanzen im Juli–August. Reisigschutz im Winter. Auch als Schnittblume geeignet. Pflanzen blühen nur im Langtag, nach Einwirkung von Kurztag oder niedrigen Temperaturen.
'Calycanthema', Mischung mit doppelter Krone, wie eine gefärbte Halskrause, **255,** S. 32.

persicifolia L., Europa bis Armenien. Blütezeit Juni–August. Bis 100 cm hohe Staude mit unterirdisch kriechendem Wurzelstock. Blätter schmal, glänzend grün. Stengel aufrecht, etwas beblättert, mit 3–8 breitglockigen, hellblauen oder weißen Blüten. Für Schnitt geeignet. Seit dem 16. Jahrhundert Gartenpflanze.
'Alba', weißblühend; 'Blaukehlchen', blaublühend, gefüllt; 'Bluebell', dunkelblau, **1014,** S. 127; 'Telham Beauty', blau, großblumig, **1015,** S. 127.

portenschlagiana Roem. et Schult., Dalmatien. Blütezeit Juni–August. 10–15 cm hohe polsterförmige Staude, niederliegende verzweigte Stengel. Blätter gestielt, herzförmig und gezähnt. Blüten blau bis lila in trichterförmigen, vielblütigen Trauben. **26,** S. 4. 'Birch', große dunkelviolette Blüten.

poscharskyana Degen, S-Dalmatien. Blütezeit Juni–September. Ähnlich *C. garganica*, aber wüchsiger und kräftiger, Blüten sind doppelt so groß. Blüht lavendelblau an bis 70 cm langen niederliegenden Trieben, wuchert und sät sich selbst aus. 'Stella', dunkellilablühend (Kreuzung aus *C. garganica* × *C. poscharskyana*).

pusilla siehe *cochleariifolia*

zoysii Wulf., SO-Alpen. Blütezeit Juli–August. 5–10 cm hoch, kriechend, Ausläufer treibend. Blätter ganzrandig, dunkelgrün und dick. Blüten einzeln oder zu zweit, lilablau, mit fast geschlossener Glocke. Kalkfreundlich, für das Alpinenhaus. **27,** S. 4.

Campsis Lour., Trompetenblume, *Bignoniaceae*

2 Arten. Mit Haftwurzeln kletternde Sträucher, sommergrün. Blätter gegenständig, gefiedert. Blüten glockig bis trichterförmig, groß, zu mehreren in endständigen Rispen oder Trugdolden. Blütezeit August–September. Verwendung der *Campsis* zur Bekleidung von Mauern (Hilfe durch Lattengestell geben). Standort sonnig, doch „Fuß" durch andere Pflanzen beschatten. Rückschnitt im Frühjahr, sofern Triebe nicht durch Frost im Winter zerstört. Blüten werden an den im gleichen Jahr gewachsenen Trieben gebildet.

chinensis siehe *grandiflora*

grandiflora (Thunb.) K. Schum. (syn. *C. chinensis* (Lam.) Voss), China, Japan. Bis 5 m hoch kletternd. Blüten am Vorderende trichterförmig, orangerot, innen gelb. Winterschutz der unteren Teile zweckmäßig.

radicans (L.) Seem. (syn. *Tecoma radicans* (L.) Juss.), südöstl. USA. Bis 10 m hoch kletternd. Blüten nicht so stark trichterförmig erweitert, hellorange, innen gelb. Einige Sorten, z. B. 'Flava', Blüten gelb.

× **tagliabuana** (Vis.) Rehd., Hybride, entstanden aus Kreuzung *C. grandiflora* × *C. radicans*. Weniger stark kletternd. Blüten orange, innen scharlachrot. **1958,** S. 245. Einige Sorten, besonders 'Madame Galen', reichblühend, oft angebaut.

Canna L., Blumenrohr, *Cannaceae*

30–60 Arten im trop. und subtrop. Amerika, in Afrika und Asien heute eingebürgert. Kräuter mit kriechendem, meist knollig verdicktem Wurzelstock. Aufrechte Stengel mit großen fiedernervigen Blättern und gelben bis roten Blüten in endständiger Ähre, Traube oder Rispe. In der Heimat an Ufern und sumpfigen Stellen. Vermehrung durch Teilung der Wurzelstöcke. Warm antreiben, nach Abhärtung auspflanzen ab Mitte Mai. Für sonnige warme geschützte Stellen mit nicht zu trockenem, nährstoffreichem Boden.

Im Handel nur Sorten, von 50–70 cm bis 120–150 cm Höhe. Farben rosa, rot, gelb und gefleckt. Laub grün und auch rot. **441,** S. 56. 'Perkeo', etwa 60 cm hoch, Laub grün, Blüten leuchtend kirschrot. 'Puck', etwa 50–60 cm hoch, Laub grün, Blüten kanariengelb. 'Felix Ragout', etwa 130 cm hoch, Laub grün, Blüten gelb. 'Feuerzauber', etwa 150 cm hoch, Laub rot, Blüten scharlachrot. 'President', etwa 140 cm hoch, Laub grün, Blüten sehr groß, leuchtend rot.

Cannabis L., Hanf, *Moraceae*

Nur eine, recht variable Art.

sativa L., Herkunft nicht genau bekannt, vermutlich Zentralasien. Einjährig, bis 2 m hoch. Blätter handförmig geteilt, dunkelgrün, bis 20 cm lang. 'Sinensis', Riesenhanf, unter günstigen Bedingungen bis 4 m hoch. Verwendung als imposante Sommerpflanze im Garten. Aussaat im April in Töpfe, nach den letzten Frösten ins Freie pflanzen. Nur bei reichlicher Bewässerung und Düngung werden große Höhen erreicht.

Capsicum L., Spanischer Pfeffer, Paprika, *Solanaceae*

Mehrere Arten (nicht genau anzugeben) in Mittel- und S-Amerika. Halbsträucher oder Sträucher, bei uns einjährig gezogen. Blüten meist unscheinbar, Früchte jedoch auffallend, lackartig glänzend.

annuum L., Blütezeit Sommer. Fruchtend im Herbst und Winter. Sehr vielgestaltige Art, die in vielen Sorten angebaut wird. Hierzu gehört auch Gewürz- und Gemüsepaprika. Als Zierpflanzen 2 Gruppen: 1. Hochwachsende Sorten (bis 1,5 m) mit großen roten oder gelben Früchten. Fruchtende Zweige werden entblättert zur Dekoration verwendet und sind mehrere Wochen haltbar. 2. Niedrigwachsende Sorten mit kleinen roten, gelben oder violetten Früchten, deren Form kuglig oder auch spitzzipflig ist. Reich fruchtende Pflanzen werden als Topfpflanzen angeboten (20–50 cm hoch, buschig). Haltbarkeit einige Wochen als Zimmerpflanze. Es gibt bessere als die in Abb. **256** (S. 32) gezeigte Sorte. Besonders beliebt sind die Rotfrüchtigen. Vermehrung den Gärtnereien überlassen.

Cardiocrinum Lindl., *Liliaceae*

3 Arten. 1 im Himalaja, 2 in Japan und China. Zwiebelbildende Staude mit großen, rosettenartig angeordneten, herzförmigen Blättern. Blüten sehr groß, lang-trichterförmig. Früher als zur Gattung *Lilium* gehörig angesehen.

giganteum (Wall.) Makino (syn. *Lilium giganteum* Wall.), Riesenlilie. Himalaja. Blütezeit Juli–August. Zwiebel aus wenigen, aber sehr dicken Schuppen bestehend, im Laufe von Jahren bis Kindskopfgröße erreichend. Blätter herzförmig, grundständig. Zwiebel blüht nur einmal und geht dann zugrunde, bildet aber Jungzwiebeln. Von der Jungzwiebel bis zum Blühen vergehen mehrere Jahre. Blütenstand mächtig, bei uns bis zu 2,5 m hoch (aus der Heimat und aus England wurde von 3,5 m hohen Pflanzen berichtet), mit mehreren grünlichweißen, bis 20 cm langen, duftenden Blüten. Verwendung im Garten. Zwiebel im Herbst so pflanzen, daß die obere Spitze gerade über der Erdoberfläche ist. Winterschutz durch Laubschüttung oder Reisigschutz. Obwohl stattlich, nicht allgemein zu empfehlen, da schwierig zu pflegen. **682,** S. 86.

Carex L., Segge, *Cyperaceae*

1100 Arten auf der ganzen Erde, außer den Galapagos-Inseln und Kerguelen. Grasartige Stauden mit 3kantigen vollen Stengeln. Blätter in 3 Reihen, ohne Ligula. Blüten in Ähren oder Rispen. Vermehrung durch Aussaat, besser durch Teilung. Für Sonne bis Halbschatten, an feuchten, selten trockenen Stellen.

buchananii Berggr., Fuchsrote Segge. Neuseeland. 40–60 cm lange, runde rotbraune Halme mit überhängenden Spitzen. Für sonnige, trockene Stellen. Leichter Winterschutz, Halme bei Rauhreif besonders schön.

grayi Carey, Morgensternsegge. Atlantisches N-Amerika. Etwa 80 cm hoch, Blätter lanzettlich; große, dekorative, morgensternartige Fruchtstände (geeignet für Trockensträuße). Wächst im Trockenen wie im Sumpf.

morrowii Boott, Japansegge. Japan. Blätter lang, schmal, zugespitzt, in etwa 40 cm hohen immergrünen Horsten. Besonders für Halbschatten und Schatten geeignet. 'Variegata', Blätter mit weißen Randstreifen.

plantaginea Lam., Breitblattsegge. Atlantisches N-Amerika. Schmale, 20 cm lange und bis 3 cm breite Blätter, bilden flache Horste. Wintergrüner Bodendecker, besonders für Halbschatten und Schatten.

Carlina L., Eberwurz, *Compositae*

20 Arten im Mittelmeergebiet, in Europa und Vorderasien. Zwei- bis mehrjährige, distelartige Kräuter mit Milchsaft. Blätter fiederspaltig, dornig gezähnt. Blütenköpfchen gelb oder weiß, groß, einzeln und endständig. Vermehrung durch Aussaat (später oft Selbstaussaat). Für volle Sonne in magerem, durchlässigem Boden.

acanthifolia All., S-Europa. Blütezeit Juli–August. Blätter breit und gezackt, zu vielen eine flache Rosette bildend. Blütenköpfchen etwa 20 cm groß, strohfarben, kurzgestielt, in der Rosettenmitte. Pflanze wächst auf Kalkboden, stirbt nach der Blüte ab.

acaulis L., Silber- oder Wetterdistel. Heimisch, auf Kalkboden, unter Naturschutz. Fiederspaltige Blätter bilden eine flache Rosette, in deren Mitte der silberstrahlige Blütenkopf sitzt. Blüten nur bei sonnigem, trockenem Wetter offen (Name). Blütezeit Juli–September. 'Caulescens', ähnlich der Art, hat 20–40 cm hohe Blütenstiele. Für Trockensträuße geeignet.

Carpenteria Torr., *Saxifragaceae*

1 Art.

californica Torr., Sierra Nevada in Kalifornien. Blütezeit Juni–August. Hoher immergrüner Strauch mit 4kantigen Zweigen. Blätter dick, länglich-lanzettlich, 5–10 cm groß, gegenständig. Blüten weiß, langgestielt, bis 7 cm groß, duftend, in 3blütigen endständigen Trugdolden. Vermehrung durch Aussaat, Stecklinge oder Ausläufer. Kalthauspflanze, da bei uns nicht winterhart. **1495,** S. 187.

Carpinus L., Hainbuche, Weißbuche, *Betulaceae*

Etwa 25 Arten von Europa bis O-Asien, in N- und Mittelamerika. Sträucher oder (meist) Bäume, sommergrün.

betulus L., Europa bis Persien. Baum, bis 20 m hoch. Weit verbreitet als harte, widerstandsfähige Heckenpflanze, da scharfer Schnitt sehr gut vertragen wird. Verwendung als freiwachsender Baum nur in großen Anlagen, als Hecke jedoch auch in kleinen Gärten. Hainbuchenhecken können Jahrzehnte stehen, ohne lückig und kahl zu werden (z. B. Herrenhäuser Gärten, Hannover, wo fast 200 Jahre alte Hecken vorhanden sind). Kurze Angabe von Pflegemaßnahmen für Hainbuchenhecken: günstige Pflanzzeit Februar–März; Pflanzenabstand 25–30 cm. Im ersten Frühjahr und Sommer vor Bodentrockenheit schützen. Zum guten Aufbau Pflanzen an Querlatten anbinden, doch jährlich Schnur prüfen, unter Umständen lösen und erneuern, da Pflanzen sonst stranguliert werden. Scharfer Schnitt notwendig und so schneiden, daß unten etwas breiter als oben (dadurch Vermeidung von unterer Verkahlung). Zwei Schnittmethoden möglich: 1. einmal schneiden (August–September), 2. zweimal schneiden (und zwar einmal im Juni und die danach erscheinenden neuen Triebe im Februar des nächsten Jahres vor dem Austrieb der Blätter).

Caryopteris Bunge, *Verbenaceae*

Etwa 10 Arten in O-Asien. Halbsträucher oder Sträucher, sommergrün, mit gegenständigen Blättern. Blüten blau oder rot, in achselständigen Scheindolden. Die angegebenen Arten können bei uns im Freiland verwendet werden, wenngleich sie zuweilen zurückfrieren. Sie treiben aber im Frühjahr von der Basis her wieder aus.

× **clandonensis** Simmonds (*C. incana* × *C. mongholica*). Blütezeit August–September. Strauch, bis 1 m hoch und ebenso breit. Blätter dunkelgrün. Blüten dunkelblau, bis zu 20 in achsel- und endständigen Büscheln. **1496,** S. 187. 'Ferndown', Blüten dunkelviolett, **1497,** S. 188.

incana (Thunb.) Miq., O-China, Japan. Blütezeit August–September. Strauch, bis 1,5 m hoch. Blüten violettblau. Einige Sorten, z. B. 'Heavenly Blue', Blüten dunkelblau.

Cassiope D. Don, Schuppenheide, *Ericaceae*

12 Arten in den kühlen bis gemäßigten Gebieten der Nordhalbkugel und Himalaja. Immergrüne Zwergsträucher mit winzigen, 4zeilig stehenden, dachziegelförmig angeordneten Blättern. Blüten nickend, glockig, an den Seiten einzeln stehend. Vermehrung durch Teilung oder Stecklinge. Für humosen, feuchtfrischen kalkfreien Boden in halbschattiger Lage. Bei schneelosen Wintern Reisigschutz gegen Sonne, sonst Trockenschäden.

fastigiata (Wall.) D. Don, Himalaja. Blütezeit April bis Mai. 15–30 cm hoch. Blüten weiß, hängend an den Zweigspitzen. 'Edinburgh' (wahrscheinlich Kreuzung zwischen *C. fastigiata* und *C. wardii*). Blüten zu mehreren gehäuft an der Stengelspitze. **28,** S. 4.

lycopodioides (Pall.) D. Don, Japan, Asien, N-Amerika. Flache, 5–8 cm hohe grüne Matten bildend. Blätter mit silbrigem Streifen. Blüten nickend an 2–3 cm langen Stielen. Kelch grün oder rot, Blüte weiß. **29,** S. 4.

Catalpa Scop., Trompetenbaum, *Bignoniaceae*

11 Arten in N-Amerika, China, Tibet. Bäume, sommergrün, mit gegenständigen, meist großen Blättern. Blüten glockig, in endständigen Rispen oder Trauben.

bignonioides Walt., südöstl. USA. Blütezeit Juni bis Juli. Baum, bis 15 m hoch, mit hellbrauner, dünner Borke. Blätter herz-eiförmig, bis 20 cm lang, kurz und weich behaart. Blüten fingerhutähnlich, weiß, bis 5 cm lang und an der Öffnung ebenso breit, innen mit gelben Streifen und purpurnen Flecken, zu vielen in bis 20 cm langen, verzweigten Rispen. Früchte bis 35 cm lang, von bohnenähnlicher Form. Verwendung in größeren Gärten. Winterhart. **1498,** S. 188. Einige Sorten.

Catananche L., Rasselblume, *Compositae*

5 Arten im Mittelmeergebiet. Einjährige oder ausdauernde Kräuter mit meist linealischen, wenig gezähnten oder fiederspaltigen Blättern. Blüten blau, weiß oder gelb als Köpfchen auf langen Stielen. Vermehrung durch Aussaat. Nach 2 Jahren Neusaat, um schöne Pflanzen zu erhalten. Für sonnige, trockene Plätze und Trockenmauern. Als Trockenblume geeignet.

caerulea L., S-Frankreich, S-Spanien. 40–60 cm hoch. Blätter nur grundständig, rosettig. Blütenköpfchen bei Sorten blau, weiß und rötlich. **1016,** S. 127.

Cattleya Lindl., *Orchidaceae*

Etwa 40 Arten im trop. Amerika. Epiphytische Orchideen von meist kräftigem Wuchs. Pseudobulben mit 1–2, selten 3 dickledrigen Blättern. Blütenstand meist endständig, von einer Scheide umgeben und diese dann durchstoßend. Blüten meist sehr ansehnlich, Lippe groß.

bowringiana Veitch, Honduras. Blütezeit Herbst. Blüten 5–10 (15) in dichtem Blütenstand, purpurviolett.

dowiana Batem., Costa Rica. Blütezeit Spätsommer. Blüten gelb, Lippe purpurviolett.

gaskelliana hort. Sander, Venezuela. Blütezeit Spätsommer. Blüten hellviolett, Lippe weißlich rosa.

labiata Lindl., Brasilien. Blütezeit Spätherbst bis Winter. Blüten rosarot, Lippe weiß oder rosaviolett mit gelbem Schlundfleck.

mossiae Parker, Venezuela. Blütezeit Sommer. Blüten hellviolett, Lippe gelb, dunkelrosa überhaucht und gestrichelt.

trianae Lind. et Rchb. f., Kolumbien. Blütezeit Winter. Blüten rosa, Lippe am vorderen Teil dunkelpurpurn mit gelbem Schlundfleck.

warscewiczii Rchb. f., Kolumbien. Blütezeit Sommer. Blüten sehr groß, bis 25 cm breit, hellviolettrosa, Lippe karmesinrot mit 2 gelben Schlundflecken.

Nur die wichtigsten Arten sind erwähnt. Die Färbungen der Blüten sind sehr variabel und weichen oft von den angegebenen ab. Durch schon im 19. Jahrhundert begonnene Züchtung sind sehr viele Sorten entstanden, die an Bedeutung die Arten weit überflügelt haben. Hinzu kommt, daß die Herstellung von Gattungshybriden möglich ist. So entstanden:
Brassocattleya (*Brassavola* × *Cattleya*)
Brassolaeliocattleya (*Brassavola* × *Laelia* × *Cattleya*)
Laeliocattleya (*Laelia* × *Cattleya*)
Sophrolaeliocattleya (*Sophronitis* × *Laelia* × *Cattleya*).
Die aus solchen Kreuzungen entstandenen Sorten zeigen mehr oder weniger den Habitus von Cattleyen und sind daher hier eingeordnet. Die Zahl der Cattleyen-Hybriden beträgt mehrere tausend, die Farbkombinationen sind außerordentlich mannigfaltig. Viele Sorten duften. Eine Einteilung in verschiedene Gruppen und Beschreibung ist wohl kaum möglich. Sie gehören zu den am meisten angebauten Orchideen; ihre wirtschaftliche Bedeutung als Schnittblume ist groß. Beispiele zeigen Abb. **434,** S. 55, **442,** S. 56. Entsprechend der Mannigfaltigkeit dieser Gruppe können Pflegehinweise nur sehr allgemeiner Art sein. Viele Sorten können als Zimmerpflanzen unter bestimmten Bedingungen verwendet werden. Ratschläge für den Einzelfall kann z. B. die Deutsche Orchideengesellschaft geben.

Cautleya Royle, *Zingiberaceae*

5 Arten im Himalaja. Staude mit fleischigem Wurzelstock, wechselständigen Blättern und gelben Blüten in endständiger Ähre. Vermehrung durch Teilung und Aussaat (Blüte im 2. Jahr). Für halbschattige Stellen mit humosem, feuchtem, aber durchlässigem Boden. Mindestens 10–15 cm tief pflanzen. Im Herbst Wurzelklumpen frostfrei im Keller oder unter dicker Laubdecke im Freien überwintern.

robusta Bak., Blütezeit Juli–September. Pflanze 90–120 cm hoch. Große, gelbe endständige Blüten in einer Ähre. **1017,** S. 128.

Ceanothus L., *Rhamnaceae*

55 Arten in N-Amerika. Sträucher (in der Heimat auch Bäume), sommergrün oder immergrün. Blüten klein, aber zu vielen in großen Trauben oder Rispen. Verwendung im Garten. Die meisten Arten benötigen Winterschutz; die immergrünen Arten besser in Kübeln ziehen und frostfrei und hell überwintern.

americanus L., Blütezeit Juli–Herbst. Bis 1 m hoher Strauch, sommergrün. Blüten weiß, in end- und achselständigen Rispen, an Trieben desselben Jahres. Winterhart.

arboreus Greene, Kalifornien. Blütezeit Frühjahr. Strauch oder kleiner Baum. Blüten blau, in großen Rispen. Nicht winterhart und nur als Kübelpflanze verwendbar. **1499,** S. 188.

Hybriden. Hierher gehören zahlreiche schöne Sorten, z. B. 'Delight', lebhaft blau, **1500,** S. 188; 'Dignity', heller als vorige, **1501,** S. 188. Beide immergrün. Blütezeit Frühjahr, nicht winterhart. 'Gloire de Versailles', dunkelblau, **1502,** S. 188. Blütezeit Sommer. Sommergrün; obwohl hart, Winterschutz ratsam. Rückschnitt im Frühjahr.

impressus Trel., Blütezeit Juli. Strauch, immergrün. Blüten blau. Winterschutz nötig. Einige Sorten, z. B. 'Puget Blue', **1503,** S. 188.

thyrsiflorus Eschsch., Blütezeit Mai–Juni. Strauch, immergrün. Blüten hellblau. Nicht winterhart. **1504,** S. 188.

Cedrus Trew, Zeder, *Pinaceae*

4 Arten im südl. und östl. Mittelmeergebiet und im westl. Himalaja. Bäume, immergrün, mit (im Alter) stark ausgebreiteter Krone. Blätter nadelförmig, an Kurztrieben in Büscheln, an Langtrieben spiralig stehend. Blüten einhäusig. Zapfen mehr oder weniger tonnenförmig, zerfallen, wenn sie reif sind. Verwendung nur in großen Gärten oder Parks, da sehr groß werdend.

atlantica (Endl.) Manetti, Atlaszeder. N-Afrika (Atlasgebirge). Bis 40 m hoch, in der Jugend pyramidal wachsend. Nadeln blaugrün, bis 2,5 cm lang. Zahlreiche Formen, mit säuligem Wuchs ('Columnaris'), niedrigem Wuchs ('Nana') oder hängenden Zweigen ('Pendula'). Häufig angepflanzt wird 'Glauca', Blaue Atlaszeder, mit dichter Beastung und graublauen Nadeln, **2003,** S. 251.

deodara (D. Don) G. Don, Himalajazeder. Himalaja. Bis 30 m (in der Heimat 50 m) hoch. Zweigspitzen hängend, Nadeln blaugrün, bis 5 cm lang. Mehrere Formen.

libani A. Rich., Libanonzeder. Libanon. Bis 40 m hoch, häufig zur Bildung mehrerer Stämme neigend. Äste im Alter waagerecht abstehend, dadurch breite Kronen bildend. Nadeln dunkelgrün, bis 3,5 cm lang. Nur in milden Gebieten völlig winterhart.

Celastrus L., Baumwürger, *Celastraceae*

Etwa 35 Arten, überwiegend in O- und S-Asien, einige in Amerika, Madagaskar. Sträucher, windend, meist sommergrün. Blüten zwittrig oder einhäusig oder zweihäusig.

orbiculatus Thunb., SO-Asien. Blütezeit Juni. Sommergrün, bis 10 m hoch windend. Blätter hellgrün, Herbstfärbung gelb. Blüten blaßgrün, unscheinbar, in achselständigen Trugdolden. Zierend im Spätherbst, wenn Samenkapseln aufgesprungen, deren Innenseite gelb und Samen rot. Winterhart. Verwendung zur Bekleidung von Mauern, Säulen. Verträgt scharfen Rückschnitt. **1959,** S. 245.

Celmisia Cass., *Compositae*

Etwa 60 Arten in den Bergen Neuseelands. Rosettenartige Stauden mit lanzettlichen, seidig behaarten Blättern. Blütenkörbchen weiß, gelb oder rot mit gelber Mitte, einzeln auf langen Stielen. Vermehrung durch Teilung oder Aussaat. Für absonnige, feuchte Stellen im Steingarten (ohne stauende Nässe), besser im Alpinenhaus oder in Topfkultur und im Kalthaus überwintern. Schutz vor Winternässe nötig. Blütezeit Juni–August.

coriacea (G. Forst.) Hook. f., 20–40 cm große Rosetten aus recht steifen, silbrig behaarten Blättern. Blüten weiß mit gelber Mitte, etwa 6–8 cm groß auf 15–90 cm hohen Stielen. **30,** S. 4.

petiolata Hook. f., Blattstiel und Mittelrippe der Blätter purpurfarben, 15–30 cm lang, 2–4 cm breit. Blätter im Winter bronzefarben. Blütenköpfchen weiß, 4–6 cm groß, etwa 30 cm hohe Stiele. **31,** S. 4.

spectabilis Hook. f., etwa 30 cm große Rosetten aus dichten, silbrig behaarten Blättern. Blüten 3–4 cm breit, weiß mit gelber Mitte, auf 30–50 cm hohen Stielen. **32,** S. 4.

Celosia L., *Amaranthaceae*

Über 60 Arten in den subtrop. und gemäßigten Gebieten Afrikas und Amerikas, z. T. heute in allen warmen Erdteilen Unkräuter. Ein- oder mehrjährige Kräuter mit wechselständigen, schmalen oder verkehrt eiförmigen, manchmal gelappten Blättern. Blüten weiß, gelb, rot oder rosa in einfachen oder verzweigten, achsel- oder endständigen Ähren. Vermehrung durch Aussaat. Für warmen, sonnigen Standort mit nährstoffreichem, durchlässigem Boden. Geeignet als Topfpflanze oder Sommerblume und für Schnitt. Hahnenkammformen lassen sich für Wintersträuße trocknen.

argentea L., kosmopolitisch. Blütezeit Juni–Oktober. Stammform der heutigen Gartensorten, die 2 Gruppen aufweisen, die in Mischungen mit breiter Farbskala angeboten werden.

a) 'Cristata', Hahnenkammcelosien mit hahnenkammähnlich verbändertem Blütenstand. 30–60 cm hoch, auch 'Nana Typ', 20–40 cm hoch. **257,** S. 33.

b) 'Plumosa', Federbuschcelosien, mit stark verästeltem Blütenstand. **258,** S. 33.

Celsia L., *Scrophulariaceae*

80 Arten im Mittelmeergebiet, Afrika und SO-Asien. Zwei- oder mehrjährige Kräuter mit Rosetten aus schmalen lanzettlichen Blättern. Blüten gelb bis braunpurpurn, einzeln an Stielen. Vermehrung durch Aussaat. Nur in sehr milden Gegenden winterhart, besser ins Alpinenhaus oder in Topfkultur im Kalthaus überwintern. Im Sommer für sonnige, trockene Stellen, empfindlich gegen Winternässe.

acaulis Bory, Kreta. Flache Rosetten, Blüten hellgelb, einzeln auf etwa 10 cm hohen Stengeln. **33,** S. 5. Es gibt viele schöne Hybriden zwischen *C. acaulis* und *Verbascum phoeniceum*.

Centaurea L., Flockenblume, *Compositae*

Etwa 500 Arten im Mittelmeergebiet und Vorderasien sowie Afrika, N-Amerika und Chile. Stauden, selten einjährige Kräuter, mit wechselständigen Blättern, meist einfach oder doppelt fiederschnittig. Blütenköpfchen weiß, blau, gelb oder rot, einzeln oder zu mehreren auf verzweigten, endständigen Rispen. Manche Arten duften. Vermehrung durch Aussaat oder Teilung. Aussaat im September ins Freie oder März in den Kasten. Früh topfen, da sie das Verpflanzen schlecht vertragen. Für alle Böden in sonniger Lage geeignet.

cyanus L., Kornblume. Europa. Blütezeit Juni bis August. 30–100 cm hoch, früher Getreideunkraut, heute selten. Es gibt viele Gartensorten mit Blüten in blau, weiß, rosa, violett und rot. Wird als Sommerblume kultiviert.
'Black Boy', violett; 'Blue Boy', blau; 'Julep', 30–50 cm hoch, gefüllt blühende Mischung, **259,** S. 33; 'Red Boy', karmesin; 'Snow Man', weiß.

dealbata Willd., Kaukasus und N-Persien. Blütezeit Juni–Juli. Staude, bis 100 cm hoch, stark buschig. Blätter fiederlappig, unterseits weißfilzig. Köpfchen rosa, distelähnlich, groß, auf unverzweigten Stielen. 'John Coutts', Blüten leuchtend rosa mit gelbem Auge, **1018,** S. 128; 'Steenbergii', karmesinrosa, **1019,** S. 128.

montana L., Bergflockenblume. Europa. Blütezeit Mai–Juni. Staude, 30–50 cm hoch, mit kriechendem Wurzelstock. Meist unverzweigte, stark beblätterte Stengel. Blätter und Stengel oft weißfilzig behaart. Die Blattspreite der schmal-lanzettlichen dunkelgrünen Blätter läuft am Blattstiel und Stengel abwärts. Köpfchen einzeln, endständig. Randblüten blau, Scheibenblüten rosa, violett oder weiß. In der Gestalt sehr variable Art. Vermehrung durch Ausläufer oder Wurzelschnittlinge.
'Alba', weißblühend; 'Parham', lavendelfarbene Blüten, etwa 60 cm hoch, **1020,** S. 128; 'Rubra', rosarot blühend.

moschata L. (syn. *Amberboa moschata* (L.) DC.). Duftende Flockenblume. Vorderasien. Bis 80 cm hohe Kräuter mit fiederschnittigen Blättern und einzeln stehenden Köpfchen auf langen Stielen. Blüten duftend, gelb, weiß, blau und rot. Alte Gartenpflanze seit etwa 1600. Gut für Schnitt. **260,** S. 33.
Meist als Mischungen, aber auch als Farbsorten im Handel, z. B. 'Favorita', hellrosa; 'Graciosa', dunkellila; 'Splendens', dunkelpurpurn; 'The Bride', weiß.

Centranthus DC., Spornblume, *Valerianaceae*

10 Arten im Mittelmeergebiet. Stauden oder Halbsträucher mit ganzrandigen Blättern oder aufrechte, ästige, einjährige Kräuter mit gezähnten fiedrigen Blättern. Blüten rot oder weiß, endständig in Trugdolden, Rispen oder Doldentrauben. Vermehrung durch Aussaat oder Teilung. Für sonnige, trockene Stellen mit kalkhaltigem Boden.

macrosiphon Boiss., Spanien. Blütezeit Juni–August. Einjährige, 30–40 cm hohe graugrüne Pflanze mit dicken, stark verzweigten Stengeln. Blüten dunkelrosa, in mehrfach 3teiligen rispigen Doldentrauben. Aussaat Anfang April ins Freie. Mischungen im Handel. **313,** S. 40.

ruber (L.) DC., W- und S-Europa. Blütezeit Mai bis Juli. Bis 80 cm hohe Staude, blaugrün, mit kaum verzweigten Stengeln. Blüten dunkelrosa, in 3spaltiger Trugdolde. Mischungen im Handel. **1222,** S. 153.

Cephalocereus Pfeiff., *Cactaceae*

Artenzahl nicht genau bekannt. Mexiko bis S-Amerika. Wenig oder nicht verzweigte, säulig wachsende Kakteen, mit zahlreichen Rippen, in der Heimat viele Meter hoch werdend. Die bekannteste Art ist:

senilis (Haw.) Pfeiff., Greisenhaupt. Mexiko. Häufig am Grunde verzweigte Säulen, vielrippig, umhüllt von bis 12 cm langen grauweißen Borstenhaaren (Name!). Blüten rosa, nachts geöffnet, nur an alten Exemplaren auftretend. Zimmerpflanze. Heller Standort, im Sommer warm, im Winter kühl (5–10°). Vermehrung aus Samen oder Stecklingen. **443,** S. 56.

Cerastium L., Hornkraut, *Caryophyllaceae*

100 Arten in fast allen Erdteilen, besonders Eurasien. Einjährige Kräuter oder Stauden, meist flaumig behaart. Flache, schmale bis eirunde Blätter. Blüten weiß, in endständigen gegabelten Trugdolden. Vermehrung durch Aussaat, Teilung und Stecklinge. Für sonnige Trockenmauern und Steingärten, wuchert gern. Bei stark behaarten Arten Schutz gegen Winternässe.

arvense L., Ackerhornkraut. Heimisch. Blütezeit Mai–Juni. 'Compactum', mattgrüne, nicht wuchernde, etwa 15 cm hohe Polster. Blüten weiß.

biebersteinii DC., Krim. Blütezeit Mai–Juni. Pflanze mit grauweißen Trieben, stark wuchernd, etwa 25 cm hoch, vielblütig, weiß. Rückschnitt nach der Blüte ergibt 2. Blüte im Sommer–Herbst.

tomentosum L., Italien. Blütezeit Mai–Juni. Ähnlich *C. biebersteinii*, aber nicht so stark wuchernd, etwa 15–20 cm hoch. Blätter linealisch-lanzettlich, stark weißfilzig. Blüte weiß. In Kultur von Bedeutung: 'Columnae' für sonnige Trockenmauern und Plattenfugen; nur etwa 8–10 cm hoch. Kein zu nährstoffreicher Boden, sonst wesentlich höher und vergrünend.

Ceratostigma Bunge, *Plumbaginaceae*

8 Arten im Himalaja, China und Mittelafrika. Stauden bis Halbsträucher mit wechselständigen, schmalen, spitz zulaufenden Blättern. Blüten weiß, rosa oder blau in end- oder achselständigen Köpfchen. Vermehrung durch Aussaat, besonders aber durch Teilung und Stecklinge. Für durchlässige, warme Böden an halbschattigen bis sonnigen Standorten.

plumbaginoides Bunge, nördl. China. Blütezeit August–Oktober. 20–30 cm hohe Staude. Stengel am Boden liegend, mit wechselständigen, verkehrteiförmigen Blättern. Blüten kobalt- bis enzianblau in kleinen Dolden. Blätter im Herbst dekorativ rötlich bronzefarben. **1505,** S. 189.

willmottianum Stapf, W-China. Halbstrauch, bis 150 cm hoch. Blätter rautenförmig, unterseits dicht behaart. Blüten blau mit rosaroten Röhren, nicht winterhart, friert bis zum Boden zurück. Bei guter Winterdecke treibt die Pflanze aber wieder aus. **1506,** S. 189.

Cercis L., Judasbaum, *Leguminosae*

7 Arten in N-Amerika, S-Europa bis O-Asien. Bäume oder Sträucher, sommergrün. Einige Arten winterhart. Verwendung im Garten.

canadensis L., N-Amerika. Blütezeit April–Mai. Bis 12 m hoher Baum. Blüten hellrosa, zu 4–8 in Büscheln. Winterhart. Weiße Blüten hat 'Alba'.

siliquastrum L., S-Europa (Mittelmeergebiet). Blütezeit April. Baum, oft nur Strauch. Blätter nierenförmig, zuerst hellgrün, später bläulichgrün. Blüten purpurrosa, zu 3–6 in Büscheln, häufig auch am Stamm erscheinend (Stammblütigkeit = Cauliflorie), vor dem Blattaustrieb. Junge Pflanzen frostempfindlich, im Alter winterhart. **1507,** S. 189.

Cestrum L., Hammerstrauch, *Solanaceae*

Etwa 200 Arten im trop. und subtrop. Amerika. Sträucher, immergrün. Blüten röhrenförmig, zu mehreren in Büscheln, Trauben oder Doldentrauben. Nicht winterhart. Verwendung der angeführten Arten als Kübelpflanzen unter Glas, *C. purpureum* im Sommer auch im Freien. Überwinterung frostfrei, hell. Vermehrung durch Stecklinge oder Samen.

aurantiacum Lindl., Guatemala. Blütezeit Sommer bis Spätherbst. Bis 2 m hoch; Blätter eirund-lanzettlich, 6–9 cm lang. Blüten orange, 2 cm lang, zu mehreren in Trauben, endständig oder in den oberen Achseln. **444,** S. 56.

nevellii (Veitch) Nichols., Blütezeit Sommer. Wahrscheinlich eine Hybride, ähnelt *C. purpureum.* Bis 2,5 m hoch. Blätter länglich-lanzettlich, bis 12 cm lang. Blüten karmesinrot, 2 cm lang, in endständigen Trauben. **445,** S. 56.

purpureum (Lindl.) Standl., Mexiko. Blütezeit Frühjahr–Herbst. Bis 3 m hoch. Blätter eirund-lanzettlich, bis 12 cm lang. Blüten purpurrot, in endständigen Doldentrauben. Kann auch als Hochstamm (wie Fuchsien) gezogen werden.

Chaenomeles Lindl., Zierquitte *Rosaceae*

4 Arten in O-Asien. Sträucher, sommergrün, mit dornigen Zweigen. Blüten einzeln oder zu mehreren in den Blattachseln, weiß, rosa, rot. Früchte quittenähnlich. Verwendung im Garten als Blütensträucher, mitunter auch als Heckenpflanzung. Blütezeit je nach Sorte März, April, Mai.

Hybriden. Hier wird die große Zahl der Sorten zusammengefaßt, ungeachtet ihrer Herkunft. Einige nennenswerte Sorten sind: 'Andenken an Carl Ramcke', bis 1,5 m hoch, Blüten leuchtend zinnoberrot; 'Crimson and Gold', Blüten dunkelrot; 'Elly Mossel', Blüten dunkelrot, blüht oft im Sommer noch einmal; 'Knap Hill Scarlet', gedrungener Wuchs, Blüten orangerot, **1509,** S. 189; 'Nivalis', 2–3 m hoch, Blüten reinweiß; 'Rowallane', breitwachsend, Blüten karminrot, **1508,** S. 189.

japonica (Thunb.) Lindl., Japan. Blütezeit März bis April. Bis 1 m hoch, Blüten ziegelrot.

Chamaecereus Britt. et Rose, Zwergcereus, *Cactaceae*

1 Art in Argentinien.

silvestrii (Spegazz.) Britt. et Rose, Blütezeit Frühjahr. Niedrig, mit vielen fingerdicken Sprossen, rasenbildend. Blüten trichterförmig, rosa, am Tage blühend. Blütenbildung nur dann gut, wenn bei niedriger Temperatur (5–10°, nicht höher) und hellem Standort überwintert. Vermehrung durch abgetrennte Sprosse, die sich leicht bewurzeln. Verwendung als Zimmerpflanze. **446,** S. 56.

Chamaecyparis Spach, Scheinzypresse, *Cupressaceae*

6 Arten in N-Amerika, Japan, Formosa. Bäume, immergrün, im Wuchs kegelförmig, hoch (Ausnahmen siehe unter Gartenformen). Blätter schuppenförmig, gegenständig. Blüten einhäusig. Früchte (Zapfen) klein, kuglig, bis 2 cm dick. Verwendung der Arten nur in Parks; viele der Sorten aber schwachwachsend und auch für kleinere Gärten geeignet. Alle winterhart. Die angegebenen Höhen werden insbesondere bei den Zwergformen erst nach Jahren erreicht.

lawsoniana (A. Murr.) Parl., westl. USA. In der Heimat bis 50 m hoch. Die Zahl der Sorten ist sehr

groß. Unterschiede in Wuchsform und -stärke und Farbe der Blätter.
'Alumii', Wuchs schmal-kegelförmig, bis 10 m hoch; Belaubung zuerst blau bereift, später graublau; auch als Heckenpflanzen verwendet, **2004,** S. 251; 'Bowleri', zwergig, wenig über 1 m hoch, dunkelgrün; 'Columnaris', schmal-säulenförmig, bis 10 m hoch, dicht beastet, blaugrün, **2005,** S. 251; 'Erecta Aurea', zwergig, kegelförmig, Belaubung goldgelb; 'Fletcheri', fast säulenförmig, langsam wachsend, bis 3 m hoch, blaugrün; 'Fletcheri Nana', zwergig, breit-kegelförmig, bis 1,5 m hoch, **2006,** S. 251; 'Lutea', bis 10 m hoch, goldgelb, **2007,** S. 251; 'Minima Aurea', zwergig, kuglig, bis 1 m hoch, hellgelb; 'Minima Glauca', zwergig, keglig, bis 1 m hoch, blaugrün; 'Triomf van Boskoop', kegelförmig, locker, bis 15 m hoch, blaugrün, silbrig bereift, **2008,** S. 251.

nootkatensis (D. Don) Spach, nordwestl. USA. Bis 40 m hoch. Mehrere Gartenformen, auch zwergige, aber weniger als bei *Ch. lawsoniana* und *obtusa*.

obtusa (Sieb. et Zucc.) Endl., Hinoki-Scheinzypresse. Japan. Bis 40 m hoch. Sehr viele Gartenformen, insbesondere zwergig wachsende. 'Nana', zwergig, breit-kuglig, kaum 1 m hoch, dunkelgrün; 'Nana gracilis', zwergig, breit-kegelförmig, bis 1,5 m hoch, hellgrün; 'Nana Variegata', Zweige teils grün, teils gelb, **2009,** S. 252; 'Tetragona', zwergig, gedrungen-kegelförmig, bis 3 m hoch, Zweigspitzen hahnenkammartig; 'Tetragona Aurea', niedriger als vorige, goldgelb, **2010,** S. 252.

pisifera (Sieb. et Zucc.) Endl., Sawara-Scheinzypresse. Japan. Bis 30 m hoch. Zahlreiche Gartenformen, z. B. 'Filifera Nana', zwergig, Zweigspitzen fadenförmig überhängend, grün; 'Plumosa Compacta', breit-kegelförmig, bis 2 m hoch.

Chamaerops L., Zwergpalme, *Palmae*

Nur 1, aber vielgestaltige Art im Mittelmeergebiet. Einzige in Europa heimische Palme.

excelsa siehe *Trachycarpus fortunei*

humilis L., langsam wachsend und niedrig bleibend; im allgemeinen nicht höher als 1 m (im Gewächshaus ausgepflanzte Exemplare allerdings nach vielen Jahren mehrere Meter hoch) und meist buschig verzweigt. Blätter fächerförmig, ohne Blattspindel, bis 50 cm breit. Nicht winterhart. Verwendung als Zimmer- oder Kübelpflanze, im Sommer im Freien. Überwinterung frostfrei und hell. Zahlreiche Formen, unterschieden durch Blattgröße und -form. **1510,** S. 189.

Cheiranthus L., Goldlack, *Cruciferae*

10 Arten in Makronesien, im Mittelmeergebiet über Persien bis Yunnan und pazifisches N-Amerika. Kräuter oder Halbsträucher mit länglich-linealischen Blättern. Blüten gelb, braun oder purpurn, in endständiger Traube. Starker Honigduft. Eine der ältesten Gartenblumen. Vermehrung durch Aussaat Ende Mai–Anfang Juni. Überwinterung im Kalthaus, da bei Kahlfrost Schaden. Kaninchen und Hasen bevorzugen im Winter *Cheiranthus!* Pflanzen gegen Erdflöhe stäuben. Für alle frischen, nährstoffreichen Böden in sonniger Lage geeignet.

× *allionii* siehe *Erysimum* × *allionii*

cheiri L., S-Europa. Blütezeit April–Juni. 25–80 cm hohe Halbsträucher, bei uns zweijährig gezogen. Blüten gelb bis braun und violett. Einfache und gefüllt blühende Sorten verschiedener Wuchsform, als Mischungen oder Farbsorten im Handel. **262,** S. 33.
a) Stangengoldlack, etwa 60–70 cm hoch;
b) Buschgoldlack, etwa 50 cm hoch;
c) Zwerggoldlack, etwa 20–30 cm hoch.

'Harpur Crewe', goldgelb, gefüllt, **1021,** S. 128 (Buschg.); 'Moonlight', blaßgelb mit braunen Knospen, **1022,** S. 128 (Buschg.); 'Rufus', kupferrot, **1023,** S. 128 (Zwergg.); 'Wenlock Beauty', kupferrot, **34,** S. 5 (Zwergg.).

maritimus siehe *Malcolmia maritima*

Chelone L., Schildblume, Schlangenkopf, *Scrophulariaceae*

4 Arten in N-Amerika. Hohe kahle Stauden mit gegenständigen, gesägten Blättern. Weiße, rosa oder rote Blüten, in dichten Ähren sitzend, achsel- und endständig. Vermehrung durch Teilung und Aussaat. Für feuchten, frischen Boden im Halbschatten bis Schatten.

obliqua L., Illinois bis Virginia und Florida. Blütezeit Juli–September. Staude, bis 60 cm hoch, mit verzweigten, wenig straffen Stengeln. Blätter breitlanzettlich, 5–20 cm lang. Blüten rosa bis purpurn. **1024,** S. 128.

Chenopodium L., Gänsefuß, *Chenopodiaceae*

Über 200 Arten in den gemäßigten Zonen der ganzen Erde, z. T. als Unkräuter eingebürgert. Viele Nutzpflanzen als Körnerfrucht, Heilpflanzen oder Gemüse. Ästig aufgebaute, mehlig-weißbereifte Kräuter mit breiten, weichen Blättern. Blüten in pyramidalen, rispenartigen Trauben, end- oder achselständig. Vermehrung durch Aussaat als Einjahrspflanze für sonnige trockene Stellen. Alte, der farbigen Blätter und des Blütenstandes wegen gezogene Gartenpflanze.

amaranticolor Coste et Reynier, Heimat unbekannt. Blütezeit Juli–August. Rotgrün gestreifte Stengel, bis 300 cm hoch mit 3eckig rhombischen, an jungen Trieben rotgefärbten Blättern. Kann als Spinat dienen! **263,** S. 33.

Chiastophyllum (Ledeb.) Stapf, *Crassulaceae*

1 Art im westl. Kaukasus.

oppositifolium (Ledeb.) Berger (syn. *Cotyledon oppositifolia* Ledeb.). Blütezeit Juni–Juli. Staude, bis 20 cm hoch, rosettenartig, Blätter rundlich-eiförmig, kreuzgegenständig. Blüten zu vielen in aufrechtem, aber gebogenem Blütenstand, gelb. Verwendung als winterharte Staude, Standort leicht schattig. **41,** S. 6.

Chimonanthus Lindl., Winterblüte, *Calycanthaceae*

3 Arten in China. Sträucher, sommergrün oder immergrün.

praecox (L.) Link (syn. *Calycanthus p.* L.). Blütezeit je nach Witterung Januar–März, vor dem Blattaustrieb. Bis 3 m hoch, sommergrün. Blätter eiförmig-elliptisch, bis 20 cm lang, glänzend hellgrün. Blüten an zweijährigen Trieben, 2,5 cm breit, gelblich, innen braun bis purpurn, stark duftend. Mehrere Sorten, z. B. 'Luteus', Blüten stärker gelb, doch weniger stark duftend. **1511,** S. 189. Friert in strengen Wintern zurück. Pflanzen an vor Wind und Wintersonne geschützten Standort.

Chionodoxa Boiss., Schneestolz, *Liliaceae*

6 Arten in Vorderasien. Kleine, zwiebelbildende, mehrjährige Pflanzen mit schmalen, länglichen Blättern und weißen, rosa, blauen oder violetten sternförmigen Blüten, meist in Trauben. Verwendung als winterharte Frühjahrsblüher im Garten. Nach Jahren durch Bildung von Brutzwiebeln und auch durch Samen verwildernd.

gigantea Whittall, Türkei. Blütezeit März–April. Blüten bis 4 cm im Durchmesser, violettblau mit weißer Mitte. Blütenstand bis 20 cm hoch.

luciliae Boiss., Türkei. Blütezeit März–April. Blüten bis 2 cm im Durchmesser, reinblau, nach der Mitte hin heller werdend bis reinweiß. Blütenstand bis 15 cm hoch. **683,** S. 86. Es sind rosa ('Pink Giant', **684,** S. 86) und weiße Sorten bekannt.

sardensis Barr et Sugd., Türkei. Blütezeit April. Blüten bis 1 cm im Durchmesser, leuchtend blau, mit kleiner weißer Mitte. Blütenstand bis 15 cm hoch; hat von den genannten Arten die meisten Blüten am Blütenstand. **685,** S. 86.

Chlorophytum Ker-Gawl., *Liliaceae*

Etwa 100 Arten in den Tropen der ganzen Erde. Mehrjährige Pflanzen mit kurzem Stamm und meist grundständigen, länglichen, in Rosettenform stehenden Blättern. Nicht winterhart. Die meisten Arten sind nicht in Kultur. Häufig jedoch:

comosum (Thunb.) Jacques, „Fliegender Holländer", S-Afrika. Wuchs rosettenförmig. Blätter bis 40 cm (und mehr) lang, schmal. Blüten unscheinbar, an bis 1 m langen Blütenständen; an letzteren außer den Blüten Bildung von jungen Pflänzchen, die dann am gebogenen Blütenstand „fliegen" (deutscher Name!). Vermehrung durch Abtrennen und Einpflanzen der Jungpflanzen. Die grünblättrige Art wird kaum angebaut, fast ausschließlich die Sorte 'Variegatum' mit weißgestreiften oder -gerandeten Blättern. Gern gezogene, widerstandsfähige und beliebte Zimmerpflanze, die auch in dunklen Treppenhäusern noch gedeiht. **447,** S. 56.

Choisya H. B. K., Orangenblume, *Rutaceae*

4 Arten in Mexiko und südl. USA. Sträucher, immergrün, mit gegenständigen, lederigen, 3zähligen oder gefingerten Blättern. Nicht winterhart. Bei uns in Sammlungen gezogen nur:

ternata H. B. K., Mexiko. Blütezeit April. Bis 1 m hoch. Blätter 3zählig, glänzend grün. Blüten weiß, bis 3 cm im Durchmesser, zu 3–6 in end- oder achselständigen Trugdolden, nach Orangen duftend. Verwendung als Kübelpflanze, im Sommer an geschützten Stellen im Freien. Überwinterung hell, bei 6–10°. Wenn ständig im Gewächshaus, Blütezeit früher (Februar–März). Vermehrung durch Stecklinge. **1512,** S. 189.

Chrysanthemum L., *Compositae*

Etwa 200 Arten der nördl. Halbkugel. Außerordentlich vielgestaltige Gattung, die einjährige Kräuter, Stauden und auch (selten) Sträucher umfaßt. Nachfolgende Einteilung aus Gründen der Zweckmäßigkeit und Verwendung:

Einjährige Arten, als Sommerblumen verwendet

carinatum Schousboe (syn. *C. tricolor* Andr.), NW-Afrika. Blütezeit Juni–Herbst. Bis 80 cm hoch (meist etwas niedriger), Stengel wenig verzweigt, Blätter doppelt fiederschnittig. Blütenköpfchen an den Zweigenden, 4 cm im Durchmesser, Röhrenblüten (im Zentrum) schwarzrot, Zungenblüten (äußerer Kranz) weiß mit gelbem Grund. Hierzu mehrere Sorten, unterschieden in Höhe und Farbe der Blütenköpfchen, z. B. reinweiß, mehrfarbig (weiß-gelb-rote Ringe). **264,** S. 33.

coronarium L., Mittelmeergebiet. Blütezeit Juni bis Herbst. Bis 1 m hoch, buschig, stark verzweigt, Blätter doppelt fiederteilig. Blütenköpfchen 4 cm im

Durchmesser, Röhrenblüten grünlich, Zungenblüten gelb. Hierzu mehrere Sorten, meist in gelben Farben, unterschieden durch Wuchs und Blütengröße. **265,** S. 34.

parthenium (L.) Bernh. (syn. *Matricaria parthenium* L., *M. eximia* hort.), Kaukasus. Blütezeit Juni bis September. Staude, aber meist einjährig gezogen. Bis 70 cm hoch, buschig, Blätter fiederschnittig. Blütenköpfchen zu mehreren in Doldentrauben, Zungenblüten meist röhrig ausgebildet, weiß oder gelb. Mehrere Sorten, meist niedrig bleibend und als blühende Einfassungspflanzen verwendet, z. B. **339, 340,** S. 43. Auch Sorten mit goldgelben ('Aureum') und geschlitzten Blättern ('Laciniatum').

segetum L., Europa, N-Afrika. Blütezeit Juli bis Herbst. Bis 60 cm hoch, wenig verzweigt, Blätter einfach. Blüten gelb. Mehrere Sorten, alle gelb. **266,** S. 34.
Die einjährigen Arten sind gute Schnittblumen im Sommer. Aussaat (für frühere Blüte) im März in einen Frühbeetkasten, Mitte Mai ins Freiland pflanzen oder Aussaat Ende April gleich ins Freiland, später vereinzeln auf Abstände von 30 cm.

tricolor siehe *carinatum*

Mehrjährige winterharte Arten (Stauden)

balsamita L., Marienblatt. Vorderasien. Blütezeit Juli–August. Bis 1 m hoch. Blätter meist elliptisch, Blüten wenig ansehnlich. Keine Zierpflanze, aber wegen ihrer aromatisch duftenden Blätter interessante und seit langem gezogene Gewürzpflanze.

coccineum Willd. (syn. *C. roseum* Adam, *Pyrethrum roseum* (Adam) M. B.), Kaukasus. Blütezeit Mai bis Juni. Bis 70 cm hoch, meist unverzweigt. Blätter überwiegend grundständig, rosettenartig, gefiedert. Blütenköpfchen je nach Sorte bis 10 cm im Durchmesser. Röhrenblüten (Zentrum) gelb, Zungenblüten weiß, rosa oder rot. Sehr viele Sorten, auch gefülltblühende. Vermehrung der Sorten nur durch Teilung (Aussaat ergibt keine einheitlichen Bestände) im Frühjahr oder nach der Blüte. Standort sonnig. Verwendung im Staudenbeet. Auch gute Schnittblume. Sortenbeispiele **1340** bis **1343,** S. 168.

haradjanii K. H. Rech. (syn. *Tanacetum haradjanii* hort.), Türkei. Blütezeit Sommer. Wuchs niedrig (bis 20 cm), flächig. Blätter doppelt fiederschnittig, silbergrau behaart. Blüten orange, wenig ansehnlich. Standort sonnig. Vermehrung durch Teilung. Verwendung im Steingarten. **35,** S. 5.

leucanthemum L., Wiesenmargerite. Europa und Asien. Blütezeit Juni–Herbst. Bis 60 cm hoch, meist unverzweigt. Röhrenblüten (Zentrum) gelb, Zungenblüten weiß. Mehrere Sorten, auch gefülltblühende. Verwendung im Staudenbeet, auch Schnittblume (besonders die gefülltblühenden).

maximum Ram., Große Margerite. Pyrenäen. Blütezeit Juni–September. Bis 1 m hoch. Ähnlich der Wiesenmargerite, doch in allen Teilen größer. Röhrenblüten gelb, Zungenblüten weiß. Zahlreiche Sorten, unterschieden durch Blütengröße, Wuchs, einfach- oder gefülltblühend. Vermehrung durch Teilung. Verwendung im Staudenbeet. Gute Schnittblume. **1049,** S. 132.

roseum siehe *coccineum*

vulgare (L.) Bernh. (syn. *Tanacetum vulgare* L.), Rainfarn. Europa, N-Asien. Blütezeit Juli–September. Über 1 m hoch, Blätter gefiedert. Blütenköpfchen klein, gelb, zu mehreren in Doldentrauben. Vermehrung durch Teilung und Aussaat. Verwendung als robuste und anspruchslose Staude im Garten.

Indicum-Hybriden, „Gartenchrysanthemen". Unter dieser Bezeichnung werden die vielen Sorten zusammengefaßt, die als „Chrysanthemen" weithin bekannt sind und angebaut werden. Ihre Abstammung ist nur unsicher bekannt, da sie seit mindestens 2000 Jahren in China und später in Japan als Gartenpflanzen in Sorten gezogen werden. Als Ursprungsarten werden *C. morifolium* Ram., *C. indicum* L. und wohl noch andere Arten vermutet. Es sind einige 1000 Sorten entstanden. Die ganze Gruppe ist außerordentlich vielgestaltig. An Blütenfarben sind alle Farben außer blau und schwarz vertreten. Form und Größe der Blütenkörbe sind ebenfalls sehr verschieden. In England ist eine Einteilung der Sorten durchgeführt worden nach der Form der Blütenkörbe. Diese Einteilung wird hier aber nicht übernommen.
Ihre überragende Bedeutung haben die Chrysanthemen als Schnittblumen und Topfpflanzen im Anbau unter Glas. Der Anbau ist eine Angelegenheit der Gärtnereien. Zahlreiche Forschungen der Pflanzenphysiologen haben gezeigt, daß viele Chrysanthemensorten Kurztagpflanzen sind. Dadurch ist es den Gärtnereien möglich geworden, durch Manipulation der Tageslänge die Blütezeit zu steuern und Chrysanthemen während des ganzen Jahres, unabhängig von ihrer natürlichen Blütezeit, anzubieten. Einen Eindruck von der Mannigfaltigkeit der Farben und Blütenkorbformen vermitteln Abb. **448–467,** S. 56–59. Diese Sorten sind nicht winterhart.
Wichtig für den Gartenbesitzer sind die winterharten Sorten, die je nach Sorte ab August zu blühen beginnen und bis zum ersten Frost Farbe in den herbstlichen Garten bringen. Die in Abb. **1025–1048** (S. 129–131) gezeigten Sorten repräsentieren das englische Sortiment. Sie sind bei uns nur teilweise winterhart. Das Sortiment ist ständigen Änderungen unterworfen. Vom deutschen Sortiment der Freilandchrysanthemen seien genannt:
'Aargau', einfach, gelbbraun; 'Anneliese Kock', gefüllt, weiß; 'Clara Curtis', einfach, lilarosa; 'Cydonia', gefüllt, kupferrot; 'Edelweiß', halbgefüllt, weiß; 'Fellbacher Wein', halbgefüllt, weinrot; 'Goldperle', gefüllt (Pompon), gelbbraun; 'Kleiner Bernstein', halbgefüllt, hell kupfer; 'Red Velvet', einfach, rot mit gelber Mitte; 'Zwergsonne', gefüllt, gelb.
Vermehrung mancher Sorten durch Teilung im Frühjahr möglich, in der Regel jedoch durch Stecklinge. Dies muß unter Glas (z. B. Frühbeet) geschehen. Man überläßt die Vermehrung am besten den Gärtnereien und kauft die Pflanzen.

Chrysogonum L., Goldkörbchen, *Compositae*

1 Art.

virginianum L., USA, Pennsylvanien bis Florida. Blütezeit Mai–Juni. 20–30 cm hohe Staude aus mehreren behaarten Stengeln mit faserigem Wurzelstock. Blätter länglich-eiförmig bis herzförmig, gezähnt oder gekerbt. Blütenköpfchen 3–4 cm groß, end- oder achselständig, gelb. Vermehrung durch Aussaat, Teilung oder Stecklinge. Geeignet für feuchte Stellen in Sonne oder Halbschatten. **1050,** S. 132.

Cimicifuga L., Silberkerze, *Ranunculaceae*

Etwa 12 Arten auf der gemäßigten nördl. Halbkugel. Hohe Stauden mit zusammengesetzten Blättern. Blüten klein, weiß oder cremefarben, in endständigen, verzweigten Trauben. Vermehrung durch Teilung oder Aussaat (Samen nur kurze Zeit keimfähig). Für frische, humose Böden in halbschattiger bis schattiger Lage. Volle Entfaltung erst nach einigen Jahren an gleichem Standort.

cordifolia Pursh, N-Amerika. Blütezeit Juli–August. Bis 150 cm hoch, mit großen herzförmigen, 5–7lappigen, ahornähnlichen Blättern. Blüten in endständiger, straff aufrechter Traube, weiß oder leicht rosa überlaufen.

racemosa (L.) Nutt., N-Amerika. Blütezeit Juli bis August. 100–150 cm hoch. Blätter doppelt gefiedert. Blüten weiß, in dichten, langen, verzweigten, oben am Ende überhängenden Trauben. Blüten duften. **1051,** S. 132.

Cineraria maritima siehe *Senecio cineraria*
Cineraria × *hybrida* siehe *Senecio*-Cruentus-Hybriden

Cirsium Mill., Kratzdistel, *Compositae*

Etwa 250 Arten auf der nördl. Halbkugel. Mehr oder weniger dornige Kräuter oder Halbsträucher mit wechselständigen, sitzenden, meist fiederspaltigen Blättern. Blütenköpfchen groß, endständig mit purpurnen, gelben oder weißen Blüten. Vermehrung durch Aussaat. Für kräftigen, humosen Boden mit reichlicher Bewässerung in Sonne und Halbschatten.

diacanthum (Labill.) DC., Elfenbeindistel. Kleinasien. Blütezeit Juli–August. Bis 100 cm hoch, zweijährig. Blätter etwa 30 cm lang, aus einer Mittelrippe mit gegenständig geflügeltem 3teiligem Dorn bestehend. Blattnerven silberfarben. Blätter unterseits weißfilzig, Blüten purpurn. Als zierende Blattpflanze für Steingarten in magerem, durchlässigem Boden in sonniger Lage geeignet.

rivulare (Jacq.) All., Australien. Blütezeit Juni bis Juli. Pflanze 100–120 cm hoch, vielblättrig. Blätter tief eingeschnitten. Blüten karminpurpurn, in großen Köpfchen. **1052,** S. 132.

Cissus L., *Vitaceae*

Etwa 350 Arten in den Tropen der ganzen Erde. Meist ausdauernde, kletternde Pflanzen, manche auch als aufrechte Sträucher oder Stauden, teilweise Sukkulenten.

antarctica Vent., Känguruhklimme. Australien. Kletterpflanze, mehrjährig, immergrün, mit rostfarbenen Ästen und Blattstielen. Blätter bis 15 cm lang, eirund, grob gesägt, grün. Verwendung als Zimmerpflanze, sowohl in warmen als auch kühlen Räumen (Treppenhäusern). Die langen Triebe werden oft an in die Töpfe gesteckten Bambusgerüsten hin- und hergezogen. Freies Wachsenlassen der Triebe an Treppengeländern u. a. ebenfalls möglich. Vermehrung durch Stecklinge. **469,** S. 59.

discolor Bl., Java. Kletterpflanze, mehrjährig, immergrün. Blätter herzförmig-länglich, bis 15 cm lang, violettpurpurn, silbergrau marmoriert, längs den Hauptadern olivgrün. Verwendung als Topf- und Ampelpflanze, doch empfindlich und wohl nur für klimatisierte Blumenfenster zu empfehlen.

rhombifolia Vahl (syn. *Rhoicissus rhomboidea* (E. Mey.) Planch.), S-Afrika (Natal). Kletternd, mehrjährig, immergrün. Blätter 3zählig, Blättchen rhombisch, dunkelgrün, unterseits rötlich behaart. Verwendung als Zimmerpflanze wie *C. antarctica*. Vermehrung durch Stecklinge. **636,** S. 80.

Cistus L., Zistrose, *Cistaceae*

20 Arten im Mittelmeergebiet. Sträucher, immergrün, bis 2 m hoch, reichverzweigt. Blätter gegenständig, Blüten schalenförmig, groß, weiß, rosa oder rot, zart und schnell vergänglich (knapp 1 Tag). Keine Art sicher winterhart; härteste ist *C. laurifolius*. Verwendung als Kübelpflanzen, im Sommer im Freien, sonnig und warm. Überwinterung frostfrei und hell. Vermehrung durch Aussaat und Stecklinge.

albidus L., Blütezeit Juni. Blüten bis 6 cm breit, rosalila, am Grunde mit gelbem Fleck.

creticus L. (syn. *C. villosus* auct.), Blütezeit Juni bis Juli. Blüten bis 6 cm breit, purpurn mit meist gelbem Grundfleck.

ladanifer L., Blütezeit Juni–Juli. Blüten bis 10 cm breit, weiß mit rotbraunem Grundfleck. **1513,** S. 190.

laurifolius L., Blütezeit Juli–August. Blüten bis 7 cm breit, weiß mit gelbem Grundfleck. **1514,** S. 190.

× **pulverulentus** Pourret (*C. albidus* × *C. crispus*), Blütezeit Juli–August. Blüten bis 5 cm breit, purpurn. **1515,** S. 190.

× **purpureus** Lam. (*C. ladanifer* × *C. villosus*), Blütezeit Juni. Blüten bis 7 cm breit, rosa mit dunkelrotem Grundfleck. **1516,** S. 190.

villosus siehe *creticus*

Citrus L., Zitrus, *Rutaceae*

Etwa 20 Arten in S- und O-Asien. Bäume oder Sträucher mit duftenden Blüten. Die Citrus sind inzwischen mit einer riesigen Anzahl von Sorten über die Tropen und Subtropen der ganzen Erde verbreitet. Hierzu gehören die Orangen, Mandarinen, Pampelmusen, Zitronen usw., deren wirtschaftliche Bedeutung als Früchte bekannt ist. Als Zierpflanze im Topf kann gezogen werden:

microcarpa Bunge (syn. *C. mitis* Blanco), Calamondine. Philippinen. Blütezeit Herbst–Frühjahr. Kleiner verzweigter Strauch, immergrün, bis 80 cm hoch. Zierend durch die weißen, stark duftenden Blüten und die bis 5 cm dicken Orangenfrüchte. Standort im Sommer im Freien, sonnig. Überwinterung bei 10°, hell. Rückschnitt nach Abfallen der Früchte. **470,** S. 59.

trifoliata siehe *Poncirus trifoliata*

Clarkia Pursh, *Onagraceae*

33 Arten in N-Amerika und nördl. S-Amerika. Einjährige ästige Kräuter mit schmalen lanzettlichen, wechselständigen Blättern. Blüten rosarot oder purpurn, einzeln, achselständig, in eine endständige Traube übergehend. Vermehrung durch Aussaat an Ort und Stelle, September oder März. Einen Teil der Pflanzen bei etwa 10–15 cm Höhe stutzen, dadurch verlängerte Blütezeit. Für nicht zu schweren Boden in sonniger Lage. Junge Pflanzen gegen Erdflöhe stäuben.

concinna (Fisch. et Mey.) Greene (syn. *Eucharidium concinnum* Fisch. et Mey.), Kalifornien. Blütezeit Juli bis August. 30–60 cm hoch. Blüten rosa. 'Pink Ribbon', dunkelrosa, **295,** S. 37.

elegans siehe *unguiculata*

unguiculata Lindl. (syn. *C. elegans* Dougl.), Kalifornien. Blütezeit Juli–August. 30–60 cm hoch, mit lanzettlichen, gezähnten Blättern. Blüten 2–3 cm groß, rosa. Viele einfache und gefüllte Sorten von weiß über rosa bis rot. **269,** S. 34.

Clematis L., Waldrebe, *Ranunculaceae*

Etwa 230 Arten auf der ganzen Erde. Kletternde Sträucher, aufrechte Halbsträucher oder Stauden, sommergrün oder immergrün, mit gegenständigen Blättern. Zur Bekleidung von Pergolen, Säulen und Wänden geeignet. Die angeführten Arten sind winterhart. Ausnahmen sind vermerkt. Bei Pflanzung ist darauf zu achten, daß der untere Teil der Pflanzen und der umgebende Erdboden beschattet werden, z. B. durch Immergrün, da hohe Bodentemperaturen ungünstig.

alpina (L.) Mill., Alpenwaldrebe. Europa bis NO-Asien. Blütezeit Mai–Juni. Am Boden kriechend oder kletternd, sommergrün. Blüten bis 4 cm lang, glockig, violett.

armandii Franch., China. Blütezeit März–Mai. Strauch, bis 5 m hoch kletternd, immergrün. Blüten bis 6 cm breit, weiß. Nur unter gutem Winterschutz in sehr geschützten und milden Lagen. **1960,** S. 245.

heracleifolia DC., China. Blütezeit August–September. Halbstrauch, bis 1 m hoch, am Grunde verholzend, sommergrün. Blüten röhrig, bis 2,5 cm lang, blaßblau, zu mehreren in Büscheln. 'Davidiana', Blüten dunkelblau, **1053,** S. 132.

Hybriden. Hierunter werden die vielen Sorten der großblumigen Hybriden zusammengefaßt, die aus Kreuzungen von *C. florida, lanuginosa, patens,* × *jackmanii, texensis* und *viticella* entstanden sind. Die Blüten sind teilweise sehr groß, bis 20 cm breit, ordenssternförmig, in vielen Farben, besonders violett, blau, rosa, rot, weiß. Einige Beispiele zeigen Abb. **1967–1973,** S. 246–247.

integrifolia L., SO-Europa, W-Asien. Blütezeit Juni–August. Halbstrauch, bis 1 m hoch, sommergrün. Blätter ungeteilt. Blüten flach-glockig, hängend, blau. 'Alba', Blüten weiß.

× **jackmanii** T. Moore (*C. lanuginosa* × *C. viticella*). Blütezeit Juli–Oktober. Strauch, mehrere Meter hoch kletternd, sommergrün. Blüten flach ausgebreitet, 10–15 cm im Durchmesser, violettpurpurn. 1858 in England entstanden und noch heute eine der am besten wachsenden und härtesten Sorten. Beteiligt an der Entstehung der großblumigen Sorten.

× **jouiniana** Schneid. (*C. heracleifolia* × *C. vitalba*). Blütezeit August–September. Halbstrauch, bis 4 m hoch, kletternd., Blüten 3 cm breit, in end- und achselständigen Rispen, weiß, im Verblühen blaßlila. **1961,** S. 246.

macropetala Ledeb., N-China, Sibirien. Blütezeit Mai–Juni. Strauch, sommergrün, kletternd. Blüten einzeln, nickend, bis 10 cm breit, blauviolett. **1962,** S. 246.

montana Buch.-Ham., W-China, Himalaja. Blütezeit Mai. Strauch, sommergrün, mehrere Meter hoch kletternd, sehr starkwüchsig. Blüten sternförmig, weiß, bis 5 cm breit, in achselständigen Büscheln. Sehr reichblühend und hart. Mehrere Sorten, am bekanntesten 'Rubens', Blätter im Austrieb purpurn, Blüten rosarot. **1963,** S. 246.

orientalis L., Himalaja. Blütezeit August–September. Strauch, sommergrün, bis 5 m hoch, kletternd. Blüten meist einzeln, bis 5 cm breit, gelb. Fruchtstände bis in den Winter hinein. **1964,** S. 246.

recta L., Europa. Blütezeit Juni–Juli. Strauch, aufrecht, bis 1,5 m hoch, nicht kletternd. Blüten weiß, bis 3 cm breit, duftend, in endständigen Rispen. **1054,** S. 132.

rehderiana Craib, China. Blütezeit August–Oktober. Strauch, sommergrün, mehrere Meter hoch kletternd. Blüten glockenförmig, nickend, bis 1,5 cm lang, hellgelb, duftend, in aufrechten Rispen. **1965,** S. 246

tangutica (Maxim.) Korshinsky, Goldwaldrebe. China. Blütezeit Juni–Herbst. Strauch, sommergrün, bis 3 m hoch kletternd. Blüten glockenförmig, nickend, meist einzeln, goldgelb, bis 8 cm breit. **1966,** S. 246.

vitalba L., Europa, Vorderasien. Blütezeit Juli bis September. Die bekannte verbreitete heimische Waldrebe. Strauch, sommergrün, bis 10 m hoch kletternd. Blüten weiß, 2 cm breit, schwach duftend, in Rispen. Fruchtstände bis in den Winter bleibend.

viticella L., Italienische Waldrebe. S-Europa, Vorderasien. Blütezeit Juni–August. Strauch, sommergrün, bis 4 m hoch kletternd. Blüten purpurrosa, bis 5 cm breit. Zahlreiche Sorten.

Cleome L., *Capparidaceae*

Etwa 200 Arten in den Tropen und Subtropen, meist Steppen und Wüstengebieten. Einjährige Kräuter oder Halbsträucher mit verschieden geformten, meist handförmig zusammengesetzten Blättern. Blüten weiß, gelb oder purpurn, in endständigen Trauben. Vermehrung durch Aussaat. Auspflanzen nach Abhärten im Mai. Für sonnige Stellen mit nicht feuchtem, nährstoffreichem Boden.

spinosa Jacq., Spinnenpflanze. N- und S-Amerika. Blütezeit Juli–Herbst. 90–120 cm hoch. Blüten weiß bis purpurn, interessant durch die weit herausragenden Staubfäden.
'Helen Campbell', 90 cm hoch, weißblühend, **270,** S. 34; 'Pink Queen', 100 cm hoch, rosablühend.

Clerodendrum L., *Verbenaceae*

Etwa 300 Arten, überwiegend im trop. Afrika und Asien. Bäume oder Sträucher, einige kletternd. Blüten meist ansehnlich, in endständigen Rispen. Die meisten nicht winterhart.

bungei Steud., China. Blütezeit August–September. Bis 2 m hoher Strauch, sommergrün. Blätter breitherzeiförmig, bis 20 cm lang. Blüten bis 1,5 cm breit, rosa, in großen kopfigen Trugdolden an den Zweigenden. Verwendung im Freiland. Friert im Winter bis zum Erdboden zurück, treibt aber im Frühjahr von unten wieder aus und blüht im gleichen Jahr. Winterschutz ratsam. **1517,** S. 190.

fallax siehe *speciosissimum*

speciosissimum Van Geert (syn. *C. fallax* hort.), Indonesien. Blütezeit Sommer–Herbst. Strauch mit rundlich-herzförmigen, bis 25 cm langen Blättern. Blüten scharlachrot, in großer, lockerer Rispe. Verwendung als Zimmerpflanze. Jährlich neue Anzucht aus Stecklingen im Februar–März ratsam, da sonst zu groß werdend. **471,** S. 59.

splendens G. Don, W- und Zentralafrika. Blütezeit Winter–Frühjahr. Strauch, kletternd. Blüten end- und achselständig, scharlachrot. Verwendung in großen Blumenfenstern, wo Platz zur Entwicklung, oder an im Topf angebrachten Gerüsten.

thomsoniae Balf. f., W-Afrika. Hauptblütezeit Frühjahr. Strauch, kletternd. Blüten end- und achselständig, rot, umgeben von großem, weißem Kelch. Verwendung als Topfpflanze, entweder an Gerüsten oder durch mehrmaliges Stutzen buschig gezogen. Wintertemperatur kühler (10–15°). **472,** S. 59.

trichotomum Thunb., China, Japan. Blütezeit August–September. Strauch, bis mehrere Meter hoch, sommergrün. Blätter elliptisch, bis 20 cm lang. Blüten sternförmig, bis 3 cm breit, weiß, mit rötlichem Kelch, in Trugdolden. Auffallend sind im Herbst die zunächst türkisblauen, später fast schwarzen Früchte, die von rotem Kelch umgeben sind. Verwendung im Garten. Friert gelegentlich zurück, treibt aber wieder aus. Winterschutz am Grunde der Pflanze ratsam. **1518, 1519,** S. 190.

Clethra L., Scheineller, *Clethraceae*

Etwa 30 Arten in den Tropen und Subtropen. Sträucher oder kleine Bäume, sommergrün, in den Tropen auch immergrün. Einige sind winterhart.

alnifolia L., östl. N-Amerika. Blütezeit Juli–September. Strauch, bis 3 m hoch. Blätter verkehrt-eiförmig, bis 10 cm lang. Blüten gelbweiß, in bis 15 cm langen, aufrechten Trauben, duftend. 'Rosea', Blüten rosa. Verwendung im Garten. Winterhart.

arborea Ait., Madeira. Blütezeit August–Oktober. Strauch oder kleiner Baum, immergrün. Blüten weiß, in nickenden Rispen. Verwendung als Kübelpflanze. Überwinterung hell und frostfrei.

barbinervis Sieb. et Zucc., Japan. Blütezeit Juli bis September. Strauch, bis 2 m hoch, sommergrün. Blätter bis 10 cm lang. Herbstfärbung rotgelb. Blüten weiß, duftend, in dichten Rispen. Verwendung im Garten. Winterhart. **1520,** S. 190.

Clianthus Soland., Ruhmesblume, *Leguminosae*

4 Arten in Australien und Neuseeland. Sträucher oder Halbsträucher, immergrün, aufrecht oder fast kletternd, mit unpaarig gefiederten Blättern. Nicht winterhart.

dampieri siehe *speciosus*

puniceus (G. Don) Soland., Neuseeland. Blütezeit Frühjahr. Halbstrauchig bis kletternd, bis 2 m hoch, immergrün. Blüten („Erbsenblüte") scharlachrot mit weißem Fleck auf der Fahne, zu wenigen in hängender Traube. **1974,** S. 247.

speciosus (G. Don) Aschers. et Graebn. (syn. *C. dampieri* A. Cunn.), Australien. Blütezeit Frühjahr. Halbstrauchig, niederliegend, wenn einjährig gezogen, bis 60 cm hoch. Blüten scharlachrot, mit schwärzlichem Fleck auf der Fahne, zu wenigen in hängender Traube. **473,** S. 60.
Verwendung beider Arten als Topf- oder auch Kübelpflanze, *C. speciosus* auch als Ampelpflanze. Standort im Sommer an geschütztem, sonnigem Ort im Freien. Überwinterung bei 5–10°, hell. Mitunter wird *C. speciosus* auf *Colutea*, *Caragana* oder *Clianthus puniceus* veredelt. Die Pflanzen sollen dann weniger empfindlich sein.

Clivia Lindl., *Amaryllidaceae*

3 Arten in S-Afrika. Mehrjährige, krautige Pflanzen mit aus den unteren Blatteilen gebildetem Zwiebelstamm. Immergrün. Blätter riemenförmig, 2zeilig stehend, dunkelgrün.

miniata Regel, Hauptblütezeit Frühjahr. Stammform nicht in Kultur, sondern Gartenformen, die sich durch größere Blüten und kräftigere Färbung auszeichnen. Blüten orange, bis zu 20 doldenartig am Ende des bis 80 cm hohen Schaftes. Verwendung als Topfpflanze, große Exemplare auch als Kübelpflanze, im Sommer im Freien möglich. Wichtig ist helle Überwinterung bei niedrigen Temperaturen (5–10°), da sonst Blütenschaft sich nicht genügend streckt und zwischen den Blättern steckenbleibt. Ist Blütenstand sichtbar, dann höhere Temperaturen geben (15–20°); Streckung wird dadurch gefördert. Vermehrung durch Abtrennung von Seitensprossen, die am Grunde der Pflanzen gebildet werden. **474,** S. 60.

Cobaea Cav., Glockenrebe, *Polemoniaceae*

Etwa 10 Arten im trop. Amerika. Mit Hilfe von Blattranken kletternde Sträucher mit großen violetten bis grünen, nickenden, glockenförmigen Blüten. Vermehrung durch Aussaat (bei uns einjährig gezogen). Auspflanzen erst ab Mitte Mai, da frostempfindlich. Für sonnige bis schattige Lagen als Kletterpflanze in nährstoffreichem Boden mit guter Bewässerung.

scandens Cav., Mittel- und S-Amerika. Blütezeit Juli–Oktober. 2–5 m hoher kletternder Strauch. Blätter 2–3paarig gefiedert, mit Wickelranken am Ende. Blüten 5–7 cm groß, glockig hängend an 15–25 cm langen Stielen aus der Blattachsel. **1975,** S. 247.

Coccoloba L., *Polygonaceae*

Etwa 125 Arten im trop. Amerika. Bäume oder Sträucher, immergrün. Keine Art winterhart.

uvifera (L.) L., Seetraube, Ufertraube, Florida, Mexiko, S-Amerika. Bei uns strauchartig, mit breitherzförmigen, bis 15 cm breiten, ledrigen, grünen Blättern, deren Mittelrippe rot ist. Blüten weiß, duftend, in Rispen. Beeren traubenähnlich, eßbar. Verwendung als Topfpflanze, die reichlich Platz erfordert. Wintertemperatur nicht unter 15°. **475,** S. 60.
In botanischen Sammlungen *C. pubescens* L. mit riesigen, runden, bis 1 m breiten Blättern. Als Zimmerpflanze nicht geeignet.

Cocos L., Kokospalme, *Palmae*

nucifera L., einzige Art. Bis 30 m hoch. Bei uns zur Pflege ungeeignet.

weddeliana siehe *Microcoelum*

Codiaeum A. Juss., „Croton", Wunderstrauch, *Euphorbiaceae*

14 Arten im indonesischen Gebiet. Sträucher oder Bäume, immergrün. Bei uns gezogen nur:

variegatum (L.) A. Juss. 'Pictum'. Bekannt als „Croton". Strauch, bis 3 m hoch, verzweigt. Sehr vielgestaltig, mit zahlreichen Sorten, die sich in Blattformen (länglich, elliptisch, gelappt) und -farben (dunkelrot, rosa, gelb, grün, meist mehrfarbig) unterscheiden. Blüten einhäusig, weißlich, unscheinbar, zu vielen in verlängerten Trauben in den oberen Blattachseln. Verwendung als Zimmerpflanze. Heller Standort und gute Ernährung im Sommer notwendig, damit Färbung der Blätter kräftig wird. Günstig sind höhere Temperaturen (20–25°). Auch im Winter nicht unter 18°, sonst Blattfallgefahr. Vermehrung durch Stecklinge, die man besser den Gärtnereien überläßt. In Subtropen und Tropen oft als Heckenpflanze angebaut. **476,** S. 60.

Codonopsis Wall., Glockenwinde, *Campanulaceae*

50 Arten in den Gebirgen Mittel- und O-Asiens. Stauden mit knolligem Wurzelstock. Stengel windend oder niederliegend. Blätter breit- oder schmallanzettlich. Blüten breitröhrig oder glockig, meist einzeln, end-, achsel- oder seitenständig, weißlich, grün oder blau. Vermehrung durch Aussaat. Für sonnige bis halbschattige trockene Stellen, z. B. Trockenmauern, geeignet.

clematidea (Schrenk) C. B. Clarke, Kleinasien. Blütezeit Juli. 50 cm hohe Staude mit porzellanblauen Blüten, ähnlich *C. ovata*.

ovata Benth., Tigerglocke. Himalaja. Blütezeit August. 15–30 cm hohe Staude mit lanzettlich-ovalen, filzig behaarten Blättern. Zartblaue, glockenförmige Blüten meist zu zweit an einem Stengel. Eigenartiger raubtierähnlicher Geruch. **36,** S. 5.

Coelogyne Lindl., *Orchidaceae*

Etwa 130 Arten in SO-Asien. Epiphytische oder erdbewohnende Orchideen. In botanischen Sammlungen mehrere Arten. Erwähnt seien hier:

cristata Lindl., Himalaja. Blütezeit meist Februar bis März. Blüten bis 10 cm breit, weiß mit orangefarbener Zeichnung auf der Lippe, bis zu 10 in hängender Traube. Auch reinweiße Formen bekannt ('Hololeuca'). Diese Art kann gut im Zimmer gezogen werden, im Spätsommer sogar im Freien, im Korb aufgehängt, aber geschützt vor zu starkem Regen. Reichliches Blühen wird gefördert oder gar erst ermöglicht durch längere Einwirkung niedriger Temperaturen. Wirksamer Temperaturbereich und notwendige Dauer sind nicht bekannt.

ochracea Lindl., NO-Indien. Blütezeit Frühjahr. Blüten weiß, mit gelber Zeichnung auf der Lippe, duftend, bis zu 10 in aufrechter Traube. Überwinterung kühl (10°). **477,** S. 60.

Coffea L., Kaffeestrauch, *Rubiaceae*

Etwa 40 Arten im trop. Asien und Afrika. Sträucher, immergrün, mit meist gegenständigen, etwas ledrigen Blättern. Blüten teller- oder trichterförmig.

arabica L., trop. Afrika. Bis mehrere Meter hoch, mit abstehenden Ästen. Blätter elliptisch, bis 15 cm lang, glänzend dunkelgrün. Blüten sternförmig, weiß, wohlriechend, bis 2 cm breit, zu mehreren in den Achseln der Blätter. Frucht eine Beere, rot bis schwarzrot, kirschenähnlich; enthält 2 Samen (Kaffeebohnen). Verwendung als Zimmerpflanze. Vermehrung durch Aussaat. Standort hell, aber vor direkter Sonnenstrahlung geschützt, 15–20°. Überwinterung kühler, um 15°.

Colchicum L., Zeitlose, *Liliaceae*

Etwa 60 Arten in Europa, Asien, N-Afrika. Stauden, die mit einer im Boden befindlichen Sproßknolle überdauern. Blätter grundständig, länglich. Blüten meist lila in verschiedenen Tönungen, aber auch weiß. Die aufgeführten Arten sind winterhart. Verwendung im Garten. Alle Zeitlosen sind giftig (einer der Wirkstoffe ist das Colchicin). Pflanzung der im Herbst blühenden Arten im Juli–August, der im Frühjahr blühenden im Oktober.

autumnale L., Herbstzeitlose. Europa, N-Afrika. Blütezeit August–Oktober. Blüten rosalila, auf 10 cm langer, dünner Röhre stehend. Blätter erscheinen erst im Frühjahr und sterben im Juli ab. **686,** S. 86. 'Album', Blüten weiß; 'Purpureum', Blüten purpurlila.

bornmuelleri Freyn, Türkei. Blütezeit August. Blüten rosa. Größte Blüten der ganzen Gattung, bis 20 cm lang. Blätter erscheinen im Frühjahr.

bulbocodium Ker-Gawl. (syn. *Bulbocodium vernum* L.), Frühlingslichtblume. Pyrenäen. Blütezeit März. Blüten rosa, Blütenblätter zurückgebogen. Blätter erscheinen gleich nach dem Blühen.

byzantinum Ker-Gawl., Vorderasien. Blütezeit September. Blüten blaßrosa, 15 cm lang (mit Röhre über 20 cm), zu mehreren. Knollen sehr groß. Blätter erscheinen im Frühjahr. 'Cilicicum', Blüten sind größer. **687,** S. 86.

speciosum Stev., Kaukasus. Blütezeit August bis September. Blüten mit Röhre bis 25 cm hoch, zu mehreren, rosa. **688,** S. 86. Hierher gehören mehrere Sorten, unterschieden durch Blütenfarbe:
'Album', weiß, **689,** S. 87; 'Lilac Wonder', rosalila mit weißem Schlund; 'The Giant', großblütig, **690,** S. 87; 'Waterlily', lila, „halbgefüllt" (mehr als die üblichen 6 Blütenblätter).

Coleus Lour., „Buntnessel", *Labiatae*

Etwa 120 Arten im trop. Afrika und Asien. Kräuter oder Halbsträucher mit kreuzgegenständigen Blättern. Von den zahlreichen Arten werden als buntblättrige Zierpflanzen nur wenige gezogen; diese sind jedoch weit verbreitet.

Blumei-Hybriden (*C. blumei* Benth.). Hierunter wird die große Zahl von Sorten zusammengefaßt, deren Herkunft nicht mehr feststellbar ist. Halbsträucher, am Grunde verholzend, mehrjährig, bis über 1 m hoch. Meist aber einjährig gezogen (durch Stecklinge, die leicht Wurzeln bilden, entweder gleich in einen Topf stecken oder bis zur Wurzelbildung in Wasser, dann eintopfen). Blattformen vielfältig, besonders aber Blattfarben. Grün, rot, gelb, meist aber mehrfarbig in verschiedensten Zeichnungen. Blüten klein, blauweiß, in endständiger Traube. Blütezeit meist im Sommer. Wenn Blüten erscheinen, werden die oberen Blätter kleiner. Entgegenwirken durch Auskneifen der Blüten. Standort im Zimmer hell, damit Färbung der Blätter kräftig. Im Sommer auch im Freien möglich. Wenn mehrjährig gezogen, Überwinterung hell, nicht unter 15°. Wenn notwendig, im Frühjahr Rückschnitt der zu dünn gewachsenen Triebe. **478,** S. 60.

thyrsoideus Bak., Zentralafrika. Blütezeit Winter. Strauch, unverzweigt, bis 1 m hoch. Blüten leuchtend blau, in aufrechten, endständigen Rispen. Verwendung als blühende Zimmerpflanze. Vermehrung durch Stecklinge. Durch Stutzen ist kaum Verzweigung zu erzielen. Um buschigere Pflanzen zu haben, mehrere Jungpflanzen zusammen in einen Topf pflanzen. **479,** S. 60.

Collinsia Nutt., *Scrophulariaceae*

Etwa 25 Arten im nordwestl. N-Amerika. Einjährige, aufrechte oder niederliegende, locker verzweigte Kräuter mit gegenständigen oder quirlständigen, ovalen, länglichen Blättern. Blüten 2lippig, blau, rot, violett, weiß oder mischfarbig, zu mehreren in den Blattachseln. Vermehrung durch Aussaat. Für helle bis schattige Lagen in frischem, nährstoffreichem Boden.

heterophylla Buist (syn. *C. bicolor* Benth.), Kalifornien. Blütezeit Juli–August. 30–50 cm hoch, mit ovalen, lanzettlichen, schwach gezähnten Blättern. Aussaat ins Freie im März, April oder September. Blütenfarbe weiß mit lila oder rosa Zeichnung. **271,** S. 34.

Columnea L., *Gesneriaceae*

Etwa 120 Arten im trop. Amerika. Sträucher, Halbsträucher oder immergrüne Kräuter. Blüten meist groß, mit zylindrischer oder bauchiger Röhre, an der Spitze erweitert (rachenförmig).

gloriosa Sprague, Costa Rica. Blütezeit Frühjahr. Stengel dünn, hängend. Blätter eirund, 1–2 cm im Durchmesser, in 2 Zeilen. Blüten in den Blattachseln, 5–8 cm lang, röhrig, scharlachrot mit gelbem Schlundfleck. Verwendung als Zimmerpflanzen in Ampeln. Vermehrung durch Stecklinge zu jeder Jahreszeit. 'Purpurea', Blätter bronzefarben, **480,** S. 60.

× **kewensis** hort. (*C. magnifica* × *C. schiedeana*). Blütezeit Spätwinter–Frühjahr. Wuchs zunächst aufrecht, später mit zunehmender Länge überhängend. Blätter gegenständig. Blüten in den Blattachseln, 5–10 cm lang, leuchtend scharlachrot. Zur Blütenbildung sind niedrige Temperaturen zwischen 10 und 15° (nicht höher!) notwendig. Sie müssen etwa 60 Tage einwirken. Wenn die Blütenknospen 10 mm groß sind, kann Temperatur erhöht werden; nicht früher, sonst fallen Knospen ab. Verbreitet als Zimmerpflanze, die schon in einem Jahr zur großen Ampelpflanze heranwachsen kann. Kleine, noch aufrechte, blühende Pflanzen erzielt man durch späte Stecklingsvermehrung im Juli–August. Wenn diese 20 cm hoch, kühl stellen bis zur Blütenbildung. Vermehrung der Stecklinge leicht, da Stengelstücke mit 3–4 Blattknoten sich gut bewurzeln. Mehrere Stecklinge in einem Topf gibt volle Pflanzen. Hierher gehören auch noch einige Sorten, die sich durch verschiedene Stärke der Blütenfarbe unterscheiden.

schulae Urban, Puerto Rico, Haiti. Wuchs hängend, Blätter dicht und weich behaart. Blüten orange. 'Flava', Blüten gelb. In Sammlungen werden noch viele andere Arten gezogen, die hier aber nicht angeführt werden können.

Convallaria L., Maiglöckchen, *Liliaceae*

Nur 1 Art.

majalis L., beheimatet in Europa, gemäßigten Zonen Asiens, N-Amerika. Blütezeit Mai–Juni. Staude, bis 20 cm hoch, mit unterirdischen, kriechenden, verzweigten Rhizomen und grundständigen, lanzettlichen Blättern, meist zu 2–3. Blüten weiß, duftend, glöckchenförmig, etwa 5 mm breit, in einseitswendiger Traube. Blütenzahl bei Wildpflanzen 5–8, bei im Garten kultivierten mehr, zuweilen bis 15. Winterhart. Verwendung im Garten an leicht schattigem Standort. Wenn Boden feucht genug, auch in voller Sonne. Im tieferen Schatten ist das Blühen geringer.

Convolvulus L., Winde, *Convolvulaceae*

Etwa 250 Arten in den subtrop. und gemäßigten Gebieten der Erde. Einjährige oder mehrjährige Kräuter, Stauden oder kleine Sträucher, auch kletternd. Blätter breit- oder spitzlanzettlich. Blüten schalenbis glockenförmig, meist einzeln. achselständig, weiß, rosa, rot, violett oder blau. Vermehrung durch Aussaat oder bei mehrjährigen Arten Teilung bzw. Stecklinge. Für tiefgründige, warme Böden.

althaeoides L., Mittelmeergebiet. Blütezeit Juni bis Juli. 60–80 cm lang, windende bis niederliegende Staude. Grundblätter herz- bis eiförmig. Stengelblätter handförmig. Blüten rosa. Wuchert durch unterirdische Ausläufer. **37,** S. 5.

cneorum L., Silberwinde. Sizilien und Dalmatien. Bis 100 cm hohe Staude mit immergrünen, lanzettlichen bis spatelförmigen, dicht silberweiß behaarten Blättern. Blüten weiß, rosa überlaufen, endständig, büschelig. Für sehr sonnige Stellen und besser Kalt- oder Alpinenhausüberwinterung. **1521,** S. 191.

mauritanicus Boiss., N-Afrika. Blütezeit Mai bis Oktober. Halbstrauchig, bis 30 cm hoch, z. T. hängend oder niederliegend. Pflanze dicht mit weißen Haaren besetzt. Blätter eirund, kurzgestielt. Blüten zu mehreren in den oberen Blattachseln, lila oder violettbraun. Topfpflanze, im Sommer im Freien. Überwinterung hell, frostfrei. **38,** S. 5.

tricolor L., S-Europa, N-Afrika. Blütezeit Juni bis September. Einjähriges, niederliegendes bis aufrechtes, 20–40 cm hohes Kraut. Ästige behaarte Stengel mit eiförmigen Blättern. Blüten bei der Art 3farbig, blau, weiß und gelb. Es gibt viele Farbsorten dieser hervorragenden Sommerblume. Aussaat im April direkt ins Freie.
'Crimson Monarch', kirschrot, 30 cm hoch; 'Royal Ensign', blau mit goldgelber Mitte, 45 cm hoch, **272,** S. 34; 'Royal Marine', königsblau, 15–20 cm hoch, **273,** S. 35.

Corbularia bulbocodium siehe *Narcissus bulbocodium*

Cordyline Comm., *Liliaceae*

(nach anderer Ansicht zu *Agavaceae*)

Etwa 20 Arten in Asien, Afrika, Australien. Bäume, Sträucher oder Halbsträucher. Blätter schwertförmig, meist zu dichter Krone angeordnet. Keine Art winterhart.

australis (Forst.) Hook. f., Neuseeland. Baum, in der Heimat bis 10 m hoch, immergrün. Blätter ledrig, bis 1 m lang und bis 5 cm breit. Blüten weiß, duftend, in großer, zusammengesetzter Rispe. Blütenstand aus der Mitte des Blattschopfes. Nach der Blüte tritt Verzweigung ein. Verwendung als Kübelpflanze, im Sommer im Freien; Überwinterung frostfrei. **1522,** S. 191. Hierzu eine Reihe von Sorten, die sich in Blattfarbe unterscheiden, z. B. 'Atropurpurea', Blätter braunrot; 'Aureo-Lineata', Blätter gelb gestreift.

indivisa Kunth (syn. *Dracaena indivisa* hort.), Neuseeland. Baum, in der Heimat bis 15 m hoch, immergrün. Blätter blaugrün. Verwendung wie vorige. **1523,** S. 191.

terminalis (L.) Kunth, trop. Asien. Halbstrauch, mit schlankem dünnem Stamm. Bei uns bis 2 m hoch. Blätter lanzettlich, bis 50 cm lang und 10 cm breit, in der Farbe sehr variabel, grün oder bunt, besonders rosa und rot, nicht so schopfig angeordnet wie bei den vorigen Arten. Verwendung als Zimmerpflanze, warm. Wintertemperatur niedriger, um 10°. Vermehrung möglich durch Stücke des Stammes; besser aber den Gärtnereien überlassen. **481,** S. 61. Zahlreiche Sorten, unterschieden durch Blattfarbe.

Coreopsis L., Mädchenauge, *Compositae*

120 Arten in Amerika und trop. Afrika. Ein- oder mehrjährige Kräuter, seltener Sträucher. Blätter schmal, ganzrandig, gezähnt oder gelappt bis fiedrig geschlitzt oder quirlständig. Blütenköpfchen langgestielt, einzeln oder locker doldentraubig bis rispig, gelb, braunrot bis purpurn. Vermehrung durch Aussaat, bei mehrjährigen Arten auch durch Teilung. Für sonnige, sandige und warme Standorte. Gute Schnittblumen.

grandiflora Hogg, N-Amerika. Blütezeit Juni bis August. Staude, 30–60 cm hoch. Blätter lanzettlich, 3–5teilig gefiedert. Köpfchen auf langen Stielen, goldgelb.
'Badengold', 90 cm hoch, Blüten goldgelb, bis 9 cm im Durchmesser; 'Goldfink', 15–25 cm hoch, leuchtend gelb, **1055,** S. 132; 'Sonnenkind', etwa 40 cm hoch, Blüten 6 cm im Durchmesser, leuchtend gelb.

stillmanii (Gray) S. F. Blake (syn. *Leptosyne stillmanii* A. Gray), Kalifornien. Einjährig, etwa 30–45 cm hoch. Blätter schmal, fein zerteilt. Blüten 5 cm im Durchmesser, gelb. Aussaat an Ort und Stelle im März bis April. 'Golden Rosette', gefüllte Sorte, **324,** S. 41.

tinctoria Nutt., N-Amerika. Blütezeit Juni–September. Einjährig, 30–100 cm hoch, aufrecht, ästig und kahl. Blätter lanzettlich bis doppelt gefiedert. Blütenköpfchen dunkelgelb, am Grunde braunpurpurn, 4–6 cm im Durchmesser.
'Dazzler', etwa 25 cm hoch, goldgelb mit brauner Mitte, **274,** S. 35; 'Tetra Goldteppich', etwa 50 cm hoch, Blüten goldgelb mit braunrot.

verticillata L., N-Amerika. Blütezeit Juni–September. 40–60 cm hohe, stark verzweigte, aufrechte Staude. Blätter tief fadenförmig eingeschnitten. Blüten gelb. 'Grandiflora', höherer Wuchs und größere Blüten, **1056,** S. 132.

Cornus L., Hartriegel, *Cornaceae*

Etwa 40 Arten der nördl. gemäßigten Zone. Sträucher, seltener Bäume, sommergrün. Blüten entweder in endständigen Trugdolden ohne Hochblätter oder mit 4 oder 6 meist auffallenden großen Hochblättern. Frucht eine beerenartige Steinfrucht. Die meisten Arten winterhart. Verwendung im Garten.

alba L., Sibirien, Mandschurei. Blütezeit Mai bis Juni. Strauch, bis 3 m hoch. Junge Triebe rot, Blüten gelblichweiß, in bis 5 cm breiten Trugdolden. Frucht weiß. Mehrere Sorten, z. B. 'Sibirica', Triebe leuchtend korallenrot. **1524, 1525,** S. 191.

canadensis L., N-Amerika, Grönland. Blütezeit Juni. Staude, kriechend, bis 20 cm hoch. Blätter eiförmig, bis 4 cm lang. Blüten klein, grünlichweiß bis grünlichpurpurn, in endständigen Köpfchen, die von 4 großen weißen Hochblättern (Brakteen) umgeben sind. Früchte hellrot. Verwendung als Bodendecker auf sauren Böden. **39,** S. 5.

florida L., Blumenhartriegel, N-Amerika. Blütezeit Mai. Stark verzweigter Strauch oder mehrere Meter Meter hoher Baum. Blätter eiförmig, bis 15 cm lang, oberseits grün, unterseits weißlich, Herbstfärbung rot. Blüten klein, in Köpfchen, umgeben von 4 großen weißen Hochblättern. Früchte scharlachrot. Mehrere Sorten, bekannteste 'Rubra', Hochblätter rosa, **1526,** S. 191.

kousa Hance, Japan, Korea. Blütezeit Juni. Hoher Strauch oder auch Baum. Blätter eiförmig, bis 9 cm lang, dunkelgrün, Herbstfärbung scharlachrot. Blüten klein, umgeben von 4 großen weißen Hochblättern. Früchte rosa, kuglig, 2 cm dick. 'Chinensis', meist größer, auch Hochblätter länger und breiter, **1527,** S. 191.

mas L., Kornelkirsche. Europa, Vorderasien. Blütezeit Februar–April, je nach Witterung, vor dem Blattaustrieb. Strauch oder kleiner Baum, Blüten goldgelb, klein, zu mehreren in Dolden (dadurch sehr auffallend). Früchte leuchtend rot, länglich, bis 2 cm lang (Name!), eßbar. **1528,** S. 191. Mehrere Sorten, z. B. 'Alba', Früchte weißlich; 'Flava', Früchte gelb; außerdem mehrere Wuchsformen, 'Nana', zwergig, für kleine Gärten geeignet.

nuttallii Audub., westl. N-Amerika. Blütezeit Mai. Strauch, in der Heimat hoher Baum. Blüten klein, zu mehreren in Köpfchen, von meist 6 großen, gelblichweißen Hochblättern umgeben, die im Verblühen rosa werden. Früchte orangerot.

sanguinea L., Roter Hartriegel. Europa. Strauch, bis 4 m hoch. Zweige bräunlichrot, Blätter grün, Herbstfärbung rot. Weniger im Garten, aber wertvolles Gehölz für Schutzpflanzungen.

stolonifera Michx., östl. N-Amerika. Blütezeit Mai–Juni. Strauch, bis 2 m hoch. Zweige niederliegend und auf der Erde wurzelnd, dunkelrot. 'Flaviramea', Zweige gelb. Beide wegen der Zweigfärbung wertvoll, die besonders im blattlosen Zustand auffallend ist.

Coronilla L., Kronwicke, *Leguminosae*

25 Arten in Europa bis Sibirien und Zentralasien. Kahle oder seidig behaarte Stauden oder Sträucher mit unpaarig gefiederten Blättern. Blüten gelb, weiß oder purpurn, bläulich oder purpurn geadert, in hängenden, langgestielten achselständigen Dolden. Vermehrung durch Aussaat, Teilung oder Stecklinge. Sonnige Lage und leichter, warmer Boden.

emerus L., S-Europa. Blütezeit Mai–Juli. Strauch, bis 200 cm hoch, rutenförmig mit kleinen schmalen Blättern. Blüten hellbraun, in wenigblütigen, achselständigen Dolden. Gute Winterdecke erforderlich.

glauca L., S-Europa. Blütezeit April–Juni und September. Immergrüner, 50–100 cm hoher Strauch, stark verzweigt, mit rötlicher Rinde. 7–8blütige Dolden, Blüten gelb, tagsüber mit Mirabellenduft. Nicht winterhart. Kalthauspflanze. **1529,** S. 192.

valentina L., S-Europa. 30–50 cm hoch, Blüten goldgelb, mit zartem Duft.

Cortaderia Stapf, Pampasgras, *Gramineae*

12 Arten in S-Amerika und Neuseeland. Ausdauernde, am Grunde fast holzige Gräser. Blätter lang und schmal. Sehr große, lockerästige bis nickende Blütenrispe, weiß bis rosa. Vermehrung durch Aussaat oder Abtrennung von Grundsprossen. Für sonnige Stellen mit durchlässigem Erdreich bei reichlicher Bewässerung (in der Heimat an Bach- und Flußufern, oft fälschlich als reine Steppenpflanze bezeichnet). Guter Winterschutz erforderlich, Blattschopf oben zusammenbinden und mit Reisig bzw. Laub zudecken oder als Kübelpflanze im Kalthaus überwintern.

selloana (Schult. et Schult. f.) Aschers. et Graebn. (syn. *Gynerium argenteum* Nees), S-Amerika. Blütezeit September–Oktober. 2–4 m hoch, starke Horste bildend. Blätter 1–2 m lang, schmal, mit sehr scharfen Zähnen am Blattrand. 40–80 cm lange, silberweiße bis rosaüberlaufene Blütenrispe auf langem Stiel. Weibliche Rispen schöner ausgefärbt und haltbarer als männliche. Gut für Schnitt und Trockensträuße. **1057,** S. 133.

Corydalis Vent., Lerchensporn, *Papaveraceae*

280 Arten im gemäßigten Eurasien und N-Amerika. Meist Stauden, z. T. mit knolligem Wurzelstock und vielteiligen, meist doppelt 3zähligen Blättern. Blüten in Trauben, weiß, rot und gelb. Vermehrung durch Aussaat oder Teilung (oft Selbstaussaat). Für sonnige bis halbschattige Stellen mit frischem Boden in geschützter Lage.

cashmeriana Royle, Himalaja. Blütezeit April–Mai. 5–15 cm hohe Staude mit 3teilig handförmigen, tief eingeschnittenen Blättern. Blüten leuchtend hellblau, in aufrechter Traube. Für kühle, schattige Lagen mit moorigem Boden, besser ins Alpinenhaus. **40,** S. 5.

solida (L.) Clairv., S- und Mitteleuropa. Blütezeit März–April. 15–25 cm hohe Staude. Blätter fingerförmig, stark zerteilt. Blüten trübpurpurn bis weiß, in aufrechter Traube. Pflanzen zum Verwildern im Garten. **691,** S. 87.

Corylopsis Sieb. et Zucc., Scheinhasel, *Hamamelidaceae*

Etwa 20 Arten in O-Asien und Himalaja. Sträucher, sommergrün, mit behaarten Zweigen. Blätter eirund bis rundlich-herzförmig. Blüten vor dem Blattaustrieb, in achselständigen, hängenden Trauben. Die angeführten Arten halten unseren Winter aus, doch frieren sie bei Spätfrösten im Frühjahr zurück. Verwendung im Garten.

pauciflora Sieb. et Zucc., Japan. Blütezeit März bis April. Klein, dicht verzweigt, wenig über 1 m hoch. Blüten hellgelb, glockig, zu 2–3 in Trauben. Herbstfärbung der Blätter goldgelb. **1530,** S. 192.

sinensis Hemsl., China. Blütezeit April. Bis 2 m hoch, Blüten zitronengelb, zu vielen in bis 5 cm langen Trauben, duftend. Empfindlicher als vorige. **1531,** S. 192.

spicata Sieb. et Zucc., Japan. Blütezeit April. Bis 2 m hoch, Blüten hellgelb, duftend, zu mehreren in bis 4 cm langen Trauben. **1532,** S. 192.

Corylus L., Hasel, *Corylaceae*

Etwa 15 Arten in Europa, N-Amerika, N-Asien. Hohe Sträucher, seltener Bäume, sommergrün. Blüten einhäusig. Männliche Blüten in hängenden Kätzchen, weibliche während der Blütezeit als kleine rote Pinselchen (Narben). Frucht ist eine Nuß. Die angeführten Arten sind winterhart.

avellana L., Haselnuß. Europa. Blütezeit März bis April, vor dem Blattaustrieb. Hoher Strauch mit rundlichen, weichen, bis 10 cm langen grünen Blättern. Für den Anbau von Haselnüssen viele Sorten. Als Ziergehölze besonders die Art und 'Contorta', Korkenzieherhasel, Zweige korkenzieherartig gedreht, Blätter kraus und eingerollt. In belaubtem Zustand von krankhaftem Aussehen und daher beste Wirkung in unbelaubten Zustand. Aufgrund des langsamen Wachstums auch für kleinere Gärten. **1533,** S. 192.

colurna L., Baumhasel. SO-Europa, Türkei. Hoher Baum mit kegel- oder breit-kegelförmiger Krone. Nicht für kleine Gärten, aber harter, unempfindlicher Straßen- und Parkbaum.

maxima Mill., Lambertsnuß. SO-Europa, Türkei. Ähnlich *C. avellana*, doch mit größeren Blättern. Hiervon vor allem angebaut 'Purpurea', Bluthasel, Blätter schwarzrot.

Coryphantha (Engelm.) Lem., *Cactaceae*

60–70 Arten in N-Amerika und Mexiko. Kuglige oder zylindrische Kakteen mit großen gelben oder roten Blüten. Verwendung als Zimmerpflanze, Standort sonnig. Wintertemperatur 5–8°. Als Beispiel:

arizonica Britt. et Rose, Arizona. Wuchs kuglig, Blüten rosa. Blütezeit April–Juni. **482,** S. 61.

Cosmea siehe *Cosmos*

Cosmos Cav., Schmuckkörbchen, *Compositae*

29 Arten im trop. und subtrop. Amerika, besonders Mexiko. Ein- oder mehrjährige, stark verzweigte Kräuter mit gegenständigen, fiederschnittigen Blättern. Köpfchen rot, rosa, gelb oder weiß, einzeln gestielt, doldentraubig rispig angeordnet. Vermehrung durch Aussaat (möglichst früh – März – im Kalthaus oder Kasten, damit die Pflanzen noch ausreichend Kurztagreize zur Blütenbildung erhalten, sonst blühen sie erst im Herbst). Für volle Sonne und kräftige, nährstoffreiche Böden. Zur vollen Entfaltung im Abstand von rund 40 cm pflanzen.

bipinnatus Cav., Mexiko. Blütezeit Juli–Oktober. Einjährig, bis 120 cm hoch. Steife, stark verzweigte Stengel. Blüten einzeln, rosenrot. Viele Sorten als Mischungen im Handel, besser als Farbsorten zu pflanzen. Als Schnittblume bis zu 14 Tagen haltbar wenn beim Schnitt die Röhrenblüten noch geschlossen sind.
'Dazzler', 100 cm hoch, leuchtend rot; 'Radiance' 100 cm hoch, dunkelrosa mit Purpurring; 'Sensation', 120 cm hoch, großblumige Mischung, **276,** S. 35.

sulphureus Cav., Mexiko. Blütezeit August–September. Einjährig. 120–150 cm hoch, stark verzweigt, mit 30 cm großen, 2–3fach fiederschnittigen Blättern. Blüten einzeln, 5–8 cm groß, gelb bis goldgelb.
'Klondyke Early Goldcrest', etwa 60 cm hoch, gefüllt, **275,** S. 35; 'Klondyke Orange Flare', etwa 60 cm hoch, Blüten groß, orange; 'Sunset' 60–80 cm hoch, Blüten etwa 4 cm groß, halbgefüllt, reichblühend.

Cotinus Mill., Perückenstrauch, *Anacardiaceae*

2 Arten. Hohe Sträucher, sommergrün, mit gelbem Holz. Blüten gelb, in großen, endständigen Rispen. Beide Arten winterhart. Verwendung im Garten.

americanus siehe *obovatus*

coggygria Scop. (syn. *Rhus cotinus* L.), S-Europa bis Mittelchina. Blütezeit Juni–Juli. Bis 5 m hoch, Blätter elliptisch, bis 8 cm lang, grün, Herbstfärbung orange. Blüten klein, gelb, zu vielen in bis 20 cm langen Rispen. **1535,** S. 192. 'Rubrifolius', Blätter dunkelrot. Blüten mit rotem Anflug, Fruchtstände rot. **1536,** S. 192.

obovatus Raf. (syn. *C. americanus* Nutt.), N-Amerika. Blütezeit Juni–Juli. Baumartig, höher als vorige. Herbstfärbung orange. Blütenrispen kleiner als bei voriger Art. **1534,** S. 192.

Cotoneaster Medik., Zwergmispel, *Rosaceae*

Etwa 50 Arten in Europa, N-Afrika, Asien. Sträucher, sommergrün oder immergrün, mit ungeteilten ganzrandigen Blättern. Blüten einzeln oder zu mehreren, meist weiß. Früchte klein, rot oder schwarz. Die angeführten Arten sind winterhart. Vielseitige Verwendung (je nach Wuchsform) im Garten.

adpressus Bois, W-China. Blütezeit Juni. Wuchs niederliegend, bis 25 cm hoch, sommergrün. Blüten einzeln oder zu zweien, rötlich. Frucht rot.

conspicuus Marq., Tibet. Blütezeit Mai. Bis 2 m hoch, immergrün, Zweige überhängend. Blüten klein, weiß. Früchte kuglig, orange. 'Decorus', Wuchs mattenförmig, dicht beblättert, reichblühend und fruchtend. **1537,** S. 193.

dammeri Schneid., China. Blütezeit Mai–Juni. Immergrün, kriechend, kaum 20 cm hoch. Blätter dunkelgrün, ledrig, 3 cm lang. Blüten weiß, Frucht kuglig, hellrot.

franchetii Bois, China. Blütezeit Juni. Wintergrün, bis 2 m hoch. Junge Zweige silberfilzig. Blätter elliptisch, bis 4 cm lang, unterseits graufilzig. Blüten zu mehreren, weiß bis rosa. Frucht orangerot.

horizontalis Decne., Felsenmispel. China. Meist nur sommergrün. Wuchs breit mit waagerechten Zweigen, bis 50 cm hoch. Blätter fast kreisrund, 1 cm breit, dunkelgrün, in zweizeiliger Anordnung. Herbstfärbung orangescharlach. Blüten weiß bis rötlich. Früchte hellrot. **1541,** S. 193. Mehrere Sorten, unterschieden in Wuchsform und -stärke.

salicifolius Franch., China. Blütezeit Juni. Bis 6 m hoch, immergrün oder nur wintergrün. Zweige überhängend. Blätter schmal-lanzettlich, bis 8 cm lang, unterseits anfangs filzig, später kahl. Blüten zu vielen in doldigen Rispen, weiß. Früchte kuglig, rot. Hierzu mehrere Sorten, auch niedrigwachsende, z. B. 'Parkteppich'.

sternianus (Turrill) Boom, Tibet. Blütezeit Mai bis Juni. Bis 3 m hoch, wintergrün. Blüten weiß, zu mehreren in Rispen. Früchte hellrot. **1540,** S. 193.

Watereri-Hybriden. Hierunter werden Hybriden zusammengefaßt, die aus Kreuzungen von *C. frigidus* mit *C. salicifolius* und *C. rugosus* entstanden sind. 'Cornubia', aufrecht, mehrere Meter hoch, immergrün. Blüten weiß, zu vielen in Rispen. Früchte kuglig, leuchtend rot. **1538,** S. 193. 'Exburyensis', aufrecht, mehrere Meter hoch, immergrün. Früchte gelblich. **1539,** S. 193.

Cotula L., Laugenblume, *Compositae*

60 Arten meist auf der südl. Halbkugel. Niedrige, rasenbildende Stauden mit kriechenden Stengeln. Blätter fiederschnittig. Blüten einzeln, gestielt, grüngelb. Vermehrung durch Teilung. Für Sonne und Halbschatten mit frischem, humosem, nicht zu nährstoffreichem Boden.

barbata DC., S-Afrika. Blütezeit Juli–September. 10–15 cm hohe Staude mit seidig behaarten Blättern, da nicht winterhart als einjährige Pflanze zu kultivieren. Blütenköpfchen zitronengelb. **277,** S. 35.

squalida (Hook. f.) Hook. f., Neuseeland. 3–5 cm hohe, rasig wachsende, seidig behaarte Staude. Blüten unscheinbar, grüngelb, einzeln gestielt. Sehr guter Bodendecker für Sonne bis Schatten auf eher magerem, frischem Boden (sonst zu starkes, lockeres Wachstum und Schnitt erforderlich). Für trockene, prallsonnige Sandböden schlecht geeignet, gut als Unterpflanzung für kleine Blumenzwiebeln.

Cotyledon L., *Crassulaceae*

Etwa 30 Arten überwiegend in S-Afrika. Sträucher oder Halbsträucher mit dickfleischigen Blättern. Blüten in Trugdolden. Verwendung als Zimmerpflanzen für den Sukkulentenliebhaber.

oppositifolia siehe *Chiastophyllum oppositifolium*

Crambe L., Meerkohl, *Cruciferae*

20 Arten von Makronesien bis Zentralasien. Einjährige oder ausdauernde Kräuter oder Sträucher mit dickem Stengel. Blätter groß, meist graugrün. Blüten weiß, in großen verlängerten, oft zu großen Rispen vereinigten Trauben. Vermehrung durch Aussaat oder Wurzelsenker. Für vollsonnige Stellen mit tiefgründigem Boden.

cordifolia Stev., Kaukasus, Zentralasien. 2 m hohe Staude mit sehr großen, herzförmigen, unregelmäßig gezähnten Blättern. Blüten weiß, duftend, in Rispen auf stark verzweigtem Stiel. Blüten für Schnitt verwendbar. **1058,** S. 133.

Crassula L., Dickblatt, *Crassulaceae*

Etwa 300 Arten auf der ganzen Erde; die sukkulenten Arten überwiegend in S-Afrika. Gattung umfaßt ein- und mehrjährige Kräuter, Sträucher, Wasserpflanzen. Die meisten sind Sukkulenten mit gegenständigen, dicken, fleischigen Blättern. Hier werden nur wenige angeführt. Für Sukkulentenliebhaber bietet die Gattung ein interessantes Betätigungsfeld.

arborescens (Mill.) Willd., S-Afrika. Blütezeit Sommer. Strauch, bis 3 m hoch, verzweigt, mit dicken, kahlen Ästen. Blätter flach, rundlich, fleischig. Blüten in endständigen Rispen, weiß bis rosa. Robuste Zimmerpflanze, im Sommer an sonnigen Standort, auch im Freien. Überwinterung kühl, 6–10°. Vermehrung durch Stecklinge. **483,** S. 61.

coccinea siehe *Rochea coccinea*

falcata (DC.) H. Wendl., S-Afrika. Blütezeit Sommer. Halbstrauch, bis 90 cm hoch, mit fleischigen, weißgrauen, 15 cm langen Blättern. Blüten rot, zu vielen in doldenähnlichem Blütenstand. Verwendung als Zimmerpflanze. Vermehrung durch Blattstecklinge. Überwinterung kühl, 5–8°.

lycopodioides Lam., SW-Afrika. Halbstrauch, mit aufrechten, 4kantigen Sprossen und dachziegelig angeordneten Blättern. Zimmerpflanze.

sarcocaulis Eckl. et Zeyh., S-Afrika. Blütezeit Sommer. Halbstrauch, verzweigt, mit fleischigem Stamm, bis 40 cm hoch. Blätter lanzettlich. Blüten weiß oder rosa. **484,** S. 61.

Crataegus L., Weißdorn, *Rosaceae*

Etwa 100 Arten in N-Amerika, Asien, Europa. Bäume oder Sträucher, sommergrün. Blüten meist in Doldenrispen. Nur wenige sind als Ziergehölze von Bedeutung. Verwendung im Freien. Winterhart.

carrierei siehe × *lavallei*

crus-galli L., Hahnendorn. Östl. N-Amerika. Blütezeit Mai–Juni. Bis 10 m hoch, mit 8 cm langen Dornen. Blätter lederartig, glänzend, Herbstfärbung orange. Blüten weiß, 1,5 cm breit. Früchte stumpfrot, 1 cm dick.

× **lavallei** Herincq (syn. *C.* × *carrierei* Vauvel). Hybride nicht genau bekannter Herkunft. Blütezeit Mai. Bis 7 m hoch, mit 5 cm langen Dornen. Blätter grün, Herbstfärbung bronze. Blüten rosa, 2 cm breit. Früchte fast 2 cm dick, orange. **1542,** S. 193.

laciniata Ucria (syn. *C. orientalis* Pall.), SO-Europa, W-Asien. Blütezeit Juni. Baum, bis 7 m hoch, sparrig verzweigt, bedornt. Blüten weiß, 1,5 cm breit, zu mehreren in Doldenrispen. Früchte kuglig, orangerot. **1543,** S. 193.

laevigata (Poir.) DC. (syn. *C. oxyacantha* L.p.p.), Europa, N-Afrika. Blütezeit Mai–Juni. Strauch oder Baum, bis 5 m hoch, bedornt. Blüten weiß, 1,5 cm breit, zu mehreren in einer Doldenrispe. Früchte scharlachrot. Mehrere Sorten, z. B. 'Rubra Plena', Blüten gefüllt, karminrosa. **1544,** S. 193.

monogyna Jacq., Europa. Blütezeit Mai. Strauch, bis 6 m hoch, auch baumartig, bedornt. Blüten weiß, zu vielen in Doldentrauben. Früchte rot. Hierzu viele Sorten, unterschieden durch Wuchsform, Blattform, Blütenfarbe (rosa).

orientalis siehe *laciniata*
oxyacantha siehe *laevigata*

Crepis L., Pippau, *Compositae*

Etwa 200 Arten auf der nördl. Halbkugel und im trop. Afrika. Ausdauernde oder einjährige Kräuter mit grund- oder wechselständigen, lanzettlichen, am Rande sägeartig gezähnten Blättern. Blütenköpfchen einzeln, gestielt, gelb oder orange. Vermehrung geschieht durch Aussaat an Ort und Stelle im März.

rubra L., S-Europa. Einjährig, löwenzahnähnlich, 30 cm hoch. Blüten dunkelrosa. **278,** S. 35.

× **Crindonna** Ragioneri, *Amaryllidaceae*

corsii Stapf, Gattungsbastard, entstanden aus Kreuzung von *Amaryllis belladonna* mit *Crinum moorei*. Blüten hellrosa, ähnlich *Amaryllis*. Zwiebel groß, eiförmig, ähnelt der von *Crinum*. Blüht wie *Amaryllis* im Herbst. **692,** S. 87.

Crinodendron Mol., *Elaeocarpaceae*

2 Arten in Chile, 1 in Argentinien. Immergrüne Bäume mit einfachen Blättern. Blüten in den Blattachseln, becher- oder urnenförmig, weiß oder rot, an langen Blütenstielen. Nicht winterhart. Verwendung als Kübelpflanze. Überwinterung hell und frostfrei (besser ständig im kühlen Gewächshaus).

hookerianuum Gay (syn. *Tricuspidaria lanceolata* Miq.), Laternenbaum. Chile. Blütezeit Mai. Blätter schmal-elliptisch, 10 cm lang, ledrig, dunkelgrün. Blüten urnenförmig, karminrot, 2 cm lang, an 5 cm langem Stiel hängend. **1545,** S. 194.

Crinum L., *Amaryllidaceae*

Etwa 100 Arten in den Tropen und Subtropen. Mehrjährige Pflanzen, die meist sehr große Zwiebeln bilden. Zwiebelhals oft stammartig verlängert. Von den zahlreichen Arten sind zuweilen einige in botanischen Sammlungen zu finden. Für den Liebhaber von Kübelpflanzen können empfohlen werden:

bulbispermum (Burm.) Milne-Redh. et Schweick. (syn. *C. capense* auct.), S-Afrika. Blütezeit Juli–August. Zwiebeln flaschenförmig, Blätter 1 m lang, riemenförmig. Blütenschaft 60 cm lang, mit 8–12 doldig angeordneten, wohlriechenden, 10 cm langen, trichterförmigen, rosafarbenen Blüten.

capense siehe *bulbispermum*

moorei Hook. f., S-Afrika. Blütezeit Sommer. Zwiebel bis 20 cm dick, Blüten rosa.

× **powellii** hort., Hybride, entstanden aus einer Kreuzung der beiden vorigen miteinander. Blütenschaft bis 80 cm lang, 10–15blütig, Blüten rosa. Auch weißblühende Form bekannt. **693,** S. 87.
Die genannten *Crinum* können auf zweierlei Weise kultiviert werden:

1. Im Freien ausgepflanzt. Zwiebeln je nach Größe 20–30 cm tief pflanzen. Vor den ersten Frösten Blätter etwa zu $^2/_3$ der Länge abschneiden, starke Laubschüttung auflegen, damit frostfrei. Auf diese Weise viele Jahre aushaltend. Starke Vermehrung durch Nebenzwiebeln; es entstehen große Horste, die im Sommer reich blühen.
2. Einpflanzen in große Kübel. In diesem Fall flacher pflanzen. Im Sommer im Freien, im Winter frostfrei. Während der Wachstumszeit von Mai bis

August reichlich düngen. Vorteil der Kübelpflanzung, vor allem in rauhen Gegenden: Pflege ist sicherer. Nachteil: Wenn gewisses Endmaß der Kübel erreicht (40–50 cm Durchmesser), ist bei guter Ernährung alle 3–4 Jahre zu teilen und zu verpflanzen.

Crocosmia Planch., „Montbretie", *Iridaceae*

Etwa 5 Arten in Afrika. Ausdauernde, knollenbildende Pflanzen mit grasartigen Blättern und trichterförmigen Blüten in rispigem oder ährigem Blütenstand.

× **crocosmiflora** (Lemoine) N. E. Br. (syn. *Montbretia* c. Lemoine), Blütezeit Juli–Herbst. Zu dieser Hybridengruppe der Gartenmontbretien gehören zahlreiche Sorten. Die älteren davon sind weitverbreitet und haben meist orangegelbe, braun gezeichnete Blüten von 5 cm Länge, bis zu 20 in ährigem, 30–60 cm hohem Blütenstand. Verwendung im Freiland, wo sie sich rasch vermehren. Winterschutz durch Laub- oder Torfschüttung ratsam oder im Herbst herausnehmen und kühl und trocken (wie Dahlien) überwintern. Im Frühjahr werden die Knollen wieder eingepflanzt; besser aber Vorkultur in Töpfen. Mehrere Sorten in den Farben gelb, rot, rosa, auch zweifarbige, z. B. **694,** S. 87.

masonorum (L. Bolus) N. E. Br., S-Afrika. Blütezeit Juli–August. Stengel bis 70 cm hoch, überhängend. Blüten sternförmig, hell rotorange. Winterschutz nötig. **695,** S. 87.

Crocus L., Krokus, *Iridaceae*

70–80 Arten, überwiegend im Mittelmeergebiet. Knollenbildende mehrjährige Pflanzen mit grasartigen Blättern und aufrechten, trichter- bis becherförmigen Blüten. Die meisten sind winterhart. Es gibt Arten, die im Frühjahr und solche, die im Herbst blühen. Letztere haben oft Ähnlichkeit mit *Colchicum*. Unterscheidung ist aber leicht: *Crocus* hat 3, *Colchicum* 6 Staubgefäße. Krokus gehören zu den schönsten und zartesten Frühlingsblumen. Verwendung in jedem, auch im kleinsten Garten möglich. Die Arten sind zierlicher als die Sorten der sog. Gartenkrokus. Wenn im Rasen verwendet, dann die Krokusblätter möglichst nicht abmähen, sonst verschwinden sie bald und machen häufige Neupflanzung notwendig. Die meisten Arten vermehren sich rasch durch Bildung von Nebenknollen und auch Samen. Zum Verwildern geeignet. Die Öffnung der Blüten ist temperaturabhängig. Sonniger Standort bewirkt weite Öffnung. Zur besseren Übersicht nachstehend Einteilung in 2 Gruppen nach der Blütezeit (1. Frühjahr, 2. Herbst):

1. *Blütezeit Frühjahr*. Pflanzung der Knollen Ende September–Anfang Oktober.

ancyrensis (Herb.) Maw, Türkei. Sehr früh, Blüten orangegelb.

angustifolius West. (syn. *C. susianus* Ker-Gawl.), SW-Sowjetunion. Blüten tief goldgelb, außen bronze überhaucht.

aureus siehe *flavus*

chrysanthus Herb., Balkan, Vorderasien. Blüten orangegelb. Hierzu gehören eine größere Zahl von Sorten, die jedoch ebenfalls alle zierlich sind: 'Blue Pearl', blaßblau, am Grunde bronze, **697,** S. 88; 'Cream Beauty', cremegelb, rundlich, **698,** S. 88; 'E. Aug. Bowles', buttergelb, außen am Grunde bräunlich, **699,** S. 88; 'Goldilocks', dunkelgelb, am Grunde purpurn, **700,** S. 88; 'Ladykiller', innen glitzernd weiß, außen lavendelfarben mit weißen Rändern der Blütenblätter, **701,** S. 88; 'Warley', innen weiß mit gelbem Schlund, außen purpurblau, **702,** S. 88.

etruscus Parl., Italien. Blüten lavendelblau. **703,** S. 88. Eine Auslese mit kräftiger Farbe ist 'Zwanenburg'.

flavus West. (syn. *C. aureus* Sibth. et Sm.), Ungarn. Blüten rein dunkel orangegelb. **696,** S. 87. Mehrere Formen, unterschieden durch Intensität der Farbe.

imperati Ten., S-Italien. Blüht sehr früh (Februar), innen violett, außen bräunlich. **704,** S. 88.

laevigatus Bory et Chaub., Griechenland. Blüten blauviolett, außen fedrige, braune Zeichnung. Blüht, wenn Witterung es zuläßt, schon im Dezember–Januar. **705,** S. 89.

minimus DC., Korsika, Sardinien. Blüten hellviolett, außen fedrige, purpurne Zeichnung. Blüten klein. **706,** S. 89.

neapolitanus siehe *vernus*

sieberi J. Gay, Griechenland, Kreta. Blüten hellviolett mit gelbem Schlund. Hiervon einige Sorten, die sich durch intensivere Farbe unterscheiden. **707,** S. 89.

susianus siehe *angustifolius*

tomasinianus Herb., westl. Balkan. Blüten hell lavendelblau mit weißem Schlund, außen silbergrau. Sät sich in großen Mengen selbst aus und verwildert. **708,** S. 89. Hierher gehören einige Sorten, die intensiver in der Farbe sind: 'Barrs Purple', purpurlila; 'Taplow Blue', rötlich purpurn; 'Whitewell Purple', rötlich purpurn, **709,** S. 89.

vernus (L.) Wulf. (syn. *C. neapolitanus* (Ker-Gawl.) hort.). Alpen, Pyrenäen. Weiß oder violettlila, auch gestreift. Hieraus sind sehr wahrscheinlich die Gruppen der großblütigen Gartenkrokus hervorgegangen. Sie blühen im allgemeinen später als die Arten. Das Sortiment ist umfangreich. Einige Beispiele zeigen die Abb. **710–712,** S. 89; **713, 714,** S. 90.

2. *Blütezeit Herbst*, September–November. Pflanzung der Knollen im Juli–August. Blätter erscheinen ebenfalls im Herbst und überdauern grün den Winter.

kotschyanus C. Koch (syn. *C. zonatus* J. Gay), Kaukasus. Blüten hellila.

nudiflorus Sm., Pyrenäen. Blüten hell purpurviolett, mit großer, leuchtend oranger Narbe. Bildet Brutknollen an unterirdischen Ausläufern („wandert"). **715,** S. 90.

pulchellus Herb., Balkan. Blüten hell lavendelblau.

sativus L., Safran. Mittelmeergebiet, Vorderasien. Blüten rosalila mit purpurnem Schlund und Adern. Lieferant des Safrans, der durch Trocknen und Mahlen der großen Narben gewonnen wurde.

speciosus M. B., Persien, Türkei. Blüten hellviolett, dunkler geadert. Narbe leuchtend orange. Blütenröhre sehr lang. **716,** S. 90. Hierzu eine Reihe von Sorten (auch weißblühend), z. B. **717,** S. 90.

zonatus siehe *kotschyanus*

Crossandra Salisb., *Acanthaceae*

Etwa 20 Arten im trop. Asien und Afrika. Sträucher oder Stauden, Blüten orange, gelb oder weiß.

infundibuliformis (L.) Nees, Indien. Blütezeit Sommer. Halbstrauch, bis 50 cm hoch. Blätter glänzend grün. Blüten lachsorange, bis 2,5 cm breit, in 4kantigen Ähren. Wird als blühende Topfpflanze angeboten, meist mehrtriebig, 20–30 cm hoch, hält als Zimmerpflanze an hellem, aber nicht vollsonnigem Standort einige Zeit aus.

Cryptanthus Otto et Dietr., *Bromeliaceae*

12 Arten in Brasilien. Meist flachwachsende Rosetten. Blüten wenig ansehnlich. Verwendung als Zimmerpflanze; zierend durch die meist lebhaft gebänderten Blätter. Standort hell, aber vor direkter Sonnenstrahlung schützen. Vermehrung durch an der Basis entstehende Seitensprosse (Kindl). Häufig kultiviert werden auch einige Hybriden.

fosterianus L. B. Sm., Rosette flach, bis 30 cm im Durchmesser. Blätter mit gewelltem Rand, graugrün, nach dem Grunde hin purpurbraun. **485,** S. 61.

zonatus (Vis.) Beer, Rosette flach, bis 40 cm im Durchmesser. Blätter dunkelgrün mit silbergrauen Querbändern. 'Fuscus', Blätter rotbraun mit silbergrauen Querbändern.

Cryptomeria D. Don, Sicheltanne, *Taxodiaceae*

1, aber sehr vielgestaltige Art in Japan. Nadeltragender Baum, immergrün. Nadeln nach den Trieben hin sichelförmig gebogen. Blüten einhäusig. Zapfen kuglig, 2 cm groß. Winterhart.

japonica (L. f.) D. Don. Bis 30 m hoch. Borke braunrot, langrissig. Zweigenden hängend. Nadeln dunkelgrün. Für feuchte Standorte. **2011,** S. 252. Hierher gehören sehr viele, besonders in Japan entstandene Sorten, die teilweise auch für kleinere Gärten geeignet, da kleiner im Wuchs. 'Bandai-sugi', Wuchs zuerst kuglig, später aufrecht, bis 2 m hoch. 'Elegans', wohl die bei uns bekannteste Sorte. Nadeln länger und abstehend, daher Pflanze im Aussehen ganz anders als die Art. Winterfärbung rotbraun. 'Vilmoriniana', kuglige Zwergform, kaum 1 m hoch.

Cucurbita L., Kürbis, *Cucurbitaceae*

Etwa 25 Arten in Amerika. Ein- oder mehrjährige Kräuter, niederliegend oder kletternd, mit meist großen, herzförmigen oder gelappten Blättern.

pepo L. 'Ovifera'. Hierunter werden die vielen Sorten der Zierkürbisse zusammengefaßt. Früchte in Form und Farbe sehr mannigfaltig. Aussaat Mitte bis Ende Mai in das Freiland. Bei reichlicher Bewässerung und Düngung wachsen sie rasch und bilden zahlreiche Früchte. Ernte der Früchte vor dem ersten Nachtfrost. Haltbarkeit bis zu mehreren Monaten.

Cuphea P. Br., Köcherblümchen, *Lythraceae*

200 Arten in N- und S-Amerika. Kräuter, Halbsträucher oder Sträucher mit runden Zweigen und länglich-lanzettlichen, gegenständigen Blättern. Vermehrung durch Aussaat bei einjährigen Arten im April an Ort und Stelle oder durch Stecklinge. Für Sonne bis Halbschatten und nährstoffreichen Boden sowie ausreichende Bewässerung, sehr gute Beetpflanze.

ignea A. DC. (syn. *C. platycentra* Lem.), Zigarettenblümchen. Mexiko. Blütezeit Sommer. Verzweigter kleiner Strauch, bis 30 cm hoch. Blüten in den Blattachseln, etwa 3 cm lang, röhrig, leuchtend rot, an der Öffnung mit schwarzem Ring und weißer Zone. Nicht winterhart. Verwendung als Topfpflanze, im Sommer im Freien, auch ausgepflanzt. Überwinterung frostfrei oder jährliche Neuanzucht durch Stecklinge.

llavea Llave et Lex. 'Miniata', Mexiko. Blütezeit Juni–Oktober. Halbstrauch, 30–60 cm hoch, flachwachsend, verzweigt, in den Achseln 2–4 cm lange, leuchtend rote Blütenröhren. Nicht winterhart, auspflanzen Mitte Mai, auch als Topfpflanze geeignet. 'Firefly', leuchtend kirschrot (Zuordnung dieser Sorte zu *C. llavea* unsicher). **279,** S. 35.

platycentra siehe *ignea*

× Cupressocyparis Dallim., *Cupressaceae*

leylandii (Jackson et Dallim.) Dallim., Gattungsbastard, entstanden aus einer Kreuzung von *Cupressus macrocarpa* mit *Chamaecyparis nootkatensis*. Ähnelt der letzteren. Baum, bis 10 m (und mehr) hoch, immergrün, Wuchs säulenförmig. Nadeln blaugrün. Winterhart. Verwendung auch als große Heckenpflanze. Verträgt auch Schnitt. **2012,** S. 252.

Cupressus L., Zypresse, *Cupressaceae*

Etwa 12 Arten in S-Europa, Mexiko und den gemäßigten Zonen Asiens und N-Amerikas. Bäume, selten Sträucher, immergrün. Wuchs meist säulenförmig. Blätter schuppenförmig, klein. Blüten einhäusig. Zapfen holzig, kuglig. Keine Art ganz winterhart. Verwendung bei uns als Kübelpflanze, im Sommer im Freien, Überwinterung hell und kühl (um 5°).

arizonica Greene, Arizona-Zypresse. Arizona. Baum, Wuchs säulenförmig, blaugrün. 'Glauca', stärker blau, **2013,** S. 252.

macrocarpa Hartw., Kalifornien. Baum, Wuchs breit-kegelförmig, Äste abstehend. Belaubung grün.

sempervirens L., Echte Zypresse. Kreta, Vorderasien. In S-Europa häufig angepflanzt. Baum, Wuchs schmal-kegelförmig. Belaubung grün. 'Stricta', Säulenzypresse, Wuchs schlank, säulenförmig.

Cyananthus Wall., *Campanulaceae*

Etwa 25 Arten in den Hochgebirgen Mittel- und O-Asiens. Stauden mit zahlreichen aufsteigenden, verzweigten Stengeln, die wechselständige Blätter haben. Blüten meist einzeln endständig, blau oder gelb. Vermehrung durch Aussaat oder Stecklinge. Für warme halbschattige, aber feuchte Lagen im Alpinum, eventuell auch Moorbeet. Winterschutz oder Überwinterung im Alpinenhaus notwendig.

lobatus Wall., NW-Himalaja. Blütezeit Juli–August. Bis 20 cm hohe, in allen Teilen behaarte Staude. Spatelförmige Blätter an aufrechten Stengeln. Blüten bauchig-röhrig, violettblau. **42,** S. 6.

microphyllus Edgew., Himalaja. Rasenartig wachsende Staude. 5zipflige dunkelviolette Blüten. **43,** S. 6.

Cyclamen L., Alpenveilchen, *Primulaceae*

Etwa 14 Arten in Gebirgen des südl. Mitteleuropa und des Mittelmeergebietes. Mehrjährige Kräuter, mit unterirdischen Sproßknollen überdauernd. Blätter herz- oder nierenförmig, langgestielt. Blüten nickend, einzeln, rosa, rot, purpurn, weiß. Einige Arten winterhart. Verwendung im Garten an leicht schattigem Standort. Alle Arten niedrig, 10–20 cm hoch, mehr ausgebreitet wachsend.

cilicicum Boiss. et Heldr., südl. Türkei. Blütezeit Herbst. Blüten rosa, duftend, mit schmalen Blütenblättern. Nur unter gutem Schutz im Freien aushaltend und auch dann nicht langlebig. **718,** S. 90.

coum Mill., Türkei, Kaukasus. Blütezeit Februar bis April. Blätter fast kreisrund. Blüten klein, nicht duftend, Blütenblätter kurz und breit, in der Regel dunkelrosa, aber auch heller oder weiß. Winterhart. Schutz ratsam. **719,** S. 90.

europaeum siehe *purpurascens*

libanoticum Hildebr., Libanon. Blütezeit Frühjahr. Blüte groß, duftend, hellpurpurn bis weiß. Nicht winterhart. **720,** S. 90.

linearifolium DC. (syn. *C. neapolitanum* Ten.), Mittelmeergebiet. Blütezeit August–Oktober. Blätter meist efeublattähnlich. Blüten rosa oder weiß, nicht duftend. Winterhart. **721,** S. 91.

neapolitanum siehe *linearifolium*

persicum Mill., östl. Mittelmeergebiet. Blütezeit Frühjahr. Wuchs aufrechter als bei den anderen Arten. Blüten groß, duftend, weiß oder rosa. Nicht winterhart. **722,** S. 91. Aus dieser Art sind die bekannten großblumigen Zimmer-Alpenveilchen entstanden, die immer noch Topfpflanzen ersten Ranges sind. Hauptblütezeit Spätsommer–Frühjahr. Zimmerpflanze. Haltbarkeit wird verlängert durch kühlen Standort (um 15°). Die meisten Sorten besitzen kaum mehr Duft. Farben weiß, rosa und rot in den verschiedensten Intensitäten. Pflege über mehrere Jahre hindurch möglich, aber schwierig. **486,** S. 61.

pseudibericum Hildebr., südl. Türkei. Blütezeit Februar–April. Blüten groß, rosarot. Nicht winterhart. **723,** S. 91.

purpurascens Mill. (syn. *C. europaeum* L.), Kalkalpen, Karpaten, Balkan. Blütezeit August–September. Blüten klein, duftend, meist karminrot. Winterhart.

repandum siehe *vernale*

vernale Mill. (syn. *C. repandum* Sibth. et Sm.), Mittelmeergebiet. Blütezeit Frühjahr. Blüten duftend, rosakarmin, auch weiß. Nicht winterhart. **724,** S. 91.

Cydonia siehe *Chaenomeles*

Cymbidium Sw., *Orchidaceae*

Etwa 50 Arten in Madagaskar, S-Asien, Japan, Australien. Epiphytische oder erdbewohnende Orchideen mit meist langen Blütentrauben. Durch Kreuzung einiger Arten untereinander ist eine große Anzahl von Hybriden entstanden, die heute in den Sammlungen und besonders im Schnittblumenanbau überwiegen. Blütenfarben weiß, gelb, grün, rosa, in vielerlei Kombinationen. Von großer Bedeutung als Schnittblume; teilweise für Blumenfenster geeignet. Kultur der Hybriden in Töpfen oder Körben. Temperaturen im Sommer hoch und viel Licht. Blütenbildung wird gefördert oder erst ermöglicht durch niedrige Temperaturen (um 15°) für die Dauer von etwa 3 Monaten. Während dieser Periode sind hohe Lichtintensitäten notwendig. Es ist zweckmäßig, die Pflanzen im Spätsommer, bis Frostgefahr besteht, den Freilandtemperaturen auszusetzen und auch anschließend nach dem Hereinnehmen noch kühl zu halten. Blütezeit dann im Frühjahr. Beispiele für Sorten Abb. **487–491,** S. 61, 62.

Cynoglossum L., Hundszunge, *Boraginaceae*

68 Arten in Gebirgen der gemäßigten, trop. und subtrop. Zonen der ganzen Erde. Ein- und zweijährige, zottig bis wollig behaarte Kräuter. Blüten weiß, blau bis purpurn in endständigen, verlängerten Trauben. Vermehrung durch Aussaat, bei einjährigen ab April direkt ins freie Land, bei mehrjährigen auch durch Teilung. Für Sonne und Halbschatten.

nervosum Benth., Himalaja. Blütezeit Juli. 40–60 cm hohe Staude mit länglichen, kurzborstig behaarten Blättern. Blüten leuchtend blau, klein, aber zahlreich in lockeren Trauben. Auch als einjährige Sommerblume zu behandeln. **1059,** S. 133.

Cyperus L., Zypergras, *Cyperaceae*

Etwa 600 Arten in trop., subtrop. und gemäßigten Zonen der Erde. In Kultur sind hauptsächlich:

alternifolius L., Madagaskar. Mehrjährig, bis 1,5 m hoch. Halme kahl, an der Spitze eine Krone von Blättern (schirmartig). Verwendung als haltbare Zimmerpflanze. Wichtig ist hohe Feuchtigkeit und ständig Wasser im Topfuntersatz. Vermehrung durch Abschneiden der Blattschöpfe (mit einigen cm am Stiel), die in Wasser gelegt werden. Nach erfolgter Wurzelbildung einpflanzen.

papyrus L., Papyrusstaude. Zentralafrika. Mehrjährig, bis 3 m hoch. Aufbau ähnlich voriger, doch größer und Blätter des Schopfes etwas herabhängend. Im Sommer Aufstellen im Freien möglich, sumpfig. Überwinterung im Topf bei 12–15°, hell. Durch Pressen des im Stengel befindlichen Markes erhielt man den Papyrus. **492,** S. 62.

Cypripedium L., Frauenschuh, *Orchidaceae*

Etwa 30 Arten im gemäßigten Mitteleuropa (1 Art), Asien und N-Amerika. Erdbewohnende mehrjährige Orchideen, deren Lippe verwachsen und aufgeblasen ist, so daß sie eine schuhähnliche Gestalt hat. Die meisten Arten sind winterhart. Einige werden von Gärtnereien angeboten, dauernder Erfolg im Garten ist aber selten.

calceolus L., Mitteleuropa. Blütezeit Juni. Der einheimische Frauenschuh. Unter strengem Naturschutz! Blüten 1–2, sehr selten 3, an 1 Stengel. Lippe gelb, die übrigen Blütenblätter braun. Geht im Garten meist ein. **44,** S. 6.

reginae Walt., östl. N-Amerika. Blütezeit Juni. Blüten 1–2; Lippe rosa, übrige Blütenblätter weiß. Verwendung an feuchtem, leicht schattigem Standort im Garten in humoser Erde. Auch hier ist Dauererfolg selten.

Cytisus L., Geißklee, *Leguminosae*

Etwa 50 Arten in Mitteleuropa und Mittelmeergebiet. Sträucher (selten kleine Bäume), sommergrün oder immergrün. Blüten gelb, weiß, auch rot. Einige sind winterhart. Verwendung im Garten.

ardoinii Fourn., S-Frankreich. Blütezeit April–Mai. Strauch, sommergrün, niederliegend, nur bis 20 cm hoch, dichte Matten bildend. Blüten gelb. Winterhart. **45,** S. 6.

battandieri Maire, Marokko. Blütezeit Mai–Juni. Strauch, sommergrün, bis 3 m hoch. Blätter und junge Triebe silbergrau behaart. Blüten goldgelb, duftend, in aufrechten Trauben. Nur unter gutem Schutz im Freien aushaltend. **1546,** S. 194.

× **beanii** Nichols. (*C. ardoinii* × *C. purgans*), Blütezeit Mai. Strauch, sommergrün, niederliegend, bis 60 cm hoch. Blüten gelb, zu 1–3 in den Blattachseln. Standort sonnig. Winterhart. **46,** S. 6.

canariensis (L.) O. Kuntze, Kanarische Inseln. Blütezeit März–Juni. Strauch, immergrün, Blüten gelb, duftend. Wird als blühende Topfpflanze angeboten. Nicht winterhart. Verwendung als Zimmerpflanze für kühlen Standort. Im Sommer im Freien. Überwinterung hell und kühl.

decumbens (Durande) Spach, S-Europa. Blütezeit Mai–Juni. Strauch, sommergrün, niederliegend, bis 20 cm hoch. Blüten gelb. Winterhart.

× **kewensis** Bean (*C. ardoinii* × *C. multiflorus*) Blütezeit Mai. Strauch, sommergrün, bis 50 cm hoch Zweige überhängend. Blüten elfenbeinfarben. Winterhart. **1547,** S. 194.

× **praecox** Bean (*C. multiflorus* × *C. purgans*), Elfenbeinginster. Blütezeit April–Mai. Strauch, sommergrün, bis 2 m hoch. Blüten elfenbeinfarben. Hierher mehrere Sorten, z. B. 'Hollandia', Blüten purpurrot; 'Zitronenregen', Blüten zitronengelb. Alle winterhart.

purpureus Scop., Rosenginster. Mittel- und SO-Europa. Blütezeit Juni–Juli. Strauch, sommergrün, bis 1 m hoch. Blüten purpurrot. Mehrere Sorten. Winterhart.

scoparius (L.) Link, Besenginster. Mittel- und S-Europa. Blütezeit Mai–Juni. Strauch, sommergrün, bis 3 m hoch. Blüten goldgelb. Winterhart. **1548,** S. 194. Hierzu gehören zahlreiche Sorten, die vor allem durch die Blütenfarbe unterschieden. Farben rahmgelb, gelb, rosa, rot, tiefbraun und auch zweifarbige.

D

Daboecia D. Don, Irische Heide, *Ericaceae*

2 Arten, eine von Irland bis N-Spanien, eine auf den Azoren. Kleine Sträucher, immergrün, mit kleinen, nadelähnlichen Blättchen. Blüten glockig in endständigen Ähren.

cantabrica (Huds.) C. Koch, Irland bis N-Spanien. Blütezeit Juli–September. Blüten purpurn. Verwendung in Heidepflanzungen. **1549,** S. 194. Mehrere Sorten bekannt, auch weißblühende ('Alba').

Dactylorhiza foliosa siehe *Orchis foliosa*
Dactylorhiza maculata siehe *Orchis maculata*

Dahlia Cav., Dahlie, Georgine, *Compositae*

15 Arten in Mexiko und Guatemala. Ausdauernde hohe, niedrige oder niederliegende Kräuter mit knolligem Wurzelstock. Blätter wechselständig, 1–3fach gefiedert. Blütenfarbe und Form der Blütenblätter verschieden. Blütezeit Juni–Oktober. Vermehrung durch Stecklinge oder Teilung des Wurzelstockes. Frostfreie Überwinterung des Wurzelstockes. Auspflanzen an sonnige Stellen mit tiefgründigem, nährstoffreichem Boden und gute Bewässerung während der Vegetationsperiode. Bei zu trockenem, heißem Standort Kümmerwuchs und Befall durch Rote Spinne. Viruskranke Pflanzen sind sofort zu vernichten. (Anzeichen durch die Vielzahl der Virosen verschieden, z. B. Mosaikfleckung der Blätter, starke Stauchung der Triebe, steifer, fast sukkulenter Wuchs der Blätter, mosaikartige Auflösung der Farbe in der Blüte usw.) Dahlien sind im Wachstum von der Tageslänge abhängig. Langtag fördert das oberirdische Wachstum, also auch das Blühen, Kurztag das unterirdische, d. h. das Knollenwachstum (also spät roden). Kurztag im Herbst läßt auch die Blütenfüllung bei vielen Sorten weniger werden. Die Reaktion auf die Tageslänge ist bei allen Sorten innerhalb dieser Grenzen verschieden. Dahlien waren bereits verbreitete Gartenpflanzen mit vielen Sorten in Mexiko, als es von den Spaniern erobert wurde (dortiger Name Acocotli). Die eingeführten Ausgangsarten der europäischen Sorten waren selbst bereits Sorten mit vielfältigen Eigenschaften, durchschnittlich 100–200 cm hoch, mit kleinen, 8–10 cm großen Blütenköpfchen, meist von dunkelrotvioletter Farbe. Seit dem 18. bzw. 19. Jahrhundert hat die Dahlie ihren Siegeszug in die Gärten angetreten und es bis heute auf mehrere zehntausend Sorten gebracht. Auftrieb gab die Entstehung der ersten gefüllten Sorten in den ersten Jahren des 19. Jahrhunderts in Karlsruhe. Von Deutschland ging die Verbreitung und Züchtung auch in die Nachbarländer. Man faßt heute alle Dahliensorten unter der Bezeichnung *variabilis* hort. oder besser **Dahlia-Hybriden** zusammen.

Zwei große Gruppen sind zu unterscheiden:

a) Dahlien als einjährige Sommerblumen, die jedes Jahr neu aus Samen gezogen werden, z. B.: 'Coltness Scarlet Gem', 40–50 cm hoch, scharlachrot. **280, S.** 35.
'Unwins Dwarf Hybrids', etwa 30 cm hoch, Mischung in vielen Farben mit halbgefüllten und gefüllten Blüten. **281, S.** 36.

b) Sorten, deren Knollen nach Erfrieren der oberirdischen Teile aus dem Boden genommen und frostfrei (etwa 5° C) überwintert werden. Um die Fülle der Formen zu ordnen, sind die nachstehenden Sortenbeispiele in ein System eingegliedert, das dem derzeitigen Stand der Dahlienzüchtung Rechnung trägt und auf dem internationalen Gartenbaukongreß 1966 als verbindlich genehmigt wurde. Die noch existierenden älteren Systeme einzelner Länder werden durch dieses System ersetzt, soweit es noch nicht geschah.

1. Einfachblühende Dahlien (Ef): Nur ein einziger Kranz von Zungenblüten umgibt die Mitte des Blütenkorbes.
2. Päonienblütige Dahlien (Pä): Bei diesen früher als Duplex-Dahlien bezeichneten Sorten umgeben verschiedene Kränze von Zungenblüten die Mitte des Blütenkorbes.
3. Halskrausendahlien (Hk): Ein Kranz von Zungenblüten umgibt einen Kranz von kürzeren, etwas röhrenblütigen Zungenblüten, z. B.: 'Fashion Monger', **1061,** S. 133; 'Libretto', **1062,** S. 133.
4. Dekorative Dahlien (Dec.) oder Schmuckdahlien: Die Zungenblüten sind platt oder nur wenig um die Längsachse nach vorn aufgebogen: 'Lavengro', **1063,** S. 133; 'Night Editor', **1064,** S. 133; 'Blithe Spirit', **1065,** S. 134; 'Pattern', **1066,** S. 134; 'Terpo', **1067,** S. 134; 'Vigor', **1068,** S. 134; 'David Howard', **1069,** S. 134.
5. Ballförmige Dahlien (B): Die Zungenblüten sind um die Längsachse mehr als die Hälfte nach vorn zusammengerollt: 'Rothesay Superb', **1070,** S. 134.
6. Pompondahlien (P): Die Zungenblüten sind ganz um die Längsachse nach vorn zusammengerollt. Die Form des Blütenkorbes ist mehr kompakt und kugelrund im Vergleich zu den ballförmigen Dahlien: 'Willos Violet', **1071,** S. 134.
7. Cactus-Dahlien (C): Die Zungenblüten sind um die Längsachse mehr als die Hälfte nach hinten zusammengerollt: 'Poetic', **1072,** S. 134; 'Drakenburg', **1073,** S. 135; 'Authority', **1074,** S. 135; 'Doris Day', **1075,** S. 135; 'Klankstad Kerkrade', **1076,** S. 135.
8. Semicactus-Dahlien (SC): Die Zungenblüten sind um ihre Längsachse zur Hälfte oder weniger nach hinten zusammengerollt: 'Bestevaer', **1077,** S. 135; 'Nantenan', **1078,** S. 135; 'Royal Sceptre', **1079,** S. 135; 'Apache', **1080,** S. 135; 'Fleur de Hollande', **1081,** S. 136; 'Goyas Venus', **1082,** S. 136; 'Marilyn', **1083,** S. 136.
9. Anemonenblütige Dahlien (Anem.): Die Zungenblüten sind fast flach und umgeben eine kompakte Gruppe von röhrenförmigen Zungenblütenblättern in der Mitte des Blütenkorbes: 'Comet', **1060,** S. 133.

Von dem bisher verwendeten System sind noch einige Ausdrücke bei der Bezeichnung der Dahlienblütenformen zu finden, z. B. 'Hirschgeweihdahlie', z. B. die in Abb. **1072** und **1080** abgebildeten Sorten, bei denen die Zungenblüten an der Spitze einfach oder mehrfach gablig gespalten sind; 'Seerosendahlien', ähnlich der in Abb. **1068** abgebildeten Sorte mit seerosenähnlicher Form des Blütenkorbes. Gruppensorten sind für Beetbepflanzung geeignete niedrig bleibende vielblumige Sorten.
Die Vielfalt der Dahliensorten in Blumenfarbe, Wuchshöhe und Laubfarbe ist so groß, daß eine Aufzählung einzelner Beispiele in Deutschland gehandelter Sorten bei den Klassen 1–9 nicht im entferntesten dem Angebot gerecht würde. Um für den eigenen Garten auszuwählen, bediene man sich der Kataloge einschlägiger Firmen, wobei die mit Auszeichnungen der Deutschen Dahlien- und Gladiolengesellschaft versehenen Sorten besondere Beachtung verdienen, da sie von Fachleuten 2 Jahre lang in jeder Hinsicht geprüft worden sind.

Daphne L., Seidelbast, *Thymelaeaceae*

Etwa 50 Arten in Europa und Asien. Sträucher, immergrün oder sommergrün. Blüten röhrig, am Ende sternförmig erweitert, duftend, in end- oder achselständigen Trauben oder Dolden. Nicht alle angeführten Arten sind winterhart. Verwendung der winterharten Pflanzen auch im kleinen Garten. Vorsicht ist geboten bei *D. mezereum*, dessen Beeren sehr giftig sind (Kinder!).

arbuscula Čelak., Ungarn. Blütezeit Mai–Juni. Niederliegend, bis 40 cm hoch, immergrün. Ähnelt *D. cneorum*. Blüten bis 15 mm lang, rosa. Sonniger Standort auf leichtem Boden. **1550, S.** 194.

blagayana Freyer, Kärnten, Steiermark. Blütezeit April–Mai. Niederliegend, immergrün. Blätter gehäuft an den Zweigenden. Blüten cremeweiß, bis zu 20 in endständigem Blütenstand, stark duftend. **1551,** S. 194.

× **burkwoodii** Turrill (*D. caucasica* × *D. cneorum*), Blütezeit Mai–Juni. Bis 1 m hoch und ebenso breit, sommergrün. Blüten zuerst rosa, dann weißlich, zu vielen in endständigen Blütenständen. 'Somerset', Blüten stärker rosa.

cneorum L., Rosmarinseidelbast. Mittel- und S-Europa. Blütezeit Mai–Juni. Niederliegend, bis 30 cm hoch, immergrün. Blüten kräftig rosa, zu mehreren an den Zweigenden. Stark duftend. Standort vollsonnig, auf kalkhaltigem Boden. **47,** S. 6. Hiervon sind einige Formen bekannt, z. B. 'Alba', Blüten weiß.

collina siehe *sericea*

genkwa Sieb. et Zucc., China, Korea. Blütezeit April–Mai, vor dem Blattaustrieb. Sommergrün, aufrecht, fast 1 m hoch, seidig behaart. Blüten violett, in achselständigen Büscheln. Winterschutz nötig. **1553,** S. 195.

laureola L., Lorbeerseidelbast. W- und S-Europa. Blütezeit März–Mai. Immergrün, aufrecht, fast 1 m hoch. Blätter oberseits glänzend dunkelgrün. Blüten gelblichgrün, zu mehreren in achselständigen Trauben. Winterschutz nötig.

mezereum L., Seidelbast. Europa, Türkei. Blütezeit Februar–April vor dem Blattaustrieb. Sommergrün, aufrecht, bis 1,5 m hoch. Blüten purpurrosa, meist zu 3 in den Blattachseln. Früchte rot. Schon in grünem Zustand entfernen und vernichten, da sehr giftig. Mehrere Sorten, z. B. 'Bowles White', Blüten weiß, **1554,** S. 195; 'Rubra Select', Blüten dunkelpurpurrot.

odora Thunb., China, Japan. Blütezeit Januar bis März. Immergrün, aufrecht, bis 1 m hoch. Blüten weiß, außen rötlich überlaufen, zu mehreren endständig, stark duftend. 'Aureo-Marginata', mit schmalen, gelbgerandeten Blättern, **1555,** S. 195. Nicht winterhart, für kühle Zimmer.

petraea Leyb., Südtirol. Blütezeit Juni. Immergrün, nur 15 cm hoch, stark verzweigt. Blüten rosa, zu mehreren endständig. Standort feucht. 'Grandiflora' etwas stärker wachsend, Blüten kräftiger gefärbt, **48,** S. 6.

retusa Hemsl., China. Blütezeit Mai–Juni. Immergrün, bis 80 cm hoch, stark verzweigt. Blüten innen weiß-rosa, außen purpurrosa, zu vielen endständig. **1556,** S. 195.

sericea Vahl (syn. *D. collina* Sm.), Italien, Türkei. Blütezeit Mai–Juni. Immergrün, aufrecht, bis 1 m hoch in der Heimat, bei uns niedriger. Blüten purpurn. Nur unter gutem Winterschutz aushaltend. **1552,** S. 194.

striata Tratt., Alpen, Karpaten. Immergrün, zwergig, niederliegend. Ähnlich *D. cneorum*, aber im Garten schwieriger zu halten. **1557,** S. 195.

Datura L., Stechapfel, *Solanaceae*

Etwa 25 Arten in den wärmeren Gebieten der Erde, die strauch- und baumförmigen Arten in Mittel- und S-Amerika. Kräuter, Sträucher oder kleine Bäume mit großen, trichterförmigen Blüten. Keine winterhart.

1. krautig, Blüten aufrecht:

meteloides Dun., N-Amerika (Colorado, Kalifornien, Mexiko). In der Heimat Staude, bei uns einjährig gezogen. Bis 1 m hoch, gablig verzweigt, mit bis 20 cm langen flaumhaarigen Blättern. Blüten bis 20 cm lang, vorn weit geöffnet, weißlich mit violettem Hauch, duftend (vor allem abends). Verwendung als Sommerblume, die aber reichlich Platz, sonnigen Stand, gute Bewässerung und Düngung erfordert. Vermehrung durch Aussaat Anfang April in Töpfe; Ende Mai auspflanzen. Die verdickten Wurzelstöcke können wie Dahlien überwintert und im nächsten Jahr wieder gepflanzt werden.

stramonium L., bei uns verwildert. Zierwert gering.

2. Strauch, mit hängenden Blüten:

sanguinea Ruiz et Pav., Peru. Blütezeit das ganze Jahr über, verstärkt im Spätsommer und Herbst. Strauch, bis mehrere Meter hoch, Stamm und Zweige verholzend. Blüten bis 20 cm lang, am Ende erweitert, orange, nach dem Grunde hin in gelb übergehend.

suaveolens H. B. K., Engelstrompete. Brasilien. Im Wuchs stärker als vorige. Blüten weiß, duftend. Auch eine gefüllte Form bekannt: 'Plenum', die häufig gezogen wird. **495,** S. 62. Auch gelbblühende Formen sind bekannt, deren Zuordnung jedoch unsicher ist.
Verwendung der strauchigen *Datura* als Kübelpflanzen. Nach den letzten Frösten aufstellen im Freien, vollsonnig. Reichlich Bewässerung und Düngung. Im Herbst zurückschneiden. Überwinterung bei etwa 6–8°, nicht darunter. *D. sanguinea* blüht auch im Spätherbst, wenn etwas wärmer im Wintergarten stehend (dann nicht zurückschneiden). Vermehrung durch Stecklinge.

Davidia Baill., Taschentuchbaum, Taubenbaum, *Davidiaceae*

Nur 1 Art.

involucrata Baill., beheimatet in China. Blütezeit Mai–Juni. Baum, sommergrün, bei uns bis 10 m hoch. Blätter breit-eiförmig, bis 15 cm lang. Blüten purpurn, zu vielen in einem 2 cm dicken, kugligen Köpfchen angeordnet, umgeben von 2 gegenständigen weißen Hochblättern (deutscher Name), unteres größer als das obere (bis 15 cm lang). Winterhart. Verwendung als Blütengehölz im Garten auf frischen Böden. **1558,** S. 195.

Decaisnea Hook. f. et Thoms., *Lardizabalaceae*

2 Arten in O-Asien. Sträucher, sommergrün, aufrecht, mit auffallend dicken Zweigen. Blätter unpaarig gefiedert.

fargesii Franch., China. Blütezeit Juni. Bis 5 m hoch, Blätter bis 80 cm lang. Blüten glockig, grünlich, bis 3 cm lang, zu vielen in bis 20 cm langen, hängenden Rispen. Auffallend sind die blauen, weißbereiften, 10 cm langen wurstähnlichen Früchte. Winterhart. Verwendung auch in kleineren Gärten. **1559,** S. 195.

Delphinium L., Rittersporn, *Ranunculaceae*

Etwa 300 Arten auf der nördl. Halbkugel und den Gebirgen des trop. Afrika. Ein- oder mehrjährige Kräuter mit aufrechten Stengeln, Blätter wechselständig, handförmig gelappt oder geteilt. Blüten in großen Ähren oder Trauben, die zu Rispen vereinigt sind. Blüten mit 5 kronblattähnlichen, gefärbten Blütenhüllblättern, deren hinterstes zu einem Sporn verlängert ist. Für die Vermehrung sind 2 Gruppen zu unterscheiden:

a) Einjährige oder einjährig gezogene Rittersporne, wie *D. ajacis*, *consolida* und *orientale*. Aussaat im März direkt ins Freie oder Aussaat Oktober–November und Überwinterung vor Frost geschützt. Bei den Pazifik-Hybriden Aussaat Januar–Februar im Haus und Auspflanzung April–Mai. Für sonnige, windgeschützte Lagen in tiefgründigem, nährstoffreichem Boden mit ausreichender Wasserversorgung im Sommer. Gute Schnittblume.
b) Staudenrittersporn, *Delphinium*-Hybriden. Vermehrung durch Teilung oder Stecklinge im zeitigen Frühjahr oder nach der Blüte, Verpflanzung des Staudenritterspornes im Herbst oder sehr zeitigem Frühjahr, da Austrieb früh erfolgt.

ajacis L., Mittelmeergebiet. Blütezeit Juni–September, je nach Aussaat. 40–100 cm hohe Einjahrsblume. Grundblätter gestielt, mehrfach handförmig geteilt, obere sitzend 3spaltig. Blüten blau, rosa oder weiß, mit dünnem Sporn, in lockerer, vielblütiger Traube. Ähnlich und eingekreuzt sind *D. consolida* und *D. orientale*. Alte Gartenpflanze mit vielen Sorten und Blütenfüllungsgraden. Hierher gehören die niedrigen (40 cm) und hohen (110 cm) Hyazinthenrittersporne und die Exquisitrittersporne (110 cm) in Mischungen und Einzelfarben. **282,** S. 36.

brunnonianum Royle, Afghanistan und Tibet, etwa 30 cm hoch. Blätter keilförmig, 5lappig. Blüten hellblau, purpurgerandet, in lockerer endständiger Traube. Moschusduft. **1084,** S. 136.

Hybriden (syn. *D.* × *cultorum* Voss, *D. hybridum* hort.). Entstanden aus Kreuzungen der Arten *D. belladonna, elatum, formosum, grandiflorum, nudicaule.*

1. *Belladonna-Gruppe*. Pflanzen 100–150 cm hoch, Blütenstände und Wuchs locker und zierlich, Blütezeit Juni–September, z. B.:
'Andenken an K. Koenemann', 120–150 cm hoch, leuchtend hellblau mit roten Tupfen auf den Blütenblättern; 'Capri', 120–150 cm hoch, hellblau mit weißer Mitte; 'Lamartine', 80–100 cm hoch, dunkelblau; 'Moerheimii', 120 cm hoch, weiß mit gelber Mitte; 'Pink Sensation', 120 cm hoch, hellrosa, **1085,** S. 136; 'Völkerfrieden', 100 cm hoch, enzianblau, Mitte weiß.
2. *Hohe Edelrittersporne*, starkwachsende Pflanzen mit großen kerzenartigen Blütenständen und einfachen bis gefüllten Blüten:
'Betty Hay', 160–180 cm hoch, himmelblau mit weißem Auge, **1086,** S. 136; 'Blackmores Glorious', 140 cm hoch, hellviolettblau mit weißem Auge, **1087,** S. 136; 'Blue Nile', 150 cm hoch, leuchtend blau mit weißem Auge, **1088,** S. 136; 'Blue Tit', 90–100 cm hoch, kräftig blau mit dunklem Auge, **1089,** S. 137; 'Butterball', 100 bis 120 cm hoch, weiß mit cremefarbener Mitte, **1090,** S. 137; 'Finsteraarhorn', 180 cm hoch, enzianblau mit dunklem Auge; 'Jubelruf', 180 cm hoch, kornblumenblau; 'Perlmutterbaum', 200 cm hoch, hellblau mit rosa und dunklem Auge; 'Sommernachtstraum', 150 cm hoch, dunkelenzianblau mit dunkler Mitte; 'Swan Lake', 150 cm hoch, reinweiß mit dunklem Auge, **1091,** S. 137; 'Tempelgong', 170 cm hoch, dunkelblauviolett.
3. *Pacific-Hybriden*, großblumig und im Wuchs der Gruppe 2 entsprechend, aber einjährig aus Samen zu ziehen, als Mischung und Farbsorten im Handel.

Dendrobium Sw., *Orchidaceae*

Etwa 1000 Arten, überwiegend im trop. Asien, auch Australien und Neuseeland. Epiphytische Orchideen, in ihrer Gestalt außerordentlich mannigfaltig. Bei den meisten Arten Blätter mehr oder weniger ledrig und nach einem Jahr abfallend. Blüten meist zu mehreren in Trauben.
Viele Arten bilden den neuen beblätterten Trieb im Frühjahr und Sommer. Während dieser Zeit sind hohe Temperatur, reichliche Bewässerung und Düngung günstig. Bei manchen Arten scheint im Herbst Absenkung der Temperatur Blütenbildung zu begünstigen oder überhaupt erst zu ermöglichen (genau bekannt bei *D. nobile*). Einige Arten auch für Zimmerkultur (besser klimatisiertes Blumenfenster) geeignet, sonst überwiegend nur in Gärtnereien und botanischen Sammlungen. Besonders auffallend sind die Arten mit großen, hängenden Trauben:

chrysotoxum Lindl., Burma, Blüten gelb, Blütezeit März–April;

densiflorum Wall., Himalaja, Blüten gelb, Blütezeit März–April;

fimbriatum Hook., Himalaja, Blüten gelb, bei 'Oculatum' Lippe schwarzbraun, Blütezeit März bis April.

nobile Lindl., Himalaja. Blütezeit Januar–März. Blüten rosa, nach dem Grunde hin weiß. Lippe dunkler. Diese Art und die vielen aus ihr entstandenen Sorten auch als Zimmerpflanze verwendbar. Wichtig für Blütenbildung: für 2–3 Monate niedrige Temperatur (günstig 10–13°) bei hellem Standort. Beispiele von Sorten dieser Art **496,** S. 62, **497, 498,** S. 63.

phalaenopsis Fitzg., Australien (Queensland), Neuguinea. Hauptblütezeit August–Dezember. Blüten rosa. Viele Formen, unterschieden durch Blütenfarbe, die bis zu tiefpurpurn reicht; auch weißblühende. Eine der wichtigsten Schnittorchideen. Als Zimmerpflanze nur für klimatisierte Blumenfenster.

Dendromecon Benth., Baummohn, *Papaveraceae*

Etwa 20 Arten xerophytischer Sträucher in Kalifornien. Längliche lederartige Blätter. Blüten gelb und groß. Vermehrung durch Stecklinge oder Aussaat. Bei uns Kalthauspflanze. Im Winter hell und trocken.

rigida Benth., Blütezeit März–Juni. Dicht beblätterter, bis 2,5 m hoher Strauch mit weißlicher Rinde. Blätter bläulich, lanzettlich. Blüten 7–10 cm groß, tiefgelb, wohlriechend. **1560,** S. 195.

Desfontainea Ruiz et Pav., *Desfontaineaceae*

1 Art in den chilenischen Anden und Patagonien.

spinosa Ruiz et Pav., Blütezeit Juni–Juli. Strauch, immergrün, 1–2 m hoch, hat mit seinen gezähnten Blättern Ähnlichkeit mit *Ilex aquifolium*. Blüten in den Blattachseln, röhrig-glockig, bis 4 cm lang, scharlachrot mit gelbem Saum. Nicht winterhart. Verwendung als Kübelpflanze, im Sommer im Freien; Überwinterung hell und kühl (5°). **1561,** S. 196.

Deutzia Thunb., *Saxifragaceae*

Etwa 50 Arten im Himalaja, O-Asien und Mittelamerika. Sträucher, sommergrün, mit gegenständigen, eirunden bis lanzettlichen Blättern. Blüten achsel- oder endständig, meist in Trauben oder Trugdolden. Verwendung als reichblühende Sträucher im Garten. Die angegebenen Arten sind winterhart. Insbesondere durch Arbeit von Lemoine in Nancy sind im 19. Jahrhundert sehr viele Hybriden entstanden, die heute fast ausschließlich gezogen werden. Man kann sie, ungeachtet ihrer Entstehung, unter *Deutzia*-Hybriden zusammenfassen.

crenata siehe *scabra*

gracilis Sieb. et Zucc., Japan. Blütezeit Mai–Juni. Niedrig, bis 70 cm hoch, Blüten bis 2 cm breit, reinweiß.

Hybriden

1. *Hybrida-Gruppe*. Aufrecht, 1–1,5 m hoch. Blütezeit Juni. 'Magicien', Blüten sternförmig, rosa, in Büscheln, **1562,** S. 196; 'Mont Rose', Blüten sternförmig, malvenrosa mit hellerem Saum.

2. *Lemoinei-Gruppe*. Blütezeit Juni. Bis 1 m hoch, buschig. Blüten 2 cm breit, in aufrechten Rispen. 'Boule de Neige', Blüten rahmweiß, in dichten, kugligen Blütenständen.

3. *Magnifica-Gruppe*. Blütezeit Mai–Juni. Starkwachsend, 3–4 m hoch. Blüten groß (2,5 cm breit), in dichten rundlichen Doldenrispen. 'Azaleaeflora', Blüten weiß; 'Formosa', Blüten weiß, gefüllt.

4. *Rosea-Gruppe*. Blütezeit Juni. Buschig, bis 1 m hoch. Blüten offen glockig, 2 cm breit, in lockeren Rispen. **1563,** S. 196. 'Campanulata', Blüten schalenförmig, weiß, mit purpurnem Kelch; 'Carminea', Blüten innen weiß, außen karminrosa; 'Venusta', Blüten weiß.

scabra Thunb. (syn. *D. crenata* Sieb. et Zucc.), Japan, China. Blütezeit Juni–Juli. Bis 3 m hoch. Blüten 2 cm breit, in schmalen aufrechten Rispen, weiß. **1564,** S. 196. Hierher mehrere Sorten: 'Candidissima', Blüten gefüllt, weiß; 'Plena', Blüten gefüllt, außen rosa; 'Watereri', Blüten innen weiß, außen karmin überlaufen.

setchuenensis Franch., China. Blütezeit Juni–Juli. Bis 2 m hoch. Blüten 1 cm breit, sternförmig, weiß, in lockeren Doldentrauben. **1565,** S. 196.

Dianthus L., Nelke, *Caryophyllaceae*

Etwa 300 Arten in Eurasien bis Japan und Himalaja und Gebirgen des trop. Afrikas und S-Afrikas. Ein- oder zweijährige Kräuter oder an der Basis verholzende Stauden. Blätter graugrün, gegenständig, grasartig, mit rauhem Rand. Blüten endständig einzeln oder in Rispen oder Trugdolden. Vermehrung durch Aussaat, Teilung oder Stecklinge. Die Gattung ist nachstehend in 2 Gruppen eingeteilt:

1. Mehrjährige winterharte Stauden, Polster oder Matten bildend
2. Ein- und zweijährige Nelken

1. *Mehrjährige, winterharte Stauden*

alpinus L., Alpennelke. O-Alpen. Blütezeit Juli bis August. 5–12 cm hohe Staude. Blüten fleischrot mit einem großen purpurnen Ring am Schlund, einzeln stehend. Sonniger Standort mit Winterschutz. **49,** S. 7.

caesius siehe *gratianopolitanus*

deltoides L., Heidenelke. Europa. Blütezeit Juni bis September. Kleine dichte Polster. Blüten dunkelrosa zu mehreren am 10–15 cm hohen Stiel. **50,** S. 7. 'Brilliant', dunkelrosa; 'Hansens Rot', leuchtend karminrot.

neglectus siehe *pavonicus*

gratianopolitanus Vill. (syn. *D. caesius* Sm.), Pfingstnelke. W- und Mitteleuropa. Blütezeit Mai bis Juni. Dichte graugrüne bis blaugraue Polster mit 1blütigem, 10–20 cm hohem Stengel. Blüten rosa, mit scharfgesägtem Rand. **51,** S. 7. 'Nordstjernen', rosa, gute Auslesesorte.

pavonius Tausch (syn. *D. neglectus* Loisel.), europäische Alpen. Blütezeit Juni. 4–10 cm hohe dunkelgrüne, grasartige Büschel mit 1–3blütigen Stengeln. Blüten purpurn, unterseits grünlichgelb und nachts sich schließend. **52,** S. 7.

plumarius L., Federnelke. SO-Europa. Blütezeit Juni–Juli. Dichte rasenartige Polster mit blaugrünen Blättern. Blüten weiß oder rosa, stark zerschlitzt, an 20–30 cm hohen, gablig verzweigten Stielen zu 2 oder 3. Blüten stark duftend. Viele Sorten (Auslesen und Hybriden), z. B.: 'Belchen', halbgefüllt, rosa mit violett purpurnem Auge; 'Heidi', dunkelrot, gefüllt; 'Morgenlicht', Blüten groß, leuchtend rosa; 'Mrs. Sinkins', weiß mit grünlicher Mitte, gefüllt.

2. *Ein- und zweijährige Nelken*

barbatus L., Bartnelke. S-Europa. Blütezeit Juni bis August. Staude, in Kultur meist zweijährig. Bis 60 cm hoch, Blätter dunkelgrün. Blüten an den Zweigenden in Trugdolden. Die Bartnelken sind altbekannte Gartenblumen. Ein großes Sortiment ist entstanden mit Blüten in weiß, rosa bis rot, purpurn, lachs und auch zweifarbig. Aussaat im Freien an Ort und Stelle im April–Mai. Standort sonnig. Blüten im folgenden Jahr. Auch als Schnittblume verwendbar. **283,** S. 36. Hierzu kann auch 'Sweet Wivelsfield' gezählt werden. Entstanden aus *D. barbatus* × *D.* × *allwoodii*; ähnlich den Bartnelken, doch Blüten größer, zu wenigen in lockeren Blüten ständen, bis 50 cm hoch. Farben rosa, rot, weiß. Blütezeit Sommer. Wird einjährig gezogen. **286,** S. 36.

caryophyllus L., Gartennelken. Stammform in Dalmatien heimisch. Hierunter kann man die Vielzahl der verschiedenen Beet- und Schnittnelkengruppen zusammenfassen.

Landnelken. Ihre Bedeutung ist heute bei uns nicht mehr so groß wie im vergangenen Jahrhundert. Damals war das Sortiment sehr umfangreich und umfaßte Hunderte von Sorten. In England spielen sie noch eine größere Rolle (daher die vielen Abbildungen, die im englischen Original dieses Buches sind und hier aus drucktechnischen Gründen übernommen wurden). Die Höhen sind unterschiedlich, je nach Sorte 30–60 cm. Verwendung auf Blumenrabatten im Sommer. Vermehrung durch Samen im Mai, dann auspflanzen und mit leichtem Winterschutz versehen. Kultur zweijährig, selten mehrjährig. **1092–1103,** S. 137–138. Hierher gehört auch die 'Allwoodii-Gruppe' (*D.* × *allwoodii*), **1104–1107,** S. 138–139.

Hängenelken. Hierunter 2 Gruppen: Gebirgshängenelken. Dies sind schwachstengelige und daher hängende Formen. Nicht winterhart. Hängenelken ('Feuerkönig') von etwas anderer Abstammung. Blätter nicht bereift, sondern dunkelgrün. Blüten dunkelrot. Nicht winterhart; außerdem empfindlich gegen Regen.

Chabaud-Nelken. Ähneln den Edelnelken. Wuchs straff aufrecht, bis 60 cm hoch, in vielen Farben. Durch Ausbrechen von Seitenknospen können – wie bei Edelnelken – größere Blüten erzielt werden. Kultur einjährig. Verwendung als sommerblühende Schnittblumen im Freiland. Für den Privatgarten von Bedeutung; im gärtnerischen Anbau verdrängt durch Edelnelken. Besonders großblütige Formen werden als „Nizzaer-Kind-Nelken" angeboten. **284,** S. 36.

Edelnelken. Sie sind heute *die* Schnittnelken und werden in den Gärtnereien in großen Mengen angebaut. Ihre Kultur ist nur im Gewächshaus möglich und kann dem Pflanzenliebhaber nicht empfohlen werden. Beispiele für Edelnelkensorten Abb. **499–510,** S. 63–64.

chinensis L., Chinesische Nelke. China. Blütezeit Sommer. Zweijährig, mitunter auch ausdauernd, doch meist einjährig kultiviert. Bis 40 cm hoch, Blätter hellgrün. Blüten groß, an den Zweigenden, in vielen Farben. Hierher gehören die *Heddewigs-Nelken*, aus Japan eingeführte Gruppe mit mehreren Formen, z. B. geschlitzte Hängenelken, Blütenblätter tief eingeschlitzt. Verwendung im Freiland, als Schnittblumen oder die niedrigen Sorten als Beetpflanzen. Verwendung durch Aussaat im April im Frühbeetkasten, im Mai auspflanzen. **285,** S. 36.

Diascia Link et Otto, *Scrophulariaceae*

50 Arten in S-Afrika. Zarte einjährige oder ausdauernde Kräuter mit einfachen fiedrigen Blättern und achselständigen oder in Trauben stehenden violetten bis rosa Blüten. Vermehrung durch Aussaat. Als Sommerblume im April an Ort und Stelle in geschützte Lagen.

barberae Hook. f., Blütezeit Juli–September. 20–30 cm hoch, mit dunkelgrünen eiförmigen Blättern und endständiger Blütentraube aus 2 cm großen rosafarbenen Blüten. Beim Nachlassen der Blüte fördert Rückschnitt auf 5 cm über den Boden (evtl. mehrmals im Jahr) neuen Flor. **287,** S. 36.

Dicentra Bernh., Doppelsporn, *Papaveraceae*

17 Arten in China, N-Amerika, 1 Art in O-Afrika. Ausdauernde Kräuter mit vielteiligen Blättern. Blüten rot, gelb oder weiß in end- oder blattgegenständiger Traube. Vermehrung durch Aussaat oder Teilung, meist Wurzelschnittlinge. Für helle bis schattige Stellen, in feuchten, kühlen und leicht humosen Böden.

eximia (Ker-Gawl.) Torr., N-Amerika. Blütezeit Mai–Juni. 20–50 cm hoch, mit farnartigen graugrünen Blättern, hängende rosa Blüten in zusammengesetzten Trauben. 'Alba', weiß, **1108, S.** 139.

formosa (Andr.) Walp., westl. N-Amerika. Blütezeit Juni–Oktober. 10–30 cm hoch, ähnlich *D. eximia*. Blätter aber hellgrün und 3mal fiederteilig. Blüten blaßrot. **1109,** S. 139.

peregrina Mak., Japan, Sibirien. Blütezeit Mai bis Juli. 5–10 cm hoch, Blätter blaugrün, fein gefiedert. Blüten dunkelrosa mit weißen Ecken. Für Alpinenhaus in kalkfreier, durchlässiger Erde. **53, S.** 7.

spectabilis (L.) Lem., Tränendes Herz. O-Asien. Blütezeit Mai–Juni. 60–90 cm hoch, buschig. Stengel hohl, rötlich-blaugrün. Blätter lang gestielt, doppelt bis mehrfach 3zählig. Blüten rosa, rosenrot oder weiß, überhängend in Trauben. Pflanze zieht bald nach der Blüte ein. **1110,** S. 139. 'Alba', seltene weiße, aber weniger schöne Sorte.

Dichelostemma ida-maia siehe *Brevoortia coccinea*

Dictamnus L., Diptam, *Rutaceae*

2 Arten von Mitteleuropa bis N-China. Drüsig behaarte, aromatisch duftende Stauden. Blätter wechselständig, 3–5paarig gefiedert. Blüten rötlich weiß mit roten Adern in endständiger, vielblütiger Traube. Vermehrung durch Aussaat (im Herbst, der natürlichen Witterung aussetzen) und Teilung. Für sonnige bis halbschattige Lagen, schwerer Humusboden.

albus L. (syn. *D. fraxinella* Pers.), 60–100 cm hoch. Blütezeit Mai–Juli, muß lange Jahre ungestört stehen. Es gibt rosa- und auch weißblühende Formen sowie dunkler gefärbte Auslesen, z. B. 'Purpureus', purpurrosa mit großen einzeln stehenden Blüten. **1111,** S. 139.

fraxinella siehe *albus*

Didiscus DC., Blaudolde, *Umbelliferae*

14 Arten in Australien bis Neukaledonien und Indonesien. Ein- oder mehrjährige, oft verholzende Kräuter mit behaarten aufrechten Stengeln. Blätter 3zählig, geschlitzt und gezähnt. Blüten weiß oder blau. Vermehrung durch Aussaat. Für warme, sonnige Stellen oder Kalthaus.

caeruleus (Grah.) DC., W-Australien, einjährige, etwa 60 cm hohe, drüsig behaarte Kräuter. Wechselständige, fingerförmige, gestielte Blätter an aufrecht verästelten Stengeln. Blüten himmelblau in 6–8 cm großen Dolden. **288,** S. 36.

Dieffenbachia Schott, *Araceae*

Etwa 30 Arten im trop. Amerika. Mehrjährige Pflanzen mit dickem, aufrechtem Stamm. Blätter länglich bis eirund, dickrippig. Färbung der Blätter sehr verschieden; grün, weiß oder mit verschiedenen Grüntönungen gestreift, gefleckt, marmoriert. Blüten in einem Kolben, umgeben von grüner oder weißer Spatha. Verwendung der Dieffenbachien als zierende Blattpflanzen im Zimmer. Während der Wachstumszeit reichlich bewässern und düngen. Standort warm, nicht in voller Sonne. Zu hoch und am unteren Stammteil kahl gewordene Pflanzen können zurückgeschnitten werden. Oft erfolgt dann Austrieb von Seitenknospen. Den abgeschnittenen oberen Teil einpflanzen.

picta (Lodd.) Schott, Brasilien; **seguine** (Jacq.) Schott, Antillen. Beide Arten sehr vielgestaltig, schon in ihrer Heimat mit zahlreichen Formen. Im gärtnerischen Anbau sind noch viele weitere Sorten hinzugekommen, die überwiegend von den beiden genannten Arten abstammen. Beispiele sind: 'Amoena', **511,** S. 64; 'Exotica', **512,** S. 64; 'Roehrsii', **513,** S. 65.

Dierama C. Koch, Trichterschwertel, *Iridaceae*

3 Arten in S- und O-Afrika. Knollenbildende, ausdauernde Kräuter mit schmalen grasartigen Blättern. Blüten trichterförmig, in dünnen überhängenden Rispen. Nicht winterhart. Verwendung im Sommer im Freiland. Überwinterung frostfrei. Da gegen Umpflanzstörungen empfindlich, besser ständig im Topf ziehen und diesen im Sommer im Freien einsenken.

pulcherrima (Hook. f.) Bak., Blütezeit September bis Oktober. Bis 1 m hoch. Blüten purpurn bis rot. **725,** S. 91.

Digitalis L., Fingerhut, *Scrophulariaceae*

10 Arten in Eurasien und besonders im Mittelmeerraum. Meist zweijährige, selten ausdauernde Kräuter, kahl bis zottig oder filzig behaart. Blätter ganzrandig oder gezähnt, im ersten Jahr als Rosette. Blüten hängend, groß, rot, gelb, weiß oder gefleckt in langen endständigen, oft einseitigen Trauben. Vermehrung durch Aussaat oder bei mehrjährigen Arten durch Teilung. Für tiefgründige, nährstoffreiche Böden in sonniger bis schattiger Lage. Bei Entfernung des Blütenstandes während des Abblühens bilden sich am Boden Seitentriebe, die im Spätsommer nochmals blühen. Die Pflanzen enthalten die Herzglykoside Digitoxin und Digitalein.

purpurea L., Roter Fingerhut. Europa. Blütezeit Juni–Juli. Zweijährig, 100–150 cm hoch, filzig behaart. Blätter spitz-eiförmig bis lanzettlich. Blütenstand besteht aus langer einseitiger Traube. Hellpurpurne, glockig-röhrige Blüten in den Achseln der Deckblätter, etwa 5 cm groß.
'Excelsior-Hybriden', 150–180 cm hoch, Farbspiel rosa, rötlich, creme und weiß mit fast waagrecht abstehenden Blüten. **289,** S. 37.
'Foxy', 60–80 cm hoch, Farbspiel von rosa bis bräunlich und cremeweiß. Bei Aussaat im Februar-März als einjährige Sommerblume zu kultivieren. **290,** S. 37.

Dimorphotheca Moench, Kapringelblume, *Compositae*

7 Arten in S-Afrika. Ein- oder mehrjährige Kräuter oder Halbsträucher mit wechselständigen, ganzen oder gefiederten Blättern. Blütenkörbchen groß, weiß, blau oder gelb, endständig, langgestielt. Vermehrung durch Aussaat an Ort und Stelle, April bis Mai in leichten, etwas mageren Boden.

aurantiaca siehe *sinuata*

barberiae Harv., Blütezeit Juni–September. Etwa 30 cm hoch, mit schmalen ganzen Blättern. Blüten leuchtend purpurrosa, 5–8 cm groß, sehr zahlreich. Vermehrung durch frostfreie Überwinterung von Stecklingen, evtl. Alpinenhaus mit Schutz vor Winternässe. **54,** S. 7.

sinuata DC. (syn. *D. aurantiaca* hort.), Blütezeit Juni–August. 20–40 cm hoch, länglich-lanzettliche Blätter. Blüten orange bis tiefviolett. Viele Sorten im Handel mit Farbspiel von weißgelb, aprikosenfarben bis orange. **291,** S. 37.

Dionysia Fenzl, *Primulaceae*

34 Arten in Amerika, Iran und Afghanistan. Polsterförmige, niedrige, steinbrechähnliche Stauden mit gelben, seltener violetten Blüten, einzeln über das Polster ragend, 2–4 cm groß. Vermehrung durch Aussaat oder Stecklinge, für Alpinenhaus, vorsichtig und wenig wässern.

aretioides (Lehm.) Boiss., Elbursgebirge. Bildet dichte graugrüne Polster bis 40 cm Durchmesser. Blüten reingelb, bis 2 cm lang, einzeln oder zu 2. Alpinenhaus auf Kalkstein im Schatten. **55,** S. 7.

Dipladenia A. DC., *Apocynaceae*

Etwa 40 Arten im trop. Amerika. Halbsträucher oder Sträucher, teilweise windend, immergrün, mit gegenständigen Blättern. Blüten trichterförmig mit oft weit ausgebreitetem Saum, in achselständigen Trauben. Keine winterhart. Häufiger angeboten wird:

sanderi Hemsl., Brasilien. Blütezeit Sommer. Windend. Blätter ledrig, bis 5 cm lang. Blüten bis 7 cm breit, rosa, am Grunde außen und innen gelb. Verwendung als Zimmerpflanze oder in größerem Blumenfenster. Wegen des stark windenden Wuchses oft an im Topf befestigten Gerüsten hin- und hergebogen.

Disanthus Maxim., *Hamamelidaceae*

Nur 1 Art.

cercidifolius Maxim., beheimatet in Japan. Blütezeit Oktober. Strauch, sommergrün, bis 2 m hoch, mit eirundlichen, am Grunde herzförmigen, bis 12 cm langen Blättern. Blätter oberseits bläulichgrün, Herbstfärbung karminrot. Blüten zu 2 in den Blattachseln, violettpurpurn. Winterhart, an geschütztem, feuchtem Standort. **1566,** S. 196.

Dizygotheca N. E. Br., Fingeraralie, *Araliaceae*

Artenzahl nicht genau bekannt. Südseeinseln. Sträucher oder kleine Bäume, immergrün, mit gefingerten Blättern. Keine winterhart. Gezogen wird fast nur:

elegantissima (Veitch) Vig. et Guill. (syn. *Aralia elegantissima* Veitch), Neukaledonien. Sträucher, im Alter (aber wohl nur ausgepflanzt im Gewächshaus) mehrere Meter hoch werdend. Blätter 7–11zählig gefingert, an langem Blattstiel. Blatteile bei jungen Pflanzen schmal, bei älteren breiter, olivgrün mit rötlichem Mittelnerv. Verwendung als Zimmerpflanze, warm. Bei hoher Lufttrockenheit rasch Befall mit roten Spinnmilben. Wintertemperatur nicht unter 15°. Vermehrung den Gärtnereien überlassen. **514,** S. 65.

Dodecatheon L., Götterblume, *Primulaceae*

15 Arten in N-Amerika. Stauden mit grundständigen, länglichen bis spatelförmigen, eine Rosette bildenden Blättern, die im Sommer absterben. Alpenveilchenähnliche nickende Blüten, weiß, rot oder purpurfarben auf einfachem, doldigem Schaft. Vermehrung durch Aussaat oder besser Teilung in Wurzelstecklinge bei Sorten. Für sonnige bis halbschattige Stellen mit sandig-humosem Boden. Gute Wasserversorgung bis zum Absterben der Blätter im Sommer nötig. Dann trockener und durch andere Stauden beschatteter Standort.

alpinum Greene, Kalifornien. Blütezeit Mai–Juni. Ovale, leicht fleischige, kahle Blätter. Blüten leuchtend purpurrot auf 20–25 cm hohen verzweigten Stengeln. **56,** S. 7.

meadia L., atlant. N-Amerika. Blütezeit Mai–Juni. Rosetten aus leicht gezähnten, länglich-ovalen Blättern. 10–20blütige, 30–60 cm hohe Dolden von hell- bis dunkelrosa Blüten. 'Album', weiß, **1112,** S. 139.

Doronicum L., Gemswurz, *Compositae*

35 Arten in Europa und Asien. Ausdauernde, kahle oder drüsig bis zottig behaarte Kräuter. Grundständige, langgestielte herzförmige Blätter, obere Blätter umfassen den Stengel und sind herzförmig, gekerbt gesägt. Vermehrung durch Aussaat, Sorten durch Teilung. Für sonnige bis halbschattige Standorte mit nährstoffreichem Boden. Für Schnitt geeignet.

caucasicum siehe *orientale*

columnae Ten. (syn. *D. cordatum* (Wulf.) Schultz-Bip.), Alpen bis Vorderasien. Blütezeit April–Mai. 30–60 cm hohe Staude ohne Ausläufer, drüsig behaarte, wenig beblätterte Stengel. Grundblätter breit herzförmig, regelmäßig gezähnt, mit langen geflügelten Stielen. Köpfchen 3–6 cm groß, einzeln, goldgelb. **1114,** S. 140.

cordatum siehe *columnae*

orientale Hoffm. (syn. *D. caucasicum* M. B.), SO-Europa, Vorderasien. Blütezeit April–Mai. 30–50 cm hoch. Grundblätter breit-herzförmig, unregelmäßig gezähnt. Blüten einzeln, gelb.
'Frühlingspracht', tief gelb, vollgefüllt, **1113,** S. 140;
'Goldkranz', 60 cm hoch, Blüten einzeln, 7 cm groß, goldgelb, halbgefüllt, gute Schnittsorte; 'Goldzwerg', etwa 25 cm hoch, dichter, geschlossener Wuchs, Blüten einfach, goldgelb.

plantagineum L., W-Europa. Blütezeit April–Mai. Staude, 40–100 cm hoch, mit Ausläufern. Grundblätter eiförmig, ganzrandig, kahl. Stengel drüsig behaart. 1–3köpfige Blüten, 6 cm groß, goldgelb. 'Excelsum', goldgelb, etwa 90 cm hoch.

Dorotheanthus Schwant., *Aizoaceae*

Wenige Arten in S-Afrika. Einjährige Kräuter mit schmalen oder lanzettlichen, etwas sukkulenten Blättern.

bellidiformis (Burm.f.) N. E. Br. (syn. *Mesembryanthemum criniflorum* L. f.). Blütezeit Juli–September. Wuchs kriechend, nur wenige cm hoch. Blüten bis

5 cm breit (und mehr), strahlig, ähnlich einem großen Gänseblümchen, leuchtend gelb, rosa, orange, rot, weiß. Verwendung als reichblühende Sommerblumen im Freiland. Standort sonnig, da nur dann die Blüten sich weit öffnen. Vermehrung durch Aussaat im April in Töpfe unter Glas und Ende Mai ins Freie pflanzen (oder Aussaat Mitte Mai gleich an Ort und Stelle). Blütezeit setzt dann etwas später ein. **343,** S. 43.

Douglasia Lindl., Goldprimel, *Primulaceae*

7 Arten in Gebirgen N-Amerikas und Europas. Polsterbildende, selten halbstrauchige Kräuter. Blätter in dichten Rosetten. Blüten gelb oder rosa, zu wenigen in mit Hochblättern versehenen Dolden. Vermehrung durch Teilung oder Aussaat. Für vollsonnige Stellen mit durchlässigem, leichtem und humosem Boden.

vitaliana (L.) Hook. f., Alpen und Pyrenäen. 5 cm hoher rasenartiger Wuchs. Blätter linealisch, dachziegelartig zu Rosetten geordnet. Blüten goldgelb, einzeln, kurz über dem Laub. Für kalkhaltigen Boden, in rauhen Gegenden ins Alpinenhaus. **57,** S. 8.

Draba L., Hungerblümchen, *Cruciferae*

270 Arten in Gebirgen der ganzen Erde. Kleine, rasenbildende, behaarte Kräuter mit grundständigen rosettigen Blättern. Blüten klein, weiß oder gelb, in Trauben. Vermehrung durch Aussaat oder Teilung. Für sonnige Stellen in Felsspalten oder auf Felsflächen.

bruniifolia Stev. (syn. *D. olympica* hort.), Kaukasus, Vorderasien. Blütezeit April–Mai. Kleine Rosetten, zu moosartigem Rasen wachsend, etwa 5 cm hoch. Blütenstengel 3–4 cm hoch, mit 8–10blütigen Trauben von goldgelben Blüten.

bryoides DC. 'Imbricata', Kaukasus. Blütezeit April bis Mai. Sehr dichter moosartiger Rasen aus sehr kleinen Rosetten. Blüten gelb, zu 2 oder 3 auf 5–8 cm hohen Stengeln. **58,** S. 8.

mollissima Stev., Kaukasus. Blütezeit März–April. Kleinrosettige, sehr dichte, flachkuglige, graufilzige Polster. Kalthaus- oder Alpinenhauspflanze. **59,** S. 8.

olympica siehe *bruniifolia*

Dracaena L., *Agavaceae*

Etwa 10 Arten im trop. und subtrop. Asien und Afrika. Bäume oder Sträucher, immergrün, mit länglichen bis lanzettlichen, grünen oder weiß oder gelb gestreiften Blättern und orangefarbenen oder gelben Wurzeln. Verwendung als Blattpflanze im Zimmer, warm (Ausnahme *D. draco*).

deremensis (N. E. Br.) Engl., Afrika. Bis mehrere Meter hoch werdend. Blätter bis 50 cm lang, dunkelgrün. Häufiger als die Art werden gezogen: 'Bausei', Blätter mit weißem Mittelstreifen. **515,** S. 65. 'Warneckii', Blätter mit grünlichweißem Mittelstreifen, der von den grünen Randstreifen durch weiße Streifen abgegrenzt ist.

draco (L.) L., Drachenbaum. Kanar. Inseln. Baumartig, in der Heimat viele Meter hoch und riesigen Stammumfang erreichend. Blätter schopfig sitzend, schwertförmig, graugrün. Kübelpflanze, im Sommer im Freien.

fragrans (L.) Ker-Gawl., W- und O-Afrika. Bis mehrere Meter hoch werdend, mit bis 90 cm langen, verkehrt-lanzettlichen, locker angeordneten Blättern. Als Zierpflanze von Bedeutung eine Anzahl hierzu gehörender buntblättriger Sorten, z. B.: 'Massangeana', Blätter mit gelbgrünem Mittelstreifen, eingefaßt von dunkelgrünem Randstreifen. **516,** S. 65.

godseffiana hort. Sander, Kongo. Strauchig, verzweigt, bis 1 m hoch. Blätter eirund, zugespitzt, bis 10 cm lang, grün mit vielen unregelmäßigen weißen Flecken.

indivisa siehe *Cordyline indivisa*

marginata Lam., Madagaskar. 1–2 m hoch, Stamm weißlich. Blätter linealisch-lanzettlich, bis 40 cm lang, in lockerer Anordnung, dunkelgrün, mit schmalen rötlichen Rändern. **517,** S. 65.

reflexa Lam., Mauritius. Stamm bis 4 m hoch werdend. Blätter schwertförmig, grün, ledrig. Eine buntblättrige Sorte ist 'Song of India'. **628,** S. 79.

sanderiana hort. Sander, Kongo. Aufrecht wachsend, bis 1 m hoch, oft am Grunde schon verzweigt. Blätter oval-lanzettlich, bis 25 cm lang, weiß und grün gestreift. **518,** S. 65.

Dracunculus Mill., Drachenwurz, *Araceae*

2 Arten im Mittelmeergebiet bis Vorderasien. Blätter fußförmig vielteilig. Blütenstand endständig, die Spatha (Blütenhochblatt) dunkelrot, zu einer Röhre zusammengerollt. Röhre mit oben zurückgekrümmter Spitze. Beim Verblühen stinkend. Vermehrung durch Aussaat oder Brutknöllchen. Für sonnige, warme, geschützte Stellen. Knollen besser frostfrei im Keller überwintern.

vulgaris Schott, Mittelmeergebiet. Blütezeit Mai bis Juni. Flachknolliger Erdstamm, Blätter fußförmig eingeschnitten, 10–15teilig und 100 cm hoch. Blütenstand mit 25–30 cm langer purpurroter, tütenförmiger Spatha (Hochblatt), die von etwa 25 cm langem schwarzem Fortsatz des Kolbens überragt wird. **726,** S. 91.

Drimys siehe Nachtrag Seite 357

Dryas L., Silberwurz, *Rosaceae*

10 Arten in Gebirgen der Nordhalbkugel. Kriechende Halbsträucher mit einfachen, grundständigen, fiederschnittigen Blättern, oberseits dunkelgrün, unterseits silberweiß. Blüten groß, weiß oder gelb auf einblütigem Schaft. Silbrige, federartige, zierende Fruchtstände. Vermehrung durch Aussaat oder Teilung. Für sonnigen, nicht zu nährstoffreichen Standort. Triebe flach pflanzen, sonst sterben sie ab.

octopetala L., Blütezeit Juni–Juli. 5–15 cm hoher Strauch mit niederliegendem Stengel. Blätter immergrün, herzförmig-länglich, gekerbt. Blüten weiß, kurzgestielt. **60,** S. 8.

Dryopteris Adans., Wurmfarn, *Aspidiaceae*

Etwa 150 Arten, meist in den gemäßigten Gebieten der Erde. Kurzes, kräftiges Rhizom. Wedel lanzettlich oder länglich-dreieckig, doppelt oder 3fach gefiedert. Sporenhaufen (Sori) meist auf den Rücken der Adern. Vermehrung durch Sporenaussaat, Sorten durch Teilung. Für schattige, bei genügender Feuchtigkeit auch sonnige Lagen.

borreri Newm. (syn. *D. paleacea* (D. Don) Hand.-Mazz.), Goldschuppenfarn. Heimisch, ähnlich *D. filix-mas,* aber Schuppen auf Wedeln, goldfarben und unter günstigen Bedingungen fast wintergrün. Viele, durch verschieden gestaltete Fiedern unterschiedene Sorten.

dilatata (Hoffm.) A. Gray, Breitwedel-Dornfarn. In den gemäßigten Zonen der Nordhalbkugel. Dunkelgrüne Wedel, bis 100 cm lang, mit strohgelben Rippen. Fiedern langgespitzt, bis 3fach gefiedert.

erythrosora (Eat.) O. Kuntze, Rotschleierfarn. Japan, Korea und China. Wedel bis 50 cm lang und 30 cm breit, wintergrün, mit lanzettlichen, scharf gezähnten, bis 15 cm langen, tiefeingeschnittenen Fiedern. Winterschutz durch Laubdecke erforderlich. Wedel im Austrieb rot, später dunkelgrün.

filix-mas (L.) Schott, Wurmfarn. Kosmopolit. Wedel trichterförmig angeordnet, bis 100 cm lang, dunkelgrün. Fiedern und Stengel mit bräunlichen Schuppen besetzt. Wedel nicht wintergrün. Viele Sorten mit verschieden gestalteten Fiedern.

paleacea siehe *borreri*

E

Eccremocarpus Ruiz et Pav., Schönranke, *Bignoniaceae*

3 Arten in den Anden von Ekuador bis Chile. Kletternde immergrüne Sträucher mit gegenständigen, doppelt fiederschnittigen Blättern mit einer Ranke an der Spitze. Blüten gelb, scharlach oder orangerot in lockeren Trauben. Bei uns einjährig gezogen. Vermehrung durch Aussaat (Februar, Auspflanzung Mitte Mai). Für warme Südlagen in voller Sonne.

scaber Ruiz et Pav., Chile. Blütezeit Juni–Oktober. Bis 5 m hoch kletternde Pflanze. Blüten orangerot, 2–3 cm lang, in 10–15 cm langen Trauben. **1976,** S. 247.

Echeveria DC., *Crassulaceae*

Etwa 150 Arten im südl. USA, Mexiko bis Peru Mehrjährige Sukkulenten, stammlos oder kurzstämmig, verzweigt. Im Alter bilden die stammloser Pflanzen ebenfalls ein kleines Stämmchen. Blätte spiralig in Rosetten, fleischig. Blüten zu mehreren in Wickeltrauben oder Trugdolden. Keine winterhart Verwendung der Echeverien als dankbare Zimmerpflanzen, manche auch im Sommer im Freien Standort sonnig, Überwinterung kühl. Bei manchen Arten ist niedrige Temperatur Voraussetzung fü das Blühen. Vermehrung bei vielen Arten durch Abbrechen von Blättern, die flach auf Sand geleg werden. An den Bruchstellen bilden sich Jungpflanzen.

agavoides Lem., Mexiko. Blütezeit Frühjahr. Groß Rosetten bildend (bis 20 cm Durchmesser). Blätte breit-dreieckig, hellgraugrün. Blüten krugförmig glockig, orangerot mit gelben Spitzen.

carnicolor (Bak.) E. Morr., Mexiko. Blütezeit Sommer. Rosetten bis 10 cm Durchmesser. Blätter metallisch blau, etwas gerötet. Blüten orangerot. Blütenbildung bei Tageslängen von über 13 Stunden In Tageslängen unter 12 Stunden tritt Bildung von Nebenrosetten ein. Durch Manipulation der Tageslängen zu beliebigen Zeiten zum Blühen zu bringen

derenbergii J. A. Purp., Mexiko. Blütezeit Apr bis Juni. Fast kuglige Rosetten bis 8 cm Durchmesser, graugrün. Blüten rotgelb. Günstigste Temperatur für Blütenbildung um 15° in Tageslänge unter 12 Stunden oder um 10° über 13 Stunden.

desmetiana siehe *peacockii*

gibbiflora DC., Mexiko. Blütezeit Herbst. Stämmchenbildend, oben die Blattrosette tragend, grau grün. Blütenstand bis 50 cm lang, Blüten hellro 'Metallica', Blätter bronzefarben bereift, **519,** S. 6

harmsii (Rose) Macbr. (syn. *Oliveranthus elegar* Rose), Mexiko. Blütezeit Sommer. Verzweigte kleiner Strauch, bis 50 cm hoch, an den Zweigende Rosetten tragend. Blätter grün, weichhaarig. Blüte bis 3 cm lang, glockig, leuchtend rot. Zur Blütenbildung sind Kurztage und daran anschließend Lang tage notwendig. Blüht also nicht, wenn zur Zeit der natürlichen Kurztage zwischen Oktober und März im abends lang erleuchteten Zimmer.

peacockii Crouch. (syn. *E. desmetiana* De Smet), Mexiko. Blütezeit Sommer. Rosetten bis 15 cm Durchmesser. Blätter stark blauweiß bereift. Blüten rot. Sehr gut im Sommer im Freien. Blütenbildung nur in Tageslängen über 13 Stunden.

Echinacea Moench, *Compositae*

5 Arten in N-Amerika. Stauden mit wenig verzweigten Stengeln und ungeteilten, ganzrandigen oder gezähnten Blättern. Blütenköpfe groß, einzeln gestielt, Zungenblüten rosa bis rot und herabhängend, Röhrenblüten schwarzbraun. Vermehrung durch Aussaat und Teilung; für sonnige bis halbschattige Stellen mit frischem humosem Boden.

purpurea (L.) Moench (syn. *Rudbeckia purpurea* L.), Ohio bis Oklahoma. Blütezeit Juli–Oktober. 50–100 cm hohe Staude mit steifen, wenig verzweigten Stengeln. Blätter eiförmig-lanzettlich und scharf gezähnt. Blütenköpfe einzeln endständig, Zungenblüten bis 6 cm lang, rosa bis purpurn und hängend, Röhrenblüten schwarzpurpurn. 'Robert Bloom', Randblüten karminpurpurn, **1354,** S. 170; 'The King', Randblüten leuchtend rosarot, **1355,** S. 170.

Echinocactus Link et Otto, Kugelkaktus, *Cactaceae*

7 Arten in Mexiko. Kuglige oder zylindrische, stark längsgerippte Kakteen mit starken Dornen. Blüten meist gelb. Häufig kultiviert wird:

grusonii Hildm., Goldkugelkaktus. Bedornung gelb. Schon als kleine Pflanze ansehnlich. Im Alter (nach einigen Jahrzehnten) sehr groß werdend, bis 80 cm im Durchmesser. Blüht selten. **520,** S. 65.

Echinocereus Engelm., Igelsäulenkaktus, *Cactaceae*

Etwa 60 Arten in Mexiko und USA. Niederliegende oder aufsteigende Kakteen, häufig am Grunde verzweigt. Meist stark bedornt. Körper walzig. Blüten meist groß, leuchtend gefärbt, trichterförmig. Verwendung als Zimmerpflanze. Standort sonnig. Ausgezeichnet durch die für Kakteen lange Haltbarkeit der Einzelblüte (bis zu 8 Tagen) und die Leuchtkraft der Farben. Überwinterung kühl, um 5°. Dadurch wird Blütenbildung gefördert, bei einigen Arten vielleicht überhaupt erst ermöglicht.

fitchii Britt. et Rose, Texas. Kurzzylindrisch. Blüten glänzend violettrosa, bis 7 cm breit.

pectinatus (Scheidw.) Engelm., Mexiko. Zylindrisch, aufrecht. Blüten tief rosa.

pentalophus (DC.) Lem., Texas. Reichsprossend, flachwachsend. Blüten lilakarminrot, groß.

purpureus M.S. Lahm., Oklahoma. Aufrecht wachsend, Blüten purpurn.

salm-dyckianus Scheer, Mexiko. Aufrecht, Blüten orange.

scheerii (Salm-Dyck) Ruempl., Mexiko. Aufrecht, Blüten rosa. **521,** S. 66.

Echinops L., Kugeldistel, *Compositae*

20 Arten in Europa, Asien und Afrika. Hohe distelartige, weißfilzige Kräuter. Blätter wechselständig, mehrfach fiederschnittig. Kugelförmige Blütenköpfchen mit blauen oder weißen Blüten, einzeln, endständig. Vermehrung durch Aussaat oder Teilung und Wurzelschnittlinge. Für sonnige, humose, nicht zu feuchte Stellen.

ritro L., S-Frankreich, Spanien. Blütezeit Juli–September. 50–100 cm hohe Staude. Blätter fiederschnittig. Oberseite nicht spinnwebig behaart. Blütenköpfchen stahlblau, 2–4 cm groß. Wohl nicht echt unter diesem Namen im Handel, da die *E. ritro* in der Kultur meist weißliche Blüten haben und 100 bis 200 cm hoch sind. 'Veitchs Blue', tiefblau, **1115,** S. 140.

Echioides Johnst., Prophetenblume, *Boraginaceae*

12 Arten im Mittelmeergebiet bis Himalaja. Einjährige bis ausdauernde Kräuter. Blätter rauhhaarig, groß, spatelförmig oder stumpf-lanzettlich. Blüten gelb oder violett, in wenigblütigen Trauben oder Trugdolden. Vermehrung durch Teilung oder Aussaat. Für helle, geschützte Stellen mit gut durchlässigem Boden geeignet. Winter- und Nässeschutz erforderlich.

longiflorum (C. Koch) Johnst. (syn. *Arnebia echioides* (L.) A. DC.), Armenien. Blütezeit Mai–Juni. Pflanze 20–30 cm hoch. Rauhhaarige, schmale, in Rosetten sitzende Blätter. Blüten hellgelb, zu vielen in einer einfachen Traube. **975,** S. 122.

Echium L., Natternkopf, *Boraginaceae*

50 Arten in Mitteleuropa und im Mittelmeergebiet bis Vorderasien. Ein-, zwei- oder mehrjährige Kräuter oder Sträucher. Blätter schmal, weich behaart. Blüten blau, violett, rot oder weiß in einfachen oder gegabelten endständigen Ähren. Vermehrung durch Aussaat, bei einjährigen Arten im März–April, bei zweijährigen im Juni direkt ins Freie an sonnige, trockene Stellen.

lycopsis L. (syn. *E. plantagineum* L.), Mittelmeergebiet bis Kaukasus. Blütezeit Juni–August. Einjährig, kantiger bis 100 cm hoher Stengel, breitlanzettliche, blaugrüne, borstig behaarte Rosettenblätter. Blüten anfangs purpurn, später blauviolett. 'Blue Bedder' ('Gruppenblau'), 35 cm hoch, himmelblau, **292,** S. 37; 'Dwarf Hybrids', 30 cm hoch, Mischung, blau, lavendel bis rosa, **293,** S. 37.

plantagineum siehe *lycopsis*

Edgeworthia Meissn., *Thymelaeaceae*

2 oder 3 Arten in O-Asien. Mit *Daphne* verwandte Sträucher, sommergrün oder immergrün. Blüten in dichten Köpfchen, achselständig, an im vorigen Jahr gewachsenen Zweigen.

papyrifera Sieb. et Zucc., Japan, China. Blütezeit April. Bis 1 m hoch, sommergrün. Junge Triebe seidig behaart. Blüten bis zu 50 in Köpfchen, goldgelb. Nur unter gutem Winterschutz ausdauernd. **1568,** S. 196.

Edraianthus A. DC., Becherglocke, Büschelglocke, *Campanulaceae*

10 Arten in den Gebirgen SO-Europas. Niedrige rasenbildende Stauden mit schmalen Blättern. Blüten ungestielt, traubig, enzianähnlich. Vermehrung aus Samen. Für durchlässigen, steinigen Boden an sonniger Stelle.

pumilio (Portenschl.) A. DC., Dalmatien. Blütezeit Juni–Juli. Dichte, polsterförmige Staude mit linealisch-lanzettlichen, weiß behaarten Blättern in Rosetten. Blüten röhrig-glockig, blauviolett, ungestielt. **61,** S. 8.

serpyllifolius (Vis.) A. DC., Balkan. Blütezeit Juni bis Juli. Polsterförmig mit niederliegenden unverzweigten Stengeln; schmale, spatelförmige, glänzend dunkelgrüne Blätter in Rosetten. Blüten dunkelviolett, trichterförmig, gestielt. **62,** S. 8.

Edwardsia siehe *Sophora*

Elaeagnus L., Ölweide, *Elaeagnaceae*

Etwa 40 Arten in Asien, S-Europa, N-Amerika. Bäume oder Sträucher, sommergrün oder immergrün. Blätter silbern oder golden beschuppt. Blüten röhrig-glockig, achselständig. Einige winterhart.

angustifolia L., Mittelmeergebiet bis Zentralasien. Blütezeit Juni. Baum oder Strauch, bis 7 m hoch, sommergrün. Blüten zu 1–3 in den Blattachseln, gelb, duftend, 1 cm lang. Winterhart.

× **ebbingei** Boom (*E. macrophylla* × *E. pungens*), Blütezeit Mai–Juni. Strauch, winter- oder immergrün, bis 3 m hoch. Blätter elliptisch, oberseits grün, unterseits silbrig und braun. Blüten weiß. Winterschutz ratsam. **1569,** S. 197.

multiflora Thunb., China, Japan. Blütezeit Mai. Strauch, bis 3 m hoch, sommergrün. Blüten blaßgelb.

pungens Thunb., China, Japan. Blütezeit Juni. Strauch, immergrün, bis 2 m (auch höher). Blätter bis 10 cm lang, mit gekräuselten Rändern, oberseits glänzend grün, unterseits silbrig. Blüten weiß, duftend. Hierher gehören einige Sorten mit bunten Blättern, z. B. 'Dicksonii', **1570,** S. 197; 'Maculata', **1571,** S. 197.

Embothrium J. R. et G. Forst., *Proteaceae*

Nur 1 Art.

coccineum J. R. et G. Forst., beheimatet in Chile, W-Argentinien. Blütezeit Sommer. Strauch, später Baum, immergrün, mit ledrigen, bis 10 cm langen Blättern. Blüten zu vielen in großen endständigen Trauben, scharlachrot. **1572,** S. 197. Einige Formen bekannt, z. B. 'Norquinco', Blüten orangescharlach, **1573,** S. 197.

Verwendung bei uns allenfalls als Kübelpflanze, im Sommer im Freien, sonnig. Überwinterung hell und kühl. Besser ausgepflanzt im luftigen Gewächshaus.

Endymion siehe *Scilla*

Enkianthus Lour., *Ericaceae*

Etwa 10 Arten in O-Asien. Sträucher, die meisten sommergrün, mit meist quirlständigen Zweigen. Blüten glockig bis urnenförmig, in endständigen Trauben oder Dolden. Die angegebenen Arten sind winterhart. Verwendung als Blütensträucher im Garten.

campanulatus (Miq.) Nichols., Japan. Blütezeit Mai. Strauch, sommergrün, bis 3 m hoch, straff aufrecht. Herbstfärbung hochrot. Blüten hellgelb bis hellrosa, mit rötlichen Adern, in hängenden Doldentrauben. **1574,** S. 197. Einige Formen bekannt, z. B. 'Albiflorus', Blüten weiß.

cernuus (Sieb. et Zucc.) Makino, Japan. Blütezeit Mai. Strauch, sommergrün, bis 2 m hoch. Herbstfärbung feuerrot. Blüten glockig, weiß, in nickenden Trauben. **1575,** S. 197. 'Rubens', Blüten rot, **1576,** S. 197.

Epidendrum L., *Orchidaceae*

Rund 800 Arten im trop. Amerika. Epiphytische Orchideen mit meist ledrigen Blättern, Blüten in Trauben oder Rispen. Einige im Blumenfenster verwendbar.

cochleatum L., Mittelamerika, Antillen. Blütezeit Winter. Blüten 4 cm groß, weißlichgrün, Lippe mit schwarzviolettem Fleck.

ibaguense H. B. K., Mittel- und nördl. S-Amerika. Blütezeit fast das ganze Jahr. Kletternd, bis mehrere Meter lang. Blüten orangescharlach. **522,** S. 66.

vitellinum Lindl., Mexiko. Blütezeit Winter. Pseudobulben kurz, gedrungen, Blätter steifledrig, blaugrün. Blüten 4 cm groß, zinnoberrot, in Trauben, mehrere Wochen haltend.

Epiphyllum Haw., Blattkaktus, *Cactaceae*

Etwa 20 Arten von Mexiko bis Argentinien. Epiphytische Sträucher, mit langen, meist abgeflachten, blattartigen Sprossen. Blüten groß, trichterförmig. Die Epiphyllum sind für den Hausgebrauch wenig geeignet. Die als „Epiphyllum" oder „Phyllocactus" bekannten Sorten mit leuchtend gefärbten großen Blüten werden zu *Nopalxochia* gezogen (siehe dort).

Episcia Mart., *Gesneriaceae*

10 Arten von Brasilien bis zu den Antillen. Ausdauernde Kräuter mit gegenständigen Blättern, meist flaumig behaart. Wuchs rosettenartig, Ausläufer treibend. Mit zunehmendem Alter wird der Hauptstamm etwas höher. Blüten weiß, blau, rot. Verwendung ob ihrer meist schön gezeichneten Blätter als Zimmerpflanze; wegen der Ausläuferbildung auch als Ampelpflanze geeignet. Alte Pflanzen werden unansehnlich. Standort warm; vor voller Sonne schützen. Blütezeit vor allem in den lichtreichen Monaten.

cupreata (Hook.) Hanst., Kolumbien. Blätter elliptisch, bis 15 cm lang, oberseits runzlig, bräunlich bis kupferfarben, in der Mitte mit 1 cm breitem rosafarbenem Band. Blüten bis 2 cm breit, scharlachrot. Hierzu mehrere Sorten, die vor allem in der Farbe der Blattzeichnung unterschieden.

reptans Mart., nördl. S-Amerika. Blätter elliptisch, bis 10 cm lang, dunkelolivgrün oder braun, Mittelnerv und Seitennerven silbrig grün. Blüten 2 cm breit, rot.

Eranthis Salisb., Winterling, *Ranunculaceae*

8 Arten in Europa bis O-Asien. Pflanzen mit knolligem Erdstamm und grundständigen, handförmig geteilten, mehrfach eingeschnittenen Blättern. Blüten gelb oder weiß, einzeln, gestielt, von einem halskrausenähnlichem Hochblatt umgeben. Vermehrung durch Aussaat an Ort und Stelle, besser durch Teilung. Für sonnige bis halbschattige Stellen mit humosem Boden.

cilicica Schott et Kotschy, Vorderasien. Blütezeit März. Hochblatthülle fein eingeschnitten. Blüten dunkelgelb. **728,** S. 91.

hyemalis (L.) Salisb., S-Europa. Blütezeit Februar bis März. 10–15 cm hoch. Gleichmäßig geschlitzte Hochblatthülle, hellgelbe Blüten. Seit dem 16. Jahrhundert Gartenpflanze. **729,** S. 92.

× **tubergenii** Bowl., Blütezeit März. Kreuzung aus *E. cilicica* × *E. hyemalis,* 6–20 cm hoch, großblütig und leuchtend gelb, 6–7 cm groß. Vermehrung nur durch Brutknollen, da kein Samenansatz. **730,** S. 92. 'Guinea Gold', sehr gute Sorte.

Eremurus M. B., Steppenkerze, *Liliaceae*

Etwa 30 Arten in W- und Mittelasien. Mehrjährige Pflanzen mit fleischigen Wurzeln, die strahlenartig von der Knospe ausgehen. Das Ganze hat das Aussehen eines großen Seesterns. Blätter grundständig, rosettenartig angeordnet, je nach Art bis 1 m lang. Sie erscheinen im März–April zunächst noch in dicker Knospe über dem Erdboden. In diesem Stadium empfindlich gegen Nachtfröste, daher schützen mit Torf oder überdecken mit Behältern. Ansonsten sind sie winterhart. Blüten sternförmig, bis 4 cm im Durchmesser, zu vielen in reichblühender Traube auf sehr langem Schaft. Verwendung im Garten als stattliche Stauden. Pflanzung der Wurzelstöcke im Oktober, etwa 20 cm tief, in durchlässigen Boden. Vermehrung durch Teilung, aber schwierig und wenig ergiebig; auch durch Samen, Aussaat im Herbst in Töpfen, im Freien lassen, da zur Keimung niedrige Temperatur nötig. Ist jedoch langwierig, da bis zum ersten Blühen 4–6 Jahre vergehen.

bungei siehe *stenophyllus* 'Bungei'

himalaicus Bak., NW-Himalaja. Blütezeit Juni. Blütenschaft bis 1,5 m hoch. Blüten weiß.

Hybriden. Durch Kreuzung mehrerer Arten sind Hybriden entstanden, die durch reicheres Farbenspiel gekennzeichnet. Farben: hell-, dunkelgelb, hellorange, rosa, bernsteinfarben. Bekannte Gruppen sind: Elwesii-Hybriden, Highdown-Hybriden, Ruiter-Hybriden.

robustus Regel, Turkestan. Blütezeit Juni. Blütenschaft bis 2,5 m hoch, Blüten rosa, seltener weiß. **1117,** S. 140.

stenophyllus (Boiss. et Buhse) Bak., Zentralasien. Blütezeit Juli. Blütenschaft bis 70 cm hoch. Blüten gelb. Ist kaum in Kultur. Häufig aber 'Bungei', kräftiger wachsend. Blütenschaft bis 1 m hoch. **1116,** S. 140.

Erica L., Heide, *Ericaceae*

Etwa 600 Arten, fast alle in S-Afrika, einige in Europa. Sträucher, selten baumartig, immergrün, mit nadelförmigen, kleinen Blättern. Blüten glockig oder auch röhrenförmig. Verwendung der europäischen Arten im Garten, sofern winterhart, der nicht winterharten afrikanischen als Topfpflanzen.

1. *Afrikanische, nicht winterhart*

gracilis Salisb., kleine, verzweigte Sträuchlein, sehr reichblühend. Farben rosa, rot, weiß. Sie spielen eine wirtschaftlich bedeutende Rolle und werden ab Ende August als blühende Topfpflanzen angeboten. Viel verwendet zur Dekoration von Gräbern. Vermehrung den Gärtnereien überlassen.

Hybriden. Aus nicht näher bekannten Kreuzungen einiger afrikanischer Arten entstanden. Blütezeit Winter und Frühjahr. Blüten groß, bis 4 cm lang, röhrenförmig. Farben weiß, gelb, rosa, rot. Werden als blühende Topfpflanzen angeboten. Vermehrung den Gärtnereien überlassen.

2. *Europäische, nicht alle winterhart* (ist vermerkt)

arborea L., Baumheide. S-Europa. Blütezeit März bis April. Bis mehrere Meter hoch. Blüten 4 mm lang, weiß, duftend, zu vielen in großen, rispigen Blütenständen. Aus dem Holz werden die Bruyère-Pfeifen gefertigt. Nicht winterhart. Überwinterung unter Glas. 'Alpina', nur bis 1 m hoch, **1577,** S. 198.

australis L., Spanische Heide. Spanien, Portugal. Blütezeit April–Juni. In der Heimat bis 2 m hoch, bei uns niedriger. Blüten röhrenförmig, rosarot, in endständigen Büscheln. Überwinterung unter Glas. Einige Sorten, z. B. 'Mr. Robert', etwas niedriger, unter Winterschutz im Freien aushaltend, **1578,** S. 198.

carnea L., Schneeheide. Europa. Blütezeit Dezember–April. Wuchs niederliegend, bis 30 cm hoch, selten höher. Blüten länglich-eiförmig, 3 mm lang, rosa. Winterhart. Bei uns weit verbreitet mit sehr vielen Sorten. Blütenfarben weiß, hellrosa, dunkelrosa, karminrot.
Bekannte Sorten sind 'Atrorubra', karmin; 'Eileen Porter', dunkelrot; 'Springwood', reinweiß, **1579,** S. 198; 'Springwood Pink', hellrosa; 'Vivellii', dunkelrot, **1580,** S. 198; 'Winter Beauty', tiefrosa, frühblühend.

cinerea L., Grauheide. W-Europa. Blütezeit Juli bis August. Wuchs niederliegend-aufsteigend, bis 40 cm hoch. Blüten urnenförmig, rosa. Winterhart. Für saure, torfige Böden. **1581,** S. 198.
Zahlreiche Sorten, z. B. 'Alba', weiß; 'Atrorubens', dunkelkarminrot, **1582,** S. 198; 'Rosea', tiefrosa, **1583,** S. 198.

lusitanica Rud., Portugiesische Heide. SW-Europa. Blütezeit Februar–Mai. Aufrecht wachsend, in der Heimat bis 3 m hoch. Blüten weiß, in endständigen Büscheln. Nicht winterhart. Überwinterung unter Glas. **1585,** S. 199.

purpurascens L., SW-Europa, Irland. Blütezeit März–Mai. Wuchs breitbuschig, bis 75 cm hoch. Blüten hellrosa. Hierzu mehrere Sorten. Winterschutz ratsam.
'Darleyensis', Blütezeit November–April, je nach Witterung. Bis 50 cm hoch. Blüten purpurrosa, in endständigen Trauben. **1584,** S. 198; 'Silberschmelze', Blütezeit März–Mai. Blüten silbrigweiß.

tetralix L., Glockenheide, Moorheide. W- und N-Europa. Blütezeit Juni–September. Wuchs aufrecht, bis 40 cm hoch. Blätter in Quirlen, grauhaarig. Blüten tonnenförmig, rosa. Winterhart. Für feuchte Böden. Mehrere Sorten, auch weißblühende ('Alba', **1586,** S. 199).

umbellata L., Spanien, Portugal. Blütezeit Mai bis Juni. Wuchs aufrecht, bis 70 cm hoch. Blüten krugförmig, rosa. Nicht winterhart. **1587,** S. 199.

vagans L., W-Europa. Blütezeit Juli–September. Wuchs breit, bis 30 cm hoch. Blüten fast kuglig, rosa, in dichten walzenförmigen Trauben. Winterhart. Zahlreiche Sorten, z. B. **1588, 1589,** S. 199.

× **veitchii** Bean (*E. arborea* × *E. lusitanica*), Blütezeit März–April. Wuchs aufrecht, bis 1,5 m hoch. Blüten weiß, in langen rispigen Blütenständen. Nicht winterhart. **1590,** S. 199.

Erigeron L., Berufkraut, *Compositae*

250 Arten in den gemäßigten Zonen der Erde, besonders N-Amerika. Ausdauernde oder einjährige Kräuter, reich verzweigt, mit überwiegend grundständigen, ungeteilten Blättern. Blüten asterähnlich einzeln oder in Doldentrauben, lila, blau, violett und weiß. Vermehrung durch Aussaat, Sorten durch Teilung. Für volle Sonne, bei gutem Gartenboden auf trockenem, sandigem Standort. Sehr gute Schnittblume, muß beim Schnitt voll erblüht sein.

aureus Greene, N-Amerika. Dichte grüne Matten aus schmalen spatelförmigen Blättern. Blüten einzeln, gelb, 2–3 cm groß, auf 6–8 cm hohen Stielen. **63,** S. 8.

karvinskianus DC. (syn. *E. mucronatus* DC.), Mexiko bis Panama. Blütezeit Frühjahr–Herbst. Reich verzweigte, flachwachsende, etwa 20 cm hohe Staude. Blätter verkehrt-eiförmig, mit 3–5 großen Zähnen. Köpfchen einzeln, 2 cm breit, weiß, später rosa bis rot. Meist nicht winterhart, auch einjährige Kultur möglich. Stecklinge überwintern. **64,** S. 8.
Unbekannter Abstammung ist eine Vielzahl herrlicher Sorten, die in England und Deutschland entstanden. Bei ihnen ist nach der Blüte ein Rückschnitt gut, denn es folgt dann eine zweite Blüte im Herbst. 'Adria', hellviolett bis blau, halbgefüllt, 70–80 cm hoch, sehr standfest, Juni–Juli, remontiert gut. 'Blaue Grotte', violett, halbgefüllt, 70–80 cm hoch, Juli–August; 'Charity', hellrosa, 50–60 cm hoch, **1118,** S. 140; 'Dignity', dunkelviolett, 50–60 cm hoch, **1119,** S. 140; 'Dunkelste Aller', rosarot, halbgefüllt, 60 cm hoch, Juni–Juli; 'Felicity', dunkel

rosa, 50–60 cm hoch, **1120,** S. 140; 'Festivity' lilarosa, 50–60 cm hoch, **1121,** S. 141; 'Foersters Liebling', rosarot, gelbe Mitte, 60 cm hoch, Juni–Juli; 'Gartenmeister Walther', rosarot, 50–60 cm hoch, Juni–Juli; 'Lilofee', dunkellila, halbgefüllt, Juni bis August, **1122, S.** 141; 'Rote Schönheit', Blüten sehr groß, rot, 50–60 cm hoch, Juni–Juli; 'Schloß Hellenstein', dunkelblauviolett, halbgefüllt, 4–5 cm groß, 60–70 cm hoch, gut remontierend, Juli–August; 'Sincerity', Blüten groß, malvenblau, 50–60 cm hoch, **1123,** S. 141; 'Violetta', violettblau, gefüllt, 50–80 cm hoch, Juli–August; 'Wuppertal', dunkellila, 60–80 cm hoch, Juni–Juli.

mucronatus siehe *karvinskianus*

Erinacea Adans., Igelginster, *Leguminosae*

1 Art in S-Frankreich, Korsika, Spanien.

anthyllis Link (syn. *E. pungens* Boiss.), Blütezeit April–Mai. Zwergstrauch, sommergrün, bis 30 cm hoch, igelförmig, mit winzigen Blättchen. Blüten bis 2 cm lang, violettblau. Nicht winterhart. Überwinterung hell und kühl unter Glas. **65, S.** 9.

Eriobotrya Lindl., Wollmispel, *Rosaceae*

Etwa 20 Arten in den wärmeren Gebieten Asiens. Sträucher oder kleine Bäume, immergrün, mit großen, lederartigen Blättern. Blüten in endständigen Trauben. In Kultur nur:

japonica (Thunb.) Lindl., Japanische Mispel, Loquate. China. Blütezeit Herbst–Frühjahr. Baum, bis mehrere Meter hoch werdend. Blätter bis 25 cm lang, oberseits grün, unterseits braunfilzig. Blüten weiß. Früchte gelb, aprikosenähnlich, wohlschmeckend, werden bei uns jedoch selten gebildet. Verwendung als immergrüne, widerstandsfähige Zimmerpflanze; größere Exemplare als Kübelpflanzen, im Sommer im Freien. Überwinterung hell und kühl. **1591,** S. 199.

Eritrichum Schrad., Himmelsherold, *Boraginaceae*

30 Arten in den Gebirgen Asiens und N-Amerikas. Alpenpflanzen mit graugrünen, seidig behaarten Blättern. Blüten blau, in wenigblütigen Trauben. Vermehrung durch Aussaat. Kultur in voller Sonne in kalkfreiem Geröll im Alpinenhaus; schwierig.

nanum (Amann) Schrad., Alpen. Blütezeit Juni bis Juli. Niedrig, 2–5 cm hoch, mit schwarzer Pfahlwurzel. Blätter graugrün, seidig behaart. Blüten in dichter, wenigblütiger Traube, azurblau mit weißer Röhre. Alpinenhaus. **66,** S. 9.

Erodium L'Hérit., Reiherschnabel, *Geraniaceae*

75 Arten im Mittelmeergebiet und gemäßigten Eurasien. Kräuter, selten halbstrauchig, mit knotigen Stengeln. Blätter gezähnt gelappt oder fiedrig geschlitzt. Vermehrung durch Aussaat. Für nährstoffreiche Böden in sonniger bis halbschattiger Lage.

corsicum Leman, Korsika, Sardinien, Blätter kurzgestielt, unregelmäßig lappig, fein gekerbt und fein grau behaart, in 3–5 cm hoher Rosette. Blüten schalenförmig, karminrosa mit dunklen Streifen, meist einzeln an 10 cm hohem Stiel. Für Alpinenhaus. 'Rubrum', dunkelrosa mit weißer Mitte, **67, S.** 9.

guttatum Willd., SW-Europa. Blütezeit Juni–September. 20–40 cm hoch, Blätter silbrig graugrün, vielfach gefiedert. Blüten weiß oder blaßviolett bis rosa und dunkler geadert, 2 obere Blütenblätter mit dunklen Flecken zur Mitte hin, 2–3 cm groß. **68,** S. 9.

Eryngium L., Mannstreu, Edeldistel, *Umbelliferae*

220 Arten in den gemäßigten und wärmeren Gebieten der Erde, besonders Mexiko und Brasilien, Argentinien. Dornige, unbehaarte Kräuter, Blätter grau oder blaugrün, selten ganzrandig, meist dornig gezähnt, gelappt oder geschlitzt. Blüten weiß, blau oder violett, in Köpfchen oder Ähren. Der Blütenstand ist von Hüllblättern umgeben, die eine dornige, strahlige, sternförmige Hülle ergeben. Vermehrung durch Aussaat oder Wurzelschnittlinge. Beim Eintopfen und Auspflanzen vorsichtig mit der langen Pfahlwurzel umgehen. Für sonnige, trockene, magere, aber tiefgründige Stellen. Vorsicht! Mäuse fressen *Eryngium*-Wurzeln gern. Gut für Schnitt und Trockensträuße.

alpinum L., Alpenmannstreu. Alpen bis Balkan. Blütezeit Juli–August. 50–70 cm hoch, Grundblätter tief-herzförmig, langgestielt. Stengelblätter rundlich mit vielfach gelappter Spitze. Blütenköpfe etwa 4 cm lang, 3–5 je Stiel, mit stahlblauen, fein zerteilten Hüllblättern.
'Amethyst', tiefviolette Blütenköpfe, sehr fein zerteilte Blätter; 'Donard', metallblaue und silberne Blütenköpfe, **1124,** S. 141; 'Opal', silbrig blaufarbene Blütenstände.

giganteum M. B., Elfenbeindistel. Kaukasus. Blütezeit Juli–August. Silbergrüne, zweijährige Pflanzen, bis 100 cm hoch. Grundblätter langgestielt, tiefherzförmig, lederartig und scharf gezähnt. Hüllblätter silberblau, sehr groß. Sät sich selbst aus. **1125,** S. 141.

planum L., Mitteleuropa bis Zentralasien. Staude, 80–100 cm hoch, mit ungeteilten herzförmigen Grundblättern. Blütenköpfchen blau, an verzweigten steifen Stengeln. 'Blauer Zwerg', Hüllblätter tiefblau. 40–50 cm hoch.

tripartitum Desf., Herkunft unbekannt, wahrscheinlich Gartenhybride. Blütezeit Juli–August. Staude mit keilförmigen, grob gezähnten Blättern, weniger stachlig als andere Arten. Blütenköpfchen blaugrau, klein, aber zahlreich an stark verzweigten Stengeln. **1126,** S. 141.

variifolium Coss., Marokko. Staude mit immergrünen, weißgefleckten, dunkelgrünen, silberadrigen, herzförmigen Blättern. Blüten klein, silberblau, zahlreich auf 50–70 cm hohen Stengeln. **1127,** S. 141.

Erysimum L., Schöterich, *Cruciferae*

80 Arten in der nördlichen gemäßigten Zone. Ein-, zwei- oder mehrjährige Kräuter. Blätter schmal, länglich oder eirund. Blüten gelb oder orange, in endständigen Trauben. Vermehrung durch Aussaat, zweijährig gezogen. Aussaat Juli–August mit Reisigschnitt überwintern. Blütezeit April–Mai. Bei Saat an Ort und Stelle März–April, Blütezeit 8–10 Wochen später.

× **allionii** hort. (syn. *Cheiranthus* × *allionii* hort.), entstanden aus *E. ochroleucum* × *E. perovskianum*. Blütezeit Mai–Juni. Buschige zweijährige Kräuter, ähnlich Goldlack, etwa 45 cm hoch. 'Lemon Delight', zitronengelb, **261,** S. 33; 'Gruppengold', goldgelb.

Erythrina L., Korallenstrauch, *Leguminosae*

Etwa 50 Arten in den Tropen und Subtropen der ganzen Erde. Bäume oder fast krautige Sträucher mit fiedrig-3teiligen Blättern und oft bedornten Zweigen. Blüten leuchtend rot, in Trauben. In Kultur vor allem:

crista-galli L., Brasilien. Blütezeit Juli–September. Strauch mit dickem, verholztem Stamm. Zweige stark bedornt, im Herbst absterbend. Blüten rot, in endständigen Trauben. Verwendung als Kübelpflanze, im Sommer im Freien, sonnig. Während der Vegetationszeit reichlich bewässern und düngen. Im Herbst vor den ersten Frösten Triebe dicht am Stamm abschneiden und Pflanzen kühl (5°) überwintern. Im Frühjahr nach den letzten Frösten ins Freie. **1592,** S. 199.

Erythronium L., Hundszahn, *Liliaceae*

15 Arten in N-Amerika, 1 in Europa. Zwiebelbildende Stauden mit 2–3 grundständigen Blättern. Blüten nickend, einzeln oder zu mehreren in lockerer Traube. Deutscher Name nach der Form der Zwiebel. Verwendung als winterharte Frühjahrsblüher im Garten, halbschattiger Standort. Pflanzung der Zwiebeln im Oktober.

dens-canis L., Mittel- und S-Europa. Blütezeit April–Mai. Blätter grundständig, grün, purpurbraun gefleckt, bis 20 cm hoch. Blüten rosa oder lila. Mehrere Sorten, z. B. 'Rose Queen', reinrosa, **731,** S. 92; 'Snowflake', weiß; 'White Splendour', weiß.

Hybriden. Aus Kreuzung von *E. tuolumnense* × *E. revolutum* sind einige Hybriden entstanden, z. B. 'Kondo', 'Pagoda', beide gelb.

revolutum Sm., Kalifornien., Oregon, Blütezeit April–Mai. Bis 15 cm hoch. Blätter weiß und braun gefleckt. Blüten einzeln oder zu zweien, 4 cm lang, weißlichrosa. Einige Sorten, bekannt 'White Beauty', Blüten weiß mit gelbem Schlund, **732,** S. 92.

tuolumnense Appleg., Kalifornien. Blütezeit April bis Mai. Bis 20 cm hoch; Blätter hellgrün, Blüten klargelb, zu 2–3.

Escallonia Mutis, *Saxifragaceae*

Etwa 60 Arten in S-Amerika, besonders in den Anden. Sträucher oder kleine Bäume, immergrün. Blüten glockig-trichterförmig, meist in Trauben. Keine Art sicher winterhart. Überwinterung besser unter Glas. Verwendung teilweise als Kübelpflanze.
Insbesondere in England sind zahlreiche Hybriden entstanden, z. B. Abb. **1593–1595, S.** 200. Blütezeit der Hybriden im Sommer, lang anhaltend.

macrantha Hook. et Arn., Blütezeit Juni–September. Bis 2 m hoch (oder mehr). Blüten hellkarminrot. **1596,** S. 200.

Eschscholzia Cham., Goldmohn, Schlafmützchen, *Papaveraceae*

Etwa 120 Arten im pazifischen N-Amerika. Meist unbehaarte, graugrüne Stauden mit fiederartig zerschlitzten Blättern. Blüten einzeln, langgestielt, gelb oder orange. Kelchblätter bilden ein Mützchen über der Blüte und fallen beim Aufblühen ab. Vermehrung durch Aussaat. Als einjährige Pflanze kultiviert, Saat September oder März an Ort und Stelle. Für warme, sonnige Standorte.

californica Cham., nordwestl. Amerika. Blütezeit Mai bzw. Juni–Oktober. 20–50 cm hoch, graugrüne feingestielte Blätter. Viele Sorten mit einfachen und gefüllten Blüten und niedrigem (etwa 20 cm) und hohem (etwa 40–50 cm) Wuchs, selten als Einzelfarben, meist als Mischungen im Handel, z. B. 'Mission Bells', etwa 25 cm hoch, gedrungener Wuchs, vielfarbige Mischungen, **294,** S. 37.

Eucalyptus L'Hérit., *Myrtaceae*

Etwa 500 Arten, überwiegend in Australien. Sträucher und Bäume, immergrün. Einige Arten gehören zu den höchsten Bäumen der Erde (100 m hoch und mehr). Blätter häufig verschiedengestaltig. Die der jungen Pflanzen sehen anders aus als die der erwachsenen. Keine Art bei uns winterhart, doch in S- und W-Europa manche Arten aushaltend. Verwendung als Kübelpflanzen, im Sommer im Freien. Überwinterung hell und kühl. Infolge des sehr starken Wachstums werden sie schnell zu groß und müssen dann durch junge Pflanzen ersetzt werden. Als Beispiele seien genannt:

globulus Labill., Blaugummibaum. SO-Australien, Tasmanien. Baum (bei uns jährlicher Zuwachs bis zu 2 m), Blätter blaugrün, weiß bereift. Zweige mit getrockneten Blütenknospen werden als Bestandteile von Trockenblumensträußen verwendet.

gunnii Hook. f., Tasmanien, **1597,** S. 200. Eine hierzu gehörende Form ist 'Perriniana', **1599,** S. 200.

niphophila Maiden, Australien, **1598,** S. 200.

simmondsii Maiden, Tasmanien, **1600,** S. 200.

Eucharidium siehe *Clarkia*

Eucharis Planch. et Lind., *Amaryllidaceae*

Etwa 8 Arten in Kolumbien. Mehrjährige, zwiebelbildende Pflanzen mit grundständigen, gestielten Blättern. Blüten groß, weiß, zu mehreren an einem Blütenschaft. Bekannte Arten, z. B.:

grandiflora Planch. et Lind. (syn. *E. amazonica* Lind.). Blütezeit Winter, nochmals im Sommer. Blätter 2–4, länglich, 30 cm lang, grün. Blüten weiß, duftend, bis 10 cm breit, bis zu 6 in einer Dolde am Ende des Blütenschaftes. Ähnelt einer kurzkronigen Narzisse. **525,** S. 66.
Keine der *Eucharis*-Arten ist als Zimmerpflanze geeignet, da hohe Temperaturen und Luftfeuchtigkeit notwendig. Im gut klimatisierten Blumenfenster vielleicht möglich. Wird, wenn auch selten, als kostbare Schnittblume angeboten.

Eucomis L'Hérit., Schopflilie, *Liliaceae*

10 Arten in S-Afrika. Mehrjährige, zwiebelbildende Pflanzen mit rosettenartig angeordneten Blättern. Blüten meist grün, zu vielen in einer Traube. In den Achseln der oberen Tragblätter sind keine Blüten; diese Tragblätter bilden eine die Spitze des Blütenschaftes krönenden Schopf. Keine Art winterhart. Verwendung als Zimmerpflanze, im Sommer besser ins Freie stellen oder sogar auspflanzen. Vor den ersten Frösten in Sicherheit bringen.

bicolor Bak., 5–6 Blätter, bis 60 cm lang. Blütenschaft bis 50 cm hoch, mit vielen hellgrünen Blüten. **733,** S. 92.

comosa siehe *punctata*

punctata (Thunb.) L'Hérit. (syn. *E. comosa* hort.), nicht wesentlich verschieden von voriger.

Eucryphia Cav., *Eucryphiaceae*

5 Arten, davon 2 in Chile, 1 in Australien, 2 in Tasmanien. Bäume oder Sträucher, immergrün oder sommergrün, mit gegenständigen, einfachen oder gefiederten Blättern. Blüten weiß. Keine Art bei uns winterhart. Verwendung als Kalthauspflanzen oder auch in Kübeln, im Sommer im Freien.

glutinosa (Poepp. et Endl.) Baill., Chile. Blütezeit Juli–August. Strauch, immergrün oder auch nur sommergrün, bei uns wenige Meter hoch. Blätter gefiedert. Blüten 5 cm breit, flach, einzeln oder zu zweien an den Zweigenden, weiß, mit vielen goldgelben Staubfäden. **1601,** S. 201.

× **nymansensis** Bausch (*E. cordifolia* × *E. glutinosa*), Blüten weiß. **1602,** S. 201.

Eugenia luma siehe *Myrtus luma*

Euonymus L., Spindelstrauch, *Celastraceae*

Etwa 170 Arten in Asien, Europa, Amerika, Madagaskar, 1 in Australien. Sträucher, sommergrün oder immergrün, meist aufrecht, auch niederliegend, selten kletternd, meist mit gegenständigen Blättern. Blüten wenig ansehnlich, dafür auffallender die Früchte. Die angegebenen Arten sind winterhart. Verwendung im Garten.

alatus (Thunb.) Sieb., NO-Asien. Sommergrün, dicht, 1–2 m hoch. Auffallend durch die 4 breiten Flügelleisten an den Zweigen. Blätter bis 5 cm lang, elliptisch, Herbstfärbung dunkelrot. Früchte rötlich. **1603,** S. 201.

europaeus L., Pfaffenhütchen. Europa bis W-Asien. Blütezeit Mai. Sommergrün, bis 3 m hoch (auch mehr), mit grünen Zweigen. Blätter elliptisch, bis 8 cm lang. Blüten gelbgrün. Früchte zu 2–3 in Büscheln, hängend, rosa bis rot, Samen weiß mit orangem Arillus (Arillus = Samenbecher, klebrig, dient der Samenverbreitung durch Vögel. Auch bei anderen Pflanzen vorhanden, z. B. Eibe). Zahlreiche Sorten, unterschieden durch Blattfarbe (besonders im Herbst), Samenfarbe, Wuchs, z. B. 'Red Cascade', **1604,** S. 201.

fortunei (Turcz.) Hand.-Mazz., China. Immergrün, mit Haftwurzeln, mehrere Meter hoch kletternd oder am Boden kriechend. Blätter elliptisch, bis 6 cm lang. Wichtig als immergrüner Strauch. Viele Sorten, auch mit weiß- oder gelbbunten Blättern. 'Radicans', flach am Boden liegend oder auch an Stützen kletternd. Blätter winzig, nur 3 mm lang, rundlich-elliptisch.

hamiltonianus Wall., O-Asien. Sommergrün, ähnlich *E. europaeus*, Zweige später braunrot, Blüten rötlichweiß. Früchte rosa. Mehrere Formen, z. B. 'Yedoensis' (syn. *E. yedoensis* Koehne), aufrecht, bis 4 m hoch, Herbstfärbung rotbraun. **1606,** S. 201.

sachalinensis (Fr. Schmidt) Maxim., Japan. Blütezeit Mai. Sommergrün, bis 4 m hoch. Blätter verkehrt-eiförmig, bis 12 cm lang. Früchte 2 cm breit, karminrot. **1605,** S. 201.

yedoensis siehe *hamiltonianus* 'Yedoensis'

Eupatorium L., Wasserdost, *Compositae*

600 Arten meist in Amerika. Hauptsächlich ausdauernde Kräuter oder Sträucher mit gegenständigen oder quirlständigen Blättern. Blüten purpurn, rot, blau oder weiß in endständigen doldentraubigen Blütenständen. Vermehrung durch Teilung oder Aussaat. Für sonnige bis halbschattige Stellen.

purpureum L., N-Amerika. Bis 3 m hohe Staude mit purpurbraunen Stengeln. Blätter schmal, etwa 30 cm lang, zu 3 oder bis zu 5 in einem Quirl stehend. Blüten blaßrosa bis purpurn, zu 20–40 in einer Doldentraube. **1128,** S. 141.

Euphorbia L., Wolfsmilch, *Euphorbiaceae*

Etwa 1600 Arten auf der ganzen Welt verbreitet oder eingeschleppt, besonders in warme Gebiete. Kräuter, Halbsträucher oder Sträucher, oft auch kaktusähnlich und blattlos, z. B. in S-Afrika. Alle Arten mit Milchsaft. Untere oder alle Blätter wechselständig, obere – besonders die der Blütenzweige – oft gegen- oder quirlständig. Vermehrung durch Aussaat, Sorten meist durch Teilung oder Stecklinge. Kultur bei uns als Einjahrsblume (z. B. *E. marginata*), als Staude (z. B. *E. myrsinites*) oder Topfpflanzen (z. B. *E. pulcherrima*). Alle Arten für warmen, sonnigen Standort, im Freien sowohl wie im Haus.

1. *Einjährige Arten und Stauden*

characias L., westl. Mittelmeergebiet. Blütezeit Mai bis Juni. 120–150 cm hoch, mit blaugrauem, in milden Wintern immergrünem Laub. Blätter schmal, sitzend, bis 13 cm lang an matt purpurfarbenen Stengeln. Blüten langgestielt, mit grüngelbem Hochblatt, quirlig sitzend, bilden einen turmartigen, zylindrischen Blütenstand. Für geschützte, sonnige Stellen. **1129,** S. 142.

epithymoides siehe *polychroma*

griffithii Hook. f., Bhutan und S-Tibet. Blütezeit Mai–Juni. 40–60 cm hohe, Ausläufer treibende Staude. Blätter lanzettlich, sitzend, mit roter Mittelrippe. Endständige orangerote Blütendolde. Vermehrung durch Selbstaussaat. 'Fireglow', Hochblätter besonders intensiv orange-scharlachfarben. **1131,** S. 142.

marginata Pursh, „Schnee auf dem Berge". N-Amerika. Blütezeit Juli–September. Einjähriger, bis 100 cm hoher, dicht beblätterter Busch, oben mehrfach gablig verzweigt. Blätter sitzend, oval bis länglich, untere grün, nach oben zu mit immer breiterem weißem Rand, bis die Hochblätter ganz weiß sind. Aussaat im April an Ort und Stelle, auf schweren, nassen und kühlen Böden gedeihen sie nicht. Gut für Schnitt.
Ähnlich ist *E. heterophylla* L. mit rötlichen oberen und Hochblättern. Sie heißt „Feuer auf dem Berge".

myrsinites L., Walzenwolfsmilch. Mittelmeergebiet. Blütezeit Juni–Juli. Bis 20 cm hoch, Stengel niederliegend, mit blaugrünen Blättern, die dicht wie Tannenzapfenschuppen sitzen und wintergrün sind. Blütenstand endständig, kopfig mit gelbgrünen Hochblättern. Für Trockenmauern und sonnige Stellen mit durchlässigem Boden. In schneelosen Wintern Reisig-Sonnenschutz zur Erhaltung der alten Triebe für die Blüte. **69,** S. 9.

palustris L., Sumpfwolfsmilch. Europa. Blütezeit Mai–Juni. 100–150 cm hohe Staude mit kriechendem Wurzelstock. Blätter lanzettlich-spitz, hellgrün. Blütenstand vielstrahlig mit gelbgrünen Hochblättern. Pflanze oft im Herbst purpurrot überlaufen. Für feuchte und nasse Stellen, aber auch an trockenem Standort gedeihend. **1132,** S. 142.

polychroma Kern. (syn. *E. epithymoides* Jacq.), Goldwolfsmilch. S-Europa. Blütezeit Mai–Juni. 30 bis 50 cm hohe, vielstengelige Staude. Blätter länglich-eiförmig, vorn rund, etwas behaart. Blütenstand mit goldgrünen Hochblättern. **1130,** S. 142.

robbiae W. B. Turrill, Vorderasien. Blütezeit Juli bis August. 60–80 cm hohe, vielstengelige Staude mit immergrünen, ledrigen, bis 10 cm langen Blättern in rosettenähnlichem Stand. Blütenstand mit hellgrünen Hochblättern. Pflanze macht Ausläufer und ist nicht wählerisch bezüglich Standort und Boden. **1133,** S. 142.

2. *Nicht winterharte Arten*

fulgens Karw., Mexiko. Normale Blütezeit Winter. Wird als wertvolle Schnittblume angeboten, neuerdings auch zu anderen Jahreszeiten, da Blütenbildung im Kurztag erfolgt und Blütezeit durch Manipulation der Tageslänge in Gärtnereien gesteuert werden kann. Als Zimmerpflanze kaum zu empfehlen, da schwierig. **526,** S. 66.

pulcherrima Willd., Poinsettie, Weihnachtsstern Mexiko, Mittelamerika. In den Tropen und Subtropen bis 4 m hoher Strauch. Bei uns als Schnittblume oder blühende Topfpflanze während der Adventszeit angeboten. Große wirtschaftliche Bedeutung. Als Zimmerpflanze von Dauer nicht geeignet; besser als blühende Pflanze kaufen. Die neueren Sorten behalten ihre leuchtenden „Sterne" (= Hochblätter) mehrere Monate. Weiterpflege anschließend kaum zu empfehlen.

Euryops Cass., *Compositae*

Etwa 50 Arten in S- und O-Afrika. Immergrüne Sträucher oder Halbsträucher mit wechselständigen, fleischigen oder ledrigen Blättern und einzeln stehenden, gelben, end- oder achselständigen Köpfchen. Vermehrung durch Aussaat, besser Stecklinge. Fürs Alpinenhaus oder Kalthaus in voller Sonne und trocken gehalten.

acraeus M. D. Henderson (syn. *E. evansii* hort.), S-Afrika. Blütezeit Mai–Juli. Strauchig, etwa 40–60 cm hoch, dicht mit silbriggrauen, schmalen Blättern besetzt. Blüten kanariengelb, 2–3 cm groß, margeritenähnlich, einzeln gestielt. Für geschützte trockene Stellen, braucht Winterschutz, besser noch Alpinenhaus. **70,** S. 9.

evansii siehe *acraeus*

Exochorda Lindl., *Rosaceae*

4 Arten in Mittel- und O-Asien. Sträucher, sommergrün, mit wechselständigen Blättern. Blüten groß, weiß, in endständigen Trauben.

giraldii Hesse, NO-China. Blütezeit Mai. Bis 2 m hoch, starkwüchsig, breit. Blüten 2,5 cm breit, weiß, zu 6–8 in endständigen Trauben. Verwendung im größeren Garten. Winterhart. **1607,** S. 201.

F

Fabiana Ruiz et Pav., *Solanaceae*

Etwa 20 Arten im südl. S-Amerika. Kleine Sträucher, immergrün, stark verzweigt, heideähnlich, mit kleinen Blättern. Blüten einzeln, gestielt, röhrigtrichterförmig.

imbricata Ruiz et Pav., Chile. Blütezeit Mai–Juli. 1–2 m hoch, Äste mit kurzen Seitenzweigen. Blüten zahlreich, weiß, an den oberen Teilen der Seitenzweige. Verwendung als Kübelpflanze, im Sommer im Freien, sonnig. Überwinterung hell, wenige Grad über 0. **1608,** S. 201.

Fagus L., Buche, *Fagaceae*

10 Arten in den gemäßigten Zonen der nördl. Halbkugel. Bäume, sommergrün. Borke glatt, Blüten einhäusig. Verwendung nur im großen Garten, da die meisten Arten sehr groß werden.

sylvatica L., Rotbuche. Mitteleuropa bis Kaukasus. Bis 30 m hoch, mit breiter Krone. Borke grau. Blätter eiförmig-elliptisch, bis 10 cm lang, etwas gezähnt. Zu unserer heimischen Buche gehören zahlreiche Gartenformen, die sich unterscheiden durch Wuchsform, Blattform, Blattfarbe:
'Atropunicea', Echte Blutbuche, Blätter zunächst schwarzrot, später dunkelbraunrot. Wird nur durch Veredlung vermehrt (vgl. 'Cuprea'). 'Cuprea', Blutbuche. Bezeichnung für Blutbuchensämlinge; sie sind nicht so dunkel wie 'Atropunicea'. **1609,** S. 202. 'Fastigiata', Wuchs säulen- bis kegelförmig. 'Laciniata', Blätter fiederteilig, aber nicht alle; es gibt auch normale Blätter am gleichen Baum. 'Pendula', Hängeform.

× **Fatshedera** Guillaum., Efeuaralie, *Araliaceae*

Gattungshybride, 1912 bei Lizé Frères in Nantes entstanden aus Kreuzung von *Fatsia japonica* mit *Hedera.*

lizei (hort.) Guillaum., Blütezeit Spätherbst. Strauch, immergrün, mehrere Meter hoch werdend, mit bis 20 cm langen, 3–5lappigen Blättern. Blüten klein, grünlich-weiß, in Ähren. Verwendung als widerstandsfähige Blattpflanze im Zimmer, im Sommer auch im Freien. Überwinterung kühl, gerade frostfrei.
'Variegata', Blätter weißbunt, **527,** S. 66. Vermehrung durch Stecklinge.

Fatsia Decne., Zimmeraralie, *Araliaceae*

Nur 1 Art.

japonica (Thunb.) Decne. et Planch. (syn. *Aralia japonica* Thunb., *A. sieboldii* hort.), beheimatet in Japan. Hauptblütezeit Herbst. Strauch, immergrün, mehrere Meter hoch, meist unverzweigt. Blätter ledrig, glänzend grün, 7–9lappig, bis 40 cm lang, an langen Stielen. Blüten klein, weiß, in Dolden. Widerstandsfähige Blattpflanze für kühle Zimmer, im Sommer am geschützten Standort auch im Freien. Überwinterung hell, wenige Grad über 0. **1610,** S. 202. 'Variegata', Blätter weißbunt, andere Formen Blätter gelbbunt.

Felicia Cass., *Compositae*

Etwa 50 Arten in Afrika. Kräuter oder Halbsträucher mit wechselständigen oder gegenständigen, schmalen, teils gezähnten Blättern. Blütenköpfchen blau und gelb. Vermehrung durch Aussaat oder Stecklinge. Für sonnige Stellen ins Freie oder Kalthaus.

bergeriana (Spreng.) O. Hoffm., S-Afrika. Blütezeit Juli–Oktober. Einjährig, 10–15 cm hoch, dicht behaart. Blätter länglich-oval, gezähnt und grauhaarig. Blütenköpfchen 2–3 cm groß, einzeln, gestielt. Randblütchen blau, Mitte gelb. Aussaat März, Auspflanzung ab Mitte Mai.

Festuca L., Schwingel, *Gramineae*

200 Arten, kosmopolitisch, in den Tropen, in den Gebirgen. Meist ausdauernde, polsterbildende Gräser mit flachen, zusammengerollten oder borstenartigen Blättern. Blütenähre ohne Zierwert. Vermehrung durch Aussaat oder Teilung. Für sonnige, trockene und magere Böden.

glauca Lam., Blauschwingel. Europa. 15–20 cm hohe, geschlossene Polster. Blätter schmal, blaugrün, sehr widerstandsfähig gegen Trockenheit. Es sind Auslesen mit besonders blauen Blättern im Handel, z. B. 'Frühlingsblau'.

ovina L., Schafschwingel. Nördl. gemäßigte Zonen. Grüne bis graugrüne rauhe Blätter in Horsten, 20 bis 30 cm hoch. Als Auslese entstandene Sorten im Handel, z. B. 'Harz', 'Aprilgrün', 'Glauca'. **1134,** S. 142.

scoparia Kern. et Hack., Bärenfellschwingel. Pyrenäen. Dichte hellgrüne Polster, 10 cm hoch, wintergrün.

Ficus L., Feigenbaum, *Moraceae*

Etwa 2000 Arten im trop. Afrika, Asien, Australien, aber auch in S-Europa. Sehr vielgestaltig: Bäume, Sträucher, Kletterpflanzen, milchsaftführend, immergrün oder auch sommergrün. Blüten einhäusig, bei manchen Arten zweihäusig. Blüten sind von fleischigem Fruchtboden eingeschlossen (Feigenfrucht). Keine Art winterhart. Verwendung mehrerer Arten bei uns als Zimmerpflanze; *F. carica*, die Feige, bekannte Nutzpflanze. Alle angeführten Arten, außer *F. carica*, sind immergrün.

benjamina L., Indien. In der Heimat großer breitkroniger Baum. Zweige hängend, Blätter bis 15 cm lang, glänzend grün, elliptisch oder lanzettlich. Gute Blattpflanze für Zimmer. Überwinterung bei 10 bis 12°. Vermehrung durch Stecklinge. **528,** S. 66.

carica L., Eßbare Feige, Echter Feigenbaum. S-Europa, N-Afrika. Strauch, mehrere Meter hoch, sommergrün, mit buchtig gelappten Blättern. Verwendung bei uns überwiegend als Zierpflanze in Kübeln, im Sommer im Freien. Setzt auch bei uns Früchte an. Überwinterung im Kübel, frostfrei. An sehr geschützten Standorten auch möglich, im Freien auszupflanzen; mit gutem Winterschutz versehen.

cyathistipula Warb., trop. Afrika. Blätter ledrig, dunkelgrün, bis 25 cm lang. Als Zimmerpflanze interessant, da reich fruchtend. Früchte bis 4 cm dick.

elastica Roxb., Gummibaum. Indonesien. In der Heimat hoher Baum, auch bei uns mehrere Meter hoch. Blätter ledrig, glänzend grün, elliptisch, bis 40 cm lang. Weit verbreitete Blattpflanze für Zimmer. Wächst meist eintriebig. Verzweigung tritt ein, wenn Spitze abgeschnitten wird. Überwinterung nicht zu kühl, um 12–15°. Mehrere Formen, 'Decora', Blätter steifer und breitblättriger. Hat im Handel die Art heute nahezu verdrängt. **529,** S. 67. 'Variegata', Zusammenfassung verschiedener Formen mit gelb-, weiß- und graubunten Blättern. Hierzu gehört 'Schryveriana', **530,** S. 67. Meist wachsen die buntblättrigen Formen langsamer und sind auch etwas empfindlicher.

lyrata Warb. (syn. *F. pandurata* Sand.), trop. W-Afrika. Blätter bis 60 cm lang, verkehrt-eiförmig, dunkelgrün. Auch im Topf (Kübel) als Zimmerpflanze sehr groß werdend.

pandurata siehe *lyrata*

pumila L. (syn. *F. repens* hort., *F. stipulata* Thunb.), O-Asien, Australien. Zeigt ausgeprägte Jugend- und Altersform. Jugendform kriechend oder kletternd, dünne Zweige mit Haftwurzeln, Blätter eirund, bis 3 cm lang, dünn. Altersform Zweige dick, aufrecht, ohne Haftwurzeln, Blätter größer. Verwendung beider Formen als Zimmerpflanze. Jugendform zur raschen Bekleidung von Blumenfensterwänden, auch als Ampelpflanze. **531,** S. 67 (Jugendform).

radicans Desf., Heimat unbekannt. Ähnlich *F. pumila.* Wie bei jener auch weißbunte Formen bekannt. Verwendung wie *F. pumila.* **532,** S. 67.

repens siehe *pumila*
stipulata siehe *pumila*

Filipendula Mill., Spierstaude, *Rosaceae*

10 Arten in den gemäßigten Gebieten der nördl. Halbkugel. Staude mit kurzem Erdstamm und unterbrochenen, fiederschnittigen oder gelappten Blättern mit Nebenblättern. Blüten weiß oder purpurfarben, in großen endständigen Trugdolden. Vermehrung durch Aussaat und Teilung, außer *F. vulgaris* für sonnige, feuchte bis sumpfige Stellen.

hexapetala siehe *vulgaris*
palmata siehe *rubra*

purpurea Maxim. (syn. *Spiraea palmata* Thunb.), Japan. Blütezeit Juli–August. 80–100 cm hohe Staude. Grundblätter glatt und ohne oder selten mit Nebenblättern. Endblättchen groß, herzförmig, 5–7-teilig, Blüten dunkelrosa bis karmin in großen Trugdolden. **1136,** S. 142.

rubra (Hill) Robins. (syn. *F. palmata* hort.), N-Amerika. 100–150 cm hohe Staude mit kriechendem, wohlriechendem Erdstamm. Blätter fiederteilig mit handförmigen, 3–5teiligen Seitenteilen. Blüten rosa bis fleischfarben, zahlreich in Trugdolden. 'Magnifica', 180 cm hoch, große karminrosa Trugdolden; 'Venusta', 120 cm hoch, dunkelrosa.

vulgaris Moench (syn. *F. hexapetala* Gilib.), Mädesüß. Europa und Sibirien. Blütezeit Juni–Juli. 30–60 cm hoch, Staude mit unterbrochenen, vielteilig fiederteiligen Blättern in Rosetten. Blüten weiß, in dichten Trugdolden. Für trockene, sonnige Stellen. 'Plena', gefülltblühend, **1135,** S. 142.

Fittonia Coëm., *Acanthaceae*

2 oder 3 Arten in Peru. Kräuter, immergrün, mit niederliegenden Stengeln und gegenständigen, bunt geaderten Blättern. Blüten gelb, einzeln in den Achseln der Tragblätter, in Ähren. Verwendung als Zimmerpflanze, doch nicht lange haltbar. Größere Lebensdauer im Blumenfenster mit hoher Luftfeuchtigkeit.

verschaffeltii (Lem.) Coëm., Blätter bis 10 cm lang, dunkelgrün, mit karminroten Adern. **533,** S. 67. 'Argyroneura', Blätter heller grün, mit silberweißen Adern.

Foeniculum Mill., Fenchel, *Umbelliferae*

3 Arten im Mittelmeergebiet und Vorderasien. Zwei- oder mehrjährige kahle, hohe Kräuter mit mehrfach fiedrig geschlitzten Blättern. Große endständige Blütendolden mit gelben oder gelbgrünen Einzelblütchen. Vermehrung durch Aussaat im Frühjahr an Ort und Stelle. Für halbschattigen, feuchten, nährstoffreichen Boden in warmer, sonniger Lage.

vulgare Mill., Gemüsefenchel. Mittelmeergebiet. Blütezeit Juli–September. Zwei- oder mehrjährig, 100–200 cm hoch. Blätter fein fiederschnittig, auf den Blattscheiden sitzend, die am Grunde verdickt sind. Blütchen sattgelb, in 15–20 cm großen Dolden. **1137,** S. 143.

Forsythia Vahl, *Oleaceae*

Etwa 7 Arten in O-Asien, eine in Albanien. Sträucher, sommergrün, mit hohlen oder markgefüllten Zweigen. Blüten zu mehreren in den Blattachseln, vor dem Blattaustrieb. Die angeführten Arten und Sorten sind winterhart. Weite Verwendung als Blütensträucher des Frühjahrs im Garten. Zurückgeschnitten sollten sie nicht werden (Verlust der schon im Sommer angelegten Blütenknospen), sondern besser Verjüngung durch Entfernen alter, mehrjähriger Zweige, vorausgesetzt, daß genügend junge Zweige von der Basis her vorhanden sind. Besonders von den Sorten der *F.* × *intermedia* werden gern Zweige als „Barbara-Zweige" (Barbara-Tag = 4. Dezember) geschnitten und im Zimmer in der Vase zum Blühen gebracht. Nach warmem Herbst gelingt das nur mäßig oder gar nicht, da die schon im Spätsommer fertig in der Knospe angelegten Blüten sich in einem Zustand innerer Ruhe befinden, der erst durch mehrwöchige Einwirkung niedriger Temperaturen (unter +5°) aufgehoben wird. Man wartet in solchen Fällen besser bis Anfang Januar mit dem Schneiden. Auch dann wichtig: Zweige in die Wärme stellen (20°, wenn möglich mehr!). Entfaltung der Blüten erfolgt so am schnellsten. Wenn Blüten offen, längere Haltbarkeit bei kühleren Temperaturen.

× **intermedia** Zab. (*F. suspensa* × *F. viridissima*), Blütezeit April. Bis 3 m hoch, mit ausladenden Zweigen. Blüten tiefgelb. Hierzu mehrere Gartenformen, die durch Wuchs, Blütengröße und Farbintensität der Blüten unterschieden, z. B. 'Beatrix Farrand', Blüten bis 6 cm breit, meist einzeln in den Blattachseln, **1611,** S. 202; 'Lynwood'; 'Spectabilis', Blüten dunkelgelb, zu vielen gedrängt in den Blattachseln. **1612,** S. 202.

suspensa (Thunb.) Vahl, China. Blütezeit April. Zweige überhängend. Blüten gelb. Hierher gehören mehrere Gartenformen.

Fothergilla Murr., *Hamamelidaceae*

4 Arten in N-Amerika. Niedrige Sträucher, sommergrün, mit wechselständigen, ungeteilten Blättern. Blüten weiß, in dichten, endständigen Ähren. Alle Arten winterhart. Verwendung im Garten auf humosem Boden.

gardenii Murr., Blütezeit April, vor dem Blattaustrieb. Bis 1 m hoch, ausladend. Blätter bis 5 cm lang. Herbstfärbung orangerot. Blüten in bis 4 cm langen Ähren. **1613,** S. 202.

monticola Ashe. Blütezeit Mai. Bis 2 m hoch. Blätter fast rundlich, bis 12 cm lang. Herbstfärbung scharlachrot. Blüten in bis 6 cm langen Ähren, duftend. **1614,** S. 202.

Franciscea siehe *Brunfelsia*

Fraxinus L., Esche, *Oleaceae*

Etwa 65 Arten auf der nördl. Halbkugel. Bäume (selten Sträucher), sommergrün, meist hoch. Blätter gegenständig, gefiedert. Blüten in achsel- oder endständigen Rispen oder Trauben. Die angegebenen Arten sind winterhart. Verwendung nur in großen Gärten.

excelsior L., Europa, N-Asien. Bis 40 m hoch. Blätter bis 30 cm lang, gefiedert, grün. Zahlreiche Gartenformen, z. B. 'Nana', Wuchs zwergig, bis 2 m hoch; 'Pendula', Zweige hängend, **1615,** S. 202.

ornus L., Manna-Esche, Blumenesche. S-Europa, Vorderasien. Bis 8 m hoch. Blüten weiß, duftend, in 10 cm langen, endständigen Rispen.

Freesia Eckl., *Iridaceae*

2 Arten in S-Afrika. Mehrjährige, knollenbildende Pflanzen mit schmalen, langen Blättern. Blüten in einseitswendigen Wickeln. Nicht winterhart.

Hybriden. Die großblumigen Sorten haben im Schnittblumenanbau große Bedeutung gewonnen. Sie sind wohl überwiegend aus *F. refracta* (Jacq.) Klatt entstanden. Blüten trichterförmig, bis 5 cm lang und vorn 4–5 cm breit, in blau, gelb, rosa, rot, weiß. Blütenschäfte bis 50 cm und länger. Starker Duft. Pflege im Topf ist zwar möglich, doch nicht im Zimmer, nur im Gewächshaus. Beste Qualität wird wohl nur in den darauf eingerichteten Gärtnereien erzielt, daher wird auf Angabe von Sorten hier verzichtet. **734, 735,** S. 92.

Fremontia siehe *Fremontodendron*

Fremontodendron Coville, *Sterculiaceae*

3 Arten in Kalifornien und Mittelamerika. Sträucher, immergrün, mit wechselständigen Blättern. Blüten groß, flach.

californicum (Torr.) Coville (syn. *Fremontia californica* Torr.), Kalifornien. Blütezeit Mai–Juni. Bis 3 m hoch. Blätter bis 10 cm lang, gelappt, oberseits stumpfgrün, unterseits grauweiß, behaart. Blüten schalenförmig, bis 3 cm breit, gelb. Nicht winterhart. Verwendung als Kübelpflanze, im Sommer im Freien. Überwinterung kühl und hell. **1977,** S. 248.

Fritillaria L., *Liliaceae*

Etwa 100 Arten in den nördl. gemäßigten Zonen. Mehrjährige, zwiebelbildende Pflanzen mit zerstreut oder fast quirlig beblätterten Stengeln. Blüten glockig, nickend oder hängend. Die angegebenen Arten sind winterhart. Verwendung im Garten als große oder auch kleine, zierliche Frühjahrs- oder Frühsommerblüher. Standort sonnig, auf durchlässigen Böden. Pflanzzeit der Zwiebeln im September. Anzucht aus Samen möglich, doch langwierig. Aussaat im Herbst, der natürlichen Witterung aussetzen, da bei vielen Arten zur Keimung niedrige Temperatur notwendig.

acmopetala Boiss., Türkei. Blütezeit April–Mai. Stengel schlank, bis 50 cm hoch. Blüten 1–3, nickend, außen kastanienbraun, innen olivgrün, 3 cm lang und ebenso breit. **736,** S. 92.

imperialis L., Kaiserkrone. Westl. Himalaja, Persien. Zwiebel bis faustgroß, mit wenigen dicken Schuppen (wenn verletzt, nach „Tigerkäfig" riechend). Stengel dick, bis über 1 m hoch, am oberen Ende von einem Blattschopf gekrönt, unter dem die bis 6 cm langen und ebenso breiten Blüten kranzförmig hängen. Blüten orange. Einige Sorten: 'Aurora', Blüten orangerot, **737,** S. 93; 'Lutea Maxima', Blüten gelb, **738,** S. 93. Standort vollsonnig.

meleagris L., Schachbrettblume. Europa bis Kaukasus. Blütezeit April–Mai. Zwiebel klein, bis 1,5 cm dick. Stengel zierlich, wenig beblättert, meist einblütig, bis 50 cm hoch. Blüten bis 4 cm lang und fast so breit, weiß oder braunpurpurn, dabei schachbrettartig mit sich abwechselnden helleren und dunkleren Quadraten. **739,** S. 93. Einige Sorten, durch Farbe bzw. Stärke der Schachmusterung unterschieden, z. B.: 'Aphrodite', weiß; 'Purple King', purpurn, **740,** S. 93; 'Saturnus', rötlich violett. Standort auf feuchtem Boden.

pallidiflora Schrenk, Altaigebirge. Blütezeit April. Blätter breit, blaugrün. Stengel bis 30 cm hoch, mit bis zu 10 Blüten. Blüten nickend, bis 4 cm lang und fast so breit, schwefelgelb, innen braunrot gefleckt. **741,** S. 93.

Fuchsia L., *Onagraceae*

Etwa 100 Arten in Mittel- und S-Amerika, einige in Neuseeland. Halbsträucher, Sträucher oder kleine Bäumchen, sommer- oder immergrün, mit gegen-, wechsel- oder quirlständigen Blättern. Blüten meist achselständig, seltener endständig in Trauben. Von den Arten werden manche in Sammlungen kultiviert; die größte Bedeutung haben jedoch seit langem die weit über 1000 Sorten. Sie sind sehr verbreitete, beliebte Pflanzen mit vielfältiger Verwendungsmöglichkeit und blühen den ganzen Sommer über. Als Topfpflanze im Zimmer oder im Sommer im Topf (Kübel) oder ausgepflanzt im Freien, auch zur Bepflanzung von Balkonkästen. Winterhart ist lediglich *F. magellanica* mit ihren Formen. Vermehrung durch krautige Stecklinge von März bis September. Im Laufe von Jahren lassen sich große Büsche, die dann im Kübel stehen, erzielen. Nach den letzten Frösten im Mai können die Pflanzen ins Freie gebracht werden. Vor den ersten Frösten im Herbst wieder hereinnehmen und kühl (bei etwa 5°) überwintern. Blätter fallen dann ab. Im Frühjahr Rückschnitt. Sorten mit hängenden Trieben als Ampel- oder Balkonkastenpflanzen. Früher häufig, aber auch heute wieder im Kommen ist die Anzucht von Kronenbäumchen auf niedrigen (30–50 cm) oder höheren (etwa 1 m) Stämmchen. Man läßt dabei einen Trieb (Anbinden an einen Stock) so lange aufrecht wachsen, bis die gewünschte Stammhöhe erreicht ist. In den Blattachseln entstehende Seitentriebe werden (unter Schonung des am Stamm befindlichen Blattes) vorsichtig entfernt. Nach Erreichen der Stammhöhe wird die Spitze abgeschnitten, und die oberen Seitentriebe (5–8) läßt man dann wachsen, sorgt aber durch Entspitzen derselben für den Aufbau einer stabilen Krone. Schwachwüchsige sowie hängende Sorten werden auf den Stamm einer starkwüchsigen Sorte veredelt. An Farben überwiegen violett, blau, rosa, rot, weiß. Dabei können die 4 auffällig großen, meist abstehenden oder auch zurückgebogenen Kelchblätter die gleiche Farbe haben wie die Blütenkronblätter oder aber auch anders gefärbt sein. Bei gefülltblühenden Sorten ist die Zahl der Blütenkronblätter vermehrt. Auch Sorten mit weißbunten oder gelben Blättern sind bekannt. Das gesamte Sortiment wird heute zusammengefaßt unter

Hybriden. Auf Angabe von Sorten soll hier verzichtet werden, da das Sortiment ständigen Änderungen unterliegt. Beispiele sind Abb. **534, 536,** S. 67, und **537, 538** (hängend), **539,** S. 68.

Eine Gruppe für sich sind die *Triphylla-Hybriden*, entstanden aus Kreuzungen zwischen *F. triphylla*, *F. corymbiflora*, *F. fulgens*. Die Blüten sind hier mehr röhrig und Kelchblätter nur mit den Zipfelchen abstehend. Blüten in Trauben an den Zweigenden. **535,** S. 67.

magellanica Lam., Chile. Scharlachfuchsie. Zweige dünn, aber lang werdend, aufrecht. Blüten in den Blattachseln, rot. Hierher gehören mehrere Sorten. Abb. **1616,** S. 202, **1617, 1618,** S. 203. In geschützter Lage winterhart. Triebe frieren zurück, doch im Frühjahr erscheinen neue Triebe von der Basis her. Winterschutz durch Laubschüttung ratsam.

Funkia siehe *Hosta*

G

Gaillardia Foug., Kokardenblume, *Compositae*

20 ein- oder mehrjährige Arten in Amerika. Ganzrandige oder fiederspaltige punktierte Blätter. Blüten gelb oder rotpurpurn, meist zweifarbig, einzeln auf langen Stielen. Vermehrung durch Aussaat, Teilung, Stecklinge oder Wurzelschnittlinge. Für sonnige Standorte mit nährstoffreichem Boden. Besser alle als Einjahrsblumen behandeln und jährlich neu ziehen. Gute Schnittblume.

aristata Pursh, N-Amerika. Blütezeit Juni–Herbst. Bis 60 cm hohe Staude mit buchtig fiederspaltigen Blättern. Einzelne, langgestielte Köpfchen mit gelben, am Grunde purpurnen Zungenblüten. Röhrenblüten schwarzpurpurn. (Die Handelssorten sind wahrscheinlich Kreuzungen aus *G. aristata* × *G. pulchella* und anderen Arten.) 'Burgundy' ('Burgunder'), 70 cm hoch, einfarbig dunkelrot; 'Goblin', 15–20 cm hoch, karmin- und cremefarben, **1138,** S. 143; 'Tokajer', 75 cm hoch, strahlend orangebraun; 'Wirral Flame' ('Fackelschein'), 75–90 cm hoch, dunkel orangerot, **1139,** S. 143.

pulchella Foug., N-Amerika. Blütezeit Juni–September. 30–60 cm hoch, einjährig. Blätter länglich, grob gezähnt. 'Lorenziana-Hybriden', 40–60 cm hoch, gefülltblühende Mischungen von weiß über karmin bis orange, **296,** S. 37.

Galanthus L., Schneeglöckchen, *Amaryllidaceae*

Etwa 8 Arten in Europa und W-Asien. Mehrjährige, zwiebelbildende Pflanzen mit wenigen, grundständigen, schmalen linealischen Blättern. Blütenstand einblütig, Blüten weiß. Alle winterhart. Verwendung im Garten, nicht auf trockenen Böden. Im Laufe der Jahre sich reichlich durch Brutzwiebeln vermehrend und große Horste oder Kolonien bildend. Blütezeit je nach Witterung und Lage von Februar–April.

elwesii Hook. f., Türkei. Blätter blaugrün, bis 20 cm lang und 2 cm breit. Blüten kuglig, bis 4 cm breit. Eine der Großblütigsten. **742, S.** 93.

ikariae Bak., Insel Nikaria im östl. Mittelmeer. Blätter breit, grün. Blüten groß. **743,** S. 93.

nivalis L., in Deutschland heimisch. **744,** S. 93. Hierher gehören mehrere Sorten, die aber nicht besser als die Art sind, z. B. **745,** S. 94.

plicatus M. B., Halbinsel Krim. **746,** S. 94.

Galega L., Geißraute, *Leguminosae*

4 Arten in Europa und Vorderasien. Kahle Stauden mit langen Sprossen und unpaarig gefiederten Blättern. Blüten in aufrechten achselständigen Trauben, weiß oder blauviolett. Vermehrung durch Aussaat oder Teilung. Von Sonne bis Schatten in jedem Boden.

officinalis L., S-Europa und Asien. Blütezeit Juli bis August. 90–150 cm hoch. Blüten weiß oder hellviolett. 'Alba', weißblühend; 'Her Majesty', hell lilablau, **1140,** S. 143; 'Lady Wilson', lilablau, **1141,** S. 143.

Galeobdolon luteum siehe *Lamium galeobdolon*

Galtonia Decne., Sommerhyazinthe, *Liliaceae*

3 Arten in S-Afrika. Mehrjährige, zwiebelbildende Pflanzen mit grundständigen Blättern. Blüten glokkig, weiß, in langer Traube. In Kultur ist:

candicans (Bak.) Decne. (syn. *Hyacinthus candicans* Bak.). Blütezeit Juli–September. Blütenschaft bis 1 m hoch. Blüten zahlreich, bis 5 cm lang. Verwendung im Garten, unter Schutz zuweilen den Winter überdauernd, doch besser wie Gladiolen behandeln: im Herbst Zwiebeln herausnehmen, trocken und frostfrei lagern, Ende April im Freiland an Ort und Stelle pflanzen. **747,** S. 94.

Gardenia Ellis, *Rubiaceae*

Etwa 60 Arten im trop. und subtrop. Asien und Afrika. Sträucher, selten Bäume, meist mit glänzenden, etwas ledrigen, gegenständigen Blättern. Blüten tellerförmig, glockig oder trichterförmig. Keine winterhart. Gezogen wird überwiegend:

jasminoides Ellis (syn. *G. florida* L.), China. Blütezeit Sommer–Herbst. Strauch, bis über 1 m hoch werdend. Blätter elliptisch. Blüten tellerförmig, 6–10 cm Durchmesser, wachsartig, weiß, von starkem Wohlgeruch. Wichtig sind die gefülltblühenden Sorten ('Plena', 'Fortunei', 'Veitchii' und andere). Liefert die bekannte Ansteckblume in angelsächsischen Ländern. Bedingte Verwendung als Zimmerpflanze, besser – sofern vorhanden – im Wintergarten. Temperaturen um 20° günstig für Wachstum und Blütenbildung. Weiterentwicklung der Blüten wird gefördert durch niedrigere Temperaturen (um 15–17°). Bei höherer Temperatur besteht in den Herbstmonaten die Gefahr des Knospenfalles. Die Pflege der Gardenien ist nicht einfach, kann aber eine lohnende Aufgabe für den Liebhaber sein.

Garrya Dougl., Becherkätzchen, *Garryaceae*

15 Arten im westl. N-Amerika. Sträucher, immergrün, mit behaarten Zweigen und gegenständigen Blättern. Blüten zweihäusig, in hängenden Kätzchen. Keine Art winterhart. Verwendung als Kübelpflanze, im Sommer im Freien, Überwinterung hell und kühl.

elliptica Dougl., Oregon bis Kalifornien. Blütezeit Januar–März. Bis 3 m hoch, Zweige anfangs dicht behaart. Blätter länglich-elliptisch, ledrig, dunkelgrün. Männliche Kätzchen bis 20 cm lang, an den Zweigenden, grünlich; weibliche bis 10 cm lang. **1619,** S. 203.

Gasteria Duval, *Liliaceae*

Etwa 70 Arten in S-Afrika. Mehrjährige Sukkulenten von niedrigem, rosettenähnlichem Wuchs, Blätter jedoch meist 2reihig gestellt, zungenförmig, fleischig, mit harter Oberhaut. Meist stammlos oder erst im Alter kurze Stämme bildend. Den *Aloe* verwandt. Blüten röhrig, am Grunde bauchig, in lokkeren Trauben oder Rispen auf meist langem Schaft. Verwendung mancher Arten als widerstandsfähige Zimmerpflanze, an hellem Standort. Im Sommer warm, im Winter um 10°.

liliputana Poelln., Wuchs rosettig, Blätter bis 6 cm lang, dunkelgrün, weißlich gefleckt. Blüten blaßrot.

verrucosa (Mill.) Duval, Blätter 2zeilig, zungenförmig, grün, dicht mit weißen Warzen bedeckt. Blüten rot, mit grüner Spitze.

Gaultheria L., *Ericaceae*

Etwa 120 Arten in N- und S-Amerika, Australien, Neuseeland, O-Asien. Sträucher, immergrün, mit wechselständigen, gesägten Blättern. Blüten krug- oder glockenförmig, einzeln oder in Trauben. Die angegebenen Arten sind winterhart. Verwendung als niedrige, buschige oder kriechende Bodendecker im Halbschatten.

forrestii Diels, China. Blütezeit Mai–Juni. Rundlicher Busch, bis 50 cm hoch. Blüten weiß, duftend, in achselständigen Trauben. Früchte blau.

procumbens L., östl. N-Amerika. Blütezeit Juni bis August. Kriechend, bis 15 cm hoch, den Boden dicht bedeckend. Blätter dunkelgrün. Blüten meist einzeln, weiß bis rosa. Früchte bis 1 cm dick, rot. **1620,** S. 203.

Gazania Gaertn., *Compositae*

20 Arten in S-Afrika. Ein- oder mehrjährige Kräuter oder Halbsträucher mit meist grundständigen Blättern. Blüten einzeln, gelb, orange oder weiß, langgestielt. Blüten abends und bei trübem Wetter geschlossen. Vermehrung durch Aussaat oder Stecklinge. Für warme, sonnige Stellen mit guter Düngung und Bewässerung.

Hybriden im Handel als Mischungen oder Farbsorten, hauptsächlich entstanden aus *G. longiscapa, nivea, rigens* u. a. 15–30 cm hoch. Blütezeit Juni–Oktober. Blütenfarben weiß über gelb, rotbraun, violett bis braun. **297,** S. 38.

Genista L., Ginster, *Leguminosae*

Etwa 100 Arten in Europa, N-Afrika, W-Asien. Sträucher, selten Halbsträucher, sommergrün. Blätter fehlend, oder – wenn vorhanden – einfach, seltener 3zählig. Blüten meist gelb, traubig oder kopfig an den Zweigenden, oder einzeln und seitenständig. Nicht alle winterhart. Verwendung im Garten.

cinerea (Vill.) DC., S-Europa, N-Afrika. Blütezeit Juni–Juli. Strauch, bis 2,5 m hoch, dicht. Blüten gelb, in endständigen Trauben. Nicht winterhart. **1621,** S. 203.

germanica L., Mittel- und W-Europa. Blütezeit Juni–Juli. Aufrechter Strauch, bis 50 cm hoch, zottig behaart, ältere Triebe bedornt. Blüten gelb, in kurzen Trauben an den Zweigenden. Winterhart.

hispanica L., Spanien, N-Italien. Blütezeit Juni bis Juli. Verzweigter Strauch, bis 70 cm hoch, bedornt. Blüten goldgelb, in endständigen kopfigen Blütenständen. Winterschutz notwendig. **1622,** S. 203.

lydia Boiss., Balkan. Blütezeit Mai–Juni. Strauch, 50 cm hoch, breit gestreckt, bedornt. Blüten goldgelb. Winterschutz nötig. **1623,** S. 203.

sagittalis L., Flügelginster. Europa. Blütezeit Mai. Strauch, bis 30 cm hoch, Triebe breit geflügelt. Blüten goldgelb, in Trauben. Winterhart.

tinctoria L., Färberginster. Europa bis Vorderasien. Blütezeit Juni–August. Strauch, bis 1 m hoch, aufrecht. Blüten gelb, zu vielen in verzweigten Trauben. Winterhart. Zahlreiche Sorten, z. B. 'Royal Gold', **1624,** S. 203.

Gentiana L., Enzian, *Gentianaceae*

Über 200 Arten besonders in den Gebirgen der N-Halbkugel und den Anden. Einjährige, zweijährige oder meist mehrjährige Kräuter, aufrecht oder rasenartig wachsend. Blätter selten quirlig, meist gegenständig sitzend und glattrandig. Blüten achsel- oder endständig, groß, glocken-, schalen- oder sternförmig von blauer, violetter, purpurner, gelber oder weißer Farbe. Vermehrung durch Aussaat, Teilung oder Stecklinge. Für halbschattige, etwas feuchte Lagen. Manche Arten kalkbedürftig, andere kalkempfindlich. Einheimische Arten sind geschützt und dürfen nicht ausgegraben oder gepflückt werden.

acaulis L., Europa. Blütezeit Mai–Juni. Gärtnerische Sammelbezeichnung für 5–10 cm hoch werdende, rasig-polsterförmig wachsende Arten mit großen, mehr oder weniger gestielten blauen Blüten. Als *G. acaulis* L. erhält man nach derzeitigem Stand der Sichtung die Arten:

G. clusii Perr. et Song. (kalkliebend)
G. kochiana Perr. et Song. (kalkfliehend)

und eine Vielzahl von Hybriden und gärtnerisch ausgelesenen Formen. So erklären sich auch die unterschiedlichen Wuchs- und Blüteneigenschaften der unter *G. acaulis* L. erhältlichen Pflanzen. Untersuchungen zeigten hinsichtlich Wachstum und Blühen deutlich größere Abhängigkeit von der Herkunft (= Sorte, Auslese). **71,** S. 9.

asclepiadea L., Schwalbenwurzenzian. Europa. Blütezeit Juli–September. 40–80 cm hohe Staude mit kräftigem, mehrköpfigem Wurzelstock. Stengel aufrecht, dicht mit eiförmigen Blättern besetzt. Blüten glockig, dunkelblau oder weiß, einzeln oder zu 2 oder 3 in den oberen Blattachseln sitzend. **1142,** S. 143.

'Inverleith', Hybride aus *G. farreri* × *G. veitchiorum*, ähnlich *G. sino-ornata*. Blüte dunkelblau. Blütezeit August–September. **72,** S. 9.

lagodechiana siehe *septemfida* 'Lagodechiana'

saxosa Forst., Neuseeland. Blütezeit August. 5–10 cm hohe, mattenartig wachsende Staude mit spatelförmigen, dunkelgrünen Blättern. Schalenförmige Blüten, weiß mit braunen Adern, aufrechtstehend, kalkfliehend. **74,** S. 10.

septemfida Pall., Kaukasus, Türkei, Persien. Blütezeit Juli–August. 20–30 cm hohe, vieltriebige Pflanze mit niederliegenden Stengeln, die sich erst zur Blütezeit an der Spitze aufrichten. Blätter eiförmig, dicht an den Stengeln sitzend. Blüten blau, glockenförmig (innen weiß und braungefleckt) in endständigen, bis 8blütigen Schöpfen.
'Lagodechiana', Blüten blau mit grünem Schlund, in den oberen Blattachseln oder am Stengelende nur einzeln stehend, **73,** S. 10.

sino-ornata Balf. f., Herbstenzian. Tibet. Blütezeit September–November. 10–15 cm hohe, rasenförmig wachsende Staude mit steifen, schmalen, sattgrünen Blättern. Trichterförmige, azurblaue Blüten mit 5 purpurblauen Streifen außen, einzeln endständig. **75,** S. 10.

verna L., Frühlingsenzian. Europa bis Afghanistan und Sibirien. Blütezeit April–Mai. Ausdauernde, 10–15 cm hohe Staude. Blätter elliptisch-lanzettlich-spitz, ledrig, in rosettiger Anordnung. Blütenstengel kurz, mit 1–3 Blattpaaren. Blüten röhrig, mit tellerförmiger azurblauer Krone. Kalkfliehend (auch in der Ebene auf moorigem Boden). **76, 77,** S. 10.

Geranium L., Storchschnabel, *Geraniaceae*

375 Arten in den gemäßigten Zonen der Erde. Kräuter, selten Halbsträucher. Blätter gegen- oder wechselständig, gezähnt und fingerförmig gelappt oder zerschlitzt, meist mit Nebenblättchen. Blütenstiele 1–2blütig. Blütenfarben weiß, rot, violett. Vermehrung durch Aussaat oder Teilung. Für Sonne bis Schatten, mit Ausnahmen Trockenheit besser als Nässe vertragend. Meist schöne Herbstfärbung.

cinereum Cav., Spanien bis Kaukasus. Blütezeit Juni–Juli. 10–15 cm hohe Staude mit rundlichen, glänzenden, tief 5–7lappigen Blättern. Blüten rosa. 'Ballerina', Auslese mit purpurrosa Blüten, dunkelgeadert, **78,** S. 10.

cinereum 'Subcaulescens' siehe *subcaulescens*

endressii J. Gay, W-Pyrenäen. Blütezeit Mai–August. 20–30 cm hoch, verzweigte Staude mit langgestielten 5lappigen Blättern, die in milden Gegenden wintergrün bleiben. Stengel 2blütig, frischrosa. Gut Trockenheit vertragend.

ibericum Cav., Kaukasus bis Persien. Blütezeit Juni–Juli. 40–60 cm hohe, behaarte Staude. Blätter 3- und 4teilig, tief eingeschnitten. Teile fiedrig aufgeteilt. Blüten violettblau mit purpurnen Adern. Oft verwechselt mit *G.* × *magnificum*, das aber keine Samen ansetzt. **1143,** S. 143. 'Album' weißblühend; 'Plenum', blaublühend gefüllt, **1144,** S. 143.

ibericum 'Platypetalum' siehe *platypetalum*

'Johnsons Blue', möglicherweise Gartenhybride aus *G. grandiflorum* × *G. pratense*. Blütezeit Juni bis Juli. 40–60 cm hohe Staude von straffem Wuchs mit tiefeingeschnittenen Blättern. Blüten leuchtend blau. Wird oft zu *G. ibericum* gerechnet, ist aber hybriden Ursprungs. **1145,** S. 144.

lancastriense siehe *sanguineum* 'Prostratum'

macrorrhizum L., SO-Alpen und Balkan. Blütezeit Mai–Juli. 30 cm hohe Staude bis Halbstrauch. Triebe kriechend, Blätter rund, 7lappig, drüsig behaart und aromatisch duftend. Lappen grob gesägt. Blüten hellrot, in doldigem Stand. 'Album', weißblühend, **1146,** S. 144; 'Spessart', wintergrün bleibende Auslese.

platypetalum Fisch. et Mey. (syn. *G. ibericum* hort. 'Platypetalum'), Kaukasus und Türkei. Blütezeit Juni–August. Bis 70 cm hohe Staude mit 5–7teiligen Blättern. Blattlappen unregelmäßig eingeschnitten und zottig behaart. Blütenstand langgestielt, mehrblütig, mit 3 cm großen violetten Blüten.

pratense L., Wiesenstorchschnabel. Nördl. Eurasien. Blütezeit Juni–August. 40–80 cm hohe behaarte Staude. Blätter rund, mit 5–7 breit-lanzettlichen, fast fiederspaltigen Lappen. Blüten blau oder lila, abwärts gebogen. 'Album', weißblühend; 'Album Plenum', Blüten weiß, gefüllt; 'Plenum', Blüten blau, gefüllt, **1147,** S. 144.

sanguineum L., Blutroter Storchschnabel. Europa. Blütezeit Mai–September. 10–20 cm hohe Staude mit polsterartigem Wuchs. Blätter 5lappig zerteilt, mit 3teiligen schmalen Abschnitten. Blüten einzeln, karminrot. Wuchert stark. **1148,** S. 144. 'Album', weißblühend; 'Prostratum' (syn. *G. lancastriense* With.), niedrige, 10–15 cm hohe, hellrosa blühende Form.

subcaulescens L'Hérit. (syn. *G. cinereum* 'Subcaulescens'). Balkan, Italien und Türkei. Blütezeit Juni bis Juli. Ähnlich *G. cinereum*, aber größer und üppiger wachsend. Blätter tief eingeschnitten, unterseits leicht behaart. Blüten 2–3 cm groß, karminrot mit dunkler Mitte. **79,** S. 10.

sylvaticum L., Waldstorchschnabel. Europa und Sibirien. Bis 100 cm hohe aufrechte Staude mit 5-teiligen (Lappen unregelmäßig gebuchtet), langgestielten Blättern. Blütenstand mehrblütig. Blüten rot, blauviolett, blau oder weiß. 'Mayflower', hellblau blühend, **1149,** S. 144.

wallichianum D. Don, Himalaja. Blütezeit Juni bis September. Etwa 30 cm hohe, seidig behaarte Pflanze mit ausgebreitetem Wuchs. Blätter nierenförmig, 3–5teilig (Lappen rhombisch, unregelmäßig gezähnt). Blüten innen violettblau, außen purpurn, an niederliegendem Blütenstand. Für halbschattige Lagen. 'Buxtons Blue', Blüten dunkler gefärbt, **1150,** S. 144.

Geum L., Nelkenwurz, *Rosaceae*

56 Arten in den gemäßigten Gebieten der Erde. Ausdauernde, teils Ausläufer treibende Kräuter mit grundständigen, ungleich unpaarig gefiederten Blättern. Blüten weiß, gelb oder rot, einzeln oder doldentraubig. Vermehrung durch Aussaat, bei Sorten durch Teilung. Für sonnige bis halbschattige Lagen in humosem Gartenboden.

× **borisii** hort. Unter dieser Bezeichnung sind in den Gärten Sorten mit leuchtend orangefarbenen Blüten und keilförmigen, tiefgezähnten Blättern verbreitet, die man jedoch besser den Geum-Hybriden zuordnet. **1151,** S. 144. Die Naturhybride *G. borisii* Kellerer (*G. bulgaricum* × *G. reptans*) kommt nur im Rila-Gebirge in Bulgarien vor und ist wohl nicht in Kultur.

chiloense Balb., Chile. Blütezeit Juli–August. 40 bis 60 cm hohe Staude. Blätter mit 10–12 Seitenblättern. Blüten scharlachrot, an stark verzweigten Stengeln. Durch Kreuzung dieser Art mit *G. coccineum* sind zahlreiche Sorten entstanden, die zusammengefaßt werden als

Hybriden. Beispiele: 'Fire Opal', Blütezeit Mai bis Juli, 50–60 cm hoch, Blüten sehr groß, gelb, halbgefüllt; 'Georgenberg', Blütezeit April–Juni, 30–40 cm hoch, Blüten leuchtend orange; 'Lady Stratheden', 60 cm hoch, Blüten gelb, halbgefüllt; 'Mrs. Bradshaw', 50–60 cm hoch, Blüten leuchtend karminrot, halbgefüllt, **1152,** S. 144; 'Rubin', Blütezeit Juni–Juli, 40–50 cm hoch, Blüten braunrot mit karmin, halbgefüllt, auch einfach.

Gilia Ruiz et Pav., *Polemoniaceae*

56 Arten in N-Amerika und den Anden. Krautige, selten halbstrauchige Kräuter. Blätter gegen- oder wechselständig und meist schmal und geschlitzt. Blüten blau, weiß, rosa, orange bis rot, in Büscheln, kurz- bis langgestielt. Vermehrung durch Aussaat, für durchlässigen Boden an sonniger Stelle.

Hybriden, Blütezeit Juli–August. Abstammung meist von *G. tricolor* und *androsacea*. Im Handel als Mischungen mit lebhaftem Farbenspiel. 10–50 cm hoch. Aussaat an Ort und Stelle ins Freiland. **298,** S. 38.

Ginkgo L., *Ginkgoaceae*

Nur 1 Art.

biloba L., diese Art ist vermutlich in China beheimatet. Baum, bis 30 m hoch, sommergrün. Blätter fächerförmig, aber ungeteilt, grün. Herbstfärbung gelb. Zweihäusig (männliche und weibliche Blüten auf verschiedenen Pflanzen). Früchte mirabellenähnlich, gelb, bei der Reife nach ranzigem Fett stinkend. Der Ginkgo ist einziger lebender Überrest einer längst ausgestorbenen Familie großer Bäume. Winterhart. Verwendung nur in größeren Gärten. **2014,** S. 252. Einige Formen, z. B. 'Laciniata', Blätter geschlitzt; 'Variegata', Blätter gelbbunt.

Gladiolus L., Gladiole, *Iridaceae*

Etwa 250 Arten in Europa, Mittelmeergebiet; die meisten aber in S-Afrika. Mehrjährige Pflanzen, mit unterirdischen, abgeflachten Sproßknollen überdauernd. Blätter schmal oder breit-schwertförmig, 2zeilig gestellt. Blüten in lockerer, meist einseitswendiger Ähre. Die meisten Arten nicht winterhart. In Kultur überdies nur wenige Arten; weitverbreitet jedoch die Gartengladiolen.

byzantinus Mill., S-Europa, Vorderasien. Blütezeit Juni–Juli. Staude, bis 1 m hoch. Blüten purpurn, viel kleiner als bei den Gartengladiolen. Verwendung im Garten, sonnig, doch nur unter gutem Schutz winterhart. Auch weiße Form bekannt. **748,** S. 94.

communis L., Siegwurz. Mittelmeergebiet, bei uns zum Teil eingebürgert. Blütezeit Mai–Juni. Staude, bis 80 cm hoch. Blütenfarbe variabel, rosa, rosaviolett oder hellpurpurn. Winterhart. Verwendung im Garten. Vermehrt sich unter günstigen Bedingungen gut und bildet größere Gruppen, die dann und wann aufgenommen und etwas ausgelichtet werden müssen. Zeit zum Umpflanzen ist September, da die Knollen schon im Herbst neue Wurzeln bilden.

palustris Gaud., Sumpf-Siegwurz. Blütezeit Juni bis Juli. Bei uns heimisch auf sumpfigen Wiesen. Staude, bis 60 cm hoch. Ähren wenigblütig, purpurn. Winterhart. Verwendung auf feuchten Böden.

Hybriden. Unter dieser Bezeichnung kann man die Gesamtheit der Gartengladiolen zusammenfassen. An ihrer Entstehung sind mehrere Arten beteiligt. Die Züchtung begann zu Beginn des 19. Jahrhunderts. Das Sortiment ist heute riesig und ist raschem Wechsel unterworfen. Sorten werden daher nicht aufgeführt, sondern lediglich einige als Beispiele abgebildet. Zur besseren Übersicht kann eine Gruppeneinteilung gegeben werden, wobei jedoch die Grenzen fließend sind:

Butterfly-Gruppe. Bis 1 m hoch, meist etwas darunter. Blüten etwas kleiner als bei den Großblütigen, aber breit. Ränder der Blüten oft etwas gefältelt. Beispiele **757–760,** S. 95.

Colvillei-Gruppe. Etwa 60 cm hoch, Blüten kleiner und insgesamt zierlicher als die großen Sorten. Häufig auf den unteren 3 Blütenblättern gefleckt. Beispiele **749–751,** S. 94.

Großblütige. Bis über 1 m hoch. Blüten sehr groß, in allen Farben außer reinblau und schwarz. Auch zweifarbig. Beispiele **752–756,** S. 94–95.

Primulinus-Gruppe. Im Aufbau schlanker als vorige Gruppe. Blüten etwas kleiner und lockerer. Beispiele **761–763,** S. 96.

Behandlung der Gartengladiolen: Sie sind nicht winterhart und auch empfindlich gegen Spätfröste. Pflanzung daher Ende April ins Freiland. Wenn das Wachstum begonnen hat, wässern und düngen. Hohe Sorten sind windempfindlich, daher zuweilen Anstäben nötig. Gladiolen können von mancherlei Krankheiten und Schädlingen befallen werden. Sie beenden ihr Wachstum aus diesem Grunde oft früher (Absterben des Laubes und damit auch Aufhören des Knollenwachstums), als dies natürlicherweise der Fall wäre. Im Laufe des Sommers dann schrumpft die alte Knolle allmählich zusammen, und über ihr wird eine neue gebildet; außerdem auch Brutknöllchen. Bei gesunden Pflanzen wächst die neue Knolle auch noch im Herbst beträchtlich, und das Laub wird erst durch die ersten Nachtfröste zerstört. Alsdann Knollen herausnehmen, einige Tage abtrocknen lassen, Laub- und Erdreste entfernen und Knollen trocken bei etwa 5° lagern bis zur erneuten Pflanzzeit Ende April. Oft werden die neuen Knollen mit der Zeit immer kleiner, so daß es in vielen Fällen besser ist, jährlich neue zu kaufen. Die Mühe der sachgemäßen Winterlagerung einschließlich Pflanzenschutz entfällt dann. Aus dem gleichen Grunde ist auch die Vermehrung durch Weiterkultur der Brutknöllchen kaum zu empfehlen, womit nicht gesagt ist, daß sie in manchen Fällen durchaus mit Erfolg betrieben werden kann. Das Kleinerwerden der Knollen ist natürlich auch dann zu erwarten, wenn Schnittblumen gewonnen werden und bei langstieligem Schneiden viele Blätter mit abgeschnitten werden. Auch in solchen Fällen ist der Kauf neuer Knollen ratsam.

Will man Gladiolen schon früher in Blüte haben, dann Knollen Ende März in Töpfe pflanzen, unter Glas (Frühbeet, Fensterbank) aufstellen und feuchthalten. Ende April die dann schon im Wachstum begriffenen Pflanzen ins Freiland auspflanzen. Für den gärtnerischen Erwerbsanbau sind besondere Verfahren (Temperaturbehandlung) entwickelt worden, die eine noch stärkere Verfrühung der Blütezeit erlauben. Diese Verfahren sind aber außerhalb der Gärtnereien schwierig zu handhaben und werden daher hier nicht im einzelnen angegeben.

Glaucidium Sieb. et Zucc., *Ranunculaceae*

2 Arten in Japan und China. Stauden mit knolligem Rhizom, 2 handförmig gelappte Stengelblätter, Grundblätter langgestielt, ahornähnlich. Vermehrung durch Aussaat. Für halbschattige Lagen. Winterschutz erforderlich, sonst sehr geschützte Lagen.

palmatum Sieb. et Zucc., N-Japan. Blütezeit April bis Mai. 10–40 cm hoch, Blätter 5–7lappig, 10–30 cm breit. Blüten einzeln, weiß, nickend, 5 cm groß. **80,** S. 10.

Glaucium Mill., Hornmohn, *Papaveraceae*

21 Arten im Mittelmeergebiet bis Afghanistan. Ein- oder zweijährige graugrüne Kräuter mit Pfahlwurzel und rötlichgelbem Saft. Blätter gelappt oder fiederteilig. Vermehrung durch Aussaat im März–April direkt an sonnige Stellen mit durchlässigem Boden, da bei uns als Einjahrsblume kultiviert.

flavum Crantz, Gelber Hornmohn. Mittelmeergebiet. 40–60 cm hoch. Blüten einzeln, bis 7 cm groß, zitronen- bis goldgelb oder orange. **299,** S. 38.

Gleditsia L., *Leguminosae*

Etwa 12 Arten in N-Amerika, S-Amerika, Asien, Afrika. Bäume, sommergrün, Zweige meist stark bedornt. Blätter gefiedert. Blüten weiß oder grünlich, in Trauben oder seltener Rispen. Frucht eine platte ledrige Hülse mit flachen Samen. Überwiegend angepflanzt ist:

triacanthos L., N-Amerika. Blütezeit Juni–Juli. Baum, bis 20 m hoch, mit breiter Krone. Äste bedeckt mit einfachen oder verzweigten Dornen. Blätter gefiedert oder doppelt gefiedert, hellgrün, Herbstfärbung gelb. Blüten grünlich, in bis 7 cm langen Trauben. Früchte bis 40 cm lang, dunkelbraun. Winterhart. Verwendung in größeren Gärten. Mehrere Formen, z. B. 'Inermis', ohne Dornen.

Gloriosa L., *Liliaceae*

4–5 Arten im trop. Afrika und Asien. Mehrjährige Kräuter, mit Knollen überdauernd. Stengel hoch kletternd, im oberen Teil verzweigt. Blätter mit in Ranken umgewandelten Spitzen. Blüten groß, langgestielt, nickend, in den Achseln der oberen Blätter. Nicht winterhart.

superba L., O-Afrika. Blütezeit Sommer. Stengel bis 2 m hoch. Blüten bis 7 cm lang. Blütenblätter am Grunde grün, weiter hinauf gelb und schließlich scharlachrot. Verwendung entweder nur im Gewächshaus oder im Sommer auch an geschützter Stelle im Freien, sonnig. Gekaufte Knollen im März bis April in größere Töpfe setzen, zuerst noch unter Glas, warm, Ende Mai ins Freie auspflanzen. Den Trieben durch Stäbe Halt geben. Vor den ersten Frösten hereinnehmen, Triebe allmählich absterben lassen. Knollen trocken überwintern; nicht zu kühl (12–15°). Ist auch als Schnittblume im Handel.

Godetia Spach, Atlasblume, *Onagraceae*

20 Arten in N- und S-Amerika. Aufrechte und verzweigte Kräuter mit wechselständigen, schmalen, gestielten Blättern. Blüten groß, weiß, blau oder rosa in beblätterten endständigen Ähren oder Trauben. Bei uns als Einjahrsblume. Vermehrung durch Aussaat im März–April an warme sonnige Stellen. Gute Schnittblume.

Hybriden, einfache und gefüllte Sorten als Mischungen oder Einzelfarben. Durch mehrere Aussaattermine Blütezeiten von Juni–Oktober möglich. Alle Farben außer gelb vertreten.

1. Grandiflora-Gruppe. 60–80 cm hoch, gefüllt, z. B. 'Rosenkönigin', karminrosa.
2. Whitneyi-Gruppe. 25–40 cm hoch:
   a) halbhohe, einfache Sorten, 35–40 cm, z. B. 'Kelvedons Ruhm', lachsorange; 'Sybil Sherwood', lachsrosa, **300,** S. 38;
   b) halbhohe, gefüllte Sorten, z. B. 'Benarys Azaleenschau', Mischung;
   c) niedrige, einfache Sorten. 20–25 cm hoch, z. B. 'Blauer Zwerg', leuchtend blau; 'Vivid', leuchtend kirschrot, **301,** S. 38.

Gomphrena L., Kugelamaranth, *Amaranthaceae*

Über 100 Arten im trop. Amerika, Australien und Malesien. Ein- oder mehrjährige Kräuter, verzweigt, rauhhaarig bis zottig behaart. Gegenständige, schmale, ganzrandige Blätter. Blütenstände kugelrund, achsel- oder endständig, weiß, rosa, gelbrot oder dunkelpurpurn. Vermehrung durch Aussaat. Auspflanzen Mitte Mai an warme, sonnige Plätze. Für Trockensträuße geeignet. *Gomphrena* ist Virustestpflanze im Pflanzenschutz.

globosa L., trop. Amerika. Heute Unkraut in den trop. Gebieten. Einjährig, etwa 30 cm hoch, weichbehaart, verzweigt, mit lanzettlich-eiförmig ovalen, lebhaft grünen Blättern. Blütenköpfchen einzeln oder zu 2 oder 3, endständig, leuchtend dunkelpurpurrot. Im Handel Mischungen, selten Einzelfarben. 'Buddy', 15 cm hoch. Blüten purpurrot, **302,** S. 38.

Grevillea R. Br., *Proteaceae*

Etwa 170 Arten in Australien, Indonesien. Bäume oder Sträucher, immergrün. Blüten in Trauben. Nicht winterhart. Verwendung der genannten Arten als Topfpflanzen für nicht zu warme Zimmer, im Sommer an geschütztem Standort auch im Freien (bes. *G. juniperina*).

juniperina R. Br., Australien. Aufrechter Strauch. Blätter unterseits silberhaarig. Blüten gelblichgrün mit rot, in kurzen endständigen Trauben. Häufiger als die Art wird 'Sulphurea' gezogen. Blüten gelb. **1625,** S. 204.

robusta A. Cunn., Australische ,,Silbereiche". Australien. Baum, in der Heimat bis 50 m hoch. Blätter gefiedert, bis 20 cm lang, grünsilbern. Oft angebotene Topfpflanze von recht guter Haltbarkeit. Blüht bei uns nicht.

Griselinia G. Forst., *Cornaceae*

2 Arten in Neuseeland, 4 in Chile. Bäume oder Sträucher, immergrün. Blätter ledrig. Blüht bei uns sehr selten.

littoralis (Raoul) Raoul, Neuseeland. In Heimat Baum, bei uns Strauch, 1–2 m hoch. Blätter bis 10 cm lang, eirund oder länglich-eirund, ledrig, gelblichgrün. Nicht winterhart. Verwendung als haltbare Kübelpflanze. Im Sommer im Freien, Überwinterung kühl, um 5°. Kommt im Winter mit wenig Licht aus, im Keller mit Fenstern möglich. **1626,** S. 204.

Guzmania Ruiz et Pav., *Bromeliaceae*

Etwa 90 Arten in S-Amerika und Antillen. Rosettig wachsende Bromelien, von denen einige Arten und Hybriden angeboten werden, die sich durch intensive Färbung der Hochblätter auszeichnen. Verwendung und Pflege wie bei *Aechmea* angegeben.

monostachya (L.) Rusby (syn. *G. tricolor* Ruiz et Pav.), Mittel- und S-Amerika. Bis 40 cm hoch, hellgrün. Blütenstand mit dicht anliegenden Deckblättern, die unteren grünbraun bis schwarzbraun, die oberen leuchtend rot. In den Achseln die weißen Blüten.

tricolor siehe *monostachya*

zahnii (Hook. f.) Mez, Kolumbien. Blätter rötlichgrün, von rötlichen Längsadern durchzogen. Blütenstand bis 30 cm hoch, mit roten Hochblättern. Tragblätter und Blüten gelb.

Gynerium argenteum siehe *Cortaderia selloana*

Gynura Cass., *Compositae*

Etwa 20 Arten in Asien und Afrika. Kräuter oder Halbsträucher, immergrün. Blüten gelb oder purpurn.

aurantiaca (Bl.) DC., Java. Blütezeit Herbst. Halbstrauch, bis 80 cm hoch. Blätter bis 20 cm lang, eirund, grob gezähnt, stark behaart. Blütenköpfchen gelb oder orange, in lockerer Rispe, stinkend. Es gibt grün und purpurn behaarte Formen.

procumbens (Lour.) Merr., Indonesien. Ähnlich voriger Art, doch Wuchs überhängend. **540, 541,** S. 68. Beide Arten als Zimmerpflanzen. Ältere Pflanzen weniger schön; häufiger aus Stecklingen neu heranziehen. Wintertemperatur um 12–15°.

Gypsophila L., Schleierkraut, *Caryophyllaceae*

126 Arten im östl. Mittelmeergebiet und mittleren Eurasien. Einjährige oder ausdauernde Kräuter oder Halbsträucher mit graugrünen, schmalen, flachen, auch nadeligen Blättern. Blüten weiß, klein, zahlreich in großen Rispen. Vermehrung durch Aussaat, Veredlung, Stecklinge. Für Schnitt geeignet (Auflockerung von bunten Sommersträußen!).

elegans M. B., Kaukasus. Blütezeit ab Juli. Einjährig, 30–50 cm hoch, Blüten weiß, rötlich oder rosenrot, 1 cm groß, in verzweigten Rispen. Aussaat März–April an Ort und Stelle. Meist Mischungen im Handel. 'Kermesina', Blüten rot; 'London Market', weißblühend, **303,** S. 38.

paniculata L., S-Europa bis W-Sibirien. Blütezeit Juni–August. 70–100 cm hoch. Pflanze kahl, graugrün, knotig-brüchig. Blüten weiß bis rot, in bis 100 cm großen, zusammengesetzten doldentraubigen Rispen. Vermehrung der Sorten durch Veredlung auf Sämlinge von *G. paniculata.* 'Bristol Fairy', weiß, gefüllt, **1153,** S. 145; 'Pink Star', dunkelrosa, gefüllt, gedrungen wachsend; 'Rosenschleier' ('Rosy Veil'), etwa 30 cm hoch, Blüten hellrosa, gefüllt, **1154,** S. 145.

repens L., Europa. Blütezeit Mai–Juni bis September. Etwa 10 cm hoch, kriechender Wuchs. Blätter nicht blaugrün, lanzettlich-spitz. Blüten weiß, groß. Auch rosa Sorten, z. B. 'Rosea', **81,** S. 11.

H

Haberlea Friv., *Gesneriaceae*

2 Arten im Balkan, in Felsspalten auf Kalkböden. Derbe, immergrüne, breit-lanzettliche, grob gesägte Blätter in Rosetten. Blüten trichterförmig-glockig, in Dolden. Vermehrung durch Aussaat, Teilung oder Blattstecklinge. Für Felsspalten in absonniger bis schattiger Lage. Schutz vor Winternässe.

rhodopensis Friv., Bulgarien, N-Griechenland. Blütezeit April–Mai. 10–15 cm hoch. Blüten lilablau. 'Virginalis', Blüten weiß. **82,** S. 11.

Hacquetia DC., Schaftdolde, *Umbelliferae*

Nur 1 Art.

epipactis (Scop.) DC., beheimatet in O-Alpen bis Karpaten. Blütezeit April–Mai. Staude, 10–20 cm hoch. Blätter gestielt, handförmig, 3–5lappig. Blütendolde köpfchenartig mit großen, gelben, 5–8blättrigen Hüllen. Vermehrung durch Teilung oder Aussaat, für Halbschatten. Guter Bodendecker. **83,** S. 11.

Haemanthus L., *Amaryllidaceae*

Etwa 60 Arten im trop. und S-Afrika. Mehrjährige, zwiebelbildende Pflanzen mit nur 2 oder wenigen Blättern, die manchmal ledrig sind. Blüten weiß, rot oder orange, zu vielen in dichter Dolde. Schaft meist dick, breitgedrückt. Keine Art winterhart. Verwendung als Zimmerpflanze.

albiflos Jacq., Elefantenohr. S-Afrika. Blütezeit Sommer–Herbst. Zwiebel dick. Blätter 2–4, bis 20 cm lang, dickfleischig, breit-riemenförmig. Blütenschaft dick, 20–30 cm hoch, mit vielen weißen Blüten in dichter Dolde. Staubfäden gelb. Bekannte und widerstandsfähige Zimmerpflanze. Überwinterung kühl. Vermehrung durch Nebenzwiebeln oder Abschneiden der dicken Blätter, die – einfach auf die Fensterbank gelegt – an der Schnittstelle kleine Zwiebeln bilden. Diese dann einpflanzen.

katharinae Bak., Natal. Blütezeit Juli–August. Zwiebel dick. Blätter 5–8, oval, zugespitzt, bis 30 cm lang, etwas gefältelt. Blütenschaft bis 30 cm hoch, Blüten leuchtend rot, zu vielen in großer, kugliger Dolde. **542,** S. 68. Häufiger als diese wird 'König Albert' gezogen, entstanden aus Kreuzung von *H. katharinae* × *H. puniceus.* Sie ist größer als *H. katharinae*, Blüten scharlachrot. Zimmerpflanze, die durch Bildung von Nebenzwiebeln zu großen Büschen werden kann. Im Sommer an geschützter Stelle auch im Freien. Im Herbst kühl stellen (10°). Blätter vergilben dann und werden entfernt. Überwinterung bei dieser niedrigen Temperatur bewirkt, daß im Frühjahr, wenn Temperatur höher, Blätter schnell und gleichmäßig austreiben und Blütenstand sich gut streckt. Bei hoher Überwinterungstemperatur bleibt Blütenstand oft in geringer Höhe stecken.

Hakea Schrad., *Proteaceae*

Etwa 100 Arten in Australien. Sträucher, seltener Bäume, mit wechselständigen Blättern. Blüten in achselständigen Büscheln oder Trauben. Keine Art winterhart.

microcarpa R. Br., Blütezeit Frühjahr. Strauch, immergrün, bis 1,5 m hoch. Blüten gelblichweiß. Verwendung als Kübelpflanze. Im Sommer im Freien, Überwinterung hell und kühl (6–8°). **1627,** S. 204.

Halesia Ellis, Schneeglöckchenbaum, *Styracaceae*

3 Arten in N-Amerika, 1 in China. Bäume oder hohe Sträucher, sommergrün, mit Sternhaaren besetzt. Blätter wechselständig, ungeteilt, dünn. Blüten glockig, zu mehreren in achselständigen Büscheln. Winterhart. Verwendung als Blütensträucher im Garten auf frischem Boden.

carolina L. (syn. *H. tetraptera* Ellis), N-Amerika. Blütezeit April–Mai. Strauch, mehrere Meter hoch. Blätter bis 10 cm lang, unterseits behaart. Blüten bis 1,5 cm lang, zu 2–5 in Büscheln, vor den Blättern erscheinend, weiß.

monticola (Rehd.) Sarg., N-Amerika. Blütezeit Mai. In der Heimat hoher Baum, bei uns Strauch. Blüten bis 2,5 cm lang, zu 2–5 in Büscheln, weiß, mit den Blättern erscheinend. **1628,** S. 204. 'Vestita', Blüten wesentlich größer, zuweilen etwas gerötet.

tetraptera siehe *carolina*

Halimium (Dun.) Spach, *Cistaceae*

Etwa 10 Arten im Mittelmeergebiet und Vorderasien. Sträucher oder Halbsträucher, immergrün. Blüten schalenförmig, zu mehreren in Trugdolden, gelb oder weiß. Keine Art winterhart. Verwendung als Kübelpflanze, im Sommer im Freien. Überwinterung hell und kühl.

lasianthum (Lam.) Spach, Portugal, S-Spanien. Blütezeit Mai–Juni. Strauch, aufrecht, bis 80 cm hoch. Blätter elliptisch, bis 2,5 cm lang, oberseits behaart, unterseits filzig. Blüten bis 4 cm breit, gelb, am Grunde mit dunkelroten Flecken. **1629,** S. 204.

Hamamelis L., Zaubernuß, *Hamamelidaceae*

6 Arten in N-Amerika und O-Asien. Sträucher oder kleine Bäume, sommergrün. Blätter wechselständig. Blüten gelb, braun, rot, zu wenigen in achselständigen Büscheln, mit schmalen, gelockten oder nur an der Spitze gekrümmten Blütenblättern. Alle winterhart. Verwendung als herbst-, winter- und vorfrühlingsblühende Sträucher auch in kleineren Gärten, auf frischen Böden. Im Alter werden sie allerdings groß.

japonica Sieb. et Zucc., Japan. Blütezeit Januar bis März, je nach Witterung, vor dem Blattaustrieb. Strauch, bis 2,5 m hoch. Blätter breit-eiförmig, bis 10 cm lang. Blüten gelb, bis 2 cm lang. 'Arborea', bis 5 m hoch werdend, **1630,** S. 204; 'Ruby Glow', Blüten dunkelrot; 'Zuccariniana', Blüten hell zitronengelb, **1631,** S. 204.

mollis Oliv., China. Blütezeit Januar–März, je nach Witterung, vor dem Blattaustrieb. Strauch, bei uns bis 5 m hoch. Blätter bis 15 cm lang. Blüten goldgelb, Blütenblätter kaum lockig, etwas breiter als bei *H. japonica.* **1632,** S. 204. 'Brevipetala', Blüten orangegelb, mehr in einem Büschel als bei der Art, Blütenblätter kürzer, **1633,** S. 205; 'Orange', Blüten tiefgelb; 'Pallida', Blüten leuchtend hellgelb, **1634,** S. 205.

virginiana L., östl. N-Amerika. Blütezeit Oktober bis November, nach dem Laubfall. Strauch, bis 5 m hoch. Blätter bis 15 cm lang. Blüten hellgelb.

Hebe Comm., Strauchveronika, *Scrophulariaceae*

140 Arten in Australien und Neuseeland. Immergrüne Sträucher mit ledrigen, gegenständigen, lanzettlichen bis schuppenförmigen Blättern. Blüten weiß oder rosa, in achselständigen oder endständigen Trauben, Ähren oder Köpfchen. Vermehrung durch Stecklinge, da selten Arten, meist aber Sorten in Kultur sind. Eng mit *Veronica* verwandt, bei uns nicht winterhart. Härteste Arten bis —20° bei gut durchlässigem Boden sind *H. armstrongii*, *carnosula* und *pinguifolia*. Kalthausüberwinterung der Ballen oder Stecklinge ratsam. Auspflanzen in geschützte vollsonnige Lagen mit gut durchlässigem Boden.

'Autumn Glory', Sorte unbekannter Herkunft. Blütezeit Juli–September. 100–120 cm hoch mit schmalrundlichen, ledrigen Blättern. Blüten dunkelviolett. **1635,** S. 205.

brachysiphon Summerh. (syn. *H. traversii* hort.), Blütezeit Juni–August. Bis 150 cm hoch. Blüten lilafarben in langen Trauben. **1636,** S. 205.

hulkeana (F. v. Muell.) Cock. et Allan, Blütezeit Mai–Juni. 70–150 cm hoch, blaßlila Blütentrauben. **1637,** S. 205.

pinguifolia (Hook. f.) Cock. et Allan 'Pagei'. Blütezeit April–Juli. 40–50 cm hoch. Blätter gerundet, dick ledrig, fleischig. Blüten weiß, in vielen kleinen Ähren am Zweigende. **1638,** S. 205.

speciosa (R. Cunn.) Andersen, bis 150 cm hoch. Blätter verkehrt-eirund, groß, ledrig. Blüten groß, in Flaschenbürsten ähnlichen achselständigen und endständigen Trauben. 'La Seduisante', Blüten dunkelpurpurrot. **1639,** S. 205; 'Midsummer Beauty', reichblühend, hell lavendelfarben, Blütezeit Juli bis September, **1640,** S. 205; 'Sapphire', reichblühend, rosa-lila, **1641,** S. 206.

traversii siehe *brachysiphon*

Hedera L., Efeu, *Araliaceae*

5 Arten in Europa, N-Afrika, Asien. Sträucher, immergrün, mit Haftwurzeln kletternd oder auch am Boden kriechend. Blätter wechselständig, gelappt (an jungen Trieben) oder ungeteilt (an fruchtenden Trieben der Altersform). Blüten grünlichgelb, zu vielen in zusammengesetzten Trauben. Frucht eine schwarze oder gelbe Beere. Im wesentlichen winterhart, wenn auch einige Sorten empfindlich. Verwendung des Efeus vielfältig, zur Begrünung von Mauern, Baumstämmen oder als Bodendecker unter Baumschatten, unter dem sonst kaum Pflanzen gedeihen. Auch für sonnigen Standort geeignet. Eine Reihe schwächer wachsender, kleinblättriger, z. T. auch weißbuntblättriger Sorten verbreitet als Zimmerpflanzen oder zur Wandbegrünung im Blumenfenster, auch in Treppenhäusern.

canariensis Willd., Kanaren, Azoren, NW-Afrika. Blätter 3–5lappig, bis 20 cm lang. Gezogen wird hauptsächlich 'Gloire de Marengo', Blätter weißbunt. Nicht für Freiland. Zimmerpflanze. Standort heller als bei grünblättrigen Formen. **543,** S. 68.

colchica C. Koch, SO-Europa, Kaukasus. Blätter bis 20 cm lang werdend, meist nur schwach gelappt. Bodendecker für größere Flächen unter Baumschatten.

helix L., Europa, Kaukasus. Bei uns heimisch. Sowohl die Art als auch die Gartenformen werden vielseitig verwendet. Von den zahlreichen Gartenformen seien genannt:
'Arborescens' ist die durch Stecklinge vermehrte Altersform mit aufrechtem, buschigem, nicht kletterndem Wuchs. Blätter nicht gelappt. 'Digitata', Blätter fast fingerförmig gelappt, dachziegelig einander überdeckend. Winterhart. Verwendung wie die Art. Von zierlicherem Eindruck.
Beispiele für Sorten mit weiß- bzw. gelbbunten Blättern sind 'Eva', **544,** S. 68; 'Jubilee', **545,** S. 69; 'Little Diamond', **546,** S. 69. Verwendung meistens als Topfpflanzen.

Helenium L., Sonnenbraut, *Compositae*

40 Arten in N- und S-Amerika. Aufrechte mehrjährige Kräuter. Blätter wechselständig, drüsig punktiert, oft herablaufend. Blüten gelb, braun bis rotbraun, in großen Doldentrauben. Dankbare Rabatten- und Schnittstaude. Vermehrung durch Teilung und Stecklinge. Für sonnige, trockene bis feuchte Lagen.

autumnale L., Kanada. Blütezeit Juli–September. 100–180 cm hoch, Stengel reich verzweigt. Blätter lanzettlich, 10–25 cm lang, ganzrandig. Blüten bis 6 cm groß, in großen Doldentrauben. Von *H. autumnale* und anderen stammen viele Sorten ab, z. B.:
'Baudirektor Linné', rot, 100–120 cm hoch, August bis September; 'Butterpat', leuchtend gelb, 90 cm hoch, August–Oktober, **1155,** S. 145; 'Coppelia', dunkelkupferorange, 90 cm hoch, Juli–August, **1156,** S. 145; 'Karneol', bronzebraun, 100–120 cm hoch, August–Oktober; 'Moerheim Beauty', bronzerot, 100–140 cm hoch, Juli–August, **1157,** S. 145; 'Rotkäppchen', rotbraun, 70–80 cm hoch, August bis September; 'Waltraud', zitronengelb, 80–110 cm hoch, Juli–August; 'Wyndley', kupferorange, 60 bis 80 cm hoch, Juli, **1158,** S. 145.

Helianthemum Mill., Sonnenröschen, *Cistaceae*

80 Arten in Europa und Mittelmeergebiet bis Mittelasien. Einjährige Kräuter oder Stauden mit gegenständigen, kleinen, länglich-ovalen Blättern. Blüten gelb, weiß und rot, in traubenartigen Wickeln. Vermehrung durch Aussaat, Sorten durch Stecklinge. Für sonnige warme Standorte mit trockenem, durchlässigem Boden, evtl. bei einzelnen Sorten Winterschutz durch Reisig, Rückschnitt nach dem Verblühen.
Es gibt zahlreiche Sorten mit einfachen oder gefüllten Blüten von weiß über gelb, rosa bis rot (Abstammung besonders von *H. apenninum* und *nummularium*), Blütezeit Juni–September, z. B. 'Ben Afflick', orangegelb, einfach; 'Ben Hope', dunkelkarminrosa, einfach, **84,** S. 11; 'Blutströpfchen', dunkelrot, halbgefüllt; 'Fire Dragon', leuchtend orange, einfach, **85,** S. 11; 'Gelber Findling', goldgelb, einfach; 'Golden Queen', goldgelb, einfach; 'Rubin', dunkelrot, gefüllt; 'Supreme', tiefrot, einfach.

Helianthus L., Sonnenblume, *Compositae*

100 Arten in N-Amerika. Einjährige oder ausdauernde Kräuter, meist rauhhaarig, Blätter gegenständig, herzförmig bis eirund, gestielt. Blütenköpfchen groß, gelb mit purpurnen bis violetten Röhrenblüten. Vermehrung durch Aussaat, bei Stauden durch Teilung. Für nährstoffreiche, sonnige Standorte mit guter Bewässerung. Gute Schnittblumen.

annuus L., USA. Blütezeit Juli–Oktober. Einjährig, 1–4 m hoch. Stengel einfach oder oben verästelt. Köpfchen gelb, endständig, 20–30 cm groß. **304,** S. 38. Viele Sorten, einfach und gefüllt, gelb bis rot, als Farbsorten, meist aber als Mischungen:
a) einfache und gefüllte, riesenköpfige, 2–3 m hohe Sonnenblumen;
b) einfache und gefüllte, mittelköpfige, 40–100 cm hohe Sonnenblumen.

atrorubens L., Blütezeit August–Oktober. Staude, 60–150 cm hoch, mit kriechendem Wurzelstock. Köpfchen purpurbraun, bis 15 cm groß, zu mehreren endständig. 'Miss Melish', 120–140 cm hoch. Blüten halbgefüllt, goldgelb, gute Schnittsorte.

rigidus (Cass.) Desf. (syn. *H. scaberrimus* Ell.), Blütezeit Juli–September. Staude, 150–180 cm hoch, kriechender Wurzelstock. Blätter derb, dicklich, länglich, bis 30 cm lang. Blütenköpfchen 8–10 cm groß, gelb mit purpurbrauner Mitte, einzeln, endständig.

salicifolius A. Dietr., Blütezeit September–Oktober. Staude, 2–3 m hoch, unverzweigt mit wechselständigen, linealisch-lanzettlichen, 15–40 cm langen Blättern, als Blattzierstaude. Blüten 5 cm groß, zu mehreren endständig, gelb.

scaberrimus siehe *rigidus*

× **Heliaporus** Rowley, *Cactaceae*

Bastardgattung, entstanden aus Kreuzung von *Aporocactus flagelliformis* × *Heliocereus.*

mallisonii hort. (*Aporocactus mallisonii*). Ähnlich den Aporocacteen, Blüten groß, lachsorange. Verwendung und Pflege wie *Aporocactus.* Förderung des Blühens durch niedrige Temperatur im Winter (um 8°). **547,** S. 69.

Helichrysum Mill., Strohblume, *Compositae*

500 Arten in Europa, Asien und Afrika. Kräuter, Halbsträucher oder Sträucher. Blätter wechselständig, ganzrandig. Blüten weiß, gelb, rot und braun mit papierartigen Hüllblättern, zahlreich, zu mehreren endständig. Vermehrung durch Aussaat oder Teilung. Für sonnige, trockene Stellen. Staudige Arten empfindlich gegen Winternässe, viele Arten fürs Alpinenhaus. Sehr gute Trockenblumen. Schneiden, wenn Zungenblüten noch teilweise eingerollt und die Blütenkorbmitte noch bedecken.

angustifolium DC., S-Europa. Blütezeit Juli–August. 20–40 cm hohe, stark aromatische Staude. Blüten klein, gelb, in Dolden stehend. **1159,** S. 145.

bracteatum (Vent.) Willd., Gartenstrohblume. 'Monstrosum', nur diese Form ist mit vielen Farben im Handel. Blütezeit Juli–September. 40–80 cm hohe, bei uns einjährig kultivierte Staude. Blütenköpfchen bis 8 cm groß, halbgefüllt oder gefüllt. Farben weiß, gelb, orange, rosa, rot, violett und braun. **305,** S. 39. Interessant ist 'Gefüllte Zwergmischung', gefüllt in vielen Farben, nur 30 cm hoch, für Sommerblumenbeete.

frigidum Willd., Korsika. Blütezeit Mai–Juli. 3–12 cm hohe filzige, dicht polsterförmige Staude. Blütenköpfchen silberstrahlig, 1–2 cm groß, einzeln, endständig. Vermehrung durch Teilung und Aussaat. Für sonnige, trockene, gegen Nässe von oben geschützte Stelle, besser Alpinenhaus. **86,** S. 11.

lanatum DC., S-Afrika. Strauchig, 40–60 cm hoch, ganze Pflanze dicht silbrig behaart. Blätter lanzettlich. Blüten gelb, zu mehreren in endständiger Traube. Überwinterung im Kalthaus. **1642,** S. 206.

leontopodium Hook. f. (syn. *Leucogenes leontopodium* (Hook. f.) Beauverd), Neuseeland. Halbstrauch, 10–15 cm hoch, Wuchs rasenartig. Blätter oval, dicht silbrig behaart, in Rosetten. Blütenköpfchen silberweiß, in dichten Trauben. Nicht winterhart. **100,** S. 13.

marginatum siehe *milfordiae*

milfordiae Killick (syn. *H. marginatum* hort.), Basutoland. Blütezeit Juni–Juli. 3–5 cm hohe, rasenförmig wachsende Rosetten aus dicht silberzottig behaarten, elliptischen Blättern. Blüten silberweiß mit gelber Mitte und braunroter Spitze, 2–3 cm groß. Pflanze besser im Alpinenhaus zu kultivieren. **87,** S. 11.

Helictotrichon Bess., Wiesenhafer, *Gramineae*

60 Arten in Europa, im Mittelmeergebiet bis N-Asien und S-Afrika. Ausdauernde, dichte Horste bildende Gräser mit schmalen, gefalteten oder eingerollten Blättern. Rispen aufrechtstehend, mit überhängenden Ährchen. Für volle Sonne in humosem Boden.

sempervirens (Vill.) Pilger (syn. *Avena candida* hort.), Rußland, Turkestan und Sibirien. Blütezeit Juni–Juli. 50–80 cm hohe Horste mit blaugrünen Blättern. **1160,** S. 145.

Heliophila Burm. f., Sonnenfreund, *Cruciferae*

Etwa 100 Arten in S-Afrika. Einjährige, oft blaugrüne Kräuter oder Halbsträucher. Zierlichgestielte Blüten in weiß, gelb, rosa oder azurblau. Aussaat ins Freie im April an sonnige Stellen in leichten, sandigen Boden.

longifolia DC., Blütezeit Juli–September. 30–50 cm hoch, mit schmalen, bis 30 cm langen, grundständigen Blättern. Blüten blau mit weißer Mitte, einzeln, kurzgestielt. **306,** S. 39.

Heliopsis Pers., Sonnenauge, *Compositae*

7 Arten in Mexiko. Ausdauernde Kräuter mit gestielten, gesägten oder gezähnten Blättern. Blütenköpfchen blaßgelb, einzeln auf keulig verdickten Stielen. Vermehrung durch Aussaat oder Teilung. Für Sonne bis Halbschatten in nährstoffreichem Boden mit guter Wasserversorgung. Gute Schnittblumen.

helianthoides (L.) Sweet 'Scabra' (syn. *H. scabra* Dun.), Blütezeit Juli–September. Staude, 70–150 cm hoch, rauhborstig behaart, derbe länglich-eiförmige Blätter. Blütenköpfchen 4–7 cm breit, oft zu vielen doldentraubig, goldgelb. Viele Sorten im Handel: 'Goldgefieder', gefüllt, goldgelb, 120 cm hoch, **1161,** S. 146; 'Light of Loddon', einfach, leuchtend gelb, 130 cm hoch, **1162,** S. 146; 'Sonnenschild', gefüllt dunkelgelb mit grüner Mitte, 120 cm hoch; 'Spitzentänzerin', halbgefüllt, dunkelgelb, 130 cm hoch.

scabra siehe *helianthoides* 'Scabra'

Heliotropium L., *Boraginaceae*

Etwa 250 Arten in den Tropen und Subtropen der Erde. Kräuter oder Halbsträucher, selten Sträucher, mit kleinen Blüten, achselständig oder in Wickeln. Von Bedeutung als Zierpflanze eigentlich nur:

arborescens L. (syn. *H. peruvianum* L.), Peru. Blütezeit Sommer–Herbst. Halbstrauch, bis 1 m hoch, meist aber niedriger gezogen. Blätter oval, runzligrauh, dunkelgrün, bis 12 cm lang. Blüten bis 6 mm lang, violett, in Wickeln, nach Vanille duftend. Heliotrop ist seit langem weithin bekannt. Hauptverwendung als reichblühende Sommerblumen im Freiland, aber auch als Topfpflanze. Nicht winterhart, auch empfindlich gegen Spätfröste. Überwinterung kühl, um 5°. Vermehrung durch Stecklinge (bei manchen Sorten), aber auch durch Aussaat. Einige Sorten, die sich durch verschiedene Intensität der blauen Farbe und Wuchshöhe unterscheiden, und auch einige weißblühende Sorten sind bekannt. Wie bei Fuchsien, können auch Hochstämme gezogen werden. Behandlung siehe dort.

peruvianum siehe *arborescens*

Helipterum DC., *Compositae*

60 Arten in Australien und S-Afrika. Einjährige oder ausdauernde Kräuter. Blätter wechselständig, flach oder an den Rändern etwas eingerollt. Blüten mit papierähnlichen Hüllblättern, weiß, rot, gelb oder rotbraun. Vermehrung durch Aussaat im April bis Mai an sonnige warme Stellen im Freien. Gute Trockenblumen, aber vor dem vollen Aufblühen schneiden.

manglesii (Lindl.) F. v. Muell. (syn. *Rhodanthe manglesii* Lindl.), W-Australien. Blütezeit Juli–August. 30 cm hohe, aufrechte, stark verästelte Kräuter mit breit-lanzettlichen Blättern. Hüllblätter weiß bis rosarot. Als Mischungen im Handel, seltener als Einzelfarben. **307,** S. 39.

Helleborus L., Nieswurz, Christrose, Schneerose, *Ranunculaceae*

25 Arten in Europa bis Zentralasien. Staude mit Rhizom oder verholzenden Stämmen. Blätter fuß- oder handförmig gelappt oder geteilt. Blüten weiß, grün, rosa bis purpurn, zu mehreren bis vielen in Trugdolden. Vermehrung durch Aussaat oder Teilung. Für halbschattige Stellen mit nährstoffreicher, frischer Erde. Alle Arten sind kalkliebend. Pflanzen giftig! Gute Schnittblumen.

corsicus Willd., Korsika, Sardinien. Blütezeit März bis April. 40–60 cm hoch, mit immergrünen derbledrigen 3teiligen Blättern. Blüten gelblichgrün, glockig, nickend, in verzweigten, bis 20blütigen Büscheln. **1163,** S. 146.

niger L., Kalkalpen bis Balkan. Blütezeit November bis April. 30–60 cm hoch, mit wintergrünen, 7–9-teiligen Blättern. Blüten weiß, schalenförmig, 1–3 zusammen auf einem Stengel. **1164,** S. 146. Zahlreiche Sorten, besonders in England und in der Schweiz. 'Keesen', große, weiße Blüten, gute Treibsorte; 'Potters Wheel', reinweiße Blüten, Januar bis Februar, **1165,** S. 146; 'Praecox', kleine weiße Blüten ab Oktober.

orientalis Lam., Griechenland und Vorderasien. Blütezeit Februar–April. Etwa 60 cm hoch, mit immergrünen ledrigen Blättern. Blüten weiß, creme, rosa oder purpurn. **1166,** S. 146.

Hemerocallis L., Taglilie, *Liliaceae*

Etwa 20 Arten von Europa bis O-Asien. Mehrjährige Kräuter mit kurzem Erdstamm und dicken, fleischigen Wurzeln. Blätter grundständig, schmal, lang. Blüten zu wenigen an hohem Schaft. Verwendung als winterharte Stauden im Garten auf nicht zu trockenen Böden, die aber durchlässig sein müssen. Im Winter häufig Gefahr durch zu große Nässe.

citrina Baroni, China. Blütezeit Juli–August. Blätter bis 1 m lang. Blütenschaft bis über 1 m hoch, mit bis zu 10 Blüten, die nacheinander aufblühen, zitronengelb, bis 15 cm groß, duftend. Die Blüten öffnen sich nachts und sind, je nach Witterung, gegen Mittag wieder geschlossen. Eine der Art nahestehende Sorte ist 'Baronii', **1168,** S. 146.

Hybriden. Blütezeit Sommer. Durch Züchtung, insbesondere in den USA, ist ein riesiges Sortiment entstanden. Blütenfarben von gelb bis dunkelrot. Hier können nur Beispiele gegeben werden. Zum näheren Studium des Sortiments wird auf Kataloge der Staudengärtnereien verwiesen. **1167,** S. 146; **1169–1171,** S. 147. Vermehrung der Sorten nur durch Teilung, nicht durch Aussaat möglich.

Hepatica Mill., Leberblümchen, *Ranunculaceae*

6 Arten in Europa, Zentral- bis O-Asien. Niedrige Stauden mit derben, grundständigen, langgestielten 3–5lappigen Blättern. Blüten einzeln, weiß, rot, violett und blau, die Blätter überragend. Vermehrung durch Teilung. Laubwaldpflanzen für humosen, lockeren Boden. Wichtig ist Schutz vor sommerlichem Austrocknen.

× **ballardii** hort., Gartenhybride, wahrscheinlich aus *H. nobilis* × *H. angulosa*. Blütezeit Februar bis März. Blüten 3–4 cm groß, lilafarben, auf 10 cm hohen Stielen. Blätter nierenförmig, kleeartig. **88,** S. 11.

nobilis Mill. (syn. *Anemone hepatica* L., *Hepatica triloba* Gilib.), Europa. Blütezeit März–April. 10–15 cm hoch. Blätter herzförmig, stumpf 3lappig. Blüten weiß, blau oder rosa, einfach oder gefüllt, 2–3 cm groß. **89,** S. 12.

triloba siehe *nobilis*

Hermodactylus Mill., Wolfsschwertel, *Iridaceae*

Nur 1 Art.

tuberosus (L.) Mill. (syn. *Iris tuberosa* L.), beheimatet im Mittelmeergebiet. Blütezeit Februar–Mai, je nach Witterung. Knollenbildende Staude, bis 30 cm hoch, mit 3kantigen Blättern, den *Iris* verwandt. Blüten einzeln, bis 5 cm breit. Domblätter gelbgrün, Hängeblätter schwarzpurpurn. Interessant als Frühlingsblume. Guter Winterschutz im Freiland nötig. **764,** S. 96.

Heuchera L., Purpurglöckchen, *Saxifragaceae*

50 Arten in N-Amerika und Mexiko. Stauden mit dickem Erdstamm. Blätter grundständig, langgestielt, rundlich herzförmig, gelappt und gekerbt oder gezähnt. Blüten weiß, rosa oder rot in ährigem, traubigem oder rispigem Blütenstand. Vermehrung durch Aussaat oder Teilung. Für sonnigen bis halbschattigen Stand mit frischem, humosem Boden. Wenn der Erdstamm aus dem Boden herauswächst, Erde auffüllen oder Pflanze tiefersetzen, sonst stirbt die Staude ab. Gute Schnittblume.

Hybriden stammen hauptsächlich von *H. sanguinea*, *H. brizoides* u. a. ab. Blütezeit Mai–Juli. 'Bressingham-Hybrids', blaßrosa bis dunkelkarmin, 60 cm hoch, **1172,** S. 147; 'Gracillima', hellrosa, 30 cm hoch; 'Red Spangles', leuchtend karminscharlach, 45 cm hoch; 'Scintillation', leuchtend rosa, 45 cm hoch, **1173,** S. 147; 'Weserlachs', kräftig lachsrosa, 50–60 cm hoch.

Hibiscus L., Eibisch, *Malvaceae*

Etwa 200 Arten, überwiegend in den Tropen. Kräuter, Sträucher oder Bäume mit meist ansehnlichen Blüten in den Blattachseln.

esculentus L., Okra. Wird hier nur erwähnt, weil die eßbaren Früchte heute auf dem Markt angeboten werden. Wird einjährig gezogen.

manihot L., Tropen Afrikas und Asiens. Blütezeit Spätsommer–Herbst. 1–2 m hoch, mit handförmigen Blättern. Blüten offen trichterförmig, bis 20 cm im Durchmesser, hellgelb oder weiß mit rotem Auge. Verwendung als stattliche Sommerblume. Aussaat Mitte April ins Freiland.

rosa-sinensis L., Roseneibisch. Stammform wahrscheinlich aus China. In den Tropen der ganzen Erde weit verbreitet. Blütezeit Frühjahr–Herbst. Strauch, bis mehrere Meter hoch werdend, mit glänzend dunkelgrünen, eirunden Blättern. Je nach Kulturmethode immergrün oder sommergrün. Blüten breit trichterförmig, bis 15 cm breit, rosarot. **548,** S. 69.
Durch Kreuzungen sind zahlreiche Sorten entstanden, die sich im Wuchs und besonders in der Blütenfarbe unterscheiden: hellgelb, dunkelgelb, mit oder ohne dunkelbraunen Schlundfleck, orange, rosa, dunkelrot. Auch gefülltblühende sind bekannt. Nicht winterhart. Verwendung als Zimmerpflanze, die immergrün, wenn bei Temperaturen über 15°, überwintert. Besser jedoch im Sommer an geschützter Stelle im Freien, sonnig. Überwinterung bei etwa 10°. Blätter fallen dann ab. Rückschnitt im Frühjahr. Auf diese Weise können alte, größere Sträucher erzielt werden. Aufbau von Hochstämmen möglich wie bei Fuchsia. Entsprechende Behandlung siehe dort.

schizopetalus (Mast.) Hook. f., „Ohrgehänge der Prinzessin". Trop. O-Afrika. Blütezeit Sommer bis Herbst. Strauch, ähnlich der vorigen Art. Blüten mit stark zurückgebogenen, geschlitzten, roten Blütenblättern, an langen dünnen Stielen herabhängend. Staubblätter und Griffel ebenfalls lang herabhängend. Nicht winterhart. Verwendung als Zimmerpflanze. Für sommerlichen Stand im Freien nicht geeignet.

syriacus L., China, Indien. Blütezeit August–September. Strauch, sommergrün, aufrecht, bis 3 m hoch. Blüten offen trichterförmig, bis 10 cm breit, violett. **1643,** S. 206. Hierzu viele Sorten in Blütenfarben weiß, blau, rot, auch mit andersfarbigen Schlundflecken. Von allen Farben auch gefülltblühende Sorten. Beispiele **1644–1646,** S. 206. Die meisten sind winterhart, bei jungen Pflanzen ist Winterschutz ratsam. Verwendung als reich blühende Sträucher auch im kleinen Garten. Standort sonnig, warm.

trionum L., Stundeneibisch. S-Europa, Asien. Blütezeit Juli–September. Einjährig, bis 60 cm hoch, ästig, mit steifen Haaren besetzt. Blüten offen trichterförmig, bis 8 cm breit, gelb mit schwärzlichem Schlundfleck. Verwendung als Sommerblume. Aussaat am besten unter Glas, Anfang April, auspflanzen Mitte Mai, sonnig.

Hieracium L., Habichtskraut, *Compositae*

Etwa 800 Arten auf der Nordhalbkugel und den Anden. Meist drüsenhaarige oder zugleich sternhaarig-flockige Stauden. Blätter länglich, grund- oder wechselständig, mehr oder weniger gezähnt oder gesägt. Blütenköpfchen gelb oder rot, einzeln oder zu mehreren in Dolden oder Rispen. Vermehrung durch Teilung und Ausläufer. Für sonnige und halbschattige Stellen.

× **rubrum** Peter (wahrscheinlich *H. aurantiacum* × *H. flagellare*). Etwa 20 cm hoch, Gartenhybride. Blüten zu mehreren, dunkelorange. Blütezeit Juli bis August.

villosum Jacq., Alpen bis Balkan. Blütezeit Juni bis Juli. 30–50 cm hoch, dicht silbrigbehaart. Blätter länglich-lanzettlich. Blüten meist einzeln, goldgelb, sät sich selbst aus. Für volle Sonne auf humosem, kalkhaltigem Boden. **1174,** S. 147.

Hippeastrum Herb., Ritterstern, „Amaryllis", *Amaryllidaceae*

Etwa 70 Arten im trop. und subtrop. Amerika. Mehrjährige zwiebelbildende Pflanzen mit riemenförmigen, 2zeilig gestellten Blättern und hohlem Blütenschaft, der zwischen 1 und 6 große trichterförmige Blüten trägt. Ursprünglich wurde diese Gattung Amaryllis benannt; doch wird in Europa seit langem unterschieden zwischen der afrikanischen *Amaryllis belladonna* und den amerikanischen Arten, die als eigene Gattung *Hippeastrum* betrachtet werden. Der Name Amaryllis hat sich jedoch so eingebürgert, daß er gewissermaßen den „deutschen Namen" darstellt. Von den Arten sind eine ganze Reihe kulturwürdig, jedoch außerhalb botanischer Gärten kaum zu bekommen. Für den Freund zierlicherer Blüten können sie empfohlen werden. Beispiel einer Art ist:

aulicum (Ker-Gawl.) Herb., Brasilien. Blütezeit meist Winter–Frühjahr. **549,** S. 69.

Von großer wirtschaftlicher Bedeutung und im Handel fast ausschließlich angeboten sind die

Hybriden. An ihrer Entstehung sind mehrere Arten beteiligt. Die zuerst entstandenen glichen in der Blütenform noch stark den Arten und besaßen meist schmale Blütenblätter, deren Ränder sich nicht gegenseitig überlappten. Eine der ältesten ist:

× **johnsonii** Bury (*H. reginae* × *H. vittatum*), bereits 1799 entstanden. **550,** S. 69.

Die heutigen Sorten, die entweder nur mit Farbbezeichnungen oder auch mit Sortennamen gehandelt werden, zeichnen sich durch breite, sich an den Rändern überlappende Blütenblätter aus. Dadurch entsteht der Eindruck eines geschlossenen Trichters, der aber – im Gegensatz den zu Arten – sehr flach, fast tellerförmig ausgebreitet ist. Die Blüten sind sehr groß (bis zu 30 cm), weiß, rosa, lachs, hellrot, dunkelrot, in den verschiedensten Farbabstufungen. Es gibt auch rot-weiß gestreifte Sorten. Die Zahl der Blüten am Schaft beträgt oft 4. Das Wachstum ist meist kräftig, die Blütenschäfte bis 80 (100) cm hoch, zuweilen erscheinen 2 Schäfte fast gleichzeitig oder kurz nacheinander. Beispiel **551,** S. 69. In allen Teilen zierlicher sind die Sorten der Gracilis-Gruppe. Die *Hippeastrum* wachsen im Sommer am besten bei Temperaturen um 25°, im Winter bei 18–20°. Blüten werden in der Zwiebel in ziemlich regelmäßiger Folge angelegt; ob sie sich dann weiterentwickeln, ist stark von der Temperatur abhängig. Mehrwöchige Einwirkung (4–6 Wochen) von 15° fördert die Entwicklung. Bei ständig hohen Temperaturen ist die Zahl der sich entwickelnden Blütenstände oft geringer. Oft hört man die Meinung, daß nach dem Verblühen auch die Blätter abgeschnitten werden sollen. Das ist falsch, denn dadurch wird die Entwicklung der gesamten Pflanze gehemmt.

Hippophaë L., Sanddorn, *Elaeagnaceae*

2 Arten in Europa und Asien. Sträucher oder Bäume, sommergrün. Männliche und weibliche Blüten auf verschiedenen Pflanzen (zweihäusig); das ist wichtig für Pflanzungen, wo mehrere verschiedengeschlechtige gepflanzt werden müssen, um Fruchtbehang zu erreichen.

rhamnoides L., Blütezeit März–April. Bis 6 m hoch, sparrig verzweigt, Zweige bedornt. Blätter schmal-lanzettlich, silbrig beschuppt, bis 7 cm lang. Blüten unscheinbar, vor dem Blattaustrieb. Früchte rundlich, bis 8 mm lang, orangegelb, lange am Strauch bleibend, reich an Vitamin C. Winterhart. **1647,** S. 206.

Hoheria A. Cunn., *Malvaceae*

4 Arten in Neuseeland. Sträucher oder kleine Bäume, sommergrün oder immergrün, mit wechselständigen, gezähnten Blättern. Blüten weiß, in achselständigen Büscheln. Überwinterung im kühlen Zimmer.

sexstylosa Colenso, Blütezeit Sommer. Strauch oder kleiner Baum, immergrün. Blüten bis 2 cm im Durchmesser, weiß. **1648,** S. 206.

Hordeum L., Gerste, *Gramineae*

25 Arten auf der Nordhalbkugel sowie den Anden und nichttrop. Gebieten S-Amerikas. Einjährige, selten ausdauernde Gräser mit flachen Blättern und endständiger, zylindrisch zusammengedrückter oder 4kantiger Ähre. Vermehrung durch Aussaat, Ende April-Anfang Mai ins Freie. Für sonnige Stellen. Sehr schön für Trockensträuße beim Schnitt vor der Reife, dadurch wird auch zweiter Flor im Spätsommer erzielt.

jubatum L., Mähnengerste. N- und S-Amerika. Blütezeit Juni–August. Einjährig, 40–70 cm hoch, horstbildend, Blätter linealisch und weich. Ähre 5–12 cm lang, mit 6–8 cm langen grünen bis rosavioletten Grannen. **308,** S. 39.

Hosta Tratt., Funkie, *Liliaceae*

40 Arten in O-Asien. Stauden mit fast holzigem Erdstamm und dicklichen Büschelwurzeln. Blätter grundständig, breit-länglich, meist groß. Blattspreite bogennervig und grün, blau bereift, weiß oder gelb gestreift. Blüten weiß oder violett an hohen, mehr oder weniger einseitswendigen Trauben. Vermehrung der Sorten durch Teilung. Für Halbschatten, aber bei guter Wasserversorgung auch Sonne oder Schatten vertragend. Viele Sorten sind unter falschem Namen in Kultur, da schon Kultursorten aus China und Japan eingeführt wurden und die typischen Artmerkmale erst nach Jahren oder z. T. nur kurzfristig, z. B. während des Blattaustriebes, deutlich erkennbar sind. Reine Arten sind wohl nicht mehr in Kultur oder als Eltern nicht mehr erkennbar. Synonyme sind nicht zu vergleichen, da oft mehrere Arten unter gleichem Namen in Kultur sind oder umgekehrt.

crispula Maekawa, Riesenweißrandfunkie. Japan. Blütezeit Juli. 45–75 cm hoch. Blätter 15–20 cm groß, grün mit weißem Rand. Blüten violett, trichterförmig. **1175,** S. 147.

fortunei (Bak.) L. H. Bailey, Runzelblattfunkie. Vielgestaltige Art mit mehreren Formen. Blütezeit August. Blätter in der Regel leicht herzförmig oder am Grunde gerundet, oberseits leicht bereift. Blüten dunkelviolett, keinen Samen ansetzend, z. B. 'Aureomaculata', junge Blätter gelb mit grünem Rand, später ganz grün und mit dekorativem Adernetz, etwa 45 cm hoch, **1176,** S. 147.

plantaginea (Lam.) Aschers., Lilienfunkie. China. Blütezeit Juli–August. 'Grandiflora', 45–60 cm hoch. Blätter herzförmig mit 7–9 Paar Nerven, kurz gespitzt, beiderseits stark glänzend. Blüten bis 10 cm lang, duftend. **1177,** S. 148.

sieboldiana (Hook.) Engl., Blaublattfunkie. Japan. Blütezeit Juli. Blätter herzförmig, beinahe glatt, mit 10–12 Blattnervenpaaren, Blattstiele zusammengedrückt. Blüten hellviolett, 5–6 cm groß, an bis 30 cm hohem Blütenschaft. **1178,** S. 148.

undulata (Otto et A. Dietr.) L. H. Bailey, Wellblattfunkie. Japan. Blütezeit August–September. Vielgestaltige Art mit mehreren Formen. Blätter stark gewellt, elliptisch, spitz auslaufend. Blütenschäfte beblättert. 30–70 cm hoch. Blüten blaßlila. **1179,** S. 148.

Hoya R. Br., Wachsblume, *Asclepiadaceae*

Etwa 100 Arten, überwiegend in Indonesien. Sträucher, immergrün, kriechend oder kletternd, mit fleischigen oder ledrigen Blättern. Blüten sternförmig, zu mehreren in Dolden, von dicker, wachsartiger Beschaffenheit. Keine Art winterhart.

carnosa (L.) R. Br., China, trop. Australien. Blütezeit Sommer. Stengel windend, Blätter bis 8 cm lang, dickfleischig. Blüten weiß oder blaßrosa, duftend, bis 1,5 cm breit, bis zu 20 in fast halbkugligen Dolden. Diese Art ist die am meisten verbreitete, obwohl auch noch andere Arten in botanischen Sammlungen gezogen werden. Verwendung als recht widerstandsfähige Zimmerpflanze, auch für Treppenhäuser (blüht dann aber nur spärlich). Überwinterung kühl, um 10–15°.

Humulus L., Hopfen, *Cannabinaceae*

3 Arten in den gemäßigten Gebieten der Nordhalbkugel. Rauhe, windende oder kletternde Kräuter. Blätter gegenständig, herz- oder handförmig, 2–7-lappig, Rand gesägt. Blüten in achsel- oder endständigen, beblätterten Rispen, bei männlicher Pflanze locker verzweigt, die weiblichen kätzchenförmig, zu gelbgrünen Ähren zusammengesetzt. Vermehrung durch Aussaat, Teilung oder Ausläufer. Für Sonne bis Schatten auf nährstoffreichen Böden. Gut zur Begrünung hoher Wände, auch der Nordseite.

scandens (Lour.) Merr. (syn. *H. japonicus* Sieb. et Zucc.), China, Japan. Einjährig, starkwachsend, 4–6 m hoch windend Blätter handförmig, 5–7lappig, bis zum Herbst frisch grün. Auch für Nordseiten geeignet. 'Variegatus', mit silbrigen und weißgefleckten Blättern, **309,** S. 39.

Hyacinthus L., Hyazinthe, *Liliaceae*

Etwa 30 Arten im Mittelmeergebiet und Vorderasien. Mehrjährige, zwiebelbildende Kräuter mit grundständigen, linealischen oder riemenförmigen Blättern. Blüten in lockerer oder dichter Traube, blau, gelb, rosa, rot, weiß. Verwendung als winterharte Frühlingsblüher im Garten.

amethystinus L., Pyrenäen. Blütezeit Mai–Juni. Blütenschaft bis 30 cm hoch. Blüten bis zu 12 in lockerer Traube, röhrig-glockig, bis 10 mm lang, blau. Auch weiße Form bekannt. **765,** S. 96.

azureus (Fenzl) Bak., Türkei. Blütezeit Mai. Blütenschaft bis 15 cm hoch. Blüten hellblau oder weiß in dichter Traube. Ähnelt einem Muscari.

candicans siehe *Galtonia candicans*

orientalis L., östl. Mittelmeergebiet. Blütezeit April–Mai. Aus dieser Art sind die groß- und vielblütigen Gartenhyazinthen entstanden, die auch den Duft besitzen. Das Sortiment ist sehr groß. Die Sorten unterscheiden sich in Blütenfarbe und geringen Abweichungen in der Blütezeit. Beispiele **766–772,** S. 96–97. Den Gartenhyazinthen kommen zwei Verwendungsmöglichkeiten zu:

1. Im Freiland. Pflanzen der gekauften Zwiebeln Ende September–Anfang Oktober auf durchlässigem Boden und sonnigem Standort. In der Regel kann dann beobachtet werden, daß im ersten Frühjahr nach der Pflanzung die Blütenschäfte abgeflacht sind, die Trauben vielblütig. Im zweiten und in weiteren Jahren sind die Blütenschäfte meist rund und die Trauben weniger dicht mit Blüten besetzt. Dies sind keine Abbauerscheinungen, sondern die eigentliche, natürliche Gestalt. Die Zahl der Blüten ist während ihrer Bildung von der Temperatur abhängig. Die Anbauer und Lieferanten der Hyazinthenzwiebeln setzen die Zwiebeln nach der Ernte im Sommer einer Behandlung aus, während der bestimmte Temperaturfolgen in bestimmten Zeiten gegeben werden. Dadurch wird die gewünschte Verbänderung und Vielblütigkeit erreicht. Diese Temperaturfolgen sind unter natürlichen Witterungsbedingungen für im Freiland ausgepflanzte Hyazinthen in der Regel nicht gegeben, und somit werden starke Verbänderungen und Vielblütigkeit unter diesen Bedingungen selten erreicht.

2. Für Winterblüte auf Hyazinthengläsern. Hierfür werden vom Fachhandel sogenannte „präparierte" Zwiebeln angeboten, deren Entwicklungszustand durch eine bestimmte Temperaturbehandlung so gesteuert bzw. vorverlegt ist, daß die Blütenstände schon im Winter erscheinen können. Beim Ansetzen dieser Zwiebeln auf Gläser ist darauf zu achten, daß Temperaturen nicht zu hoch sind. Günstig sind etwa 10–13° und Verdunkeln, und zwar so lange, bis reichlich Wurzeln gebildet sind und der Trieb 3–4 cm über die Zwiebel herausragt. Von diesem Stadium an fördern höhere Temperaturen (20–22°) und Licht die Entwicklung.

Hydrangea L., Hortensie, *Saxifragaceae*

Etwa 25 Arten in O- und SO-Asien, N- und S-Amerika. Sträucher, selten Bäume oder Kettersträucher, sommergrün oder immergrün, mit gegenständigen, einfachen Blättern. Blüten in endständigen Doldentrauben, entweder alle fruchtbar oder einige bis alle unfruchtbar. Bei letzteren ist der Kelch vergrößert und blumenblattartig gefärbt.

arborescens L. 'Grandiflora', Schneeballhortensie. N-Amerika. Blütezeit Juli–August. Strauch, sommergrün, bis 3 m hoch, Blüten weiß, zu vielen in bis 15 cm großen Blütenbällen. Winterhart. Für etwas schattigen Standort.

aspera D. Don 'Sargentiana' (syn. *H. sargentiana* Rehd.). China. Blütezeit Juli–August. Strauch, sommergrün, bis 2 m hoch, borstig behaart. Blätter bis 25 cm lang, im Austrieb rötlich. Blütendolden bis 15 cm breit, flach gewölbt, Randblüten weiß. Winterhart. 'Villosa' (syn. *H. villosa* Rehd.), Herkunft China, Burma. Blütezeit Juli–August. Strauch, sommergrün, bis 3 m hoch. Blätter bis 30 cm lang, behaart. Blütendolden flach, blau. Winterhart. **1654,** S. 207.

macrophylla (Thunb.) Ser., O-Asien. Blütezeit Juni–Juli. Strauch, sommergrün, bis 3 m hoch. Blütendolden bis 20 cm breit, flach. Sehr formenreiche Art, zu der auch die als Topfpflanzen gezogenen Sorten gehören. Blütenfarben weiß, rosa, rot, blau. Bei den Topfsorten sind fast alle Blüten steril und gleich groß, bei anderen sind die sterilen als Kranz angeordnet. Die meisten Topfsorten sind nur bedingt winterhart und sollten, wenn sie im Freien ausgepflanzt werden, vor Wintersonne geschützt werden.
'Acuminata' (syn. *H. serrata* 'Acuminata'), Freilandsorte, bis 1,5 m hoch, Randblüten weiß, rosa oder blau, **1653,** S. 207; 'Blue Wave', Freilandsorte, Randblüten rosa bis blau, je nach Säuregrad des Bodens, in saurem Boden blau, **1649,** S. 207; 'Hamburg', Topfsorte, Blüten rosa, **1650,** S. 207; 'Preciosa', Topfsorte, Blüten dunkelrosa, **1651,** S. 207.

paniculata Sieb., Heimat China, Japan. Blütezeit Juli–September. Strauch, sommergrün, bis 3 m hoch. Blüten weiß, im Verblühen rosa, zu vielen in dichter, kegelförmiger Rispe. 'Grandiflora', Rispen bis 30 cm lang, fast nur aus unfruchtbaren großen Blüten bestehend, **1652,** S. 207. Winterhart.

petiolaris Sieb. et Zucc., Kletterhortensie. O-Asien. Blütezeit Juni–Juli. Strauch, sommergrün, bis 7 m hoch kletternd. Blüten in bis 20 cm breiten Doldentrauben, Randblüten groß, weiß. Winterhart. Verwendung zur Bekleidung von Mauern, auch von alten Baumstämmen.

sargentiana siehe *aspera* 'Sargentiana'
serrata 'Acuminata' siehe *macrophylla* 'Acuminata'
villosa siehe *aspera* 'Villosa'

Hylomecon Maxim., *Papaveraceae*

1 Art.

japonicum (Thunb.) Prantl et Kuendig, Heimat O-Asien. Blütezeit Mai–Juni. Staude, 20–30 cm hoch, mit gefiederten, grob gesägten Blättern. Blüten 5 cm groß, gelb, in 2blütigen Trugdolden. Blätter beginnen schon im Juli abzusterben. Vermehrung durch Aussaat oder Teilung. Standort schattig, auf humosem Boden. **1180,** S. 148.

Hymenocallis Salisb., *Amaryllidaceae*

Etwa 40 Arten im trop. Amerika. Mehrjährige Kräuter mit Zwiebeln oder „Zwiebelstamm". Blätter meist riemenförmig. Blüten zu mehreren auf hohem Schaft, trichterförmig, bei manchen Arten mit einer Nebenkrone (wie bei Narzissen). Keine Art winterhart. Angeboten wird zuweilen

narcissiflora (Jacq.) Macbr. (syn. *H. calathina* (Ker-Gawl.) Nichols.), beheimatet in Peru, Bolivien. Blütezeit meist Juni–Juli. Zwiebeln kuglig, mit riemenförmigen, bis 60 cm langen, fast 2zeilig stehenden Blättern. Blütenschaft bis 1 m hoch. Blüten weiß, duftend, bis 10 cm breit, zu wenigen in doldigem Blütenstand. Verwendung als Topfpflanze. Im Sommer auch an geschützter Stelle im Freien. Überwinterung gerade frostfrei.

Hypericum L., Johanniskraut, *Guttiferae*

350 Arten in Europa, Subtropen und Tropen. Kräuter, Halbsträucher oder Sträucher. Blätter meist sitzend, ganzrandig, punktiert. Blüten gelb oder weiß, einzeln oder in Trugdolden oder Rispen. Vermehrung durch Aussaat, Stecklinge und Teilung. Sommergrüne strauchige Arten für sonnige, trockene Stellen, wintergrüne Arten für Halbschatten und etwas geschützten Standort. Sie treiben nach Frostschäden gut wieder aus.

calycinum L., S-Europa bis Kleinasien. Blütezeit Juli–September. Strauch, 20–40 cm hoch, immergrün, Ausläufer treibend. Stengel mit 4 deutlichen Leisten. Blätter eiförmig, kurzgestielt, blaugrün. Blüten goldgelb, 7–8 cm groß, einzeln, endständig. Trockenheit vertragender Bodendecker für Sonne und Halbschatten. **1655,** S. 207.

cerastioides (Spach) N. K. B. Robson (syn. *H. rhodoppeum* Friv.), SO-Europa bis Kleinasien. Blütezeit Mai–Juni. 10–15 cm hohe, fein graubehaarte, buschig wachsende Staude. Blätter sitzend, oval, blaugrün. Trugdolden mehrblütig, aber es blüht jeweils nur eine leuchtend gelbe Blüte auf. **91,** S. 12.

elatum Ait., Kanarische Inseln. Blütezeit Juli bis August. Strauch, 40–120 cm hoch, mit breit-ovalen Blättern. Blüten dunkelgelb, in Trugdolden, mit später folgenden 1–2 cm großen roten Früchten. Scharfer Rückschnitt im Frühjahr erforderlich, um gute Büsche zu erzielen. 'Elstead', mit leuchtend roten Früchten, **1656,** S. 207. Nicht winterhart.

patulum Thunb., Japan. Blütezeit Juli–September. Sommer- bis wintergrüner, bis 100 cm hoher Strauch. Stengel 2kantig, rötlich, Blätter eiförmig, 3–6 cm lang, unterseits blaugrün. Blüten 4–5 cm breit, in Trugdolden. Kräftiger Rückschnitt wie bei *H. elatum* im Frühjahr erforderlich. 'Hidcote', reichblühende Sorte mit größeren Blüten, **1657,** S. 208.

polyphyllum Boiss. et Bal., Kleinasien. Blütezeit Juli–September. 15–25 cm hoher, meist niederliegender Strauch mit dichtem Wuchs. Blätter blaugrün, linealisch, unterseits schwarz punktiert, in 2 Reihen am Stengel. Blüten goldgelb, 3–5 cm groß, in endständigen Trugdolden. Knospen oft rot überlaufen. **90,** S. 12. 'Citrinum', Blüten zitronengelb.

rhodoppeum siehe *cerastioides*

'Rowallane Hybrid' (wahrscheinlich *H. hookerianum* 'Rogersii' × *H. leschenaultii*), Blütezeit August bis September. Bis 180 cm hohe, immergrüne Sträucher, die in kalten Gegenden durch Zurückfrieren nur 40–60 cm erreichen. Blätter dunkelgrün, länglich-oval, unterseits behaart. Blüten 6–8 cm groß, goldgelb, nickend, in endständigen Büscheln. Winterschutz erforderlich. **1658,** S. 208.

Hypocyrta Mart., *Gesneriaceae*

Etwa 9 Arten, überwiegend in Brasilien. Kleine Sträucher, meist kriechend, immergrün, mit kleinen dicken Blättern. Blüten einzeln in den Blattachseln.

glabra Hook., „Kußmäulchen". Brasilien. Blütezeit Mai–Juni. Stengel zunächst aufrecht, später überhängend oder niederliegend. Blätter fleischig, elliptisch, bis 5 cm lang, gegenständig, oberseits glänzend dunkelgrün. Blüten orangerot, mit aufgeblasener Röhre (deutscher Name!). Verwendung als Zimmerpflanze. Überwinterung bei etwa 10–12°; dadurch wird Blütenbildung gefördert.

Hyssopus L., Ysop, *Labiatae*

Nur diese Art, vom Mittelmeergebiet bis zum Altaigebirge.

officinalis L., Blütezeit Juni–August. Halbstrauch mit linealisch-lanzettlichen, ganzrandigen Blättern. Blüten weiß, rot oder blau, quirlig in langer, endständiger Ähre. Vermehrung durch Teilung und Aussaat. Für Sonne bis Halbschatten in kalkhaltigem, sandigem Lehmboden. Alte Kultur- bzw. Arzneipflanze.
'Aristatus', Pyrenäen bis Spanien, 30 cm hoch. Blätter drüsig behaart und aromatisch duftend. Blüten dunkelblau. **1181,** S. 148.

I

Iberis L., Schleifenblume, *Cruciferae*

30 Arten im Mittelmeergebiet und Europa. Kahle, einjährige oder mehrjährige Kräuter oder Halbsträucher. Blätter dicklich, ganz oder fiederspaltig. Blüten weiß bis purpurn, endständig, traubig oder doldentraubig. Vermehrung durch Aussaat, bei ein- und zweijährigen Arten durch Teilung und Stecklinge. April–Mai ins Freie. Für warme, sonnige Lagen.

amara L., westl. Mitteleuropa bis Italien. Blütezeit Mai–August. 20–40 cm hoch, ein- oder zweijährig. Verästelte Stengel mit länglich-lanzettlichen Blättern. Blüten weiß, duftend, in einer verlängerten Traube. Nach Aussaat gegen Erdflöhe stäuben. 'Hyazinthenblütige Riesen', reichblühende Sorte.

saxatilis L., Europa. Blütezeit Mai–Juni. 10 cm hoher Strauch mit ästigen, niederliegenden Stengeln. Blätter linealisch, fleischig. Blüten weiß bis rötlich, in gedrängter Doldentraube. **92,** S. 12.

sempervirens L., S-Europa bis Kleinasien. Blütezeit April–Juni. Immergrüner, 30 cm hoher Strauch, verzweigte Stengel mit ledrigen dunkelgrünen, schmalen Blättern. Blüten weiß, in Dolden.
'Findel', 20 cm hoch, starkwüchsig, April–Mai; 'Snowflake' ('Schneeflocke'), 20–25 cm hoch, Blüten reinweiß, **1182,** S. 148; 'Weißer Zwerg' ('Little Gem'), 10–15 cm hoch, reinweiße Blüten, klein; 'Zwergschneeflocke', 10–15 cm hoch, reinweiße Blüten.

umbellata L., S-Europa. Blütezeit Juni–August. Ein- bis zweijährig, 30 cm hoch, ästig, mit lanzettlich zugespitzten Blättern, Blüten lila oder purpurn, in endständigen schirmförmigen Doldentrauben. Alte Gartenpflanze seit dem 16. Jahrhundert. Aussaat März–April ins Freie, gegen Erdflöhe stäuben. Viele Sorten im Handel, meist Mischungen. 'Dwarf Fairy', 25 cm hohe Mischung, **310,** S. 39.

Ilex L., Stechpalme, *Aquifoliaceae*

Etwa 300 Arten in den gemäßigten und trop. Gebieten der Erde. Bäume oder Sträucher, immergrün oder sommergrün, mit wechselständigen Blättern und meist zweihäusigen Blüten.

aquifolium L., Stechpalme, Hülse. Europa, N-Afrika, Vorderasien. Blütezeit Mai–Juni. Strauch, auch Baum, bis 10 m hoch, immergrün, mit grünen Zweigen und derbledrigen, dunkelgrünen glänzenden Blättern, deren Ränder wellig und dornig gezähnt sind. Blüten zweihäusig, in den Blattachseln, weiß. Früchte kuglig, korallenrot. Um Fruchtschmuck zu haben, männliche und weibliche Sträucher pflanzen. Winterhart. **1659,** S. 208. Hierzu sehr viele Sorten, die in Wuchsform, Blattform, Fruchtfarbe unterschiedlich, z. B.:
'Bacciflava', Früchte gelb, **1660,** S. 208; 'Golden King', Blätter gelb gerandet, härter als die folgende; 'Golden Queen', Blätter gelb gerandet, empfindlicher als die Art, **1661,** S. 208; 'Pyramidalis', Wuchs kegelförmig, aufrecht, Blätter schwächer dornig gezähnt, reich fruchtend, **1662,** S. 208.

crenata Thunb., Japan. Blütezeit Mai–Juni. Strauch, immergrün, bis 3 m hoch. Blätter bis 3 cm lang, dunkelgrün, an den Rändern gesägt. Früchte schwarz. Winterhart. Hierzu mehrere Sorten, auch niedrige, zwergige, z. B. 'Nummularia'.

opaca Ait., Amerikanische Hülse. Östl. USA. Blütezeit Juni. Strauch, immergrün, in der Heimat auch Baum. Blätter bis 10 cm lang, mattgrün. In USA auf Plantagen zur Gewinnung von Weihnachtsbeerenschmuck angebaut. Winterhart.

verticillata (L.) A. Gray, östl. N-Amerika. Strauch, sommergrün, bis 3 m hoch. Blätter bis 7 cm lang, gesägt. Früchte kuglig, rot, bis 6 mm dick, auch nach dem herbstlichen Laubfall bis in den Winter hinein an den Zweigen bleibend. Winterhart.

Impatiens L., Springkraut, *Balsaminaceae*

450 Arten in Europa, trop. Asien und Afrika, einige Arten auch in N-Amerika. Kräuter oder Halbsträucher. Blätter länglich oder breit, lanzettlich, grund-, gegen- oder wechselständig. Blüten gestielt, endständig oder am Stamm, weiß, gelb, rot oder mehrfarbig. Vermehrung durch Aussaat oder Stecklinge. Für warme, sonnige Stellen.

balsamina L., Balsamine. Indien, Malaya und China. Blütezeit Juni–Herbst. 20–60 cm hohe, einjährige Pflanze mit dickem, fleischigem und knotigem Stengel. Blätter lanzettlich, zugespitzt. Blüten weiß bis gelb und rosa bis rot, zu mehreren in den Blattachseln, so daß die Pflanze als Blütenähre wirkt; nur noch gefülltblühende Sorten in Kultur. Im 16. Jahrhundert durch die Portugiesen nach Europa gebracht, damals Kulturpflanze mit vielen hundert Sorten als Topfpflanzen. Heute Mischungen, selten Einzelfarben im Handel. 'Kamelienblütige', Mischung oder Einzelfarbe, gefülltblühend, **311,** S. 39.

glandulifera Royle (syn. *I. roylei* Walp.), Himalaja, O-Indien. Blütezeit Juli–September. 80–200 cm hoch. Stengel dickknotig. Blüten groß, füllhornähnlich, 4–6 cm, purpurn oder weinrot, in bis 14-zähligen Trauben. Verwildert in N-, W- und S-Deutschland in Bauerngärten und auf Friedhöfen (siehe auch oberes Ruhrtal).

holstii siehe *walleriana*
roylei siehe *glandulifera*
sultani siehe *walleriana*

walleriana Hook. f. (syn. *I. holstii* Engl. et Warb., *I. sultanii* Hook. f.), Fleißiges Lieschen. Gebirge des trop. Afrika. Blütezeit Mai–Oktober. Stark verästelter, 30–60 cm hoher Halbstrauch. Hellgrüne, elliptisch-lanzettliche, am Rand fein gezähnte Blätter. Blüten weiß bis rot, einzeln oder zu mehreren in den Blattachseln. Standort sonnig bis halbschattig. 'Petersiana', Stengel und Blätter rötlich, Blüten karminrot, **552,** S. 69.
Viele Sorten in Farben weiß, rosa, rot, entweder als Mischung oder in Farben getrennt.

Incarvillea Juss., Gartengloxinie, *Bignoniacaee*

14 Arten in Turkestan und Afghanistan bis China. Kahle, am Grunde verholzende Stauden mit rübenartiger Wurzel und grund- oder stengelständigen Blättern, 1- oder 2–3fach fiedrig. Blüten groß, rosa, gelb oder rot in endständigen Blütenständen. Vermehrung durch Aussaat oder Teilung. Für trockene, sonnige Stellen mit tiefgründigem Boden. In schneearmen Gegenden Winterschutz durch Laubdecke ratsam.

compacta siehe *mairei*

delavayi Bur. et Franch., W-China. Blütezeit Juni bis Juli. Bis 50 cm hohe Staude. Wenige grundständige, 6–8paarig gefiederte Blätter. 30–60 cm hoher Blütenschaft mit zwei bis zwölf 5–7 cm großen, trompetenförmigen, rosa Blüten mit gelbem Schlund. **1183,** S. 148.

mairei (Lévl.) Grierson 'Grandiflora' (syn. *I. compacta* Maxim. var. *grandiflora* (Bur. et Franch.) Wehrh.), W-China. Blütezeit Mai–Juni. 10–15 cm hoch. Blätter mit 3–5 Fiedern, diese gekerbt oder gesägt. Blütenschaft mit meist nur einer karminroten Blüte, Schlund gelb. **1184,** S. 148.

Inula L., Alant, *Compositae*

120 Arten in Europa, Asien und Afrika. Meist ausdauernde Kräuter, drüsig rauh, flaumhaarig, zottig oder filzig behaart. Blätter ganzrandig oder gesägt. Blütenkörbchen gelb oder weiß, einzeln, rispig oder doldentraubig angeordnet. Vermehrung durch Aussaat, Sorten durch Teilung. Für sonnige, trockene Lagen mit durchlässigem Boden.

afghanica siehe *magnifica*

ensifolia L., Kaukasus. Blütezeit Juli–August. 30 bis 60 cm hohe Staude mit kriechendem Wurzelstock und kurzen Ausläufern. Stengel dicht beblättert. Blätter lanzettlich, dunkelgrün. Blütenkörbchen 5 cm groß, in endständiger Doldentraube, meist jedoch einzeln. 'Compacta', goldgelb, 20 cm hoch; 'Golden Beauty', goldgelb, 60 cm hoch, **1185,** S. 149.

hookeri C. B. Clarke, Himalaja. Blütezeit August bis September. 60–100 cm hoch, kriechender Wurzelstock mit behaarten, reich beblätterten Stengeln. Blätter sitzend, lanzettlich, bis 15 cm lang. Blütenköpfchen bis 8 cm groß, gelb und braun in lockerer Doldentraube. **1186,** S. 149.

magnifica Lipsky (syn. *I. afghanica* hort.), Kaukasus. Blütezeit Juli–August. Bis 150 cm hohe Staude mit bis 100 cm langen, breit-elliptischen Grundblättern. Blütenköpfe bis 12 cm breit, in endständiger breiter Doldentraube.

Ipheion Raf., *Liliaceae*

Etwa 10 Arten in S-Amerika. Mehrjährige zwiebelbildende Kräuter. Keine Art winterhart. Angeboten wird des öfteren:

uniflorum (Lindl.) Raf. (syn. *Brodiaea uniflora* (Lindl.) Engl., *Triteleia uniflora* Lindl.), S-Brasilien, Uruguay. Blütezeit Februar–März. Blätter grasartig, bis 30 cm lang. Blüten aus kurzem Trichter sternförmig, bis 3 cm breit, weiß, lila überhaucht, einzeln auf 15 cm langen Stielen. Unter Winterschutz auf durchlässigen Böden im Freien aushaltend, besser jedoch unter Glas zu ziehen. Blätter ziehen im Sommer ein. Zwiebeln dann trockenhalten. Im September–Oktober neu einpflanzen, wenn Austrieb erfolgt ist. Hell und kühl bei 6–10° überwintern. **773,** S. 97.

Ipomoea L., Prunkwinde, *Convolvulaceae*

400 Arten in den Tropen und Subtropen. Windende, kriechende, selten aufrechte Kräuter oder Sträucher mit wechselständigen Blättern und trichterförmigen großen, achselständigen Blüten, die weiß, rot und blau sind. Vermehrung durch Aussaat nur bei *I. purpurea* im April ins Freie, sonst Anzucht im Haus und Auspflanzung ab Mitte Mai an geschützte warme Stellen. Bei Anzucht rechtzeitig vorbeugend gegen rote Spinne behandeln. Die Windenblüten öffnen sich um 4–5 Uhr und schließen sich an sonnigen Tagen bereits um 10–12 Uhr, an trüben Tagen auf der West- bis Nordwestseite um 16–18 Uhr.

purpurea (L.) Roth (syn. *Pharbitis purpurea* (L.) Voigt), trop. Amerika. Blütezeit Juli–September. 3–4 m hoch, windend, verzweigt. Blätter weichhaarig, herzförmig, zugespitzt. Härteste Art für unser Klima. Je 2–5 Blüten zusammen, glockigtrichterförmig, purpurrot. Bei uns einjährig kultiviert. Gute Mischungen im Handel.

rubro-coerulea siehe *violacea*
tricolor siehe *violacea*

violacea L. (syn. *I. tricolor* Cav., *I. rubro-coerulea* Hook., *Pharbitis rubro-coerulea* (Hook.) Choisy), trop.

Amerika. Blütezeit Juli–Oktober. 1,5–3 m hoch kletternde, verzweigte Pflanze mit herzförmigen, zugespitzten Blättern. Blüten klein, beim Aufblühen rot, erblüht blau, verblüht violett mit weißem Schlund, 8–10 cm groß, zu 3–5 zusammenstehend. Bei uns einjährig gezogen. Ende Mai ins Freiland pflanzen. Farbsorten und Mischungen im Handel, z. B.:
'Heavenly Blue' ('Himmelsblau'), himmelblau; 'Imperialis' (Kaiserwinden) können ebenfalls hierher gezählt werden; 'Praecox', frühblühende Mischung, **312,** S. 39; 'Scarlett O'Hara', tiefkarmin.

Iris L., Schwertlilie, *Iridaceae*

Etwa 200 Arten in der nördl. gemäßigten Zone. Mehrjährige Pflanzen, mit Rhizomen oder Zwiebeln überdauernd. Blätter schwertförmig, grasartig oder rund. Blüten groß, einzeln oder in wenigblütigen Trauben. Die 3 äußeren Blütenblätter (genauer: Perigonblätter) hängend („Hängeblätter"), die 3 inneren bei den meisten Arten aufrechtstehend, oft domartig sich zusammenneigend („Domblätter"). Die Gattung ist sehr vielgestaltig; überdies sind mehrere 1000 Sorten vorhanden. Zur besseren Übersicht wird nachfolgend eine Einteilung in Gruppen gegeben; dabei sind aber nicht alle Sektionen der Gattung angeführt und auch die Sortimente nicht so stark aufgegliedert, wie das von Iris-Gesellschaften für deren besondere Zwecke getan wird.

1. Zwiebelbildende Arten, niedrig, Zwiebel von netzartiger trockener Haut umgeben, Blätter grundständig, grasartig (*Sektion Reticulata*). Teilweise winterhart, mitunter nicht sehr lange haltend. Kauf neuer Zwiebeln in der Regel ratsam. Für durchlässige Böden.

bakeriana M. Foster, Euphratgebirge. Blütezeit Februar–März. Bis 20 cm hoch. Äußere Perigonblätter blau mit gelbem Mittelstreifen, am Grunde violett, innere Perigonblätter lila. Besser unter Glas zu ziehen. **775,** S. 97.

danfordiae (Bak.) Boiss., Taurusgebirge. Blütezeit April. Bis 15 cm hoch, Blüten gelb. Winterhart. **777,** S. 98.

histrioides (G. F. Wils.) S. Arn., Türkei. Blütezeit Februar–März. In Kultur ist die Form 'Major'. Bis 15 cm hoch, Blüten blau, weiß mit gelb gezeichnet. Winterhart. **778,** S. 98.

reticulata M. B., Kaukasus. Blütezeit März–April. Bis 20 cm hoch, Blüten violettblau. **780,** S. 98. Hierzu mehrere Sorten, die in Farbe unterschieden, z. B. **781–783,** S. 98. Winterhart.

2. Zwiebelbildende Arten mit dicken fleischigen Wurzeln. Schaft bei manchen Arten beblättert (*Sektion Juno*). Winterhart wohl nur *I. bucharica*. Alle anderen besser mit Winterschutz oder unter Glas.

alata siehe *planifolia*

aucheri (Bak.) Sealy (syn. *I. sindjarensis* Boiss.), Irak. Blütezeit Februar–März. Bis 20 cm hoch. Blüten hellblau mit gelber Mittellinie, duftend. **774,** S. 97.

bucharica M. Foster, Bucharei. Blütezeit März bis April. Bis 40 cm hoch. Blüten gelb, innere Perigonblätter weiß. **776,** S. 97.

magnifica Vved., Kaukasus. Blütezeit März–April. Bis 40 cm hoch. Blüten silbrig blau.

persica L., Türkei, Persien. Blütezeit Februar–März. Bis 20 cm hoch. Blüten hell lila.

planifolia (Mill.) Aschers. et Graebn. (syn. *I. alata* Poir.), Spanien, N-Afrika. Blütezeit November bis Januar. Bis 30 cm hoch. Blüten hellblau. **779,** S. 98.

sindjarensis siehe *aucheri*

3. Zwiebelbildende Arten, meist höher. Zwiebel von glatter Haut umgeben. Blätter breit grasartig, gekielt (*Sektion Xiphium*). Hierher gehören 3 weit verbreitete, wirtschaftlich wichtige Sorten-Gruppen, an deren Entstehung *I. tingitana* Boiss. et Reut. (Marokko), *I. xiphioides* Ehrh. (Pyrenäen) und *I. xiphium* L. (S-Frankreich, Spanien) beteiligt sind. Winterhart, doch Winterschutz ratsam. Pflanzung der Zwiebeln im September. Standort sonnig.

Englische Iris. Blütezeit Sommer. Bis 70 cm hoch. Äußere Perigonblätter ziemlich breit. Mehrere Sorten, unterschieden durch Blütenfarbe. Halten im Freiland besser aus als die Sorten der beiden anderen Gruppen.

Holländische Iris. Blütezeit Sommer, etwa 2 Wochen früher als die Englische Iris. Bis 80 cm hoch. Wirtschaftlich die bedeutendste der 3 Gruppen. Zahlreiche Sorten, die durch Blütenfarbe unterschieden. Durch Behandlung mit bestimmten Temperaturfolgen („Präparieren") ist es heute möglich, einige dazu besonders geeignete Sorten jederzeit in Blüte zu haben. Sie spielen eine große Rolle in der gärtnerischen Schnittblumenproduktion. Verwendung aber auch im Garten. Winterschutz. Beispiele **788–790,** S. 99.

Spanische Iris. Blütezeit Sommer, vor den anderen Gruppen. Bis 60 cm hoch. Mehrere Sorten mit verschiedenen Blütenfarben, z. B. **785–787,** S. 99.

tingitana Boiss. et Reut., Marokko. Blütezeit Frühsommer. Bis 50 cm hoch. Blüten blau. Winterschutz, besser jedoch unter Glas. **784,** S. 98.

4. *Sektionen Oncocyclus und Regelia.* Hierzu gehören rhizombildende Arten, deren Samen einen Arillus (= Anhängsel, als Nahrung für Ameisen und dadurch Samenverbreitung) besitzen. Blüten oft mit feinsten Netz- und Perlmustern. Für Freiland nicht geeignet. Standort auch im Sommer unter Glas; wenn Blätter verwelkt sind, trocken und warm halten. Bekanntere Arten sind:

acutiloba C. A. Mey. (Oncocyclus), Kaukasus. Blüten silbrig mit braun. **791,** S. 99.

gatesii M. Foster (Oncocyclus), Türkei. Blüten sehr groß, silbrig mit violett.

hoogiana Dykes (Regelia), Turkestan. Blüten hell-lavendelblau.

lortetii Barb. (Oncocyclus), Libanon. Blüten silbrig mit rosa.

susiana L. (Oncocyclus), „Dame in Trauer". Heimat unbekannt. Blüten grauweiß mit schwarzviolett.
Aus Kreuzungen von Arten beider Sektionen entstanden die Regeliocyclus-Hybriden, die etwas einfacher zu kultivieren sind. Beispiel **792,** S. 99.

5. Andere rhizombildende Arten, meist winterhart, den *Sektionen Evansia, Pogoniris, Apogon* angehörig.

brevicaulis Raf. (syn. *I. foliosa* Mackenz. et Bush) (Apogon), N-Amerika, Blütezeit Juni. Bis 15 cm hoch. Blätter bläulich. Blüten blau mit gelb. **1189,** S. 149.

delavayi Micheli (Apogon), China. Blütezeit Juli. Bis 1 m hoch. Blätter grasartig. Blüten violett mit weiß und gelb. Für sumpfigen Standort. **1187,** S. 149.

douglasiana Herb. (Apogon), Oregon, Kalifornien. Blütezeit Juni. Bis 40 cm hoch. Blätter länglich. Blütenfarbe variabel, meist blaupurpurn. **93,** S. 12.

foetidissima L. (Apogon), S- und W-Europa. Blütezeit Juni. Bis 80 cm hoch. Blätter schwertförmig. Blüten hellgelb mit violett, wenig ansehnlich. Auffallend die leuchtend roten Samen. **1188,** S. 149.

foliosa siehe *brevicaulis*
germanica siehe Garteniris-Hybriden

innominata L. F. Henders., N-Amerika. Blütezeit Mai–Juni. Bis 20 cm hoch. Blätter grasartig. Blüten gelb. **1190,** S. 149.

japonica Thunb. (Evansia), Japan, China. Blütezeit April. Bis 40 cm hoch. Blätter schwertförmig. Blüten weiß mit blau. Nur unter gutem Winterschutz aushaltend. Eine Sorte ist 'Ledgers Variety', **1191,** S. 149.

kaempferi Sieb. (Apogon), Korea, Japan. Blütezeit Juni–Juli. Bis 1 m hoch. Blätter lanzettlich. Innere Perigonblätter auf die äußeren herabgeneigt, so daß die Blüte keinen „Dom" besitzt. Standort bis zur Blütezeit sumpfig, anschließend, vor allem aber im Winter, trockener. Diese Art spielt in O-Asien eine bedeutende Rolle. Das dort vorhandene Sortiment, von dem einige Sorten auch bei uns erhältlich sind, ist riesig. Blüten in fast allen Farben. Beispiele **1192,** S. 149, **1193,** S. 150.

lacustris Nutt. (Evansia), N-Amerika. Blütezeit Mai bis Juni. Eine der kleinsten Iris. Nur 10 cm hoch. Blätter gelbgrün, klein schwertförmig. Blüten lilapurpurn. Standort trocken. **94,** S. 12.

laevigata Fisch. (Apogon), O-Asien. Blütezeit Juli bis August. Bis 80 cm hoch. Ähnlich der *I. kaempferi*, doch innere Perigonblätter aufrecht stehend, schmal. Standort ständig feucht. Auch hierher viele Sorten, z. B. **1194, 1195,** S. 150.

ochroleuca L. (Apogon), Türkei. Blütezeit Juni bis Juli. Bis 1 m hoch. Blätter schwertförmig. Blüten cremeweiß mit gelb. Für feuchten Standort. **1196,** S. 150.

pallida Lam. (Pogoniris), S-Europa. Blütezeit Juni. Bis 1 m hoch. Blätter schwertförmig. Blüten hell lavendelblau. Davon Formen mit gelb- oder weißgestreiften Blättern bekannt. **1197,** S. 150.

pseudacorus L. (Apogon), Europa, W-Asien. Blütezeit Juni. Bis 1,5 m hoch. Blätter schwertförmig. Blüten gelb. Für feuchten Standort. **1198,** S. 150.

sibirica L. (Apogon), Europa bis Sibirien. Blütezeit Juni. Bis 1 m hoch. Blätter grasartig. Blüten blau. Wichtige, verbreitete Art, von der viele gute Sorten vorhanden. Gedeiht auf allen Böden, besser aber etwas feucht. **1199, 1200,** S. 150.

spuria L. (Apogon), S-Europa. Blütezeit Juni–Juli Bis 60 cm hoch. Blätter schwertförmig. Blütenfarbe variabel, cremeweiß, gelb oder blau. Für feuchten Standort. Mehrere Sorten, z. B. **1201,** S. 151.

stylosa siehe *unguicularis*

tectorum Maxim. (Evansia), Japan, China. Blütezeit Juni. Bis 30 cm hoch. Blätter schwertförmig. Blüten hell-lila. Standort sonnig, nicht feucht. **1202,** S. 151

unguicularis Poir. (syn. *I. stylosa* Desf.), Mittelmeergebiet. Blütezeit Januar–März. Bis 20 cm hoch Blätter grasartig. Blüten lilablau. Nicht winterhart **1203,** S. 151. 'Alba', Blüten weiß, **1204,** S. 151.

verna L. (Apogon), N-Amerika. Blütezeit April Bis 20 cm hoch. Blätter schwertförmig. Blüten blaulila mit gelb. Winterschutz nötig. **95,** S. 12.

versicolor L. (Apogon), N-Amerika. Blütezeit Juni Bis 1 m hoch. Blätter schwertförmig. Blüten meist violettpurpurn. Standort feucht. Einige Sorten, z. B. 'Kermesina', Blüten rötlichpurpurn, **1205,** S. 151.

6. *Garteniris, Bartiris* (*I. germanica* hort.).
Hierunter werden die aus *I. germanica, chamaeiris pumila* und wohl auch anderen Arten hervorgegangenen Hybriden zusammengefaßt. Das Sortiment ist riesig, umfaßt mehrere 1000 Sorten in allen Blütenfarben außer schwarz. Standort sonnig, auf durchlässigen Böden, doch während der Wachstumszeit nicht trocken. Rhizome flach pflanzen, mit der Oberseite über der Erdoberfläche. Einteilung in 3 Hauptgruppen, zwischen denen in der Höhe jedoch Übergänge, besonders zwischen Halbhohen und Hohen.

a) Niedrige (Barbata-Nana-Gruppe), bis etwa 20 cm hoch. Blütezeit April–Mai.

b) Halbhohe (Barbata-Media-Gruppe), bis 70 cm hoch. Blütezeit Mai–Juni. Beispiele **1206–1208,** S. 151.

c) Hohe (Barbata-Elatior-Gruppe), bis 1,5 m hoch. Blütezeit Mai–Juni. Beispiele **1209–1221,** S. 152 bis 153.

tuberosa siehe *Hermodactylus*

Itea L., *Saxifragaceae*

Etwa 10 Arten in NO-Asien, 1 in N-Amerika. Sträucher oder Bäume, sommergrün oder immergrün, mit wechselständigen, ungeteilten, gezähnten Blättern. Blüten klein, in Trauben oder Ähren.

ilicifolia Oliv., China. Blütezeit August. Strauch, immergrün, bis 3 m hoch. Blätter elliptisch, bis 10 cm lang, gezähnt. Blüten grünlichweiß, in überhängenden, bis 30 cm langen Trauben. Nur unter gutem Winterschutz aushaltend. **1663,** S. 208.

Ixia L., *Iridaceae*

Etwa 25 Arten in S-Afrika. Mehrjährige Kräuter, mit Knollen überdauernd. Blätter überwiegend grundständig, grasartig. Blüten trichter- oder tellerförmig, in Ähren oder Rispen auf drahtigen Stielen. Gezogen werden bei uns fast ausschließlich

Hybriden. Blütezeit April–Mai, in vielen Farben. Schäfte bis 80 cm hoch. Sie spielen als Schnittblumen eine große Rolle, sind aber im Garten wenig verwendbar, da nicht winterhart.

Ixiolirion Herb., *Amaryllidaceae*

Etwa 3 Arten in W- und Mittelasien. Mehrjährige Kräuter, durch Zwiebeln überdauernd. Blätter schmal, grasartig. Blüten trichterförmig, zu wenigen doldig.

tataricum (Pall.) Herb. (syn. *I. montanum* (Labill.) Herb.), Vorderasien. Blütezeit Mai. Bis 30 cm hoch. Blüten blau, bis 4 cm lang, zu 3–4 in endständiger Dolde. Winterhart. Pflanzung der Zwiebeln im September–Oktober.

J

Jankaea Boiss., *Gesneriaceae*

Nur 1 Art.

heldreichii Boiss., beheimatet in Griechenland, thessalischer Olymp. Blütezeit Mai–Juli. Bis 10 cm breite Rosetten mit dicken eiförmigen, ganzrandigen Blättern, die oberseits zottig weißhaarig sind und unterseits rostfarben wollhaarig. Blüten glokkig, hell violett, zu 1–3 auf Stengeln. Vermehrung durch Aussaat, Teilung oder Blattstecklinge. Pflanze fürs Alpinenhaus oder in die Spalten einer Trockenmauer auf der Ost- oder Nordseite in humose kalkhaltige Erde. **96,** S. 12.

Jasminum L., Jasmin, *Oleaceae*

Etwa 200 Arten in den Tropen und Subtropen der Erde. Sträucher, immergrün oder sommergrün, aufrecht oder kletternd. Blätter meist gefiedert. Blüten in endständigen Trugdolden oder achselständig, tellerförmig mit langer Röhre. Mit einer Ausnahme (*J. nudiflorum*) nicht winterhart.

humile L. 'Revolutum' (syn. *J. revolutum* Sims), W-Himalaja, Kaschmir. Blütezeit Juni–Juli. Immergrün, mehrere Meter hoch werdend. Zweige grün, Blätter mit 5–7 Fiederblättchen. Blüten gelb, bis 2,5 cm breit, duftend, bis zu 6 in Trugdolden. Nicht winterhart. **1979,** S. 248.

nudiflorum Lindl., Winterjasmin. China. Blütezeit je nach Witterung Dezember–April. Sommergrün, mit dünnen Zweigen überhängend. Am Spalier gezogen mehrere Meter hoch werdend. Blätter mit 3 Fiederblättchen. Blüten gelb, bis 2,5 cm breit, in den Blattachseln. Winterhart. Friert gelegentlich zurück, treibt aber vom Grunde her wieder aus. Verwendung an Mauern, Wänden. Anbinden der Triebe ist zweckmäßig. **1664,** S. 208.

polyanthum Franch., China. Blütezeit April–Juni. Meist immergrün, kletternd. Blüten innen weiß, außen rötlich, duftend, zu 30–40 in achselständigen Rispen. Nicht winterhart. **1978,** S. 248.

revolutum siehe *humile* 'Revolutum'

Jeffersonia dubia siehe *Plagiorhegma dubium*

Juglans L., Walnußbaum, *Juglandaceae*

Etwa 15 Arten in Europa, Asien, N- und S-Amerika. Meist große Bäume, sommergrün. Verwendung nur in großen Gärten oder Anlagen.

regia L., Walnuß. Europa, Asien. Bis 30 m hoch, Krone breit. Zahlreiche Formen.

Juniperus L., Wacholder, *Cupressaceae*

Etwa 50 Arten in den gemäßigten Gebieten der nördl. Halbkugel. Sträucher oder Bäume, immergrün. Blätter als Schuppen oder Nadeln. Zweihäusig oder auch einhäusig. Früchte fleischig, kuglig, oft beerenartig. Alle angeführten Arten sind winterhart.

chinensis L., China, Japan. Hoher Strauch oder Baum. Hierzu viele Formen, die sich hauptsächlich in der Wuchsform unterscheiden, z. B. 'Pfitzeriana', breit ausladend; 'Pfitzeriana Aurea', Zweigspitzen goldgelb, **2019,** S. 253; 'Plumosa', Zwergform, 1 m hoch, Zweige bogenförmig.

communis L., Europa, N-Asien, N-Amerika. Baum oder Strauch, aufrecht, mehrere Meter hoch. **2015,** S. 252. Hierzu viele Formen, z. B. 'Compressa', säulenförmige Zwergform, bis 1 m hoch, Zweige bläulich, **2016,** S. 252; 'Hibernica', Wuchs säulenförmig, dicht, bis 4 m hoch, bläulichgrün, **2017,** S. 253; 'Hornibrookii', Wuchs kriechend, etwa 50 cm hoch; 'Repanda', Wuchs kriechend, etwa 30 cm hoch.

horizontalis Moench (syn. *J. prostrata* Pers.), N-Amerika. Strauch, meist kriechend, mit langen Ästen. Bis 30 cm hoch. Nadeln blaugrün. **2018,** S. 253. Hierzu mehrere Formen, z. B. 'Glauca', Nadeln blau.

prostrata siehe *horizontalis*

recurva Buch.-Ham., China, Burma. Strauch oder kleiner Baum, mit überhängenden Zweigen. Eine Form mit stärker überhängenden Zweigen ist 'Castlewellan', nur wenig winterhart, **2020,** S. 253.

squamata Buch.-Ham., Himalaja, China. Strauch, niederliegend. In Kultur fast nur 'Meyeri', Wuchs aufrecht, bis 5 m hoch. Nadeln weißblau. **2021,** S. 253.

virginiana L., N-Amerika. Baum, Lieferant von Bleistiftholz. Mehrere Gartenformen.

K

Kalanchoe Adans., *Crassulaceae*

Etwa 100 Arten in den Tropen Afrikas, Asiens und besonders Madagaskar. Mehrjährige sukkulente Stauden oder Halbsträucher mit fleischigen, gegenständigen Blättern. Blüten sternförmig, in vielblütigen Trugdolden.

blossfeldiana v. Poelln., Flammendes Käthchen. Madagaskar. Blütezeit März–April. Kleiner Halbstrauch mit roten Blüten. Vor 40 Jahren nach Europa eingeführt. Seither sind zahlreiche Sorten entstanden, die im Topfpflanzenanbau eine bedeutende Rolle spielen. Blütenbildung ist abhängig von der Tageslänge. *Kalanchoe* sind Kurztagpflanzen. In Gärtnereien wird Blütezeit durch Manipulation der Tageslänge gesteuert, und blühende Pflanzen können somit während des ganzen Jahres angeboten werden. Verwendung als lange blühende Zimmerpflanze. Weiterkultur nach dem Verblühen lohnt kaum.

Kalmia L., Lorbeerrose, *Ericaceae*

8 Arten in N-Amerika und Kuba. Sträucher, immergrün, einige sommergrün. Blüten in end- oder achselständigen Dolden oder Doldentrauben.

angustifolia L., N-Amerika. Blütezeit Juni–Juli. Immergrün, bis 1 m hoch. Blätter bis 6 cm lang, glänzend grün. Blüten glockig, 1 cm breit, purpurn, zu vielen in achselständigen Büscheln. Mehrere Formen. Winterhart. Verwendung auf sauren, feuchten Böden.

latifolia L., N-Amerika. Blütezeit Mai–Juni. Immergrün, bis 3 m hoch (in der Heimat 10 m). Blätter bis 10 cm lang, oberseits dunkelgrün. Blüten glokkig, bis 2,5 cm breit, rosa, zu vielen in endständigen Doldentrauben. **1665,** S. 209. Mehrere Sorten, z. B. 'Brilliant', Blüten dunkelrosa. **1666,** S. 209. Winterhart. Verwendung auf sauren, feuchten Böden.

Kentranthus siehe *Centranthus*

Kerria DC., *Rosaceae*

Nur 1 Art.

japonica (L.) DC., beheimatet in O-Asien. Blütezeit April–Mai. Strauch, sommergrün, bis 2 m hoch, mit grünen, rutenförmigen Zweigen. Blüten meist zweihäusig, schalenförmig, gelb, bis 3 cm breit, einzeln in den Blattachseln. Winterhart. Friert gelegentlich zurück, treibt aber wieder aus. Verwendung als reichblühender Frühjahrsstrauch. Ansehnlicher und häufiger gezogen als die Art ist 'Pleniflora', Ranunkelstrauch, starkwüchsig, Blüten gefüllt, ballförmig. **1667,** S. 209.

Kirengeshoma Yatabe, Wachsglocke, *Saxifragaceae*

Nur 1 Art.

palmata Yatabe, beheimatet in S-Japan. Blütezeit August–September. 60–120 cm hohe Staude mit großen, gestielten, handförmigen, 7–10lappigen Blättern. Blüten gelb, duftend, in hohen endständigen Trugdolden. Vermehrung durch Teilung. Für Halbschatten und frischen bis feuchten Humusboden. **1223,** S. 153.

Kleinia tomentosa siehe *Senecio haworthii*

Kniphofia Moench, Fackellilie, Tritome, *Liliaceae*

70 Arten im trop. und subtrop. Afrika und Madagaskar. Wintergrüne Stauden mit grasartigen, grundständigen Blättern, horstähnlich. Blüten gelb bis rot in flaschenbürstenähnlichen Trauben, endständig an langem Schaft. Vermehrung durch Aussaat, Sorten durch Teilung. Für sonnige Lage mit durchlässigem, nährstoffreichem Boden und guter Wasserversorgung. Gute Schnittblumen. Für manche Arten in schneelosen Wintern Laub- oder Reisigdecke erforderlich.

galpinii Bak., Transvaal. Blütezeit Juli–Oktober. 60–80 cm hohe Staude mit grasähnlichen Blättern und orangefarbenen, hängenden, 2–3 cm langen Blüten in endständiger Traube auf hohlem, dünnem Schaft. **1224,** S. 153.

uvaria (L.) Hook., S-Afrika. Blütezeit Juli–Oktober, 80–120 cm hohe Staude. Blätter grundständig, 100 bis 130 cm lang, graugrün, gekielt, rauhrandig. Blütenschaft kräftig, mit 15–20 cm langer Traube, unten gelbe, oben rote Blüten. Von dieser Art u. a. stammen viele Gartensorten ab, z. B.:
'Bees Sunset', orangerot, 90 cm hoch, Juni–Juli, **1225,** S. 154; 'H. C. Mills', goldfarben und rot, 90 bis 100 cm hoch, **1226,** S. 154; 'Maid of Orleans', cremeweiß, 110 cm hoch, **1227,** S. 154; 'Mondfeuer', gelb, 70–80 cm hoch; 'Royal Standard', leuchtend scharlach und gelb, 100 cm hoch, **1228,** S. 154; 'Safranvogel', rosa-orange, 70–80 cm hoch.

Kochia Roth, Sommerzypresse, *Chenopodiaceae*

80 Arten in Australien, Europa, Asien, Afrika und N-Amerika. Kleine Kräuter oder Sträucher mit schmalen, wechselständigen Blättern. Blüten unscheinbar, zu mehreren in den Blattachseln. Vermehrung durch Aussaat. Für Sonne bis Halbschatten.

scoparia (L.) Schrad., Steppen SO-Europas bis Zentralasiens. Sehr veränderliche, etwa 60–100 cm hohe Art, dicht verzweigte Büsche bildend. Bei uns einjährig gezogen als Sommerhecke, die auch geschnitten werden kann. 'Trichophylla', Büsche färben sich im Herbst leuchtend rot, **314,** S. 40; 'Childsii', bleibt bis zum Frost grün.

Koeleria Pers., Schillergras, *Gramineae*

60 Arten auf der ganzen Erde. Einjährige oder ausdauernde Gräser mit ährenförmigen, kahlen, unbegrannten Rispen. Vermehrung durch Aussaat oder Teilung. Für sonnige, trockene Stellen.

gracilis Pers., Mitteleuropa bis Sibirien. Blütezeit Mai–August. 30–60 cm hoch, schmale blaugrüne, bis 30 cm lange, meist eingerollte Blätter. Ährenrispen länglich zylindrisch. 'Britannica', Ähren cremefarben, **1229,** S. 154.

Kolkwitzia Graebn., *Caprifoliaceae*

Nur 1 Art.

amabilis Graebn., beheimatet in China. Blütezeit Mai–Juni. Strauch, sommergrün, bis 3 m hoch. Blüten glockig, rosa-weiß, 1,5 cm lang, zu mehreren in Doldentrauben an kurzen Seitenzweigen. Winterhart. **1668,** S. 209.

L

Laburnum Fabr., Goldregen, *Leguminosae*

3 Arten in S-Europa bis Vorderasien. Sträucher oder kleine Bäume, sommergrün. Blätter 3zählig. Blüten gelb, in endständigen Trauben.

alpinum (Mill.) Bercht. et J. S. Presl, Alpengoldregen. S-Europa, Alpen. Blütezeit Juni. Bis 5 m hoch. Blüten hellgelb, duftend, in dichten hängenden, bis 30 cm langen Trauben. Winterhart.

anagyroides Medik., S-Europa, S-Deutschland. Blütezeit Mai–Juni. Bis 8 m hoch. Blüten gelb, nicht duftend, in lockeren, bis 20 cm langen Trauben. Mehrere Formen, z. B. 'Pendulum', Zweige hängend. Winterhart.

× **watereri** (Kirchn.) Dipp. (*L. alpinum* × *L. anagyroides*). Blütezeit Mai. Hierher die gärtnerisch wichtige 'Vossii', bis 5 m hoch. Blüten goldgelb, in bis 40 cm langen Trauben. Winterhart. **1669,** S. 209.

Lachenalia Jacq. f., *Liliaceae*

Etwa 50 Arten in S-Afrika. Mehrjährige zwiebelbildende Pflanzen mit länglichen Blättern. Blüten röhrig oder fast glockig, zu mehreren in Ähren oder Trauben. Nicht winterhart. Kultiviert wird hauptsächlich:

aloides (L. f.) hort. (syn. *L. tricolor* Jacq.) mit Blütezeit Januar–März. Blätter etwas fleischig, riemenförmig, bis 25 cm lang, zu zweien aus einer Zwiebel. Blüten röhrig, hängend, bis 2,5 cm lang, gelb mit rot und grün, zu mehreren auf 20 cm langem Blütenstand. Einpflanzen mehrerer Zwiebeln zusammen in einen Topf, Anfang September. Bei Temperaturen zwischen 6 und 10° aufstellen. Höhere Temperaturen führen zum Verkümmern der Blüten. Nach der Blütezeit können höhere Temperaturen einwirken. Im Mai–Juni sterben die Blätter ab, Zwiebeln dann im Topf lassen, nicht gießen bis zum Umpflanzen Anfang September. Verwendung als winter- oder frühjahrsblühende Topfpflanzen im kühlen Zimmer. Mehrere Sorten bekannt, z. B. 'Nelsonii', goldgelb mit grünen Spitzen. **554,** S. 70.

tricolor siehe *aloides*

Laeliocattleya siehe *Cattleya*

Lagerstroemia L., *Lythraceae*

Etwa 30 Arten in S- und O-Asien, Australien. Bäume oder Sträucher, immergrün oder sommergrün. Blüten zu vielen in ansehnlichen achsel- oder endständigen Rispen. Nicht winterhart. In den Subtropen verbreitet und auch in Europa südl. der Alpen als Parkbaum angepflanzt

indica L., O-Asien. Blütezeit August–Oktober. Baum, bis 8 m hoch, sommergrün. Blüten kreiselförmig, bis 3 cm breit, mit gekräuselten Blütenblättern, in bis 20 cm langen endständigen Rispen, rosa, weiß oder purpurrosa. Verwendung als Kübelpflanze (wächst dann strauchig), im Sommer im Freien. Überwinterung kühl, bei etwa 5°. **1670,** S. 209.

Lagurus L., Sammetgras, Hasenschwanzgras, *Gramineae*

Nur 1 Art.

ovatus L., beheimatet in W-Europa, Mittelmeergebiet bis Kleinasien. Blütezeit Juli. Einjähriges, weichbehaartes, 15–60 cm hohes Gras mit flachen Blättern. Blütenstand eine langgestielte, kopfige Scheinähre mit vielen weichen Haaren der Hüllspelzen, die so ein wolliges Aussehen verleihen. Aussaat im März unter Glas (Blütezeit Mai–Juni) oder im April ins Freie (Blütezeit Juli). Standort warm, trocken. Geeignet für Sträuße von Trockenblumen. **315,** S. 40.

Lamium L., Taubnessel, *Labiatae*

40 Arten in Europa, N-Afrika und dem außertrop. Asien. Kräuter mit niederliegenden und aufsteigenden, 4kantigen Stengeln. Blätter meist herzförmig, gezähnt oder eingeschnitten. Lippenblüten purpurn, weiß oder gelb, achselständig oder endständig gedrängt stehend. Vermehrung durch Teilung oder Ausläuferrißlinge. Gute Bodendecker zum Verwildern im Halbschatten oder Schatten.

galeobdolon L. (syn. *Galeobdolon luteum* Huds.), Goldnessel. Mitteleuropa bis Ural. Blütezeit Mai bis Juni. 20 cm hohe Staude, deren kriechende wurzelnde Sprosse schwach behaart sind. Bildet zottige Wurzelblattknospen. Die wintergrünen gegenständigen Blätter sind spitz-eiförmig und grobgesägt, runzlig und unterseits rotviolett und haben im Winter auf der Oberseite silbrige Flecken. Blüten hellgelb in achselständigen Scheinquirlen. 'Variegatum' ('Florentinum'), das ganze Jahr silbrig grünes Laub, **1230,** S. 154.

maculatum L., Gefleckte Taubnessel. Europa, Asien. Blütezeit April–Herbst. 20 cm hohe, Ausläufer treibende Staude mit dunkelgrünen, z. T. weißsilbrig gefleckten Blättern. Blüten rötlich purpurn in wenigblütigen Scheinquirlen. 'Argenteum', Auslese mit weißsilbrig gefleckten Blättern; 'Aureum', Blätter mit goldgelben Flecken, schwächer wachsend; 'Roseum', Blüten rosafarben, **1231,** S. 154.

Lantana L., Wandelröschen, *Verbenaceae*

Etwa 150 Arten, überwiegend in S-Amerika, einige im trop. Afrika und O-Asien. Sträucher, meist immergrün, mit gegenständigen oder zu dreien quirligen Blättern. Blüten röhrig, mit breiterem Saum, in dichten Köpfchen in den Blattachseln. Von Bedeutung sind bei uns die

Camara-Hybriden, entstanden aus *L. camara* (trop. Amerika) und wahrscheinlich einigen anderen Arten. Kleine Sträucher, bei uns meist einjährig gezogen. Nicht winterhart. Im Sommer (ab Ende Mai) ausgepflanzt im Freien, bis 50 cm hoch, etwas sparrig verzweigt. Reichblühend. Mehrere Sorten, unterschieden durch Blütenfarbe, in weiß, gelb, weißrosa, rot, gelb-rot. Mehrjährige Kultur möglich durch helle, frostfreie Überwinterung (um 5°). Im Frühjahr zurückschneiden. Anzucht von Hochstämmchen wie bei Fuchsia möglich (siehe dort).

Lapeirousia Pourr., *Iridaceae*

Etwa 50 Arten in Afrika. Mehrjährige Kräuter, durch unterirdische Sproßknollen überdauernd. Blätter schmal, grasartig. Blüten trichter- oder tellerförmig, in Ähren. Keine winterhart. Kultiviert wird vor allem

laxa (Thunb.) N. E. Br. (syn. *L. cruenta* (Lindl.) Bak., *Anomatheca cruenta* Lindl.), östl. S-Afrika. Blütezeit April–Juni. Blätter 2zeilig, grasartig. Blüten mit langer, dünner Röhre, vorn geöffnet, sternförmig, bis 2 cm breit, scharlachrot mit dunklem Fleck, zu mehreren in einseitswendiger Ähre auf bis 30 cm langem Schaft. Pflanzzeit September, mehrere Knollen in einen Topf. Über Winter aufstellen bei 5–8°, ab März etwas wärmer. Im Sommer nach Absterben der Blätter trocken halten bis zum Wiedereinpflanzen. Verwendung als frühjahrsblühende Topfpflanze in nicht zu warmen Räumen. **793,** S. 100.

Larix Mill., Lärche, *Pinaceae*

10 Arten in den gemäßigten Gegenden der nördl. Halbkugel. Bäume, sommergrün, hoch werdend. Gehören zu den wenigen laubabwerfenden Nadelgehölzen. Nadeln zu mehreren in Büscheln an seitlichen Kurztrieben. Blüten einhäusig. Zapfen aufrecht, in reifem Zustand braun. Winterhart. Verwendung nur in großen Anlagen.

decidua Mill. (syn. *L. europaea* DC.), Mittel- und N-Europa. Bis 30 m hoch, Krone meist pyramidal. Borke graubraun, Nadeln hellgrün. Unreife Zapfen rot, reife Zapfen braun, bis 4 cm lang. **2022, 2023,** S. 253.

europaea siehe *decidua*

kaempferi (Lamb.) Carr. (syn. *L. leptolepis* (Sieb. et Zucc.) Gord.), Japanische Lärche. Japan. Krone breit, Nadeln lang, bis 3,5 cm, unterseits bläulich.

leptolepis siehe *kaempferi*

Lathyrus L., Platterbse, *Leguminosae*

160 Arten in der nördl. gemäßigten Zone und den Subtropen, einige in den Gebirgen des trop. O-Afrika und S-Amerika. Ein- oder mehrjährige, buschige oder kletternde Kräuter mit paariggefiederten Blättern, meist mit Blattstielranken. Blüten weiß, rot oder violett, in vielblütigen Trauben. Vermehrung durch Samen oder Teilung. Staudige, niedrige Arten als Unterpflanzung im Halbschatten, kletternde Arten für sonnige Stellen mit nährstoffreichem Boden.

latifolius L., Staudenwicke. S-Europa bis Rußland. Blütezeit Juni–August. Ähnlich *L. odoratus*, aber Blüten ohne Duft. Gute Schnittblume. 'Rose Queen', Blüten malvenrosa; 'White Pearl', Blüten weiß.

odoratus L., Duftwicke. Sizilien und S-Italien. Blütezeit Juni–September. Einjährige, bis 2 m hoch kletternde Kräuter mit kantigem, geflügeltem Stiel. Blätter meist nur ein paar ovale Blättchen. Blüten (alle Farben außer gelb) duftend, in 2–7blütigen Trauben. Aussaat im März an eine vollsonnige geschützte Stelle. 2–3 Folgesaaten im Abstand von 4 Wochen, um bis zum Herbst Blüten schneiden zu können. Abgeblühte Blüten sofort entfernen, sonst läßt die Blühwilligkeit nach. Zahlreiche Mischungen und Einzelfarben im Handel. Die meisten Wickensorten sind Langtagpflanzen, die im Herbst bei kürzerer Tageslänge schwächer blühen und absterben. Gruppen:

a) Hohe, kletternde Sorten
   mit einfacher Fahne
   gewellter Fahne
   doppelter Fahne
b) Niedrige, 20–60 cm hohe, nicht kletternde Sorten. Beispiele:
   'Anne Vestey', scharlach, **316**, S. 40; 'John Ness', lavendelblau, **317**, S. 40; 'Knee-hi', Mischung 30–60 cm hoch, **318**, S. 40; 'Leamington', dunkellavendelblau, **319**, S. 40; 'Pink Pride', blaßrosa, **320**, S. 40; 'White Ensign', weiß, **321**, S. 41.

vernus (L.) Bernh., Frühlingsplatterbse (syn. *Orobus vernus* L.). Europa bis Sibirien. Blütezeit April bis Juni. 20–40 cm hohe Staude, ohne Ausläufer, mit kantigem, ungeflügeltem Stengel. Blätter 2–3paarig. Blütenstand 3–8blütig. Blüten rotviolett. Beim Verblühen blau bis grünblau. **1232**, S. 154.

Laurus L., Lorbeerbaum, *Lauraceae*

2 Arten in S-Europa und den Kanarischen Inseln. Sträucher oder Bäume, immergrün, mit wechselständigen, steifen, ungeteilten Blättern. Blüten klein, grünlich, in kleinen achselständigen Büscheln, nicht winterhart.

nobilis L., Mittelmeergebiet. Blütezeit März–April. Strauch oder Baum, in S-Europa bis 15 m hoch, mit schmalen elliptischen, glänzend dunkelgrünen Blättern. Verwendung als robuste Kübelpflanze, häufig für Dekorationen. Die meist angebotenen Wuchsformen sind Pyramiden oder Hochstämme mit kugligen Kronen. Überwinterung frostfrei, um 5°. Im Sommer im Freien. Zur Erhaltung der Wuchsform jährlicher vorsichtiger Schnitt notwendig. Die Lorbeerblätter werden als Gewürz verwendet.

Lavandula L., Lavendel, *Labiatae*

26 Arten auf den Kanarischen Inseln, im Mittelmeergebiet und Vorderindien. Zweijährige Kräuter oder Halbsträucher mit ganzen oder geteilten Blättern und blauen bis lila Blüten in 2–10blütigen Quirlen. Vermehrung durch Samen und Stecklinge. Für vollsonnige warme Stellen mit kalkhaltigem Boden. Garten-, Heil- und Duftpflanze bei uns seit dem frühen Mittelalter.

angustifolia Mill. (syn. *L. spica* L., *L. officinalis* Chaix, L. vera DC.), Mittelmeergebiet. Blütezeit Juli–August. 40–60 cm hohe immergrüne Staude mit graugrünen, aromatisch duftenden schmalen, lanzettlichen Blättern. Blüten duftend, lavendelblau, in schmalen Scheinähren. Auch als Hecke mit jährlichem Frühjahrsrückschnitt geeignet.
'Hidcote' (syn. 'Nana Atropurpurea'), dunkelviolett, **1671**, S. 209; 'Munstead', dunkelblau; 'Rosea', lilarosa.

officinalis siehe *angustifolia*
spica siehe *angustifolia*
vera siehe *angustifolia*

Lavatera L., Bechermalve, *Malvaceae*

20 Arten im Mittelmeergebiet, Zentralasien, Australien und Kalifornien. Kräuter, Sträucher oder Bäume mit mehr oder weniger filzigen, rauhhaarigen gelappten Blättern. Blüten gestielt, einzeln und achselständig oder traubig und endständig. Vermehrung durch Aussaat und Stecklinge. Frostfreie Überwinterung außer *L. trimestris* (als Sommerblume gezogen) und *L. thuringiaca.*

arborea L., Baummalve. Mittelmeergebiet. Blütezeit Juli–Herbst. Strauchig bis baumartig, 3 m hoch. Blätter bis 25 cm breit, filzig und undeutlich handförmig gelappt. Blüten 4–8 cm groß, purpurrot. Frostfreie Überwinterung. Auspflanzen an geschützte Stellen mit nährstoffreichem Boden von Mai bis November. **1672**, S. 209.

olbia L., S-Frankreich. Blütezeit Juli–Oktober. Halbstrauchig bis baumartig, fast 2 m hoch. Blätter weichfilzig, 3–5lappig. Blüten purpurrosa, 7–8 cm groß. Kübelpflanze wie *L. arborea*, für geschützte Terrassen und frostfreie Überwinterung. 'Rosea', Blüten dunkelrosa, **1233**, S. 155.

trimestris L., S-Europa, Syrien. Einjährig gezogene 60–120 cm hohe rauhhaarige, verästelte Staude mit herzförmigen, unregelmäßig gezähnten Blättern. Blüten rosarot bis dunkelrot, 6–10 cm groß, achselständig. Aussaat im April an sonnige Stellen in nicht zu nährstoffreichem Boden. Gegen Malvenrost und Brennfleckenkrankheit mit Fungiziden vorbeugend spritzen. 'Sunset', Blüten dunkelrosa, **322**, S. 41.

Layia Hook. et Arn., *Compositae*

15 Arten im westl. N-Amerika. Einjährige, weich- oder rauhhaarige, oft drüsige Kräuter mit wechselständigen, schmalen oder fiederspaltigen Blättern. Blütenköpfchen einzeln, gestielt. Vermehrung durch Aussaat im April an geschützte sonnige und warme Stellen, als Schnittblumen geeignet.

elegans Torr. et A. Gray, Kalifornien. Blütezeit Juli–August. Niederliegende, bis 60 cm hoch aufsteigende Stengel mit endständigen Blütenköpfchen. Blätter fiedriggezähnt, aromatisch duftend. Zungenblüten gelb mit weißen Spitzen, Röhrenblüten dunkelgelb. **323**, S. 41. 'Schnittgold', 30 cm hoch, Blütezeit Juli–Oktober.

Legousia Durande, Venusspiegel, *Campanulaceae*

13 Arten im Mittelmeergebiet bis Mitteleuropa und Amerika. Einjährige Kräuter mit wechselständigen, ganzen oder gezähnten Blättern. Blüten blau, weiß, rot oder violett in achselständigen, beblätterten Trugdolden. Vermehrung durch Aussaat im März an sonnige oder halbschattige Stellen.

speculum-veneris (L.) Fisch. (syn. *Specularia speculum* A. DC.), Mittel- und S-Europa, N-Afrika. Blütezeit Juli–September. 15–25 cm hohe Kräuter, niederliegend bis aufrecht. Blätter eiförmig-lanzettlich, Blüten blau, 2–3 cm groß, glockig, in end- und seitenständigen Trugdolden. Oft an günstigen Stellen Selbstaussaat. **377**, S. 48.

Leontopodium R. Br., Edelweiß, *Compositae*

50 Arten in den Hochsteppen der Hochgebirge Europas und Asiens. Ausdauernde, rasenartig wachsende Kräuter, wollig oder graufilzig behaart. Blätter linealisch bis spatelförmig und ganzrandig, in Rosetten. Vermehrung durch Aussaat oder Teilung, für sonnige, trockene Stellen mit magerem, kalkhaltigem Boden. Bei nährstoffreichen Böden vergrünen die Pflanzen. Für Schnitt geeignet. Wildvorkommen stehen unter Naturschutz.

alpinum Cass., Alpenedelweiß. Pyrenäen, Alpen, Karpaten, Balkan, Turkestan, Afghanistan, Himalaja und Japan, Altaigebirge und in N-Amerika, fehlt im Kaukasus. Blütezeit Juni–September. Aufgrund des weiten Verbreitungsgebietes sehr variabel. 5–20 cm hohe, mehr oder weniger dicht weißfilzige Staude. Blüten in Trugdolden mit silbrigwolligen Hochblättchen. **98**, S. 13. 'Mignon', niedrige und rasenartig wachsende Auslese.

souliei Beauv., Szetschuan, Jünnan. Blütezeit Juni bis Juli. 10–25 cm hoch, stark graufilzig beblättert, mit Ausläufern.

Leptospermum J. R. et G. Forst., *Myrtaceae*

Etwa 30 Arten in Australien, Neuseeland, Indonesien. Sträucher oder kleine Bäume, immergrün, feinzweigig. Belaubung myrtenähnlich. Blüten tellerförmig, meist einzeln in den Blattachseln, weiß, rosa, rot. Nicht winterhart. Verwendung mehrerer Arten als Kübelpflanzen.

cunninghamii Schau., Australien. Blütezeit Sommer. Strauch, bis 2 m hoch. Blätter silbrig, Blüten weiß. **1673**, S. 210.

scoparium J. R. et G. Forst., Australien, Neuseeland. Blütezeit Mai–Juni. Formenreiche Art. Kleine Sträuchlein, aber auch hohe Bäume werdend. Auch kleine Pflanzen blühen reichlich. Blüten in den Blattachseln, weiß, 1 cm breit. Insbesondere in Großbritannien sind mehrere Sorten entstanden, z. B. 'Keatleyi', Blüten hellrosa mit dunklerer Mitte, bis 3 cm breit, **1674**, S. 210; 'Nanum', fast kriechende Zwergform, nur bis 20 cm hoch, Blüten weiß, **99**, S. 13. Die aufrecht wachsenden Sorten dieser Art können, da sie schon als kleine Pflanzen blühen, als Topfpflanzen verwendet werden oder größer gewordene Exemplare als Kübelpflanzen. Im Sommer im Freien, sonnig. Überwinterung bei 3–8°, hell. Vermehrung durch Aussaat oder Stecklinge.

Leptosyne stillmanii siehe *Coreopsis stillmanii*
Leucogenes leontopodium siehe *Helichrysum*

Leucojum L., *Amaryllidaceae*

9 Arten in Mitteleuropa und Mittelmeergebiet. Mehrjährige zwiebelbildende Kräuter mit wenigen, riemenförmigen oder schmal-linealischen Blättern. Blüten breitglockig, weiß oder rosa, hängend, einzeln oder zu wenigen am Schaft. Spitzen der Blütenblätter grün oder gelb. Verwendung der winterharten *L. aestivum* und *vernum* als langlebige Frühlingsblumen im Garten. Günstiger Standort etwas schattig, auf feuchtem Boden. Pflanzen der gekauften Zwiebeln im August–September.

aestivum L., Mittel- und S-Europa, Kaukasus. Blütezeit Mai–Juni (nicht im Sommer). Bis 50 cm hoch. Blätter riemenförmig. Blüten weiß, bis 20 mm lang und bis zu 8 am Stengel. Spitzen der Blütenblätter grün. Eine in allen Teilen etwas größere Sorte ist 'Gravetye Giant', **794**, S. 100.

autumnale L., Portugal, Marokko. Blütezeit August–September. Bis 10 cm hoch. Blätter fadenförmig. Blüten weiß mit rosa Hauch, bis 10 mm lang, zu 2–3 am Schaft. Nur unter Winterschutz im Freien aushaltend. **795,** S. 100.

roseum Martin, Korsika. Blütezeit September bis Oktober. Bis 10 cm hoch. Blüten rosarot, meist einzeln. Nicht winterhart.

vernum L., Märzbecher. Mittel- und S-Europa. Blütezeit März–April. Bis 30 cm hoch. Blätter riemenförmig. Blüten weiß, bis 20 mm lang, meist einzeln. Blütenblätter mit grüner Spitze. Bei 'Carpathicum' Blütenblätter mit gelblicher Spitze, öfter 2 Blüten am Schaft, **796,** S. 100.

Lewisia Pursh, Bitterwurz, *Portulacaceae*

16 Arten im westl. N-Amerika. Stengellose Stauden mit rübenförmigem Wurzelstock und in Rosetten stehenden fleischigen Blättern. Vermehrung durch Aussaat, seltener Teilung. Für warme, trockene absonnige Stellen mit Schutz vor Nässe. Winterschutz vor Nässe und Sonne, besser jedoch hell, trocken und frostfrei oder im Alpinenhaus überwintern. Für kalkarmen Boden.

cotyledon (S. Wats.) Robins., Kalifornien. Blütezeit Juni–August. Bis 20 cm hoch. Blätter immergrün, fleischig, in dichter Rosette. Blüten 2–3 cm groß, weiß mit rosa Mittelstreifen der Blütenblätter, zu mehreren in kurzgestieltem Blütenstand. **101, 102,** S. 13. 'Howellii', Blüten tiefrosa, **103,** S. 13.

tweedyi (A. Gray) Robins., USA (Washington). Blütezeit Mai–Juni. Blätter verkehrt-eiförmig, mit geflügeltem Stiel, in Rosetten; im Herbst absterbend. Blütenstengel 1–4blütig. Blüten 6–7 cm groß, pfirsichrosa. Nur fürs Alpinenhaus, im Sommer trocken halten. **104,** S. 13.

Leycesteria Wall., *Caprifoliaceae*

3 Arten im Himalaja und China. Sträucher, sommergrün, mit hohlen Zweigen. Blüten in end- und achselständigen, nickenden Ähren, von großen gefärbten Deckblättern umgeben. Keine Art sicher winterhart.

formosa Wall., Himalaja. Blütezeit August–September. Strauch, bis 2 m hoch, aufrecht, mit breitherzförmigen, bis 15 cm langen Blättern. Blüten röhrig-glockig, rötlichweiß, in bis 10 cm langen Ähren. Deckblätter purpurn. Unter Winterschutz aushaltend. Triebe frieren meist zurück, jedoch neue Triebe im Frühjahr, die im gleichen Jahr dann blühen. **1675,** S. 210.

Liatris Gaertn., Prachtscharte, *Compositae*

32 Arten in N-Amerika. Stauden mit knolligem Erdstamm und aufrechten, reichbeblätterten Stengeln. Blätter wechselständig, schmal, ganzrandig oder rauh. Blüten purpurn oder weiß, in dichter endständiger, von oben nach unten aufblühender Ähre. Vermehrung durch Teilung oder Aussaat, für sonnige, trockene Standorte.

callilepis siehe *spicata*

spicata (L.) Willd., New York (Michigan State). Blütezeit Juli–September. 60–200 cm hohe kahle Staude mit linealischen, ungestielten, 10–40 cm langen Blättern. Blüten bläulichrot in endständiger Ähre. Staude feuchter bis nasser Wiesen, aber gut Trockenheit vertragend. **1235,** S. 155.
'Callilepis' (syn. *L. callilepis* T. Smith), Kansas. Blütezeit Juli–September. 40–60 cm hohe Staude, Blütenähre purpurrosa. **1234,** S. 155.

Libocedrus Endl., Flußzeder, *Cupressaceae*

9 Arten in Amerika, Neuseeland. Bäume, immergrün, den Thuja ähnlich. Blätter als Schuppen ausgebildet. Einhäusig. Winterhart bei uns nur

decurrens Torr. (syn. *Calocedrus decurrens* (Torr.) Florin), Kalifornische Flußzeder. Kalifornien. Bis 40 m hoch. Blätter schuppenförmig anliegend, glänzend grün. Wuchs schmal pyramidal. Zapfen eiförmig, 2,5 cm lang, hängend. Verwendung in größeren Anlagen. **2024,** S. 253.
Mehrere Formen, z. B. 'Aureo-Variegata', Blätter unregelmäßig goldgelb; 'Compacta', dichtzweigiger, niedrig, Wuchs rundlich; 'Glauca', Blätter graugrün.

Ligularia Cass., *Compositae*

100 Arten in Eurasien, besonders China. Ausdauernde Kräuter mit großen, verschieden gestaltigen, wechselständigen Blättern. Blattstiel scheidenartig den Stengel umfassend (bei der verwandten Gattung *Senecio* nicht den Stengel umfassend). Blütenköpfchen groß, in endständigen Trugdolden oder Trauben. Vermehrung durch Aussaat, Sorten durch Teilung. Für nährstoffreiche, feuchte Böden in sonniger bis halbschattiger Lage.

clivorum siehe *dentata*

dentata (A. Gray) Hara (syn. *L. clivorum* Maxim., *Senecio clivorum* (Maxim.) Maxim.), Heimat China, Japan. Blütezeit August–September. 100–150 cm hohe Staude ohne Ausläufer. Blätter langgestielt, groß, rundlich bis herzförmig, grobgezähnt. Blütenköpfchen 7–12 cm groß, zu 5–10 in lockeren Trugdolden. Zungenblüten orangegelb, Röhrenblüten gelb. **1236,** S. 155.
'Desdemona', 80–100 cm hoch, Blüten dunkelorange, Stengel und Blätter unterseits dunkelrot; 'Gregynog Gold' (*L. dentata* × *L. veitchiana*), etwa 100 cm hoch, Blütenköpfe orange, in endständiger, schmaler Traube, **1237,** S. 155; 'Hessei' (*L. dentata* × *L. wilsoniana*), 150–180 cm hoch, Blütenköpfe dunkelgelb in kegelförmiger, unten verzweigter Traube. Blätter länglich-herzförmig, **1238,** S. 155; 'Orange Queen', 100–120 cm hoch, Blüten orange; 'Othello', 80–100 cm hoch, Blüten hellorange, Blätter braungrün; 'Palmatiloba' (*L. dentata* × *L. japonica*), 120–150 cm hoch, Blätter groß, breit-rundlich, mit unregelmäßigen scharfgezähnten Lappen. Blütezeit Juni–August.

hodgsonii Hook., China. Blütezeit Juli–September. 50–60 cm hoch, Blätter breit-oval, dunkelgrün. Blüten orange, in Trugdolden. **1239,** S. 155.

japonica Less., Japan. Blütezeit August–September. 150–200(–250) cm hohe Staude mit großen, 7–11mal tief handförmig eingeschnittenen Lappen. Blütenköpfchen orange, in lockerer Rispentraube. **1240,** S. 155.

przewalskii (Maxim.) Diels (syn. *Senecio przewalskii* Maxim.), China. Blütezeit Juli–August. 100–150 cm hohe Staude mit kriechendem, oft wucherndem Wurzelstock. Blätter tief handförmig gebuchtet, mit zugespitzten Lappen. Blütenköpfchen klein, hellgelb in dichter, 50–80 cm langer, oft oben überhängender Ähre. 'The Rocket', Blüten orange, Stiele schwarz, **1376,** S. 172.

Ligustrum L., Liguster, Rainweide, *Oleaceae*

Etwa 50 Arten, überwiegend in O-Asien, 1 Art in Europa und N-Afrika. Sträucher oder kleine Bäume, immergrün oder sommergrün, mit gegenständigen, ganzrandigen Blättern. Blüten meist klein, oft zu vielen in endständigen Rispen. Die angeführten Arten sind winterhart. Verwendung vielfältig, überwiegend jedoch als Bestandteil von Schutzpflanzungen und Hecken. Liguster vertragen scharfen Schnitt.

obtusifolium Sieb. et Zucc. 'Regelianum', Japan. Blütezeit Juni–Juli. Strauch, sommergrün, bis 2 m hoch. Zweige waagerecht abstehend. Blätter lebhaft grün. Blüten weiß, in kurzen, dicken Rispen. Früchte 5 mm dick, schwarz.

vulgare L., Europa, N-Afrika. Blütezeit Juni–Juli. Strauch, sommergrün, bis 5 m hoch. Blüten weiß, duftend, in 5 cm langen Rispen. Früchte bis 7 mm dick, glänzend schwarz. Hierzu zahlreiche Sorten: 'Atrovirens', Blätter im Winter haftenbleibend, braun; 'Lodense', Zwergliguster, 0,5–1 m hoch, Blätter im Winter haftenbleibend, braunrot.

Lilium L., Lilie, *Liliaceae*

Etwa 90 Arten und mehrere 100 Sorten in Europa, Asien, N-Amerika. Mit wenigen Ausnahmen alle winterhart, mehrjährig. Überdauern durch Zwiebeln, die aus mehreren bis vielen Zwiebelschuppen bestehen und keine äußere Hülle wie z. B. Tulpe besitzen. Zwiebeln daher nicht längere Zeit offen liegen lassen; Vertrocknungsgefahr. Arten des westl. N-Amerika besitzen Rhizomzwiebeln (*L. pardalinum*).
Anzahl der Blüten artverschieden, von 1–50 und mehr. Blütenfarben: alle Farben außer blau und schwarz. Blütenform: im wesentlichen 4 Grundformen: 1. trompetenförmig, ± waagerecht abstehend oder etwas hängend. 2. schalenförmig, ± aufrecht. 3. schalenförmig, mit leicht zurückgebogenen Blütenblattzipfeln, ± waagerecht abstehend. 4. nickend. Blütenblätter stark zurückgebogen, „Türkenbundform".
Kulturansprüche: Die meisten Lilien gedeihen in fast allen weder zu sauren noch zu alkalischen, gut gedränten Gartenböden. Wo keine gute Dränung, Beete etwas erhöhen. Lichtansprüche: Für die meisten Arten vollsonniger Standort. Ausnahmen: *L. martagon* und Formen besser nicht in voller Sonne. Während der Wachstumszeit reichliche Wassergaben und Düngung. Pflanzzeit: Herbst; im Frühjahr möglich, bevor Austrieb erfolgt. Faustregel für Pflanztiefe: Zwiebelspitze doppelt so tief unter der Erdoberfläche wie Zwiebel hoch ist. Ausnahmen: *L. candidum*, *L.* × *testaceum*, Zwiebelspitze gerade unter der Erde.
Vermehrung: 1. durch Tochterzwiebeln. 2. Brutzwiebeln, die am unterirdischen Stengelteil gebildet. 3. oberirdische Brutzwiebeln in den Achseln der Laubblätter (bei *L. tigrinum*, *bulbiferum*, *sargentiae* und einigen Sorten der Midcentury-Hybriden). 4. Schuppen von der Zwiebel abbrechen und in lockere Erde legen; es entwickeln sich Brutzwiebeln, die gepflanzt werden können. Methoden 1. bis 4. erbringen Nachkommenschaft, die genauso aussieht wie die Mutterpflanze. 5. Samen. Einheitliche Nachkommenschaft nur bei Arten; sie wird ± uneinheitlich bei vielen Sorten. Unterschiedliche Temperaturansprüche bei der Samenkeimung. Ziemlich schnell keimende Samen bei Temperaturen um 20°: *L. amabile*, *davidii*, *davidii* 'Willmottiae', *henryi* (besser bei 15°), × *hollandicum*, *regale* und Trompeten-Hybriden, *pumilum*. Langsam keimende Samen mit besonderen Ansprüchen: Keimung bei 15–20°, aber unterirdisch. Erstes Blatt erscheint erst, wenn 3–4 Monate dauernde Periode niedriger Temperatur eingewirkt hat (wirksamer Bereich 0 bis + 4°): *L. auratum* und Hybriden, *canadense*, *chalcedonicum*, *japonicum*, *martagon* und Marhan-Hybriden, *pyrenaicum*, *rubellum*, *speciosum*, *szovitsianum*.
Praktische Durchführung: Samen nach der Reife kühl aufbewahren (bis zum Sommer des nächsten Jahres), dann aussäen; Keimung ist nach etwa 3 Monaten erfolgt. Herbst- und Winterkühle einwir-

ken lassen (frostfrei). 1. Laubblatt erscheint im Frühjahr. Samen, die nur bei niedriger Temperatur (um 10°, nicht mehr bei 13° oder darüber) keimen: Bellingham-Hybriden, *L. pardalinum*. Von der Aussaat bis zur Blüte je nach Art 2–5 Jahre.

Kultur der Lilien auch in größeren Töpfen oder Kübeln gut möglich. Fast alle Lilien sind gute und haltbare Schnittblumen. Beachten: 1. Nie zu lang schneiden, sonst werden zu viele Blätter weggenommen, Zwiebel wird geschwächt, 2. Blütenstaub nicht an Kleider bringen, da schwer entfernbar.

Schädlinge und Krankheiten: 1. Läuse. Spritzen! 2. Lilienhähnchen (scharlachrote Käferchen), absammeln und vernichten. 3. Pilzkrankheiten. Wichtig Grauschimmel (*Botrytis*); tritt meist dann stark auf, wenn viele verschiedene Arten und Sorten auf engem Raum sind und Pflanzung dicht ist. Spritzen mit Fungiziden.

'Allegra' siehe *auratum*

amabile Palib., Korea. Blütezeit Sommer. 50–100 cm hoch, Blüten bis zu 10, Türkenbundform, leuchtend rot. 'Luteum', Blüten hell- bis dunkelgelb.

'Amber Gold' siehe *davidii*

auratum Lindl., Goldbandlilie. Japan. Blütezeit Sommer. Kalkfliehend. Bis 2 m hoch. Blüten bis zu 30, Durchmesser 20 cm, schalenförmig, abstehend, weiß mit gelbem (bei manchen Formen rosarotem) Mittelstreifen auf jedem Blütenblatt, oft gelb gepunktet. Stark duftend. **797,** S. 100. Mehrere Formen, wichtigste oft kultiviert: 'Platyphyllum', mit breiteren Blättern.

Aus Kreuzungen zwischen *L. auratum* und *L. speciosum* entstand Hybridengruppe, ursprünglich als × *parkmannii*, heute als Orient-Hybriden (Oriental Hybrids) bezeichnet. Die Sorten ähneln z. T. *auratum*, z. T. *speciosum*; Blüten sehr groß. Langjährige Erfahrungen über Gartenfestigkeit liegen nicht vor; sie sind aber wohl vergänglicher als viele andere Lilien. In voller Sonne verblassen die Farben. **814,** S. 102.

Bekannte Sorten, etwas variierend, sind: 'Imperial Crimson', tief karmesinrot; 'Imperial Silver', weiß mit zinnoberroten Tupfen; 'Nobility', rubinrot. Klonsorten: 'Allegra', reinweiß, im Schlund grün; 'Empress of China', weiß mit rotbraunen Tupfen; 'Empress of India', tief karmesinrot, außen rosa; 'Empress of Japan', weiß mit goldgelbem Mittelstreifen, braunrot getupft; 'Jillian Wallace', hellkarmesin mit dunklerem Mittelstreifen.

Durch Einkreuzung von *L. japonicum* und *rubellum* entstanden weitere Hybridgruppen, die aber zierlicher sind und vor allem rosa Farbtöne besitzen. Bekannt sind 'Pink Glory', **815,** S. 102, und Potomac-Hybriden.

× *aurelianense* siehe Trompeten-Hybriden
Backhouse-Hybriden siehe Marhan-Hybriden

Bellingham-Hybriden. Blütezeit Sommer. Sammelbezeichnung für eine formenreiche Hybridengruppe, entstanden aus Kreuzungen zwischen *L. humboldtii*, *pardalinum*, *parryi*. Sie zeichnen sich aus durch starkes Wachstum (bis über 2 m hoch). Sie haben Rhizomzwiebeln, Blüten in Türkenbundform, Farben von gelb bis tomatenrot, braun getupft. **798,** S. 100.

Mehrere ± einheitliche Samensorten, einige Klonsorten; hierher 'Buttercup', reingelb, braunrot getupft; 'Shuksan', gelblichorange, dunkelkarmesin getupft, **799,** S. 100. Nicht für trockene Standorte.

'Black Dragon' siehe Trompeten-Hybriden
'Brocade' siehe Marhan-Hybriden
'Bronzino' siehe *davidii*

bulbiferum L., Feuerlilie. Europa. Blütezeit Sommer. Bis über 1 m hoch. Blüten schalenförmig, aufrecht, orange. In den Blattachseln grüne Brutzwiebeln. Eine Form ohne Brutzwiebeln ist 'Croceum'.

'Burgundy' siehe *davidii*
'Buttercup' siehe Bellingham-Hybriden

canadense L., nördl. USA, Kanada. Blütezeit Sommer. Kalkfliehend. Bis über 1 m hoch; Blätter in Quirlen. Blüten nickend, glockenförmig, tiefgelb, tiefpurpurn getupft und gestrichelt. Zahlreiche Farbvarianten. Nicht für trockene Standorte. **802,** S. 101.

candidum L., Madonnenlilie. Östl. Balkan, Israel, Libanon. Blütezeit Sommer. Bis 1,5 m hoch. Blüten offen trichterförmig, schräg abstehend, strahlend weiß, stark duftend. Bildet im Spätsommer rosettenartig angeordnete grundständige Laubblätter, die den Winter überdauern. Seit Jahrtausenden in den Gärten. Oft abgebildet in religiösen Darstellungen des Mittelalters. **803,** S. 101. Setzt meist keinen Samen an, lediglich die Form 'Salonikae'.

'Cardinal' siehe *tigrinum*

chalcedonicum L., Scharlachtürkenbund. Balkan. Blütezeit Sommer. Bis 1 m hoch. Blüten bis zu 10, nickend, Türkenbundform, leuchtend scharlachrot. Leider selten in den Gärten, da schwierig.

'Cinnabar' siehe Midcentury-Hybriden
'Citronella' siehe *davidii*
croceum siehe *bulbiferum*
'Croesus' siehe Midcentury-Hybriden

davidii Duchartre, China. Blütezeit Sommer. Kaum echt in den Gärten. Weit verbreitet jedoch die Form 'Willmottiae'. Bis 2 m hoch, überhängend. Blüten bis zu 50, nickend, Türkenbundform, lebhaft orange, meist dunkelbraun getupft und gefleckt. Aus vielfachen Kreuzungen zwischen *L. davidii* 'Willmottiae', *amabile*, *amabile* 'Luteum', *cernuum* und wohl auch *tigrinum* ist eine neue Hybridengruppe entstanden, die als Willmottiae-Hybriden bezeichnet werden kann (in amerikanischer Einteilung unter Asiatische Hybriden gestellt). Blüten meist ± nikkend, Türkenbundform, in zahlreichen Farbspielen. Hierher die ± einheitlichen aus Samen gezogenen Sorten 'Bronzino', bernsteinfarben bis bräunlich; 'Burgundy', tief burgunderrot; 'Citronella', zitronen- bis dunkelgelb; Harlekin-Hybriden in verschiedenen Farben wie elfenbeinweiß, rosa. Klonsorten: 'Amber Gold', tiefgelb; 'Rose Queen', tiefrosa.

'Destiny' siehe Midcentury-Hybriden
'Empress of China' siehe *auratum*
'Empress of India' siehe *auratum*
'Empress of Japan' siehe *auratum*
'Enchantment' siehe Midcentury-Hybriden
'Erectum' siehe × *hollandicum*
giganteum siehe *Cardiocrinum giganteum*
'Golden Clarion' siehe Trompeten-Hybriden
'Golden Fleece' siehe *hollandicum*
'Golden Gleam' siehe *pumilum*
'Golden Sunburst' siehe Trompeten-Hybriden
'Golden Tiger' siehe *tigrinum*
'Grandiflorum' siehe *hollandicum*

hansonii Leichtl., Korea. Blütezeit Sommer. Bis 1,5 m hoch, Blätter in Quirlen. Blüten bis zu 10, Türkenbundform, Blütenblätter jedoch weniger stark zurückgebogen und ziemlich dick, orangegelb, braun gefleckt. Farbe verblaßt in voller Sonne. Austrieb zeitig im Frühjahr; Nachtfröste schädigen Blätter nicht, zerstören aber die schon vorhandenen Blütenknospen, so daß in manchen Jahren keine Blüte zu erwarten. Verhindern durch nächtliches Überstülpen von Eimern u. ä.

Harlekin-Hybriden siehe *davidii*
'Harmony' siehe Midcentury-Hybriden

henryi Bak., China. Blütezeit Spätsommer. Bis über 2 m hoch, überhängend. Blätter breit, glänzend. Blüten nickend, Türkenbundform, bis über 20, orange. Starkwachsende, sich reichlich durch unterirdische Brutzwiebeln vermehrende Art. **808,** S. 101.

Durch Kreuzungen mit *L. sargentiae* entstand farben- und formenreiche Hybridengruppe (× *aurelianense* siehe Trompeten-Hybriden).

× **hollandicum** Bergm., Blütezeit Sommer. In den Gärten meist als *L. umbellatum* geführte Hybridengruppe mit zahlreichen Klonsorten. Zwischen 50 und 100 cm hoch. Blüten aufrecht, schalenförmig, Farben überwiegend orange bis rot. Hierher 'Erectum', rot, am Grunde orange; 'Golden Fleece', dunkelorangegelb; 'Grandiflorum', orange, an den Blütenblattspitzen rot, **809,** S. 102; 'Orange Triumph', leuchtend orange; 'Vermillion Brilliant', blutrot. Bekannte alte gute Sorten, die auch heute noch nicht verdrängt sind.

'Imperial Crimson' siehe *auratum*
'Imperial Silver' siehe *auratum*

japonicum Thunb., Japan. Blütezeit Sommer. Kalkfliehend. Bis 70 cm hoch. Blüten wenige, trompetenförmig, hellrosa. Eine der schönsten rosafarbenen Lilien, doch schwierig in Kultur. **810,** S. 102.

'Jillian Wallace' siehe *auratum*
'Limelight' siehe Trompeten-Hybriden

longiflorum Thunb., Osterlilie. Japan. Blütezeit Sommer. Bei uns nur bedingt winterhart, für Freilandpflanzung nicht zu empfehlen. Blüten trompetenförmig, reinweiß. Mehrere Sorten. Häufig als Schnittblume angeboten.

× **maculatum** Thunb., Blütezeit Sommer. Gruppe von Hybriden von ähnlichem Habitus wie *L.* × *hollandicum*, doch von niedrigerem Wuchs. Hierher 'Mahogany' und 'Sanguineum', beide dunkelrot. Gelbblühende Sorten bekannt, doch kaum mehr erhältlich.

'Mahogany' siehe *maculatum*

Marhan-Hybriden, Blütezeit Frühsommer. Hybridengruppe, hervorgegangen aus Kreuzungen zwischen *L. hansonii* und *martagon* bzw. *martagon* 'Album'. In Höhe und Aufbau ähnlich den Eltern, Blüten in reicherem Farbenspiel von elfenbeinweiß, gelb, ockerfarben. Hierher die aus Samen gezogenen Sorten 'Backhouse-Hybriden', 'Paisley-Hybriden' und einige Klonsorten wie 'Brocade', buttergelb, **801,** S. 101.

martagon L., Türkenbund. Europa bis Sibirien. Blütezeit Frühsommer. Bis 1,5 m hoch. Blätter in Quirlen. Blüten bis zu 40, nickend, Türkenbundform, rosapurpurn bis dunkel braunpurpurn. Standort nicht vollsonnig. **812,** S. 102. 'Album', reinweiß; 'Cattaniae', Balkanform von *L. martagon*, tief braunpurpurn.

'Melpomene' siehe *speciosum*

Midcentury-Hybriden, Blütezeit Sommer. Um 1950 (Name!) von De Graaff in den Handel gebrachte Hybridengruppe, deren zahlreiche Klonsorten zu den besten Gartenlilien gehören. Blüten schalenförmig, aufrecht oder nach außen abstehend; Farben gelb, orange, rot. Hierher mit aufrechten Blüten: 'Cinnabar', lebhaft kastanienrot, **804,** S. 101; 'Croesus', goldgelb-orange; 'Destiny', chromgelb, braun getupft, **805,** S. 101; 'Enchantment', kapuzinerrot, **806,** S. 101; 'Harmony', leuchtend orange; 'Uncle Sam', zitronengelb, braun getupft, starkwachsend, über 1 m. Sorten mit nach außen gerichteten Blüten: 'Paprika', tief blutrot; 'Prosperity', zitronengelb; 'Valencia', orangegelb.

'Nobility' siehe *auratum*
Olympic-Hybriden siehe Trompeten-Hybriden
'Orange Triumph' siehe *hollandicum*
Orient-Hybriden siehe Trompeten-Hybriden
Paisley-Hybriden siehe Marhan-Hybriden
'Paprika' siehe Midcentury-Hybriden

pardalinum Kellogg, Pantherlilie. Westl. N-Amerika. Blütezeit Sommer. Bis über 2 m hoch. Blätter meist in Quirlen. Rhizomzwiebel. Blüten nickend, orangerot, an den Blütenblattspitzen in rot übergehend, bräunlich gefleckt. Viele Farbvarianten. Bildet unter günstigen Bedingungen starke Horste. Nicht für trockenen Standort. **813,** S. 102.

× *parkmanni* siehe *auratum*
'Pink Glory' siehe *auratum*
'Pink Perfection' siehe Trompeten-Hybriden
Potomac-Hybriden siehe *auratum*
'Prosperity' siehe Midcentury-Hybriden

pumilum Delile (syn. *L. tenuifolium* Fisch.), NO-Asien. Blütezeit Sommer. Bis 50 (70) cm hoch. Blätter grasartig. Blüten nickend, Türkenbundform, leuchtend scharlachrot. Zierliche, gut wachsende Art, die aber nicht lange ausdauert. Sorten: 'Golden Gleam', orangegelb; 'Yellow Bunting', gelb. Art und Sorten leicht durch Aussaat vermehrbar.

pyrenaicum Gouan, Spanien, SW-Frankreich. Blütezeit Frühsommer. Bis über 1 m hoch. Blüten nikkend, Türkenbundform, gelb. **816,** S. 102. 'Rubrum', Blüten orangerot.

regale Wils., China. Blütezeit Sommer. Bis 1,5 m hoch. Blüten groß, Trompetenform, innen reinweiß, am Schlund gelb, außen rosa getönt. Stark duftend. Weit verbreitete gut wachsende Art. Austriebe durch Spätfröste gefährdet, kann zum Verlust der ganzen Pflanze führen. **817,** S. 103.

'Rose Queen' siehe *davidii*
'Royal Gold' siehe Trompeten-Hybriden

rubellum Bak., Japan. Blütezeit Sommer. Bis 80 cm hoch. Blüten abstehend, trompetenförmig, rosa. Schwierig zu kultivieren. Nicht für vollsonnige und trockene Standorte. **819,** S. 103.

'Sanguineum' siehe *maculatum*
'Shuksan' siehe Bellingham-Hybriden
'Silver Sunburst' siehe Trompeten-Hybriden

speciosum Thunb., Japan, China. Blütezeit Spätsommer. Kalkfliehend. Bis 1,5 m hoch. Blüten nikkend. Türkenbundform, sehr groß, rosa bis karmesinrot, an den Blütenblatträndern weiß. Standort nicht vollsonnig. Bekannt und wichtig als Schnittblume. Sehr viele Formen, die sich in Ausprägung der Farbe unterscheiden: 'Album', weiß; 'Melpomene', stärker gefärbt, **820,** S. 103; 'Rubrum' und 'Uchida', beide karmesinrot. Hybriden mit *L. auratum* siehe *L. auratum.*

szovitsianum Fisch. et Lallem., Kaukasus. Blütezeit Sommer. Bis 1,5 m hoch. Blüten nickend, Türkenbundform, tiefgelb, schwarz getupft. Nahe verwandt mit *L. monadelphum*, bei der Staubfäden zu einer Röhre verwachsen sind. **821,** S. 103.

tenuifolium siehe *pumilum*

× **testaceum** Lindl., Blütezeit Sommer. Alte Hybride, entstanden aus Kreuzung zwischen *L. candidum* und *L. chalcedonicum*. Bis 1,5 m hoch. Blüten nickend, fast Türkenbundform, aprikosenfarben. Standort vollsonnig. Bildet im Spätsommer grundständige Blätter wie *L. candidum*. Flach pflanzen wie jene. **822,** S. 103.

tigrinum Ker-Gawl., Tigerlilie. Japan, China. Blütezeit Sommer. Bis 1,5 m hoch. Blüten nickend, Türkenbundform, orangerot, schwarzpurpurn getupft. Schwarze Brutzwiebeln in den Blattachseln. Altbekannte Gartenlilie. Meist viruskrank, ohne daß Pflanze daran zugrunde geht, aber Gefahr für andere Lilien (Übertragung des Virus). Zahlreiche Formen, z. B. 'Cardinal' (*L. amabile* × *tigrinum*), vor allen anderen Tigerlilien blühend; 'Golden Tiger', gelb; 'Splendens', stärker wachsend als die Art, Blüten dunkler.

Trompeten-Hybriden, Blütezeit Sommer. Hier lassen sich alle Hybriden zusammenfassen, deren Abstammung auf *L. henryi*, *leucanthum*, *sargentiae* und *sulphureum* zurückgeht. Zwei Gruppen: a) Echte Trompetenform, b) Trompetenform mit ± stark zurückgebogenen Blütenblattspitzen (z. B. *aurelianense*-Hybriden).
Zu a gehören: 'Black Dragon' (Klon), innen weiß, außen purpurn, **800,** S. 100; 'Golden Clarion' (Samensorte), hell- bis dunkelgelb, **807,** S. 101; 'Limelight' (Klon), gelb, **811,** S. 102; Olympic-Hybriden (Samensorten), ähneln *L. regale*, doch stärker wachsend; 'Pink Perfection' (Samensorte), hell- bis dunkelrosa; 'Royal Gold' (Samensorte), goldgelb, **818,** S. 103. Zu b gehören: 'Golden Sunburst', gelb; 'Pink Sunburst', rosa; 'Silver Sunburst', meist reinweiß. Alles Samensorten.

Alle Sorten der Trompeten-Hybriden zeichnen sich durch starkes Wachstum und große Blütenfülle aus. Standort vollsonnig, außer bei den rosafarbenen (Verblassen der Farbe).

'Uchida' siehe *speciosum*
umbellatum siehe *hollandicum*
'Uncle Sam' siehe Midcentury-Hybriden
'Valencia' siehe Midcentury-Hybriden
'Vermillion Brilliant' siehe *hollandicum*
willmottiae siehe *davidii*
Willmottiae-Hybriden siehe *davidii*
'Yellow Bunting' siehe *pumilum*

Limnanthes R. Br., Sumpfblume, *Limnanthaceae*

7 Arten im westl. N-Amerika. Einjährige, flach wachsende Kräuter mit wechselständigen, zerschlitzten Blättern, Blüten einzeln in den Blattachseln. Aussaat April–Juni an sonnige Stellen mit durchlässigem Boden. Durch Folgesaaten jeweils nach 10 Wochen blühende Pflanzen.

douglasii R. Br., Kalifornien. Blütezeit Juni–Juli bei Aprilaussaat. 15–30 cm hohe Kräuter mit flach ausgebreiteten Stengeln. Blüten weiß mit gelber Mitte oder gelb mit weißem Rand, 2–3 cm groß, duftend. **325,** S. 41. 'Grandiflora', Blüten 3–4 cm groß.

Limonium Mill., Widerstoß, Meerlavendel, *Plumbaginaceae*

150–300 Arten in allen Teilen der Welt, hauptsächlich östl. Mittelmeergebiet bis zum Iran. Ein- oder mehrjährige Kräuter oder Halbsträucher mit grundständigen, büschelig stehenden Blättern und großen, gablig verzweigten Blütenständen. Blüten weiß, blau, rot oder gelb. Vermehrung durch Aussaat, für warme sonnige und trockene Stellen. Bedeutend für Trockensträuße, Schnitt bei voll geöffneter Blüte. Aufgehängt trocknen mit Köpfchen nach unten.

bonduellii (Lestib.) O. Kuntze (syn. *Statice bonduellii* Lestib.), Blütezeit August–Oktober. 30–60 cm hohe Staude mit mehreren Stengeln und leierförmig fiederspaltigen Blättern in grundständiger Rosette. Der verästelte Blütenstand trägt aus kleinen 2blütigen Ährchen zusammengesetzte Ähren. Blüten gelb. Bei uns als einjährige Sommerblume gezogen. Pflanzenanzucht unter Glas.

sinuatum (L.) Mill., Mittelmeergebiet. Blütezeit Juli–Oktober. 60–90 cm hohe, scharf rauhhaarige Kräuter mit fiederspaltig gelappten Blättern in Rosetten. Stengel 3–5flüglig, stark gablig verästelter Blütenstand mit 3–5blütigen Ährchen. Blüten blau und gelb. Als einjährige Sommerblume gezogen. Anzucht unter Glas. Als Mischungen und Farbsorten (gelb, weiß, blau, rosa und rot) im Handel, z. B. 'Pacific Giants', Mischung, **326,** S. 41.

tataricum (L.) Mill., Mittelmeergebiet bis Ural. Blütezeit Juli–September. 20–50 cm hohe Staude, Blätter grundständig, dunkelgraugrün, lanzettlich bis verkehrt-eiförmig, 10–20 cm lang. Blütenstand gablig verzweigt mit kleinen weißen Blüten in einer Doldentraube, Kelch weiß, Krone rot. Schnitt für Trockensträuße ab Juli, voll erblüht.

suworowii (Regel) O. Kuntze, W-Turkestan. Blütezeit Juli–September. Einjährig, 40–60 cm hoch, mit schmalen, meist grob gesägten, grundständigen Blättern. Blütenstand verästelt, mit langen dichten Blütenähren. Blüten rosa. **327,** S. 41.

Linaria Mill., Leinkraut, *Scrophulariaceae*

150 Arten auf der Nordhalbkugel, besonders Mittelmeergebiet bis Vorderasien. Ausdauernde Kräuter bis Halbsträucher, Blätter länglich, gegen- bis quirlständig. Rachenblüten einzeln oder in end- oder achselständigen Trauben. Blütenfarben weiß, rot, gelb, violett, purpurn oder mehrfarbig. Vermehrung durch Aussaat, März–April ins Freie oder durch Teilung. Für Sonne bis Halbschatten.

maroccana Hook. f., Marokko. Blütezeit Juni bis Juli. Einjährige, 20–30 cm hohe Kräuter mit dünnen Zweigen und behaarten linealischen Blättern. Blüten hell purpurviolett, in endständiger Traube. **328,** S. 41.

purpurea (L.) Mill., S-Europa. 50–80 cm hohe Staude, verzweigt und dicht graugrün beblättert. Blüten purpurviolett, in dichten endständigen Ähren. 'Canon Went', Blüten rosa mit orange, **1241,** S. 156.

Lindera Thunb., Fieberstrauch, *Lauraceae*

Etwa 60 Arten, überwiegend in O-Asien. Bäume oder Sträucher, sommergrün oder immergrün. Blätter ungeteilt bis 3lappig. Zweihäusig. Blüten röhrig. Die meisten Arten nicht winterhart.

triloba (Sieb. et Zucc.) Bl., Japan. Blütezeit April. Strauch, sommergrün, bis 3 m hoch. Blätter 3lappig, grün, Herbstfärbung leuchtend gelb. Früchte kuglig, gelbgrün. Winterschutz nötig. **1676,** S. 210.

Linum L., Flachs, Lein, *Linaceae*

200 Arten in den Subtropen beider Halbkugeln, aber besonders im Mittelmeergebiet und südwestl. N-Amerika. Ein- oder mehrjährige Kräuter oder Halbsträucher mit kleinen ganzrandigen Blättern und end- oder achselständigen, blauen, weißen, gelben oder roten Blüten. Vermehrung durch Aussaat (bei einjährigen im April ins Freie), für sonnige Stellen.

elegans Sprun. (syn. *L. iberidifolium* Auch.), Griechenland und Kleinasien. Blütezeit Mai–Juli. 10–20 cm hohe Staude mit niederliegenden Zweigen und länglichen, spatelförmigen Blättern. Blüten 2 cm groß, gelb. Für warme sonnige Stellen im Steingarten oder Trog. Winterschutz oder Alpinenhaus. **106,** S. 14, 'Gemmells Hybrid', niedriger wachsend, Blüten dunkelgelb, **105,** S. 14.

iberidifolium siehe *elegans*

grandiflorum Desf., N-Afrika. Blütezeit Juni bis September. 40 cm hohes einjähriges Kraut, verzweigt, mit graugrünen wechselständigen Blättern. Blutrote Blüten in lockeren Doldenrispen. 'Album', Blüten weiß mit karminfarbener Mitte; 'Roseum', Blüten dunkelrosa; 'Rubrum', Blüten leuchtend scharlach, **329,** S. 42.

narbonense L., Mittelmeergebiet. Blütezeit Juni bis August. 20–50 cm hohe verzweigte, dicht beblätterte Staude. Blätter sitzend, lanzettlich, spitz. Blüten violettblau, 3–4 cm groß, in lockeren Wikkeln. **1242,** S. 156.

Liquidambar L., Amberbaum, *Hamamelidaceae*

4 Arten, 1 in N-Amerika, 1 in Vorderasien, 2 in China. Bäume, sommergrün, mit aromatischem Saft. Blätter wechselständig, handförmig gelappt. Blüten einhäusig, unscheinbar. Winterhart ist

styraciflua L., südöst. USA. Blütezeit März–Mai. Bis 40 m hoch (bei uns weniger). Ältere Zweige häufig mit Korkleisten. Blätter 5–7lappig, bis 15 cm breit, grün. Herbstfärbung rot mit gelb. Blüten grünlichgelb, in kugligen Blütenständen. Verwendung in größeren Anlagen auf feuchtem Standort. **1677,** S. 210.

Liriodendron L., Tulpenbaum, *Magnoliaceae*

2 Arten. 1 in N-Amerika, 1 in China. Bäume, sommergrün. Blätter wechselständig, gelappt. Blüten glockig, aufrecht. Frucht zapfenähnlich. Winterhart ist

tulipifera L., N-Amerika. Blütezeit Mai–Juni. Bis 40 m hoch (in der Heimat mehr), mit breiter oder kegelförmiger Krone. Blätter langgestielt, mit 2 Seitenlappen und einem fast rechteckig abgestutzten Mittellappen, bis 10 cm lang, grün. Herbstfärbung gelb. Blüten tulpenförmig, grünlichgelb, bis 5 cm lang. Mehrere Sorten. Verwendung nur in großen Anlagen. **1678,** S. 210.

Lithodora Griseb., *Boraginaceae*

7 Arten im Mittelmeerraum und den angrenzenden Gebieten. Immergrüne oder wintergrüne Sträucher oder Halbsträucher mit wechselständigen, ganzrandigen und beiderseits rauhhaarigen Blättern. Blüten blau oder purpurn, in lockeren Doldentrauben. Vermehrung durch Aussaat, Teilung, Stecklinge. Für sonnige Stellen.

diffusa (Lag.) Johnst. (syn. *Lithospermum diffusum* Lag.), S-Europa. Blütezeit Mai–Juni. 15–30 cm hoher, immergrüner Halbstrauch mit wechselständigen, sitzenden, beiderseits rauhbehaarten Blättern. Blüten dunkelblau, rötlich gestreift, in den Achseln laubblattähnlicher Hochblätter. Kalkfliehend. Winterschutz nötig. 'Grace Ward', großblumig himmelblau, **107,** S. 14; 'Heavenly Blue', hell enzianblau.

oleifolia (Lapeyr.) Griseb. (syn. *Lithospermum oleifolium* Lapeyr.), Spanien. Blütezeit Mai–Juli. 10–15 cm hoher Halbstrauch. Triebe und die elliptischen Blätter weißbehaart. Blüten erst rosa, dann blau, zu 3–5 in endständigen Wickeln. Kalkfliehend. **108,** S. 14.

Lithops N. E. Br., Lebende Steine, *Aizoaceae*

100 oder mehr Arten in S-Afrika. Hochsukkulente, stammlose, rasen- oder klumpenbildende Pflanzen, deren Blattpaare zu Körperchen verwachsen sind. Die Form des Körperchens ist meist ein umgekehrter Kegel. Bei vielen Arten ist die Oberseite des Kegels mit einer durchsichtigen, fensterartigen Fläche versehen (sog. Fensterpflanzen), durch die das Licht in die tiefer gelegenen, Blattgrün enthaltenden Teile dringen kann. Die Verwachsung der beiden gegenständigen Blätter ist stark, eine Trennung ist zunächst nur durch eine kleine Kerbe, später durch einen Spalt erkennbar. Wenn ein aus wiederum 2 Blättern bestehendes neues Körperchen gebildet wird, schrumpfen die alten ein und bleiben als trockene Überreste längere Zeit erhalten. Blüten meist ansehnlich, breit trichterförmig, aufrecht, gelb oder weiß. Die Kultur dieser Pflanzen ist im allgemeinen nicht leicht, doch bietet diese Gattung ein reizvolles Betätigungsfeld für den Liebhaber. Auf besondere Kulturhinweise und Aufzählung von Arten muß hier verzichtet werden, da sie vielfältig sind. Befragung einschlägiger Literatur notwendig. Beispiel für *Lithops* **555,** S. 70.

Lithospermum L., Steinsame, *Boraginaceae*

50 Arten auf der gemäßigten Nordhalbkugel, besonders Mittelmeerraum. Einjährige Kräuter, Stauden oder Halbsträucher. Blätter wechselständig, sitzend, ganzrandig und behaart. Blüten trichter- oder glockenförmig, weiß, gelb, blau oder purpurviolett, einzeln oder in Ähren, Trauben oder Trugdolden. Vermehrung durch Aussaat oder Teilung, für sonnige bis schattige Stellen.

diffusum siehe *Lithodora diffusa*
oleifolium siehe *Lithodora oleifolia*

purpureo-caeruleum L., Mittel- und S-Europa bis Persien. Blütezeit Mai. 10–30 cm hohe Staude mit Ausläufern. Blätter lanzettlich, dunkelgrün, rauhhaarig. Blüten erst rot, dann enzianblau, in Wickeln. Guter Bodendecker für Sonne und Schatten.

Lobelia L., *Campanulaceae*

380 Arten in den Tropen und Subtropen, an feuchten Standorten. Kräuter, Stauden oder Sträucher mit wechselständigen Blättern. Blüten weiß, blau oder rot, einzeln stehend, achselständig oder in endständiger Traube. Vermehrung durch Aussaat, Teilung oder Stecklinge. Für sonnige, aber auch halbschattige Stellen.

erinus L., S-Afrika. Blütezeit Mai–Oktober. 10–30 cm hohe Staude mit dünnen, vielverzweigten, niederliegenden Stengeln. Blätter meist lanzettlich und gezähnt. Blüten blau mit weißem Auge, rotviolett oder weiß, einzeln gestielt. Anzucht unter Glas als einjährige Sommerblume, im Mai auspflanzen. Rückschnitt nach der Blüte auf $^1/_2$–$^2/_3$ der Höhe fördert die Nachblüte. Viele in Farbe und Wuchs unterschiedene Sorten im Handel.

a) Compacta-Sorten, 10–15 cm hoch, z. B. 'Cambridge Blue', hellblau, **330,** S. 42; 'Mrs. Clibran Improved', dunkelblau mit weißem Auge, **331,** S. 42; 'Rosamunde', karminrot mit weißem Auge, **332,** S. 42.
b) Pendula-Sorten mit langen Stengeln für Balkonkästen, z. B. 'Blue Cascade', hellblau; 'Saphir', dunkelblau mit weißem Auge.

fulgens Willd., Mexiko. Blütezeit Juli–Oktober. 60 bis 120 cm hohe Staude mit Ausläufern. Stengel rötlich, Blätter sitzend, lanzettlich. Blüten leuchtend rot, in einseitswendiger endständiger Traube. Gute Schnittblume, frostfreie Überwinterung der Wurzelstöcke. **1243,** S. 156. Mehrere Sorten, z. B. 'Queen Victoria', Blüten leuchtend scharlachrot, ganze Pflanze dunkelblutrot und etwas blau bereift.

Lobivia Britt. et Rose, *Cactaceae*

Etwa 100 Arten in Argentinien, Bolivien, Peru. Wuchs meist kuglig, zuweilen auch verlängert. Blüten in leuchtenden Farben in rot und gelb. Am Tage blühend. Blütezeit der meisten Arten Mai–Juli. Überwinterung bei niedriger Temperatur (5–10°) für Blütenbildung notwendig oder zumindest förderlich.

aurea (Britt. et Rose) Bckbg., N-Argentinien. Blüten gelb.

backebergii (Werderm.) Bckbg., Bolivien. Blüten rot.

tiegeliana Wessn., Bolivien. Blüten violettrosa.

Lobularia Desv., Duftsteinrich, *Cruciferae*

5 Arten im Mittelmeerraum. Einjährige oder ausdauernde Kräuter, sehr ähnlich *Alyssum*. Aussaat an Ort und Stelle Mitte April für frühe, Juni für späte Blüte. Rückschnitt nach Blüte fördert Neublüte bis Herbst. Z. B. Untersaat bei Tulpen oder Gladiolen, sehr geeignet für Torfwände. Starker Honigduft der Blüten. Frühzeitig gegen Erdflöhe stäuben.

maritima (L.) Desv. (syn. *Alyssum maritimum* (L.) Lam.), Duftsteinrich. Liegende dünne Stengel mit kleinen linealisch-lanzettlichen Blättern. Blüten weiß bis violett, in aufgerichteten Trauben. 'Benthamii', Blütezeit Juni–Herbst. Etwa 25 cm hoch; 'Little Dorrit' (Klein Dorrit), weiß, etwa 12 cm hoch; 'Minima', weiß, etwa 8 cm hoch, **230,** S. 29; 'Rosie O'Day', rosa, flachwachsend; 'Royal Carpet' (Königsteppich), tief violett, flachwachsend, etwa 6 cm hoch; 'Snow Cloth' (Schneeteppich), weiß, gleichmäßig flachwachsend, etwa 8 cm hoch; 'Violet Queen' (Violettkönigin), violett, wächst gedrungen, etwa 12 cm hoch, **231,** S. 29.

Lomatia R. Br., *Proteaceae*

Etwa 10 Arten in Australien und Chile. Bäume oder Sträucher, immergrün, mit wechselständigen, ungeteilten oder gefiederten Blättern. Blüten in end- oder achselständigen Trauben oder Rispen. Keine Art winterhart.

longifolia R. Br., Australien. Blütezeit Juli. Strauch, bis 2 m hoch, mit schmal-linealischen, bis 10 cm langen Blättern. Blüten cremegelb, röhrenförmig. Nicht winterhart. Vielleicht als Kübelpflanze zu ziehen. **1679,** S. 210.

Lonicera L., Geißblatt, Heckenkirsche, *Caprifoliaceae*

Etwa 180 Arten auf der nördl. Halbkugel. Sträucher, aufrecht oder windend, sommergrün oder immergrün, mit gegenständigen, meist ungeteilten Blättern. Blüten meist paarweise in den Blattachseln (bei den aufrecht wachsenden Arten) oder in 6blütigen Quirlen (bei den windenden Arten). Verwendung der windenden Arten an Mauern, Pfeilern. Die angegebenen Arten (außer *sempervirens*) sind winterhart.

× **americana** (Mill.) C. Koch (*L. caprifolium* × *L. etrusca*). Blütezeit Juni–August. Windend, sommergrün. Blätter elliptisch, bis 8 cm lang, unterseits bläulich. Blüten in Quirlen, gelb, außen rötlich, duftend. Früchte rot. **1980,** S. 248.

× **brownii** (Regel) Carr. (*L. hirsuta* × *L. sempervirens*). Blütezeit Mai–August. Windend, bis 3 m hoch, sommergrün. Blätter elliptisch. Blüten in gestielten Köpfchen, orangescharlach, ohne Duft. 'Fuchsioides', Blüten etwas größer. **1981,** S. 248.

caprifolium L., Jelängerjelieber. Europa bis Vorderasien und Kaukasus. Blütezeit Mai–Juni. Windend, sommergrün. Blätter elliptisch, bis 10 cm lang. Blüten in Quirlen, gelblichweiß, außen rötlich, duftend. Früchte rot.

coerulea L. Verbreitet auf der nördl. Halbkugel. Blütezeit April–Mai. Aufrecht, bis 3 m hoch, sommergrün. Blätter eiförmig-rundlich. Blüten gelblichweiß. Früchte kuglig, 1 cm dick, schwarzblau. Verträgt Schatten.

× **heckrottii** Rehd. (*L. americana* × *L. sempervirens*). Blütezeit Juni–August. Etwas windend, sommergrün. Blätter elliptisch, bis 6 cm lang. Blüten in Quirlen, gelb, außen rötlich, duftend. Früchte rot.

involucrata (Richards.) Banks, N-Amerika. Blütezeit Mai–Juni. Aufrecht, bis 2 m hoch, sommergrün. Blätter elliptisch bis länglich, bis 10 cm lang. Blüten orange. Früchte schwarz.

maackii (Rupr.) Maxim., O-Asien. Blütezeit Juni. Aufrecht, bis 5 m hoch, sommergrün. Blätter elliptisch, bis 8 cm lang. Blüten in Paaren achselständig, weiß, im Verblühen gelb, duftend. Früchte dunkelrot.

nitida Wils., China. Blütezeit Mai. Aufrecht, bis 1 m hoch, immergrün. Blätter eiförmig-länglich, bis 12 mm lang. Blüten rahmweiß, in Paaren, duftend. Früchte purpurn. Leichter Winterschutz ist für diese Art ratsam.

periclymenum L., Waldgeißblatt. Europa, N-Afrika. Blütezeit Mai–Juni. Windend, bis 4 m hoch, sommergrün. Blätter elliptisch, bis 6 cm lang. Blüten in Quirlen, gelblichweiß, außen rot, duftend. Früchte rot. **1982,** S. 248.

pileata Oliv., China. Blütezeit Mai. Breit niederliegend, 0,5–1 m hoch, immergrün. Blätter länglich-lanzettlich, bis 25 mm lang. Blüten in Paaren, hellgelb, Früchte purpurn.

sempervirens L., N-Amerika. Blütezeit ab Mai, den ganzen Sommer über. Windend, wintergrün. Blätter elliptisch, bis 8 cm lang. Blüten in Quirlen, gelblich, außen orangegelb und scharlachrot, ohne Duft. Früchte rot. Nur mit Winterschutz aushaltend. **1983,** S. 248.

tatarica L., S-Rußland bis Turkestan. Blütezeit Juni. Aufrecht, bis 4 m hoch, sommergrün. Blätter eiförmig, bis 6 cm lang. Blüten in Paaren, weiß bis rosa. Früchte hellrot. Sehr viele Sorten, die sich unterscheiden in Wuchsstärke, Blattform, Blütenfarbe (weiß, rosa, rot).

× **tellmanniana** Magyar (*L. sempervirens* × *L. tragophylla*), Blütezeit Juni–Juli. Stark windend, sommergrün. Blätter elliptisch, bis 10 cm lang. Blüten in Quirlen, orangegelb.

tragophylla Hemsl., China. Blütezeit Juni. Stark windend, sommergrün. Blätter länglich, bis 10 cm lang. Blüten in endständigen Köpfen, orange bis gelb, Oberlippe rötlich, ohne Duft.

Lotus L., Hornklee, *Leguminosae*

150 Arten im gemäßigten und subtrop. Eurasien, in N-Amerika, einige im trop. und S-Afrika sowie Australien. Stauden oder Halbsträucher. Blätter meist 5zählig gefiedert. Blüten achselständig, gelb, rot oder weiß. Vermehrung durch Aussaat oder Teilung oder Rißlinge. Für sonnige trockene Stellen.

corniculatus L., Europa. Blütezeit Mai–Oktober. Bis 40 cm hohe Staude mit kantigen, niederliegenden Stengeln. Blätter 3teilig, Blüten goldgelb, zu 3–6 in langgestielten Dolden. **1244,** S. 156. 'Plenus', gefülltblühend, nur 10–15 cm hoch.

Lunaria L., Silberling, *Cruciferae*

3 Arten in Mittel- und S-Europa. Ein- bis zweijährige Kräuter oder Stauden mit ästigen Stengeln und herzförmigen Blättern. Blüten purpurlila oder weiß, in endständiger Traube. Vermehrung durch Aussaat im Sommer an Ort und Stelle oder bei Stauden Teilung. Für Sonne bis Halbschatten.

annua L. (syn. *Lunaria biennis* Moench), Judassilberling, SO-Europa. Blütezeit Mai–Juni. Ein- bis zweijährige, 40–120 cm hohe, oben verästelte Kräuter mit herzförmigen bis länglichen, unregelmäßig gezähnten Blättern. Blüten duftend, weiß oder purpurviolett, in endständiger Traube. **333,** S. 42.

biennis siehe *annua*

rediviva L., Silberblatt. Europa bis Sibirien. Blütezeit Mai–Juli. Etwa 100 cm hohe Staude mit kantigen Stengeln und großen herzförmigen, gezähnten Blättern. Blüten violett, in lockerer Doldentraube. Sät sich oft selbst aus. **1245,** S. 156.
Verwendung der Fruchtstände beider Arten als Trockensträuße.

Lupinus L., Lupine, *Leguminosae*

200 Arten in Amerika, im Mittelmeergebiet und trop. Afrika. Kräuter oder Halbsträucher, Blätter einfach oder drei- bis vielfach gefingert. Blüten in vielen Farben, in endständigen Trauben. Vermehrung durch Aussaat oder bei Sorten durch Teilung und Stecklinge. Für sonnige und warme Stellen.

hartwegii Lindl., Mexiko. Blütezeit Juli–Oktober. 50–70 cm hohes, rauhhaariges, einjähriges Kraut mit langgestielten, 7–9fach gefiederten Blättern. Blüten groß, blau mit weiß und rot, in langen endständigen Trauben. Farbsorten und Mischungen im Handel. **334,** S. 42.

polyphyllus Lindl., Staudenlupine. N-Amerika. Blütezeit Mai–August. Bis 120 cm hohe, fein seidig-behaarte Staude mit kräftigem Wurzelstock. Blätter 10- und mehrfach gefingert. Blüten blau, weiß oder rosa, in 30–50 cm langen, endständigen Trauben. Stammart der heutigen Gartenlupine, viele Farbsorten und Mischungen, bereits auch Sorten, die aus Samen farbecht gezogen werden können. Abschneiden der Blütenstände beim Verblühen ergibt etwas schwächere zweite Blüte. **1246,** S. 156. Sortenbeispiele: 'Freedom', Blüten lavendelblau mit weißer Farbe, **1247,** S. 156; 'Harlequin', Blüte dunkelrosa mit goldgelber Fahne, **1248,** S. 156.

Lychnis L., Lichtnelke, *Caryophyllaceae*

Etwa 10 Arten in der Alten Welt, vor allem in Sibirien. Einjährige Kräuter oder Stauden, meist filzig behaart. Blüten weiß, rot oder gestreift, in Trugdolden. Vermehrung durch Aussaat oder Teilung, für sonnige Stellen.

chalcedonica L., Brennende Liebe. Rußland. Blütezeit Juni–Juli. Bis 100 cm hohe rauhhaarige Staude. Blätter stengelumfassend, eirund bis lanzettlich, spitz. Blüten brennend rot, an der Stengelspitze doldig gehäuft. Gute Schnittblume, auch mit gefüllten Blüten. Seit dem 16. Jahrhundert bei uns in den Gärten. **1249,** S. 157.

coronaria (L.) Desr., Vexiernelke. S-Europa. Blütezeit Juli–August. 30–100 cm hohe, dicht weißzottig behaarte Staude. Blätter sitzend, spitz-eiförmig. Blüten bläulich purpurn, an Zweigenden einzelnstehend, bis 3 cm groß. Oft Selbstaussaat. **1250,** S. 157.

flos-jovis (L.) Desr., Jupiterblume. Zentralalpen. Blütezeit Mai–Juli. 20–50 cm hohe, weißfilzige, behaarte Staude. Blätter länglich-lanzettlich. Blüten rosarot oder weiß, in dichten Trugdolden. **1251,** S. 157.

× **haageana** Regel (*L. fulgens* × *L. coronata* 'Sieboldii'), Blütezeit Juni–September. 30–40 cm hohe behaarte Stengel mit großen feurigroten Blüten. Nicht ausdauernd, deshalb besser einjährig zu ziehen. Gute Schnittblume. **1252,** S. 157.

viscaria L. (syn. *Viscaria vulgaris* Bernh., *Viscaria viscosa* Aschers.), Pechnelke. Europa, Mittelmeergebiet bis Sibirien und Japan. Blütezeit Mai–Juni. 30–50 cm hohe, kahle, an den unteren Knoten klebrige Staude. Blätter länglich-lanzettlich. Blüten rosarot, in lockeren Rispen. 'Plena', Blüten gefüllt, karminrot, **1253,** S. 157.

Lysichiton Schott, *Araceae*

2 Arten in NO-Asien, Alaska bis Kalifornien. Sumpfstauden mit kriechendem Rhizom und großen grundständigen, länglich-eiförmigen Blättern. Blütenkolben von großer tütenförmiger Spatha umhüllt, vor den Blättern erscheinend. Vermehrung durch Aussaat im Sumpfbeet oder Teilung. Für tiefgründige feuchte Böden in Sonne und Halbschatten.

americanus Hulten et St. John, westl. N-Amerika. Blütezeit April–Mai. Blätter derb, 50–100 cm hoch und bis 30 cm breit. Spatha gelb, 20–30 cm lang. **1254,** S. 157.

camtschatcensis (L.) Schott, O-Sibirien bis Japan. Blütezeit Mai–Juni. Blätter etwas breiter, 40–80 cm hoch. Spatha weiß. **1255,** S. 157.

Lysimachia L., Felberich, *Primulaceae*

150 Arten im gemäßigten Eurasien. Aufrechte oder kriechende Stauden mit meist drüsig punktierten, ganzrandigen Blättern. Blüten gelb, weiß, rosa oder purpurn, einzeln in Dolden, Ähren oder Trauben. Vermehrung durch Aussaat, besser jedoch durch Teilung oder Stecklinge. Für feuchte Standorte geeignet.

ephemerum L., Spanien. Blütezeit Juni–September. Bis 100 cm hohe kahle Staude mit gegenständigen lanzettlichen Blättern. Blüten weiß, in endständiger ähriger Traube. **1256,** S. 157.

nummularia L., Pfennigkraut. Europa. Blütezeit Mai–Juli. Kriechende Staude mit wurzelnden 4kantigen Trieben. Blätter rund-elliptisch, gegenständig, aber flach dem Boden aufliegend. Blüten sattgelb, langgestielt, einzeln in den Blattachseln. Guter Bodendecker für Schatten und Halbschatten. **109,** S. 14. 'Aurea', Form mit gelbgrünen Blättern.

punctata L., Mitteleuropa bis Kleinasien. Blütezeit Juni–August. Bis 100 cm hohe Staude mit unterirdischen Ausläufern. Blätter spitz-eiförmig, ganzrandig, zu 3 oder 4 in Quirlen. Blüten gelb, zu mehreren in den Blattachseln und dadurch eine lange endständige Traube bildend. **1257,** S. 158.

Lythrum L., Weiderich, *Lythraceae*

30 Arten auf der ganzen Erde. Stauden bis Halbsträucher mit 4kantigen Stengeln und sitzenden, lanzettlichen Blättern. Blüten achselständig, eine lange endständige Ähre bildend. Vermehrung durch Aussaat, bei Sorten besser durch Teilung oder Stecklinge. Für feuchte bis trockene Böden in voller Sonne.

salicaria L., Blutweiderich. Gemäßigte Zonen der Nordhalbkugel und Australiens. Blütezeit Juni bis August. Bis 200 cm hohe Staude mit holzigem Wurzelstock. Stengel am oberen Ende verzweigt. Blätter lanzettlich, gegen- oder wechselständig. Blüten bläulich purpurn, in den Blattachseln, eine lange dichte Ähre bildend. Viele Sorten, z. B. 'Rakete', Blüten rosarot in langer Traube; 'Robert', hellrosa; 'The Beacon', leuchtend scharlach, **1258,** S. 158.

virgatum L., Rutenweiderich. Europa und W-Asien. Blütezeit Juni–August. Bis 120 cm hohe Staude mit sitzenden, schmal-linealischen Blättern. Blüten purpurrosa, in lockeren beblätterten Trauben. 'Rose Queen', Blüten rosarot, **1259,** S. 158.

M

Macleaya R. Br., Federmohn, *Papaveraceae*

2 Arten in O-Asien. Hohe Stauden mit gelbem Milchsaft und großen, blaugrünen, herzförmigen, fiederlappigen Blättern. Blüten zu vielen in endständigen Rispen. Vermehrung durch Teilung und Ausläufer. Für Sonne bis Halbschatten mit lockerem, nährstoffreichem, nicht zu trockenem Boden. Staude für Einzelstand, für Schnitt geeignet. Stengel kurz in 40–50° heißes Wasser stellen, damit der Milchsaft die Leitungen nicht verkleben kann.

cordata (Willd.) R. Br., China, Japan. Blütezeit Juli bis August. Bis 3 m hohe Staude, blaugrün bereift. Blätter groß, tieflappig, gebuchtet. Blüten weiß, in lockeren, bis 50 cm langen Rispen. **1260,** S. 158. 'Coral Plume' ('Korallenfeder'), Blütenstand kupferrosa.

microcarpa (Maxim.) Fedde, China. Ähnlich *M. cordata*, Blätter jedoch unterseits flaumig behaart. **1261,** S. 158.

Magnolia L., *Magnoliaceae*

Etwa 80 Arten in O-Asien, Himalaja, N- und Mittel-Amerika. Bäume oder Sträucher, sommergrün oder immergrün. Blätter einfach, ungeteilt. Blüten meist groß, einzeln, endständig. Winterharte, baumförmige Arten nur für größere Anlagen, strauchig wachsende auch für kleinere Gärten.

campbellii Hook f. et Thoms., Himalaja. Blütezeit April. Hoch werdender Baum. Bei uns nicht winterhart. **1680–1682,** S. 210, 211.

conspicua siehe *denudata*

denudata Desr. (syn. *M. conspicua* Salisb.), China. Blütezeit April–Mai. Baum, sommergrün, bis 4 m hoch, breit ausladend. Blüten becherförmig, aufrecht, bis 12 cm breit, weiß, duftend. Winterhart. **1683,** S. 211.

grandiflora L., südöstl. N-Amerika. Blütezeit Mai bis August. Baum, bis 25 m hoch, immergrün. Blätter elliptisch, bis 20 cm lang. Blüten bis 30 cm breit, rahmweiß, duftend. Nicht winterhart. **1684,** S. 211.

× **highdownensis** Dandy (vermutlich *M. sinensis* × *M. wilsonii*). Blütezeit Juni. Strauch, bis 3 m hoch, sommergrün. Blätter elliptisch-länglich, bis 20 cm lang. Blüten bis 8 cm lang, nickend, weiß, duftend. Winterhart. **1685,** S. 211.

hypoleuca Sieb. et Zucc. (syn. *M. obovata* Thunb. p.p.), Japan. Blütezeit Juni. Baum, in der Heimat bis 30 m hoch, bei uns viel niedriger, sommergrün. Blätter verkehrt eiförmig, bis 40 cm lang. Blüten schalenförmig, bis 15 cm breit, weiß, duftend. Früchte hängend, bis 20 cm lang, rot. Winterhart. **1687,** S. 211.

kobus DC., Japan. Blütezeit April–Mai. Baum, bis 10 m hoch, oft auch kleiner, sommergrün. Blätter elliptisch, bis 17 cm lang. Blüten vor dem Blattaustrieb, aufrecht, flach ausgebreitet, bis 10 cm breit, weiß. Winterhart. Mehrere Sorten, deren bekannteste, 'Loebneri', 'Merrill', schon als junge Pflanzen blühend. **1686,** S. 211.

obovata siehe *hypoleuca*
parviflora siehe *sieboldii*

salicifolia (Sieb. et Zucc.) Maxim., Japan. Blütezeit April–Mai. Strauch oder Baum, bis 7 m hoch, sommergrün. Blätter elliptisch, bis 12 cm lang. Blüten vor dem Blattaustrieb, ausgebreitet, bis 10 cm breit, weiß, duftend. Winterhart. **1688,** S. 211.

sieboldii C. Koch (syn. *M. parviflora* Sieb. et Zucc.), Japan, Korea. Blütezeit Juni–Juli. Strauch, sommergrün, bei uns bis 3 m hoch. Blätter elliptisch, bis 15 cm lang. Blüten becherförmig, nickend, bis 10 cm breit, weiß, außen rötlich, duftend. Geschützter Standort, da Winterhärte gering. **1689,** S. 212.

× **soulangiana** Soul.-Bod. (*M. denudata* × *M. liliiflora*). Blütezeit März–Juni. Strauch oder Baum, sommergrün. Blätter elliptisch, bis 15 cm lang. Blüten vor und noch nach dem Blattaustrieb, aufrecht, becherförmig, weiß, außen gerötet. Winterhart. **1960,** S. 212.
Hierher gehört eine große Zahl von Sorten, unterschieden durch Wuchsform, Blütezeit, Blütenfarbe (rosa, dunkelrosa) und Blütengröße. Sie gehören zu den am häufigsten angepflanzten Magnolien. Beispiele **1691–1693,** S. 212.

stellata (Sieb. et Zucc.) Maxim., Sternmagnolie. Blütezeit März–April. Strauch, bis 3 m hoch, sehr breit, sommergrün. Blätter verkehrt eiförmig, bis 10 cm lang. Blüten vor dem Blattaustrieb, sternartig ausgebreitet, bis 8 cm breit, weiß, duftend. Wächst langsam, blüht aber schon als junge Pflanze. Winterhart. Mehrere Sorten, z. B. 'Waterlily', Wuchs aufrechter, Blüten etwas größer, **1694,** S. 212.

Mahonia Nutt., *Berberidaceae*

Etwa 90 Arten in Asien, Mittel- und N-Amerika. Sträucher, immergrün, mit wechselständigen, meist gefiederten Blättern. Einzelblättchen oft dornig gezähnt. Blüten in Trauben oder Rispen, gelb. Verwendung der winterharten Arten im Garten.

aquifolium (Pursh) Nutt., westl. N-Amerika. Blütezeit April–Mai. Bis 1 m hoch. Blätter gefiedert, mit bis 8 cm langen, elliptischen Fiederblättchen, oberseits glänzend grün. Blüten gelb, in aufrechten Trauben. Früchte schwarzpurpurn, blau bereift. Einige Sorten bekannt. Winterhart. **1695,** S. 212.

'Charity' (*M. japonica* × *M. lomariifolia*), Blütezeit Februar. Bis 2 m hoch, aufrecht. Blätter bis 50 cm lang, mit vielen (bis 20) bis 10 cm langen Fiederblättchen. Blüten hellgelb, in schmalen, bis 30 cm langen schräg-aufrechten Trauben. Winterhart, Schutz ratsam. **1696,** S. 212.

japonica (Thunb.) DC., Japan. Blütezeit Februar bis Mai. Bis 3 m hoch. Blätter bis 40 cm lang, Fiederblättchen bis 12 cm lang, schief eiförmig, hart. Blüten hellgelb, duftend, in bis 20 cm langen nickenden Trauben. Früchte dunkelpurpurn, bereift. In kalten Wintern Schutz ratsam. **1697,** S. 213.

lomariifolia Takeda, China, Burma. Blütezeit November–März. Bei uns bis 3 m hoch. Blätter bis 70 cm lang, mit bis zu 20 Paaren Fiederblättchen; diese bis 10 cm lang, ledrig, im Austrieb bronze. Blüten hellgelb, duftend, in bis 20 cm langen aufrechten Ähren. Früchte blauschwarz. Nicht winterhart. Frostfrei überwintern. **1698,** S. 213.

Malcolmia R. Br., *Cruciferae*

25 Arten im Mittelmeergebiet. Meist einjährige niederliegende Kräuter mit ungeteilten oder fiederspaltigen Blättern. Blüten weiß, rot oder purpurn, in lockeren Trauben. Vermehrung durch Aussaat von März (mit Folgesaaten bis Juni) an sonnige Stellen ins Freie.

maritima (L.) R. Br., östl. Mittelmeergebiet. Blütezeit Juni–September. Einjährige, 20–30 cm hohe, flaumig behaarte Kräuter. Blätter ganzrandig, verkehrt eiförmig-länglich. Blüten rosarot bis lila, duftend, in lockeren Trauben. Haltbare Schnittblume. **336,** S. 42.

Malope L., *Malvaceae*

3 Arten im Mittelmeergebiet. Einjährige Kräuter mit ganzen oder gelappten Blättern. Blüten groß, einzeln, gestielt. Vermehrung durch Aussaat im April an sonnige Stellen. In der Vase lange haltbar. Vorbeugend, besonders die Blattunterseiten, gegen Malvenrost spritzen.

trifida Cav., Trichtermalve. Spanien und N-Afrika. Blütezeit Juli–Oktober. 100–120 cm hohe Kräuter. Blätter mehr oder weniger 3–5teilig gelappt. Blüten 5–7 cm groß, purpurrot mit dunklen Adern, einzeln auf langen Stielen in den Blattachseln. Viele Einzelfarben, aber meist als Mischungen erhältlich. **337,** S. 43.

Malus Mill., Apfelbaum, *Rosaceae*

Etwa 30 Arten in Europa, Asien, N-Amerika. Bäume oder Sträucher, sommergrün, mit wechselständigen, meist gesägten Blättern. Blüten in Doldentrauben, weiß, rosa, karminrot. Frucht der bekannte „Apfel" mit Kernen, mitunter recht klein (1 cm). Außer den Arten ist ein großes Sortiment von Zieräpfeln vorhanden, das auf verschiedene Arten zurückgeht. Die vielfältigen Wuchsformen (viele schwachwachsende Sorten vorhanden) gestatten viele Anwendungsmöglichkeiten, vom kleinen Garten bis zu großen Anlagen. Die fruchttragenden Kirschäpfel zieren durch Blüte und anschließend durch Früchte. Die angegebenen Arten und Sorten sind winterhart. Alle Äpfel gedeihen am besten an sonnigem Standort.

× **atrosanguinea** (Spaeth) Schneid. (*M. halliana* × *M. sieboldii*). Blütezeit Mai. Bis 10 m hoch, mit breiter Krone und überhängenden Zweigen. Blüten einfach, karmin. Früchte 1 cm dick, grün mit rot.

floribunda van Houtte, Japan. Blütezeit Mai. Bis 4 m hoch (auch mehr), mit breit gewölbter, überhängender Krone. Blütenknospen dunkelkarmin, im Aufblühen rosa, dann fast weiß werdend. Früchte kaum 1 cm dick, gelb. **1699,** S. 213.

× **moerlandsii** Doorenbos (*M. purpurea* 'Lemoinei' × *M. sieboldii*). Blütezeit Mai. Mehrere Sorten umfassende Gruppe von Hybriden. Hierher gehört 'Profusion', Blütezeit Ende Mai. Bis 8 m hoch. Blätter bronzegrün. Blüten einfach, karminrot. Früchte 1,5 cm dick, rot.

prunifolia (Willd.) Borkh., aus NO-Asien eingeführt; bisher nicht wild gefunden. Blütezeit April bis Mai. Bis 6 m hoch. Blüten einfach, weiß. Früchte 2,5 cm dick, gelborange, wohlschmeckend. Hierzu mehrere Sorten.

pumila Mill., Johannisapfel. Europa, Vorderasien. Blütezeit April. Eine der Stammarten unserer Apfelsorten. Bis 10 m hoch, mit runder Krone. Blüten einfach, weiß mit rosa Hauch. Frucht bis 5 cm dick, grün. 'John Downie', Blütezeit Mai. Bis 8 m hoch. Blütenknospen rosa, nach dem Aufblühen weiß. Früchte 3 cm dick, orangegelb mit rot; für Marmeladeherstellung verwendbar. **1701,** S. 213.

× **purpurea** (Barbier) Rehd. (*M.* × *atrosanguinea* × *pumila* 'Niedwetzkyana'). Blütezeit April–Mai. Mehrere Sorten umfassende Gruppe von Hybriden. Hierher gehören:
'Eleyi', Blütezeit Mai. Bis 6 m hoch, mit ausgebreiteten Zweigen. Blätter dunkelpurpurn. Blüten einfach, dunkelrot. Früchte länglich, bis 2,5 cm lang, purpurrot.
'Lemoinei', Blütezeit Mai. Bis 6 m hoch. Blätter bronzegrün. Blüten einfach bis halbgefüllt, karminrot. Früchte 1,5 cm dick, dunkelpurpurn. **1702,** S. 213.

× **robusta** (Carr.) Rehd. (*M. baccata* × *M. prunifolia*). Blütezeit April–Mai. Bis 7 m hoch, breit kegelförmig, mit überhängenden Zweigen. Blüten einfach, weiß oder rosa. Früchte bis 3 cm dick, gelb oder rot. **1703,** S. 213. Hierher gehören viele Sorten.

× **scheideckeri** Spaeth (*M. floribunda* × *M. prunifolia*). Hierher gehört wahrscheinlich 'Hillieri'. Blütezeit Mai–Juni. Bis 10 m hoch. Blüten halbgefüllt hellrosa. Früchte bis 2 cm dick, gelb und orange gefärbt.

tschonoskii (Maxim.) Schneid., Japan. Blütezeit Mai. Bis 12 m hoch, aufrecht, kegelförmig. Blätter dunkelgrün, Herbstfärbung orange und rot. Blüten einfach, weiß, Früchte bis 3 cm dick, gelbgrün mit rot. **1704,** S. 213.

× **zumi** (Matsum.) Rehd. (*M. baccata* 'Mandshurica' × *M. sieboldii*). Blütezeit Mai. Bis 4 m hoch. Blüten einfach, in der Knospe rosa, nach dem Aufblühen weiß. Früchte gelb, bis in den Winter hinein haftenbleibend. **1700,** S. 213.

Malva L., Malve, *Malvaceae*

30 Arten in der gemäßigten Zone der N-Halbkugel. Ein-, zwei- oder mehrjährige Kräuter mit gelappten, geschlitzten oder geteilten Blättern. Blüten einzeln, gebüschelt oder in endständiger Traube. Vermehrung durch Aussaat im April an sonnige bis halbschattige Stellen.

alcea L., Rosenpappel. Europa. Blütezeit Juni bis September. 80–120 cm hohe Staude mit stark verzweigtem buschigem Wuchs. Blätter rund-herzförmig und tief 5lappig. Blüten 5–6 cm groß, rosarot. Kalkliebend. 'Fastigiata', Blüten dunkelrosa, etwa 80 cm hoch, mit straffem Wuchs, **1262,** S. 158.

Mammillaria Haw., Warzenkaktus, *Cactaceae*

Etwa 300 Arten, überwiegend in Mexiko und Mittelamerika, südl. USA. Kakteen mit kugelförmigen bis zylindrischen Körpern, oft zahlreiche Seitensprosse bildend. Blüten klein, aber zahlreich. Die Mammillarien sind mit ihrer großen Mannigfaltigkeit ein beliebtes Objekt der Kakteenliebhaber. Viele Arten lassen sich ohne besondere Schwierigkeiten im Zimmer pflegen. Infolge der geringen Größe können auf kleiner Fläche gute Sammlungen aufgebaut werden. Aufzählung von Arten erfolgt hier nicht. Interessenten seien auf Kakteenliteratur und die Deutsche Kakteen-Gesellschaft verwiesen. Überwinterung der meisten Arten bei niedrigen Temperaturen. Bei manchen Arten ist eine Temperatur unter 10° Voraussetzung für das Blühen (z. B. *M. zeilmanniana*).

Maranta L., *Marantaceae*

Etwa 25 Arten im trop. Amerika. Mehrjährige Kräuter mit knolligen Wurzeln. Wegen der zierlichen Blätter Verwendung als Zimmerpflanzen. Standort leicht schattig, mit hoher Luftfeuchtigkeit. Volle Sonne meiden. Wintertemperatur nicht unter 12°. Am besten kann man Maranta im Blumenfenster halten. Hauptsächlich angeboten wird:

leuconeura E. Morr., Brasilien. Bis 30 cm hoch. Blätter sehr kurz gestielt, bis 15 cm lang, länglich oder breit elliptisch, oberseits hellgrün, mit weißen und dunkelgrünen Flecken, unterseits bläulichgrün. Blüten weiß, wenig ansehnlich.
'Kerchoveana', Blätter größer, smaragdgrün, unterseits blaugrün mit roten Flecken, **556,** S. 70; 'Massangeana', Blätter kleiner, unterseits rot.

Martynia louisianica siehe *Proboscidea*
Matricaria eximia und *parthenium*
siehe *Chrysanthemum parthenium*

Matthiola R. Br., Levkoje, *Cruciferae*

Etwa 50 Arten im östl. Mittelmeergebiet, Mittelasien und S-Afrika. Ästige, meist filzige Stauden oder Halbsträucher mit länglich-linealischen, ganzen oder gebuchteten Blättern. Blüten in verschiedenen Farben, in endständigen Trauben. Vermehrung durch Aussaat, für sonnige Stellen. Seit dem 16. Jahrhundert Gartenpflanze. Gute Schnittblume.

incana (L.) R. Br., S-Europa bis N-Afrika und Kleinasien. Bis 100 cm hohe Halbsträcher mit Pfahlwurzeln. In Kultur ist nicht die Art, sondern viele von ihr abstammende Formen und Sorten mit meist gefüllten Blüten in weitem Farbenspiel und starkem Duft. Sie werden alle ein- oder – seltener – zweijährig gezogen. Von den frühen Gruppen haben nur noch die Sommerlevkojen Bedeutung, die ihre gesamte Entwicklung in einem Jahr durchlaufen.
Blütenbildung der Sommerlevkoje ist überwiegend von der Temperatur, aber auch von der Tageslänge abhängig. Herrschen während eines Tages für einen Zeitraum von mehr als 6 Stunden Temperaturen von über 18°, dann blühen die Pflanzen nicht. Blütenbildung erfolgt, wenn mindestens 3 Wochen lang Temperaturen zwischen 10 und 15° eingewirkt haben. Reaktionsfähig sind die Pflanzen erst, wenn sie mehr als 10 Blätter ausgebildet haben. Diese Verhältnisse gelten für Stangenlevkojen. Anzucht März bis April unter Glas, auspflanzen April–Mai. **341,** S. 43.

Maxillaria Ruiz et Pav., *Orchidaceae*

Etwa 250 Arten im trop. Amerika. Überwiegend epiphytisch wachsende Orchideen von recht unterschiedlicher Gestalt. Nur wenige Arten besitzen großen Zierwert, z. B.:

lepidota Lindl., Kolumbien. Blütezeit in der Regel Mai–Juli. Pseudobulben bis 4 cm lang, nur 1 lanzettliches, bis 35 cm langes Blatt tragend. Blüten einzeln auf bis 20 cm langem Schaft, gelb. Blütenblätter (außer der Lippe) zu bis 6 cm langen Schwänzen ausgezogen. **557,** S. 70. Standort im nicht zu warmen Blumenfenster bei hoher Luftfeuchtigkeit, leicht schattig; reichlich lüften.

Meconopsis Vig., Scheinmohn, *Papaveraceae*

45 Arten in Eurasien und pazifischem N-Amerika. Ein- oder zweijährige Kräuter oder Stauden, die meist nach der Blüte absterben. Blätter vielgestaltig, ungeteilt bis fein gefiedert, meist in grundständigen Rosetten. Pflanzen mit gelbem Saft. Blüten gelb, purpurn, blau oder weiß, einzeln gestielt oder in Trauben oder Rispen. Vermehrung durch Aussaat, für halbschattige feuchte frische Stellen, die kalkfrei sind und Windschutz bieten.

betonicifolia Franch., Tibet bis W-China. Blütezeit Juni–August. 90–120 cm hohe, locker beblätterte Stengel. Blätter oval, gekerbt, bräunlich behaart. Blüten bis 10 cm groß, himmelblau mit goldgelben Staubgefäßen, langgestielt und leicht nickend in den oberen Blattachseln. **1263,** S. 158.

cambrica (L.) Vig., W-Europa. Blütezeit Juni bis Oktober. 30–40 cm hohe, dichtbuschig wachsende Staude. Blätter fiederlappig geteilt. Blüten gelb, 3–5 cm groß. Oft Selbstaussaat. **1264,** S. 158. 'Aurantiaca', Blüten orangegelb.

grandis Prain, Nepal, Sikkim, Tibet. Blütezeit Mai bis Juni. 80–100 cm hohe, bräunlich behaarte Staude. Blätter elliptisch, gekerbt, bis 30 cm lang. Blüten leuchtend hellblau, schalenförmig, bis 12 cm groß. Viele Sorten, z. B. 'Branklyn', dunkelblau, **1265,** S. 159.

integrifolia (Maxim.) Franch., Tibet, W-China. Blütezeit Juli–August. Zweijährig, 30–60 cm hoch, dicht braun behaart. Blätter linealisch-lanzettlich. Blüten gelb, 7–15 cm groß, in endständiger Scheindolde. Schutz vor Winternässe. **1266,** S. 159.

quintuplinervia Regel, Tibet, W-China. Blütezeit Juli–August. Ein- bis zweijährig, 20–30 cm hoch, behaart. Blätter elliptisch, schmal, in Rosetten. Blüten einzeln, nickend, lila bis purpurn. Für feuchten, aber gut durchlässigen Boden. **1267,** S. 159.

regia Taylor, Nepal. Zweijährig, 120–150 cm hoch, mit goldfarbenen, seidig-zottig behaarten Blattrosetten. Blüten gelb, an hohem verzweigtem Blütenstand. **1268, 1269,** S. 159.

Medinilla Gaud., *Melastomataceae*

Etwa 125 Arten von O-Indien bis Indonesien und den Inseln des Indischen Ozeans. Sträucher, immergrün, aufrecht oder kletternd, mit meist gegenständigen, ganzrandigen, dicken Blättern. Blüten weiß oder rosa, in Rispen oder Trugdolden. Tragblätter häufig groß und rosa gefärbt. Von Gärtnereien angeboten wird:

magnifica Lindl., Philippinen. Blütezeit Frühjahr bis Sommer. Strauch, bis 1,5 m hoch. Zweige 4-flüglig, Blätter dick, eirund-länglich, bis 30 cm lang, gegenständig. Blüten rosa, zu vielen in bis 30 cm langen, hängenden Rispen. Tragblätter groß, weißrosa. Die Pflanzen werden in blühendem Zustand gehandelt. Weiterpflege im Zimmer ist schwierig, aber möglich. Standort hell, aber nicht in voller Sonne. Überwinterung bei Temperaturen zwischen 10–15°. Diese Temperatur ist Voraussetzung für das Blühen.

Melianthus L., Honigstrauch, *Melianthaceae*

6 Arten in S-Afrika. Halbsträucher oder Sträucher mit wechselständigen, unpaarig gefiederten Blättern. Blüten in achsel- oder endständigen Trauben, Honig absondernd. Nicht winterhart.

major L., Blütezeit Sommer. Halbstrauch, bis 1,5 m hoch, mit hohlen Stengeln. Blätter gedrängt an den Triebenden, bis 50 cm lang, gefiedert, blaugrün. Fiederblättchen gesägt. Blüten rotbraun, in bis 30 cm langen, aufrechten, endständigen Trauben. Verwendung im Sommer ausgepflanzt im Freien an sonnigem Standort bei reichlicher Bewässerung und Düngung. Vor den ersten Frösten herausnehmen; frostfrei im hellen Kalthaus überwintern. **1705,** S. 214.

Mentzelia L., *Loasaceae*

60 Arten von den USA bis Chile und Argentinien. Ein- und mehrjährige Kräuter, auch Sträucher und Bäume. Blätter ganzrandig, gelappt oder fiederschnittig. Blüten gelb und weiß, groß, einzeln oder in Trugdolden. Vermehrung durch Aussaat. Für einen sonnigen und trockenen Standort.

lindleyi Torr. et A. Gray, Kalifornien. Blütezeit Juli–August. Einjährige, 50–60 cm hohe, feinzottige Kräuter mit stark verästelten zerbrechlichen Stengeln. Blüten gelb, bis 7 cm groß, achselständig an den Zweigenden. Blüten schließen sich abends und duften dann. Aussaat im April ins Freie. **342,** S. 43.

Mertensia Roth, Blauglöckchen, *Boraginaceae*

40 Arten auf der gemäßigten Nordhalbkugel. Stauden mit oft durchscheinend punktierten Blättern. Glockige oder trichterförmige Blüten, blau bis purpurn, in endständigen Trauben oder Wickeln. Vermehrung durch Aussaat oder besser Teilung. Für Halbschatten mit sandig humosem Boden.

virginica (L.) Pers., USA. Blütezeit April–Mai. 20–30 cm hohe, graublaugrüne kahle Staude mit knolligem Wurzelstock. Blätter länglich-eiförmig und ganzrandig. Blüten purpurviolett, später leicht blau, in hängender Doldentraube. **1270,** S. 159.

Mesembryanthemum criniflorum
siehe *Dorotheanthus bellidiformis*

Metasequoia Miki, Urweltmammutbaum, *Taxodiaceae*

Nur 1 Art.

glyptostroboides Hu et Cheng, beheimatet in China. Nadelbaum, in der Heimat bis 35 m hoch, sommergrün. Mögliche Höhe bei uns noch nicht bekannt, da keine alten Exemplare vorhanden. Wuchs kegelförmig, Nadeln in waagerechter, 2-zeiliger Anordnung, frischgrün, im Herbst abfallend. Diese Art war schon längere Zeit fossil bekannt; 1941 wurden lebende Bäume in der Provinz Hupeh entdeckt und Samen in alle Welt verbreitet. Da auch leicht durch Stecklinge vermehrbar, ist die Art heute in vielen Exemplaren verbreitet. Sie ist raschwüchsig und winterhart. Nicht für kleine Gärten geeignet. Günstiger Standort sind frische Böden. **2025,** S. 254.

Metrosideros citrina u. *saligna* siehe *Callistemon*

Microcoelum Burret et Potztal, *Palmae*

2 Arten in S-Amerika.

weddelianum (H. Wendl.) H. E. Moore (syn. *Cocos weddeliana* H. Wendl.), „Kokospälmchen". Brasilien. Stamm bis 1 m hoch (oder mehr). Blätter bis 1 m lang, gefiedert; bis 50 Fiedern auf jeder Seite der Hauptrippe. Ob ihrer geringen Größe verbreitete Topfpalme. Standort im Zimmer warm und hell, reichlich bewässern.

Miltonia Lindl., *Orchidaceae*

Etwa 20 Arten, überwiegend in Brasilien und Kolumbien. Epiphytische Orchideen mit kurzen Pseudobulben, die 1–3 Blätter tragen. Blütenstände meist wenigblütig, aufrecht. Von Bedeutung sind besonders die

Hybriden. Sie stammen überwiegend ab von *M. vexillaria, roezlii, phalaenopsis.* Hauptblütezeit April bis Juli. Die Blüten sind groß, flach und haben gewisse Ähnlichkeit mit Stiefmütterchen. Farben von weiß über rosa bis dunkelrot, meist mit einem andersfarbigem Fleck in der Mitte. Pflege im Zimmer am besten im nicht zu warmen Blumenfenster, ohne direkte Sonneneinstrahlung. Hohe Luftfeuchtigkeit ist günstig. Beispiele der zahlreichen Sorten sind **558, 559,** S. 70.

Mimosa L., *Leguminosae*

Etwa 300 Arten, überwiegend im trop. und subtrop. Amerika. Kräuter, Sträucher oder Bäume, mit doppelt gefiederten Blättern. Blüten in Köpfchen oder Ähren. Bei uns von gewisser Bedeutung ist

pudica L., Brasilien. Halbstrauch, bis 50 cm hoch, von sparrigem Wuchs. Blattfiedern meist 4, fingerförmig angeordnet. Jede Blattfieder mit etwa 10 Paaren von Fiederblättchen. Blüten klein, meist rosa, in kugligen Köpfchen. Dies ist die echte Mimose, im Gegensatz zur „falschen Mimose" (*Acacia*). Wirken mechanische Reize ein, z. B. Berühren, Anblasen, Temperaturerhöhung, dann beginnen, je nach Stärke des Reizes, die Fiederblättchen nacheinander zusammenzuklappen, alsdann die Blattfiedern und schließlich das ganze Blatt sich herabzusenken. Nach einiger Zeit der Ruhe, wenn der Reiz nicht mehr einwirkt, erfolgt allmähliche Wiederherstellung der normalen Haltung. Durch Untersuchungen ist einiges über den Mechanismus bekanntgeworden, doch kann hier nicht darauf eingegangen werden. *M. pudica* läßt sich auch im Zimmer pflegen. Voraussetzung ist, daß nicht geraucht wird, da auch die im Rauch enthaltenen Bestandteile einen Reiz ausüben.

Mimulus L., Gauklerblume, *Scrophulariaceae*

120 Arten im außertrop. Amerika und einige Arten in den Tropen und Subtropen der Alten Welt. Flachwachsende Kräuter mit gegenständigen, ungeteilten Blättern. Rachenblüten achselständig, einzeln oder traubig gehäuft. Vermehrung durch Aussaat sowie auch durch Teilung und Stecklinge. Für sonnige bis halbschattige Stellen mit feuchtem Boden. Zur Sicherheit Stecklinge frostfrei überwintern oder als Einjahrsblume kultivieren.

aurantiacus Curt. (syn. *Mimulus glutinosus* J. C. Wendl.), Kalifornien. Blütezeit Mai–August. 50–150 cm hoher immergrüner Strauch. Blätter länglich-linealisch, fein gezähnt. Blüten 3–5 cm groß, orange bis lachsfarben. Als Kübelpflanze kultivieren und frostfrei überwintern. **1706,** S. 214. 'Puniceus', Blüten granatrot.

× *burnetii* siehe *cupreus*

cupreus D'Ombrain, Chile. Blütezeit Juni–September. 15–25 cm hohe Staude mit rasenartigem Wuchs. Stengel niederliegend, wurzelnd. Blüten klein, kupferrot. Viele Sorten, z. B. 'Burnetii', Blüten gelb mit großen Flecken, **1271,** S. 159; 'Whitecroft Scarlet', leuchtend scharlachrot, **1272,** S. 159.

glutinosus siehe *aurantiacus*

luteus L., Chile. Blütezeit Juni–August. 20–60 cm hohe Staude mit niederliegenden, wurzelnden Stengeln. Blätter breit länglich und scharf gezähnt. Blüten gelb mit 2 dunkelroten Flecken. Viele Sorten, jedoch bei uns meist als Mischungen im Handel, z. B. 'A. T. Johnson', Blüten orange mit braunen Flecken, **1273, 1274,** S. 160.

primuloides Benth., N-Amerika. Blütezeit Juni bis Herbst. 10–20 cm hohe Staude mit Ausläufern. Blätter in grundständigen Rosetten. Blüten goldgelb, einzeln auf langen Stengeln. Winterhart, evtl. leichter Reisigschutz. **110,** S. 14.

variegatus Lodd., Chile. Blütezeit Juni–August. 20–30 cm hohe Staude. Blätter länglich. Blüten stark variierend, gelb mit rot bis scharlach, oft als Einjahrsblume behandelt und Aussaat Februar bis März unter Glas. **344,** S. 43. Viele Sorten.

Mirabilis L., Wunderblume, *Nyctaginaceae*

59 Arten in Amerika und 1 Art im W-Himalaja und SW-China. Verzweigte Stauden mit rübenästiger oder knolliger Wurzel. Blätter herzförmig, eirund bis linealisch. Blüten in verschiedenen Farben, in Trugdolden. Vermehrung durch Aussaat oder frostfreie Überwinterung der Wurzelknollen (wie Dahlien). Für sonnige Stellen mit tiefgründigem Boden und guter Wasserversorgung im Sommer.

jalapa L., Mexiko. Blütezeit Juni–Oktober. 60–100 cm hohe Staude mit gabliger Verzweigung der oft rötlichen Stengel. Blätter gegen- bis wechselständig, verkehrt-eiförmig, spitz zulaufend, am Rande gewimpert. Blüten in endständigen Büscheln zu 3–5, Blütenfarben rot, gelb, weiß oder in diesen Farben gestreift oder gefleckt, auch vielfarbig. Blüten von abends bis morgens geöffnet, geringer Duft (stark duftet die ähnliche *M. longiflora*). *M. jalapa* wurde von C. E. Correns, Berlin, zur Erforschung der Vererbung benutzt. **345,** S. 44.

Miscanthus Anderss., *Gramineae*

12 Arten im trop. Afrika und SO-Asien. Hohe Gräser mit schmalen, meist flachen Blättern und großen endständigen, federbuschähnlichen Blütenrispen. Vermehrung durch Aussaat und Teilung, für vollsonnige Lagen und tiefgründigen Boden mit guter Wasserversorgung im Sommer. Im Winter Laubdecke. Gras für Einzelstand.

japonicus siehe *sinensis* 'Giganteus'

sacchariflorus (Maxim.) Hack., Amurgebiet. Blütezeit August. 90–120 cm hohes, ausläufertreibendes Gras, das dichte Büsche bildet. Blätter 1–2 cm breit, mit braunem Mittelstreifen. Ohne Winterdecke hart.

sinensis (Thunb.) Anderss., O-Asien, Blütezeit August–Oktober. Bis 250 cm hohe Halme aus großen Horsten, weißsilbrige Blütenrispen. Gut für Schnitt geeignet. **1275,** S. 160. In Blatt und Wuchs verschiedene Formen:
'Condensatus', stark gestauchter Wuchs mit breiten Blättern und dichten Blütenähren; 'Giganteus', bis 3,5 m hoch, mit etwas überhängenden Blättern (syn. *M. japonicus* hort.), blüht selten; 'Gracillimus', Wuchs zierlich, dichtbuschig, Blätter mit feinem, weißem Mittelstreifen, blüht selten; 'Strictus', Blätter hell quergestreift, straff aufrechter Wuchs und gerade Blätter; 'Variegatus', Blätter und Schäfte dicht weiß quergestreift, Blätter überhängend; 'Zebrinus', Blätter dicht gelb quergestreift und überhängend.

Mitraria Cav., *Gesneriaceae*

Nur 1 Art.

coccinea Cav., beheimatet in S-Chile. Blütezeit Frühjahr–Herbst. Strauch, immergrün, bis 80 cm hoch, etwas ausgebreitet wachsend. Blätter gegenständig oder zu 3 in Quirlen, schwach ledrig, bis 2 cm lang. Blüten achselständig, einzeln, an dünnen Stielen hängend, bis 3,5 cm lang, scharlachrot. Verwendung als Zimmerpflanze an kühlem Standort. Überwinterung hell und kühl. **1707,** S. 214.

Moltkia Lehm., *Boraginaceae*

8 Arten vom westl. Mittelmeergebiet bis zum Himalaja. Stauden und Halbsträucher mit rauhhaarigen, lanzettlichen Blättern. Blüten blau, in Wickeln. Vermehrung durch Aussaat, Teilung, Stecklinge, Abrißlinge. Für sehr warme, sonnige, kalkhaltige Stellen im Steingarten.

× **intermedia** (Froeb.) Ingram (*M. petraea* × *M. suffruticosa*). Blütezeit Juli–August. Etwa 20 cm hohe Staude mit linealischen blaugrünen Blättern. Blüten dunkelblau, in Wickeltrauben. **111,** S. 14.

Molucella L., Muschelblume, *Labiatae*

2 Arten im Mittelmeergebiet. Kahle Kräuter mit gestielten, gekerbten oder eingeschnittenen Blättern. Blütenquirle vielblütig, achselständig. Blütenfarbe weißrötlich. Vermehrung durch Aussaat unter Glas. Für vollsonnige Stellen mit nährstoffreichem, durchlässigem Boden. Für Trockensträuße geeignet.

laevis L., W-Asien. Blütezeit Juni–August. Einjährige, 60–100 cm hohe Kräuter mit unverzweigten Stengeln und langgestielten rundlichen Blättern. Blüten weiß, duftend, zu 6 in Quirlen. Von Aussaat bis Blütezeit etwa 15 Wochen. **346,** S. 44.

Monarda L., Indianernessel, *Labiatae*

20 Arten in N-Amerika. Hohe, aromatisch duftende Stauden mit gegenständigen, gezähnten Blättern an 4kantigen Stengeln. Blüten rosa, rot oder violett, in endständigen Quirlen mit ausgefärbten Hochblättern. Vermehrung durch Teilung und Stecklinge. Für sonnige und feuchte bis trockene Stellen.

didyma L., Provinz Quebec bis Georgia. Blütezeit Juli–September. Bis 100 cm hohe, flaumig behaarte Staude mit Ausläufern. Blätter spitz-eiförmig, gezähnt. Blüten rosa bis scharlach. Viele Sorten und Kreuzungen mit anderen Arten, z. B.:
'Adam', Blüten karmin, 80–100 cm hoch; 'Cambridge Scarlet', Blüten leuchtend scharlach, 60–90 cm hoch, **1276,** S. 160; 'Präriebrand', Blüten dunkelkarmin, 100–120 cm hoch; 'Prärienacht', Blüten groß, purpurviolett, 120–140 cm hoch.

Monstera Schott, *Araceae*

Etwa 30 Arten im trop. Amerika. Sträucher, immergrün, meist kletternd und lange Luftwurzeln bildend. Blüten zu vielen in dickem, gestieltem Kolben, dieser von fleischigem Hochblatt (Spatha) umgeben.

deliciosa Liebm. (syn. *Philodendron pertusum* Kunth et Bouché), Fensterblatt. Mexiko. Weit verbreiteter Kletterstrauch mit dickem, verholzendem Stamm und zahlreichen Luftwurzeln. Blätter bei jungen

Pflanzen herzförmig und ganzrandig, später fiedrig gelappt und durchlöchert, größer (bis 1 m lang), an bis 1 m langem, rauhem Blattstiel. Nur im Alter blühend; Spatha bis 25 cm lang, ledrig, cremeweiß. Kolben grün, in reifem Zustand violett. 'Borsigiana', in allen Teilen kleiner, **560,** S. 70.
Verwendung der Art und der Sorte als robuste Zimmerpflanzen, die in einem weiten Temperaturbereich gedeihen und auch Überwinterungs-Temperaturen unter 10° aushalten. Auch mit wenig Licht auskommend (Treppenhäuser); allerdings bleiben dann die Blätter kleiner und sind weniger geschlitzt und gelöchert. Oft noch fälschlich als „Zimmerphilodendron" bezeichnet.

Montbretia crocosmiflora siehe *Crocosmia*

Morina L., *Dipsacaceae*

10 Arten in Mittel- und W-Asien. Kahle oder weichbehaarte, distelartige Stauden. Blätter länglich und buchtig fiederspaltig, meist in Rosetten. Blüten achselständig, zu langen Ähren geordnet. Vermehrung durch Aussaat. Für sonnige Stellen mit durchlässigem Boden.

longifolia Wall., Himalaja. Blütezeit Juni–August. 60–100 cm hohe Staude mit einer Rosette lanzettlicher, stachlig gezähnter Blätter. Stengelblätter gegenständig bis quirlig. Die Blüten, weiß bis rosaweiß im Verblühen, stehen in der Blattachsel und bilden eine endständige lange Ähre. Bei günstigem Standort sehr langlebige Staude. **1277,** S. 160

Morisia J. Gay, *Cruciferae*

1 Art auf Korsika und Sardinien.

monanthos (Viv.) Aschers. (syn. *M. hypogaea* J. Gay), Blütezeit April–Mai. 5–10 cm hohe, rasenbildende Rosettenstaude. Blätter 5–7 cm lang, sägezahnartig eingeschnitten, mit vielen paarigen Widerhaken. Blüten 1–2 cm groß, gelb, gestielt, einzeln in den Blattachseln. Vermehrung durch Aussaat oder Wurzelschnittlinge. Für sonnige, geschützte Stellen, besser fürs Alpinenhaus. **112,** S. 14.

Muscari Mill., Traubenhyazinthe, *Liliaceae*

Etwa 50 Arten in Europa, Mittelmeergebiet, Vorderasien. Mehrjährige, zwiebelbildende Pflanzen mit wenigen, linealischen, etwas fleischigen, grundständigen Blättern. Blüten klein, krugförmig-kuglig oder etwas länglich, zu vielen in traubigem Blütenstand. Die meisten Arten sind winterhart. Verwendung im Garten als Blütenpflanzen des Frühlings. Teilweise verwildernd durch reichliche Bildung von Jungzwiebeln und Samen. Standort sonnig.

armeniacum Bak., NO-Türkei. Blütezeit April bis Mai. Blütenschaft bis 20 cm hoch. Blüten blau. Vermehrt sich rasch. **823,** S. 103.

aucheri Boiss. (syn. *M. tubergenianum* Th. Hoog), NW-Persien. Blütezeit April. Blütenstand 20 cm hoch. Obere Blüten hellblau, untere dunkler. **828,** S. 104.

botryoides (L.) Mill., Europa, Vorderasien. Blütezeit März–April. Blütenschaft bis 15 cm hoch. Blüten hellblau. **824,** S. 103. 'Album', weiß, **825,** S. 104.

comosum (L.) Mill., Europa (auch Mittel- und S-Deutschland), N-Afrika. Blütezeit Mai–Juni. Blütenstand bis 30 cm hoch. In Kultur befindet sich fast ausschließlich 'Plumosum', Federhyazinthe. Blüten sind verkümmert, Blütenstand stellt eine aus leuchtend amethystfarbenen, verlängerten Blütenstielchen und Staubfäden gebildete Rispe dar („Federbusch"). **826,** S. 104.

latifolium J. Kirk, Türkei. Blütezeit Mai–Juni. Blätter wenige, oft nur 1, bis 3 cm breit. Blütenstand bis 30 cm hoch. Obere Blüten hellblau, untere dunkelblau. **827,** S. 104.

macrocarpum Sw., Griechenland, Ägäische Inseln. Blütezeit April–Mai. Blütenstand bis 25 cm hoch. Blüten zuerst violett, dann reingelb, duftend. Winterschutz ratsam.

tubergenianum siehe *aucheri*

Mutisia siehe Nachtrag Seite 357

Myosotis L., Vergißmeinnicht, *Boraginaceae*

80 Arten im gemäßigten Eurasien, Gebirge des trop. Afrika bis Kapland, Neuguinea und Australien. Ein- und zweijährige Kräuter und Stauden mit wechselständigen Blättern. Blüten weiß, blau oder rosa, in trauben- bis ährenförmigen Wickeln. Vermehrung durch Aussaat oder Teilung. Für feuchte bis frische Stellen in Sonne und Halbschatten.

alpestris siehe *sylvatica*

palustris (L.) L. (syn. *M. scorpioides* L. p. p.), Sumpfvergißmeinnicht. Europa. Blütezeit Mai–August. 10–40 cm hohe, kriechende Staude. Blätter länglich, spitz, Blüten himmelblau, in lockeren Trauben. Sorten, z. B. 'Thüringen', Blüten groß, hellblau; 'Perle von Ronnenberg', Blüten dunkelblau.

scorpioides siehe *palustris*

sylvatica (Ehrh.) Hoffm. (syn. *M. alpestris* hort.), Europa bis Sibirien. Blütezeit von Mai–Juli. Reich verzweigte, behaarte Staude von 10–40 cm Höhe. Blätter länglich-lanzettlich, zugespitzt. Blüten in gablig verzweigten Trauben, blau mit gelbem Auge. Meist zweijährig gezogen. Ausgangsart für Gartenvergißmeinnicht mit vielen Sorten, z. B.:
'Blaue Kugel', hellblau, 10–15 cm hoch, **347,** S. 44; 'Blauer Korb', tiefblau, für Schnitt, etwa 25 cm hoch; 'Compindi', dunkelblau, etwa 15 cm hoch; 'Indigo Compacta', indigoblau, etwa 25 cm hoch; 'Karminkönig', karminrosa.

Myrtus L., Myrte, *Myrtaceae*

Etwa 100 Arten, überwiegend im außertrop. S-Amerika, einige in Australien und Neuseeland, 1 (*M. communis*) im Mittelmeergebiet. Sträucher oder kleine Bäume, immergrün, mit meist dicht stehenden, gegenständigen, ledrigen Blättern. Blüten einzeln oder in Trauben. Keine Art winterhart.

communis L., Brautmyrte. Mittelmeergebiet. Blütezeit Juni–Herbst. Strauch, in der Heimat mehrere Meter hoch, bei uns meist niedriger. Blätter meist lanzettlich, bis 1,5 m lang, gegenständig oder zu 3 quirlständig, dunkelgrün; wenn zerrieben, würzig duftend. Blüten einzeln in den Blattachseln, bis 1,5 cm breit, weiß, duftend. Mehrere Sorten, die vor allem in Form und Größe der Blätter sowie im Wuchs unterschieden. Verwendung als Zimmerpflanze an kühlem Standort; im Sommer am besten ins Freie stellen. Überwinterung hell, bei etwa 5°. Gezogen werden Büsche oder Kronenbäumchen auf etwa 20–50 cm hohen Stämmchen. Alte Exemplare bis 2 m hoch, als Kübelpflanze. Verwendung kleiner Zweiglein als Hochzeitszubehör ist weithin bekannt.

luma Mol. (syn. *Eugenia luma* (Mol.) Berg), Lumamyrte. Chile. Blütezeit Juli–Oktober. Strauch (in der Heimat Baum) mit rötlichen Zweigen. Blätter rundlich-eiförmig, bis 2,5 cm lang, dunkelgrün. Blüten weiß, in achselständigen Trauben. Verwendung als dichtbuschige Kübelpflanze, im Sommer im Freien. Überwinterung hell, bei etwa 5°. So große Exemplare wie in Abb. **1708** (S. 214) sind bei uns nicht erzielbar. Sie erreichen diese Größe in den mildesten Gegenden Großbritanniens und Irlands, wenn sie ausgepflanzt im Freien stehen.

N

Narcissus L., Narzisse, *Amaryllidaceae*

Etwa 30 Arten in Mitteleuropa und Mittelmeergebiet. Mehrjährige, zwiebelbildende Stauden mit linealischen oder riemenförmigen Blättern. Blüten einzeln oder zu wenigen am Schaft, mit einer mehr oder weniger ausgebildeten Nebenkrone. Die Narzissen sind weit verbreitet als beliebte Frühlingsblumen. Viele Arten, besonders aber das große Sortiment der Gartennarzissen, sind winterhart. Unter günstigen Bedingungen vermehren sie sich gut und bilden im Laufe der Zeit größere Horste. Pflanzzeit der gekauften Zwiebeln im August–September. Standort sonnig, doch sind trockene Böden während der Wachstumszeit ungünstig. Einige Arten aus dem Mittelmeergebiet sind empfindlich und sollten besser frostfrei überwintert werden; am besten unter Glas. Hierzu zieht man sie in Töpfen. Nachfolgend werden zuerst die Arten aufgeführt und anschließend die Gartennarzissen.

1. *Arten*

asturiensis (Jord.) Pugsley (syn. *N. minimus* (Bak.) hort.), Portugal. Blütezeit März. Kleinste der Trompetennarzissen, nur bis 10 cm hoch. Blüten einzeln, gelb. Etwas empfindlich. **829,** S. 104.

bulbocodium L. (syn. *Corbularia bulbocodium* (L.) Haw.), Reifrocknarzisse. Westl. S-Europa, Algerien. Blütezeit April–Mai. Weicht von den übrigen Arten ab durch große, glockige Nebenkrone (reifrockähnlich) und die zu Zipfeln reduzierten Perigonblätter. Blätter fast stielrund. Blüten gelb, bis 4 cm lang, einzeln auf bis 15 cm hohem Schaft. Etwas empfindlich. Frostfrei überwintern. **830,** S. 104. Hierzu einige Sorten:
'Citrinus', Blüten zitronengelb; 'Conspicuus', Blüten dunkelgelb, größer als bei der Art, **831,** S. 104; 'Monophyllus', reinweiß; 'Romieuxii', zitronengelb; vom Atlasgebirge, blüht früher, **832,** S. 104.

cyclamineus DC., Spanien, Portugal. Blütezeit März–April. Blüten gelb, bis 4 cm lang, einzeln auf bis 20 cm hohem Schaft. Nebenkrone zylindrisch, Perigonblätter stark zurückgeschlagen. **833,** S. 105.

jonquilla L., Jonquille. S-Europa, Algerien. Blütezeit April. Blüten gelb, bis 3 cm breit, duftend, bis zu 6 auf bis 30 cm hohem Schaft. Nebenkrone kurz. **834,** S. 105.

juncifolius Lag., SW-Europa. Blütezeit März bis April. Blüten gelb, bis 2 cm breit, zu mehreren auf bis 15 cm hohem Schaft. Überwinterung frostfrei. **835,** S. 105.

lobularis Schult. f., SW-Europa. Blütezeit März. Blüten gelb, einzeln auf bis 20 cm hohem Schaft. Nebenkrone dunkler als die Perigonblätter. Eine der am frühesten blühenden Arten. **836,** S. 105.

× **minicycla** hort. (*N. asturiensis* × *N. cyclamineus*), Blütezeit März. Blüten gelb, einzeln auf bis 20 cm hohem Schaft. **837,** S. 105.

minimus siehe *asturiensis*

odorus L., Campernell-Jonquille. S-Europa. Blütezeit April–Mai. Blüten gelb, duftend, zu mehreren auf bis 40 cm langem Schaft. 'Rugulosus', etwas größer und stärker wachsend.

poeticus L., Dichternarzisse. Südl. Mitteleuropa, Mittelmeergebiet. Blütezeit Mai. Blüten weiß, einzeln auf bis 40 cm hohem Schaft. Nebenkrone kurz, mit rotem Rand.

pseudonarcissus L., Trompetennarzisse. Skandinavien bis S-Europa. Blütezeit März–April. Blüten hellgelb, einzeln auf bis 40 cm hohem Schaft. Nebenkrone lang, etwas dunkler als die Perigonblätter. **838,** S. 105. Hierzu 'W. P. Milner', heller gelb, **839,** S. 105.

tazetta L., Tazette. S-Europa. Blüten weiß, bis zu 8 auf bis 40 cm hohem Schaft. Nebenkrone kurz, gelb. Überwinterung frostfrei.

triandrus L., Spanien, Portugal. Blütezeit April bis Mai. Blüten weiß, zu mehreren auf bis 25 cm langem Schaft. Nebenkrone lang, Perigonblätter zurückgeschlagen. Frostfrei überwintern. **840,** S. 105.

watieri Maire, Marokko. Blütezeit März. Blüten weiß, duftend, einzeln auf bis 10 cm hohem Schaft. Nebenkrone kurz. Frostfrei überwintern. **844,** S. 106.

2. *Gartennarzissen*

Durch Kreuzung der verschiedenen Arten ist ein riesiges Sortiment entstanden, das man unter der Sammelbezeichnung Gartennarzissen zusammenfaßt. Zur besseren Überschaubarkeit ist in England eine Klassifizierung entwickelt worden, bei der die Einteilung in 9 Gruppen nach Blütenformen und – in Untergruppen – nach Farben erfolgt. Die Klassifizierung wird international angewendet; auch hier wird ihr gefolgt (ohne Untergruppen). Sortenaufzählungen werden nicht gegeben, da das Sortiment Änderungen unterworfen ist. Es werden lediglich Beispiele angeführt.

1. Trompetennarzissen. Nebenkrone lang, zylindrisch, am Ende etwas aufgeweitet. Perigonblätter entweder gleichfarbig wie die Nebenkrone oder andersfarbig. **845–847,** S. 106.
2. Bechernarzissen (mit großem Becher). Nebenkrone lang, aber nicht zylindrisch, sondern weiter geöffnet, becherförmig. Perigonblätter gleichfarbig oder andersfarbig als die Nebenkrone. **848–851,** S. 106–107.
3. Bechernarzissen (mit kleinem Becher), sonst wie 2. **852–854,** S. 107.
4. Gefüllte Narzissen. Siehe **855,** S. 107.
5. Triandrus-Narzissen. Abkömmlinge von *N. triandrus*, die noch deutlich die Merkmale dieser Art aufweisen. **841–843,** S. 106.
6. Cyclamineus-Narzissen. Abkömmlinge von *N. cyclamineus*, die noch deutlich die Merkmale dieser Art aufweisen. **856–859,** S. 107–108.
7. Jonquillen. Abkömmlinge von *N. jonquilla*. **860,** S. 108.
8. Poetaz-Narzissen. Tazetten. **861–864,** S. 108.
9. Poeticus-Narzissen. Dichternarzissen. Abkömmlinge von *N. poeticus*. Nebenkrone kurz, mit rotem Rand.

Neillia D. Don, *Rosaceae*

Etwa 15 Arten in O-Asien. Sträucher, sommergrün, mit wechselständigen, meist gelappten Blättern. Blüten in Trauben. Wenig kultivierte Sträucher, von denen zuweilen *N. affinis* und *N. longiracemosa* angeboten werden. Beide winterhart; frieren gelegentlich zurück, treiben aber von unten her wieder aus.

affinis Hemsl., W-China. Blütezeit Mai–Juni. Bis 2 m hoch. Blätter eiförmig, bis 10 cm lang. Blüten in bis 8 cm langen Trauben, rosa.

longiracemosa Hemsl., China. Blütezeit Mai–Juni. Bis 3 m hoch. Blätter eiförmig, bis 10 cm lang. Blüten in bis 18 cm langen Trauben, rosa. **1709,** S. 214.

Nemesia Vent., *Scrophulariaceae*

70 Arten im südl. Afrika. Einjährige Kräuter und Halbsträucher mit gegenständigen Blättern. Rachenblüten gelb, weiß, violett oder verschiedenfarbig, einzeln, achselständig oder in Trauben. Verwendung als Sommerblumen im Freiland. Vermehrung durch Aussaat, für sonnige Stellen. Nach der Blüte Rückschnitt.

Hybriden. Sorten aus Kreuzungen von *N. strumosa* und *N. versicolor*, letztere brachte die blaue Farbe ins Sortiment. 20–50 cm hohe Einjahrsblumen in Mischungen und Farbsorten. **348,** S. 44.
'Karneval', 20–30 cm hohe, großblumige Mischung; 'Triumph', etwa 20 cm hohe, großblumige Mischung.

Nemophila Nutt., Hainblume, *Hydrophyllaceae*

11 Arten in N-Amerika. Einjährige weichhaarige Kräuter mit fiedrig gelappten oder geschlitzten Blättern. Blüten blau, weiß oder gefleckt. Vermehrung durch Aussaat von März–Juni an sonnige Stellen im Freien.

menziesii Hook. et Arn., Kalifornien bis Oregon. Blütezeit Mai–Juni. 20 cm hohe, meist niederliegende, behaarte Kräuter. Blätter gegenständig, fiederartig geteilt. Blüten 1–3 cm groß, weiß bis kornblumenblau, mit braunen Flecken, in den Blattachseln. 6–8 Wochen nach Aussaat blühend. **349,** S. 44.

Neoregelia L. B. Sm., *Bromeliaceae*

Etwa 35 Arten in Brasilien, 1 in Guayana. Epiphytische, rosettenbildende Pflanzen mit dornig gezähnten Blättern. Blüten in gedrängter Traube, nistend im Trichter der Rosette. Häufig sind die den Laubblättern ähnlichen Hochblätter lebhaft gefärbt (Zierwert). Verwendung als Zimmerpflanzen an hellem, nicht vollsonnigem Standort. Vermehrung durch Kindl.

carolinae (Beer) L. B. Sm., Hauptblütezeit Sommer und Herbst. Kultiviert wird hauptsächlich 'Tricolor', Blätter weiß gestreift. Wenn die Pflanze zur Blütenbildung übergegangen ist, werden die inneren Blätter rot. Überwinterung bei 10–12°. **561,** S. 71.

princeps (Bak.) L. B. Sm. 'Marechalii'. Blätter grün, Innenblätter zur Blütezeit leuchtend rot. **562,** S. 71.

Nepeta L., Katzenminze, *Labiatae*

150 Arten im gemäßigten Eurasien und den Gebirgen Vorderasiens. Einjährige Kräuter oder Stauden mit aufrechtem bis kriechendem Wuchs. Blätter gekerbt, gezähnt oder eingeschnitten. Blüten blau, weiß oder gelb, end- oder achselständig. Vermehrung durch Aussaat oder Teilung und Stecklinge. Für sonnige Stellen mit durchlässigem Boden.

× **faassenii** Bergm., Blauminze. (*N. mussinii* × *N. nepetella*). Blütezeit Mai–September. 25–30 cm hohe Staude mit blaugrünen, ovalen, gekerbten Blättern. Blüten lavendelblau, quirlständig. Meist ist im Juli ein Rückschnitt erforderlich. 'Six Hills Giant', violettblau, **1278,** S. 160.

Nephrolepis Schott, *Oleandraceae*

Etwa 30 Arten in allen trop. Gebieten der Erde. Epiphytische oder erdbewohnende Farne mit kurzem, meist Ausläufer treibendem Rhizom. Häufig gezogen wird

exaltata (L.) Schott, fast in allen trop. Gebieten. Blätter (Wedel) bis 1 m lang, schmal, gefiedert. Hierzu zahlreiche Formen mit doppelt oder dreifach gefiederten Blättern. Hat Bedeutung als Dekorationspflanze und wird auch gern zur Bepflanzung bunter Blumenschalen verwendet. Auch als recht widerstandsfähige Zimmerpflanze verwendbar. Vor Sonneneinstrahlung schützen. Temperatur im Winter etwa 15°.

Nerine Herb., *Amaryllidaceae*

15 Arten in S-Afrika. Mehrjährige, zwiebelbildende Pflanzen mit gegenständigen, schmalen, riemenförmigen Blättern. Blüten in Dolden auf kräftigem Schaft. Keine Art sicher winterhart. Die Bedeutung der *Nerine* liegt in ihrer Verwendungsmöglichkeit als Schnittblumen, doch können sie auch in Töpfen gezogen werden.

bowdenii W. Wats., Blütezeit September–Oktober. Blätter glänzend grün. Blüten rosa, bis 8 cm lang, bis zu 12 auf 50 cm hohem Schaft. Als Schnittblume bis zu 3 Wochen haltbar. Blätter dieser Art sind wintergrün. Mehrere Kultivierungsmöglichkeiten:
1. Auspflanzen im Freien. Hält unter gutem Schutz auf durchlässigem Boden aus.
2. Ausgepflanzt in einem Frühbeet. Im Winter Schutz geben, Blattaustrieb im Frühjahr.
3. Im Topf. Überwinterung hell, bei etwa 10°. Blätter wachsen dann.

Meist sterben im Juli–August die Blätter ab. Im September–Oktober erscheinen dann die Blütenstände vor dem neuen Blattaustrieb. Vermehrung durch die reichlich gebildeten Nebenzwiebeln. **865,** S. 109.
Hierher gehören mehrere Sorten, z. B. 'Fenwicks Variety', **866,** S. 109; 'Pink Triumph'.

sarniensis (L.) Herb., Guernseylilie. Blütezeit September–November. Deutscher Name ist irreführend, da Pflanze aus S-Afrika stammt, aber seit langem auf der Kanalinsel Guernsey angebaut wird. Blätter graugrün. Blüten bis 5 cm lang, leuchtend scharlachrot, bis zu 10 auf 50 cm langem Schaft, zart nach Kakao duftend. Kultiviert wird überwiegend 'Corusca Major', in allen Teilen etwas größer als die Art. **563,** S. 71. Vermehrung durch Nebenzwiebeln, die aber weniger reich gebildet werden als bei *N. bowdenii*. Pflege ist etwas schwieriger. Von dieser Art sind einige Auslesen und Hybriden (aus Kreuzung mit *N. flexuosa*) entstanden, die z. T. etwas später blühen, z. B. 'Miss E. Cator', **564,** S. 71; 'Ancilla', 'Bettina', 'Elvira'; alle drei gezüchtet von Tubergen/Haarlem.

undulata (L.) Herb., Blütezeit September–Oktober. Blüten hellrosa, 3–4 cm lang, bis zu 10 auf 50 cm langem Schaft. Perigonblätter gewellt.

Nerium L., Oleander, *Apocynaceae*

2 Arten im Mittelmeergebiet und subtrop. Asien. Sträucher, immergrün, mit schmalen, ledrigen, zu dreien quirlständigen Blättern. Blüten tellerförmig, in endständigen Trauben. Nicht winterhart. In Kultur ist wohl hauptsächlich

oleander L., Mittelmeergebiet. Blütezeit Sommer bis Herbst. Bis mehrere Meter hoch werdend, in frostfreien Gebieten S-Europas auch als hochstämmiger Baum gezogen. Blüten bei der Art rosa. Es existiert ein großes Sortiment mit einfachen, halbgefüllten, gefüllten Blüten in weiß, rosa, lachs, rot, gelb, duftend oder nicht duftend. Verwendung als beliebte Kübelpflanze, im Sommer im Freien, in voller Sonne, reichlich wässern und düngen. In längeren Regenperioden öffnen sich die Blüten nicht und faulen. Guter Standort dann unter Terrassendach. Überwinterung frostfrei, auch im Keller gut möglich; Jungpflanzen besser in hellem Zimmer bei etwa 10°. Vermehrung durch Stecklinge, die in ein Glas mit Wasser gestellt werden. Nach erfolgter Wurzelbildung eintopfen. Kleine Triebe, die in den Blattachseln unterhalb eines Blütenstandes gebildet werden, scheinen schneller Wurzeln zu bilden. Blütenstände im Herbst nicht ausschneiden, da sie meist im kommenden Jahr noch weitere Blüten hervorbringen. Vorsicht bei von Reisen mitgebrachten Stecklingen, die mitunter von Oleanderkrebs (Bakteriose) befallen sind. Erste Kennzeichen: kleine schwarze Pusteln auf den Blättern. Bei starkem Befall Verdickungen an den Blütentrauben, Blüten verkümmern. Um Ansteckungsgefahr gesunder Pflanzen zu verhüten, befallene Pflanzen vernichten. Bekämpfung durch Spritzen mit Antibiotika zwar wirksam, doch im Hausgebrauch zu aufwendig. Saft des Oleanders ist giftig. Vorsicht mit Kindern. **1710,** S. 214.

Nertera Banks et Soland., Korallenbeere, *Rubiaceae*

Etwa 8 Arten in Gebirgen der Südhalbkugel. Mehrjährige, kriechende Kräuter mit kleinen, gegenständigen Blättchen. Kultiviert wird:

granadensis (Mutis) Druce (syn. *N. depressa* Gaertn.), Mittel- und S-Amerika, Neuseeland. Wenige cm hohe, kriechende Staude mit bis 7 mm langen eiförmigen Blättchen. Blüten grünlich, unscheinbar. Früchte kuglig, 6 mm dick, orange. Fruchtende Pflanzen werden von Gärtnereien in 8–10-cm-Topf angeboten und sind dann ganz mit Früchten bedeckt, die einige Wochen halten. Verwendung so als Zimmerpflanze. Weiterkultur lohnt kaum.

Nicandra Adans., *Solanaceae*

Nur 1 Art.

physaloides (L.) Gaertn., beheimatet in Peru. Blütezeit Juli–September. Kraut, einjährig, stark verästelt, bis 1 m hoch, mit gezähnten Blättern und großen blauen Blüten. Frucht eine Beere, kuglig, von den Kelchblättern umschlossen. Verwendung als Sommerblume, Aussaat gleich ins Freie. Frühere Blütezeit wird erzielt durch Aussaat in Töpfe im März, auspflanzen Mitte Mai. Die Fruchtstände können getrocknet und als Trockenstrauß verwendet werden. Samen ist frosthart, daher Selbstaussaat im Garten möglich. **350,** S. 44.

Nicotiana L., Tabak, *Solanaceae*

100 Arten, besonders im subtrop. Amerika. Kräuter, Halbsträucher oder Sträucher mit großen, ganzrandigen, drüsig-klebrig behaarten Blättern. Blüten weiß, gelb oder rot, in endständigen Rispen oder Trauben. Vermehrung durch Aussaat. Bei uns werden alle Arten einjährig gezogen. Für warme sonnige Stellen mit nährstoffreichem Boden und guter Wasserversorgung im Sommer.

affinis siehe *alata*

alata Link et Otto (syn. *N. affinis* T. Moore), S-Amerika. Blütezeit Juli–September. 80–150 cm hohe Staude mit sitzenden, länglich-ovalen Blättern. Blüten weiß, röhrig, 5–8 cm lang, nickend, nachts geöffnet und stark duftend. Gezogen wird meist 'Grandiflora', mit größeren Blüten, ebenfalls stark duftend, in vielen Sorten:
'Crimson Bedder', Blüten karminrot, 40–50 cm hoch; 'Daylight', Blüten auch tagsüber geöffnet; 'Lime Green', Blüten grüngelb, **351,** S. 44; 'White Bedder', Blüten weiß, 40–50 cm hoch.

× **sanderae** hort. (*N. alata* × *N. forgetiana*), Blütezeit Juli–September. 60–100 cm hoch, sehr ähnlich *N. alata*, aber ohne Duft. Von *N. forgetiana* hat sie die rote Blütenkrone geerbt. Blüten karminrosa bis rot. Viele Sorten und Kreuzungen mit anderen Arten, z. B. 'Crimson King', Blüten dunkelsamtrot.

Nidularium Lem., *Bromeliaceae*

Etwa 30 Arten in Brasilien. Epiphytische, rosettenbildende Pflanzen mit dornig gezähnten Blättern. Blüten in gedrängter Rispe, nistend im Innern der Rosette. Wenn Blütenbildung stattgefunden hat, sind die inneren Blätter meist lebhaft gefärbt, ähnlich wie bei der verwandten Gattung *Neoregelia*. Pflege und Verwendung wie diese, doch etwas weniger heller Standort. Vermehrung durch Kindl. Angeboten werden mehrere Arten; als Beispiel sei genannt:

innocentii Lem., Hauptblütezeit Sommer. Blätter oberseits glänzend grün, unterseits violett. Innere Blätter zur Blütezeit leuchtend rot. **565,** S. 71.

Nierembergia Ruiz et Pav., Weißbecher, *Solanaceae*

20 Arten von Mexiko bis Patagonien. Kräuter und Halbsträucher mit ganzrandigen Blättern. Blüten glocken- oder röhrenförmig. Vermehrung durch Aussaat oder Teilung. Winterschutz, oder Ausläufer frostfrei überwintern oder als Einjahresblume behandeln. Für sonnige bis halbschattige Stellen mit leichtem, feuchtem Boden.

caerulea siehe *hippomanica*

hippomanica Miers (syn. *N. caerulea* Sealy), Argentinien. Blütezeit Juni–September. 5–15 cm hohe, flaumig behaarte Staude mit linealischen, spaltigen Blättern und kurzgestielten, 3 cm großen, schalenförmigen weißrosa Blüten. 'Violacea', Blüten blau.

repens Ruiz et Pav. (syn. *N. rivularis* Miers), Argentinien, Chile, Uruguay. Blütezeit Juli–Oktober. 10–15 cm hohe Staude mit rasenartigem Wuchs und gestielten spatelförmigen Blättern. Blüten 2–3 cm groß, weiß, schalenförmig, auf kurzen Stielen. **113,** S. 15.

rivularis siehe *repens*

Nigella L., Schwarzkümmel *Ranunculaceae*

20 Arten, vorwiegend im Mittelmeergebiet. Einjährige Kräuter mit 3fach fiederteiligen Blättern und einzeln stehenden Blüten. Die Frucht ist eine 5–10-teilige aufgeblasene Kapsel mit Hörnern. Vermehrung durch Aussaat im März bis April (und Folgesaaten), Blütezeit jeweils 8–10 Wochen später. Aussaat an sonnige Stellen im Freien. Seit der Mitte des 16. Jahrhunderts Gartenpflanze.

damascena L., Jungfer im Grünen, Braut in Haaren. S-Europa und N-Afrika. Blütezeit Juni–September. 40–50 cm hohe, stark verästelte Kräuter mit fein zerteilten Blättern. Blüten einzeln, endständig, blau, violett oder weiß. Mischungen oder Farbsorten im Handel, z. B. 'Miss Jekyll', Blüten halbgefüllt, kornblumenblau, **352,** S. 44; 'Persian Juwels', Mischung, **353,** S. 45.

Nolana L., Glockenwinde, *Nolanaceae*

77 Arten im westl. S-Amerika, besonders in den Tropengebieten von Peru und Chile. Kahle oder klebrig-weichhaarige, liegende Kräuter mit flachen, einzeln oder paarig stehenden Blättern. Blüten einzeln, achselständig, blau oder rosa. Vermehrung durch Aussaat im April (und Folgesaaten) an sonnige Stellen.

acuminata Miers, Chile. Blütezeit Juni–September. Einjährige, 10–20 cm hohe, weißgraue, behaarte Kräuter mit schmalen, rosettenförmig stehenden Blättern. Blüten trichterförmig, 5 cm groß, gelbweiß mit dunklerem Schlund. 'Lavender Gown', Blüten lavendelblau, **354,** S. 45.

Nomocharis Franch., *Liliaceae*

Etwa 14 Arten im Himalaja, W-China, Burma. Mehrjährige, zwiebelbildende Pflanzen mit beblättertem Stengel, den Lilien nahe verwandt und sehr ähnlich. Blüten meist tellerartig flach. Sehr schwierig zu kultivieren.
Guter Schutz notwendig. Frostfreie Überwinterung in Töpfen kaum anwendbar, da häufiges Aus- und Einpflanzen der Zwiebeln meist schlechte Entwicklung nach sich zieht. Beispiele:

pardanthina Franch., W-China. Blütezeit Sommer. Schaft bis 80 cm hoch. Blüten rosa, mit purpurnen Fleckchen. **867,** S. 109.

saluenensis Balf. f., W-China, Burma. Blütezeit Sommer. Schaft bis 80 cm hoch. Blüten rosa, aber auch weiß. **868,** S. 109.

Nopalxochia Britt. et Rose, *Cactaceae*

Einige Arten (Zahl nicht genau bekannt) von Mexiko bis nördl. S-Amerika. Stengel blattähnlich. Blüten groß, trichterförmig. Hierher gehören die „Epiphyllum" oder „Phyllocactus" mit ihren vielen Sorten.

× **ackermannii** hort., Blütezeit Frühsommer, Sommer. Die älteste und bekannteste Hybride mit großen scharlachroten Blüten. Im Sommer auch im Freien unter leichtem Schatten. **523,** S. 66.

Hybriden. Sie sind entstanden aus Kreuzungen der Arten untereinander, aber auch durch Einkreuzung von Arten anderer Gattungen. Die Herkunft ist nicht klärbar. Das Sortiment umfaßt mehrere hundert Sorten, die alle durch große, tagsüber offene Blüten in leuchtenden Farben gekennzeichnet sind. Blütezeit je nach Sorte von Dezember bis in den Sommer hinein. Viele als Zimmerpflanzen geeignet. Während der Vegetationszeit warm halten, reichlich bewässern und düngen. Überwinterung bei niedrigen Temperaturen (um 10° oder wenig darunter). Dadurch wird das Blühen gefördert oder bei manchen Sorten vielleicht überhaupt erst ermöglicht. Vermehrung durch Abtrennen nicht zu weicher Glieder, die sich gut bewurzeln.
Sortennamen werden hier nicht angeführt. Beispiel **524,** S. 66.

Nothofagus Bl., Scheinbuche, *Fagaceae*

17 Arten im antarktischen S-Amerika, Australien, Neuseeland. Bäume oder Sträucher, immergrün oder sommergrün, mit kleinen, dichtgedrängten Blättern. Winterhärte verschieden.

antarctica (G. Forst.) Oerst., S-Chile, Feuerland. Baum, sommergrün, in der Heimat hoch, bei uns mehr strauchig, bis 10 m hoch. Fein verästelt. Blätter eiförmig, bis 3 cm lang. Winterhart. Verwendung auch in kleineren Gärten. Zierend durch den zarten filigranartigen Aufbau.

procera (Poepp. et Endl.) Oerst., Chile. Baum, sommergrün, mit länglichen, bis 10 cm langen Blättern. Herbstfärbung gelb. Winterhärte bei uns fraglich. **1711,** S. 214.

Notocactus (K. Schum.) Berger, *Cactaceae*

Etwa 15 Arten in S-Amerika. Kuglige bis kurzsäulenförmige Kakteen. Blüten gelb, seltener rot. Für Pflege im Zimmer geeignet. Blütezeit Juni bis August. Im Sommer vor starker Sonnenbestrahlung schützen. Überwinterung bei etwa 10°.

mammulosus (Lem.) Berger, Argentinien, Uruguay. Bis 15 cm hoch. Blüten gelb. **566, S.** 71.

ottonis (Lehm.) Berger, S-Brasilien, Uruguay, Argentinien. Blüten gelb. Hierzu zahlreiche Formen.

rutilans Daen. et Krainz, Uruguay. Blüten violettkarminrot mit gelb.

Nymphaea L., Seerose, *Nymphaeaceae*

40 Arten, fast kosmopolitisch, Wasserpflanzen mit dickem Rhizom und ovalen oder herzförmigen, schwimmenden Blättern und meist anders gefärbten Blattunterseiten. Blüten unter oder auf dem Wasser. Vermehrung durch Aussaat oder Rhizomteilung. Als Schnittblumen geeignet. Die Seerosensorten unserer Gärten sind alle Kreuzungen und Auslesen. An ihrer Entstehung sind besonders einheimische und nordamerikanische Arten beteiligt. Je nach Wärmebedürfnis lassen sich zwei Gruppen bilden:

1. *Seerosen für Kaltwasserbecken*

Pflanzung April–Mai, Wassertiefe je nach Sorte 20 bis 200 cm. Das Wasser sollte sich im Sommer auf 15–25° erwärmen. Überwinterung durch Wasserablassen und Laubdecke oder feuchte frostfreie Überwinterung. Platzbedarf je Sorte 1–4 m². Blütezeit meist abhängig von der Wassertemperatur. Viele Sorten, z. B.: 'Escarboucle', großblumig, weinrot, Wassertiefe 40–60 cm, **1279,** S. 160; 'Fire Crest', rosa, duftend, Wassertiefe 30–50 cm, **1280,** S. 160; 'Gladstoniana', reinweiß, Wassertiefe 40–60 cm, **1281,** S. 161; 'James Brydon', karminrot, Wassertiefe 40–60 cm, **1282,** S. 161; 'Marliacea Chromatella', Blüten hellzitronengelb, Wassertiefe 40–60 cm, **1283,** S. 161; 'Paul Hariot', kupferrot, duftend, Wassertiefe 20–40 cm, **1285,** S. 161; 'Pöstlingberg', reinweiß, größte unter den Seerosen, bis 30 cm breit, Blätter bis 40 cm groß. Wassertiefe 70–200 cm; 'Rosennymphe', rosa, duftend, Wassertiefe 40–100 cm; 'Sulphurea Grandiflora', dunkelschwefelgelb, duftend, Wassertiefe 30–50 cm, **1284,** S. 161; 'Sunrise', goldgelb, Wassertiefe 30–60 cm, **1286,** S. 161.

2. *Seerosen für Warmwasserbecken*

Hybriden aus tropischen Arten, die eine Wassertemperatur von über 20° haben müssen, Wassertiefe 10–50 cm. Überwinterung in feuchtem Sand im Warmhaus. Arten und Sorten z. B.:

capensis Thunb., hellblau, **567,** S. 71; 'Zanzibariensis', rosarot, **568,** S. 71.

'Daubenyana' (*N. caerulea* × *N. micrantha*), blaßblau, tagblühend, auf den Blättern entstehen junge Pflanzen, **572,** S. 72; 'Dir. Geo. T. Moore', Blüten groß, purpurviolett, tagblühend, **573,** S. 72.

lotus L., Ägyptische Lotosblume. 'Dentata', reinweiß, nachtblühend, **569,** S. 72.

rubra Roxb., dunkelrot, nachtblühend, **570,** S. 72; 'B. G. Berry', großblumig, karminrosa, nachtblühend, **571,** S. 72.

Nyssa L., Tupelobaum, *Nyssaceae*

4 Arten in N-Amerika, 2 in Asien. Bäume, sommergrün, mit wechselständigen, ganzrandigen oder gezähnten Blättern. Blüten teilweise zweihäusig. Frucht eine Steinfrucht. Winterhart ist:

sylvatica Marsh., östl. USA. Blütezeit Mai–Juni. Bis 30 m hoch, mit schmal-zylindrischer Krone und herabhängenden Zweigen. Blätter elliptisch, bis 12 cm lang, oberseits glänzend grün, unterseits bläulich. Herbstfärbung scharlachrot. Blüten grünlich, wenig ansehnlich. Früchte blauschwarz, bis 1,5 cm lang. Gedeiht auf trockenen und auch feuchten Böden. Verwendung nur in größeren Anlagen. **1712,** S. 214.

O

× *Odontioda* siehe unter *Odontoglossum*

Odontoglossum H. B. K., *Orchidaceae*

Etwa 90 Arten im trop. Amerika. Epiphytische Orchideen mit meist abgeflachten Pseudobulben, die 4–6 Blätter tragen. Blüten in meist aufrechten Trauben oder Rispen. Zahlreiche Arten sind kulturwürdig und finden sich in botanischen Sammlungen. Im gut klimatisierten Blumenfenster können z. B. gezogen werden:

bictoniense (Batem.) Lindl., Zentralamerika. Blüten gelbgrün mit rotbraunen Flecken, Lippe violett.

crispum Lindl., Kolumbien. Blüten meist weiß mit rotbraunen Flecken.

pulchellum Batem., Guatemala, Costa Rica. Blüten weiß, duftend.

uro-skinneri Lindl., Guatemala. Blüten braunpurpurn, Lippe rosa-weiß.

Besondere Bedeutung haben erlangt die

Hybriden. An ihrer Entstehung ist vor allem *O. crispum* beteiligt. Blüten sehr groß (bis 8 cm im Durchmesser) in weiß, gelb, rosa, rot, meist mit bräunlichen Flecken und Strichen. Beispiele **577** bis **579,** S. 73. Hierher können auch die Bastardgattungen × *Odontioda* (*Odontoglossum* × *Cochlioda*) und × *Odontonia* (*Odontoglossum* × *Miltonia*) eingereiht werden, die in wesentlichen Merkmalen Ähnlichkeit mit *O. crispum* aufweisen. Beispiele **574–576,** S. 72, und **580–582,** S. 73, **655,** S. 82. Sie spielen im Gartenbau eine Rolle als Schnittblumen. Pflege im klimatisierten Blumenfenster ebenfalls möglich.

× *Odontonia* siehe unter *Odontoglossum*

Oenothera L., Nachtkerze, *Onagraceae*

200 Arten in N- und S-Amerika. Kräuter, Stauden oder Halbsträucher, meist verzweigt und vielblättrig. Blätter wechselständig, ganz, gezähnt, gelappt oder fiederspaltig. Blüten groß, achselständig, gelb, weiß, rot, bläulich und vielfarbig. Vermehrung durch Aussaat, Wurzelschnittlinge oder Stecklinge. Für sonnige warme Stellen mit kalkhaltigem Boden. Blüten öffnen sich erst gegen Abend.

biennis L., N-Amerika. Blütezeit Juni–Oktober. Zweijährig, im ersten Jahr nur Rosette. Bis 1 m hoch. Blüten gelb, in endständiger Ähre. **1287,** S. 161.

fruticosa L., östl. N-Amerika. Blütezeit Juli–September. 50–100 cm hohe Staude mit verzweigten, rötlichen Stengeln. Blätter eiförmig-lanzettlich, fein gezähnt. Blüten goldgelb, in endständiger Ähre. **1288,** S. 161. 'Yellow River', Blüten groß, kanariengelb.

glauca siehe *tetragona* 'Fraseri'

missouriensis Sims, N-Amerika. Blütezeit Mai bis September. 20–30 cm hohe Staude mit niederliegenden, rötlichen Trieben. Blätter lanzettlich. Blüten gelb, 10–15 cm breit. Winterhart. **1289,** S. 162.

tetragona Roth, N-Amerika. Blütezeit Juni–August. 40–80 cm hohe Staude mit verzweigten, blaugrünen Stengeln. Blätter blaugrün, eiförmig und gezähnt. Blüten gelb, 4–6 cm groß.
'Fraseri' (syn. *O. glauca* Michx., *O. glauca* hort.), Appalachen. Von dieser stammen mehrere Sorten, z. B. 'Fyrverkeri', reichblühend, mit roten Knospen, 40–50 cm hoch, sehr lange blühend, **1290,** S. 162; 'Hohes Licht', Blüten groß, gelb, 40–50 cm hoch; 'Riparia', Blüten groß, leuchtend gelb, 40–50 cm hoch, sehr lange blühend, **1291,** S. 162.

Olea L., Ölbaum, Olive, *Oleaceae*

Etwa 40 Arten im Mittelmeergebiet, Asien, N- und S-Afrika. Bäume oder Sträucher, mit gegenständigen Blättern. Blüten zwittrig, auch zweihäusig, in achselständigen, seltener endständigen Rispen. Kultiviert wird als wichtige Nutzpflanze:

europaea L., Mittelmeergebiet. Blütezeit Juni bis August. Lieferant der Oliven und des Olivenöls. In der Heimat Baum, bis 10 m hoch (und mehr), immergrün mit länglichen oder lanzettlichen, blaugrünen, unterseits weißlichen Blättern. Frucht (Olive) pflaumenähnlich, bis 3 cm lang, erst grün, in Vollreife schwarzblau. Verwendung als Kübelpflanze; im Sommer im Freien in voller Sonne, Überwinterung frostfrei. **1713,** S. 215.

Olearia Moench, *Compositae*

Etwa 125 Arten in Australien und Neuseeland. Bäume, Sträucher oder Halbsträucher, immergrün, mit meist wechselständigen, unterseits filzigen Blättern. Blütenköpfchen einzeln oder in Rispen oder Doldentrauben. Keine Art winterhart. Verwendung als Kübelpflanzen. Im Sommer im Freien, sonnig; Überwinterung hell und frostfrei (um 5°).

× **haastii** Hook. f. (*O. avicennifolia* × *O. moschata*), Neuseeland. Blütezeit Sommer. Strauch, bis 2,5 m hoch, stark verzweigt, mit dicken, flaumigen Ästen. Blätter wechselständig, länglich, bis 3 cm lang, unterseits weißfilzig. Blüten zu vielen in Doldentrauben. Zungenblüten weiß, Röhrenblüten gelb. **1714,** S. 215.

macrodonta Bak., Neuseeland. Blütezeit Sommer. Strauch, bis 5 m hoch, mit filzigen Zweigen, nach Moschus duftend. Blätter wechselständig, eiförmig, bis 10 cm lang, ledrig, unterseits filzig. Blüten zu vielen in verzweigten Doldentrauben. Zungenblüten weiß, Röhrenblüten gelb. **1715,** S. 215.

Oliveranthus elegans siehe *Echeveria harmsii*

Omphalodes Mill., Nabelwurz, *Boraginaceae*

24 Arten auf der Nordhalbkugel, besonders im Mittelmeergebiet bis O-Asien. Einjährige Kräuter oder Stauden. Blätter langgestielt und grundständig, lanzettlich, eirund oder herzförmig. Blüten weiß oder blau, in lockeren Trauben. Vermehrung durch Aussaat, Teilung oder auch Ausläufer. Für Halbschatten bis Schatten auf feuchtem Boden.

cappadocica (Willd.) DC., Kleinasien. Blütezeit April–Mai. 5–10 cm hohe Staude mit kriechendem Rhizom. Grundblätter ei- bis herzförmig, zugespitzt. Blüten leuchtend blau mit weißem Schlund, in lockeren, verlängerten Trauben. **114,** S. 15.

luciliae Boiss., Griechenland und Kleinasien. Blütezeit Mai–Juni. 5–15 cm hohe Staude mit länglichen, weißpunktierten Blättern. Blüten erst rosa, später himmelblau, etwa 2 cm groß, in wenigblütigen Trauben. Für absonnige Felsspalten. Im Alpinenhaus oder frostfreie Überwinterung. **115,** S. 15.

verna Moench, Gedenkemein. S-Europa. Blütezeit März–Mai. 10–15 cm hohe Staude mit Ausläufern. Grundblätter langgestielt, eiförmig-lanzettlich. Blüten himmelblau mit weißen Augen, in 4blütiger lockerer Traube. Guter Bodendecker auf feuchtem Boden unter Laubgehölzen.

Omphalogramma Franch., *Primulaceae*

13 Arten im Himalaja bis W-China und Burma. Stauden mit länglich-lanzettlichen, grundständigen, behaarten Blättern. Blüten violett bis blau, trichterförmig mit großer Krone. Vermehrung durch Aussaat. Für halbschattige kalkfreie Stellen mit hoher Luftfeuchtigkeit. Fürs Alpinenhaus oder frostfreie Überwinterung.

vinciflorum (Franch.) Franch., W-China, Yunnan. Blütezeit Juni–Juli. 15 cm hohe Staude mit eiförmigen, drüsig behaarten Blattrosetten. Blüten 4–5 cm groß, violett, einzelnstehend. **116,** S. 15.

Oncidium Sw., *Orchidaceae*

Etwa 500 Arten in Mittel- und S-Amerika. Epiphytische Orchideen, meist mit beblätterten Pseudo-

bulben. Blüten meist ansehnlich, oft in großen verzweigten Rispen. Hauptfarben gelb und braun. Sehr vielgestaltige Gattung, von der viele Arten in Kultur sind. Einige Arten für klimatisierte Blumenfenster geeignet.
Aus Kreuzungen zwischen *Oncidium*, *Odontoglossum* und *Cochlioda* sind Bastardgruppen entstanden (trigenerische Bastarde), die unter dem Bastardgattungsnamen × *Wilsonara* zusammengefaßt werden. Die hierzu gehörenden Sorten besitzen Blüten in roten Farbtönen. Beispiel 'Lyoth', **655,** S. 82.

Opuntia Mill., Feigenkaktus, *Cactaceae*

Etwa 200 Arten in Amerika, von Kanada bis südl. S-Amerika. In andere trop. und subtrop. Länder eingeschleppt und dort verwildert. Strauch- oder baumartige, verzweigte Kakteen mit gegliederten Sprossen. Blüten trichter-schalenförmig, meist gelb oder rot. Einige Arten, die nicht so groß werden, als Zimmerpflanzen geeignet. Standort hell. Überwinterung bei 5–8°. Mehrere Arten bei uns winterhart. Verwendung im Freien nur auf durchlässigen Böden, da sonst im Winter Fäulnisgefahr.

ficus-indica (L.) Mill., Feigenopuntie. Trop. Amerika. Blütezeit Sommer. Groß werdend, mit bis 40 cm langen Gliedern. Blüten gelb. In wärmeren Ländern angebaut wegen der eßbaren Früchte.

microdasys (Lehm.) Pfeiff., Goldopuntie. Mexiko. Blütezeit Sommer. Hierzu mehrere Formen, die nicht zu groß werden und daher als Zimmerpflanzen geeignet sind.

phaeacantha Engelm., Mexiko, südl. USA. Blütezeit Sommer. Wuchs niederliegend. Blüten gelb. Hierzu zahlreiche Formen. Winterhart. **583,** S. 73.

Orchidaceae (Orchideen) siehe *Bletilla, Cattleya, Coelogyne, Cymbidium, Cypripedium, Dendrobium, Epidendrum, Maxillaria, Miltonia, Odontoglossum, Oncidium, Orchis, Paphiopedilum, Phalaenopsis, Pleione*

Orchis L., Knabenkraut, *Orchidaceae*

Etwa 60 Arten in Europa, gemäßigtes Asien, N-Afrika, N-Amerika. Erdbewohnende, durch jährlich neugebildete unterirdische Sproßknollen ausdauernde Orchideen mit rosettenartig angeordneten, grundständigen, länglichen Blättern. Blüten meist zu vielen in einer Traube am beblätterten, mitunter hohen Schaft. Blütezeiten je nach Art April–Juni. Zahlreiche Arten sind bei uns heimisch und winterhart. Anzucht und Kultur z. Z. noch schwierig, obwohl manche Arten, z. B. *O. maculata*, sich am günstigen Standort im Garten gut vermehren können. Alle heimischen Orchideenarten stehen unter Naturschutz. Sie werden daher hier nicht als Gartenblumen empfohlen, sondern lediglich einige Beispiele angeführt. Es mag durchaus sein, daß in der Zukunft durch neu entwickelte Anzuchtverfahren die *Orchis*-Arten in größeren Mengen von den Gärtnereien angeboten werden können, ohne daß natürliche Bestände angegriffen werden müssen, und sie dann als Gartenblumen empfohlen werden können. Beispiele:

elata Poir., N-Afrika, Spanien. Nicht winterhart. **117,** S. 15.

foliosa Soland. (syn. *Dactylorhiza foliosa* (Soland.) Soó), Madeira. Nicht winterhart. **119,** S. 15.

maculata L. (syn. *Dactylorhiza maculata* (L.) Soó), ganz Europa. Winterhart. **118,** S. 15.

Origanum L., Dost, *Labiatae*

7 Arten vom Mittelmeergebiet bis Indien. Stauden oder Halbsträucher mit kleinen, ganzrandigen oder großen gezähnten Blättern. 2–10blütige Blütenquirle in kugligen oder zylindrischen Köpfchen. Vermehrung durch Teilung und Stecklinge. Für sonnige bis halbschattige trockene Stellen. Aromatisch duftend und viel von Bienen, Hummeln und Faltern besucht.

amanum Post, Syrien. Blütezeit Ende Juli–August. 7–10 cm hoch, dicht buschig wachsend, mit linealischen Blättern. Blüten 3–5 cm groß, intensiv rosa, endständig; für sonnige, geschützte, warme Stellen. **120,** S. 15.

vulgare L., Staudenmajoran. Europa. Blütezeit Juli–September. 20–50 cm hohe Staude mit Ausläufern. Stengel purpurn. Blätter breit bis länglich, gegenständig, aromatisch duftend. Blüten karminrot bis fleischfarben, in Trugdolden. 'Aureum', Blätter goldgrün, 20 cm hoch, **1293,** S. 162; 'Compactum', nur 15 cm hoch, rosa-lilablühend.
Hierher gehört auch die als *Origanum* × *hybridum* angebotene Staude, die eigentlich *Amaracus* × *hybridus* heißen muß. Blütezeit Juli–September. (Die Unterschiede zwischen den Gattungen *Origanum* und *Amaracus* sind jedoch äußerst gering.) Etwa 20 cm hoch, Blütenstand mit rosa Hochblättern, von hopfenartigem Aussehen, nickend. **1292,** S. 162.

Ornithogalum L., Milchstern, *Liliaceae*

Etwa 100 Arten in Europa, Afrika, W-Asien. Mehrjährige, zwiebelbildende Pflanzen mit länglichen, grundständigen Blättern. Blüten sternförmig, in Trauben, auf langem oder auch kurzem Schaft, in letzterem Falle doldentraubig. Einige Arten winterhart. Verwendung im Garten; andere nicht winterhart, als Zimmerpflanzen verwendbar.

arabicum L., Mittelmeergebiet. Blütezeit März bis Mai, je nach Pflegemethode. Schaft bis 70 cm hoch, Blüten bis 5 cm breit, weiß, bis zu 20 in Doldentrauben, zart duftend. Nicht winterhart. Verwendung als Topfpflanze oder neuerdings im Sommer im Freien. Ähnlich zu behandeln wie Gladiolen. Blütezeit dann etwa Juli. Hierfür Kauf sogenannter präparierter Zwiebeln notwendig, die durch bestimmte Temperaturen vorbehandelt worden sind.

caudatum Ait., S-Afrika. Blütezeit Herbst. Basisteile der Blätter über der Zwiebel noch einen „Zwiebelstamm“ bildend. Schaft bis 90 cm lang. Blüten weiß, grün gebändert, zu vielen in dichter Traube. Nicht winterhart. Verwendung als Zimmerpflanze an kühlem Standort.

nutans L., SO-Europa. Blütezeit April–Mai. Schaft bis 40 cm hoch. Blüten nickend, weiß, auf der Rückseite mit grünen Streifen. Winterhart. **869,** S. 109.

pyramidale L., östl. Mittelmeergebiet bis Persien. Blütezeit Juni. Schaft bis 60 cm hoch. Blüten weiß, auf der Rückseite grün gestreift, zu vielen in langer Traube. Winterhart.

thyrsoides Jacq., „Chincherinchee“. S-Afrika. Blütezeit Juni. Schaft bis 50 cm hoch. Blüten weiß, zu vielen in dichter Traube. Wird oft als Schnittblume angeboten und hält in der Vase mehrere Wochen. Nicht winterhart. Kann Ende Mai ins Freie ausgepflanzt werden und blüht dann länger während des Sommers. **870,** S. 109.

umbellatum L., Stern von Bethlehem. Europa, Vorderasien. Blütezeit April–Mai. Schaft bis 30 cm hoch. Blüten weiß, auf der Rückseite grün mit weißen Streifen, langgestielt in Doldentrauben. Die Blüten öffnen sich in den späten Vormittagsstunden und schließen sich am frühen Nachmittag. Winterhart. Verwildert. **871,** S. 109.

Orobus vernus siehe *Láthyrus vernus*

Orphanidesia Boiss., *Ericaceae*

Nur 1 Art.

gaultherioides Boiss., beheimatet in der NO-Türkei. Blütezeit März–April. Strauch, immergrün, niederliegend, bis 30 cm hoch, mit wechselständigen Blättern. Blüten flach-glockenförmig, bis 5 cm breit, rosa, bis zu 3 in Trauben in den oberen Blattachseln. Winterschutz ratsam. Für feuchte Böden (humos, torfig) an schattigem Standort. **121,** S. 16.

Oscularia Schwant., *Aizoaceae*

Einige Arten in S-Afrika. Kleine Sträucher mit gegenständigen, von blaugrauem Wachs überzogenen Blättern. Nahe verwandt mit *Lampranthus*. Als Zimmerpflanze kultiviert wird:

deltoides (L.) Schwant., Blütezeit Sommer. Bis 25 cm hoch. Blätter 2 cm lang, fleischig, 3eckig, graublau bereift. Blüten flach ausgebreitet, mit vielen schmalen Blütenblättern, 1,5 cm breit, lilarosa. Überwinterung kühl (um 5°). Kann im Sommer auch im Freien ausgepflanzt werden. **584,** S. 73.

Osmanthus Lour., *Oleaceae*

Etwa 30 Arten in O- und S-Asien, 2 in N-Amerika. Sträucher oder Bäume, immergrün, mit gegenständigen, meist derben, ungeteilten Blättern. Blüten glockig bis röhrig, in achselständigen Büscheln oder Rispen. Die meisten Arten nicht winterhart.

delavayi Franch., China. Blütezeit April–Mai. Strauch, bis 3 m hoch, meist aber weniger. Blätter elliptisch, bis 3 cm lang, scharf gezähnt, dunkelgrün. Blüten in achsel- und endständigen Büscheln, weiß, duftend. Nur unter gutem Schutz aushaltend. Besser frostfreie, helle Überwinterung (als Kübelpflanze). **1716,** S. 215.

heterophyllus (G. Don) P. S. Green (syn. *O. ilicifolius* (Hassk.) Mouillef.), Japan. Blütezeit September–Oktober. Strauch, bis 5 m hoch, mit elliptischen, bis 6 cm langen, derb ledrigen Blättern, dunkelgrün, mit dornigen Zähnen versehen. Blüten weiß, duftend, in achselständigen Büscheln. Winterhart.

ilicifolius siehe *heterophyllus*

Osmunda L., Königsfarn, *Osmundaceae*

14 Arten in den gemäßigten Zonen der Nord- und Südhalbkugel und in trop. Gebirgen. Farne mit kräftigem, fast holzigem Wurzelstock. Wedel einfach oder doppelt gefiedert, glatt, hellgrün. Vermehrung durch Sporenaussaat. Für halbschattige bis sonnige, aber feuchte Stellen mit möglichst anmoorigem Boden.

cinnamomea L., Zimtfarn, N- und S-Amerika. 60–150 cm hoch, Rhizom kriechend; nicht sporentragende Wedel doppelt fiederspaltig mit dichtstehenden, lanzettlichen bis breiten Fiedern und braunen Wollbüscheln in den Achseln; sporentragende Wedel treiben zuerst aus und sind kleiner und schmäler. Sie stehen in der Mitte der Pflanze und haben aufrechte, walzenförmige, zuerst grüne, dann zimtfarbene Fiederchen.

gracilis siehe *regalis* 'Gracilis'

regalis L., Kosmopolit der gemäßigten Zonen, in Deutschland unter Naturschutz. 100–180 cm hoch, Rhizom aufrecht, Wedel doppelt gefiedert, innere Wedel im oberen Drittel mit sporentragenden Fiedern. Ab Mitte Oktober schöne, gelblich braune Herbstfärbung. Viele Formen, z. B.:
'Cristata', Hahnenkammkönigsfarn, an den Fiederblättern hahnenkammähnliche monströse Spitzen; 'Gracilis', Zwergkönigsfarn, zierliche Form aus S-Amerika (syn. *Osmunda gracilis* hort.); 'Purpurascens', Purpurkönigsfarn, schwachwachsend, Blattstiele rötlich.

Ourisia Comm., *Scrophulariaceae*

Etwa 25 Arten in den Anden, Patagonien und Neuseeland. Niedrige, am Grunde verholzende Stauden mit gegenständigen Blättern. Blüten weiß, gelb oder rot, einzeln, achselständig oder in endständigen Trauben. Vermehrung durch Aussaat, Teilung oder Ausläufer. Fürs Alpinenhaus in durchlässigen, kalkfreien, feuchten Boden an kühler Stelle. Schutz vor Winternässe.

coccinea (Cav.) Pers., chilenische Anden. Blütezeit Mai–September. 15–30 cm hohe Staude mit niederliegenden Trieben. Blätter herzförmig, ungleich gelappt und langgestielt. Blüten scharlachrot, trompetenförmig, 3–4 cm lang, hängend an rispigem Blütenstand.

elegans Phil., Chile. 40–50 cm hoch, sehr ähnlich *O. coccinea*, aber stärker im Wuchs und Blätter mehr herzförmig. **122,** S. 16.

Oxalis L., Sauerklee, *Oxalidaceae*

Etwa 800 Arten auf der ganzen Erde. Hauptverbreitung in S-Afrika, S-Amerika, Mexiko. Meist mehrjährige Kräuter mit meist 3- oder mehrzählig gefingerten Blättern. Blüten oft flach-trichterförmig. Einige winterharte Arten finden Verwendung im Garten; einige nicht winterharte als Zimmerpflanzen.

adenophylla Gill., Chile, Argentinien. Blütezeit Juni. Staude, mit Rhizomzwiebeln überdauernd, bis 10 cm hoch. Blätter vielgeteilt, silberglänzend. Blüten 2 cm lang, lilarosa. Hält unter Winterschutz einige Jahre im Garten aus. Empfindlich gegen Nässe im Winter. **123,** S. 16.

deppei Lodd., Glücksklee. Mexiko. Blütezeit Juli bis Herbst. Wird an Neujahr in kleinen Töpfchen angeboten (ohne Blüte). Blätter 4zählig, auf langen Stielen. Blüten rosa. Kann im Sommer auch im Freien ausgepflanzt werden und blüht dann. Im Herbst vor dem ersten Frost herausnehmen. Am oberen Ende der weißen, rübenförmigen Wurzel sind Brutzwiebeln gebildet, die abgetrennt und kühl gelagert werden. Aussäen dieser Brutzwiebeln im Mai des nächsten Jahres im Freien.

inops Eckl. et Zeyh., S-Afrika. Blütezeit Mai–Juni. Staude, etwa 8 cm hoch, mit 3zähligen Blättern. Blüten auf kurzen Stielen, rosa, am Grunde gelb. Verwendung im Freien an sonnigem Standort. Überwinterung frostfrei. **124,** S. 16.

laciniata Cav., S-Chile und S-Argentinien. Blütezeit Mai–Juni. Staude, bis 8 cm hoch, mit vielzähligen, blaugrünen Blättern. Blüten auf kurzen Stielen, duftend, rosa. Verwendung und Überwinterung wie *O. inops*. **125,** S. 16.

ortgiesii Regel, Peru. Blütezeit Mai–Juli. Unverzweigter Stamm, bis 30 cm hoch. Blätter an langen Stielen, 3zählig, braunrot. Blüten gelb, zu mehreren auf langem, achselständigem Stiel. Verwendung als Zimmerpflanze im feuchten Blumenfenster.

Oxydendrum DC., Sauerbaum, *Ericaceae*

Nur 1 Art.

arboreum (L.) DC., beheimatet in östl. USA. Blütezeit Juni–August. Baum (bei uns Strauch), sommergrün, mit wechselständigen, länglich-lanzettlichen, bis 20 cm langen Blättern. Austrieb bronzegrün, dann hellgrün. Herbstfärbung scharlachrot. Blüten röhrenförmig, klein, weiß, zu vielen in bis 20 cm überhängenden Rispen. Winterhart. Für sauren und feuchten Boden. **1717,** S. 215.

P

Pachysandra Michx., *Buxaceae*

4 Arten, 3 davon in O-Asien und 1 in den Gebirgen des südöstl. N-Amerika. Kriechende Sträucher mit fleischigem Stamm. Blätter wechselständig, gezähnt, an den Triebspitzen gehäuft. Blüten in aufrechten Ähren. Vermehrung durch Teilung und Stecklinge. Gute Bodendecker für Halbschatten und Schatten.

terminalis Sieb. et Zucc., Japan, 20–30 cm hohe immergrüne, unterirdisch kriechende Staude. Blätter verkehrt-eiförmig mit grob gezähnten Spitzen, an den Triebenden gehäuft. Blüten weiß, in Ähren. 'Variegata', Blätter weißbunt, schwächer wachsend, **1294,** S. 162.

Paeonia L., Pfingstrose, *Ranunculaceae*

33 Arten im gemäßigten Eurasien und Mittelmeergebiet, 2 Arten in den Rocky Mountains. Ausdauernde Pflanzen mit meist knollig verdickten Wurzeln und krautigen oder verholzenden Stengeln. Blätter 3zählig, doppelt 3zählig oder fiedrig zusammengesetzt. Blüten groß, meist einzeln, endständig, weiß, rötlich, bläulich oder gelb. Vermehrung durch Teilung oder Veredelung; für sonnige Stellen mit schwerem, kalkhaltigem Lehmboden ohne stauende Nässe. Pflanzen brauchen mehrere Jahre, um sich in voller Größe zu entwickeln.

albiflora siehe *lactiflora*
arborea siehe *suffruticosa*

cambessedesii (Willk.) Willk., Balearen. Blütezeit Mai–Juni. 40–50 cm hoch, mit doppelt 3zähligen, unterseits purpurnen, lederartigen Blättern. Blüten tiefrosa, 6–10 cm groß. Erfordert guten Winterschutz oder frostfreie Überwinterung. **1295,** S. 162.

lactiflora Pall. (syn. *P. albiflora* Pall., *P. sinensis* hort.), Chinesische Päonie. China und Sibirien. Bis 100 cm hoch, mit doppelt 3teiligen Blättern, rot geädert, Blüten weiß und rosa, duftend. Seit über 1000 Jahren in China und Japan Gartenpflanze. Von dort aus wurden im 18. Jahrhundert Gartensorten eingeführt und aus ihnen das heutige Sortiment entwickelt. Bis heute sind es etwa 3000 Sorten mit allen Variationen der Blütenfüllung und Farben von weiß, rosa, rot, violett und gelb, z. B.:
'Bowl of Beauty', einfachblühend, hellrosa mit cremefarbener Mitte, etwa 90 cm hoch, **1297,** S. 163; 'Defender', Blüten einfach, leuchtend karminrot mit gelber Mitte, 100–110 cm hoch, **1296,** S. 162.

lutea Franch., China und Tibet. Blütezeit Mai–Juni. Breitwachsender Strauch, bis 150 cm hoch, Blätter tief eingeschnitten. Blüten goldgelb, kelchförmig, bis 4 cm groß, zu mehreren.
'Ludlowii', SO-Tibet. Bis 240 cm hoher Strauch mit unverzweigten Stämmen und tief eingeschnittenen Blättern. Blüten goldgelb, frei über dem Laub stehend. In strengen Wintern ist Schutz erforderlich. **1718,** S. 215.

mlokosewitschii Lomak., Kaukasus. Blütezeit Mai bis Juni. 70 cm hoch, Blätter doppelt 3teilig, oberseits blaugrün, unterseits behaart. Blüten schwefelgelb. **1298,** S. 163.

officinalis L., Bauernpfingstrose. Alpen bis Balkan. Blütezeit Mai–Juni. 40–60 cm hohe Staude. Blätter doppelt 3zählig, tief eingeschnitten. Blüten über 10 cm groß, rot, einzeln stehend, duftend. Gute gefüllte Formen in weiß, rosa und rot im Handel. **1299,** S. 163.

sinensis siehe *lactiflora*

suffruticosa Andr. (syn. *P. arborea* Donn), Strauchpäonie. China und Tibet. Blütezeit Mai–Juni. Bereits im 18. Jahrhundert als Gartenform aus China eingeführt. Davon stammen die heutigen Sorten ab. 60–150 cm hohe Sträucher mit großen doppelt 3zähligen, zusammengesetzten Blättern. Blüten weiß mit dunklem, rotbraunem Fleck zur Blütenmitte hin, 15–20 cm breit. Blüten duften. Winterhart, aber empfindlich gegen naßkalten, verdichteten Boden und winterliche Staunässe. Sortenbeispiele:
'Black Pirate', Blüten dunkelsamtrot mit gelber Mitte, einfachblühend, etwa 20 cm groß, **1719,** S. 215; 'Hukuo Jishi', Blüten cremeweiß mit goldgelber Mitte, halbgefüllt, **1720,** S. 215.

Palmae (Palmen) siehe *Chamaerops, Cocos, Microcoelum, Phoenix, Trachycarpus*

Pamianthe Stapf, *Amaryllidaceae*

Einige Arten in S-Amerika. Nahe verwandt mit der Gattung *Hymenocallis*. Mehrjährige, zwiebelbildende Kräuter mit riemenförmigen Blättern. Blüten mit Nebenkrone, zu wenigen doldig an der Spitze des Schaftes. Nicht winterhart.

peruviana Stapf, Peru. Blütezeit Frühjahr. Blätter bis 25 cm lang. Blüten bis 10 cm lang, mit glockiger Nebenkrone, weiß mit grünen Streifen, zu 3–4 am Schaft. Zimmerpflanze für hellen Standort. Temperatur im Winter um 15°. Vermehrung durch Nebenzwiebeln. **585,** S. 74.

Pancratium L., Pankrazlilie, *Amaryllidaceae*

13 Arten im Mittelmeergebiet, Kanarische Inseln, trop. O-Asien. Mehrjährige, zwiebelbildende Kräuter. Blätter linealisch oder riemenförmig, mit ihren unteren Teilen einen „Zwiebelstamm" bildend. Blüten trichterförmig, mit Nebenkrone, weiß, zu mehreren doldig am Ende des Schaftes. Keine Art winterhart.

illyricum L., Korsika, Sardinien, S-Italien. Blütezeit Mai–Juli. Zwiebel birnenförmig, groß. Blätter riemenförmig, graugrün. Blüten sternförmig, mit langer Röhre und gespaltener Nebenkrone, weiß, wohlriechend, bis zu 12 auf 16 cm hohem Schaft. In milden Gegenden unter gutem Schutz den Winter überdauernd. Besser jedoch Verwendung als Kübelpflanze, im Sommer im Freien, Überwinterung frostfrei. **872,** S. 109.

maritimum L., gesamtes Mittelmeergebiet. Blütezeit Juli–September. Zwiebel birnenförmig, kleiner als bei voriger Art. Blätter linealisch-lanzettlich, graugrün. Blüten weiß, wohlriechend, mit ungespaltener Nebenkrone, bis zu 10 auf 50 cm hohem Schaft. Verwendung als Kübelpflanze, Überwinterung frostfrei.

Papaver L., Mohn, *Papaveraceae*

100 Arten auf der Nordhalbkugel, nur 1 Art in S-Afrika und SO-Australien. Einjährige oder ausdauernde Pflanzen mit Milchsaft. Blätter gelappt oder geteilt. Blütenknospen nickend, Blüten einzeln oder zu mehreren, rot, violett, weiß oder gelb. Vermehrung durch Aussaat oder Wurzelstecklinge. Für sonnigen Standort mit tiefgründigem Boden. Alte Pflanzen lassen sich schlecht verpflanzen. Viele Arten sind gute, wenn auch kurzlebige Schnittblumen.

alpinum L., Alpenmohn. Alpen und Karpaten. Blütezeit Juni–August. 10–20 cm hohe Staude mit behaarten, stark zerteilten Blättern in einer grundständigen Rosette. Blüten weiß, gelb, orange oder rötlich, einzeln, gestielt, mit zartem, angenehmem Duft. Aussaat September oder März an Ort und Stelle, später Selbstaussaat, kalkliebend. **126,** S. 16.

nudicaule L., Islandmohn. Arktis. Blütezeit Juni bis September. 30–40 cm hoch. Blätter bläulichgrün, buchtig gefiedert und grundständig. Blüten einzeln stehend, breit-schalenförmig, gelb. Heute gibt es viele Farbsorten mit orange- und lachsfarbenen Blüten.

orientale L., Türkischer Mohn. Armenien. Blütezeit Mai–Juli. 100–150 cm hohe Staude. Blätter fiederteilig, grundständig. Blüten einzeln stehend, rosa, scharlachrot und zinnoberrot mit schwarzem Fleck in der Blütenmitte. **1300,** S. 163. Viele Gartensorten, auch Kreuzungen mit *P. bracteatum*. Sorten z. B.: 'Mrs. Perry', Blüten lachsrosa mit dunklem Mittelfleck, 90 cm hoch, **1301,** S. 163; 'Sultana', Blüten lachsrosa, 70–80 cm hoch, **1302,** S. 163.

rhoeas L., Klatschmohn. Gemäßigte Zonen. Blütezeit Sommer–Herbst. Einjährig. 30–90 cm hoch, buschig wachsend. Blätter einfach bis fiederspaltig und stark borstig behaart. Blüten einzeln stehend, endständig, bis 10 cm groß, scharlachrot mit schwarzem, oft weißgerandetem Grundfleck. Viele Sorten von einfach bis gefüllt, weiß bis dunkelrot. **355,** S. 45.

Paphiopedilum Pfitz., Venusschuh, *Orchidaceae*

Etwa 50 Arten von Indien bis Indonesien. Stammlose, meist erdbewohnende Orchideen mit 2zeilig angeordneten, immergrünen, ungeteilten Blättern. Blüten meist einzeln, groß. Eine für Schnittblumengewinnung sehr wichtige Gattung, im gärtnerischen Sprachgebrauch oft noch als „Cypripedium" bezeichnet.
Durch schon im vergangenen Jahrhundert begonnene und dann verstärkt weitergeführte Züchtungsarbeit sind viele Hybriden entstanden, die heute überwiegend kultiviert werden. Beispiele **493, 494,** S. 62. Alle *Paphiopedilum* können nur unter Glas gezogen werden, einige Arten und Hybriden auch als Zimmerpflanzen im klimatisierten Blumenfenster. Hohe Luftfeuchtigkeit nötig. Entsprechend den Temperaturansprüchen Einteilung in zwei große Gruppen: 1. kühl, 15–20°, 2. warm, über 20°. Rat in besonderen Fällen erteilt die Deutsche Orchideen-Gesellschaft.

Parrotia C. A. Mey., *Hamamelidaceae*

Nur 1 Art.

persica (DC.) C. A. Mey., beheimatet in N-Persien. Blütezeit März. Strauch oder seltener Baum, bis 10 m hoch, sommergrün, breit ausladend. Blätter wechselständig, ungeteilt, dunkelgrün; Herbstfärbung goldgelb. Blüten vor dem Austrieb der Blätter, klein, ohne Blütenblätter, zu mehreren beisammen in kugligen Köpfchen, mit roten Staubfäden; dadurch auffallend. Winterhart. **1721,** S. 216.

Parthenocissus Planch., *Vitaceae*

Etwa 15 Arten in N-Amerika, O- und SO-Asien. Klettersträucher, sommergrün, seltener immergrün. Ranken meist mit Haftscheiben. Blätter gefiedert oder 3lappig. Blüten wenig ansehnlich. Frucht eine dunkelblaue Beere. Bei uns von Bedeutung, winterhart und häufiger angebaut zur Bekleidung von Mauern sind 2 Arten:

quinquefolia (L.) Planch. (syn. *Ampelopsis quinquefolia* (L.) Michx.), Wilder Wein. Östl. N-Amerika. Blütezeit Juli–August. Sommergrün, viele Meter hoch kletternd, mit rötlichen jungen Trieben. Ranken mit Haftscheiben. Blätter 5zählig, grün. Herbstfärbung leuchtend karmin. Einzelblättchen bis 10 cm lang. Hierher einige Sorten.

tricuspidata (Sieb. et Zucc.) Planch. (syn. *Ampelopsis veitchii* hort.), China, Japan. Blütezeit Juni bis Juli. Sommergrün. Hoch kletternd. Ranken mit Haftscheiben. Blätter bis 20 cm breit, ältere 3lappig, grob gesägt, grün. Herbstfärbung gelb und rot. Mehrere Sorten, besonders 'Veitchii', Blätter kleiner, weniger stark gezähnt. **1985,** S. 249.

Passiflora L., Passionsblume, *Passifloraceae*

Etwa 400 Arten im trop. Amerika, Asien, Australien, Polynesien. Kletternde Sträucher mit einfachen oder gelappten bis gefingerten Blättern und Ranken in den Blattachseln. Blüten oft groß und lebhaft gefärbt, mit einer zwischen den Blütenblättern und Staubblättern befindlichen „Korona", die die Form eines Strahlenkranzes hat. Keine Art winterhart. In großen Gewächshäusern botanischer Sammlungen wird eine Anzahl Arten gezogen. Sie können auch als Topfpflanzen im Zimmer gehalten werden, brauchen aber, da Gerüste gebaut werden müssen, reichlich Platz. Als Topfpflanze geeignet und auch des öfteren angeboten wird:

caerulea L., S-Brasilien, Argentinien. Blütezeit während des ganzen Sommers. Blätter 5–7lappig. Blüten in den Blattachseln, bis 9 cm breit, weißlich, Korona blau. Die einzige Art, die im Freien an geschützter Stelle ausgepflanzt werden kann und unter gutem Winterschutz aushält. **1986,** S. 249. Als Zimmerpflanze wohl noch besser geeignet, da schon kleine Pflanzen blühen, ist die Sorte 'Kaiserin Eugenie', Blüten violett. Überwinterung beider bei etwa 10°.

quadrangularis L., Riesengranadilla. Trop. Amerika. Blütezeit Sommer. Stengel 4kantig, geflügelt. Blätter einfach, eiförmig, bis 20 cm lang. Blüten rot, Korona aus weiß und purpurn gefärbten Fäden bestehend. Früchte (die nur nach künstlicher Bestäubung angesetzt werden) bis 20 cm lang, eßbar. Verwendung als Zimmerpflanze möglich, doch großer Platzbedarf.

Paulownia Sieb. et Zucc., *Scrophulariaceae*

6 Arten in China. Bäume, sommergrün, mit sehr großen, herzeiförmigen Blättern. Triebe an jungen Pflanzen dick und hohl. Blüten fingerhutähnlich, in Scheinrispen an den Zweigenden, violett bis weiß.

imperialis siehe *tomentosa*

tomentosa (Thunb.) Steud. (syn. *P. imperialis* Sieb. et Zucc.), Blütezeit Mai, vor dem Austrieb der Blätter. Baum, bis 15 m hoch, mit breit-eiförmigen, bis 30 cm langen Blättern. Blüten bis 6 cm lang, violett. Jüngere Pflanzen mit dicken, hohlen Trieben sind frostempfindlich, ältere Pflanzen mit dünneren, vollen Trieben nicht mehr. In strengen Wintern erfrieren teilweise die Blütenknospen. Für größere Gärten in geschützter Lage. **1722, 1723,** S. 216.

Pelargonium L'Hérit., „Geranie", *Geraniaceae*

Etwa 250 Arten, fast ausschließlich in S-Afrika, wenige in N-Afrika und Vorderasien. Halbsträucher oder Sträucher oder auch mehrjährige Sukkulenten, letztere mit knollig verdickten Sprossen. Keine Art winterhart. Verwendung der sukkulenten Arten in Liebhabersammlungen, doch nicht häufig; sie werden daher hier nicht behandelt.

1. Arten, die wegen ihrer wohlriechenden Blätter als Zimmerpflanzen, im Sommer auch im Freien, gezogen werden. Überwinterung hell, bei etwa 10°. Wenn die Pflanzen zu groß geworden sind, Rückschnitt im Frühjahr oder Anzucht neuer Pflanzen aus Stecklingen.

crispum (L.) L'Hérit., S-Afrika. Blütezeit Sommer. Strauch, bis 60 cm hoch. Blätter klein, 3lappig, mit gekrausten Rändern, nach Zitrone duftend. Blüten violett. 'Variegatum', Blätter weißbunt, **586,** S. 74.

graveolens L'Hérit., Rosenpelargonie, „Rosengeranie". S-Afrika. Blütezeit Sommer. Strauch, bis 1 m hoch. Blätter handförmig gelappt, mit tief eingeschnittenen Lappen, beiderseits behaart, duftend. Blüten rosa.

odoratissimum (L.) L'Hérit., Zitronenpelargonie, „Zitronengeranie". S-Afrika. Blütezeit Sommer. Strauch, bis 80 cm hoch. Blätter herzförmig, etwas gelappt, weich behaart, nach Zitrone duftend. Blüten weiß bis rosa.

radens H. E. Moore (syn. *P. radula* (Cav.) L'Hérit.), Rosenpelargonie, „Rosengeranie". S-Afrika. Blütezeit Sommer. Strauch, bis 1,5 m hoch. Blätter handförmig gelappt, Lappen fiederspaltig, oberseits rauh-, unterseits weichhaarig, duftend. Blüten hellpurpurn.

radula siehe *radens*

2. Pelargonien, die als Blütenpflanzen gezogen werden. Arten sind nicht mehr in Kultur, sondern eine große Zahl von Sorten, die sich in 3 Gruppen einfügen lassen.

× *domesticum* siehe Grandiflorum-Gruppe

Grandiflorum-Gruppe (syn. *P.* × *domesticum* L.H. Bailey), Edelpelargonien. Blütezeit Frühjahr–Frühsommer. An der Entstehung dieser Gruppe sind neben *P. grandiflorum* Willd. noch andere Arten beteiligt, doch ist der Verlauf der frühen Züchtungsarbeit nicht mehr genau festzustellen. Die Züchtung begann vor etwa 100 Jahren in England, später dann auch in Frankreich, Deutschland, Schweiz. Gemeinsame Merkmale der Sorten dieser Gruppe sind wenig fleischige Stempel, schwach gelappte, gezähnte Blätter, die gleichfarbig grün sind (ohne braune Zone). Blüten groß, oft über 5 cm breit, in Dolden, in weiß, rosa, rot, mit dunkleren Flecken auf den Blütenblättern. Vermehrung durch Stecklinge. Zur Blütenbildung sind niedrige Temperaturen notwendig, günstig sind etwa 10°. Einwirkungsdauer 6 Wochen und auch länger, je nach Sorte. Pflanzen also im Herbst und Winter kühl und hell stellen. Diese Reaktionsweise ist der Grund dafür, daß im Hochsommer keine blühenden Edelpelargonien zu haben sind. Rückschnitt der Pflanzen nach der Blütezeit, so daß neue Triebe heranwachsen können, die dann im Herbst bei Eintritt niedriger Temperaturen in der Lage sind, Blüten zu bilden. In Abb. **587–597,** S. 74 und 75, sind in England gebräuchliche Sorten dargestellt. Bei uns sind wichtige Sorten:
'Deutsches Hoffen', rosa; 'Geranimo', rot; 'Grand Slam', rot; 'Knauffs Leuchtfeuer', lackrot; 'Lavender Grand Slam', lavendelfarben; 'Marie Vogel', lilarot; 'White Swan', weiß.

× *hortorum* siehe Zonale-Gruppe

Peltatum-Gruppe, Efeupelargonien. Blütezeit Frühjahr bis Herbst. Diese Gruppe ist aus *P. peltatum* (L.) L'Hérit. hervorgegangen. Die Sorten sind in ihrem Erscheinungsbild recht gleichartig; sie besitzen niederliegende oder hängende Triebe mit etwas fleischigen, glänzenden, meist 5lappigen Blättern, die mitunter eine undeutlich braune Zone aufweisen. Blüten weiß, rosa, violett, karminrot, einfach, halbgefüllt oder gefüllt. Vermehrung durch Stecklinge. Verzweigung ist gering. Verwendung als vorzügliche Ampelpflanzen oder als hängendes Element in Balkonkästen, im Sommer im Freien; Überwinterung bei 5–10°, hell. Rückschnitt im Frühjahr. Besser ist Kauf neuer Pflanzen. Beispiele Abb. **613–617,** S. 77–78. Bei uns wichtige Sorten sind:
'Berliner Balkon', rosa, gefüllt; 'Cattleya', lila; 'L'Etincelante', rot; 'Morgenröte', rosa; 'Santa Paula', blauviolett, gefüllt.

Zonale-Gruppe (syn. *P.* × *hortorum* L. H. Bailey), Blütezeit Frühjahr–Herbst. An der Entstehung dieser Gruppe sind *P. zonale* (L.) L'Hérit. und einige andere Arten beteiligt. Das Sortiment ist sehr groß, es sind *die* „Geranien", mit weitester Verbreitung und Verwendungsmöglichkeit, als ständig blühende Beetpflanzen im Sommer im Freien, für Balkonkästen, Schalen. Vermehrung durch Stecklinge. Neuerdings auch aus Samen zu ziehende, gleich-

mäßige Bestände bildende Sorten, deren Anzucht man aufgrund gewisser Schwierigkeiten bei der Keimung besser den Gärtnereien überläßt. Überwinterung kühl, 5–8°. Rückschnitt im Frühjahr; besser ist jährlicher Zukauf neuer Pflanzen. Gemeinsame Merkmale der Sorten dieser Gruppe: Stengel fleischig, erst im Alter verholzend, vom Grunde her schon gut verzweigt. Blätter rundlich-nierenförmig, flaumig behaart, meist mit deutlicher brauner Zone (Name!), beim Zerreiben mit aromatischem Duft. Blüten meist zu vielen in langgestielten Dolden, in weiß, rosa, lila, rot, einfach, halbgefüllt oder gefüllt. Einige Sorten werden weniger wegen ihrer Blüten als ihrer bunten Blätter gezogen, z. B. Abb. **598–601,** S. 75–76. Weitere, bei uns wichtige Sorten, sind: 'Black Vesuvius', Blätter schwarzbraun; 'Cloth of Gold', Blätter goldgelb; 'Madame Salleron', Blätter weißbunt.
Beispiele für Blütenfarben Abb. **602–612,** S. 76–77. Bei uns wichtige Sorten sind: 'Erfolg', lachsfarben, gefüllt; 'Karin', lachsfarben; 'Minne', ziegelrot; 'Paul Götz', rot; 'Purpurkönig', purpurrot; 'Ulmer Silber', weiß.
Durch Kreuzung von Sorten der Zonale-Gruppe mit Sorten der Peltatum-Gruppe entstanden die sogenannten „Halbpeltaten", die in ihren Wuchseigenschaften zwischen den Elter-Gruppen stehen. Verwendung sowohl als aufrechte als auch hängende Sorten. Sie sind gegen sommerliche Schlechtwetterperioden widerstandsfähiger als die Peltatum-Gruppe. Wichtig sind: 'Père Croszy', karminrot; 'Schöne von Grenchen', leuchtend rot, halbgefüllt.

Peltiphyllum Engl., Schildblatt, *Saxifragaceae*

Nur 1 Art.

peltatum (Torr.) Engl., beheimatet im pazifischen N-Amerika. Blütezeit Mai. Staude mit fleischigem, breitem Erdstamm und großen, langgestielten, schildförmigen Blättern von 60 cm Durchmesser. Blüten blaßrosa, in dichter Trugdolde, auf bis 1 m hohem Schaft, vor dem Blattaustrieb. Vermehrung durch Aussaat oder Teilung. Halbschattiger Standort, humoser, feuchter Boden. **1303,** S. 163.

Pennisetum L. C. Rich., Federborstengras, *Gramineae*

140 Arten in den Tropen und Subtropen, besonders Afrika. Einjährige oder ausdauernde, oft verzweigte Gräser, deren Blütenstand eine langgestielte Ähre mit langen fiederspaltigen bis bärtigfedrigen Borsten ist. Vermehrung durch Aussaat oder Teilung. Für sonnige Stellen mit durchlässigem Boden und guter Wasserversorgung im Sommer. Die im Handel befindlichen Arten sind meist unrichtig benannt. Für Schnitt geeignet.

alopecuroides (L.) Spreng. (syn. *P. compressum* R. Br., *P. japonicum* Trin.), O-Asien bis O-Australien. Ausdauerndes, 30–150 cm hohes, dichte Horste bildendes Gras. Blätter 30–60 cm lang, schmal und fein zugespitzt. Blütenstände sind Flaschenreinigern sehr ähnlich, 10–20 cm lang und 3–5 cm Durchmesser, gelblich oder grünlich oder dunkelpurpurn, mit bis 3 cm langen rauhen Borsten. **1304,** S. 163.

compressum siehe *alopecuroides*
japonicum siehe *alopecuroides*
longistylum siehe *villosum*
rueppellii siehe *setaceum*

setaceum (Forsk.) Chiov. (syn. *P. rueppellii* Steud.), trop. Afrika und SW-Asien. Blütezeit August–Oktober. Ausdauerndes 90–120 cm hohes, Horste bildendes Gras. Blätter 30 cm lang, rauh und überhängend. Blütenähre aufrecht oder nickend, seidig, 10–30 cm lang. Da nicht winterhart, bei uns einjährig gezogen. **356,** S. 45.

villosum R. Br. (syn. *P. longistylum* hort.), Gebirge des östl. trop. Afrika. Blütezeit Juli–Oktober. 20–60 cm hohes, lockere Horste bildendes Gras. Blätter 7–20 cm lang, flach oder gefaltet. Blütenähre gedrungen zylindrisch, aufrecht oder nickend, 4–12 cm lang, 5 cm im Durchmesser. Borsten 5–8 cm lang, federartig, anfangs rosa, später weißlich. **1305,** S. 164.

Penstemon Schmidel, Bartfaden, *Scrophulariaceae*

300 Arten in N-Amerika und NO-Asien. Buschige, aufrecht oder niederliegend wachsende Stauden oder Halbsträucher. Blätter meist gegenständig, Blüten groß, in endständiger Rispe oder Traube. Vermehrung durch Aussaat oder Stecklinge. Verwendung als Stauden oder Sommerblumen. Für warme, trockene oder sonnige Stellen. Gute Schnittblumen.

barbatus (Cav.) Nutt., Mexiko. Blütezeit Juli bis September. Bis 150 cm hohe Staude mit kriechendem Wurzelstock und lanzettlichen Blättern. Rachenblüten 2–3 cm lang, rosa bis karmin, in schlanken, endständigen, meist pyramidalen Rispen. Für etwas kalkhaltigen, nicht zu feuchten Boden. Leichter Winterschutz erforderlich. **1306,** S. 164.

davidsonii Greene, Rocky Mountains, USA. Blütezeit Juli–August. 10–15 cm hoher, immergrüner Halbstrauch mit rasenartigem Wuchs und unterirdischen kriechenden Trieben. Blätter rundlich, ganzrandig. Blüten 2–3 cm groß, lilapurpurn. Für saure Böden. 'Six Hills Hybrid' (*P. davidsonii* × *cristata*), etwa 25 cm hoch, Blüten groß, lila, **1308,** S. 164.

fruticosus (Pursh) Greene, westl. USA. Blütezeit Juli–September. 15–25 cm hoher, große Matten bildender Halbstrauch. Blätter lanzettlich. Blüten 1–2 cm lang, blaßlila bis purpurrosa, an kurzen Stielen. 'Crassifolius', **127,** S. 16.

gentianoides siehe *hartwegii*

hartwegii Benth. (syn. *P. gentianoides* Lindl.), Mexiko. Blütezeit Juli–Oktober. Halbstrauchig, bis 80 cm hoch, mit ovalen Blättern. Rachenblüten bis 5 cm lang, hängend, dunkelrot bis scharlach, meist zu 3 stehend, in lockerer Rispe. Guter Winterschutz oder, besser, frostfreie Überwinterung. Im Handel sind nur Hybriden, die einjährig (Aussaat Februar) gezogen werden, z. B. 'Paul Schönholzer', Blüten leuchtend scharlachrot, **1307,** S. 164; 'Southgate Gem', großblumig, rot.

newberryi A. Gray, kalifornische Gebirge. Blütezeit Juni–Juli. 15–25 cm hoher Halbstrauch mit rasenartigem Wuchs. Blätter eiförmig, unregelmäßig gesägt. Blüten röhrenförmig, rosafarben, in kurzem Blütenstand. **128,** S. 16.

scouleri Lindl., westl. N-Amerika. Blütezeit Juni bis Juli. Bis 40 cm hoher, buschig wachsender Halbstrauch. Blätter lanzettlich bis spatelförmig. Blüten bis 5 cm lang, röhrenförmig, lavendelblau, in kurzen Trauben. Nicht für kalkhaltige Böden. **129,** S. 17.

Peperomia Ruiz et Pav., *Piperaceae*

600–1000 Arten in den trop. Gebieten der Erde, besonders Mittel- und S-Amerikas. Bodenbewohnende (terrestrische) und auf Bäumen sitzende (epiphytische), ein- und mehrjährige Kräuter mit meist etwas sukkulenten Blättern. Blätter, Wuchs und Blütenstände vielgestaltig. Vermehrung durch Aussaat und Trieb- oder Blattstecklinge. Es sind Zimmerpflanzen, die je nach Art Vollsonne oder Schatten vertragen, aber alle bei mindestens 15° stehen müssen. Sie vertragen sehr gut die trockene Zimmerluft und sind durch die Vielgestaltigkeit und den zierlichen Wuchs geeignete Sammelobjekte. Da seit etwa 70 Jahren außer der Auswertung von Expeditionsherbarien keine neue Gattungsbeschreibung erschien, ist die Bestimmung der im Handel befindlichen und eingeführten Arten sehr schwierig. Als Folge davon sind viele Arten unter falschem Namen im Handel oder in botanischen Gärten kultiviert. Viele interessante Arten harren noch der Einführung.

argyreia (Miq.) E. Morr. (syn. *P. sandersii* C. DC., *P. arifolia* Miq. var. *argyreia* (Miq.) Hook.f.), nördl. S-Amerika. Blütezeit Frühsommer. 10–20 cm hoch, mit langgestielten, grundständigen oder an kurzem Stamm sitzenden schildförmigen Blättern mit deutlicher Spitze und breiten silbrigweißen Streifen zwischen den dunkelgrünen Blattadern. Blüten unscheinbar, dichtgedrängt, an langer, oft verzweigter Ähre. **618,** S. 78.

arifolia var. *argyreia* siehe *argyreia*

caperata Yuncker, Brasilien. Blütezeit Frühjahr bis Herbst. 10–15 cm hoch, mit langgestielten oder an kurzem Stamm sitzenden Blättern, die schildförmig sind mit Spitze und zwischen der Blattader eine hochgewölbte Blattfläche haben. Blattfarbe dunkelgrün, mit rötlichem bis graugrünem Schimmer. Blüten dicht sitzend, an gabligen bis hahnenkammartigen, verbänderten Ähren, rahmweiß bis cremefarben. **619,** S. 78. Sorten z. B.:
'Emerald Ripple', Blätter und Wuchs größer und stärker; 'Little Fantasy', Blätter und Wuchs wesentlich kleiner und schwächer; 'Tricolor', Blätter weißrosa panaschiert.

griseo-argentea Yuncker (syn. *P. hederifolia* hort., *P. pulchella* hort.), nördl. S-Amerika. Ähnlich *P. caperata*, 10–15 cm hoch, Blätter größer und nicht so stark gewellt, oberseits grausilbern. Blütenähren grünlich und unverzweigt. **620,** S. 78.

hederifolia siehe *griseo-argentea*
magnoliifolia siehe *obtusifolia*

obtusifolia (L.) A. Dietr. (syn. *P. magnoliifolia* (Jacq.) A. Dietr., *P. tithymaloides* (Vahl) A. Dietr.), trop. Amerika. Aufrechte, verzweigte, 20–30 cm hohe Pflanze mit dick sukkulenten Stielen und Blättern. Blätter verkehrt-eiförmig, deutlich gestielt und ohne Spitze oder am Ende etwas eingesenkt. Blütenähren grünlichweiß, unverzweigt, end- oder blattgegenständig.
'Green Gold', Blätter goldgelb, panaschiert; 'Variegata', Blätter nur in der Mitte noch grün, am Rand gelblich weiß. **621,** S. 78.

pulchella siehe *griseo-argentea*
sandersii siehe *argyreia*
tithymaloides siehe *obtusifolia*

Perilla L., Schwarznessel, *Labiatae*

3 Arten in Indien und O-Asien. Einjährige Kräuter mit stark riechenden Blättern und kleinen unscheinbaren Blüten in zweiblütigen Quirlen.

frutescens (L.) Britt., Himalaja bis Japan. 50–100 cm hohes Kraut mit oval-eirunden, grobgesägten, gegenständigen Blättern. Blüht nur im Kurztag. 'Nankinensis', Blätter schwärzlich purpurfarben. Als Blattpflanze für Sommerblumenbeete geeignet, an sonnigen warmen Stellen. Vermehrung durch Aussaat. **357,** S. 45.

Pernettya Gaudich., Torfmyrte, *Ericaceae*

Etwa 25 Arten von Mexiko bis südl. S-Amerika, 1 Art in Neuseeland. Sträucher, immergrün, niedrig, mit wechselständigen, kleinen, meist gesägten Blättern. Blüten krugförmig, meist einzeln in den Blattachseln. Frucht eine Beere, meist lebhaft gefärbt. Keine Art sicher winterhart, allenfalls *P. mucronata* unter sehr gutem Winterschutz. Verwendung als

Topf- und Kübelpflanzen, im Sommer in Freien. Überwinterung hell und kühl. Erde humos, sauer. In botanischen Sammlungen werden eine Reihe von Arten gezogen; etwas häufiger verbreitet ist lediglich

mucronata (L.f.) Gaudich., Chile, S-Argentinien. Blütezeit Mai–Juni. Bis 50 cm hoch, dicht verzweigt, mit behaarten Zweigen. Blätter bis 2 cm lang, eiförmig, stachelspitzig, ledrig, glänzend grün. Blüten zweihäusig, bis 5 mm lang, weiß, rosa überhaucht. Früchte weiß, rot oder lila, lange am Strauch haftenbleibend. Für feuchten, torfigen Boden in halbschattiger Lage. **1724,** S. 216. Mehrere Sorten, die sich vor allem in der Fruchtfarbe unterscheiden.

Perovskia Karel., *Labiatae*

4 Arten von W-Asien bis Himalaja. Halbsträucher oder Kräuter, sommergrün, mit gegenständigen, gesägten bis fiederschnittigen Blättern. Blüten quirlig in Scheinähren. Die angeführten Arten sind winterhart. Verwendung im Garten, an sonnigem Standort.

abrotanoides Karel., W-Himalaja. Blütezeit August bis September. Strauch, bis 1 m hoch. Blätter fiederteilig, bis 6 cm lang, aromatisch duftend. Blüten lila.

atriplicifolia Benth., Afghanistan bis W-Himalaja. Blütezeit August–September. Strauch, bis 1,5 m hoch, mit rutenförmigen, weißfilzigen Zweigen. Blätter eiförmig-lanzettlich, grob gesägt, graufilzig, aromatisch duftend, bis 6 cm lang. Blüten blau. Friert im Winter zurück; treibt im Frühjahr von unten her wieder aus. **1309,** S. 164.

Petrocosmea Oliv., *Gesneriaceae*

Etwa 20 gebirgsbewohnende Arten in China, Burma, Thailand. Mehrjährige, kleine Kräuter, der Gattung Saintpaulia ähnlich. Auch in Sammlungen selten kultiviert.

kerrii Craib, Thailand. Blütezeit August–September. Blätter in einer Rosette, eiförmig-lanzettlich, bis 10 cm lang, dick, samtig behaart. Blüten weiß mit 2 gelben Flecken, etwa 2 cm breit, zu 1–3 auf 5 cm langem Stiel. Verwendung als Zimmerpflanze an schattigem und kühlem Standort. **130,** S. 17.

Petunia Juss., *Solanaceae*

Etwa 25 Arten in Brasilien und Argentinien. Meist klebrig-weichhaarige, verzweigte Kräuter mit ungeteilten, ganzrandigen Blättern. Blüten trichter- oder tellerförmig, groß, einzeln in den Blattachseln. Von den Arten werden zuweilen einige in botanischen Sammlungen kultiviert. Weit verbreitet sind die

Gartenpetunien (*Petunia*-Hybriden), ursprünglich wohl entstanden aus *P. axillaris* × *P. violacea*. Die Züchtung begann schon vor mehr als 100 Jahren. Das Sortiment ist sehr groß und durch fast jährlich erscheinende Neuzüchtungen ständigem Wechsel unterworfen. An Blütenfarben sind vorhanden: weiß, violett, blau, gelb, rosa, rot. Es gibt auch zweifarbige Sorten, sog. Sternpetunien. Blütenfarben rot-weiß oder blau-weiß. Die Sorten können in mehrere Gruppen eingeteilt werden:

1. Pendula-Gruppe. Hängepetunien mit tief herabhängenden Trieben. Blüten klein bis mittelgroß.
2. Multiflora-Gruppe. Wuchs niedrig, aufrecht. Blüten klein. Geeignet für Bepflanzung von Beeten.
3. Grandiflora-Gruppe. Blüten groß. Hohe und niedrige Sorten vorhanden.
4. Fimbriata-Gruppe. Blütenblätter gefranst. Hohe und niedrige Sorten vorhanden.
5. Superbissima-Gruppe. Blüten sehr groß, mit gewellten Blütenblatträndern. Hohe und niedrige Sorten vorhanden. Beste Entwicklung nur an geschütztem Standort, z. B. überdachtem Balkon.
6. Plena-Gruppe. Blüten gefüllt. Beste Entwicklung nur an geschütztem Standort.

Zwischen den genannten Gruppen gibt es jetzt bereits wieder Übergänge.

Verwendung:

1. Als Sommerblumen auf Beeten im Freien. Hierfür sind geeignet die kleinblumigen Sorten der Gruppen 2, 3, auch 4.
2. Für Bepflanzung von Balkonkästen und Schalen. Hierfür sind alle 6 Gruppen geeignet. Wenn sehr starkes Überhängen gewünscht, dann besonders Gruppe 1 und die hohen Sorten der Gruppen 3, 4 und 5. Gruppen 5 und 6 zeigen beste Entwicklung nur bei Überdachung.

Sorten werden hier nicht angegeben; Auskunft über die jeweils geeigneten Sorten geben Gärtnereien. Pflege: Anzucht den Gärtnereien überlassen. Mitte bis Ende Mai Pflanzen kaufen und einpflanzen. Standort sonnig, doch sind absonnige, aber helle Standorte ebenfalls geeignet. Wenn die Pflanzen gesund bleiben, blühen sie bei reichlicher Bewässerung und Düngung bis zum ersten Frost. Überwinterung gelingt in den seltensten Fällen. Jährlicher Kauf von Jungpflanzen ist ratsam. **358, 359,** S. 45.

Phacelia Juss., *Hydrophyllaceae*

130 Arten, meist im westl. N-Amerika. Überwiegend rauhhaarige Kräuter. Blätter wechselständig und fiedrig gelappt, geschlitzt oder grobgezähnt. Blüten blau, violett oder weiß in endständigen Trugdolden oder in einseitigen, schneckenartig gerollten, ährigen Trauben. Vermehrung durch Aussaat März bis April (und Folgesaaten) an Ort und Stelle. Für leichten Boden in Sonne bis Halbschatten, Bienenfutterpflanzen.

campanularia A. Gray, Kalifornien. Blütezeit Juli bis September. 15–30 cm hohe, einjährige Kräuter mit herzförmigen, kerbzähnigen Blättern. Blüten glockenförmig, 1,5 cm lang, dunkelblau. 'Blue Bonnet', Blüten dunkelblau, **360,** S. 45.

Phalaenopsis Bl., *Orchidaceae*

Etwa 40 Arten von Indien bis O-Asien, Indonesien, N-Australien. Epiphytische Orchideen ohne Pseudobulben. Blätter fleischig, elliptisch-lanzettlich, 2-zeilig gestellt. Ältere Pflanzen einen kleinen Stamm bildend. Blüten meist ansehnlich, in lockeren, achselständigen Trauben oder Rispen. Verwendung einiger Arten im klimatisierten Blumenfenster möglich. Einige Arten haben große Bedeutung als Schnittblumen, besonders die vielen durch Kreuzung erzielten Hybriden von *P. amabilis* und *P. schilleriana*. Blüten dieser Hybriden bis 10 cm breit, in weiß, gelb, rosa, rosaviolett.

Phalaris L., Rohrglanzgras, *Gramineae*

12 Arten, meist im Mittelmeergebiet. Einjährige oder ausdauernde Gräser mit flachen Blättern. Blüten in endständigen, kopfartigen oder ährenförmigen Rispen. Vermehrung durch Teilung oder Grundsprosse. Sonnige bis halbschattige Stellen mit kräftigem, feuchtem Boden. Für Schnitt geeignet.

arundinacea L., Europa. 100–200 cm hohe Staude mit kriechendem Erdstamm. Blüten in endständigen Rispen auf kräftigen Halmen. 'Picta', etwa 100 cm hoch, Blätter 30–50 cm lang, weißrosa bis weißgelb längsgestreift, **1310,** S. 164.

Pharbitis siehe *Ipomoea*

Phaseolus L., Bohne, *Leguminosae*

200 Arten, hauptsächlich in den Tropen und Subtropen Amerikas. Windende, selten aufrechte Kräuter mit dreizähligen Blättern. Blüten rot, weiß, violett oder gelblich, in achselständigen Trauben. Vermehrung durch Aussaat im Mai an sonnige Stellen im Freien. Im Sommer gute Wasserversorgung! Zum Beranken von Zäunen u. a. sehr gut geeignet.

coccineus L., Feuerbohne, Prunkbohne. S-Amerika. Blütezeit Juni–September. Einjährig gezogene Kräuter, windend gegen den Uhrzeigersinn, bis 4 m hoch. Blätter feinbehaart, 3zählig. Blüten scharlachrot, in achselständigen Trauben, die länger als das Tragblatt sind. Junge Bohnen sind eßbar. Samen schön gefleckt.

Philadelphus L., Falscher Jasmin, Pfeifenstrauch, *Saxifragaceae*

Etwa 70 Arten von S-Europa bis Kaukasus, O-Asien, N- und Mittelamerika. Sträucher, sommergrün, mit gegenständigen, ungeteilten Blättern. Blüten schalenförmig, in achselständigen Trauben oder Rispen. Die angeführten Arten sind winterhart. Verwendung als Blütensträucher im Garten ohne besondere Ansprüche. Von Bedeutung sind besonders die durch Züchtung erzielten Sorten. Das Sortiment ist groß und enthält starkwachsende (bis 5 m hoch), mittelstarkwachsende (2–3 m hoch) und schwachwachsende Sorten (bis 2 m hoch). Auch viele Sorten mit gefüllten Blüten, mit oder ohne Duft. Schnittmaßnahmen: Bei stärkeren Sträuchern auslichten durch Herausnehmen alter Triebe.

coronarius L., SO-Europa. Blütezeit Mai–Juni. Bis 5 m hoch. Blüten rahmweiß, einfach, stark duftend, bis 3 cm breit, an kurzen Seitentrieben in Trauben. **1728,** S. 216.

Cymosus-Hybriden. Entstehung unbekannt. Sowohl stark- als auch schwachwüchsige Sorten. 'Bouquet Blanc', bis 2 m hoch, mit überhängenden Zweigen. Blüten milchweiß, gefüllt, bis 2,5 cm breit, duftend. **1727,** S. 216.

grandiflorus siehe *inodorus* 'Grandiflorus'

inodorus L. 'Grandiflorus' (syn. *P. grandiflorus* Willd.), südöstl. USA. Blütezeit Juni. Sehr stark wachsend, bis 5 m hoch. Blüten weiß, einfach, ohne Duft, bis 5 cm breit.

Lemoinei-Hybriden (*P. coronarius* × *P. microphyllus*). Blütezeit Juni–Juli. Sorten mit niedrigem, gedrungenem Wuchs. 'Dame Blanche', bis 2 m hoch, Blüten weiß, einfach bis halbgefüllt, stark duftend; 'Manteau d'Hermine', bis 2 m hoch, Blüten weiß, gefüllt, bis 3 cm breit, ohne Duft, **1729,** S. 217.

Purpureo-Maculatus-Hybriden. Blütezeit Juni bis Juli. Mittelstark bis stark und buschig wachsende Sorten. 'Beauclerk', bis 2 m hoch, Blüten einfach bis halbgefüllt, weiß mit rötlicher Basis, duftend, **1725,** S. 216; 'Belle Etoile', bis 1,5 m hoch, Blüten einfach, weiß, stark duftend, Ränder der Blütenblätter etwas gefranst, **1726,** S. 216.

Virginalis-Hybriden. Blütezeit Juni–Juli. Mittelstark und aufrecht wachsend. Blüten der meisten Sorten gefüllt und duftend.

Philesia Comm., *Liliaceae*

Nur 1 Art.

magellanica J. F. Gmel. (syn. *P. buxifolia* Lam.), beheimatet in S-Chile und in Feuerland. Blütezeit Sommer. Strauch, immergrün, bis 1 m hoch, mit wechselständigen, länglichen, ledrigen, am Rande umgerollten Blättern. Blüten lang, glockenförmig, hängend, bis 7 cm lang, karminrosa, an den Zweigenden. Nicht winterhart. Zum guten Gedeihen sind gleichmäßig kühle Temperaturen um 15° und etwas darunter wichtig. Bedingungen, die bei uns wohl selten gegeben sind. **1730,** S. 217.

Philodendron Schott, *Araceae*

Etwa 250 Arten im trop. Amerika. Mehrjährige, strauchige oder baumartige, oft kletternde Pflanzen mit meist großen, sehr verschieden gestalteten Blättern. Keine Art winterhart. Verwendung als Zimmerpflanzen; einige Arten auch für Treppenhäuser geeignet. Mitunter sehr groß werdend.

andreanum siehe *melanochrysum*

bipennifolium Schott, Brasilien. Kletternd. Blätter leierförmig, bis 40 cm lang, grün. Zimmerpflanze, auch für Treppenhäuser.

erubescens C. Koch et Aug., Kolumbien. Kletternd, mehrere Meter hoch werdend. Blätter verlängert-pfeilförmig, bis 40 cm lang, oberseits glänzend dunkelgrün, unterseits rötlich-purpurn. Junge Blätter dunkelrotbraun. Kleinere Pflanzen für Zimmer, größere auch für Treppenhäuser (brauchen Gerüst als Halt). Temperatur möglichst nicht unter 12°.

„hastatum“ hort., Brasilien. Der systematische Status der abgebildeten Pflanze ist zweifelhaft. Etwas kletternd, mit glänzend grünen, gepfeilten Blättern. Wintertemperatur nicht unter 10°. **622,** S. 78.

laciniatum (Vell.) Engl., Brasilien. Kletternd, Blätter mehrfach eingeschnitten, dunkelgrün, etwas ledrig. Zimmerpflanze, auch für Treppenhäuser. **623,** S. 78.

melanochrysum Lind. et André (syn. *P. andreanum* Devans.), Kolumbien. Kletternd. Blätter in ausgeprägten Jugend- und Altersformen. Blätter der Jugendform herzförmig, bis 15 cm lang, bronzegrün mit Goldschimmer, Blätter der Altersform verlängert-pfeilförmig, bis 1 m lang, mit grünweißen, auffallenden Blattadern. Die Altersform wird über längere Zeit hinweg wohl nur im Gewächshaus gedeihen. Verwendung der Jugendform als Zimmerpflanze bei hoher Luftfeuchtigkeit und Temperatur nicht unter 15°. Empfindlicher als die anderen Arten. **624,** S. 78.

pertusum siehe *Monstera*

scandens C. Koch et Sello, Karibische Inseln. Hochkletternd. Blätter herzförmig, bis 10 cm lang, in der Altersform, die aber bei Zimmerkultur wohl nie erreicht wird, bis 30 cm lang. Eine der widerstandsfähigsten Arten, die sowohl aufrecht wachsend an mit Moos umwickelten Stöcken als auch herabhängend in Ampeln gezogen werden kann. **625,** S. 79.

selloum C. Koch, Brasilien, Paraguay. Wird in neuerer Zeit häufig angeboten. Pflanze im Jugendstadium ohne oder mit kurzem Stamm. Blätter an langen Stielen, schwach gelappt. Mit zunehmendem Alter baumartig werdend, Blätter dann sehr groß, bis 1 m lang, tief fiederlappig. Stattliche Pflanzen für große Räume, auch für Treppenhäuser. Temperatur nicht unter 10°.

Phlomis L., Brandkraut, *Labiatae*

65 Arten im Mittelmeergebiet und Vorderasien bis China. Kräuter, Halbsträucher oder Sträucher mit runzligen, wolligen oder filzigen Blättern. Lippenblüten gelb, purpurn oder weiß, in achselständigen Blütenquirlen. Vermehrung durch Samen oder Teilung. Für sonnige, warme Lagen.

fruticosa L., Mittelmeergebiet. Blütezeit Juni–Juli. Immergrüner, etwa 100 cm hoher Halbstrauch mit sparriger Verzweigung, dicht grau behaart. Blätter länglich-eiförmig, unterseits weißbehaart. Blüten gelb, in endständigen Quirlen. Kübelpflanze für frostfreie Überwinterung. **1731,** S. 217.

Phlox L., *Polemoniaceae*

61 Arten in N-Amerika und im östl. Sibirien. Einjährige Kräuter oder Stauden mit ganzrandigen, gegen- bis wechselständigen Blättern. Blüten von weiß, rosa, rot, lila bis blau, einzeln in Rispen oder doldigen Trauben. Vermehrung durch Aussaat, Teilung oder Stecklinge, für sonnige Stellen mit frischem, nährstoffreichem durchlässigem Boden und guter Wasserversorgung im Sommer.

adsurgens Torr., N-Amerika. Blütezeit Mai–Juni. 15–20 cm hohe Staude mit niederliegenden Stengeln und ovalen Blättern. Blüten 2,5 cm groß, rosa mit dunkleren Augen, in Trauben. Für feuchten, humosen, kalkfreien Boden. **131,** S. 17.

amoena Sims, N-Amerika. Blütezeit April–Mai. 20–25 cm hohe Staude mit leicht behaarten Stengeln. Blätter gegenständig, lanzettlich, sitzend. Blüten rosa, rot und weiß in endständiger Doldentraube. **132,** S. 17.

bifida Beck, Sandphlox. Östl. N-Amerika. Blütezeit April–Mai. 15–20 cm hohe Staude. Blätter länglich, behaart. Blüten lavendelblau bis weiß, in endständiger Doldentraube. **133,** S. 17.

divaricata L., N-Amerika. Blütezeit Mai–Juni. 20–25 cm hohe Staude mit niederliegenden, an den Knoten wurzelnden Stengeln. Blätter spitz-eiförmig, sitzend. Blüten purpurblau, rötlich oder weiß und duftend, in verzweigter, vielblütiger Doldentraube. **1311,** S. 164.

douglasii Hook., westl. N-Amerika. Blütezeit Mai bis Juni. 10–15 cm hohe, polsterartig wachsende Staude. Blätter pfriemenähnlich, schmal. Blüten lilapurpurn bis weiß, zu wenigen am Stengelende. Viele Sorten, z. B. ‘Ronsdorfer Schöne’, Blüten intensiv rosa mit dunklerem Auge, **134,** S. 17.

drummondii Hook., Flammenblume, Sommerphlox. Südwestl. N-Amerika. Blütezeit Juli–September. 10–50 cm hohe, verzweigte und drüsig behaarte, einjährige Kräuter. Blätter meist halbstengelumfassend, unten gegen-, oben wechselständig. Blüten rot, in gedrängten Trugdolden am Stengelende. Viele Sorten in allen Farben, auch mehrfarbig, ohne gelb und reinblau, z. B. ‘Cuspidata Twinkle’, Mischung vieler Farben mit sternförmigen Blüten, **361,** S. 46.

maculata L., N-Amerika. Blütezeit Juni–Juli. 60–80 cm hohe Staude mit rotgeflecktem Stengel und linealischen, eiförmigen, gegenständigen und fast sitzenden Blättern. Blüten weiß mit violett, schwach duftend, in 20–30 cm langer, vielblütiger Rispe. Zum Schnitt geeignet. Viele Sorten, z. B. ‘Alpha’, Blüten lilarosa mit dunklerem Auge, etwa 120–150 cm hoch, **1312,** S. 164.

nana Nutt., Texas und Neumexiko. Blütezeit April bis Mai. 10–20 cm hohe Staude mit schmalen Blättern und niederliegenden Stengeln. Blüten 3–4 cm groß, rosa mit weißem Auge, in kleinen Trauben. Kultur im Alpinenhaus. Vermehrung durch Wurzelschnittlinge. **135,** S. 17.

Paniculata-Hybriden, Staudenphlox. N-Amerika. Blütezeit Juli–September. Bis 100 cm hohe, vielstengelige Staude mit elliptischen oder breit-lanzettlichen Blättern. Blüten von rot bis weiß, in mehrdoldigen Blütenständen. Gute Schnittblume. Staudenphlox braucht sonnige Lage mit frischem, durchlässigem, nährstoffreichem Boden, im Sommer gute Wasserversorgung und Düngung. Gegen Schädlinge, besonders Älchen, prophylaktische Maßnahme mit systemischen Insektiziden. Gegenden mit hoher Luftfeuchtigkeit und kühlen Nächten sind sehr geeignet. Blüten werden nur bei Temperaturen unter 15° angelegt, so daß kühle Frühsommernächte die Blütenbildung sehr fördern. Viele Sorten, z. B.:
‘Aida’, rotviolett mit dunklem Auge, 70–100 cm hoch, Blütezeit August–September; ‘Brigadier’, lachsscharlach mit rotem Auge, 90–100 cm, Blütezeit Juli–August, **1313,** S. 165; ‘Frauenlob’, rosa mit dunklem Auge, 100–120 cm hoch, Blütezeit Juli; ‘Landhochzeit’, rosa mit rotem Auge, 120–140 cm hoch, Blütezeit August; ‘Mother of Pearl’, weiß, 90 cm hoch. Blütezeit Juli–August, starkwachsend, wetterfest, **1314,** S. 165; ‘Norah Leigh’, lila, wenig ansehnlich, Blätter cremeweiß panaschiert, etwa 90 cm hoch, **1315,** S. 165; ‘Orange’, orangerot, 80–90 cm hoch, Blütezeit September; ‘Pax’, weiß, 90–100 cm hoch, Blütezeit September; ‘Prince of Orange’, orangerot, 90 cm hoch, Blütezeit Juli–August, **1316,** S. 165; ‘Sommerfreude’, kräftig rosa mit rotem Auge, 80–90 cm hoch, Blütezeit August; ‘Starfire’, scharlachrot, 80–100 cm hoch, starkwüchsig, Blütezeit September, **1317,** S. 165; ‘Wilhelm Kesselring’, purpurviolett mit weißer Mitte, etwa 80 cm hoch, Blütezeit Juli; ‘Württembergia’, lachsrot, 90–100 cm hoch, Blütezeit Juli.

subulata L., Polsterphlox. N-Amerika. Blütezeit April–Mai. Dicht polsterartig wachsende, 5–15 cm hohe, weich behaarte Staude. Blätter pfriemförmig, dünn, Blüten purpurrosa, rosa, lila oder weiß in wenigblütigen Doldentrauben. Viele Sorten, z. B. ‘Temiscaming’, Blüten leuchtend scharlachrot, **136,** S. 17.

Phoenix L., Dattelpalme, *Palmae*

Etwa 10 Arten im trop. und subtrop. Afrika und Asien. Stammlose oder stammbildende Palmen mit gefiederten Blättern. Einige Arten sehr groß werdend. Keine Art winterhart.

canariensis hort., Kanarische Inseln. Jüngere Exemplare beliebte Zimmerpflanzen, größere auch als Kübelpflanzen, im Sommer im Freien. Überwinterung hell und kühl (um 5°).

dactylifera L., Echte Dattelpalme. N-Afrika. Liefcrant der Datteln. Wird oft von Liebhabern aus Samen herangezogen. Verwendung und Pflege wie bei *P. canariensis*.

roebelenii O'Brien, Assam, Burma, Thailand. Schwachwachsend, buschig und niedrig bleibend. Fiederblättchen zart. Verwendung als Zimmerpflanze, im Sommer an geschütztem Standort auch im Freien möglich. Überwinterung hell, nicht unter 10°. **626,** S. 79.

Phormium J. R. et G. Forst., Neuseeländer Flachs, *Liliaceae*

2 Arten in Neuseeland. Mehrjährige Pflanzen mit kurzem, dickem Stamm und grundständigen, langen, lineal-schwertförmigen, zähen Blättern. Blüten in einer Rispe auf hohem Schaft.

tenax J. R. et G. Forst., Blätter bis 3 m lang und bis 12 cm breit, dunkelgrün, an den Rändern rötlich. Blütenstand bis 3 m hoch. **1732,** S. 217. Hierher gehören zahlreiche Sorten, die sich in der Blattfarbe unterscheiden, z. B. ‘Atropurpureum’, Blätter rötlich; ‘Variegatum’, Blätter mit gelben und weißen Längsstreifen. Verwendung als Kübelpflanze, im Sommer im Freien. Überwinterung hell, bei 5–10°. Aus den Blättern werden außergewöhnlich haltbare Fasern gewonnen.

Photinia Lindl., Glanzmispel, *Rosaceae*

Etwa 40 Arten in S- und O-Asien. Sträucher oder Bäume, immergrün oder sommergrün, mit wechselständigen, einfachen Blättern. Blüten in endständigen Doldenrispen.

beauverdiana Schneid., China. Blütezeit Mai. Strauch oder Baum, sommergrün, bis 9 m hoch. Blätter schmal, verkehrt-eiförmig bis lanzettlich, bis 13 cm lang. Herbstfärbung scharlach. Blüten weiß, Früchte purpurn. Winterhart. **1733,** S. 217.

serrulata Lindl., China. Blütezeit Mai–Juni. Bei uns Strauch, immergrün, mit länglichen, bis 18 cm langen Blättern, glänzend dunkelgrün, im Austrieb rötlich. Blüten weiß. Früchte rot. Nicht winterhart. Verwendung als Kübelpflanze, im Sommer im Freien. Überwinterung hell und frostfrei. **1734,** S. 217.

villosa (Thunb.) DC., Japan, Korea, China. Blütezeit Juni. Strauch oder kleiner Baum, sommergrün, bis 5 m hoch, mit überhängenden Zweigen. Blätter eiförmig-lanzettlich, bis 8 cm lang, ledrig, oberseits dunkelgrün. Herbstfärbung orangescharlach. Blüten weiß, in kleinen Doldentrauben. Früchte scharlachrot, lange haftenbleibend. Winterhart, für schwach saure Böden.

Phygelius E. Mey., *Scrophulariaceae*

2 Arten in S-Afrika. Halbsträucher, immergrün, mit gegenständigen, ungeteilten Blättern. Blüten röhrig, mit ausgeweitetem Saum, in endständigen, aufrechten Rispen.

aequalis Harv., Blütezeit August–September. Bis 1 m hoch. Blüten bis 3,5 cm lang, lachsfarbenscharlach, im Schlunde gelb. Nicht winterhart. **1735,** S. 217.

capensis E. Mey., Blütezeit Juli–Herbst. Bis 90 cm hoch. Blüten bis 5 cm lang, in bis 35 cm langer Rispe, korallenrot, innen gelb. Nicht sicher winterhart. Die Blütenfarbe variiert. Eine Sorte mit dunkleren Blüten ist 'Coccineus', **1736,** S. 217.
Verwendung beider Arten im Sommer ausgepflanzt im Freien. Überwinterung frostfrei. Besser ist jährlich neue Anzucht, Stecklinge im Spätsommer, nach Bewurzeln eintopfen, bei etwa 10° überwintern, Ende Mai auspflanzen.

Phyllitis Hill, Hirschzunge, *Aspleniaceae*

2–6 Arten in allen Gebieten der Erde. Farne mit ungeteilten oder leicht gelappten Blättern (Wedeln). Sporenhaufen (Sori) in Linien schräg zur kräftigen Mittelrippe verlaufend. Vermehrung durch Sporenaussaat und Stecken von reifen Blattstielenden mit ruhenden Knospen. Für Halbschatten bis Schatten in feuchten kühlen, kalkhaltigen Boden.

scolopendrium (L.) Newm. (syn. *Scolopendrium vulgare* Sm.), kosmopolitische, vielgestaltige Art. Immergrün, 30–40 cm hoch. Blätter ledrig, grün, zungenförmig, ganzrandig und oft mit gewelltem Rand. Es gibt viele Formen mit gewellten, geteilten oder geschlitzten, gefransten oder hahnenkammartig verbänderten Blättern, z. B. 'Undulatum', Wedel am Rand gewellt, mit fertilen Sporen; 'Crispum', Wedel mit gekräuseltem Rand, mit sterilen Sporen.

Phyllocactus siehe *Nopalxochia*

Physalis L., Lampionblume, *Solanaceae*

110 Arten in den Tropen und Subtropen, N- bis Mitteleuropa, O-Asien und USA. Einjährige Kräuter oder Stauden mit Ausläufern. Wuchs aufrecht, buschig. Blätter eiförmig, wechselständig. Blüten weiß, unscheinbar. Frucht ist eine orangefarbene Beere, die von einer scharlachroten, lampionähnlichen Kelchhülle umgeben ist. Vermehrung durch Aussaat oder Teilung, für frische kalkhaltige Böden in sonniger oder halbschattiger Lage. Gut für Trokkensträuße geeignet. Gartenpflanze seit dem frühen Mittelalter.

alkekengi L. (syn. *Ph. franchetii* hort.), S-Europa bis Japan. Breitwachsende, 30–60 cm hohe Staude mit kriechendem Rhizom. Beerenfrüchte in leuchtend roten, etwa 5 cm großen Kelchhüllen, in den Blattachseln. **1318,** S. 165.

Physostegia Benth., Gelenkblume, *Labiatae*

3 Arten in N-Amerika. Stauden mit kriechendem Rhizom. Blätter schmal-lanzettlich, gegenständig. Lippenblüten fleischfarben oder purpurn, in endständigen dichten Ähren, die in verzweigten Blütenständen stehen. Für sonnige bis halbschattige Stellen mit feuchtem, nährstoffreichem Boden. Für Schnitt geeignet.

virginiana (L.) Benth., Blütezeit Juli–September. 80–120 cm hohe Staude mit lanzettlichen, gesägten Blättern. Blüten hell lilarosa, in dichter endständiger Ähre. Viele Sorten, z. B. 'Vivid', Blüten purpurrosa, **1319,** S. 165.

Phyteuma L., Teufelskralle, *Campanulaceae*

30 Arten in Mittel- und S-Europa, besonders im Gebirge. Stauden mit fleischigen, oft rübenartigen Wurzeln. Grundblätter rosettenartig, Stengelblätter wechselständig. Blüten blau, weiß, purpurn oder gelb, in endständigen Köpfen oder Ähren. Vermehrung durch Aussaat. Für Halbschatten mit warmem, trockenem Boden.

comosum L., Dolomiten. Blütezeit Juni–August. 10–15 cm hoch, polsterbildend. Blätter rundlichoval, graugrün und grob gesägt. Blüten rotlila bis weißlich, mit dunkler Spitze, in endständigen Scheindolden. Kalkbedürftig. Für Felsspalten auf der Nordseite im Alpinum. **137,** S. 18.

Picea A. Dietr., Fichte, *Pinaceae*

40 Arten in den gemäßigten und kälteren Gebieten der nördl. Halbkugel. Zu den Nadelgehölzen gehörende, immergrüne Bäume von meist pyramidalem Wuchs. Nadeln beim Abreißen kein Schildchen tragend und somit am Zweig keine glatte Narbe hinterlassend, sondern stets ein Stückchen Borke des Zweiges mitnehmend (Unterscheidungsmerkmal zu *Abies*, Tanne). Nadeln meist nicht flach, sondern im Querschnitt schief 4kantig. Blüten einhäusig. Zapfen hängend, Zapfenschuppen an der Spindel bleibend, nicht auseinanderfallend. Alle Arten winterhart. Verwendung aufgrund der Größe nur in größeren Anlagen. Es gibt jedoch einige sehr langsam wachsende Zwergformen, die auch im kleinen Garten verwendet werden können. Die meisten Arten nicht für trockene Böden geeignet.

abies (L.) Karst. (syn. *P. excelsa* (Lam.) Link), Rotfichte. N- und Mitteleuropa. Bis 50 m hoch. Verbreitet zur Nutzholzgewinnung in großen Wäldern angebaut. Junge Exemplare als Weihnachtsbäume. Die Art für Gärten wenig geeignet, doch sind sehr viele Sorten vorhanden, von denen besonders die Zwergformen als Ziergehölze verwendet werden, z. B. 'Echiniformis', Igelfichte, bis 60 cm hoch, Wuchs kissenförmig; 'Nidiformis', Nestfichte, bis 1 m hoch, Wuchs flach ausgebreitet, ohne führenden Haupttrieb; 'Pumila Glauca', bis 1 m hoch, Wuchs breit-flachkuglig; 'Pygmaea', bis 1,5 m hoch, Wuchs stumpf-kegelförmig.

breweriana S. Wats., Siskiyoufichte. Oregon, Kalifornien. In der Heimat bis 40 m hoch, bei uns viel niedriger. Äste waagerecht abstehend, von ihnen die langen Zweige senkrecht herabhängend. Nadeln bis 3,5 cm lang, unterseits bläulich. An jungen Exemplaren ist die typische Wuchsform noch nicht erkennbar. **2026,** S. 254.

excelsa siehe *abies*

glauca (Moench) Voss, Weißfichte. Östl. N-Amerika. Bei uns bis 20 m hoch, mit kegelförmigem Wuchs. Hierher gehören mehrere Sorten. Wichtig ist 'Conica', Zuckerhutfichte, in Kanada beheimatet. Langsam wachsend, bis 3 m hoch (erst nach vielen Jahren). Wuchs sehr regelmäßig kegelförmig, sehr dicht beastet. Nadeln hellgrün, später schwach bläulichgrün. **2027,** S. 254.

likiangensis (Franch.) Pritz., W-China. In der Heimat bis 30 m hoch, bei uns niedriger, mit waagerecht abstehenden Ästen. Nur für größere Anlagen. **2028,** S. 254.

omorika (Panč.) Purk., Omorikafichte, Serbische Fichte. Jugoslawien. Bis 35 m hoch. Wuchs fast säulenförmig. **2029,** S. 254. Sehr widerstandsfähig, doch nur in größeren Anlagen verwendbar. Dasselbe gilt für die Hängeform 'Pendula'. Für kleinere Gärten geeignet ist 'Nana', etwa 2 m hoch werdend. Wuchs breit-kegelförmig. Nadeln unterseits bläulich.

pungens Engelm., Stechfichte. USA. Bis 30 m hoch (in der Heimat mehr), mit waagerecht abstehenden Ästen. Nadeln starr, stechend, bis 3 cm lang, blaugrün. Hierzu mehrere Sorten, die in Farbe und Wuchsform unterschieden. Häufig angepflanzt wird 'Glauca', Blaufichte. Unter dieser Bezeichnung sind aus Samen herangezogene, in der Farbe etwas unterschiedliche Bestände im Handel. **2030,** S. 254. 'Glauca Koster', Blaufichte. Farbe kräftig blausilbern. Wird durch Veredlung, nicht aus Samen herangezogen. Für die Blaufichte ist freier, sonniger Standort wichtig, da nur so der regelmäßige Aufbau und die kräftige Farbe erzielt wird.

Pieris D. Don, *Ericaceae*

Etwa 8 Arten in N-Amerika, O-Asien, Himalaja. Sträucher oder auch kleine Bäume, immergrün, mit wechselständigen, ungeteilten Blättern. Blüten krugförmig, in endständigen Rispen. Verwendung wie Rhododendron, auf sauren Böden, in geschützter Lage.

floribunda (Pursh) Benth. et Hook. f., südöstl. N-Amerika. Blütezeit April–Mai. Bis 3 m hoch, breitbuschig. Blätter elliptisch, bis 8 cm lang, Blüten weiß, bis 6 mm lang, zu vielen in aufrechten, bis 10 cm langen, dichten Rispen. Winterhart.

forrestii Harrow, W-China. Blütezeit April–Mai. Bei uns bis 2 m hoch. Blätter elliptisch-lanzettlich, bis 10 cm lang, im Austrieb karminrot. Blüten weiß, duftend, bis 1 cm lang, in überhängenden Rispen. Empfindlich. Geschützte Lage und Winterschutz ratsam. **1737,** S. 218.

japonica (Thunb.) D. Don, Japan. Blütezeit März bis Mai. Bis 3 m hoch. Blätter lanzettlich, bis 8 cm lang, oberseits dunkelgrün, glänzend. Blüten weiß, bis 8 mm lang, in hängenden, bis 12 cm langen Rispen. Standort etwas schattig. Winterhart. **1738,** S. 218.

taiwanensis Hayata, Formosa. Blütezeit März bis April. Bis 2,5 m hoch, im Wuchs aufrecht, rundlich. Blätter schmal-elliptisch, bis 7 cm lang, dunkelgrün, glänzend, ledrig. Blüten weiß, bis 1 cm lang, in bis 8 cm langen, aufrechten, an Seitenzweigen überhängenden Rispen. Winterhart. **1739,** S. 218.

Pilea Lindl., Kanonierblume, *Urticaceae*

Etwa 200 Arten in den Tropen der Erde, außer Australien. Einjährige oder mehrjährige, selten halbstrauchige Kräuter mit gegenständigen Blättern. Blüten ein- oder zweihäusig, in achselständigen, kleinen Trugdolden. Werden bei höheren Temperaturen die Pflanzen mit Wasser überspritzt, dann öffnen sich die kurz vor dem Aufblühen befindlichen Blütenknospen, und durch Biegung der Staubfäden wird der Blütenstaub herausgeschleudert (deutscher Name!). Keine Art winterhart.

cadierei Gagnep. et Guill., Thailand, Burma. Krautig, mehrjährig, bis 40 cm hoch. Blätter elliptisch-eiförmig, bis 10 cm lang, zugespitzt, oberseits dunkelgrün mit silberweißen Flecken. Buschige Pflanzen werden durch Stutzen erzielt. Vermehrung durch Stecklinge. Verwendung als Zimmerpflanze. Eine etwas niedriger bleibende Form ist 'Nana', **627,** S. 79.

microphylla (L.) Liebm. (syn. *P. muscosa* Lindl.), trop. Amerika. Krautig, mehrjährig, bis 20 cm hoch. Stengel flach ausgebreitet, verzweigt. Blätter klein, bis 5 mm lang, hellgrün. Verwendung als Zimmerpflanze, im Sommer auch im Freien, z. B. als Einfassung bei Sommerblumenbeeten.
Beide Arten werden mit zunehmendem Alter unansehnlich, daher ist jährlich neue Anzucht ratsam.

muscosa siehe *microphylla*

Pinus L., Kiefer, Föhre, *Pinaceae*

Etwa 80 Arten auf der nördl. Halbkugel. Bäume, seltener Sträucher, mit meist dicker Borke, zu den Nadelgehölzen gehörend. Blätter nadelförmig, meist zu mehreren beisammen, am Grunde von einer aus Schuppen gebildeten Scheide umgeben. Blüten einhäusig, Zapfen in der Form recht unterschiedlich, meist hängend, zuweilen auch aufrecht. Viele Arten wachsen als junge Pflanzen zunächst mehr oder weniger kegelförmig und entwickeln im Alter dann schirmförmige breite Kronen. Die winterharten Arten sind bei uns wenig anspruchsvoll, doch ist heller, sonniger Standort wichtig. Fast alle Arten sind empfindlich gegen Luftverunreinigung, mit Ausnahme von *P. nigra*. Die hochwachsenden Arten nur für größere Anlagen geeignet, doch gibt es eine Reihe von Zwergformen, die auch im kleineren Garten Verwendung finden können.

austriaca siehe *nigra* 'Austriaca'

ayacahuite Ehrenb., Mexikanische Weißkiefer. Guatemala bis Mexiko. Bis 30 m hoch, mit bis 40 cm langen Zapfen. Bei uns nicht winterhart. **2031,** S. 254.

cembra L., Zirbelkiefer, Arve. Alpen, Karpaten. Bis 20 m hoch (meist weniger), mit breiter, unregelmäßiger Krone. Samen (die erst an jahrzehntealten Bäumen gebildet werden) sind eßbar, als Zirbelnüsse bekannt. Winterhart. Verwendung nur in größeren Anlagen.

excelsa siehe *griffithii*

griffithii McClelland (syn. *P. excelsa* Wall.), Tränenkiefer. Himalaja. Bis 20 m (in der Heimat bis 50 m) hoch. Nadeln bis 15 cm lang, bläulichgrün, weich, herabhängend. Zapfen hängend, bis 30 cm lang. Winterhart. Raschwachsend. Für gleichmäßigen Aufbau ist freier Standort notwendig. **2036,** S. 255.

heldreichii Christ 'Leucodermis', Schlangenhautkiefer. Balkan. Bis 10 m hoch, Wuchs pyramidal. Jüngere Zweige schlangenhautartig gefeldert. Winterhart.

montana siehe *mugo*

montezumae Lamb., Montezumakiefer. Mexiko. In der Heimat bis 30 m hoch, mit rötlicher Borke. Bei uns nicht winterhart. **2032, S.** 254.

mugo Turra (syn. *P. montana* Mill.), Bergkiefer, Krummholzkiefer, Latsche. Gebirge Mittel- und S-Europas. Baum, auch strauchartig wachsend, mit meist niederliegend-aufstrebendem Stamm, doch mehrere Meter hoch werdend. Hierher viele Sorten, die hauptsächlich in der Wuchsform verschieden. 'Gnom', Wuchs flach-kuglig, bis 1,5 m hoch; 'Mughus', Wuchs strauchig, gedrungen, bis 3 m hoch, später lockerer; 'Pumilio', Wuchs niederliegend, mehrere Meter breit, doch nur bis 1,5 m hoch. Art und Sorten sind winterhart. Verwendung der zwergigen Formen auch in kleineren Gärten. Ohne besondere Ansprüche.

nigra Arnold, Schwarzkiefer. Überwiegend angepflanzt ist 'Austriaca', Österreichische Schwarzkiefer. Österreich, Balkan. Bis 20 m hoch (auch höher) mit im Alter breiter, schirmförmiger Krone. Borke dunkel schwarzgrau. Nadeln tief dunkelgrün. Winterhart. Nur für freien Stand in großen Anlagen. Widerstandsfähig gegen Luftverunreinigungen. **2033,** S. 255. Hierher gehören viele Formen, auch zwergig wachsende.

pinea L., Pinie. Mittelmeergebiet. Sie wird hier nur erwähnt. Nicht winterhart.

pumila (Pall.) Regel, Kriechkiefer. O-Asien. Strauchig, niederliegend, bei uns bis 1 m hoch. Winterhart. Auch für kleinere Gärten.

radiata D. Don, Montereykiefer. Kalifornien. In der Heimat bis 30 m hoch. Bei uns nicht winterhart. **2034,** S. 255.

strobus L., Weymouthkiefer. Östl. N-Amerika. Bis 50 m hoch (bei uns niedriger). Nadeln bis 10 cm lang, blaugrün, dünn und weich. Raschwachsend. Winterhart, doch nur für größere Anlagen. Mehrere Sorten, auch zwergige, z. B. 'Nana', bis 2 m hoch, breitwachsend.

sylvestris L., Europa und N-Asien. Unsere heimische Kiefer oder Föhre. Verbreiteter Waldbaum. Bis 40 m hoch. Wuchs zunächst breit-kegelförmig, später mit schirmförmiger Krone. Winterhart. **2035,** S. 255. Zahlreiche Formen, die hauptsächlich in Wuchsform verschieden. 'Fastigiata', Säulenkiefer, säulenförmig, aufrecht, bis 8 m hoch; 'Pumila', Wuchs zwergig, breit-kegelförmig bis rundlich, bis 3 m hoch und ebenso breit.

Piper L., Pfeffer, *Piperaceae*

Etwa 700 Arten in den Tropen der ganzen Erde. Sträucher, aufrecht oder kletternd, mit wechselständigen Blättern. Keine Art winterhart. Einige werden in botanischen Sammlungen gezogen und auch als Zimmerpflanzen verwendet, zierend durch die Blätter.

betle L., Betelpfeffer. Trop. Asien. Kletternd, grünblättrig. Wird in seiner Heimat zur Herstellung des „Kaubetels" verwendet. Recht widerstandsfähige Zimmerpflanze, die auch an dunkleren Orten noch gedeiht.

nigrum L., Schwarzer Pfeffer, Weißer Pfeffer. Trop. Asien. Kletternd, grünblättrig. Lieferant des schwarzen und weißen Pfeffers. Verwendung wie *P. betle*.

ornatum N. E. Br., Celebes. Kletternd. Blätter oberseits grün, mit vielen, oft zusammenfließenden, rosa bis weißen Flecken besetzt; unterseits rostfleckig. Verwendung im klimatisierten Blumenfenster.

Pittosporum Banks et Soland., Klebsame, *Pittosporaceae*

Etwa 160 Arten vom trop. und subtrop. W-Afrika bis pazifische Inseln. Sträucher oder kleine Bäume, meist immergrün. Blätter ungeteilt, ganzrandig oder buchtig gezähnt, ledrig. Blüten einzeln oder in endständigen Doldenrispen. Keine Art winterhart. Verwendung als Kübelpflanzen, im Sommer im Freien. Überwinterung hell, bei etwa 5°.

crassifolium Soland., Heimat Neuseeland. Blütezeit Sommer. Strauch, immergrün, mehrere Meter hoch werdend (im Kübel langsamer wachsend), mit meist wirtelig gestellten Zweigen und verkehrtförmigen, ledrigen, bis 8 cm langen, oberseits dunkelgrünen, unterseits grau-braunfilzigen Blättern. Blüten bis 12 mm lang, dunkelrot, in endständigen Büscheln. Früchte kuglig, bis 3 cm dick, graufilzig (Abb.). **1740,** S. 218.

tobira (Thunb.) Ait. f., Subtropen Chinas und Japans. Blütezeit März–Mai. Strauch, immergrün, mit dichtem buschigem Wuchs. Blätter eiförmig-länglich, bis 12 cm lang, ledrig, dunkelgrün, glänzend. Blüten sternförmig, stark duftend, in Büscheln an den Zweigenden. Früchte länglich-rund, etwa 1 cm lang. In S-Europa oft als Heckenpflanze.

Plagiorhegma Maxim., Herzblattschale, *Berberidaceae*

Nur 1 Art.

dubium Maxim. (syn. *Jeffersonia dubia* (Maxim.) Benth. et Hook.f.), beheimatet in der Mandschurei. Blütezeit April–Mai. 15 cm hohe Staude, mit Erdstamm und grundständigen, rundlichen, ungeteilten, blaugrünen Blättern. Blüten lavendelblau, schalenförmig, einzeln. Vermehrung durch Aussaat oder Teilung. Standort halbschattig oder schattig, für schwach sauren, frischen Boden. **97,** S. 13.

Platanus L., Platane, *Platanaceae*

7 Arten in N-Amerika, SO-Europa bis Vorderasien. Bäume, sommergrün. Borke sich in Platten ablösend. Blätter wechselständig, gelappt, ahornähnlich. Blüten einhäusig, in kugligen Köpfchen. Früchte in kugligen Köpfchen, an langem Stiel hängend. Verwendung der sehr groß werdenden Bäume nur in großen Anlagen.

acerifolia siehe × *hybrida*

× **hybrida** Brot. (syn. *P. acerifolia* (Ait.) Willd.), entstanden aus Kreuzung zwischen *P. occidentalis* und *P. orientalis*. Wohl die am meisten angepflanzte Platane, insbesondere als Straßenbaum. Bis 30 m hoch werdend. Blätter 3–5lappig, bis 25 cm breit. Winterhart. Hierzu auch einige Sorten.

orientalis L., SO-Europa bis Vorderasien. Bis 30 m hoch. Blätter 5–7lappig, bis 20 cm breit. Winterhart. Verwendung wie vorige. **1741,** S. 218.

Platycodon A. DC., Ballonblume, *Campanulaceae*

Nur 1 Art.

grandiflorum (Jacq.) A. DC., beheimatet in O-Asien. Blütezeit Juli–August. Staude mit rübenartiger Wurzel, etwa 70 cm hoch. Blätter blaugrün, lanzettlich, gegenständig oder quirlig. Blüten blau oder weiß, schalenförmig, bis 8 cm breit, in endständigen, lockeren Trauben. Die Knospen wirken „ballonartig" aufgeblasen. Vermehrung durch Aussaat oder Teilung. Für sonnige bis halbschattige Lage in nährstoffreichem, durchlässigem Boden. Für Schnitt geeignet.
'Mariesii', Blüten von blau bis weiß, etwa 5 cm groß, Pflanze nur 40 cm hoch, **138,** S. 18; 'Perlmutterschale', Blüten perlmutterrosa, Pflanze etwa 60 cm hoch.

Platystemon Benth., Cremeschale, *Papaveraceae*

57 Arten im pazif. N-Amerika. Einjährige Kräuter mit sitzenden, rauhhaarigen Blättern. Blüten gelb oder weißlich, endständig, mohnartig. Vermehrung durch Aussaat März–April, sonnige warme Stellen.

californicus Benth., Kalifornien bis Utah. Blütezeit Juli–August. Etwa 30 cm hoch, mit niederliegenden Stengeln. Blätter linealisch, rauhwimperig. Blüten cremefarben, 2–3 cm groß, am Grunde mit dunklerem Fleck. **362,** S. 46.

Pleione D. Don, *Orchidaceae*

15 Arten im Himalaja, China, Formosa. Niedrige, terrestrische oder epiphytische Orchideen mit ein

jährigen, gedrungenen Pseudobulben und zarten Blättern. Blüten ansehnlich, meist einzeln. Keine Art sicher winterhart. Kultur am besten an kühlen, etwas schattigen Standorten mit hoher Luftfeuchtigkeit (Gewächshaus oder Frühbeet), im Sommer auch im Freien. Mitunter gelingt Überwinterung im Freien unter gutem Schutz. Jährlich erfolgt Bildung neuer Pseudobulben; die vorjährigen gehen dann zugrunde.

formosana Hayata, Formosa. Blütezeit Frühjahr. Blätter lanzettlich, hellgrün, gefältelt, bis 10 cm lang. Blüten rosa, bis 8 cm breit, vor den Blättern erscheinend. Lippe gelblich, gefranst. **139,** S. 18. 'Alba', Blüten weiß, mit gelber Lippe, **140,** S. 18.

limprichtii siehe *pogonioides*

pogonioides (Rolfe) Rolfe (syn. *P. limprichtii* hort.), Zentralchina. Blütezeit April–Mai. Blätter schmalelliptisch. Blüten bis 8 cm breit, violettrosa. Lippe mit gezähntem Rand, violettrosa mit gelber und weißer Zeichnung. **141,** S. 18.

Plumbago L., Bleiwurz, *Plumbaginaceae*

Etwa 10 Arten in den Tropen und Subtropen. Halbsträucher oder Kräuter. Blüten röhrig, mit tellerförmiger Krone, in endständigen Ähren. Keine Art winterhart.

auriculata Lam. (syn. *P. capensis* Thunb.), S-Afrika. Blütezeit Frühjahr–Herbst. Halbstrauch, je nach Kultivierungsmethode sommer- oder immergrün. Stengel aufrecht, mit 5 cm langen, elliptischen Blättern. Blüten leuchtend hellblau. 'Alba', weiß. Vermehrung durch Stecklinge. Verwendung als Topfpflanze, im Sommer ausgepflanzt oder auch im Topf im Freien, sonnig. Überwinterung hell und kühl, bei etwa 5°. Rückschnitt im Frühjahr. Kann auch als Strauch oder als Hochstamm gezogen werden. Anzucht von Hochstämmen wie bei *Fuchsia.*

capensis siehe *auriculata*

Podocarpus L'Hérit., Steineibe, *Podocarpaceae*

Etwa 65 Arten in den außertrop. Gebieten der südl. Halbkugel. Bäume, selten Sträucher, immergrün, mit in der Form sehr verschiedenen Blättern. Blüten ein- oder zweihäusig. Weibliche Blüten in Kätzchen auf fleischigem, schuppigem Blütenboden. Die Blütenstände werden in neuerer Zeit mitunter als interessante Schnittblumen angeboten (Importe aus S-Afrika). Keine Art winterhart. Verwendung einiger als recht widerstandsfähige Kübelpflanzen, im Sommer im Freien; Überwinterung hell, Temperatur je nach Art verschieden.

gracilior Pilg., S-Afrika. Baum, bei uns aber nur strauchig, mit schmalen, länglichen Blättern. Verwendung als Blattpflanze im Zimmer. Wintertemperatur um 10°. **629,** S. 79.

Podophyllum L., Fußblatt, *Berberidaceae*

6 Arten im Himalaja, China, Formosa, atlant. N-Amerika. Stauden mit waagerecht wachsendem Rhizom. Blätter langgestielt, schildförmig oder handförmig geteilt. Blüten weiß oder purpurn, einzeln endständig oder in Trugdolden. Vermehrung durch Aussaat oder Teilung. Für feuchte humose Böden in Halbschatten oder Schatten.

emodi siehe *hexandrum*

hexandrum Royle (syn. *P. emodi* Wall.), Maiapfel. Himalaja. 30–50 cm hohe Staude mit bronzerotem Austrieb. Blätter 3–5lappig, braun fleckig. Blüten weiß bis rosa, vor den Blättern, endständig und einzeln. Frucht leuchtend rot, 6–10 cm groß. **1320,** S. 165.

Polemonium L., Sperrkraut, *Polemoniaceae*

23 Arten auf der Nordhalbkugel, in Chile und Patagonien. Einjährige Kräuter oder Stauden mit wechselständigen, gefiederten Blättern. Blüten blau, violett oder weiß, in endständigen, kopfigen oder lockertraubigen Trugdolden. Vermehrung durch Aussaat und Teilung. Für feuchten, humosen Boden in sonniger bis halbschattiger Lage.

foliosissimum A. Gray, Rocky Mountains. Blütezeit Juli–August. 30–70 cm hohe Staude mit aufrechten, behaarten Stengeln. Blätter oval-lanzettlich, mit geflügeltem Stiel. Blüten glockig, blau, in kurzen Trauben. Winterschutz erforderlich. **1321,** S. 166. 'Sapphire', Blüten leuchtend blau, **1322,** S. 166.

reptans L., N-Amerika. Blütezeit April–Mai. 10–30 cm hohe Staude mit kriechendem Wurzelstock. Blüten blau, in endständigen, überhängenden lockeren Trugdolden. 'Blue Pearl', Blüten lasurblau.

× **richardsonii** hort. (*P. caeruleum* × *P. reptans*), Blütezeit April–Mai, oft noch einmal im Juni–Juli. Etwa 40 cm hoch. Blüten groß, himmelblau. 'Pallidum', Blüten hellporzellanblau; 'Superbum', Blüten dunkelblau.

Polianthes L., *Amaryllidaceae*

(mitunter auch zu den *Agavaceae* gestellt)

13 Arten, mit einer Ausnahme in Mexiko. Mehrjährige Kräuter, mit Knollen überdauernd. Blätter grund- und stengelständig. grasartig. Blüten trichterförmig, lilienähnlich, in Ähren oder Trauben. Keine Art winterhart.

tuberosa L., Tuberose. Wahrscheinlich aus Mexiko. Blütezeit je nach Pflanzzeit Sommer–Herbst. Schaft 0,5–1 m hoch, mit nach oben hin kleiner werdenden Blättern besetzt. Blüten bis 6 cm lang, weiß, stark duftend, in lockerer Ähre. Hierzu mehrere Sorten, von denen besonders die gefülltblühenden gezogen werden. Anzucht von Knollen kaum ratsam, besser importierte kaufen. Pflanzung in mehreren Folgesätzen von März–Juni (dadurch längere Blütezeit). Mehrere Knollen in einen großen Topf pflanzen, Standort luftig, am besten im Frühbeet. Blütezeit 4–5 Monate nach dem Pflanzen. Früher eine bekannte, beliebte Schnittblume. **630,** S. 79.

Polygala L., Kreuzblume, *Polygalaceae*

500 Arten in allen Erdteilen außer Australien. Stauden oder Halbsträucher mit meist wechselständigen, ungeteilten Blättern. Blütentrauben oder -ähren endständig oder in den Blatt- oder Zweigachseln. Vermehrung durch Aussaat und Stecklinge, für sonnige geschützte Stellen mit humosem, gut durchlässigem Boden. Die nicht heimischen Arten halten nur in günstigen Lagen mit Winterschutz aus, besser frostfreie Überwinterung.

calcarea F. W. Schultz, Europa. Blütezeit April bis Juni. 10–15 cm hoch, mit niederliegenden Stengeln und kleinen oder schuppenförmigen Blättern und Blattrosette am Stengelende. Blüten dunkelrosa bis leuchtend blau, in kurzen Ähren, die zu mehreren der endständigen Blattrosette entspringen. Blütenfarbe von der Bodenreaktion abhängig (dunkelblau nur auf Kalkboden). **142,** S. 18.

chamaebuxus L., Europa. Blütezeit März–Juli. 10–20 cm hoher Halbstrauch mit niederliegenden Zweigen und Ausläufern. Blätter lanzettlich, glänzend ledrig, mit umgerolltem Rand und stachelspitzem Ende. Blüten groß, gelb, weiß und oft rot gefleckt, zu 1–3 achsel- oder endständig. 'Rhodoptera', Blüten gelb und dunkelkirschrot, **143,** S. 18.

Polygonatum Mill., Salomonssiegel, *Liliaceae*

30 Arten in den gemäßigten Gebieten der Nordhalbkugel. Stauden mit dickem, fleischigem Wurzelstock, der die Narbe der früheren Stengel deutlich zeigt. Stengel aufrecht, etwas geneigt. Blätter parallelnervig. Blüten nickend, einzeln oder zu mehreren in den Blattachseln. Vermehrung durch Teilung. Für schattigen Standort auf frischem, nährstoffreichem Boden.

multiflorum (L.) All., Europa und Asien. Blütezeit Mai–Juni. 50–90 cm hohe Staude. Stengel rund, kahl, nur oben mit länglichen, spitzen, gegenständigen Blättern. Blüten weiß-grün, nickend, zu 1–5 achselständig. Gartenpflanze seit dem 16. Jahrhundert. Für Schnitt geeignet. **1323,** S. 166.

Polygonum L., Knöterich, *Polygonaceae*

Etwa 200 Arten auf der ganzen Erde. Vielgestaltige Kräuter, Stauden oder Klettersträucher mit wechselständigen Blättern. Blüten in achsel- oder endständigen Ähren, Trauben oder Rispen. Vermehrung durch Aussaat, Teilung oder Stecklinge. Für tiefgründige, nährstoffreiche Böden. Gute Wasserversorgung für volle Entwicklung nötig. Für Sonne bis Schatten.

affine D. Don, Nepal. Blütezeit Juli–September. 10–30 cm hohe, mattenbildende Staude mit kriechendem, verholzendem Wurzelstock. Blätter wintergrün, länglich bis spatelförmig, grundständig. Blüten rosa bis rot, 3–5 cm lange, dichte, endständige Ähren bildend. Gut ausdauernd auf durchlässigem, warmem Boden ohne stauende Winternässe. 'Donald Lowndes', mit kräftigeren, breiteren Blütenähren, **144,** S. 18. Eine erst 1949 von Donald G. Lowndes eingeführte Sorte der sehr formenreichen Art aus Westnepal.

amplexicaule G. Don, Himalaja. Blütezeit Juni bis Juli. 60–120 cm hohe Staude mit großen, langgestielten, herzförmigen Blättern mit welligem Rand und langgezogener Spitze. Blüten rot oder weiß in langen endständigen Ähren, oft zu mehreren zusammenstehend. **1324,** S. 166.

aubertii Henry, „Klettermaxe". W-China. Blütezeit Juli–Oktober. Bis 15 m hoch windender, verholzender Kletterstrauch. Junge Triebe rötlich, Blätter lanzettlich-herzförmig, meist scharf zugespitzt. Blüten in achselständigen Trauben. Gute Kletterpflanze zum Bedecken hoher Wände. Kletterhilfe (Draht) erforderlich. Kräftiges Wässern und Düngen im Sommer notwendig.

bistorta L., Wiesenknöterich. Europa bis Sibirien und Alaska. Blütezeit Mai–August. 30–80 cm hohe Staude mit dickem Wurzelstock und herz-eiförmigen Blättern. Blüten rosa bis rot, in endständigen Ähren. 'Superbum', Blüten hellrosa, etwa 90 cm hoch, **1325,** S. 166.

campanulatum Hook. f., Himalaja. Blütezeit August–Oktober. 30–80 cm hohe, behaarte Staude mit eiförmigen bis lanzettlichen Blättern. Blüten rosa bis rot, in aufrechten oder nickenden büscheligen Trauben. Auch für Halbschatten und frischen Boden geeignet. **1326,** S. 166.

cuspidatum Sieb. et Zucc., O-Asien. Blütezeit Juli bis August. Bis 200 cm hohe, stark wuchernde Staude mit hohlen Stengeln und großen eiförmigen Blättern. Blütenstände weiß, ährenförmig und verzweigt, hängend in den Blattachseln. Anspruchslose, stark wuchernde Staude für Sonne bis Halbschatten. 'Reynoutria', nur etwa 50 cm hohe weibliche Form mit achselständigen weißen oder rosa Rispen. Blütezeit August–September.

vacciniifolium Meissn., Heidelbeerknöterich. Himalaja. Blütezeit August–Oktober. Bis 30 cm hohe

Staude mit niederliegendem, mattenbildendem Wuchs. Blätter schmal lanzettlich. Blüten leuchtend rosa, auf drahtigen, karminroten Stielen in endständigen Trauben. Schutz vor Nässe, Kälte. **145,** S. 19.

Polypodium L., Tüpfelfarn, *Polypodiaceae*

Etwa 50 Arten, meist in den Tropen und Subtropen. Farne mit kriechendem Rhizom und ganzrandigen, fiederspaltigen oder 2–4fach gefiederten Wedeln. Sporenhäufchen rund bis länglich. Vermehrung durch Teilung. Für Halbschatten bis Schatten in kalkfreiem Humusboden.

vulgare L., Engelsüß. Nördl. gemäßigte Zone. Immergrüner Farn mit kriechendem, meist oberirdischem Wurzelstock. Wedel (Blätter) bis 25 cm lang, tief einfach fiederspaltig mit wechselnden Abschnitten. Sporenhäufchen in 2 Reihen auf jedem Abschnitt. Formenreiche Art. 'Cambricum', Fiedern der Blätter tief eingeschnitten und sich überlappend; 'Cornubiense', feinzerteilte, stark gefiederte Wedel.

Polystichum Roth, Schildfarn, *Aspidiaceae*

Etwa 225 Arten, fast kosmopolitisch. Farne mit kurzen Rhizomen und 1-3fach gefiederten, in Büscheln stehenden Blättern. Sporenhäufchen kreisrund. Vermehrung durch Teilung, Sporenaussaat oder Brutknospen. Für Halbschatten bis Schatten in feuchtem Boden.

aculeatum (L.) Roth (syn. *P. lobatum* (Huds.) Chevall.), Glanzschildfarn. Gemäßigte Zonen der Erde und Gebirgswälder der Tropen. 30–100 cm hoher, immergrüner Farn. Wedel doppelt bis 3fach gefiedert, ledrig. Mehrere Sorten.

angulare siehe *setiferum*
lobatum siehe *aculeatum*

setiferum (Forsk.) Woynar (syn. *P. angulare* (Kit.) K. B. Presl), in den gemäßigten Zonen. 30–100 cm hoher, wintergrüner Farn mit doppelt gefiederten Wedeln. Sehr variable Art mit vielen Sorten, z. B. 'Plumosum Densum', Wedel mehrfach gefiedert, Fiederchen fein zerteilt; 'Proliferum', Brutfiligranfarn, Wedel schmal mit schmalen, locker stehenden, feinzerteilten Fiedern.

Poncirus Raf., Bitterorange, *Rutaceae*

Nur 1 Art.

trifoliata (L.) Raf. (syn. *Citrus trifoliata* L.), Heimat N-China. Blütezeit Mai. Strauch, sommergrün, bis 3 m hoch, kahl, mit bis 3 cm langen Dornen. Blätter 3zählig. Blüten weiß, bis 5 cm breit, wohlriechend, einzeln oder zu 2 in den Blattachseln. Früchte kuglig, goldgelb, bis 4 cm dick, orangenähnlich, nicht eßbar. In milderen Gegenden winterhart. Für nährstoffreiche Böden. Standort leicht schattig. **1742, 1743,** S. 218.

Pontederia L., Hechtkraut, *Pontederiaceae*

3–4 Arten von Argentinien bis S-Kanada. Sumpfstauden mit Rhizom und langgestielten, fleischigen, herzförmigen bis lanzettlichen Blättern. Blüten blau oder weiß, in vielblütigen Scheinähren, Vermehrung durch Teilung und Samen. Für Sumpf oder bis 30 cm Wasserstand an sonnigen Stellen. Im Winter Wasser ablassen und Schutz geben.

cordata L., Blütezeit Juni–August. 50–100 cm hohe Sumpfpflanze mit herz- bis eiförmigen, langgestielten, glänzend grünen Blättern. Blüten hellblau bis weiß, in dichten, 10–15 cm langen Scheinähren. **1327,** S. 166.

Populus L., Pappel, *Salicaceae*

Etwa 40 Arten in Europa, Asien, N-Afrika, N-Amerika. Bäume, sommergrün, mit wechselständigen, ungeteilten Blättern. Blüten zweihäusig, in hängenden Kätzchen, vor dem Blattaustrieb. Winterhart. Die meisten wachsen sehr rasch und sind nur für größere Anlagen geeignet. Hier werden einige häufig angepflanzte Arten kurz erwähnt.

alba L., Silberpappel. Europa, N-Afrika bis Mittelasien. Bis 30 m hoch, mit breiter Krone. Blätter eiförmig, auch 3–5lappig, bis 12 cm lang, oberseits dunkelgrün, unterseits weißfilzig (Name!). Hierzu mehrere Sorten.

balsamifera L. (syn. *P. tacamahacca* Mill.), Balsampappel. Nördl. N-Amerika. Bis 30 m hoch, mit eiförmigen bis lanzettlichen, bis 12 cm langen Blättern. Beim Austrieb duften die jungen Blätter (Name!).

Canadensis-Hybriden, Kanadische Hybridpappeln. Hohe, meist breitkronige Bäume. Hierher mehrere Sorten.

canescens (Ait.) Sm., Graupappel. Bis 20 m hoch (und höher), mit 3eckig-eiförmigen, bis 12 cm langen Blättern. Mehrere Sorten.

fastigiata siehe *nigra* 'Italica'

lasiocarpa Oliv., China. Bis 20 m hoch. Auffallend die herz-eiförmigen, bis 35 cm langen, graugrünen Blätter mit roten Nerven und Blattstielen.

nigra L., Schwarzpappel. N-Afrika, Mitteleuropa bis Sibirien. Bis 30 m hoch, mit breiter Krone. Blätter rhombisch, bis 10 cm lang. Häufig als Alleebaum angepflanzt ist 'Italica' (syn. *P. fastigiata* Desf., *P. pyramidalis* Rozan.), Pyramidenpappel. Vor etwa 100 Jahren in N-Italien gefunden. Bis 25 m hoch, mit säulenförmigem Wuchs. Äste steil nach oben gerichtet.

pyramidalis siehe *nigra* 'Italica'
tacamahacca siehe *balsamifera*

tremula L., Aspe, Espe, Zitterpappel. Europa, N-Afrika, Vorderasien, Sibirien. Bis 30 m hoch, mit eirunden, bis 8 cm langen, unterseits bläulichen Blättern, die an dünnen Stielen hängen und sich bei leichtem Wind bewegen (Name!). **1744,** S. 218. Hierzu mehrere Sorten.

Portulaca L., Portulakröschen, *Portulacaceae*

Über 100 Arten in den trop. und subtrop. Gebieten der Erde. Niederliegende, fleischige, saftige Kräuter mit wechselständigen oder gegenständigen Blättern. Blüten endständig, einzeln oder in Wickeln. Vermehrung durch Aussaat unter Glas oder direkt an Ort und Stelle. Für sonnige warme Stellen mit nicht zu nährstoffreichem Boden.

grandiflora Hook., Argentinien und Brasilien. Bis 15 cm hohe Kräuter mit niederliegenden Stengeln und stielrunden, fleischigen Blättern. Blüten einzeln, endständig, weiß, rot, gelb mit allen Zwischenfarben. Blütezeit 12 Wochen nach der Aussaat bis zum Frost. Einfach-, halbgefüllt- und gefülltblühende Farbsorten und Mischungen im Handel. 'Flore Pleno', gefülltblühende Mischung, **363,** S. 46.

Potentilla L., Fingerkraut, *Rosaceae*

Etwa 300 Arten, überwiegend in den gemäßigten und kalten Gebieten der nördl. Halbkugel. Mehrjährige Kräuter oder Halbsträucher, selten Sträucher, mit meist wechselständigen, gefingerten oder gefiederten Blättern. Blüten meist zu mehreren in Trugdolden. Winterhart. Verwendung der angegebenen Arten in Staudenpflanzungen, der strauchigen Arten auch in Gehölzpflanzungen.

1. *Sträucher*

fruticosa L., nördl. Halbkugel. Blütezeit Mai bis August. Strauch, sommergrün, bis 1,5 m hoch und ebenso breit, mit dichter Bezweigung. Blätter meist 3zählig. Blüten flach, tellerförmig, bis 3 cm breit, gelb. Hierher sehr viele Sorten, die sich in Wuchsform, Höhe, Blütenfarbe und Blütengröße unterscheiden. Ansprüche an Böden gering. Standort sonnig.
'Arbuscula', Wuchs niederliegend, breit, goldgelb, bis 4 cm breit; 'Elizabeth', dunkelgelb, **1745,** S. 219; 'Farreri', bis 1 m hoch und breit, goldgelb; 'Hersii', bis 1,5 m hoch, weiß; 'Katherine Dykes', bis 1,5 m hoch, hellgelb, **1746,** S. 219; 'Klondike', bis 1 m hoch, tief dunkelgelb; 'Mandshurica', bis 50 cm hoch, weiß, **1747,** S. 219; 'Moonlight', cremeweiß, **1748,** S. 219; 'Pyrenaica', bis 30 cm hoch, flach ausgebreitet, goldgelb; 'Tangerine', bis 50 cm hoch, kupferfarbig bis gelb, **1749,** S. 219; 'Vilmoriniana', bis 1,3 m hoch, blaßgelb, **1750,** S. 219.

2. *Stauden*

atrosanguinea Lodd., Himalaja. Blütezeit Juni bis September. Bis 50 cm hoch. Untere Blätter 3zählig, erdbeerähnlich. Stengel verzweigt. Blüten bis 5 cm breit, purpurrot, einzeln. Verwendung in Staudenpflanzungen. Ohne besondere Ansprüche.

aurea L., Gebirge Europas. Blütezeit Mai–Juli. Bis 20 cm hoch. Untere Blätter 5zählig. Blüten goldgelb. Einige Sorten, z. B. 'Rathboneana'; halbgefüllt, goldgelb.

Hybriden. Entstanden aus Kreuzungen zwischen *P. atrosanguinea* und *P. nepalensis*. Zahlreiche Sorten, z. B. 'Gibsons Scarlet', bis 40 cm hoch, scharlachrot, **1328,** S. 166; 'Miss Willmott', bis 50 cm hoch, karminrosa; 'Mons. Rouillard', bis 50 cm hoch, gefüllt, kupferrot, **1329,** S. 167; 'Scharlachkönigin', bis 50 cm hoch, scharlachrot. Verwendung wie *P. atrosanguinea*.

nitida L., O- und S-Alpen. Blütezeit Juli–August. Kaum 10 cm hoch, mattenbildend. Blätter 3zählig, dicht seidig behaart. Blüten hellrosa, 2,5 cm breit. Einige Sorten, z. B. 'Alba', weiß; 'Rubra', dunkelrosa, **146,** S. 19. Verwendung im Alpinum. Standort sonnig, auf durchlässigem Boden.

recta L., Europa, Kaukasus. Blütezeit Juni–Juli. Bis 50 cm hoch. Stengel verzweigt. Untere Blätter 5–7zählig, obere 3zählig. Blüten gelb, 2,5 cm breit, zu mehreren in Doldenrispen. Einige Sorten, z. B. 'Warrenii', Blüten größer, goldgelb, **1330,** S. 167. Verwendung wie *P. atrosanguinea*, auf etwas trockenem Boden.

tabernaemontani Aschers. (syn. *P. verna* auct. non L.), Europa. Blütezeit April–Mai. Wenige cm hoch, mattenbildend. Blätter 5–7zählig. Blüten gelb. Standort sonnig, auf trockenem Boden.

verna siehe *tabernaemontani*

Primula L., Primel, *Primulaceae*

Etwa 540 Arten, überwiegend in den gemäßigten Zonen der Nordhalbkugel, besonders in den Gebirgen Europas und Asiens. Sie reichen bis in die arktischen Gebiete. Stauden und wenige einjährige Arten. Die Blätter bilden meist grundständige Rosetten und sind einfach, ganzrandig, gezähnt oder gelappt, bei manchen Arten auch weich behaart oder weißmehlig. Die Blüten sind glocken- oder tellerförmig und stehen zu wenigen oder vielen in Dolden, Trauben, Rispen oder Ähren. Vermehrung durch Aussaat und Teilung, besonders bei den vielen Sorten und Kreuzungen. Die Standortansprüche für die Pflanzung reichen je nach Herkunft von sonnig bis schattig, von warm bis kühl und trocken bis feucht oder naß. Unsere einheimischen Primelarten stehen unter Naturschutz.

acaulis siehe *vulgaris*

allionii Loisel., Stauden in Spalten von Kalkfelsen der italienischen und französischen Seealpen, an Stellen, die vor Regen und Sonne geschützt sind. Blütezeit März–April. Rosetten aus fleischigen, graugrünen, spatelförmigen, fast ganzrandigen kurzen Blättern. Blüten 1–3 cm breit, rosa bis weiß, in wenigblütigen, stengellosen Dolden. Nicht winterhart und sehr empfindlich gegen zuviel Feuchtigkeit. **147,** S. 19.

auricula L., Alpen-Aurikel, Kalkgebirge Europas, besonders der Alpen. Blütezeit April–Juni. Sehr formenreiche Art mit fleischigen, mehr oder weniger bemehlten Blättern und einem glatten bis gezähnten knorpligen Rand. Die gelben Blüten mit glockenförmigem Kelch stehen zu 5–10 auf einem 3–10 cm langen Blütenschaft. Viele Formen duften. Stauden für kalkhaltigen Boden, auch nicht zu sonnige Trockenmauern geeignet. **148,** S. 19.

beesiana Forrest, China, Blütezeit Juni–Juli. Staude mit grundständigen, lanzettlichen bis eiförmigen Blättern, die eine lila bis rosafarbene Mittelrippe haben. Blüten rosa bis karmin, mit gelbem Auge, duftend, in 8–15blütigen Quirlen, bilden als „Etagen" (bis zu 8) einen 50–70 cm hohen Blütenschaft. Für frische, halbschattige Stellen. **1331,** S. 167.

bhutanica siehe *whitei*

denticulata Sm., Kugelprimel. Himalaja, Afghanistan, W-China. Blütezeit März–April. Blätter dicht grundständig, lanzettlich, mit zurückgeschlagenem Blattrand, bis 30 cm lang. Blütenstand 10–30 hoch, mit vielen violetten bis rosa oder weißen Blüten, die eine Kugel bilden. Für feuchte oder frische Stellen in Sonne oder Halbschatten. Die Sorten lassen sich auch gut durch Wurzelschnittlinge vermehren. **150,** S. 19.

edgeworthii Pax (syn. *P. winteri* W. Watson), NW-Himalaja. Blütezeit Frühling. Goldgelb bemehlte Staude mit verkehrt eiförmigen, unregelmäßig gezähnten Blättern (Sommerblätter ei- bis herzförmig). Blüten violett mit hellem Schlund, an sehr kurzem Schaft, so daß sie auf 2–8 cm langen Stengeln sitzen. Für halbschattige, feuchte, aber gut wasserdurchlässige Stellen im Alpinenhaus, da nicht winterhart. **151,** S. 19.

Elatior-Hybriden. Stauden, die hervorgegangen sind aus Kreuzungen von *P. elatior*, *P. vulgaris* und *P. juliae*. Blütezeit April–Mai. Blätter in Rosetten, breit-länglich, gewellt, Blattspreite am Stiel schmal auslaufend, 5–20 cm lang. Blüten zu vielen am Ende eines 10–20 cm großen Blütenschaftes. Blütenfarben weiß bis rot und gelb bis blau, ein- oder mehrfarbig. Gut zum Verfrühen unter Glas geeignet. Für halbschattigen, feucht-frischen Standort. Auch zum Schnitt geeignet. **364,** S. 46.
Viele Sorten und Rassen, z. B. 'Garryarde Guinevere', **154,** S. 20.

farinosa L., Mehlprimel. Europa und Asien, außer Himalajagebiet. Blütezeit April–Mai. Staude. Blätter länglich-eiförmig, 4–10 cm lang, in Rosetten, mit weiß- oder gelbbemehlter Unterseite. Blüten hell oder dunkelpurpurn oder weiß mit gelbem Schlund, zu vielen in endständiger Dolde. Blütenschaft 15–20 cm hoch. Vermehrung durch Aussaat. Für feuchte bis frische Stellen in Sonne oder Halbschatten. Meist nicht sehr langlebig. **152,** S. 19.

florindae Ward, Tibet. Blütezeit Juli–September. Staude mit langgestielten, herz- bis eiförmigen, am Rand schwach gezähnten, breiten, 15–20 cm langen Blättern. Blüten schwefelgelb, etwas duftend, in 1 oder auch 2 übereinanderstehenden 40–80blütigen Dolden. Blütenschaft 50–120 cm hoch. Einzelblüten bis 2,5 cm breit, teils hängend, teils aufrecht. Für feuchte bis nasse Stellen in Sonne und Halbschatten. Kreuzungen mit anderen Arten bleiben auch braun, rötlich bis rot. **1332,** S. 167.

forrestii Balf. f., Yunnan. Blütezeit April–Mai. Staude mit herz- bis eiförmigen, unterseits goldfarben bemehlten, bis 20 cm langen Blättern, deren Rand gekerbt bis gezähnt ist. Blüte gelb mit orangefarbenem Schlund, duftend, zu 10–30 in endständiger Dolde auf 15–50 cm hohem Stengel. Für Kalkschotterstellen oder Felsspalten im Alpinenhaus. Schutz vor Nässe erforderlich. **153,** S. 20.

gracilipes Craib, Himalaja. Blütezeit März–April. Staude mit grobgezähnten, spatelförmigen Blättern, in Rosetten. Nur die Sommerblätter sind gestielt. Die lilarosa Blüten mit grünem Schlund scheinen einzeln langgestielt, da der Blütenschaft so kurz ist. Blütenblätter leicht gezähnt. Für kühle, feuchte Stellen mit Moorboden im Alpinenhaus. **155,** S. 20.

helodoxa Balf. f., Yunnan, Burma. Blütezeit Juni–Juli. Staude mit 20–30 cm langen, breit-lanzettlichen Blättern, deren Rand meist eingerollt und leicht gezähnt ist. Blattmittelrippe weiß oder rötlich. Blüten goldgelb, zu je 15–20 in 4–8 übereinanderstehenden Quirlen im bis 80 cm hohen Blütenstand. Einzelblüten etwas hängend und duftend. Für sonnige, feuchte Stellen. **1333,** S. 167.

japonica A. Gray, Japan. Blütezeit Mai–Juni. Staude mit ei- bis spatelförmigen, am Rande gekerbt gezähnten, bis 25 cm langen Blättern, in einer Rosette. Blüten purpurrot, in 2–6blütigen Quirlen, die übereinander an 30–50 cm hohen Blütenständen stehen. Für halbschattige Stellen mit feucht-lehmigem Boden. Oft Selbstaussaat. Viele Sorten mit verschiedenen Farben wie weiß, rosa, karmin, lachs, braunrot. **1334,** S. 167. 'Postford White', Blüten weiß mit rosa Schlund, **1335,** S. 167.

× **kewensis** hort. (*P. floribunda* × *P. verticillata*). Blütezeit Februar–März. Staude mit mehr oder weniger bemehlten, breit-länglichen Blättern und bis 30 cm hohem Blütenstand. Blüten gelb, in vielblütigen Quirlen. Wird als Topfpflanze im Gewächshaus aus Samen gezogen, da die Hybride nach Chromosomenverdoppelung (tetraploid) fruchtbar und reinerbig geworden ist.

littoniana siehe *vialii*

malacoides Franch., Fliederprimel. Yunnan. Einjährige, bis 30 cm hohe Gewächshauspflanze mit eiförmigen, langgestielten, behaarten Blättern, deren Rand gezähnt und gelappt ist. Blüten bei der Art lavendelfarben, in Kultur weiß, rosa und rot bis hellviolett, in mehr- bis vielblütigen Quirlen an bis zu 40 cm hohen Blütenständen. Es gibt auch gefüllte Sorten. Blüten duften stark. Topfpflanzen des Kalthauses. Blüten werden unter unter Langtagbedingungen nur bei Temperaturen unter 10°, unter Kurztagbedingungen auch bei höheren Temperaturen angelegt. 1908 als Samen vom Unkraut chinesischer Reisfelder eingeführt. **631,** S. 79.

nutans Delav., China. Blütezeit Juni–Juli. Die Pflanzen sterben nach der Samenreife ab. Blätter samtweich behaart, elliptisch. Blüten violett, in 2–5 cm langer, dichter Ähre an 20–50 cm hohem Stiel. Für halbschattige Stellen mit feuchtem Boden ohne stauende Nässe. **156,** S. 20.

obconica Hance, Becherprimel. China. Blütezeit das ganze Jahr über. Staude mit langgestielten, kreis- bis herzförmigen, am Rand gewellten Blättern. Blüten weiß, rosa, rot oder blauviolett, in vielblütigen endständigen Dolden auf 20–30 cm hohen Stielen. Einzelblüten von Sorten bis 8 cm groß. Es gibt auch halbgefüllte und gefüllte Sorten. Die Kurzhaare der Stengel und Blätter enthalten Primin, einen Stoff, der bei manchen Menschen Allergien auslöst. Es gibt aber neuerdings priminfreie Sorten. Verwendung als lange blühende Zimmerpflanze am kühlen Standort. **632,** S. 79.

praenitens siehe *sinensis*

× **pubescens** Jacq., Gartenaurikel. Kreuzungen, zu deren Eltern *P. auricula*, *P. rubra*, *P. viscosa*, *P. villosa* u. a. m. gehören. Sie ähneln *P. auricula*, zeigen aber vielfältigeres Farbspiel, von weiß über gelb, rosa und rot bis braun. Es gibt auch halbgefüllte und gefüllte Sorten. Um 1800 war ein Höhepunkt der Aurikelliebhaberei und Züchtung mit Hunderten von Sorten. Es sind Stauden für halbschattige Stellen an nicht zu trockenem Platz oder in Mauern. Alle zwei Jahre verpflanzen und bis zum Blattansatz einsetzen. Sorten z. B. 'Queen Alexandra', Blüten gelb, **149,** S. 19; 'Rufus', Blüten dunkel braunrot, **157,** S. 20.

pulverulenta Duthie, China. Blütezeit Mai–Juni. Staude mit verkehrt-eiförmigen, bis 30 cm langen gezähnten Blättern. Blüten rot mit dunklem Schlund, in vielblütigen Quirlen an 50–100 cm hohem Blütenschaft. Blütenschaft, -stiel und -kelch dicht weiß bemehlt. Viele Sorten und Kreuzungen mit anderen Arten, in weiß, rosa, purpurn. Pflanzen für feuchte Stellen mit nährstoffreichem Boden. **1336,** S. 167. 'Bartley Strain', Blüten dunkelrosa, **1337,** S. 168.

reidii Duthie, NW-Himalaja. Blütezeit April–Mai. Stauden mit stumpf-lanzettlichen, seidenhaarigen, am Rand gekerbten, 10 cm langen Blättern. Blüten duftend, elfenbeinfarben, nickend, in dichtem Schopf an 5–15 cm langem Stiel. Im Alpinenhaus in Moorboden pflanzen, aber nicht sehr langlebig. **158,** S. 20.

rosea Royle, NW-Himalaja. Blütezeit März–April. Staude mit eiförmigen bis lanzettlichen, 5–20 cm langen, am Rand gekerbten Blättern, die erst nach der Blüte erscheinen. Blüten dunkelrosa, in 4–20blütigen Dolden auf 10–20 cm hohem Schaft. Für Halbschatten und feuchte bis nasse Stellen. Einige in Farbintensität und Blütengröße sich unterscheidende Sorten, z. B. 'Micia Visser de Greer' ('Delight'), Blüten dunkelrosa, bis 2,5 cm groß, **159,** S. 20.

sieboldii E. Morr., Japan und Zentralasien. Blütezeit Mai–Juni. Staude mit länglichen, ei- bis herzförmigen, gelappten und oft weichbehaarten, langgestielten Blättern, die bereits im Sommer absterben. Blüten rosaviolett bis rot, mit weißem Auge, in lockeren, endständigen Dolden auf bis 30 cm langem Blütenschaft. Viele Sorten. Für kühlen, feuchten Boden in halbschattiger Lage. **160,** S. 20.

sinensis Sabine (syn. *P. praenitens* Ker-Gawl.), Chinesenprimel. Blütezeit Februar–Mai. Keine Wildvorkommen bekannt. Alte chinesische Gartenpflanze. Staude mit breiten, ei- bis herzförmigen, langgestielten und behaarten Blättern, deren 7–9 Lappen gezähnt sind. Blüten weiß, rosa, rot, scharlach, in Dolden auf 10–20 cm langen Stielen. Der Blütenkelch ist bauchig aufgeblasen. Chinesenprimeln werden als einjährige Topfpflanzen gezogen. Verwendung als Zimmerpflanzen am kühlen Standort.

spectabilis Tratt., ostitalienische Alpen. Blütezeit März–April. Staude mit breit-lanzettlichen, am Rande weißknorpligen Blättern in dichter Rosette. Blüten weiß, rosa, rot oder violett mit weißem Auge, in wenigblütiger Dolde auf 10–15 cm hohem Stiel. Einzelblüten bis 4 cm groß. Für feuchte bis trockene, kalkreiche Böden in sonniger oder halbschattiger Lage. **161,** S. 21.

vialii Delav. (syn. *P. littoniana* Forrest), Orchideenprimel. China. Blütezeit Juni–Juli. Stauden mit breit-lanzettlichen, behaarten Blättern, deren Rand gezähnt ist. Blüten blauviolett, Hochblätter und Kelchzipfel rot, in dichter, endständiger, 6–18 cm langer Ähre auf 30–60 cm hohem Stengel. Einzelblüten breit-glockig, 1–2 cm groß, duftend. Pflanzen für feuchte bis trockene, halbschattige Stellen. Schwierig zu kultivieren, in der Regel nur zweijährig. **162,** S. 21.

vulgaris Huds. (syn. *P. acaulis* L.), Kissenprimel. W-Europa bis Vorderasien. Blütezeit März–April. Staude, mit breit-lanzettlichen, unregelmäßig gekerbten Blättern, Blüten der Art gelb mit orangefarbenem Schlund, einzeln auf 5–10 cm langen Stielen. Für frische, kühle Böden in halbschattiger Lage. Viele Sorten, die als Topfpflanzen mit früherer Blütezeit (Januar, Februar) besonders zur Schalenpflanzung gezogen werden. Kultiviert werden Einzelfarben mit ein- oder mehrfarbigen Blüten von weiß, über rosa bis rot, gelb, blau und violett. **163,** S. 21.

whitei W. W. Smith (syn. *P. bhutanica* Fletcher), Bhutan. Blütezeit April. Staude, mit elliptischen, tief gezähnten Blättern, die nach der Blüte 15–20 cm groß werden. Blüten lila mit grüngelbem Schlund, in 5–10blütiger Dolde auf 10–15 cm hohem Stiel. Für Halbschatten oder Sonne, in feuchtem, anmoorigem Boden im Alpinenhaus. **164,** S. 21.

winteri siehe *edgeworthii*

Proboscidea Schmidel, Gemshorn, *Martyniaceae*

6 Arten von Louisiana und Kalifornien bis Argentinien. Klebrig-drüsige, ein- oder mehrjährige Kräuter. Blätter groß, rund bis eckig. Blüten groß, in Trauben an den Astknoten stehend. Frucht im Reifezustand einem Gemsgehörn ähnlich, für Trokkensträuße geeignet. Anzucht aus Samen unter Glas und auspflanzen an warme sonnige Stellen.

jussieui siehe *louisianica*

louisianica (Mill.) Thell. (syn. *Martynia louisianica* Mill., *Proboscidea jussieui* Medik., *Martynia proboscidea* Gloxin), südwestl. N-Amerika. Blütezeit Juli bis August. Einjährige Pflanzen, ganz klebrig-drüsig behaart und unangenehm riechend. Stengel verzweigt, niederliegend, bis 100 cm lang. Blüten weiß bis cremefarben, 3–5 cm groß, in Trauben an den Astknoten. **338,** S. 43.

Prostanthera Labill., *Labiatae*

Etwa 40 Arten in Australien. Sträucher oder immergrüne Halbsträucher, mit Drüsenhaaren, wohlriechend. Blüten etwas glockenförmig, weiß, rot oder violett, in achsel- oder endständigen Scheinähren oder Trauben. Nicht winterhart. Verwendung im kühlen Gewächshaus oder im Sommer auch im Freien, doch unter Dach.

ovalifolia R. Br., Blütezeit Frühjahr. Strauch, bis 2 m hoch. Blätter oval, klein, weich. Blüten purpurlila. **1751,** S. 219.

Prunella L., Braunelle, *Labiatae*

5 Arten in den gemäßigten Zonen Eurasiens und bis N-Afrika und Iran. Stauden mit kriechendem Wurzelstock und ganzrandigen, eingeschnittenen, gezähnten oder fiederspaltigen Blättern. Blüten blau, purpurn oder weiß, zu 6 in Quirlen sitzend, bilden sie eine dichte endständige Ähre. Vermehrung durch Aussaat, besser jedoch Teilung. Für halbschattige Stellen mit frischem Boden.

grandiflora (L.) Scholler, Europa. Blütezeit Juni bis August. 20–30 cm hoch. Blätter eilanzettlich, meist ganzrandig. Blüten violett, groß. Für kalkhaltigen Boden. 'Loveliness', Blüten hellviolett, etwa 20 cm hoch. **1338,** S. 168.

Prunus L., Aprikose, Kirsche, Mandel, Pfirsich, Pflaume, *Rosaceae*

Etwa 200 Arten, überwiegend in den gemäßigten Zonen der nördl. Halbkugel. Sträucher oder Bäume, sommergrün, selten immergrün, mit wechselständigen, ungeteilten, meist gesägten Blättern. Blüten ansehnlich, einzeln oder in Büscheln oder Trauben. Die angegebenen Arten sind (mit Ausnahmen) winterhart. Verwendung als beliebte, reichblühende Blütengehölze, manche auch ob ihrer Buntblättrigkeit. Von einigen Arten und Sorten können auch abgeschnittene Zweige im Winter zur Blüte gebracht werden, ähnlich wie bei *Forsythia.* Dazu ist jedoch notwendig (um die Ruhe der Blütenknospen zu überwinden), daß längere Zeit niedrigere Temperaturen eingewirkt haben. Nach einem milden Herbst darf nicht zu früh mit dem Schneiden der Zweige begonnen werden, da die Knospen sonst nicht austreiben. Zum Treiben geeignet sind Sorten von *P. serrulata* und *P. triloba.* Näheres siehe dort. Einige sind wichtige Obstgehölze, die aber ebenso als blühende Zierbäume oder -sträucher angesehen werden können.

amygdalus Batsch (syn. *P. dulcis* (Mill.) D. A. Webb), Mandelbaum. Syrien bis N-Afrika. Blütezeit April. Baum, bis 10 m hoch, breitkronig. Blüten weiß bis hellrosa. Alte Kulturpflanze mit zahlreichen zur Mandelgewinnung angebauten Sorten. Als Zierpflanzen die Sorten 'Alba Plena', weiß gefüllt; 'Rosa Plena', dunkelrosa gefüllt.

armeniaca L., Aprikose. N-China. Blütezeit April. Alte Kulturpflanze mit vielen zur Obstgewinnung angebauten Sorten.

avium L., Süßkirsche, Vogelkirsche. Europa, Vorderasien, Kaukasus. Blütezeit April–Mai. Baum, bis 20 m hoch, mit breit-kegelförmiger Krone. Blüten weiß, bis 2,5 cm breit, zu mehreren in Dolden. Früchte klein, schwarzrot. Alte Kulturpflanze mit vielen zur Obstgewinnung angebauten Sorten, die aber auch als Zierkirschen verwendet werden können. Von ausgesprochenen Zierkirschen ebenfalls einige Sorten, z. B. 'Plena', weiß, halbgefüllt, Blüten erscheinen gleichzeitig mit den Blättern, **1753,** S. 220.

cerasifera Ehrh. (syn. *P. myrobalana* Loisel.), Kirschpflaume, Myrobalane. Vorderasien, Kaukasus. Blütezeit März–April, vor dem Blattaustrieb. Strauch, mitunter kleiner Baum, bis 8 m hoch. Blüten weiß, einzeln. Früchte kuglig, rot bis gelb, bis 3 cm dick. **1754,** S. 220. Hierzu sehr viele Sorten, z. B. 'Atropurpurea' (syn. *P. pissardii* Carr.), Blätter rotbraun, Blüten weiß mit etwas rosa, Früchte kuglig, purpurrot; 'Nigra', Blutpflaume, bis 7 m hoch, Blätter schwarzrot, Blüten rosa, 2,5 cm breit.

cerasus L., Sauerkirsche, Weichselkirsche. SO-Europa bis N-Indien. Blütezeit April–Mai. Baum, bis 8 m hoch, mit dünnen, oft überhängenden Zweigen. Blüten mit den Blättern erscheinend, weiß, zu mehreren in Büscheln. Früchte dunkelrot, kuglig. Alte Kulturpflanze mit vielen zur Fruchtgewinnung angebauten Sorten. Auch zahlreiche Ziersorten, z. B. 'Persiciflora', hellrosa, gefüllt; 'Plena', weiß, halbgefüllt.

conradinae Koehne, China. Blütezeit März. In der Heimat Baum, bei uns Strauch. Blüten weiß. Nicht winterhart. **1755,** S. 220.

domestica L., Pflaume, Zwetschge. Europa, Asien. Blütezeit April. Baum, bis 10 m hoch. Blüten weiß. Alte Kulturpflanze mit vielen zur Obstgewinnung angebauten Sorten. Hierzu gibt es keine ausgesprochenen Ziersorten.

dulcis siehe *amygdalus*

incisa Thunb., Japan. Blütezeit März–April. Baum, bis 5 m hoch, mit runder Krone. Blätter grob und stark eingeschnitten. Blüten weiß, bis 2 cm breit, zu 2–3 in Büscheln. Einige Sorten, auch mit hängenden Zweigen und rötlich-gelber Herbstfärbung. **1756,** S. 220.

laurocerasus L., Lorbeerkirsche, „Kirschlorbeer". S-Europa, Vorderasien. Blütezeit Mai. Strauch (in mildem Klima kleiner Baum), immergrün, mit bis 20 cm langen, elliptischen, ledrigen, oberseits glänzend dunkelgrünen Blättern. Blüten weiß, klein, zu vielen in Trauben. Früchte schwärzlich. Seiner dekorativen Blätter wegen häufig angepflanzt, besonders in milderen Gegenden S-Deutschlands; dort auch für breite Heckenpflanzungen verwendet. Friert in strengen Wintern zurück, treibt aber meist von unten her wieder aus. In solchen Fällen dauert es aber mehrere Jahre, bis die Pflanze wieder voll aufgebaut ist. Hierzu viele Sorten, die sich im Wuchs und in der Blattform unterscheiden, z. B. 'Herbergii; pyramidal, aufrecht, Blätter elliptisch-lanzettlich; 'Otto Luyken', breitwachsend, Blätter schmal, etwas aufwärts gerichtet; 'Schipkaensis Macrophylla', Blätter elliptisch, breit; 'Zabeliana', Wuchs ausgebreitet. Blätter länglich-lanzettlich.

mahaleb L., Felsenkirsche, Steinweichsel. Europa, Vorderasien. Blütezeit Mai. Baum, bis 10 m hoch, rundkronig. Blüten weiß, 1,5 cm breit, wohlriechend, bis zu 10 in Doldentrauben. Früchte schwarz, 6 mm dick. Sehr widerstandsfähig; für Schutzpflanzungen geeignet.

mume Sieb. et Zucc., Japanische Aprikose. Japan. Blütezeit April. Baum, bis 10 m hoch (meist niedriger), rundkronig. Blüten weiß bis rosa, duftend, bis 3 cm breit. **1757,** S. 220. Viele Sorten, die in Wuchs, Blütenfarbe und -füllung unterschieden.

myrobalana siehe *cerasifera*

padus L., Traubenkirsche. Europa bis O-Asien. Blütezeit April–Mai, nach dem Blattaustrieb. Baum, bis 15 m hoch, mit etwas überhängenden Ästen. Blüten weiß, duftend, bis 1,5 cm breit, bis zu 20 in hängenden Trauben. Früchte kuglig, schwarz, 6 mm dick. Widerstandsfähig, sowohl für Einzelstellung als auch für Schutzpflanzungen. **1758,** S. 220. Hierzu viele Sorten.

persica (L.) Batsch, Pfirsichbaum. China. Blütezeit April, meist vor dem Blattaustrieb. Baum oder Strauch, mehrere Meter hoch. Blüten rosa oder rot, bis 3 cm breit. Früchte groß, fast kuglig. Alte Kulturpflanze mit sehr vielen Sorten. Zur Obstgewinnung und auch als Zierpflanze. 'Iceberg', weiß, halbgefüllt, **1759,** S. 220; 'Klara Mayer', rosa, gefüllt.

pissardii siehe *cerasifera* 'Atropurpurea'

prostrata Labill., Mittelmeergebiet. Blütezeit Mai. Strauch, bis 0,5 m hoch, dicht sparrig verzweigt, fast kriechend. Blüten rosa, 1 cm breit. Früchte 1 cm dick, schwarzrot. Blüht spärlich. Winterhärte unsicher. **165,** S. 21.

sargentii Rehd., Japan. Blütezeit April. Baum, in der Heimat bis 15 m hoch, bei uns niedriger, mit breiter Krone. Blätter im Austrieb rötlich, dann grün. Herbstfärbung leuchtend rot. Blüten rosa, bis 5 cm breit, zu 2–4 in Dolden. Früchte länglich, 1 cm lang, dunkelrot. **1760,** S. 220.

serotina Ehrh., Späte Traubenkirsche. N-Amerika. Blütezeit Mai–Juni. Baum, bis 30 m hoch, mit schmaler Krone. Blätter dunkelgrün, bis in den Spätherbst hinein am Baum bleibend. Blüten weiß, 1 cm breit, in walzenförmigen, aufrechten oder etwas hängenden Trauben. Früchte fast kuglig, 10 mm dick, dunkelpurpurn. Widerstandsfähig; für Schutzpflanzungen oder auch Einzelstand. Hierzu mehrere Sorten.

serrula Franch., China. Blütezeit April–Mai. Baum oder Strauch, bis 7 m hoch. Äste mit glatter, glänzender, mahagonifarbener Borke, die im Spätsommer in schmalen Streifen abrollt. Blüten weiß, 2 cm breit. **1761,** S. 221.

serrulata Lindl., Japanische Blütenkirsche. China. Blütezeit April–Mai. Baum, nur 3 m hoch. Blüten weiß, gefüllt. Hierzu wird das riesige Sortiment der

japanischen Blütenkirschen gezählt, an deren Entstehung wohl auch noch andere Arten beteiligt sind. Die Sorten unterscheiden sich in Wuchs (oft höher als die Art), Blütenfarbe (weiß, rosa in den verschiedensten Stärken), Blütenfüllung (einfach, halbgefüllt, gefüllt) und Blütezeit. Hier können nur einige aufgeführt werden, z. B. 'Accolade', bis 6 m hoch, rosa, halbgefüllt, **1752,** S. 219; 'Amanogava', bis 5 m hoch, rosa, halbgefüllt; 'Kanzan', bis 10 m hoch, dunkelrosa, halbgefüllt; 'Shimidsu-Sakura', bis 5 m hoch, weiß, halbgefüllt, Knospen rosa, **1762,** S. 221; 'Shirotae', bis 7 m hoch, weiß, halbgefüllt; 'Tai-Haku', bis 10 m hoch, weiß, einfach, **1763,** S. 221; 'Yedo-Zakura', bis 8 m hoch, rosa, halbgefüllt, **1764,** S. 221.
Treiben abgeschnittener Zweige der Sorten von *P. serrulata* etwa ab Mitte Januar. Bei starkem Frost geschnittene Zweige erst langsam auftauen, dann in Wasser stellen, Raumtemperatur um 20°. Beim Treiben im Februar kann Temperatur niedriger sein, um 17°.

spinosa L., Schlehe, Schlehdorn, Schwarzdorn. Europa, N-Afrika, Vorderasien. Blütezeit April bis Mai, vor dem Blattaustrieb. Meist Strauch, stark verzweigt, dornig, bis 6 m hoch. Blüten weiß, 1,5 cm breit, einzeln oder zu zweien. Früchte kuglig, 1 cm dick, blauschwarz, bereift. Verwendung auf kalkhaltigen Böden, als breite, undurchdringbare Heckenpflanzung. Sehr reich blühend.

subhirtella Miq., Japan. Blütezeit April, vor dem Blattaustrieb. Baum, bei uns bis 10 m hoch. Blüten rosaweiß, 2 cm breit, bis zu 5 in Dolden. Früchte 1 cm lang, schwarzpurpurn. Mehrere Sorten, z. B. 'Autumnalis', bis 5 m hoch, Blütezeit je nach Witterung November–April. Blüten weiß bis rosa, **1765,** S. 221; 'Fukubana', rosa, halbgefüllt bis gefüllt; 'Pendula Rubra', Zweige hängend. Blüten rosa, gefüllt.

tenella Batsch, Zwergmandel. SO-Europa bis O-Sibirien. Blütezeit April–Mai. Strauch, bis 1,5 m hoch. Blüten rosa, 3 cm breit. Früchte eiförmig, 2 cm lang, gelblich. Einige Sorten, z. B. 'Fire Hill', Blüten kräftiger rosa, **1766,** S. 221.

triloba Lindl., Mandelbäumchen. China (von dort schon als Kulturform eingeführt). Blütezeit März bis April. Strauch, bis 2 m hoch, buschig, verzweigt. Blüten rosa, gefüllt, bis 3,5 cm breit. Häufig angeboten werden auf Stämmchen veredelte Kronenbäumchen. Zweige können ab Anfang Januar getrieben werden. **1767,** S. 221.

Pteris L., Saumfarn, *Pteridaceae*

Etwa 280 Arten in den Tropen und Subtropen. Farne mit kurzem, beschupptem Rhizom. Blätter in Büscheln, gefiedert bis stark geteilt. Nicht winterhart. Einige Arten spielen gärtnerisch eine Rolle und können als haltbare Zimmerpflanzen verwendet werden.

cretica L., Tropen, Subtropen, auch Mittelmeergebiet. Blätter bis 30 cm lang (auch mehr), hellgrün, ledrig. Dies ist wohl die härteste aller *Pteris*-Arten. Hierher gehören zahlreiche Formen, auch mit bunten Blättern, z. B. 'Albo-Lineata', Blätter mit breitem weißem Mittelband. Verwendung als Zimmerpflanze, im Sommer an geschütztem Standort auch im Freien. Überwinterung hell, bei etwa 10°.

Ptilotus R. Br., Haarschöpfchen, *Amaranthaceae*

100 Arten, in Australien und Tasmanien. Kräuter oder Halbsträucher mit wechselständigen Blättern. Blüten weiß, gelb oder rot, in dichten Ähren, runden oder länglichen Köpfchen. Vermehrung durch Aussaat oder Stecklinge. Als Sommerblumen oder Topfpflanzen für frostfreie Überwinterung.

manglesii (Lindl.) F. v. Muell. (syn. *Trichinium manglesii* Lindl.), Australien. Blütezeit Mai–September. 15–30 cm hohe Staude, die bei uns meist einjährig gezogen wird. Niederliegend, wenig verzweigt. Blätter länglich bis verkehrt-eirund, meist langgestielt und grundständig. Blütenähren länglich bis kuglig und 5 cm breit. Blütenhüllblätter rosarot. Blütenähre mit hervorstehenden langen weißen Haaren. **215,** S. 27.

Pulmonaria L., Lungenkraut, *Boraginaceae*

12 Arten im gemäßigten Eurasien. Stauden mit kriechendem Wurzelstock und rauher, drüsiger Behaarung. Blätter ganzrandig, grund- oder wechselständig. Blüten rosa, im Verblühen blau, in endständigen Wickeln. Vermehrung durch Teilung. Für sonnige bis schattige Stellen mit frischem humosem Boden.

angustifolia L., Mitteleuropa. Blütezeit April–Mai. 20–30 cm hohe Staude mit lanzettlichen, ungefleckten Blättern. Blüten von karminrot bis azurblau, beim Verblühen wechselnd. **166,** S. 21. 'Azurea', Blüten enzianblau; 'Munstead Blue', Blüten leuchtend blau.

picta Rouy (syn. *P. saccharata* hort.), Italien. Blütezeit März–April. 20–30 cm hohe Staude. Blätter länglich, am Stiel etwas herablaufend, mit großen ineinanderlaufenden weiß-silbernen Flecken. Blüten rotviolett. 'Mrs. Moon', Blüten leuchtendrot, im Verblühen bläulich, Blätter sehr gut gefleckt.

rubra Schott et Kotschy, Karpaten. Blütezeit März bis Mai. 20–30 cm hohe Staude mit breit-lanzettlichen, hellgrünen, ungefleckten Blättern. Blüten ziegelrot.

saccharata siehe *picta*

Pulsatilla Mill., Kuhschelle, Küchenschelle, *Ranunculaceae*

25–30 Arten auf der Nordhalbkugel. Stauden mit kräftigem Wurzelstock und 2–4fach gefiederten oder handförmig geteilten Blättern. Viele Arten beim Austrieb dicht seidig behaart. Blüten einzeln, endständig, Griffel bei der Fruchtbildung verlängert und federförmig behaart. Vermehrung durch Aussaat, für sonnige Stellen mit durchlässigem Boden. Alte Pflanzen lassen sich schlecht verpflanzen.

alpina (L.) Delarbre (syn. *Anemone alpina* L.), Hochgebirge Europas. Blütezeit Juni–August. 10–30 cm hohe Staude mit 3zähligen Blättern. Blüten einzeln, bis 8 cm groß, weiß mit gelben Staubgefäßen. **167,** S. 21. 'Sulphurea', Blüten gelb, kalkfliehend, **169,** S. 22.

halleri (All.) Willd. (syn. *Anemone halleri* All.), Alpen, Karpaten und Balkan. Blütezeit Juli–August. 20–30 cm hohe Staude mit schwarzem Wurzelstock und erst nach der Blüte erscheinenden grundständigen, 3–5fach eingeschnittenen Blättern. Pflanze ganz zottig dicht behaart. Blüten dunkelviolett. Die *P. halleri* der Kataloge ist meist *P. vulgaris*. Schwierig in Kultur, besser als Pflanze des Alpinenhauses. **168,** S. 21.

vernalis (L.) Mill. (syn. *Anemone vernalis* L.), Europa bis Sibirien. Blütezeit März–April. 10–20 cm hohe Staude mit handförmig geteilten, ledrigen, wintergrünen Blättern. Blüten erst nickend, später schalenförmig aufrecht, innen weiß bis violett getönt, außen bronzefarben und dicht behaart. Kalkfliehend. **170,** S. 22.

vulgaris Mill. (syn. *Anemone pulsatilla* L.), Europa. Blütezeit März–April. 10–30 cm hohe Staude mit schwarzem Wurzelstock und fiederschnittigen, nach der Blüte erscheinenden Blättern. Blüten schalenförmig, violett, 7–8 cm groß. **171, 172, 173,** S. 22. 'Alba', Blüten weiß; 'Rubra', Blüten ziegel- bis braunrot.

Punica L., Granatapfelbaum, Granatbaum, *Punicaceae*

2 Arten, 1 auf der Insel Sokotra, die andere

granatum L., SO-Europa bis Himalaja. In den Subtropen der Erde als Zier- und Nutzpflanze überall angepflanzt. Blütezeit Sommer. Strauch oder kleiner Baum, sommergrün, mit kleinen elliptischen Blättchen. Blüten becherförmig, leuchtend orange-scharlach.
Uralte Kulturpflanze, auch in Deutschland schon seit Jahrhunderten. Ein altes Exemplar befindet sich seit 1653 in den Herrenhäuser Gärten, Hannover. Mehrere Sorten vorhanden, auch gefülltblühende. Frucht eine kuglige Beere (Granatapfel), bis 8 cm dick, gelb, enthält zahlreiche Samen und den eßbaren Fruchtbrei. **1768,** S. 221. Bei uns im allgemeinen geringer Fruchtansatz, reichlich jedoch bei 'Nana', Zwerggranatbaum. Wuchs dicht, buschig, blüht und fruchtet schon als junge Pflanze reichlich. **174,** S. 22. Verwendung des Granatbaumes als Kübelpflanze, im Sommer im Freien, sonnig. Überwinterung in blattlosem Zustand, kühl, um 5°, möglichst nicht höher, um vorzeitigen Blattaustrieb zu verhindern. Vermehrung durch Stecklinge oder Samen.

Puschkinia Adams, *Liliaceae*

2 Arten in Vorderasien, Kaukasus. Mehrjährige, zwiebelbildende Kräuter mit grundständigen, länglichen Blättern. Blüten offen glockenförmig, zu wenigen in Trauben. Winterhart. Verwendung im Garten wie *Scilla* u. a. Pflanzzeit September–Oktober.

libanotica siehe *scilloides* 'Libanotica'

scilloides Adams, Blütezeit April–Mai. Bis 15 cm hoch. Blüten porzellanblau, bis 2 cm breit, bis zu 12 in einer Traube. Mittelnerven der Blätter dunkelblau. 'Alba', weiß.
'Libanotica' (syn. *P. libanotica* Zucc.), Blüten etwas größer und heller blau, **873,** S. 110.

Puya Mol., *Bromeliaceae*

Etwa 80 Arten in den südamerikanischen Anden. Meist stammbildende, mehr- bis vieljährige Ananasgewächse mit dichten Blattrosetten. Blätter mit dornig gezähnten Rändern. Blüten in vielblütigen Trauben oder Rispen. Nach dem Blühen stirbt die alte Rosette ab. Einige *Puya*-Arten werden in botanischen Sammlungen gezogen; manche bilden sehr große Rosetten. Verwendung außerhalb von Sammlungen selten.

alpestris (Poepp. et Endl.) Gay, Chile. Blütenstand verzweigt, bis 1 m hoch. Blüten röhrig, groß, trübblau. **1339,** S. 168.

raimondii Harms, Peru. Diese Art wird hier erwähnt, weil sie das größte Ananasgewächs ist, mit bis 2 m hohem Stamm, der von einem Blattschopf von 3 m Durchmesser gekrönt wird. Wenn die Pflanze blüht, erhebt sich ein dicker, kolbenförmiger Blütenstand über 5 m hoch mit Tausenden von Einzelblüten. Es ist nicht bekannt, wie lange die Pflanze braucht, um zum Blühen zu kommen. Botanische Reisende, die die Pflanzen in der Heimat gesehen haben, vermuten über 50 Jahre. In Europa hat man bisher noch keine blühenden Exemplare gehabt.

Pyracantha M. J. Roem., Feuerdorn, *Rosaceae*

Etwa 6 Arten von SO-Europa bis Himalaja und China. Sträucher, immergrün, dornig, mit wechselständigen, ungeteilten Blättern. Blüten weiß, in

Doldentrauben. Früchte fast kuglig, meist rot (Apfelfrucht). Die meisten nicht winterhart.

coccinea M. J. Roem., Italien bis Vorderasien. Blütezeit Mai–Juni. Bis 5 m hoch, mit eirund-lanzettlichen, bis 4 cm langen, dunkelgrünen Blättern. Blüten bis 8 mm breit, zu vielen in Doldentrauben, weiß. Früchte bis 6 mm dick, scharlachrot. **1769,** S. 222. Mehrere Sorten, die sich vor allem in Wuchsform, aber auch Fruchtgröße und Stärke der roten Farbe unterscheiden. 'Kasan', starkwachsend, reich fruchtend; 'Lalandii', breit und flacher wachsend; 'Praecox', bis 3 m hoch, breitwachsend. Besonders widerstandsfähig gegen Krankheiten. Winterhart. Verwendung als frei stehende Sträucher mit bis in den Winter hinein anhaltendem Fruchtschmuck. Auch zur Bekleidung von Mauern geeignet, da Schnitt vertragen wird; in diesem Fall aber weniger Früchte.

rogersiana (Jacks.) Bean, China. Blütezeit Juni. Bis 3 m hoch. Blätter lanzettlich, bis 3,5 cm lang, oberseits dunkelgrün. Blüten weiß, in kleinen Doldentrauben. Früchte orangegelb. 'Flava', Früchte hellgelb, **1770,** S. 222. Bei uns nicht winterhart; allenfalls unter sehr gutem Schutz.

Pyrethrum siehe *Chrysanthemum*

Pyrus L., Birnbaum, *Rosaceae*

Etwa 20 Arten von Europa bis O-Asien, N-Afrika. Bäume oder Sträucher, sommergrün, zuweilen dornig. Blätter wechselständig, meist einfach. Blüten in Dolden oder Doldentrauben an Kurztrieben. Die meisten Arten winterhart.

communis L., Holzbirne. Europa, Vorderasien. Baum, bis 15 m hoch. Wohl die Stammform unserer vielen als Obstbäume gezogenen Birnensorten.

salicifolia Pall., SO-Europa, Vorderasien, Kaukasus. Blütezeit April. Baum, bis 8 m hoch, mit dünnen, hängenden Zweigen. Blätter schmal-elliptisch, in jungem Zustand silbergrau behaart, später oberseits kahl. Blüten 2 cm breit, weiß, bis zu 8 in kugligen Doldentrauben. Frucht eine Birne, grün, bis 3 cm lang. Winterhart, Verwendung als frei stehendes, durch die silbergrauen Blätter zierendes Gehölz. **1771,** S. 222.

Q

Quercus L., Eiche, *Fagaceae*

Etwa 280 Arten in den gemäßigten Zonen der nördl. Halbkugel, einige auch in den Gebirgen der Tropen. Bäume (selten Sträucher), sommergrün oder immergrün, mit wechselständigen, gesägten oder gelappten, selten fiederschnittigen Blättern. Blüten einhäusig, männliche in hängenden Kätzchen, weibliche einzeln oder zu mehreren in Ähren. Frucht eine Nuß (Eichel), teilweise umgeben von becherförmiger Hülle. Die meisten Eichen werden sehr große Bäume und sind nur für große Anlagen geeignet. Sie können ein sehr hohes Alter erreichen. Die waldbauliche Verwendung unserer heimischen Eichen ist bekannt.

borealis siehe *rubra*
borealis var. *maxima* siehe *rubra*

cerris L., Zerreiche. S-Europa, Vorderasien. Baum, sommergrün, bis 35 m hoch, mit breit-kegelförmiger Krone. Blätter oberseits dunkelgrün. Winterhart. Mehrere Sorten.

coccinea Muenchh., Scharlacheiche. Östl. N-Amerika. Baum, sommergrün, bis 25 m hoch, mit rundlicher Krone. Blätter glänzend grün, tief gelappt, bis 18 cm lang. Herbstfärbung scharlachrot. Hierzu einige Formen, die auf besonders starke Herbstfärbung ausgelesen wurden, z. B. 'Splendens', **1772,** S. 222. Die abgebildeten Blätter sind nicht typisch, da sie normalerweise mehr Lappen besitzen.

ilex L., Steineiche. Mittelmeergebiet. Baum, immergrün, bis 20 m hoch (bei uns viel niedriger). Blätter ledrig, meist schmal-elliptisch. Nicht winterhart. Bei uns zuweilen als Kübelpflanze gezogen, im Sommer im Freien. Überwinterung hell, bei 5–8°.

palustris Muenchh., Sumpfeiche. Östl. USA. Baum, sommergrün, bis 30 m hoch, mit breit-kegelförmiger Krone. Blätter grün, Herbstfärbung rot.

pedunculata siehe *robur*

petraea (Mattuschka) Liebl. (syn. *Q. sessilis* Ehrh.), Traubeneiche, Wintereiche. Europa bis Vorderasien. Baum, sommergrün, bis 30 m hoch, mit langem, geradem Stamm. Früchte zu mehreren zusammen, nur sehr kurz gestielt. Hierzu viele Sorten, die sich im Wuchs und besonders in der Blattform unterscheiden.

robur L. (syn. *Q. pedunculata* Ehrh.), „Deutsche Eiche", Sommereiche, Stieleiche. Europa, N-Afrika, Vorderasien. Baum, sommergrün, bis 30 m hoch (auch höher), mit sehr starken Ästen und nicht bis in die Spitze durchgehendem Stamm. Früchte langgestielt. Hierzu sehr viele Sorten, auch mit bunten Blättern. Wichtig ist 'Fastigiata', Pyramideneiche, mit aufrechtem, kegelförmigem Wuchs.

rubra L. (syn. *Q. borealis* Michx.; *Q. borealis* var. *maxima* (Marsh.) Sarg.), Amerikanische Roteiche. N-Amerika. Baum, sommergrün, bis 25 m hoch, mit runder Krone. Blätter dunkelgrün, Herbstfärbung rot oder auch braun.

sessilis siehe *petraea*

suber L., Korkeiche. N-Afrika. Baum, immergrün, bis 10 m hoch (auch höher), mit sehr dicker Borke, die abgeschält und zur Korkherstellung verwendet wird. Nicht winterhart. Bei uns zuweilen als Kübelpflanze in botanischen Sammlungen zu sehen.

× **turneri** Willd. 'Pseudoturneri'. Eltern dieser Hybride sind nicht genau bekannt. Baum, halbimmergrün, bis 10 m hoch, breit-aufrechtwachsend. Blätter glänzend dunkelgrün, bleiben fast den ganzen Winter über grün. Eine der wenigen bei uns winterharten, immergrünen Eichen.

R

Ramonda L. C. Rich., *Gesneriaceae*

3 Arten, davon 1 in den Pyrenäen und 2 auf dem Balkan, in Felsspalten wachsend. Stengellose Kräuter. Blätter immergrün, weich gewellt und behaart, in 10–20 cm großen Rosetten. Blüten violett, blaßpurpurn oder weiß, auf ein- bis mehrblütigen Schäften. Vermehrung durch Aussaat und Blattstecklinge. Für Felsspalten in absonniger Lage.

myconi (L.) Rchb. (syn. *R. pyrenaica* Pers.), Pyrenäen. Blütezeit Mai–Juni. 10–15 cm hohe Staude mit einer 10–20 cm großen Rosette aus runzligen, elliptischen bis eiförmigen, wintergrünen Blättern. Blüten violettblau mit gelben Staubgefäßen, zu 2–4 an blattlosen Schäften. Auch weiße oder rosa Sorten im Handel. **175,** S. 22.

pyrenaica siehe *myconi*

Ranunculus L., Hahnenfuß, *Ranunculaceae*

Über 400 kosmopolitische Arten, zahlreiche Arten arktisch und in Hochgebirgen. Stauden mit Rhizom oder auch knollig verdickten Wurzeln. Blätter selten ganzrandig, meist handförmig gelappt oder geteilt oder geschlitzt. Blüten gelb, weiß oder rot, einzeln oder in lockeren Rispen, endständig. Vermehrung durch Aussaat oder Teilung. Für sonnige bis halbschattige Stellen mit nährstoffreichem frischem Boden.

acris L., Scharfer Hahnenfuß. Kosmopolitisch. Blütezeit Mai–September. 30–100 cm hohe Staude mit handförmigen, 5–7teiligen Grundblättern, deren Abschnitte 3spaltig eingeschnitten-gesägt sind. Blüten gelb, Knospen rötlich. Gartenpflanze seit dem 16. Jh. 'Multiplex', Goldranunkel, Blüten gelb, gefüllt. **1344,** S. 168.

amplexicaulis L., Pyrenäen und W-Alpen. Blütezeit Mai–Juli. 10–30 cm hohe Staude mit eiförmig-lanzettlichen Grundblättern. Stengelblätter am Grunde stengelumfassend. Blüten weiß mit gelber Mitte, 2–3 cm groß, einzeln oder zu mehreren. Für kalkhaltigen, tiefgründigen Lehmboden. **176,** S. 22.

asiaticus L., Ranunkel. SO-Europa, Vorderasien. Blütezeit Mai–Juni. 15–40 cm hohe Staude mit fleischigem bis knolligem Wurzelstock und zottiger Behaarung. Blätter 3zählig, untere gestielt. Blüten 3–6 cm groß, rot, gelb, weiß oder grün, meist einzeln endständig. Im Handel sind gefüllte Sorten (in Mischungen); gute Schnittblume, z. B. Französische Ranunkeln, Persische Ranunkeln u. a. Nach Abblühen Knollen aufnehmen und kühl, aber frostfrei bis April lagern und dann neu auspflanzen. **874,** S. 110.

ficaria L., Scharbockskraut. Europa, Vorderasien. Blütezeit März–Mai. 5–10 cm hohe Staude mit niederliegendem Stengel und feigenartigen, knolligen Wurzeln. Blätter ungeteilt, herzförmig-rundlich; in den Blattachseln kleine Bulbillen, die der Vermehrung dienen. Blüten gelb. Im Mai–Juni sterben die Pflanzen oberirdisch bereits wieder ab. Es gibt auch weiße, rosa oder orange sowie gefüllt blühende Sorten. 'Major', stärker wachsende, gelbblühende Sorte, **177,** S. 23.

glacialis L., Gletscherhahnenfuß. Europa. Blütezeit Juli–Oktober. 5–15 cm hohe Staude mit zwiebelartig verdicktem Wurzelstock. Grundständige Blätter, tief 3lappig. Blüten zu 1–3 endständig, weiß, 2–3 cm groß, mit gelber Mitte und rostroten behaarten Kelchblättern. **178,** S. 23.

gramineus L., Mittelmeergebiet. Blütezeit Mai–Juni. 30 cm hohe Staude. Blätter aufrecht, lanzettlich-linealisch, ungeteilt, grasartig. Blüten gelb, 2–3 cm groß, zu 1–3 endständig. Die Pflanze stirbt nach der Blüte oberirdisch ab. **179,** S. 23.

lingua L., Sumpfhahnenfuß. Europa bis Sibirien. Blütezeit Juni–August. 50–150 cm hohe Sumpfstaude mit unterirdischen Ausläufern. Blätter kurzgestielt, lineal-lanzettlich, ganzrandig. Blüten 3–4 cm groß, goldgelb, zu vielen auf verzweigten kräftigen Stengeln. **1345,** S. 169.

Raoulia Hook. f., Silberkissen, *Compositae*

Etwa 20 Arten in Neuseeland, Australien und Tasmanien. Polster- oder rasenbildende Stauden, oft dicht graufilzig. Blätter wechselständig, ganzrandig, oft dicht dachziegelartig. Blüten in einzelnen, endständigen oder sitzenden Köpfchen. Vermehrung durch Aussaat oder Teilung. Für sonnige Stellen mit gut durchlässigem Boden und Winterschutz, insbesondere vor Nässe.

lutescens Beauverd, Neuseeland. Blütezeit Juli–August. 2–3 cm hohe, grausilberne mattenbildende Staude. Blüten klein, leuchtend gelb, in großer Zahl. Pflanze für Alpinenhaus und Troggarten. **180,** S. 23.

Rebutia K. Schum., *Cactaceae*

Etwa 12 Arten in N-Argentinien und Bolivien. Meist kuglige Kakteen mit ansehnlichen Blüten. Wegen ihrer geringen Größe und der leuchtenden Blüten gute Objekte für Kakteenliebhaber. Blütezeit Frühsommer.

krainziana Kesselr., Bolivien. Flachkuglig, reichlich sprossend. Blüten bis 4 cm breit, dunkelrot.

marsoneri Werderm., N-Argentinien. Flachkuglig, wenig sprossend. Blüten gold- oder orangegelb. Bei dieser Art sind zur Blütenbildung niedrige Temperaturen notwendig. Reichliches Blühen erfolgt dann, wenn die Pflanzen 60–70 Tage einer Temperatur von 10° ausgesetzt waren. Etwas niedrigere und etwas höhere Temperaturen sind ebenfalls noch wirksam, aber geringer. Diese Reaktionsweise ist (mit geringen Veränderungen) recht verbreitet, z. B. auch bei *Mammillaria zeilmanniana* und *Zygocactus*. Möglicherweise sind auch andere *Rebutia*-Arten auf diese Weise zum reichlichen Blühen zu bringen.

minuscula K. Schum., N-Argentinien. Kuglig, klein, reich sprossend. Blüten rot. **633,** S. 80.

xanthocarpa Bckbg., Bolivien. Kuglig. Blüten orangerot. **634,** S. 80.

Reseda L., Gartenreseda, *Resedaceae*

Etwa 50 Arten, besonders im Mittelmeergebiet bis Indien und O-Afrika. Ein- oder mehrjährige, aufrechte oder niederliegende Kräuter mit ganzrandigen, gelappten oder gefiederten Blättern. Blüten unscheinbar, in dichter endständiger Traube oder Ähre. Vermehrung durch Aussaat. Für vollsonnige bis halbschattige Stellen mit nährstoffreichem Boden.

odorata L., N-Afrika. Blütezeit Juli–September. 15–60 cm hohe, mehrjährige kahlästige Kräuter. Blätter länglich, ganz oder nur wenig gelappt. Blüten grün oder grünlichgelb, mit roten, hervorragenden Staubgefäßen, in dichten, endständigen Trauben, duftend! Bei uns als Einjahrsblume gezogen. Aussaat im April an Ort und Stelle. Für Schnitt geeignet. Gartenpflanze des 18. und 19. Jh. 'Goliath', Blütentrauben rötlich, **365,** S. 46.

Rhaphidophora Hassk., *Araceae*

Etwa 60 Arten in S-Asien und Indonesien. Mehrjährige, immergrüne, meist kletternde Sträucher mit zuweilen ausgeprägten Jugend- und Altersformen der Blätter. Keine Art winterhart. Einige in botanischen Sammlungen. Häufiger gezogen wird:

aurea (Lind. et André) Birdsey (syn. *Scindapsus aureus* (Lind. et André) Engl.), Salomon-Inseln. Hochkletternd, verzweigt. Blätter ledrig, mit unregelmäßigen gelben Streifen; junge Blätter herzförmig, zugespitzt, bis 10 cm lang, ganzrandig. Blätter der Altersform bis 60 cm lang, elliptisch, geschlitzt bis fast zur Mittelrippe. In Topfkultur entwickelt sich die Altersform kaum. Verwendung als Topfpflanze im Blumenfenster, aber auch für dunklere Räume, z. B. an Treppengeländern kletternd. Blätter verlieren dann die gelben Streifen fast ganz. Einige Sorten, die sich in der Blattfärbung unterscheiden, oft auch weißgelb, z. B. 'Silver Queen'. **645,** S. 81.

Rhazya Decne., *Apocynaceae*

2 Arten von Arabien bis Indien. Aufrechte, kahle Sträucher mit lederartigen, wechselständigen, ganzrandigen Blättern und weißem Milchsaft. Blüten weiß oder blau, in endständiger Traube. Vermehrung durch Teilung. Für sonnige oder halbschattige Stellen.

orientalis (Decne.) A. DC., Vorderasien. Blütezeit Juli–September. 30–50 cm hohe Staude mit dunkelgrünen, elliptischen Blättern. Blüten violettblau, zu vielen in endständiger Traube. **1346,** S. 169.

Rheum L., Rhabarber, *Polygonaceae*

40 Arten im gemäßigten Asien bis Sibirien, S-Rußland und Syrien. Stauden mit dickem, holzigem Wurzelstock und fleischigen Wurzeln. Blätter langgestielt, groß, ganz oder gelappt. Blüten in dichten Büscheln, Trauben oder Rispen an hohen Stengeln. Vermehrung durch Aussaat oder Teilung. Für Sonne bis Halbschatten und frischen, nährstoffreichen Boden.

alexandrae Batal., Königsrhabarber. W-China, Tibet. Blütezeit Juni–Juli. 90–150 cm hohe Staude mit herzförmigen, dunkelgrünen Blättern. Blütenstand locker, mit großen gelbgrünen Hochblättern. **1347,** S. 169.

palmatum L., Chinesischer Rhabarber. NO-Asien. Blütezeit Mai–Juli. Blätter sehr groß, 3–7teilig, tief spitzlappig. Blüten weiß, in Büscheln an 150–250 cm hohem, beblättertem Blütenstand. 'Tanguticum', Blätter im Austrieb rötlich, Blüten rötlich, **1348,** S. 169.

Rhipsalidopsis Britt. et Rose, *Cactaceae*

2 Arten in S-Brasilien. Strauchartige Kakteen, auf Felsen und Bäumen wachsend. Äste überhängend, in blattähnliche Sprosse (Phyllokladien) gegliedert. Blüten trichterförmig, ansehnlich.

gaertneri (Regel) Lindgr. (syn. *Schlumbergera gaertneri* (Regel) Britt. et Rose), Osterkaktus. Blütezeit März–Mai. Verzweigte Pflanze mit flachen, bis 5 cm langen Gliedern. Blüten scharlachrot, bis 5 cm breit, je nach Stärke des Blühimpulses zu einer bis mehreren an den Enden der Glieder. Für Blütenbildung sind niedrige Temperaturen um 10° notwendig, für das Wachstum 20° und etwas darüber günstig. Mitunter werden diese und auch die folgenden Arten auf *Pereskia* gepfropft, wodurch auf kleinen Stämmchen stehende Kronenbäumchen erzielt werden. Verwendung als Zimmerpflanze. **644,** S. 81.

× **graeseri** (Werderm.) Moran (*R. gaertneri* × *R. rosea*), Blütezeit März–Mai. Wuchs ähnlich der vorigen, aber zierlicher. Blüten außen rot, innen rosa. Für Blütenbildung sind niedrige Temperaturen erforderlich, am günstigsten etwa 10° für die Dauer von 60–70 Tagen. Blütenbildung auch bei Temperaturen etwas unter und über 10°, doch ist sie dann schwächer bzw. die Pflanzen müssen länger als 70 Tage diesen Temperaturen ausgesetzt sein. Bei 20° und darüber bilden die Pflanzen keine Blüten, doch sind diese Temperaturen für das Wachstum günstig.

rosea (Lagerh.) Britt. et Rose, Blütezeit März–Mai. Glieder 3–5kantig oder auch flach. Pflanze stark verzweigt. Blüten bis 4 cm breit, rosa. Auch bei dieser Art sind niedrige Temperaturen für die Blütenbildung nötig, wobei etwa 10° genügen dürften. Genaues ist aber nicht bekannt. Möglicherweise muß die Einwirkungsdauer der niedrigen Temperatur länger sein als bei den vorigen Arten. **635,** S. 80.

Rhodanthe manglesii siehe *Helipterum manglesii*

Rhododendron L., *Ericaceae*

Je nach Auffassung etwa 500 oder etwa 1000 Arten. Hauptverbreitungsgebiete sind China und die angrenzenden ost- und nordasiatischen Gebiete; weiterhin N-Amerika, europäische Hochgebirge, N-Europa, Indonesien. 1 Art in N-Australien. Sträucher oder auch Bäume, sommergrün oder immergrün, mit wechselständigen, ungeteilten Blättern. Blüten glockenförmig, trichterförmig oder auch röhrenförmig bis radförmig, meist in endständigen Doldentrauben, in der Größe recht verschieden. Zu dieser Gattung gehören auch die Azaleen, die als Serie Azalea eingegliedert sind. Die Gattung ist gärtnerisch von großer Bedeutung, sowohl für Pflanzungen im Freiland als auch für die Anzucht blühender Topfpflanzen. In Kultur sind sehr viele Arten. Dazu kommt noch ein riesiges Sortiment von Züchtungen. Gemeinsam ist nahezu allen Rhododendron, daß sie nur auf sauren Böden gut gedeihen und hohe Luftfeuchtigkeit (alpines oder maritimes Klima) günstig ist. Reine Moorböden sind wiederum weniger geeignet. Wesentlich ist, daß der Boden locker, humos und sauer ist. Für die Kultur der Rhododendron ist eine Gruppierung sinnvoll von hohen, starkwachsenden Arten, die in leichtem Schatten gut gedeihen (unter hochkronigen, tiefwurzelnden Bäumen), und zwergig wachsenden Arten, für die Waldschatten weniger günstig ist. Bei allen Arten ist es zweckmäßig, verblühte Blütenstände herauszunehmen. Viele Arten sind nicht winterhart, viele andere halten unsere Winter aus, doch unterschiedlich gut. Der Formenreichtum der Gattung hat Veranlassung gegeben, eine Unterteilung in Serien vorzunehmen, in die nahe verwandte Arten eingeordnet werden. Die nachfolgende Aufzählung geschieht der Übersichtlichkeit wegen bei den Arten in alphabetischer Reihenfolge. Die Zugehörigkeit zu Serien ist beigefügt. Eine Charakterisierung der Serien kann hier nicht gegeben werden; sie ist in einschlägigen Werken zu finden (siehe Literaturverzeichnis). Nachfolgend werden angeführt: 1. Arten. 2. Immergrüne Hybriden. 3. Immergrüne Azaleen. 4. Sommergrüne Azaleen.

1. *Arten*

albrechtii Maxim., Serie Azalea. Japan. Blütezeit April–Mai, vor dem Blattaustrieb. Sommergrün, bis 3 m hoch. Blätter bis 15 cm lang. Blüten breit-glockig, bis 5 cm breit, zu 4–5 an den Triebenden, purpurrot. Winterhart. **1773,** S. 222.

arborescens (Pursh) Torr., Serie Azalea. Östl. USA. Blütezeit Juni–Juli. Sommergrün, bis 2,5 m hoch, breit-buschig. Blätter bis 8 cm lang. Blüten trichterförmig, bis 5 cm breit, bis zu 6 beisammen, weiß mit rosa Anflug. Winterhart.

arboreum Sm., Serie Arboreum. Himalaja, Assam, Ceylon. Blütezeit Januar–April. Immergrün, in der Heimat baumartig. Eine der größten Arten. Blätter bis 20 cm lang. Blüten glockig, bis 4 cm breit, bis zu 20 in Doldentrauben, rot, aber auch weiß und rosa. Nicht winterhart. **1774,** S. 222 (rosa Form).

augustinii Hemsl., Serie Triflorum. China. Blütezeit April–Mai. Immergrün, bis 2 m hoch. Blätter bis 12 cm lang. Blüten trichterförmig, bis 4 cm breit, zu 3 m Büscheln, lila bis violett. Die hellen Formen winterhart, die dunkleren benötigen Winterschutz. **1775,** S. 222. Hiervon stammen, durch Kreuzung mit anderen Arten, mehrere Hybriden ab, von denen z. B. 'Blue Tit' winterhart ist.

barbatum Wall., Serie Barbatum. Himalaja. Blütezeit April. Immergrün, in der Heimat bis 10 m hoch. Blätter bis 20 cm lang. Blüten glockig, bis 3 cm breit, bis zu 15 in dichten, halbkugligen Doldentrauben, karminrot. An sehr geschütztem Standort aushaltend. **1776,** S. 222.

brachycarpum D. Don, Serie Ponticum. Japan. Blütezeit Juni. Immergrün, bis 3 m hoch. Blätter bis 15 cm lang. Blüten trichterförmig, etwa 3 cm breit, bis zu 20 in Trauben, rahmweiß. Winterhart.

calophytum Franch., Serie Fortunei. China. Blütezeit März–April. Immergrün, in der Heimat bis 10 m hoch, auch bei uns mehrere Meter, breitwachsend. Blätter bis 30 cm lang. Blüten glockig, bis 3,5 cm breit, bis zu 30 in lockeren Trauben, weiß bis weißrosa mit karminrotem Grundfleck. An geschütztem Standort aushaltend. **1777,** S. 223.

campylogynum Franch., Serie Campylogynum. Burma. Blütezeit Mai. Immergrün, bei uns etwa 30 cm hoch, kissenartig. Blätter bis 2 cm lang. Blüten glockig, 1,5 cm lang, bis zu 4 an den Zweigenden, purpurviolett. Winterhart.

canadense (L.) Torr., Serie Azalea. Nordöstl. N-Amerika. Blütezeit April, vor dem Blattaustrieb. Sommergrün, bis 70 cm hoch. Blätter bis 5 cm lang. Blüten kreiselförmig, geschlitzt, bis 3 cm breit, bis zu 6 beisammen, purpurlila. Winterhart.

carolinianum Rehd., Serie Carolinianum. Östl. USA. Blütezeit Mai–Juni. Immergrün, bis 1,5 m hoch. Blätter bis 10 cm lang. Blüten röhrig, bis 3 cm lang, bis zu 10 beisammen, rosa. Winterhart.

catawbiense Michx., Serie Ponticum. N-Amerika. Kaum in Kultur, aber wichtig als Elter vieler immergrüner, winterharter Hybriden.

ciliatum Hook. f., Serie Maddenii. Himalaja. Blütezeit April–Mai. Immergrün, bis 1,5 m hoch, breitwachsend. Blätter bis 8 cm lang. Blüten glockig, bis 5 cm breit, bis zu 4 beisammen, weiß, mitunter mit rosa Anflug. Nicht winterhart. **1778,** S. 223.

dalhousiae Hook. f., Serie Maddenii. Sikkim, Bhutan, Blütezeit Mai. Immergrün, bis 2 m hoch. Blätter bis 15 cm lang. Blüten offen glockig, etwa 10 cm lang, bis zu 5 beisammen, blaßgelb, am Grunde dunkler, duftend. Nicht winterhart. **1779,** S. 223.

edgeworthii Hook. f., Serie Edgeworthii. Himalaja. Blütezeit April–Mai. Immergrün, bis 2,5 m hoch, mit lockerem Wuchs. Blätter bis 10 cm lang. Blüten trichterförmig, bis 10 cm breit, bis zu 4 beisammen, weiß, mit rosa Anflug, stark duftend. Nicht winterhart. **1780,** S. 223.

flavum siehe *luteum*

ferrugineum L., Serie Ferrugineum. Alpenrose. Alpen, Pyrenäen, Apenninen. Blütezeit Juni–Juli. Immergrün, bis 1 m hoch. Blätter bis 5 cm lang, unterseits dicht rotbraun beschuppt. Blüten röhrenförmig, bis 2 cm lang, bis zu 12 beisammen, dunkel purpurrot. Winterhart. **1781,** S. 223. 'Album', Blüten weiß.

fortunei Lindl., Serie Fortunei. China. Blütezeit Mai. Immergrün, bis 4 m hoch, breitwachsend. Blätter bis 20 cm lang. Blüten trichterförmig-glokkig, bis 9 cm breit, bis zu 12 in lockerer Doldentraube, weißlichrosa, duftend. An geschütztem Standort winterhart.

griersonianum Balf. f. et Forrest, Serie Griersonianum. China. Blütezeit Juni. Immergrün, bis 3 m hoch. Blätter bis 20 cm lang. Blüten trompetenförmig, bis 6 cm breit, bis zu 12 in Doldentrauben, geraniumrot. Wichtig als Elter vieler rotblühender Hybriden. Nicht winterhart. **1782,** S. 223.

hirsutum L., Serie Ferrugineum. Almrausch, Steinrose. Alpen, Tatra. Blütezeit Juni–Juli. Wintergrün, bis 1 m hoch. Blätter bis 2,5 cm lang. Blüten röhrig-trichterförmig, etwa 10 mm lang, bis zu 10 beisammen, karminrosa. Winterhart.

impeditum Balf. f. et W. W. Sm., Serie Lapponicum. China. Blütezeit Mai–Juni. Immergrün, bis 40 cm hoch, sehr dicht und breit. Blätter bis 2 cm lang. Blüten trichterförmig, 3 cm breit, bis zu 2 beisammen, violettpurpurn. Winterhart.

japonicum (A. Gray) Suring. (syn. *Azalea mollis* André, *R. molle* Sieb. et Zucc.), Serie Azalea. Japan. Blütezeit April–Mai, vor dem Blattaustrieb. Sommergrün, bis 2 m hoch, lockerer Wuchs. Blätter bis 10 cm lang. Blüten breit-trichterförmig, bis 8 cm breit, bis zu 10 beisammen, lachsrosa bis orange. Winterhart. Elter vieler wertvoller Sorten.

kaempferi Planch., Serie Azalea. Japan. Blütezeit Mai. Sommergrün, bis 2 m hoch. Blätter bis 7 cm lang. Blüten glockig-trichterförmig, bis 5 cm breit, bis zu 4 beisammen, rosa bis scharlachrot. Winterhart. **1783,** S. 223.

keleticum Balf. f. et Forrest, Serie Saluenense. W-China, Burma. Blütezeit Mai–Juni. Immergrün, bis 15 cm hoch, mattenbildend. Blätter bis 1,5 cm lang. Blüten trichterförmig, bis 2,5 cm breit, bis zu 3 beisammen, purpurkarmin. Winterhart.

lutescens Franch., Serie Triflorum. China. Blütezeit März–April. Immergrün, bis 1 m hoch (in der Heimat mehr). Blätter bis 8 cm lang, im Austrieb bronzefarben. Blüten trichterförmig, bis 5 cm breit, bis zu 6 beisammen, hellgelb. Nur unter gutem Schutz in milden Lagen aushaltend. **1784,** S. 223.

luteum Sweet (syn. *R. flavum* Hoffmgg., *Azalea pontica* L.), Serie Azalea. Kausasus, O-Europa. Blütezeit Mai, vor dem Blattaustrieb. Sommergrün, bis 2 m hoch. Blätter bis 12 cm lang. Blüten trichterförmig, bis 5 cm breit, bis zu 12 beisammen, goldgelb, duftend. Winterhart. Elter vieler Sorten.

macabeanum Watt, Serie Grande. Indien. Blütezeit März–April. Immergrün, in der Heimat Baum. Blätter bis 30 cm lang. Blüten glockig, bis 6 cm lang, zu vielen in bis 20 cm breiten Doldentrauben, dunkel- oder blaßgelb. Nicht winterhart. **1785,** S. 224.

molle siehe *japonicum*

moupinense Franch., Serie Moupinense. W-China. Blütezeit Februar–März. Immergrün, bis 70 cm hoch, breitwachsend. Blätter bis 4 cm lang. Blüten trichterförmig, bis 5 cm breit, bis zu 3 beisammen, weiß oder blaßrosa, duftend. Unter gutem Schutz aushaltend, doch sind die früh erscheinenden Blüten frostgefährdet. **1786,** S. 224.

mucronulatum Turcz., Serie Dauricum. Japan. Blütezeit Januar–März, vor dem Blattaustrieb. Sommergrün, bis 1,5 m hoch. Blätter bis 12 cm lang. Blüten breit-trichterförmig, bis 4 cm breit, einzeln, doch stehen die Knospen gedrängt, dadurch mehrere Blüten beisammen, purpurrosa. Winterhart, doch sind die Blüten frostgefährdet. Einige Sorten, z. B. 'Acuminatum' **1787,** S. 224.

obtusum (Lindl.) Planch., Serie Azalea. Japan. Blütezeit Mai. Immergrün oder nur wintergrün, bis 80 cm hoch. Blätter bis 4 cm lang. Blüten trichterförmig, bis 2,5 cm breit, bis zu 3 beisammen, rot. Winterhart. Wichtig als Elter vieler Sorten (z. B. der Kurume-Hybriden). **1788,** S. 224.

parvifolium Adams, Serie Lapponicum. NO-Asien. Blütezeit April. Immergrün, zwergig, bis 30 cm hoch. Blätter bis 2 cm lang. Blüten trichterförmig, zu 5 beisammen, purpurrosa. Winterhart.

pemakoense Ward, Serie Uniflorum. Tibet. Blütezeit März. Immergrün, zwergig, bis 30 cm hoch, sehr breit, Ausläufer bildend. Blätter bis 4 cm lang. Blüten trichterförmig, einzeln oder zu zweien, 3 cm breit, lilarosa bis purpurn. Blüten frostgefährdet. Winterhart. **1789,** S. 224.

ponticum L., Serie Ponticum. Spanien, Portugal, Kaukasus. Blütezeit Mai–Juni. Immergrün, bis 5 m hoch. Blätter bis 15 cm lang. Blüten breittrichterförmig, 5 cm breit, bis zu 15 in lockeren Doldentrauben, purpurviolett. Winterhart.

quinquefolium Bisset et S. Moore, Serie Azalea. Japan. Blütezeit April–Mai, vor dem Blattaustrieb. Sommergrün, bis 1 m hoch (mitunter auch höher). Blätter bis 6 cm lang, gehäuft an den Enden von Seitenzweigen. Blüten breit-trichterförmig, 4 cm breit, einzeln oder zu zweien, hängend, weiß, mit grünen Flecken am Grunde. Winterhart an geschütztem Standort. **1790,** S. 224.

racemosum Franch., Serie Scabrifolium. China. Blütezeit März–April. Immergrün, bis 1 m hoch. Blätter bis 5 cm lang, unterseits blaugrün. Blüten trichterförmig, bis 2,5 cm breit, rosa, zu mehreren in den Blattachseln, spätfrostgefährdet. An geschütztem Standort winterhart. **1791,** S. 224.

rex Lev., Serie Falconeri. China. Blütezeit April–Mai. Immergrün, bis 1,5 m hoch (in der Heimat viel höher, baumartig), mit dickem Trieben. Blätter bis 25 cm lang. Blüten röhrig-glockig, bis 5 cm lang, bis zu 30 beisammen, rosa oder auch weiß, mit dunkelrotem Schlundfleck. Unter Schutz im Freien aushaltend. **1792,** S. 224.

russatum Balf. f. et Forrest, Serie Lapponicum. China. Blütezeit April–Mai. Immergrün, bis 80 cm hoch. Blätter bis 3 cm lang. Blüten offen trichterförmig, bis 2,5 cm breit, bis zu 5 beisammen an den Zweigenden, violettpurpurn. Winterhart.

sargentianum Rehd. et Wils., Serie Anthopogon. China. Blütezeit Mai. Immergrün, bis 50 cm hoch, dicht verzweigt. Blätter bis 1,5 cm lang. Blüten röhrig, bis 10 mm breit, zu wenigen in lockeren Dolden, weiß oder hellgelb. Winterhart. **1793,** S. 225.

schlippenbachii Maxim., Serie Azalea. Korea. Blütezeit April–Mai, mit oder kurz vor dem Blattaustrieb. Sommergrün, bei uns bis 2 m hoch. Blätter bis 10 cm lang, zu 5 quirlig an kurzen Zweiglein. Blüten breit-trichterförmig, bis 8 cm breit, bis zu 6 beisammen, karmin mit dunklen Punkten. Winterhart. Hierzu einige Sorten, z. B. 'Prince Charming' **1794,** S. 225.

simsii Planch., Serie Azalea. O-China. Wohl kaum in Kultur, doch wichtig als eine der Ausgangsarten unserer Topfazaleen, deren großes Sortiment hierher eingeordnet werden kann. Die Topfazaleen sind von großer Bedeutung. Sie werden von den Gärtnereien ab Weihnachten blühend angeboten. Standort im Zimmer kühl und hell. Weiterkultur gelingt mitunter, wenn die Pflanzen im Sommer ins Freie gestellt und im Herbst wieder hereingenommen werden, doch wird die Qualität, in der sie von den Gärtnereien angeboten werden, selten erreicht.

sinogrande Balf. f. et W. W. Sm., Serie Grande. China, Burma, Tibet. Blütezeit April. Immergrün, in der Heimat bis 10 m hoch. Blätter bis 60 cm lang oder noch mehr mehr, wohl die größten der ganzen Gattung. Blüten glockig, 6 cm lang, bis zu 20 in Trauben, gelblichweiß. Nicht winterhart. **1795,** S. 225.

strigillosum Franch., Serie Barbatum. China. Blütezeit März–April. Immergrün, bis 2 m hoch. Blätter bis 15 cm lang. Blüten glockig, bis 5 cm breit, bis zu 12 in Doldentrauben, leuchtend scharlachrot. Nur unter gutem Schutz aushaltend. **1796,** S. 225.

sutchuenense Franch., Serie Fortunei. China. Blütezeit Februar–März. Immergrün, bis 3 m hoch. Blätter bis 25 cm lang, an den Zweigenden gedrängt. Blüten breit-glockig, bis 7 cm lang, bis zu 10 in kugligen Doldentrauben, rosa mit purpurnen Punkten. An geschütztem Stand winterhart, doch sind die Blüten frostgefährdet. **1797,** S. 225.

trichostomum Franch., Serie Anthopogon. China. In Kultur ist nur 'Ledoides'. Blütezeit Mai–Juni. Immergrün, bis 1 m hoch. Blätter bis 3 cm lang. Blüten röhrig, 1 cm lang, bis zu 20 in kugligen Blütenständen, blaßrosa, duftend. Winterhart. **1798,** S. 225.

vaseyi A. Gray, Serie Azalea. N-Amerika. Blütezeit April–Mai, vor dem Blattaustrieb. Sommergrün, bis 2 m hoch, breitwachsend. Blätter bis 10 cm lang. Blüten schalenförmig, 3 cm breit, bis zu 8 beisammen, rosa mit orangefarbener Zeichnung. Winterhart.

wallichii Hook. f., Serie Campanulatum. Himalaja. Blütezeit April. Immergrün, bis 4 m hoch, in der Heimat mehr. Blätter bis 10 cm lang. Blüten breit glockig, bis 5 cm lang, bis zu 10 beisammen, lila mit rosa Punkten. Nur in milden Gegenden an geschütztem Standort aushaltend. **1799,** S. 225.

williamsianum Rehd. et Wils., Serie Thomsonii. China. Blütezeit April. Immergrün, bis 1 m hoch, Wuchs breit, halbkuglig. Blätter bis 4 cm lang, im Austrieb braun. Blüten glockig, bis 4 cm lang, hängend, bis zu 3 beisammen, rosa. Die früh erscheinenden jungen Blätter sind frostgefährdet. An geschütztem Standort aushaltend. Hiervon stammen viele Sorten ab. **1800,** S. 225.

xanthocodon Hutchins., Serie Cinnabarinum. Tibet. Blütezeit Mai. Immergrün, bei uns etwa 1 m hoch. Blätter bis 7 cm lang. Blüten glockig-trichterförmig, bis 3 cm lang, bis zu 10 beisammen, rahmgelb oder gelb. Einige Formen davon winterhart. **1801,** S. 226.

yakusimanum Nakai, Serie Ponticum. Japan (Insel Yakushima). Blütezeit Mai. Immergrün, bis 1 m hoch, dicht. Blätter bis 10 cm lang. Blüten breitglockig, bis 6 cm breit, bis zu 10 in Doldentrauben, erst rosa, dann weiß. Winterhart. **1802,** S. 226.

yedoense Maxim., Serie Azalea. Japan. Blütezeit April, vor dem Blattaustrieb. Sommergrün, bis 1 m hoch. Blätter bis 7 cm lang. Blüten 4 cm breit, gefüllt, bis zu 3 beisammen, purpurlila. Winterhart.

2. *Immergrüne Hybriden*
Hierunter werden alle immergrünen Sorten zusammengefaßt, ungeachtet ihrer Abstammung. Das Sortiment ist riesig und kann auch noch in Gruppen nach der Abstammung gegliedert werden, z. B. Catawbiense-Hybriden, Williamsianum-Hybriden u. a., was im Rahmen dieses Buches jedoch nicht zweckmäßig erscheint. Beispiele sind **1803–1820,** S. 226–228. Nur einige der abgebildeten Sorten werden auch in Deutschland angeboten; manche davon sind bei uns auch nicht winterhart. Das für deutsche Verhältnisse geeignete Sortiment ist in den Katalogen der Baumschulen verzeichnet.

3. *Immergrüne Azaleen, Japanische Azaleen*
Hierunter werden immergrüne oder wintergrüne Sorten zusammengefaßt, die besonders von *R. kaempferi, R. kiusianum, R. obtusum, R. simsii, R. yedoense* u. a. abstammen. Dazu gehören auch die Amoenum-Hybriden, Arendsii-Hybriden, Kurume-Hybriden, Vuykianum-Hybriden u. a. Gemeinsame Merkmale sind niedriger, breiter Wuchs, Reichblütigkeit. Das Sortiment ist groß. Die als Beispiele **1821–1823,** S. 228, angeführten Sorten sind auch bei uns winterhart.

4. *Sommergrüne Hybriden (Sommergrüne Azaleen)*
Hierunter faßt man das große Sortiment von recht unterschiedlicher Abstammung zusammen. Die Sorten sind winterhart und zeichnen sich in der Regel durch frühe Blütezeit und reiches Farbenspiel aus. Wuchs strauchig, hoch. Hierzu gehören die Genter-Hybriden, Mollis-Hybriden, Occidentale-Hybriden, Rustica-Hybriden (= Mixtum-Hybriden). Beispiele **1824–1831,** S. 228–229.

Rhodohypoxis Nel, *Hypoxidaceae*

Nur 1 Art.

baurii (Bak.) Nel, Gebirge S-Afrikas. Blütezeit Juli–August. Niedrige Staude mit zylindrischem bis eiförmigem Rhizom und schmalen, grasartigen Blättern. Blüten rosarot, 2–3 cm groß, 6strahlig-sternförmig, einzeln an achselständigen Stielen. Vermehrung durch Aussaat oder Teilung. Für sonnige Stellen mit kalkfreiem, durchlässigem Boden. Am besten im Herbst aufnehmen und trocken überwintern. Viele Sorten mit weißen, rosa oder roten Blüten. **181, 182,** S. 23.

Rhoicissus rhomboidea siehe *Cissus rhombifolia*

Rhus L., Sumach, Essigbaum, *Anacardiaceae*

Etwa 150 Arten in den Tropen, Subtropen und gemäßigten Gebieten N-Amerikas. Bäume oder Sträucher, sommergrün oder immergrün, einige kletternd. Blätter wechselständig, einfach oder unpaarig gefiedert. Blüten unscheinbar, in achselständigen oder endständigen Rispen, diese dann zuweilen sehr ansehnlich. Viele *Rhus*-Arten, z. B. *R. radicans* und *R. toxicodendron*, sind sehr giftig und werden daher nicht angepflanzt. Die angeführten winterharten Arten sind nicht giftig und können im Garten verwendet werden.

cotinus siehe *Cotinus coggygria*

glabra L., Scharlachsumach. N-Amerika. Blütezeit Juli–August. Strauch, sommergrün, bis 3 m hoch, mit violetten Zweigen. Bildet Ausläufer. Blätter bis 30 cm lang, gefiedert, oberseits blaugrün, Herbstfärbung rot. Blüten grünlich, in aufrechten, bis 25 cm langen Rispen. Fruchtstand rot. 'Laciniata', Fiederblättchen tiefeingeschnitten.

typhina L., Essigbaum, Hirschkolbensumach. Östl. N-Amerika. Blütezeit Juni–Juli. Kleiner Baum, meist mehrstämmig, sommergrün, bis 5 m hoch, mit behaarten Zweigen. Blätter gefiedert, bis 50 cm lang, grün, Herbstfärbung rot oder orange. Blüten grünlich, in aufrechten, endständigen, bis 20 cm langen Rispen. Fruchtstand rot, lange in den Herbst hinein haltend. **1832,** S. 229.

Ribes L., Johannisbeere, Stachelbeere, *Saxifragaceae*

Etwa 150 Arten in gemäßigten und kalten Zonen der nördl. Halbkugel, sowie in S-Amerika. Sträucher, sommergrün, selten immergrün, mit wechselständigen, ungeteilten Blättern. Blüten in Trauben. Frucht eine Beere Außer den als Beerenobst angebauten *R. nigrum* (Schwarze Johannisbeere), *R. sylvestre* (Rote Johannisbeere) und *R. uva-crispa* (Stachelbeere) mit vielen dazugehörigen Sorten wird eine Anzahl Arten als Ziersträucher angepflanzt. Verwendung auch in kleineren Gärten. Keine besonderen Ansprüche.

aureum Pursh, Goldjohannisbeere. Westl. N-Amerika. Blütezeit April–Mai. Strauch, sommergrün, bis 2,5 m hoch. Blüten gelb, Beeren schwarz. Herbstfärbung der Blätter rot. Winterhart.

sanguineum Pursh, Blutjohannisbeere. Westl. N-Amerika. Blütezeit April–Mai. Strauch, sommergrün, bis 3 m hoch, mit 3–5lappigen Blättern. Blüten rot, in ansehnlichen Trauben. Hierzu zahlreiche Sorten, die sich in Wuchs und Blütenfarbe unterscheiden, z. B. 'Albescens', fast weiß; 'Atrorubens', dunkelrot; 'Pulborough Scarlet' bis 3 m hoch, dunkelrot mit weißer Mitte, große Trauben. **1833,** S. 230. Alle winterhart.

speciosum Pursh, Kalifornien. Blütezeit April–Mai. Strauch, in der Heimat immergrün, bis 4 m hoch. Blätter 3–5lappig, Blüten scharlachrot, groß, ähnlich einer Fuchsienblüte. Nicht winterhart. Am besten im Kübel ziehen. Überwinterung hell und frostfrei. **1834,** S. 230.

Richea R. Br., *Epacridaceae*

Etwa 18 Arten, überwiegend in Tasmanien, einige in Australien und Madagaskar. Sträucher oder Bäume, immergrün, mit wechselständigen Blättern. Blüten tönnchenförmig, geschlossen, in endständigen Köpfchen oder Ähren. Keine Art winterhart.

scoparia Hook. f., Tasmanien. Blütezeit Mai. Mehrstämmiger Busch, bei uns bis 1 m hoch, mit linealisch-lanzettlichen, hellgrünen Blättern. Blüten orange, weiß oder rosa, bis 8 mm lang, in aufrechten Trauben. Nicht winterhart. Verwendung als Kübelpflanze. Überwinterung frostfrei und hell. **1835,** S. 230.

Ricinus L., Rizinus, Wunderbaum von Sansibar, Palma Christi, *Euphorbiaceae*

Nur 1 Art.

communis L., in Indien heimisch, halbstrauchig bis baumartig, bis 8 m hoch. Vielgestaltige Art mit wechselständigen, großen, 7- und mehrlappigen Blättern, je nach Sorte grün bis rot und kupferfarben. Blüten grün, an den Zweigenden. Samen sind bohnengroß und giftig, aus ihnen wird Rizinusöl gewonnen. Bei uns einjährig, als dekorative Blattpflanze für Sommerblumenbeete gezogen. Für warme sonnige Stellen und nährstoffreichen Boden. Reichlich bewässern und düngen. Sobald Fruchtansatz beginnt, diesen ausbrechen und vernichten, da Gefahr für Kinder. Ansonsten aber sollte auf *Ricinus* nicht verzichtet werden. Seit dem 16. Jh. Gartenpflanze bei uns. Auspflanzen erst ab Mitte Mai. Viele Sorten mit unterschiedlicher Höhe, Blattform und Farbe, z. B. 'Gibsonii', Blätter und Stamm rötlich, 120–150 cm hoch, **366,** S. 46; 'Zanzibarensis', Blätter 60 cm groß, leuchtend grün, Pflanze 150–250 cm hoch, **367,** S. 46.

Robinia L., Scheinakazie, *Leguminosae*

Etwa 20 Arten in N-Amerika und Mexiko. Bäume oder Sträucher, sommergrün, mit wechselständigen, unpaarig gefiederten Blättern. Nebenblätter oft zu Dornen umgewandelt. Blüten in hängenden Trauben, meist duftend. Die angegebenen Arten sind winterhart. Verwendung je nach Größe in größeren Anlagen, aber auch in kleineren Gärten.

hispida L., südöstl. USA. Blütezeit Juni–September. Strauch, bis 2 m hoch, Ausläufer bildend. Blüten bis 2,5 cm lang, rosa, in hängenden Trauben, duftlos. **1836,** S. 230. 'Macrophylla', etwas höher, Blüten und Blätter größer, Blütezeit etwa 2 Wochen früher. Art und Sorte werden oft als Hochstämme angeboten (veredelt auf *R. pseudoacacia*).

kelseyi Hutchins., südöstl. USA, Blütezeit Mai–Juni. Strauch, bis 3 m hoch. Blüten rosalila, 2 cm lang, bis zu 8 in Trauben, die dicht entlang den vorjährigen Trieben stehen.

pseudoacacia L., USA, in Europa verwildert. Blütezeit Juni. Bei uns verbreiteter, meistens als „Akazie“ bezeichneter Baum, bis 25 m hoch, mit rissiger Borke und stark bedornten Zweigen. Blüten weiß, bis 2 cm lang, in bis zu 20 cm langen Trauben, stark duftend. Bemerkenswert das zähe, widerstandsfähige Holz. Junge Triebe sind giftig. Hierzu viele Sorten, z. B. 'Hillieri', aufrechtwachsend, Blüten dunkelrosa; 'Tortuosa', Zweige korkenzieherartig gedreht und gewunden; 'Umbraculifera', Kugelrobinie, bis 6 m hoch, mit kleiner, rundlicher Krone, die ihre Form ohne Schnitt erhält.

Rochea DC., *Crassulaceae*

4 Arten in S-Afrika. Fleischige Kräuter oder Halbsträucher mit gegenständigen oder kreuzgegenständigen Blättern. Blüten weiß, gelb oder rot. Keine Art winterhart. Verwendung als Zimmerpflanze.

coccinea (L.) DC. (syn. *Crassula coccinea* L.), Blütezeit Juni–August. Strauch, bis 60 cm hoch, im Topf jedoch meist niedriger, mit kreuzgegenständigen, bis 2,5 cm langen, länglichen Blättern. Blüten sternförmig, rot, zu vielen in gedrängten, endständigen Trugdolden. Haltbare, lang blühende Zimmerpflanze. Standort sonnig. Zur Blütenbildung sind niedrige Temperaturen notwendig, zwischen 5 und 10°, wobei 10° nicht mehr so günstig wie darunter liegende Temperaturen. Einwirkungsdauer nicht genau bekannt, doch kann man nach 8–10-wöchiger Dauer der niedrigen Temperatur mit gutem Blühen rechnen.

Rodgersia A. Gray, *Saxifragaceae*

6 Arten im gemäßigten O-Asien. Stauden mit schuppigem, kriechendem Erdstamm. Blätter langgestielt, grundständig oder wechselständig, hand- bis fiederförmig geteilt. Blüten klein, weiß bis rosa, in großen verzweigten Rispen. Vermehrung durch Aussaat, Teilung oder Wurzelschnittlinge. Für Halbschatten bis Schatten mit kühlem, frischem Boden; hervorragende Blattschmuckstauden.

pinnata Franch., China. Blütezeit Juni–Juli. Bis 100 cm hohe Staude mit kastanienähnlichen, 5–9-teiligen Blättern. Blüten gelblich, in zusammengesetzter Rispe. 'Superba', Blüten rosa, **1349,** S. 169.

podophylla A. Gray, Japan, Korea. Blütezeit Juni–Juli. Bis 100 cm hohe Staude mit langgestielten, 5teilig handförmigen Blättern. Blattränder tief spitzzackig gesägt. Beim Austrieb bronzefarben. Blüten gelblichweiß, in überhängenden Rispen. **1350,** S. 169.

tabularis siehe *Astilboides tabularis*

Romneya Harv., Baummohn, *Papaveraceae*

2 Arten. Steppenpflanzen im südwestl. Kalifornien. Stauden bis Halbsträucher mit fiederteiligen oder dreizählig geschlitzten, wechselständigen Blättern. Blüten silberweiß, einzeln, endständig. Vermehrung durch Wurzelstecklinge. Für sehr warme und sonnige Stellen mit Winterschutz vor Nässe oder frostfreie Überwinterung. Im Frühjahr Rückschnitt bis zum Boden. Nur als Jungpflanze verpflanzbar.

coulteri Harv., Blütezeit Juli–September. 100 bis 150 cm hohe Staude mit verholztem Wurzelstock. Blätter blaugrün, tief eingeschnitten. Stengel reich verzweigt. Blüten weiß, duftend, 10–12 cm groß, einzeln, endständig. **1837,** S. 230.

trichocalyx Eastw., ähnlich *R. coulteri*, aber weniger verzweigt, mit lederartigen, fiederteiligen Blättern und stachligen Knospen. Blüten weiß, bis 15 cm groß.

Romulea Maratti, *Iridaceae*

Etwa 70 Arten im Mittelmeergebiet, trop. und S-Afrika. Blütezeit Winter–Frühjahr. Den Krokus verwandte, niedrige, mehrjährige, durch Knollen überdauernde Pflanzen mit schmalen Blättern und krokusähnlichen Blüten. Keine Art sicher winterhart, daher besser in Töpfen ziehen und im Winter frostfrei halten.

bulbocodium (L.) Sebast. et Mauri, S-Europa. Blütezeit März–April. Bis 15 cm hoch. Blüten hellviolett. **875,** S. 110.

Rosa L., Rose, *Rosaceae*

Etwa 100 Arten in den gemäßigten und subtrop. Gebieten der nördl. Halbkugel. Sträucher, sommergrün, selten immergrün, aufrecht oder kletternd, mit bestachelten oder borstigen Trieben. Blüten einzeln oder in Doldenrispen. Samen in einer beerenartigen Blütenachse (Hagebutte). Die Rosen sind alte Kulturpflanzen. Obwohl noch viele Arten in Kultur, überwiegen mengenmäßig die Gartenrosen, deren Sortenzahl mehrere tausend beträgt. Die Verwendung ist vielfältig, je nach Art oder Sorte als Einzelpflanzen in kleinen Gärten, als freistehende Sträucher, aber auch zur Massenwirkung angepflanzt in großen Anlagen. Rosen gedeihen zwar auf allen Böden, doch auf lehmigen am günstigsten. Zur besseren Übersicht wird nachfolgend eine Einteilung getroffen in 1. Arten und ihre Abkömmlinge, 2. Beetrosen, 3. Edelrosen, 4. Kletterrosen. Diese Einteilung ist für den praktischen Gebrauch und etwas grob, doch eine „Genealogie" der Rosen ist hier nicht möglich. Sie ist in verschiedenen Rosenbüchern zu finden. Alte, z. T. heute noch beliebte Sortengruppen des letzten Jahrhunderts sind nur teilweise angeführt. Auch darüber gibt es einschlägige Literatur. Es wird empfohlen, in solchen Fällen beim Verein deutscher Rosenfreunde Rat einzuholen.

Pflanzzeit für Rosen Oktober–November oder im frühen Frühjahr. Bei Herbstpflanzung ist ratsam, an der Pflanzstelle Erde anzuhäufeln, so daß die unteren Knospen bedeckt sind. Im Frühjahr muß die Anhäufelung rechtzeitig entfernt werden. Rosen können unter verschiedenen Krankheiten und Schädlingen leiden, z. B. Rosenmehltau, Rosenrost, Blattläuse. In solchen Fällen sind Pflanzenschutzmaßnahmen ratsam.

1. *Arten und direkte Abkömmlinge, Park- und Moosrosen.* Verwendung als Strauchrosen im Einzelstand oder auch in dichten Schutzpflanzungen. Hierzu gehören neben neueren Züchtungen auch sehr alte Sorten.

× **borboniana** Desp. (*R. chinensis* × *damascena*), Bourbonrose. Dauerblühend. Anfang des letzten Jh. auf der Insel Réunion (früher Bourbon) entstanden. Aus dieser Rose entstanden weitere Sorten, die zwar keine große Rolle mehr spielen, aber von Liebhabern alter Rosen gesammelt werden und auch noch erhältlich sind. Im Wuchs recht unterschiedlich, von 1–3 m hoch. Blüten meist dicht gefüllt. Winterhärte nicht befriedigend. 'Souvenir de la Malmaison', blaßrosa, duftend; 'Zéphérine Drouhin', rosarot, duftend, kletternd, aber auch strauchig, **1856,** S. 232; 'Zigeunerknabe', kletternd oder strauchig-überhängend, Blüten karmesin bis purpurn, ohne Duft, **1857,** S. 233.

canina L., Hundsrose. Europa. Blütezeit Juni. Bis 3 m hoch, mit überhängenden und starken bestachelten Zweigen. Bildet Wurzelausläufer. Blüten einfach, rosa bis weiß, 5 cm breit. Für kleinere Gärten kaum geeignet, doch sehr gut für Schutzpflanzungen. Hierzu viele Formen, die in Wuchseigenschaften und Blütenfarbe verschieden.

centifolia L., Zentifolie, Provencerose. Kaukasus. Blütezeit Juni–August. Bis 2 m hoch, kaum Ausläufer bildend. Blüten gefüllt, wohlriechend, weiß bis dunkelrot. Blütenstiele und Fruchtbecher mit vielen Borsten besetzt. Alte Kulturpflanze, von der mehrere Sorten abstammen, z. B. 'Constance Spry', **1847,** S. 231; 'Muscosa', Moosrose, etwa 1 m hoch, buschig, stark verzweigt. Blüten gefüllt, rosa, Blütenstiele und Kelch stark „bemoost".

chinensis Jacq. 'Minima', Miniaturrosen, Zwergbengalrosen. Bis 50 cm hoch, mit zahlreichen, dünnen Trieben. Blüten einfach oder gefüllt. Hierzu zahlreiche Sorten, die auch als Topfröschen angeboten werden.

damascena Mill., Damaszenerrose. Blütezeit Juni–Juli. Bis 2 m hoch, mit zahlreichen, hakenförmigen Stacheln. Blüten rosa bis rot, gefüllt. Vor Jahrhunderten aus Vorderasien eingeführt, wahrscheinlich schon dort Kulturpflanze hybriden Ursprungs. Mehrere Sorten, z. B. 'Hebes Lip', Blüten halbgefüllt, cremeweiß mit rosa Anflug, **1839,** S. 230; 'Trigintipetala', Ölrose. Bis 2 m hoch. Blüten rosa, gefüllt, stark duftend. Wichtige Sorte zur Gewinnung des Rosenöls.

gallica L., Essigrose. Blütezeit Juni. Bis 1,5 m hoch, Ausläufer bildend. Blüten rosa bis rot, meist einfach, duftend. Alte Kulturpflanze mit vielen Sorten, z. B. 'Complicata', bis 2,5 m hoch, Blüten rosa, bis 12 cm breit, **1851,** S. 232; 'Scharlachglut', bis 2 m hoch. Blüten scharlachrot, bis 12 cm breit; 'Versicolor' (syn. *R. rosamundi* West.), etwas über 1 m hoch. Blüten halbgefüllt, weiß-rosa gestreift, bis 9 cm breit, **1852,** S. 232.

glauca Pourr. (syn. *R. rubrifolia* Vill.), S-europäische Gebirge. Blütezeit Juni. Bis 3 m hoch, Zweige überhängend, bereift. Blätter bläulichpurpurn. Blüten karminrosa, bis 4 cm breit. **1842,** S. 231.

hugonis Hemsl., China. Blütezeit Mai–Juni. Bis 2,5 m hoch, Wuchs locker. Blätter fein gefiedert. Blüten einfach, hellgelb, bis 5 cm breit, einzeln an kurzen Seitentrieben längs den Zweigen. 'Cantabrigiensis' (*R. hugonis* × *R. sericea*), Blütezeit Juni. Bis über 2 m hoch, aufrecht. Blüten einfach, hellgelb, 5 cm breit. **1838,** S. 230.

moschata J. Herrm., Moschusrose. Persien bis Himalaja. Nicht winterhart, doch wichtig als Elter vieler Strauchrosen, von denen die in England entstandenen bei uns meist nicht winterhart sind, z. B. 'Penelope', **1855,** S. 232.

moyesii Hemsl. et Wils., China. Blütezeit Juni. Bis 3 m hoch, mit gelblichen Stacheln. Blätter fein gefiedert, hellgrün. Blüten einfach, dunkelrot, bis 6 cm breit. Früchte groß, flaschenförmig, bis 6 cm lang, dunkelorange. **1841,** S. 231. Hierzu mehrere Sorten, z. B. 'Geranium', bis 2 m hoch, Wuchs buschig; 'Highdownensis', bis über 3 m hoch, Blüten einfach, rot, **1840,** S. 230; 'Marguerite Hilling', bis 2 m hoch, Blüten karminrosa, **1853,** S. 232; 'Nevada', bis 2,5 m hoch, Blüten cremeweiß, **1854,** S. 232.

omeiensis Rolfe 'Pteracantha', China. Blütezeit Mai–Juni. Bis 4 m hoch, aufrecht. Stacheln 2 cm breit, in jugendlichem Zustand rot und durchscheinend. Blüten weiß, 3 cm breit.

pimpinellifolia L. (syn. *R. spinosissima* L. p.p.), Bibernellrose, Dünenrose. Europa, Asien. Blütezeit Mai–Juni. Etwas über 1 m hoch, Ausläufer bildend. Zweige dünn, dicht bestachelt. Blüten weiß bis gelblich, 5 cm breit, duftend. 'Altaica', Wuchs kräftiger, Zweige weniger bestachelt. Blüten größer, im Aufblühen hellgelb, später weiß. Früchte dunkel braunrot. **1843,** S. 231. Hierher mehrere Sorten (als Spinosissima-Hybriden bekannt), z. B. 'Frühlingsgold', **1850,** S. 232; 'Frühlingsmorgen', rosa; 'Frühlingszauber', hellrot.

rosamundi siehe *gallica* 'Versicolor'

rubiginosa L., Weinrose, Schottische Zaunrose. Europa, W-Asien. Blütezeit Juni. Bis über 2 m hoch, mit stark bestachelten Zweigen. Blätter mit Apfelduft. Blüten hellrosa, 3 cm breit. Mehrere Sorten, z. B. 'Fritz Nobis', **1849,** S. 232.

rubrifolia siehe *glauca*

rugosa Thunb., Kartoffelrose. O-Asien. Blütezeit Juni–Herbst. Bis 2 m hoch, mit filzigen, stark bestachelten Zweigen. Blüten rosa, bis 8 cm breit. Früchte zum Einmachen verwertbar. Hierzu zahlreiche Sorten, die vor allem in der Blütenfarbe verschieden, auch weiß und dunkelrot, z. B. 'Blanc Double de Coubert', **1846,** S. 231; 'Dagmar Hastrup', **1848,** S. 231.

spinosissima siehe *pimpinellifolia*

sweginzowii Koehne, China. Blütezeit Juni. Bis 3 m hoch, mit dichtem Wuchs. Zweige stark bestachelt, überhängend. Blüten hellrosa, 4 cm breit. 'Macrocarpa', Früchte größer, bis 5 cm lang.

webbiana Royle, W-Himalaja. Blütezeit Juni. Bis fast 2 m hoch, mit dünnen, wenig bestachelten Zweigen. Blüten hellrosa, bis 5 cm breit. **1844,** S. 231.

woodsii Lindl., N-Amerika. Blütezeit Juni–Juli. Bis 2 m hoch, aufrecht. Blüten rosa, bis 4 cm breit.

'Fendleri', Wuchs niedriger, Blüten und Früchte kleiner. **1845,** S. 231.

xanthina Lindl., China. Blütezeit Mai–Juni. Bis 3 m hoch. Blüten gefüllt oder halbgefüllt, goldgelb.

2. *Beetrosen.* Hierunter kann man 3 große Gruppen zusammenfassen:
 Polyantharosen: Kleine Blüten in großer Zahl in Dolden.
 Polyanthahybriden: Ähnlich den Polyantharosen, aber mit größeren Blüten.
 Floribundarosen: Blüten in der Form wie Edelrosen, aber zumeist in Dolden blühend. Sie stellen einen Übergang zu den Edelrosen dar, und einige Sorten werden auch wie Edelrosen verwendet.

Zwischen diesen 3 Gruppen gibt es auch bereits wieder Übergänge, so daß eine klare Zuordnung der Sorten oft schwierig ist. Gemeinsam ist die Verwendung: meist zu mehreren oder vielen auf Beeten für Massenfarbwirkung. Höhen je nach Sorte zwischen 0,5 und 1 m oder mehr. Pflanzweite je nach Wuchsstärke der Sorten 30–50 cm. Schnitt: Im ersten Frühjahr (nicht Herbst, da Erfrierungsgefahr) auf 10–15 cm zurückschneiden. In den folgenden Jahren nicht mehr so tief. Das Sortiment ist riesig. Blütenfarben in weiß, gelb, rosa, orange, rot mit zahlreichen Tönungen und Übergängen. Es gibt duftende und duftlose Sorten, die hier aber nicht angeführt werden, da sie aus Katalogen der Rosenschulen zu ersehen sind. Beispiele für Beetrosen **1858–1870,** S. 233–234. Obwohl einige der abgebildeten Sorten auch bei uns im deutschen Sortiment vorhanden sind, enthält dieses wieder andere Sorten.

3. *Edelrosen.* Hierunter werden zusammengefaßt die Teerosen und Teehybridrosen-Gruppen, die heute nicht mehr unterscheidbar sind.

Die Entwicklung begann vor etwa 100 Jahren, hat aber ihren größten Aufschwung in diesem Jh. erfahren. Die gemeinsamen Merkmale der Edelrosen sind große, meist einzelnstehende, gefüllte Blüten, mit auch wohlgeformten Knospen. Es gibt duftende und nichtduftende Sorten. Das Sortiment ist riesig und enthält alle Farben außer schwarz und reinblau. Verwendung entweder einzelnstehend oder in kleinen Gruppen, manche Sorten aber auch zur Farbmassenwirkung wie Beetrosen, außerdem zum Blumenschnitt. Höhen sind unterschiedlich, von über 1–1,5 m oder (selten) mehr. Pflanzweite je nach Wuchsstärke 30–50 cm, mitunter auch mehr. Schnittmaßnahmen im ersten Jahr wie bei Beetrosen, später aber nicht so scharf. Schnittmaßnahmen sind aber auch sortenabhängig. Beispiele für Edelrosen **1871–1888,** S. 234–236. Einige der abgebildeten Sorten sind auch bei uns im Sortiment, doch enthält dies meist andere Sorten.

4. *Kletterrosen.* Hierunter werden alle Rosen zusammengefaßt, die mehrere m lange, meist nicht selbsttragende Triebe bilden. Sie müssen angebunden werden.

In ihrer Abstammung sind sie verschieden; es sind vorwiegend Abkömmlinge von *R. alpina*, *R.* × *kordesii*, *R. multiflora*, *R. setigera*, *R. wichuraiana*. Außerdem gibt es von manchen Sorten der Beetrosen und Edelrosen Kletterformen. Daraus geht schon hervor, daß die Gruppe der Kletterrosen vor allem in der Blütenform vielgestaltig ist. Gemeinsamkeit haben sie im Wuchs und in der Verwendung zur Bekleidung von Zäunen, Mauern (Spalier bauen), Säulen, Rosenbögen, auch zum Überwachsen von Böschungen. Pflanzweiten je nach Wuchsstärke 1–3 m. Schnitt: nur etwas nach der Pflanzung, später lediglich zu alte und zu schwache Triebe entfernen oder einkürzen. Alle Schnittmaßnahmen nur im Frühjahr durchführen, da im Winter zuweilen ganze Triebe erfrieren und man möglicherweise bei Herbstschnitt gerade diejenigen Triebe weggeschnitten hätte, die den Winter überstanden hätten. Beispiele für Kletterrosen **1987–1992,** S. 249. Im deutschen Sortiment sind zahlreiche andere Sorten. Siehe Rosenkataloge.

Roscoea Sm., Ingwerorchidee, *Zingiberaceae*

Etwa 15 Arten im Himalaja und China. Stauden mit büschligen, fleischigen Wurzeln. Blätter länglich, ineinandersteckend und so den Stengel bildend. Blüten purpurn, blau oder weiß, in endständiger Ähre. Vermehrung durch Aussaat oder Teilung. Für sonnige bis halbschattige Stellen mit durchlässigem Boden. Winterschutz erforderlich, besser Wurzelklumpen frostfrei überwintern. Im Frühjahr 10 cm tief pflanzen. Austrieb erst ab Mai.

cautleoides Gagnep. China. Blütezeit Juni. 20–40 cm hohe Staude, deren sitzende, lanzettliche Blätter mit oder nach der Blüte erscheinen. Blüten 5–7 cm lang, schwefelgelb, zu 3–7. **183,** S. 23.

humeana Balf. f. et W. W. Sm., China. Blütezeit Juli. 20–30 cm hohe Staude mit breit-lanzettlichen Blättern. Blüten 7–10 cm lang, in 4–8blütiger endständiger Ähre. **184,** S. 23.

Rosmarinus L., Rosmarin, *Labiatae*

Nur diese sehr variable Art im Mittelmeergebiet.

officinalis L., Hauptblütezeit Mai–Juni. Strauch, immergrün, bis 1 m hoch. Blätter linealisch-länglich, bis 5 cm lang, oberseits grün, unterseits graufilzig, aromatisch duftend. Blüten blau bis weißlich, in achselständigen Trauben. Rosmarin wurde früher sehr viel gezogen und diente als Zier- und Gewürzpflanze. Nicht winterhart. Verwendung als Zimmerpflanze. Standort im Sommer im Freien. Überwinterung hell, gerade frostfrei. Im Laufe von Jahren starke Büsche bildend und in kleinen Kübeln zu ziehen.

Rubus L., Himbeere, Brombeere, *Rosaceae*

Etwa 400 Arten, überwiegend auf der nördl. Halbkugel, auch in Afrika, Australien, Neuseeland. Meist Sträucher, sommergrün oder immergrün, aufrecht oder kletternd, z. T. mit Stacheln. Blüten flach schalenförmig, in end- oder achselständigen Doldentrauben oder Rispen. Außer den zur Obstgewinnung angebauten Arten werden einige als Zierpflanzen angebaut. Die angeführten Arten sind winterhart. Vorsicht beim Schneiden, da Blüten an Seitentrieben der vorjährigen Triebe gebildet werden.

deliciosus Torr., USA. Blütezeit Mai. Strauch, sommergrün, bis 3 m hoch, mit überhängenden Trieben, ohne Stacheln. Keine Ausläufer bildend. Blätter nierenförmig, 3–5lappig. Blüten bis 5 cm breit, weiß, meist einzeln. Früchte bis 1,5 cm breit, dunkelpurpurn. Verwendung als freistehender Blütenstrauch.

henryi Hemsl., China. Blütezeit Juni. Strauch, immergrün, bis 5 m hoch kletternd, etwas bestachelt. Blätter 3–5lappig, bis 15 cm lang. Blüten hellrot, 2 cm breit, in achsel- oder endständigen Trauben. Früchte schwarz. Verwendung zur Bekleidung von Mauern und Zäunen.

phoenicolasius Maxim., „Japanische Weinbeere". Japan, Korea. Blütezeit Juni–Juli. Strauch, sommergrün, bis 3 m hoch, mit überhängenden Trieben, dichtbehaart, rot, borstig. Blätter gefiedert, bis 10 cm lang. Blüten hellrosa, in achselständigen Trauben. Früchte orangerot, eßbar. Für schattigen Standort.

'Tridel' (*R. deliciosus* × *R. trilobus*), Blütezeit Mai bis Juni. Ähnelt *R. deliciosus,* doch mit größeren Blüten. **1889,** S. 237.

Rudbeckia L., *Compositae*

30 Arten in den Prärien N-Amerikas. Stauden oder einjährige Kräuter. Blätter meist wechselständig, ungeteilt, ganzrandig oder tief eingeschnitten. Blütenköpfchen mit meist gelben Zungenblüten und purpurfarbenen Röhrenblüten. Vermehrung durch Aussaat oder Teilung, z. T. auch Stecklinge. Für sonnige bis halbschattige Stellen mit nährstoffreichem Boden. Viele Arten sind gute Schnittblumen.

fulgida Ait., von Michigan bis Texas. Blütezeit August–Oktober. 40–60 cm hohe, rauhbehaarte Staude. Blätter herzförmig bis linealisch-lanzettlich. Blütenköpfchen zu mehreren oder einzeln an langen Stielen. Zungenblüten gelb, Röhrenblüten schwarzbräunlich. **1352,** S. 169. 'Goldsturm', etwa 100 cm hoch. Blüten 10–12 cm groß, Zungenblüten goldgelb, Röhrenblüten schwarzbraun, **1356,** S. 170.

hirta L., Blütezeit Juli–September. Etwa 100 cm hoch. Zweijährig, rauhhaarig. Blätter spatelförmig bis lanzettlich. Blütenköpfchen einzeln, langgestielt an verzweigten Stengeln. Zungenblüten goldgelb, Röhrenblüten schwarzbraun. Als Einjahrsblume gezogen. Viele Sorten im Handel, deren Zungenblüten von gelb über orange zu braun und deren Röhrenblüten jeweils gleich- oder andersfarbig sind, z. B. 'Gloriosa', Mischung mit ein- oder mehrfarbigen Blüten in gelb und rotbraun, **368,** S. 46; 'Herbstwald', etwa 80 cm hoch. Mischung mit gelben, bronze oder braunen ein- oder mehrfarbigen Blüten; 'Meine Freude', etwa 80 cm hoch. Zungenblüten buttergelb, Röhrenblüten schwarz.

laciniata L., Quebec bis Arizona. Blütezeit Juli bis September. Staude, 100–200 cm hoch, verzweigt, kahl, mit kriechendem Wurzelstock. Blätter 3–5-fach ungleich fiederspaltig. Blattrand grobgesägt. Blütenköpfchen groß, einzeln, langgestielt, mit hängenden hellgelben Zungenblüten und schwarzbraunen Röhrenblüten. 'Goldball', Blüten goldgelb, halbgefüllt, etwa 200 cm hoch; 'Goldquelle', Blüten gefüllt, hellgelb, etwa 80 cm hoch, **1353,** S. 170.

purpurea siehe *Echinacea purpurea*

Ruscus L., Mäusedorn, *Liliaceae*

4 Arten im Mittelmeergebiet. Sträucher, immergrün, niedrig. Die „Blätter" sind Flachsprosse (Phyllokladien). Keine Art winterhart.

aculeatus L., Blütezeit April–Mai. Bis 60 cm hoch, sparrig wachsend. Flachsprosse eiförmig, bis 3 cm lang, mit stechender Spitze, dunkelgrün, hart. Blüten meist zweihäusig, grünlichweiß, unscheinbar, auf dem Phyllokladium. Zierend sind die roten, kugligen Beerenfrüchte, die man aber nur bekommt, wenn man auch männliche Pflanzen kultiviert. Verwendung als immergrünes Sträuchlein, im Sommer im Freien. Überwinterung hell und frostfrei. **1890,** S. 237.

Ruta L., Raute, *Rutaceae*

60 Arten vom Mittelmeerraum bis O-Sibirien. Tief wurzelnde Stauden oder Halbsträucher mit drüsig punktierten, einfach oder mehrfach zusammengesetzten, wohlriechenden Blättern. Blüten gelb oder grünlich, meist in endständigen Trugdolden. Vermehrung durch Aussaat oder Teilung. Für sonnige warme Stellen mit durchlässigem Boden. Pflanze im Frühjahr bis auf das alte Holz zurückschneiden.

graveolens L., Weinraute. Italien bis Balkan. Blütezeit Juni–Juli. 50–80 cm hoher Halbstrauch mit steifen, wenig verzweigten Stengeln. Blätter blaugrün, unpaarig gefiedert. Fieder 1–3spaltig. Blüten gelbgrün, in endständigen Trugdolden. 'Jackmans Blue', besonders intensive blaugrüne Färbung der Blätter, **1891,** S. 237.

S

Sagina L., Sternmoos, *Caryophyllaceae*

30 Arten in den nördlichen gemäßigten Zonen. Einjährige Kräuter oder Stauden mit rasen- bis moosartigem Wuchs. Blätter gegenständig, klein, pfriemförmig. Blüten weiß, langgestielt, endständig. Vermehrung durch Teilung. Für Sonne und Halbschatten auf feuchtem Sandboden.

subulata (Sw.) K. B. Presl, Europa. Blütezeit Juli–August. 5–10 cm hohe Staude mit niederliegendem, dicht verzweigtem Wuchs. Blüten weiß, sternförmig, zu 2–3. Bildet dichte grüne Matten. Geeignet für die Fugen von Plattenwegen.

Sagittaria L., Pfeilkraut, *Alismataceae*

20 Arten, meist im gemäßigten und trop. Amerika, nur 3 Arten ursprünglich altweltlich. Sumpf- und Wasserstauden mit lanzettlichen oder pfeilförmigen Blättern, die meist auf langen, dichten Stielen stehen. Blüten weiß, in 3zähligen Quirlen, ährig oder rispig, an hohen, aufrechten Blütenschäften. Vermehrung durch Aussaat, Teilung oder Ausläufer. Für sonnige Stellen im Sumpf oder Wasser, je nach Art.

sagittifolia L., Europa bis Asien. Blütezeit Juni–August. 30–60 cm hohe, Ausläufer treibende Wasserpflanze mit haselnußgroßen Knollen (eßbar). Untergetauchte Wasserblätter bandförmig, Überwasserblätter pfeilförmig, langgestielt. Blüten weiß mit rotem Fleck in der Mitte, in endständigen 3zähligen Quirlen am Ende der bis 100 cm hohen 3kantigen Blütenschäfte. Wassertiefe etwa 50 cm. 'Flore Pleno', gefülltblühend, **1357,** S. 170.

Saintpaulia H. Wendl., Usambaraveilchen, *Gesneriaceae*

Etwa 10 Arten in O-Afrika. Mehrjährige, niedrige Kräuter, mit langgestielten, behaarten, oft fleischig-saftreichen Blättern. Blüten ansehnlich, blau bis violett, zu wenigen in achselständigen, langgestielten Trugdolden. Als blühende Topfpflanze für Zimmerpflege in großen Mengen von den Gärtnereien gezogen und von großer wirtschaftlicher Bedeutung ist:

ionantha H. Wendl., Blütezeit fast das ganze Jahr hindurch. Wuchs je nach Anzuchtmethode entweder als flache Rosette (Einzelpflanze) oder mehr aufrecht, wenn mehrere Pflanzen zusammen in einem Topf sind. Durch Züchtung ist das Sortiment sehr groß geworden und enthält die Blütenfarben weiß, violett, dunkelblau, hellblau, hellrosa, dunkelrosa. Von allen Farben auch Sorten mit gefüllten Blüten. Bevorzugt werden die blauen Farben. Blüten bis 4 cm breit. Es gibt auch Sorten mit bronzefarbenen Blättern. Verwendung als Zimmerpflanze. Vor Sonnenbestrahlung schützen, doch Standort hell. Günstige Temperaturen für Wachstum und Blütenbildung zwischen 20 und 25°. Bei geringer Lichtintensität (Herbst und Winter) erfolgt keine oder nur geringe Blütenbildung, doch ist dies sortenverschieden. Pflege über mehrere Jahre hinweg ist zwar möglich, gelingt aber im Zimmer nur selten. Lohnender ist Zukauf neuer Pflanzen. Beim Gießen ist wichtig, daß das Gießwasser nur wenig unter der Raumtemperatur liegt; bei zu großem Temperaturunterschied zwischen Gießwasser und Raumtemperatur (10–15° Unterschied) entstehen, wenn die Blätter benetzt werden, gelbe, ringförmige Flecken, wodurch die Pflanzen unansehnlich werden. **637–640,** S. 80.

Salix L., Weide, *Salicaceae*

Etwa 300 Arten in den gemäßigten Zonen der nördl. Halbkugel, einige in S-Amerika. Bäume oder Sträucher, sommergrün, selten immergrün, mit meist wechselständigen Blättern. Blüten zweihäusig, in Kätzchen. Die hoch werdenden Arten nur für große Anlagen, strauchige und kriechende auch für kleinere Gärten. Die angeführten Arten sind winterhart und sommergrün.

alba L., Silberweide, Weißweide. Europa, W- und N-Asien. Blütezeit April–Mai. Baum, bis 25 m hoch, mit an den Spitzen überhängenden Zweigen. Blätter lanzettlich, bis 10 cm lang, oberseits trübgrün, unterseits bläulich seidig. Alte Kulturpflanze, auch als Kopfweide angebaut (Weidenruten zum Korbflechten). Nur für große Anlagen, am besten auf feuchten Standorten. 'Chermesina' (syn. 'Britzensis'), Zweige rot oder orange; 'Tristis' (syn. 'Vitellina Pendula'), Trauerweide; Zweige herabhängend, hellgelb, **1892, S.** 237.

caprea L., Salweide, Kätzchenweide. Europa bis NO-Asien. Blütezeit März–April. Strauch, bis 8 m hoch, mit breit-elliptischen, bis 10 cm langen, oberseits mattgrünen, unterseits graugrünen, behaarten Blättern. Männliche Kätzchen bis 4 cm lang, weibliche länger. Gedeiht auf feuchten und auch trockenen Böden. Außer dieser Art werden auch noch andere als Kätzchenweiden verwendet. **1893,** S. 237.

daphnoides Vill., Reifweide. Europa bis Mittelasien. Blütezeit April. Baum, bis 20 m hoch, mit blaubereiften Zweigen. Blätter länglich, bis 10 cm lang, oberseits dunkelgrün, unterseits blaugrün. Kätzchen bis 4 cm lang. Auch als Kätzchenweide verwendet. **1894,** S. 237. 'Pomeranica', meist nur strauchig, Blütezeit März–April. Kätzchen bis 8 cm lang.

hastata L. 'Wehrhahnii' (syn. *S. wehrhahnii* Bonstedt), Schweiz. Blütezeit April. Strauch, 1–1,5 m hoch, buschig. Zweige rotbraun, mit sehr dicht stehenden Kätzchen. Auch für kleine Gärten geeignet.

matsudana Koidz., China, Korea. Kultiviert wird hauptsächlich 'Tortuosa', Korkenzieherweide, Zickzackweide. Zunächst strauchartig, später Baum bis 10 m hoch, mit gedrehten Zweigen und Blättern. **1895,** S. 237.

purpurea L., Purpurweide. Europa, N-Afrika. Strauch, bis 5 m hoch, mit glänzend rotbraunen Zweigen. 'Gracilis' (syn. 'Nana') Kugelweide. Feinzweigige Zwergform, bis 2 m hoch, Wuchs kuglig, Blätter silbergrau. Verträgt Formschnitt.

repens L., Kriechweide. Europa, Vorderasien. Strauch, bis 1 m hoch, mit dünnen, niederliegenden, dann aufsteigenden Zweigen. 'Nitida' (syn. 'Argentea') Silberkriechweide. Blätter rundlich, unterseits silbrig behaart.

reticulata L., Netzweide. Gebirge Europas, N-Asien, arkt. N-Amerika. Strauch, bis 10 cm hoch, kriechend, mattenbildend. Blätter breit-elliptisch, bis 5 cm lang, mit auffallender Netznervatur. Verwendung in Steingärten. **185,** S. 24.

viminalis L., Hanfweide, Korbweide. Europa bis NO-Asien. Strauch, meist bis 4 m hoch, mit langen Ruten. Alte Kulturpflanze mit mehreren Sorten, die zur Gewinnung von Weidenruten ausgelesen wurden.

wehrhahnii siehe *hastata 'Wehrhahnii'*

Salpiglossis Ruiz et Pav., *Solanaceae*

5 Arten in S-Amerika. Klebrig weichhaarige, einjährige Kräuter mit buchtig gezähnten oder fiederspaltigen Blättern. Blüten gelb, blau, bräunlich oder rötlich, groß, langgestielt. Vermehrung durch Aussaat, an warme, sonnige Stellen mit nährstoffreichem, durchlässigem Boden. Gute Schnittblume direkt vom Garten in die Vase, für längere Transportwege ungeeignet.

sinuata Ruiz et Pav., Trompetenzunge. Chile. Blütezeit Juni–August. 50–100 cm hoch, verästelt. Blätter länglich-elliptisch, gestielt. Blüten gelb, goldfarben, blau, braun oder rot und oft mehrfarbig, einzeln, langgestielt. Aussaat April–Mai an Ort und Stelle. Selten Farbsorten, meist Mischungen im Handel. 'Superbissima', Kaiser-Salpiglossis, großblütige Mischung, **369,** S. 47.

Salvia L., Salbei, *Labiatae*

900 Arten, besonders in den Tropen und Subtropen, im Mittelmeergebiet und in Mexiko. Kräuter, Stauden oder Halbsträucher. Blätter ganzrandig, gezähnt, eingeschnitten oder fiederspaltig. Blüten weiß, gelb, rosa, rot, lila oder blau, in 2- bis vielblütigen Quirlen, die zu endständigen Blütenquirlen geordnet sind. Vermehrung durch Aussaat, Teilung oder Stecklinge. Für warme, sonnige Stellen mit nährstoffreichem, durchlässigem Boden.

grahamii siehe *microphylla*

horminum L., S-Europa, SW-Asien. Blütezeit Juni–August. Ein- oder zweijährige, bis 70 cm hohe Kräuter mit ästigen Stengeln und elliptisch-eiförmigen, schwachgekerbten Blättern. Blüten klein, rosa oder blau, in endständigen Scheinquirlen. Die lebhaft rot oder violett gefärbten Deckblätter sind sehr zierend. Seit dem 16. Jh. bei uns Gartenpflanze. Aussaat im April an Ort und Stelle. Viele Sorten, z. B. 'Pink Sundae', Deckblätter karminrosa, **370,** S. 47.

microphylla H. B. K. (syn. *S. grahamii* Benth.), Mexiko. Blütezeit August–Oktober. 80–120 cm hoher Halbstrauch. Blätter oval bis elliptisch, leicht behaart, unregelmäßig gezähnt. Blüten scharlachrot, in 2–4blütigen Quirlen, die bis 20 cm lange endständige Trauben bilden. Benötigt Winterschutz oder frostfreie Überwinterung. **1896,** S. 237.

nemorosa L., Mitteleuropa bis Sibirien. Blütezeit Juni–Juli. 40–60 cm hohe vielstenglige, graufilzig behaarte Staude. Blätter alle an den Stengeln, eiförmig-lanzettlich, schwach gekerbt. Blüten violett, mit großen purpurfarbenen Tragblättern, in dichten, zu einer Scheinähre vereinigten Quirlen. Kalkliebend. **1360,** S. 170. Viele Sorten, z. B. 'Lubeca', wie die Art, aber kompakterer Wuchs, etwa 45 cm hoch, **1361,** S. 171; 'Mainacht', Blüten dunkelviolett, etwa 35–45 cm hoch, **1362,** S. 171; 'Ostfriesland', Blüten dunkelviolett, in 20–25 cm langen Blütenständen, 40–50 cm hoch.

officinalis L., Gartensalbei. Europa bis Kleinasien. Blütezeit Mai–Juli. Bis 60 cm hoher, graufilzig behaarter, immergrüner Halbstrauch mit aromatischem Duft. Blätter schmal-elliptisch, fein gekerbt. Blüten hellviolett, in mehrblütigen Quirlen, die eine schmale Scheinähre bilden. Schon im Altertum als Heilpflanze angebaut. Benötigt Winterschutz. Im Handel sind buntblättrige Sorten, z. B. 'Purpurascens', Blätter rötlich purpurfarben; 'Tricolor', Blätter graugrün mit cremeweißen Rändern und rosa Flecken, junge Blätter rötlich überlaufen, **1897,** S. 238.

pratensis L., Wiesensalbei. Mitteleuropa bis Mittelrußland. Blütezeit Juni–August. 50–60 cm hohe Staude mit drüsig behaarten Stengeln und länglich-eiförmigen Grundblättern sowie spitz herz- bis eiförmigen Stengelblättern. Blattränder unregelmäßig gekerbt. Blüten blauviolett, in 4–6blütigen Quirlen, die eine 20–40 cm lange Scheinnähre bilden. Kalkliebend. 'Haematodes', Blüten hellblau, Stengel rötlichbraun, **1358,** S. 170.

sclarea L., Muskatellersalbei. Europa. Blütezeit Juni–Juli. Zweijährig, 90–120 cm hoch, mit großen, gestielten Blättern. Im ersten Jahr als Rosette. Blüten hellila, mit roten Tragblättern, in verzweigten Rispen. 'Turkestanica', Blüten weiß, rosa überlaufen, **1359,** S. 170.

splendens Sello, Brasilien. Blütezeit Mai–Oktober. Krautige, 50–150 cm hohe Staude mit 4kantigen, ästigen Stengeln und gestielten, ovalen bis herzförmigen Blättern, deren Rand gekerbt und gesägt ist. Blüten scharlachrot, 4–7 cm lang, in einfachen oder verzweigten endständigen Trauben.
Viele Sorten, z. B. 'Harbinger', 45 cm hoch, Blüten scharlachrot, **371,** S. 47; 'Johannisfeuer', 25 cm hoch, Blüten scharlachrot; 'Knirps', 15–20 cm hoch, Blüten leuchtend rot. Nicht winterhart. Verwendung als Sommerblume.

uliginosa Benth., Sumpfsalbei. Brasilien, Uruguay. Blütezeit August–November. 120–180 cm hohe, stark verzweigte Staude mit länglichen, tief gesägten Blättern. Blüten leuchtend blau, in 7–20blütigen Quirlen. Winterschutz erforderlich. **1363,** S. 171.

Sambucus L., Holunder, *Caprifoliaceae*

Etwa 20 Arten in den gemäßigten und subtrop. Gebieten der Erde. Sträucher oder kleine Bäume, selten Stauden, sommergrün, mit dicken, markgefüllten Zweigen. Blätter gegenständig, unpaarig gefiedert. Blüten in Doldentrauben oder Rispen. Die angeführten Arten sind winterhart.

nigra L., Schwarzer Holunder. Europa, Vorderasien, W-Sibirien. Blütezeit Juni–Juli. Strauch oder kleiner Baum, bis 8 m hoch, mit grauen, dicken Zweigen, die mit weißem Mark gefüllt sind. Blüten gelblichweiß, in flachen, bis 20 cm breiten Doldentrauben. Früchte schwarz. Alte Kulturpflanze mit vielen Sorten, die sich in Wuchsform, Blattfarbe, Fruchtfarbe unterscheiden. Verwendungsmöglichkeit vielseitig, im Einzelstand oder als Bestandteil von Gehölzschutzpflanzungen, auch zur Beerengewinnung. Gedeiht unter fast allen Bedingungen.

racemosa L., Traubenholunder. Europa, Vorderasien bis N-China. Blütezeit April–Mai. Strauch, bis 3 m hoch, mit dünnen Zweigen, die mit hellbraunem Mark gefüllt sind. Blüten gelblich, in dichten, bis 6 cm langen Rispen. Früchte leuchtend rot. Alte Kulturpflanze mit mehreren Sorten, z. B. 'Plumosa Aurea', Fiederblättchen tief eingeschnitten, goldgelb, **1898,** S. 238.

Sanguinaria L., Blutwurz, *Papaveraceae*

Nur 1 Art.

canadensis L., atlant. N-Amerika. Blütezeit von April–Mai. 15–25 cm hohe Staude mit kriechendem Wurzelstock und rotem Milchsaft. Blätter grundständig, handförmig gelappt. Blüten weiß, einzeln, langgestielt. Vermehrung durch Aussaat und Teilung. Für Halbschatten und Schatten mit lockerem, humosem Boden. Pflanze zieht bereits Juni–Juli wieder ein. 'Plena', Blüten dicht gefüllt, **186,** S. 24.

Sanguisorba L., Wiesenknopf, *Rosaceae*

30 Arten in den nördlichen gemäßigten Zonen. Stauden mit unpaarig gefiederten Blättern. Blüten weiß oder rot, in dichten Ähren endständig an verzweigten Blütenstielen. Vermehrung durch Aussaat oder Teilung. Für sonnige oder halbschattige Stellen, warm, in nährstoffreichem Boden.

canadensis L., östl. N-Amerika. Blütezeit Juli–Oktober. 50–200 cm hoch, mit aufrechten, verzweigten Stengeln und unpaarig gefiederten, bis 60 cm großen Blättern. Blüten weiß, in langen, walzenförmigen, endständigen Ähren. **1364,** S. 171.

Sansevieria Thunb., Bogenhanf, *Agavaceae*

Etwa 60 Arten, überwiegend im trop. Afrika. Mehrjährige Kräuter mit dickem Rhizom, auch Ausläufer bildend. Blätter dick, fleischig, doch von fester Beschaffenheit und ledrig. Blüten in Trauben. Keine Art winterhart. Verwendung als widerstandsfähige Zimmerpflanze, die auch Trockenheit vertragen kann. Temperaturen jedoch nicht unter 10°.

grandis Hook. f., wahrscheinlich aus S-Afrika. Bildet lange, kriechende Rhizome, die an ihrem Ende mehrere, bis 60 cm lange, dunkelgrüne, mehr oder weniger aufrechte Blätter tragen. Auf Grund dieser Wuchsform nur dort als Zimmerpflanze verwendbar, wo genügend Platz vorhanden. **641,** S. 81.

trifasciata Prain, trop. W-Afrika. Wird mit ihren Sorten verbreitet angebaut. Rhizome kurz, Blätter bis über 1 m lang, linealisch-lanzettlich, gedrängt und senkrecht stehend, mit Querbändern in verschiedenen Stärken von grün.
Hierzu mehrere Sorten, z. B. 'Hahnii', Wuchs rosettenförmig, Blätter kurz und breit, mit ähnlicher Blattzeichnung wie der Art; hiervon auch gelbgestreifte Formen bekannt; **642,** S. 81. 'Laurentii', Blätter mit breiten gelben Längsstreifen am Rande, **643,** S. 81. Hiervon wiederum mehrere Formen, die sich in der Stärke der gelben Streifen (Bänder) unterscheiden. Vermehrung der Art durch Blattstücke oder Rhizomteilung, der gelbblättrigen Formen nur durch Rhizomteilung, da aus Blattstücken nur die grüne Art entsteht.

Santolina L., Heiligenkraut, *Compositae*

8 Arten, überwiegend im westl. Mittelmeergebiet. Immergrüne, aromatisch duftende Halbsträucher mit gegenständigen, gefiederten Blättern. Blütenköpfchen gelb, langgestielt. Vermehrung durch Stecklinge oder Teilung. Für trockene, warme und sonnige Stellen, auch Troggärten.

chamaecyparissus L. (syn. *S. incana* Lam., *S. tomentosa* Pers.), westl. Mittelmeergebiet. Blütezeit Juli–August. Immergrüner, etwa 50 cm hoher Halbstrauch mit feinfiederschnittigen Blättern. Triebe und Blätter silbergrau-filzig. Blütenköpfchen gelb, einzeln, endständig. Verträgt Schnitt als niedrige Hecke. **1899,** S. 238.

incana siehe *chamaecyparissus*
tomentosa siehe *chamaecyparissus*

Sanvitalia Lam., Husarenknopf, *Compositae*

8 Arten in Mexiko. Einjährige Kräuter mit niederliegenden Stengeln und gegenständigen, ganzrandigen Blättern. Blütenköpfchen gelb, einzeln in den Gabelungen oder Enden der Zweige. Vermehrung durch Aussaat. Für sonnige Stellen mit lockerem, durchlässigem Boden.

procumbens Lam., Blütezeit Juli–September. 10–15 cm hoch, behaart. Blätter eirund oder länglich. Blütenköpfchen mit gelben Zungenblüten und dunkelpurpurfarbenen Röhrenblüten. Aussaat an Ort und Stelle Anfang Mai. Mehrere Sorten, z. B. einfarbig, auch orange und gefüllt blühend im Handel. **372,** S. 47.

Saponaria L., Seifenkraut, *Caryophyllaceae*

30 Arten, vorwiegend im Mittelmeergebiet und den Alpen bis Eurasien. Einjährige Kräuter oder Stauden mit gegenständigen Blättern. Blüten weiß, rosa oder rot, in Trugdolden oder Rispen. Vermehrung durch Aussaat oder Teilung. Für sonnigen Standort.

ocymoides L., SW-Europa. Blütezeit Juni–Juli. 10–20 cm hohe Staude mit dünnen, gablig verzweigten Stengeln und verkehrt-eiförmigen bis spatelförmigen Blättern. Blüten altrosa, in dichten, endständigen Trugdolden. Kalkliebend. An günstigen Stellen Selbstaussaat. 'Rubra Compacta', Blüten dunkelrosa, Wuchs kompakter, **187,** S. 24.

Satureja L., Kölle, *Labiatae*

130 Arten in den wärmeren Gebieten, besonders Mittelmeerraum und Vorderasien, sowie in den Anden. Einjährige Kräuter, Stauden oder Halbsträucher mit ganzrandigen oder gezähnten Blättern. Blüten in Scheindolden in den Blattachseln. Vermehrung durch Aussaat, Stecklinge oder Teilung. Für sonnige, warme Stellen, gut Trockenheit vertragend.

montana L., Winterbohnenkraut. N-Afrika, S-Europa bis Kaukasus. Blütezeit August–September. 40 cm hoher, dicht buschiger Halbstrauch mit lineal-lanzettlichen Blättern. Blüten weiß, rosa oder hellila, zu vielen in Scheinquirlen. Kalkliebend. Bienenfutterpflanze. 'Coerulea', Blüten dunkellila, **1365,** S. 171.

Saxifraga L., Steinbrech, *Saxifragaceae*

350 Arten, meist im Hochgebirge der nördlichen gemäßigten Zonen und Arktis. Meist kleinblättrige, Polster oder Rosetten bildende Stauden. Blüten weiß, gelb oder rötlich, einzeln, zu mehreren oder in vielblütigen Rispen. Vermehrung durch Aussaat, Teilung oder Stecklinge. Für sonnige Stellen mit durchlässigem Boden. Sehr vielgestaltige Gattung, die Anreiz zum Sammeln gibt. Durch leichte Kreuzungsmöglichkeiten der Arten viele wertvolle Hybriden. Je nach Naturstandort sehr unterschiedliche Ansprüche an Boden und Klima. Die nachstehende Einteilung der Gattung in Sektionen hilft, diese vielgestaltigen Arten zu gruppieren, und ist als Beispiel für die Gliederung und Ordnung einer Gattung mit den gärtnerisch interessanten Sektionen aufgeführt.

Sektion Porphyrion

Niedrige, meist rasenbildende Pflanzen mit kleinen, kreuzgegenständigen, ledrigen, dunkelgrünen Blättern und in der Regel purpurnen Blüten.

oppositifolia L., W-Alpen. Blütezeit April. 2–5 cm hoch, lockerrasig wachsend, mit fast kreisrunden Blättern. Blüten purpurrot oder rosa, zu wenigen auf kurzem Schaft. Kultur in kalkfreiem Schotterboden, schwierig, Alpinenhaus! 'Splendens', Blüten größer, leuchtend purpurrot, **197,** S. 25.

Sektion Kabschia

Wuchs polsterartig, mit kleinen Rosetten, aus denen die Blütenstiele sprießen. Nach der Blüte sterben die Blattrosetten nicht ab. Blättchen klein, starr, pfriemlich oder nadelspitz, bei manchen Arten kalkausscheidend. Blüten gelb, weiß, selten rosa.

× **apiculata** Engl. (*S. marginata* 'Rocheliana' × *S. sancta*), Blütezeit April. Starkwachsende, 5–10 cm hohe Polster, reichblühend. Blüten hellgelb, in wenigblütigen Trauben. Leichtwachsend, anspruchslos. Kalkliebend. **189,** S. 24.

burseriana L., O-Alpen. Blütezeit März–April. Feste, silbrig-graugrüne, 5–8 cm hohe Rosetten. Blätter 3kantig, stachelspitz. Blüten weiß, einzeln. Kultur auf Kalkboden. Sorten z B. 'Gloria', Blüten weiß, auf rötlichen Stielen, **190,** S. 24; 'Sulphurea', Blüten zitronengelb, auf rosa Stielen, **191,** S. 24.

ferdinandi-coburgii Kell. et Suenderm., Balkangebirge. Blütezeit April–Mai. Dichte, 5–8 cm hohe, graugrüne Polster. Blätter spitz, dicht am Stengel anliegend, kalkausscheidend. Blüten gelb, zu mehreren auf verzweigten Stengeln. **192,** S. 24.

grisebachii Deg. et Doerfl., Mazedonien, Albanien. Blütezeit April. Bis 8 cm große Rosetten. Blätter graugrün, spatelförmig, kalkausscheidend. Blüten dunkelrot, zu mehreren in endständiger, bis 15 cm hoher Ähre. **194,** S. 25.

× **jenkinsae** hort. (*S. burseriana* × *S. lilacina*), Blütezeit April. Rosetten silbriggrau. Blüten weißrosa mit dunklerer Mitte. **195,** S. 25. 'Riverslea', Blütezeit April. Gartenhybride mit silbriggrauen Rosetten und purpurrosa Blüten mit dunkler Mitte. Fürs Alpinenhaus. **199,** S. 25.

Sektion Euaizoonia

Nur Rosetten bildende Arten. Rosetten aus derben, zungen- oder spatelförmigen Blättern. Blühende Rosetten sterben ab. Blütenstände rispig oder rispendoldig.

aizoon siehe *paniculata*

longifolia Lapeyr., Pyrenäen. Blütezeit Juni. Bis 15 cm große Rosetten aus ganzrandigen, schmalen, silbergrauen Blättern. Blüten weiß, in sehr reichblütiger, verzweigter, bis 70 cm langer Rispe. Pflanze stirbt nach der Blüte ab und muß neu aus Samen gezogen werden. Kultur auf Kalkgestein, in sonnenabgewandter Lage. **196,** S. 25. 'Tumbling Waters', Kreuzung aus *S. longifolia* × *S. lingulata*; von letzerer stammt die Bildung von Seitensprossen, sonst ähnlich *S. longifolia*.

paniculata Mill. (syn. *S. aizoon* Jacq.), Gebirge Europas und N-Amerikas. Blütezeit Mai–Juni. Dichte, 5–15 cm hohe Polster, Blätter spatelig, kalkausscheidend. Blüten cremeweiß oder gelb, in vielblütigen, bis 30 cm hohen, verzweigten Rispen. Eine in der Gestalt sehr veränderliche, leicht zu kultivierende Art. **188,** S. 24.

Sektion Dactyloides, Moossteinbrech

Niedrige, dichte Polster oder Teppiche aus grünen, weichblättrigen Rosetten, die nach der Blüte nicht absterben. Sie bilden Seitensprosse oder Ausläufer. Blätter oft fiederlappig.

Arendsii-Hybriden. Besonders durch G. Arends, Ronsdorf, entwickelt. Entstanden aus Kreuzungen verschiedener Arten der Sektion *Dactyloides* (besonders *S. caespitosa*). Blütezeit Mai. Leicht wachsende, reichblühende Sorten. Immergrüne, moosartige Rosetten. Blüten weiß, rosa, rot oder gelb, zu mehreren auf 10–20 cm hohen Stielen.
'Feuerwerk', Blüten karminrosa, etwa 20 cm hoch; 'Peter Pan', Blüten dunkelrosa mit weißer Mitte, etwa 5–10 cm hoch, **198,** S. 25; 'Purpurteppich', Blüten feuerrot, im Verblühen rosa, etwa 20 cm hoch; 'Schneeteppich', Blüten reinweiß, etwa 20 cm hoch; 'Schwefelblüte', Blüten schwefelgelb, etwa 15 cm hoch.

Sektion Xanthizoon

Nur 1 Art mit sukkulenten Blättern.

aizoides L., arktische und subarktische Hochgebirge der Nordhalbkugel. Blütezeit Juni–September. Lockerrasiger, kriechender Wuchs. Blätter lanzettlich, dick fleischig. Blüten gelb oder gelborange, in mehrblütiger Scheintraube. Für feuchten, aber durchlässigen Boden.

Sektion Robertsonia

Pflanzen mit wintergrünen, ledrigen Blättern. Ausläufer bildend.

umbrosa L., Porzellanblümchen, Pyrenäen. Blütezeit Mai–August. Lockere Rosetten aus spatelförmigen, immergrünen Blättern. Blüten weiß mit purpurner Mitte, in lockerer Rispe. Für Sonne oder Halbschatten. 'Primuloides', Blüten intensiv rosa, nur etwa 20 cm hoch, **200,** S. 25.

Sektion Diptera

Pflanzen mit ungleichen Kronblättern.

cortusifolia Sieb. et Zucc., O-Asien. 'Fortunei', Blütezeit Oktober–November. Staude, mit langgestielten, eingebuchteten, rundlich-nierenförmigen Grundblättern. Blattunterseite glänzend rot. Blüten weiß oder selten rosa, in vielblütigen, locker verzweigten Rispen. Guter sommergrüner Bodendekker, für Halbschatten und Schatten auf feucht-frischem Boden. **193,** S. 25.

sarmentosa siehe *stolonifera*

stolonifera Meerb. (syn. *S. sarmentosa* L. f.), Judenbart. China, Japan. Pflanzen mit fadenförmigen Ausläufern und langgestielten, rundlich-nierenförmigen, gebuchteten Blättern, deren Oberseite deutlich geadert ist. Blüten weiß, zu vielen in lockerverzweigter Rispe mit rothaarigem Stiel. Dankbare Zimmerpflanze für kühle Räume. Pflanze, bei der die Ausläufer mit den Jungpflanzen als weißer Bart herabhängen. Es gibt eine winterharte Auslese als Gartenstaude. 'Tricolor', Sorte mit rotweißbunten Blättern. Nur als Zimmerpflanze.

Scabiosa L., Skabiose, *Dipsacaceae*

Etwa 80 Arten in der Alten Welt, besonders im Mittelmeergebiet. Behaarte, einjährige Kräuter, Stauden oder Halbsträucher. Blätter gegenständig, ungeteilt, gelappt oder fiederteilig. Blüten weiß, gelb, rot oder violett, in langgestielten Köpfchen in gabligen Blütenständen oder zu mehreren in Trugdolden. Vermehrung durch Aussaat und Teilung. Gute Schnittblume.

atropurpurea L., S-Europa. Blütezeit Juli–Oktober. Einjährig, bis 90 cm hoch, mit gezähnten, eingeschnittenen bis fiederspaltigen Blättern. Blütenköpfchen purpurn, langgestielt, leichter Moschusgeruch. Einfache und gefüllte Sorten in lila, weiß, blau, rot und gelb, meist als Mischung im Handel. **373,** S. 47.

caucasica M. B., Kaukasus. Blütezeit Juli–September. 40–60 cm hohe Staude mit ungeteilten, lanzettlichen Grundblättern und fiederspaltigen Stengelblättern. Blütenköpfe lilablau, an wenig verzweigten Stengeln. Viele Sorten in weiß, hellblau, dunkelblau und violett, z. B. 'Clive Greaves', Blüten lila, **1366,** S. 171.

Schefflera J. R. et G. Forst., *Araliaceae*

Etwa 150 Arten in fast allen trop. Gebieten. Sträucher oder Bäume, immergrün, mit wechselständigen, handförmig geteilten Blättern. Blüten meist in Dolden oder Köpfchen. Keine Art winterhart.

actinophylla (Endl.) Harms, Australien. In der Heimat hoher Baum, kaum verzweigt, fast nur eintriebig. Blätter langgestielt, je nach Pflege (insbesondere Ernährung) 30 cm breit (oft aber viel mehr), glänzend grün. Wird als Topfpflanze angeboten. Wintertemperatur nicht unter 12°. Große Exemplare auch als Kübelpflanzen, doch ist dann Überwinterung nur im hellen, auf über 10° gehaltenen Wintergarten möglich.

Schizocodon Sieb. et Zucc., *Diapensiaceae*

1 Art in Japan.

soldanelloides Sieb. et Zucc., Blütezeit März–April. Immergrüne, 10–15 cm hohe Staude mit lederartigen, bronzefarbenen, rundlichen, unregelmäßig gebuchteten Blättern. Blüten rosa, trichterförmig, tiefgeschlitzt, zu wenigen auf rötlichen Stielen. Vermehrung durch Teilung. Für geschützten, schattigen Standort mit kalkfreiem bis anmoorigem Boden, besser fürs Alpinenhaus. 'Magnus', kräftiger wachsende Sorte mit rosaroten Blüten, **201,** S. 26.

Schizostylis Backh. et Harv., *Iridaceae*

2 Arten in S-Afrika. Mehrjährige, rhizombildende Kräuter mit 2zeilig stehenden, schwertförmigen Blättern. Blüten in Ähren. Nicht winterhart. Kultiviert wird:

coccinea Backh. et Harv., Blütezeit Herbst oder Frühjahr. Blätter bis 60 cm lang. Stengel bis 60 cm hoch, nur mit wenigen kurzen Blättern. Blüten sternförmig, bis 5 cm breit, feuerrot, bis zu 14 in von unten nach oben aufblühender Ähre. Pflege im Sommer im Freien, in flachen Töpfen. Im Herbst hereinnehmen ins Zimmer, Standort sonnig. Haltbare Schnittblume. **876,** S. 110. Einige Sorten, z. B. **877,** S. 110.

Schlumbergera gaertneri siehe *Rhipsalidopsis gaertneri*

Sciadopitys Sieb. et Zucc., Schirmtanne, *Taxodiaceae*

Nur 1 Art in Japan.

verticillata Sieb. et Zucc., Baum, immergrün, in der Heimat bis 40 m hoch, bei uns viel niedriger. Wuchs pyramidal. Nadeln bis 10 cm lang, bis 3 mm breit, glänzend grün, zu mehreren bis vielen in Quirlen an den Spitzen der Jahrestriebe. Blüten einhäusig. Zapfen bis 10 cm lang, stumpf-eiförmig, aufrecht, im reifen Zustand braun. Winterhartes Nadelgehölz für freien Stand auf feuchtem Boden. **2037,** S. 255.

Scilla L., *Liliaceae*

80–90 Arten in Europa und den gemäßigten Gebieten Asiens und Afrikas. Mehrjährige, zwiebelbildende Kräuter mit grundständigen, meist riemenförmigen oder länglichen Blättern. Blüten sternförmig bis glockenförmig, in Trauben. Die meisten Arten winterhart (Ausnahmen sind angegeben). Verwendung im Garten als Blütenpflanzen des Vorfrühlings und Frühlings. Einige Arten bilden reichlich Samen und verwildern. Pflanzung der gekauften Zwiebeln Ende September–Oktober.

bifolia L., S-Europa, Vorderasien. Blütezeit März–April. Blätter stets 2, schmal, linealisch, rinnig. Blüten himmelblau, zu wenigen an bis 15 cm hohem Schaft. **878,** S. 110. 'Rosea', Blüten blaßrosa.

campanulata siehe *hispanica*

hispanica Mill. (syn. *S. campanulata* Ait.), Spanien, Portugal. Blütezeit Mai–Juni. Zwiebeln groß. Blätter breit, riemenförmig, in Rosetten. Blüten glockenförmig, hellblau, zu vielen in pyramidenförmigen Trauben auf bis 40 cm hohem Schaft. Hierzu mehrere Sorten, z. B. 'La Grandesse', weiß; 'Queen of the Pinks', dunkelrosa. Art und Sorten bilden reichlich Brutzwiebeln, wodurch starke Horste entstehen. Häufig verwendet.

non-scripta (L.) Hoffmgg. (syn. *S. nutans* Sm.), Hasenglöckchen. W- und SW-Europa. Blütezeit April–Mai. Blätter schmal, riemenförmig, dunkelgrün. Blüten zylindrisch-glockig, himmelblau, in überhängenden Trauben, auf bis 20 cm hohem Schaft. Auch Sorten mit weißen oder rosa Blüten. Verwildert stark. **727,** S. 91.

nutans siehe *non-scripta*

peruviana L., Mittelmeergebiet. Name ist irreführend, da nicht in Peru heimisch. Blütezeit Mai–Juni. Zwiebel groß. Blätter dunkelgrün, in Rosetten. Blüten sternförmig, blau, in bis 20 cm breiten, fast halbkugligen Doldentrauben. 'Alba', weiß. Nicht winterhart. Verwendung als Topfpflanze, im Sommer im Freien, sonnig. Überwinterung hell (da grüne Blätter vorhanden) und kühl, bei etwa 10°. **879,** S. 110.

pratensis Waldst. et Kit., W-Balkan. Blütezeit April–Juni. Blätter riemenförmig, in Rosetten. Blüten dunkelblau, zu vielen in dichten Trauben auf bis 30 cm hohem Schaft, duftend. Große Horste bildend. **880,** S. 110.

sibirica Andr., Blausternchen. Jugoslawien, S-Rußland. Blütezeit März–April. Blätter breit-linealisch. Blüten leuchtend blau, zu 2–4 auf bis 20 cm hohem Schaft. An starken Zwiebeln werden in der Regel bis zu 3 Schäfte gebildet. **881,** S. 111. Hierzu mehrere Sorten, z. B. 'Alba', weiß; 'Spring Beauty', dunkler blau, in allen Teilen größer.

tubergeniana Hoog, Persien. Blütezeit März. Blüten hellblau, mit dunkleren Streifen, zu 3 oder mehr auf bis 15 cm hohem Schaft. Meist mehrere aus einer Zwiebel. **882,** S. 111.

Scindapsus Schott, *Araceae*

Etwa 20 Arten in Indonesien. Kletternde, mehrjährige Sträucher. Keine Art winterhart.

aureus siehe *Rhaphidophora aurea*

pictus Hassk. 'Argyraeus'. Kriechend oder kletternd. Stengel dünn. Blätter herzförmig, etwa 15 cm lang, dunkelgrün mit silbernen Flecken. Verwendung im Blumenfenster bei hoher Luftfeuchtigkeit. Auch herabhängend als Ampelpflanze.

Scirpus L., Simse, *Cyperaceae*

250 kosmopolitische Arten. Einjährige Pflanzen oder Stauden mit stielrunden Halmen. Blüten in endständigen, büschligen oder doldigen Ähren, meist von einem Stützblatt überragt oder umgeben. Vermehrung durch Teilung. Für sonnige, feuchte Stellen.

tabernaemontani C. C. Gmel., Europa. Blütezeit Juni–Juli. 100–150 cm hohe Stengel. Blütenährchen endständig, büschlig gehäuft. Für flachen Wasserstand. 'Zebrinus', Stengel weißgrün, quergebändert, **1367,** S. 171.

Scolopendrium siehe *Phyllitis*

Scrophularia L., Braunwurz, *Scrophulariaceae*

150 Arten im gemäßigten Eurasien und Mittelmeergebiet sowie N-Amerika bis Antillen. Stauden mit 4kantigen Stengeln und gegenständigen Blättern. Blüten bräunlich oder gelblich, in achselständigen oder endständigen Trugdolden. Vermehrung durch Aussaat oder Stecklinge. Für Halbschatten bis Schatten an feuchten Stellen.

nodosa L., Europa. Blütezeit Juni–September. 50–150 cm hoch, mit unangenehmem Geruch. Blätter länglich-eiförmig bis herzförmig und doppelt gesägt. Blüten rötlichbraun, 'Variegata', Blätter mit hellen weißgelben Flecken. Entspitzen verhindert die Blüte und läßt das Laub sich gut entwickeln. **1368,** S. 171.

Sedum L., Fetthenne, *Crassulaceae*

Etwa 500 Arten in den gemäßigten und kalten Zonen der nördl. Halbkugel, teilweise auch in warmen Zonen, Mexiko. Meist sukkulente Stauden oder Halbsträucher, selten ein- oder zweijährige Kräuter. In der Wuchsform sehr unterschiedlich. Blattstellung und -form ebenfalls recht unterschiedlich. Blüten meist sternförmig, meist in Trugdolden. Gattung enthält nicht winterharte und winterharte Arten. Verwendung der nicht winterharten als Zimmerpflanzen am sonnigen Standort, der winterharten als Stauden im Garten.

1. *Nicht winterharte Arten*

lineare Thunb., China, Japan. Blütezeit Mai–Juni. Triebe niederliegend, verzweigt, mit wirtelig gestellten, linealischen Blättern. Blüten gelb, in Trugdolden. Verwendung auch als Ampelpflanze.

pachyphyllum Rose, Mexiko. Blütezeit April. Halbstrauch, bis 30 cm hoch. Blätter fast zylindrisch, bis 4 cm lang, graugrün. Blüten gelb, in flacher Trugdolde.

2. *Winterharte und einjährige Arten*

acre L., Mauerpfeffer. Europa, N-Afrika, N-Asien. Blütezeit Juni–August. Mattenbildend, bis 10 cm hoch. Blätter klein, grün. Blüten leuchtend gelb, in Trugdolden. Für sonnigen Standort. Verwildert leicht. **202,** S. 26.

aizoon L., O-Asien. Blütezeit Juli–August. Bis 50 cm hoch. Blätter lanzettlich, wechselständig, grün. Blüten gelb, in Doldentrauben. Als Bodendecker auch unter leichtem Schatten geeignet. **1369,** S. 172. Hierher gehören auch Formen mit niedrigerem Wuchs, z. B. 'Kamtschaticum' und 'Middendorffianum'.

caeruleum L., S-Italien. Blütezeit Juni. Einjährig, bis 15 cm hoch. Stengel verästelt, mit wechselständigen, zylindrischen, fleischigen Blättern. Blüten erst heller, dann violettblau. Aussaat im März–April unter Glas, Ende Mai auspflanzen. Verwendung als Sommerblume im Freien. **374,** S. 47.

cauticolum Praeg., Japan. Blütezeit Juli. Triebe niederliegend, mit rundlichen, blaugrau bereiften, an den Rändern rötlichen Blättern. Blüten karminrosa. Für Steingärten und Staudenbeete. **1370,** S. 172.

maximum siehe *telephium*

sieboldii Sweet, Japan. Dort schon alte Kulturpflanze. Blütezeit August–Oktober. Triebe niederliegend, rot, mit fast runden, blaugrünen, rot gerandeten Blättern. Blüten rosa, in dichten Trugdolden. An geschützten Standorten winterhart. Wird häufig auch als Zimmerpflanze gezogen; Zweige hängen dann über den Topfrand. Häufiger als Zimmerpflanze und nicht winterhart ist 'Mediovariegatum', mit gelbgefleckten Blättern. **646,** S. 81.

spathulifolium Hook., westl. N-Amerika. Blütezeit Juni. Mit vielen kleinen Rosetten mattenbildend. Blätter spatelförmig, graugrün. Blüten gelb, in flachen Trugdolden. 'Capa Blanca', Blätter silberweiß, **203,** S. 26. 'Purpureum', Blätter zunächst weiß bereift, später weinrot. Für Steingarten.

spectabile Bor., China. Blütezeit August–September. Bis 30 cm hoch, mit eiförmigen, blauweiß bereiften, gegenständigen Blättern. Blüten rosarot, in großen, flachen Trugdolden. Hierzu mehrere Sorten, z. B. **1372–1374,** S. 172; bei uns verbreitet 'Brilliant', 'Carmen'. Für Steingarten und Staudenbeete.

spurium M. B., Kaukasus. Blütezeit Juni–August. Bis 20 cm hoch, mattenbildend, mit niederliegenden Trieben. Blätter eiförmig, gegenständig oder in 3zähligen Quirlen. Blüten rosa. Hierher gehören mehrere Sorten, z. B. 'Album', Blüten weiß; 'Purpurteppich', Blätter purpurn; 'Schorbusser Blut', Blätter bronzeviolett, Blüten rot. **204,** S. 26. Für Steingarten und Staudenbeete.

telephium L. (syn. *S. maximum* L.), Europa bis W-Asien. Blütezeit Juni–September. Bis 50 cm hoch. Triebe kräftig, aufrecht, mit gegen- oder wechselständigen oder auch 3zählig-wirteligen, blaugrünen Blättern. Blüten gelbgrün. 'Herbstfreude', Blüten rötlich; 'Purpureum', Blätter purpurn, Blüten rosa, **1371,** S. 172. Für Staudenbeete.

Selaginella P. Beauv., Mooskraut, *Selaginellaceae*

Mehr als 700 Arten, überwiegend in den trop. Regenwäldern der ganzen Erde. Den Farnen verwandte, mehrjährige Kräuter, zum Teil verholzend, von recht unterschiedlichem Wuchs. Manche rasenartig oder mit kurzem Scheinstamm oder als Spreizklimmer kletternd. Blättchen schuppenförmig, den flachen Zweigen angedrückt. Von den vielen Arten werden nur wenige in botanischen Sammlungen gehalten. Einige finden Verwendung im Blumenfenster bei hoher Luftfeuchtigkeit und schattigem Standort.

caulescens siehe *involvens*

helvetica (L.) Spring, Gebirge Europas, Sibiriens. Niederliegend, rasenbildend. Eine der wenigen winterharten Arten. Verwendung im Steingarten an absonnigem, feuchtem und kühlem Standort.

involvens (Sw.) Spring (syn. *S. caulescens* (Wall.) Spring), 'Argentea', Indonesien, China, Japan. Bis 30 cm hoch, mit aufrechten Zweigen. Standort feucht. Wintertemperatur nicht unter 10°. **647,** S. 81.

kraussiana (Kunze) A. Br., S-Afrika. Niederliegend, rasenbildend. Wird häufiger kultiviert. Verwendung als Zimmerpflanze. Standort feucht, kühl.

martensii Spring, Mexiko. Bis 30 cm hoch, mit aufrechten, etwas überhängenden Zweigen. Wird häufiger angeboten, doch meist nicht die grüne Art, sondern 'Variegata', weißbunt.

Sempervivum L., Hauswurz, *Crassulaceae*

Etwa 30 Arten in Gebirgen Europas, N-Afrikas, W-Asiens. Rosettenbildende Stauden, oft polsterbildend, mit dicken, fleischigen Blättern. Blüten sternförmig, zu vielen in verästelten Trugdolden, rot, gelb, weiß. Pflanze blüht nur einmal, dann stirbt die Rosette ab, doch haben sich inzwischen an mehr oder weniger langen Ausläufern Jungpflanzen gebildet. Die Arten sind z. T. sehr formenreich und sehr schwer voneinander abzugrenzen. Verwendung besonders zur Bekleidung von Steinen, Trockenmauern, wo sie, in kleine Löcher gepflanzt, bald große Polster bilden.

arachnoideum L., Gebirge Mittel- und S-Europas. Rosetten dicht, 1–5 cm breit, von vielen Haaren spinnwebartig überzogen. Blüten rosa. **205,** S. 26. Hierzu sehr viele Sorten, die entweder natürlich entstandene Formen oder auch Bastarde sowie durch den Menschen gezüchtete Bastarde darstellen, z. B. 'Rauhreif', 'Rheinkiesel', 'Granat'. Rosetten bei diesen purpurrot oder braunrot. 'Commander Hay', Sorte unbekannter Herkunft. Rosette bis 10 cm breit, bronzerot. Winterhärte unsicher. **206,** S. 26.

montanum L., Alpen, Pyrenäen, Korsika. Rosetten bis 4 cm breit, dunkelgrün. Mehrere Formen. **207,** S. 26.

tectorum L., Echte Hauswurz. Gebirge Mittel- und S-Europas. Rosetten kahl, grün, flach ausgebreitet, bis 20 cm breit. Blütenstand bis 30 cm hoch, Blüten purpurrot.

Senecio L., Kreuzkraut, *Compositae*

Etwa 1300 Arten auf der ganzen Erde. Mehrjährige oder zweijährige, seltener einjährige Kräuter, auch Halbsträucher oder Sträucher. Blätter grund- oder wechselständig. Blütenkörbe (Blütenköpfchen) einzeln oder doldentraubig. Es gibt winterharte und nicht winterharte Arten; zu den letzteren auch zahlreiche Sukkulenten.

1. *Winterharte Arten*

clivorum siehe *Ligularia dentata*

doronicum L., Gebirge S-Europas, auch Alpen. Blütezeit Juni–Juli. Staude, bis 40 cm hoch, mit wenig beblättertem, wolligem Stengel. Grundständige Blätter länglich, ledrig, wollig. Blütenkörbe bis 7 cm breit, meist einzeln, mit orangegelben Zungen- und Röhrenblüten. Verwendung auf schotterigem Boden an sonnigem Standort. 'Sunburst', Blütenkörbe dunkel orangegelb. **1375,** S. 172.

przewalskii siehe *Ligularia przewalskii*

2. *Nicht winterharte Arten*

a) Kräuter

bicolor (Willd.) Tod. (syn. *S. cineraria* DC., *Cineraria maritima* L.), Mittelmeergebiet. Blütezeit Juli–September. Staude oder Halbstrauch, bei uns einjährig gezogen. Bis 80 cm hoch, mit aufrechtem, verästeltem Stengel. Blätter fiederteilig, im jungen Zustand grauweiß-filzig, später oberseits nur noch schwächer behaart. Blütenkörbe gelb, in Doldentrauben. Verwendung als Sommerblume im Freien, zierend durch die Blätter. Auspflanzen ab Mitte Mai an sonnigen Standort. Mehrere Sorten, die durch gedrungeneren Wuchs und stärker silberhaarige Blätter ausgezeichnet sind, z. B. 'Candicans', **267,** S. 34; 'Rauhreif'; 'White Diamond', **1377,** S. 173.

cineraria siehe *bicolor*

cruentus (L'Hérit.) DC. (syn. *Cineraria cruenta* L'Hérit.), Kanarische Inseln. Aus dieser Art sind unter Beteiligung weiterer Arten hervorgegangen die

Cruentus-Hybriden (syn. *Cineraria* × *hybrida* Willd.), Gartencinerarie, Cinerarie, Zinerarie, Aschenblümchen, Läuseblümchen. Sie werden bei uns einjährig gezogen und als blühende Topfpflanzen im Frühjahr angeboten. Die Züchtung begann schon vor mehr als 150 Jahren. Die alten Sorten besaßen hohen und sparrigen Wuchs und waren früher weit verbreitete, beliebte Zimmerpflanzen. Ihre Bedeutung ging dann aber zurück und ist erst neuerdings wieder größer geworden durch die Entwicklung kompakt wachsender, kleinblättriger, sehr reichblühender Sorten, die als Multiflora-Nana-Gruppe im Handel sind. Die Blüten sind groß, zu vielen in dichten Doldentrauben, Farben weiß, blau, rosa, auch zweifarbig. Anzucht den Gärtnereien überlassen und als blühende Pflanzen kaufen. Haltbarkeit im kühlen Zimmer einige Wochen. Weiterkultur lohnt nicht. **268,** S. 34, **468,** S. 59.

mikanioides Otto, Sommerefeu. S-Afrika. Mehrjährig, kletternd oder niederliegend, mit Trieben bis über 1 m Längen. Blätter efeuähnlich. Verbreiteter ist eine Form mit gelbbunten Blättern. Verwendung im Sommer in Balkonkästen. Vermehrung durch Stecklinge, Überwinterung der Jungpflanzen bei etwa 5°, hell.

b) Sträucher

greyi Hook. f., Neuseeland. Blütezeit Sommer. Immergrün, bis 2 m hoch, mit weißfilzigen Zweigen. Blätter länglich, bis 9 cm lang, ledrig, unterseits weißfilzig. Blütenkörbe gelb, bis 3 cm breit, in Dolden. Verwendung als Kübelpflanze, im Sommer im Freien. Überwinterung hell, kühl.

laxifolius Buch.-Ham., Neuseeland. Blütezeit Sommer. Strauch, bis 4 m hoch, kahl. Blütenkörbe bis 5 cm breit, weiß. Verwendung wie vorige Art. **1900,** S. 238.

c) Sukkulenten

Von den vielen von Sukkulentenliebhabern gepflegten Arten sei als Beispiel genannt:

haworthii (Sweet) Schultz-Bip. (syn. *Kleinia tomentosa* Haw.), S-Afrika. Blütezeit Sommer. Strauch, bis 30 cm hoch, mit bis 4 cm langen, 10 mm dicken, walzenförmigen, weißfilzigen Blättern. Blütenkörbe gelb. Zimmerpflanze für sonnigen Standort. Überwinterung bei 10–15°. **553,** S. 70.

Sequoia Endl., Mammutbaum, *Taxodiaceae*

1 Art im westl. N-Amerika.

gigantea siehe *Sequoiadendron*

sempervirens (D. Don) Endl., Nadelbaum, immergrün, in der Heimat bis 100 m hoch, mit roter, rissiger Borke. Blätter flach-nadelförmig, meist 2zeilig gestellt, bis 2 cm lang. In den USA forstlich genutzt als „Redwood". Bei uns nicht winterhart. Kleine Pflanzen werden mitunter als Kübelpflanzen gezogen. Überwinterung frostfrei. Cremeweiße Triebspitzen hat 'Adpressa', **2038,** S. 255.

Sequoiadendron Buchh., Mammutbaum, *Taxodiaceae*

1 Art in Kalifornien.

giganteum (Lindl.) Buchh. (syn. *Sequoia gigantea* (Lindl.) Decne., *Wellingtonia gigantea* Lindl.), Baum, immergrün, in der Heimat bis über 100 m hoch, mit Stammdurchmesser bis zu 10 m. Die in Kalifornien vorhandenen Bäume zählen wegen ihrer überwältigenden Größe zu den berühmtesten der Erde. Auch in Deutschland sind Exemplare von etwa 40 m Höhe bekannt. Borke tief rissig, hellbraun. Blätter klein, nadel- bis schuppenförmig, den Zweigen angedrückt, bläulichgrün. Obwohl auch bei uns häufiger angepflanzt und gedeihend, können doch in strengen Wintern Schäden auftreten. Nur für große Anlagen. **2039, 2040,** S. 255.

Serratula L., Scharte, *Compositae*

70 Arten in Europa, Asien und N-Afrika. Stauden mit wechselständigen Blättern. Blütenköpfchen purpurn, rosarot, violett oder weiß, einzeln oder in Doldentrauben. Vermehrung durch Aussaat und Teilung. Für Sonne bis Halbschatten und nicht zu feuchten Boden.

sceoanei Willk. (syn. *S. shawii* hort.), S-Europa, N-Afrika. Blütezeit August–Oktober. 50–100 cm hoch, mit dunkelgrünen, feinfiedrig geschnittenen Blättern. Blüten leuchtend purpurn, kornblumenähnlich. **1378,** S. 173.

Shortia Torr. et Gray, *Diapensiaceae*

10 Arten in Gebirgen O-Asiens und N-Amerikas. Ausläufer bildende Stauden mit immergrünen, langgestielten, runden Blättern. Blüten weiß, glockenförmig, einzeln endständig auf langen Stielen. Vermehrung durch Teilung. Für Halbschatten bis Schatten in kalkfreiem, moorigem Boden. Besser fürs Alpinenhaus.

uniflora Maxim., Japan. Blütezeit Mai–Juni. 10 bis 15 cm hoch, mit herzförmigen, unregelmäßig gebuchteten Blättern. Blüten weiß, groß, glockig, mit stark gekerbtem Saum. **208,** S. 26.

Silene L., Leimkraut, *Caryophyllaceae*

400 Arten, überwiegend in den nördlichen gemäßigten Gebieten, Afrika und Mittelmeergebiet. Einjährige Kräuter, Stauden oder seltener Halbsträucher von sehr vielgestaltigem Aussehen, mit gegenständigen, ganzrandigen Blättern. Blüten einzeln, in einseitigen Ähren oder Rispen. Vermehrung durch Aussaat oder Teilung. Für sonnige, warme Stellen mit durchlässigem Boden.

coeli-rosa (L.) Godr., Himmelsröschen. Mittelmeergebiet. Blütezeit bei Herbstaussaat Mai–Juli, bei Aprilaussaat Juni–August. 30–80 cm hohe einjährige Kräuter mit reichverzweigten Stengeln und graugrünen, linealischen Blättern. Blüten weiß, rosa, rot, purpurn oder blau, 2–4 cm groß, einzeln, endständig. Aussaat an Ort und Stelle. Gartenpflanze bei uns seit dem 16. Jh.. Selten Farbensorten, meist Mischungen im Handel. **335,** S. 42.

pendula L., Mittelmeergebiet. Blütezeit bei Spätsommeraussaat im Mai–Juni und bei März–April-Aussaat Juni–August. 10–25 cm hohe Einjahrsblumen. Pflanzen leicht behaart, mit gablig verzweigten Stengeln und länglich-spatelförmigen oder lanzettlichen Blättern. Blüten zartrosa, groß, in traubenförmigen Wickeln. Viele Sorten mit grünem oder rotem Laub sowie einfach- oder gefülltblühende Farbsorten oder Mischungen in den Farben rot, rosa, purpurn und weiß. Aussaat an Ort und Stelle. **375,** S. 47.

Silybum Adans., *Compositae*

2 Arten im Mittelmeergebiet und Vorderasien. Kahle, distelartige, ein- oder zweijährige Kräuter. Blätter grund- oder wechselständig, buchtig gelappt oder fiederspaltig, wobei die Zähne und Lappen dornspitz auslaufen. Blütenköpfe einzeln, endständig, nickend. Vermehrung durch Aussaat. Für sonnige Stellen mit nährstoffreichem Boden und guter Wasserversorgung im Sommer.

marianum (L.) Gaertn., Mariendistel. S-Europa und N-Afrika bis S-Rußland und Persien, in viele Länder eingeschleppt und verwildert, da sie sich sehr leicht selbst aussät. Blütezeit Juni–Juli bei Herbstaussaat oder August–September bei Aprilaussaat. Ein- oder zweijährige, 100–200 cm hohe Kräuter, straff aufrechter und verzweigter Stengel mit geringer spinnwebenartiger Behaarung. Blätter hellgrün, stengelumfassend, buchtig gelappt, distelartig mit weißlichsilberner Marmorierung. Blüten purpurn. Aussaat an Ort und Stelle. Bei frühzeitigem Entfernen der Blütenstengel schöne Blattpflanze. **376,** S. 47.

Sinarundinaria Nakai, *Gramineae*

90 Arten im südl. N-Amerika, Asien bis Japan, Himalaja. Hohe, bambusähnliche Gräser mit kriechendem Wurzelstock. Stengel mit Seitentrieben an den Stengelknoten. Blätter schmal-länglich, kahl. Blüten erscheinen sehr selten. Vermehrung durch Teilung oder Ausläufer. Für sonnige bis halbschattige, trockene Stellen mit durchlässigem Boden und guter Wasserversorgung beim Austrieb.

murielae (Gamble) Nakai, Mittelchina. Etwa 200 cm hohes Gehölz mit gelben, in der Jugend bereiften Stämmen. Blätter 7–12 cm lang, 1–1,5 cm breit. **1901,** S. 238.

nitida (Mitf.) Nakai, Mittel- und W-China. Bis 4 m hoher Strauch mit rötlichen Stämmen und etwas überhängender, an zweijährigen Trieben erscheinender Verzweigung. Blätter 5–8 cm lang, 0,5–1,5 cm breit, meist im Herbst abfallend. Benötigt zur vollen Entwicklung Halbschatten und gute, gleichmäßige Wasserversorgung sowie in extremen Lagen Winterschutz.

Sinningia Nees, *Gesneriaceae*

Etwa 15 Arten in Brasilien. Mehrjährige, meist niedrige, behaarte Kräuter mit gegenständigen Blättern, zuweilen mit unterirdischer Sproßknolle. Blüten achselständig, asymmetrisch trichterförmig, bei Kulturformen trichterförmig. Keine Art winterhart. Einige werden in botanischen Sammlungen gezogen. Von großer gartenbaulicher Bedeutung und in großen Stückzahlen als blühende Topfpflanzen angeboten:

Hybriden, Gartengloxinien. Blütezeit Frühjahr–Sommer. Sie sind entstanden aus dem Formenkreis von *S. speciosa*, deren Angehörige in mannigfacher Weise untereinander gekreuzt wurden. Die bei den Ursprungsformen vorhandene asymmetrische Trichterform der Blüten ist bei den heutigen Sorten einer regelmäßigen Trichterform gewichen. Das Sortiment umfaßt Blütenfarben in weiß, violett, blau, rosa, rot, weiß-blau, weiß-rot. Auch Sorten mit gefüllten Blüten vorhanden. Einige alte, noch heute gezogene Sorten wie z. B. 'Kaiser Friedrich' und 'Kaiser Wilhelm' bilden unterirdische Knollen. Sie können auch im Zimmer jährlich erneut herangezogen werden. Die meisten Sorten bilden jedoch keine Knollen mehr. Sie werden als blühende Pflanzen gekauft und bis zum Verblühen als Zimmerpflanzen am hellen, aber nicht sonnigen Standort gepflegt. Anzucht aus Samen den Gärtnereien überlassen. Beispiel Abb. **648,** S. 81.

Sisyrinchium L., Binsenlilie, *Iridaceae*

Etwa 70 Arten in Amerika. Meist mehrjährige, rhizombildende Kräuter mit grundständigen, schwertförmigen oder fast stielrunden Blättern. Blüten in Ähren. Die meisten Arten nicht winterhart. Einige werden in botanischen Sammlungen und von Pflanzenliebhabern gezogen. Kultur in Töpfen, im Sommer im Freien, sonnig. Überwinterung der meisten frostfrei.

bermudiana L., Bermuda-Inseln. Hauptblütezeit Juni–Juli. Bis 20 cm hoch. Blätter irisähnlich. Blüten blau, gelber Schlund, bis 1,5 cm breit. **209,** S. 27.

striatum Sm., Chile. Blütezeit Juni–Juli. Winterharte Staude, bis 60 cm hoch. Blätter irisähnlich. Blüten cremeweiß. Standort im Garten sonnig. **1379,** S. 173.

Skimmia Thunb., *Rutaceae*

Etwa 12 Arten in O-Asien und Himalaja. Sträucher, immergrün, mit wechselständigen, ledrigen, dicken, durchscheinend punktierten Blättern. Blüten klein, weiß, in endständigen Rispen. Früchte rot. Nicht alle winterhart. Verwendung der winterharten Arten an geschütztem Standort unter leichtem Schatten, der nicht winterharten als Kübelpflanzen, die frostfrei überwintert werden.

japonica Thunb., Japan. Blütezeit Mai. Bis 1,5 m hoch. Blätter länglich-elliptisch, bis 10 cm lang, oberseits grün, unterseits gelbgrün. Blüten meist zweihäusig, sternförmig, cremeweiß, bis 8 mm breit, in bis 8 cm langen Rispen. Früchte (nur an weiblichen Pflanzen) 8 mm dick, rot, bis in den Winter hinein haftenbleibend. In der Regel duften die Blüten bei männlichen Pflanzen. **1902, 1903,** S. 238. Diese Form wird zuweilen als 'Fragrans' angeboten. Winterhart.

reevesiana Fort., China. Blütezeit Mai–Juni. Bis 50 cm hoch, breit werdend. Blätter lanzettlich, bis 10 cm lang. Blüten weiß, duftend, in bis 8 cm langen Rispen. Früchte rot, birnenförmig. 'Rubella', nur männliche Pflanzen bekannt. Knospen und Blattstiele rot. Winterhart.

Smilacina Desf., *Liliaceae*

20 Arten in N- und Mittelamerika und in gemäßigten Gebieten Asiens. Mehrjährige Kräuter mit dicken oder dünneren Rhizomen. Blüten klein, grünlichweiß oder weiß, meist in Trauben. Häufiger gezogen und winterhart ist

racemosa (L.) Desf., N-Amerika. Blütezeit Mai–Juni. Staude, bis 1 m hoch, mit beblättertem Stengel. Blätter wechselständig, länglich. Blüten weiß, in bis 20 cm langen, endständigen Rispen. Früchte hellrot. Verwendung im Garten auf frischen Böden an schattigem Standort. **1380,** S. 173.

Smithianta O. Kuntze, *Gesneriaceae*

4–5 Arten in Mexiko und Guatemala. Mehrjährige Kräuter mit gegenständigen, ungeteilten, weichhaarigen Blättern. Blüten röhrenförmig mit breitem Saum. Als blühende Topfpflanzen im Handel:

Hybriden, die wohl meistens von *S. multiflora* und *S. zebrina* abstammen. Blütezeit Sommer–Herbst. Je nach Sorte 20–50 cm hoch. Blätter meist bräunlich. Blüten in end- und seitenständigen Trauben, gelb-rot, orange, weiß-rosa. Verwendung als blühende Zimmerpflanze. Weiterkultur nach dem Verblühen lohnt kaum. Kauf neuer Pflanzen ist ratsam.

Solanum L., Nachtschatten, *Solanaceae*

Etwa 1500 Arten auf der ganzen Erde, mit Hauptverbreitung in den trop. Gebieten. Kleine Bäume, Sträucher, Halbsträucher oder Kräuter, z. T. kletternd, mit sehr verschieden gestalteten Blättern. Blüten oft ansehnlich, weiß, violett, blau, gelb. Früchte sind Beeren, in der Größe sehr verschieden. Als Nutzpflanze bekannt sind Kartoffel (*S. tuberosum* L.) und Eierfrucht, Aubergine (*S. melongena* L.). Viele Arten sind giftig. Einige Arten werden als Zierpflanzen verwendet.

capsicastrum Link, S-Brasilien. Blütezeit Sommer. Halbstrauch, bis 60 cm hoch. Blüten weiß. Früchte kuglig, bis 1,5 cm dick, orangescharlach. Wird mitunter als Topfpflanze, zierend durch die Früchte, angeboten.

crispum Ruiz et Pav., Chile. Blütezeit Sommer. Halbstrauch, bis 4 m hoch, kletternd, mit bis 10 cm langen, ungeteilten, eiförmigen Blättern. Blüten purpurblau mit gelber Mitte, bis 2,5 cm breit, in nickenden großen Trauben. Früchte kuglig, gelb. Verwendung als Kletterpflanzen im Sommer im Freien. Nicht winterhart. 'Autumnale', Blüten größer. **1993,** S. 250.

dulcamara L., Bittersüß. Gemäßigte Zonen Europas und Asiens. Blütezeit Sommer. Strauch, niederliegend oder kletternd. Blüten hellviolett, Früchte scharlachrot. Winterhart. Giftig! Verwendung daher begrenzt.

pseudocapsicum L., Korallenstrauch. Insel Madeira. Wird wie *S. capsicastrum* zuweilen angeboten und verwendet, besonders in niedrigwachsenden Sorten.

wendlandii Hook., Kostarika. Blütezeit Juli–Oktober. Strauch, bei uns sommergrün, kletternd, mit fiederteiligen Blättern. Blüten bis 5 cm und breiter, blau, zu vielen in endständigen Scheindolden. Muß zur Entwicklung der vollen Schönheit im Gewächshaus ausgepflanzt werden, doch blühen auch kleine Pflanzen in Töpfen, noch bevor sie zu klettern beginnen.

Soldanella L., Troddelblume, *Primulaceae*

6 Arten in den Alpen. Stauden mit Rhizomen und grundständigen, langgestielten, herz- bis nierenförmigen, ganzrandigen Blättern. Blüten nickend, blauviolett, rosa oder weiß, an ein- oder mehrblütigen Schäften. Vermehrung durch Aussaat oder Teilung. Für Sonne bis Halbschatten in frischem, lockerem, humosem Boden.

alpina L., Alpenglöckchen. Pyrenäen bis illyrische Alpen. Blütezeit April–Mai. 10–15 cm hoch, mit dicklichen, ledrigen, rund-nierenförmigen Blättern, deren Nerven auf der Oberseite deutlich hervortreten. Blüten nickend, trichterförmig, blauviolett mit bis zur Mitte eingeschlitztem Saum. Blütenschaft 2–3blütig. **210,** S. 27.

montana Willd., Pyrenäen bis Balkan. Blütezeit April–Mai. 10–20 cm hoch, mit rundlichen, leicht gekerbten Blättern. Blüten ähnlich *S. alpina*, aber zu 3–6 am Blütenschaft. Geeignetste Art. **211,** S. 27.

pusilla Baumg., Alpen. Blütezeit Juni–Juli. Bis 10 cm hoch, mit herzförmig-rundlichen, oberseits etwas runzligen Blättern. Blüten einzeln, violettrosa. 'Alba', weiß, **212,** S. 27.

Solidago L., Goldrute, *Compositae*

Etwa 100 Arten in N-Amerika, wenige in S-Amerika und Eurasien. Buschig wachsende Stauden mit dichtem Wurzelstock und wechselständigen, lanzettlichen, ganzrandigen oder gezähnten Blättern. Blüten klein, gelb, weiß, in vielblütigen, stark verzweigten, endständigen, traubenförmigen Rispen. Vermehrung durch Aussaat bei den Arten und Teilung bei Sorten. Für sonnige, warme Stellen mit nährstoffreichem, trockenem bis feucht-frischem Boden.

canadensis L., N-Amerika. Blütezeit Juli–September. 60–180 cm hoch, rauhbehaart, mit kriechendem Wurzelstock. Blätter schmal-elliptisch, ganzrandig bis scharf gesägt. Blüten gelb, in stark verzweigten, breit-pyramidal aufgebauten Rispen. Hierzu viele Sorten, z. B. 'Goldenmosa', Blüten hellgelb, leicht überhängendender Wuchs, 80 cm hoch, Blütezeit August, **1382,** S. 173; 'Golden Thumb', Blüten gelb, gedrungen wachsend, etwa 30 cm hoch, **1383,** S. 173; 'Lemore', Blüten zitronengelb, in locker verzweigten Rispen, 70–80 cm hoch, **1384,** S. 173; 'Strahlenkrone' ('Crown of Rays'), Blüten leuchtend gelb, in flachen Blütenständen, 60 cm hoch, **1381,** S. 173.

× **Solidaster** Wehrh., *Compositae*

1910 in Kultur durch Kreuzung entstandende Gattungshybride: *Solidago* spec. × *Aster ptarmicoides*. Vermehrung durch Teilung oder Stecklinge. Für sonnige bis halbschattige Stellen mit leichtem Boden.

luteus (Everett) M. L. Green, Blütezeit Juli–September. Schwachwachsende, 60–80 cm hohe, behaarte Staude mit stark verzweigten Stengeln. Blätter lanzettlich, ganzrandig, ungestielt. Blütenköpfchen 1 cm groß, gelb, dichtgedrängt in einer vielblütigen Doldentraube. **1385,** S. 174.

Sonerila Roxb., *Melastomataceae*

Etwa 70 Arten in Indonesien. Zwergsträucher oder Kräuter. Keine Art winterhart.

margaritacea Lindl., Java. Blütezeit Oktober–Dezember. Halbstrauch, immergrün, bis 30 cm hoch, mit breit-elliptischen, bis 10 cm langen Blättern, oberseits dunkelgrün, silberweiß gepunktet, unterseits rotgrün. Blüten rosa, in Trugdolden. Verwendung als Zimmerpflanze, zierend durch die Blätter. Hohe Luftfeuchtigkeit günstig. Jährliche Anzucht neuer Pflanzen aus Stecklingen ist ratsam. Überwinterung bei etwa 15°. **649,** S. 82.

Sophora L., Schnurbaum, *Leguminosae*

Etwa 20 Arten in N-Asien, Neuseeland, Chile. Bäume oder Sträucher, sommergrün, mit wechselständigen, gefiederten Blättern. Blüten in Trauben oder Rispen.

japonica L., China, Japan. Blütezeit August. Baum, sommergrün, bis 20 m hoch, mit breiter Krone. Blätter bis 25 cm lang, oberseits glänzend grün. Blüten gelblichweiß, in bis 25 cm langen, endständigen Rispen. 'Columnaris', Wuchs säulenförmig. Winterhart. Verwendung in größeren Anlagen; auch als Straßenbaum, da widerstandsfähig.

tetraptera J. Mill., Neuseeland, Chile. Blütezeit Mai, im Gewächshaus früher. In der Heimat Baum, bei uns strauchig, immergrün. Blätter bis 10 cm lang, mit vielen Fiederblättchen. Blüten bis 5 cm lang, goldgelb, in kurzen, hängenden Trauben. Nicht winterhart. Verwendung als Kübelpflanze, im Sommer im Freien. Überwinterung hell, bei 5–10°. **1904,** S. 238.

Sophrolaeliocattleya siehe *Cattleya*

Sorbus L., Eberesche, *Rosaceae*

Etwa 80 Arten auf der nördl. Halbkugel. Bäume oder Sträucher, sommergrün, mit wechselständigen, ungeteilten oder gefiederten Blättern. Blüten meist weiß, in endständigen Doldentrauben. Früchte (Apfelfrucht) klein, kuglig. Die angeführten Arten sind winterhart. Verwendung vielfältig, als Park- und Straßenbäume, auch, je nach Wuchsstärke, in kleineren Gärten.

aria (L.) Crantz, Mehlbeere. Europa. Blütezeit Mai. Baum, oft mehrstämmig, bis 10 m hoch, mit elliptischen, bis 12 cm langen, ungeteilten, oberseits grünen, unterseits weißfilzigen Blättern. Blüten weiß, 1,5 cm breit, in Doldentrauben. Früchte fast kuglig, orangerot, 10 m dick. Hierzu einige Sorten, z. B. 'Magnifica', mit aufrechtem Wuchs und größeren Blättern.

aucuparia L., Vogelbeerbaum, Gewöhnliche Eberesche. Europa bis Sibirien. Blütezeit Mai. Baum, bis 15 m hoch, mit bis 20 cm langen, gefiederten, oberseits grünen, unterseits graugrünen Blättern. Blüten weiß, 1 cm breit, zu vielen in bis 15 cm breiten Doldentrauben. Früchte 8 mm dick, kuglig, leuchtend rot, lange haftenbleibend. **1905,** S. 239.
Hierher gehören viele Sorten, die sich in Wuchsform, Blattform und Fruchtfarbe unterscheiden, z. B. 'Edulis' (syn. 'Moravica'), Mährische Eberesche, Eßbare Eberesche, bis 15 m hoch mit pyramidalem Wuchs, Früchte 10 mm dick, korallenrot, im Geschmack säuerlich, eßbar, mit hohem Vitamin-C-Gehalt; 'Fastigiata', Pyramideneberesche, bis 8 m hoch, Wuchs schmal kegelförmig, Früchte bis 12 mm dick; 'Fructu-Lutea', Früchte goldgelb; 'Moravica' siehe 'Edulis'; 'Nana', Wuchs strauchig.

cashmiriana Hedl., Himalaja. Blütezeit Mai. Bei uns bis 5 m hoch, mit gefiederten Blättern. Blüten bis 1,5 cm breit, rosaweiß. Früchte weiß, bis 15 mm dick, lange haftenbleibend. **1906,** S. 239.

discolor (Maxim.) Maxim., N-China. Blütezeit Mai. Bis 10 m hoch, mit gefiederten Blättern. Herbstfärbung rot. Blüten weiß, 10 mm breit. Früchte 7 mm dick, weiß-gelb mit rosa Anflug.

hupehensis Schneid., China. Blütezeit Mai. Bis 10 m hoch, mit gefiederten Blättern. Blüten gelblichweiß, klein. Früchte weiß mit rosa Anflug, 8 mm dick. **1907,** S. 239.

'Joseph Rock', systematischer Status und Heimat unbekannt, vermutlich China. Blütezeit Mai. **1908,** S. 239.

Lombarts-Hybriden, eine Gruppe von Sorten, entstanden aus Kreuzung von *S. aucuparia, S. discolor, S. prattii.* Das Sortiment zeichnet sich besonders durch die verschiedenen Fruchtfarben aus, z. B. 'Apricot Queen', aprikosenfarben; 'Brilliant Yellow', orangegelb; 'Kirsten Pink', rosa; 'Leonhard Springer', rot.

prattii Koehne, China. Blütezeit Mai. Bis 7 m hoch, mit gefiederten, bis 12 cm langen Blättern. Blüten weiß, in bis 7 cm breiten Doldentrauben. Früchte weiß, bis 8 mm dick. **1909,** S. 239.

reducta Diels, China. Blütezeit Mai. Zwergstrauch, bis 40 cm hoch, dickichtbildend. Blätter gefiedert, bis 10 cm lang. Herbstfärbung karmin. Blüten weiß. Früchte tiefrosa. **1910,** S. 239.

sargentiana Koehne, China. Blütezeit Mai. Bis 10 m hoch. Blätter gefiedert, bis 30 cm lang, Herbstfärbung rot. Blüten weiß. Früchte 6 mm dick, scharlachrot. **1911,** S. 239.

scalaris Koehne, China. Blütezeit Mai–Juni. Bis 6 m hoch (und höher), mit weich behaarten Trieben. Blätter gefiedert, bis 20 cm lang, Herbstfärbung orangerot. Blüten weiß. Früchte orangerot. **1912,** S. 239.

torminalis (L.) Crantz, Elsbeere. Europa, Vorderasien, N-Afrika. Blütezeit Mai–Juni. Bis 15 m und höher, mit runder Krone. Blätter gelappt, bis 10 cm lang, oberseits glänzend grün, unterseits hellgrün, Herbstfärbung rot. Blüten weiß. Früchte braun.

vilmorinii Schneid., China. Blütezeit Juni. Bis 6 m hoch, mit überhängenden Zweigen. Blätter gefiedert, bis 15 cm lang, dunkelgrün, Herbstfärbung gelbrot bis rot. Blüten weiß. Früchte rot, später nach rosa hin verblassend. **1913,** S. 240.

Sparaxis Ker-Gawl., Fransenschwertel, *Iridaceae*

Etwa 5 Arten in S-Afrika. Mehrjährige, knollenbildende Kräuter mit wenigen, schwertförmigen oder linealischen Blättern. Blüten flach-trichterförmig, in Ähren. Nicht winterhart. Kultiviert werden:

Hybriden, Hauptblütezeit Juni–Juli. Blüten bis 5 cm breit, in weiß, gelb, rot, in vielen Tönungen, zu mehreren in Ähren auf langem, drahtigem Schaft. *Sparaxis* werden mitunter als Schnittblumen angeboten.

Sparmannia L. f., Zimmerlinde, *Tiliaceae*

7 Arten im trop. Afrika und Madagaskar. Keine Art winterhart. Seit langem ist in Kultur:

africana L. f., S-Afrika. Hauptblütezeit Januar–April. Strauch, baumartig, immergrün, bei uns aber auch Laub abwerfend, mit wechselständigen, hellgrünen, herzförmigen, weichhaarigen, bis 60 cm breiten, meist aber kleineren Blättern. Blüten weiß, in Trugdolden. Bekannte Blattpflanze für kühlere Zimmer, Treppenhäuser u. a. Große Blätter werden nur bei guter Ernährung gebildet. Förderung von Verzweigung durch öfteres Stutzen. Zu groß werdende Exemplare kräftig zurückschneiden. Überwinterung zwischen 6 und 10°, hell. Interessant das Auseinanderbiegen der gelben Staubfäden nach Berührungsreiz.

Spartium L., Binsenginster, *Leguminosae*

Nur 1 Art.

junceum L., Mittelmeergebiet. Blütezeit Mai–September. Strauch, bis 3 m hoch, jung mit grünen Trieben. Ohne oder nur mit wenigen kleinen Blättchen. Blüten bis 3,5 cm groß, goldgelb, duftend, in endständigen Trauben. Nur unter gutem Schutz winterhart; besser als Kübelpflanze, im Sommer im Freien, Überwinterung hell und frostfrei. **1914,** S. 240.

Spathiphyllum Schott, *Araceae*

Etwa 30 Arten, überwiegend im trop. Amerika. Mehrjährige, kurze Rhizome bildende Kräuter mit länglichen oder lanzettlichen, gestielten, fast grundständigen, gebüschelt stehenden Blättern. Blütenstand (Kolben) von grüner oder auch weißer Spatha (Hochblatt) umgeben. Keine Art winterhart. Einige Arten mit weißer Spatha werden als Topfpflanzen angeboten. Verwendung als Zimmerpflanze bei hoher Luftfeuchtigkeit und schattigem Standort. Wintertemperatur um 15°.

floribundum (Lind. et André) N. E. Br., Kolumbien. Blütezeit fast während des ganzen Jahres. Blattstiele und Blätter je bis 20 cm lang, aufrecht. Spatha weiß, bis 8 cm lang, auf bis 30 cm hohem Stiel.

wallisii Regel, Kolumbien. Blütezeit fast während des ganzen Jahres. Etwa so groß wie vorige Art. Blätter glänzend dunkelgrün, Spatha jedoch bis 15 cm lang, bald vergrünend. **650,** S. 82.

Specularia speculum siehe *Legousia speculum-veneris*

Spiraea L., Spierstrauch, *Rosaceae*

Etwa 80 Arten, überwiegend in den gemäßigten Gebieten Asiens, Afrikas, N-Amerikas. Sträucher, sommergrün, mit ungeteilten, wechselständigen Blättern. Blüten in Trauben, Doldentrauben oder Rispen. Die angeführten Arten sind winterhart. Verwendung vielfältig, als beliebte Blütensträucher auch in kleineren Gärten. Keine besonderen Ansprüche.

× **arguta** Zab. (*S. multiflora* × *S. thunbergii*), Blütezeit April–Mai. Bis 2 m hoch, aufrecht. Zweige dünn, etwas überhängend. Blüten weiß, 8 mm breit, in Doldentrauben auf der ganzen Zweiglänge.

bullata Maxim., Japan. Blütezeit Juli. Bis 40 cm hoch, dicht bezweigt. Blüten dunkelrosa, in halbkugligen Doldentrauben.

Bumalda-Hybriden, Blütezeit je nach Sorte Juli–September. Etwa 0,5–1,5 m hoch. Blüten weiß bis rot, in flachen Doldentrauben. Mehrere Sorten, z. B. 'Anthony Waterer', bis 1,5 m hoch, Blüten karminrot. **1915,** S. 240. 'Froebelii', 1 m hoch, Blüten purpurrot.

palmata siehe *Filipendula purpurea*

prunifolia Sieb. et Zucc., Japan, China. Blütezeit Mai. Bis 3 m hoch, aufrecht, mit überhängenden Zweigen. Herbstfärbung orange bis rotbraun. Blüten weiß, gefüllt, in Dolden.

thunbergii Sieb., China, Japan. Blütezeit April–Mai. Bis 1,5 m hoch, mit etwas überhängenden Zweigen. Blüten weiß, 8 mm breit, in kleinen Dolden.

× **vanhouttei** (Briot) Zab. (*S. cantoniensis* × *S. trilobata*), Blütezeit Mai–Juni. Bis 4 m hoch, mit überhängenden Zweigen. Blüten weiß, 8 mm breit, in flachen Doldentrauben auf der ganzen Zweiglänge.

Sprekelia Heist., Jakobslilie, *Amaryllidaceae*

Nur 1 Art in Mexiko, Guatemala.

formosissima (L.) Herb., Blütezeit Frühjahr–Sommer. Mehrjährige, zwiebelbildende Pflanzen mit schmalen, riemenförmigen, grundständigen, bis 60 cm langen Blättern. Blüten dunkelrot, bis 10 cm lang, einzeln, auf bis 30 cm hohem Stiel. Wegen ihrer eigenartigen kreuzähnlichen Form mit dem Kreuz der Ritter von St. Jakob von Calatrava verglichen (deutscher Name!). In einer Zwiebel befinden sich in der Regel mehrere, nacheinander im Wechsel mit Blättern angelegte Blütenstände, von denen oft jedoch nur einer zum Aufblühen gelangt. Mitunter kann man aber, wenn die Zwiebeln im Topf nicht durch Umpflanzen gestört werden und im Winter bei niedrigen Temperaturen gehalten worden waren, im Frühjahr das Erscheinen mehrerer Blüten nacheinander aus derselben Zwiebel beobachten. Wie ein sicheres Aufblühen aller angelegten Blütenstände zu erzielen ist, ist jedoch bisher nicht bekannt. Nicht winterhart. Pflege: Im Sommer im Topf am geschützten Standort, am besten im Frühbeet im Freien, in voller Sonne. Im Herbst hereinnehmen in kühles Zimmer, hell halten. Nach der Blütezeit im Frühjahr wieder ins Freie. **883,** S. 111.

Stachys L., Ziest, *Labiatae*

200 Arten, meist in gemäßigten Gebieten, besonders im Mittelmeergebiet. Kräuter, Stauden oder Halbsträucher mit wechselständigen, ganzrandigen oder gezähnten Blättern. Blüten purpurn, scharlachrot, gelb oder weiß, in dicht gedrängter, achsel- oder endständiger Ähre. Vermehrung durch Aussaat oder Teilung. Für sonnige Stellen mit nährstoffreichem, durchlässigem Boden.

grandiflora (Stev.) Benth., Kaukasus bis Persien. Blütezeit Juli–August. 30–50 cm hohe, schwach behaarte Staude mit großen, gestielten, herzförmigen Blättern, die einen unregelmäßig grob gekerbten Rand haben. Blüten groß, purpurrosa, in Quirlen, die zu einer Scheinähre angeordnet sind **1387,** S. 174.

lanata siehe *olympica*

olympica Poir. (syn. *S. lanata* Jacq.), Wollziest, Eselsohren. Kaukasus bis N-Persien. Blütezeit Juni–Juli. 30–50 cm hohe, dicht weißwollig behaarte, kriechende Staude. Blätter breit-lanzettlich. Stengel 4kantig, verzweigt, beblättert. Blüten klein, rosa, in vielblütigen, zu Ähren zusammengesetzten Quirlen. Blütenstiele sind zu entfernen, damit Blätter schön ausgebildet und über den Sommer erhalten bleiben. **1386,** S. 174.

spicata hort. Kaukasus. Blütezeit Juli–August. 30–50 cm hohe Staude mit blaugrünen, länglichen, runzligen Blättern. Blüten rosaviolett, in dicht gedrängter rundlicher, endständiger Traube. 'Ro busta', Blüten purpurrosa, **1388,** S. 174.

Stachyurus Sieb. et Zucc., *Stachyuraceae*

Etwa 6 Arten in O-Asien und Himalaja. Sträucher, sommergrün, mit wechselständigen, häutig-dünnen Blättern. Blüten glockenförmig, in end- oder achselständigen Trauben oder Ähren. Keine Art sicher winterhart.

chinensis Franch., China. Blütezeit März–April. Bis 2,5 m hoch, mit eiförmigen, bis 15 cm langen Blättern, Blüten hell grüngelb, in bis 10 cm langen, hängenden Trauben. Frostfreie Überwinterung oder sehr guter Winterschutz ratsam. **1916,** S. 240.

praecox Sieb. et Zucc., Japan. Blütezeit März–April. Ähnlich der vorigen Art. Hält in milderen Gegenden auch im Freien aus.

Statice bonduellii siehe *Limonium bonduellii*

Stephanotis Thou., *Asclepiadaceae*

Etwa 16 Arten auf Madagaskar und in Indonesien. Klettersträucher, immergrün, mit gegenständigen, ledrigen Blättern. Blüten röhrenförmig, mit teller- oder trichterförmiger Krone, achselständig, in Trugdolden. Keine Art winterhart. In Kultur und öfters angeboten wird

floribunda Brongn., Madagaskar. Blütezeit Juni–September. Von den Gärtnereien werden blühende Exemplare auch schon zu früherer Jahreszeit angeboten, da das Blühen durch Langtage gefördert werden kann und dies in Gärtnereien durch künstliche Verlängerung der Tageslänge erreicht wird. Mehrere Meter hoch kletternd. Blätter eiförmig, glänzend dunkelgrün, bis 10 cm lang. Blüten bis 5 cm lang, mit 4–5 cm breiter Krone, wachsartig, weiß, stark duftend, zu mehreren in den Blattachseln. Wird im Topf meist an einem Rundbogen gezogen. Verwendung als Zimmerpflanze. Standort sonnig. Wintertemperatur um 12–15°. **651,** S. 82.

Sternbergia Waldst. et Kit., *Amaryllidaceae*

5 Arten in O-Europa und Mittelmeergebiet. Mehrjährige, zwiebelbildende Pflanzen mit riemenförmigen Blättern. Blüten meist einzeln. Winterhärte unsicher.

lutea (L.) Ker-Gawl., Mittelmeergebiet. Blütezeit Herbst. Blätter bis 30 cm lang. Blüten becher-schalenförmig, goldgelb, etwa 5 cm lang, einzeln oder zu zweien auf etwa 10 cm langem Stiel. In milden Gegenden unter gutem Schutz im Freien aushaltend, doch ist Topfkultur und frostfreie Überwinterung sicherer. **884,** S. 111.

fischeriana (Herb.) Roem. et Schult., der vorigen Art sehr ähnlich, aber im Frühjahr blühend.

Stipa L., Pfriemengras, *Gramineae*

250 Arten in den gemäßigten bis trop. Trockengebieten der Erde. Horstbildende hohe Gräser mit schmalen, meist zusammengerollten, stielrunden Blättern und lockeren Ähren mit langen Grannen. Vermehrung durch Aussaat und Teilung. Für sonnige, trockene Stellen auf kalkhaltigem, durchlässigem Boden. Für Trockensträuße geeignet.

calamagrostis (L.) Wahlenb., Silberährengras. Mittelmeergebiet und Alpen. Blütezeit Juni–November. 60–100 cm hohes Gras mit flachen Blättern. Rispen ausgebreitet, walzenförmig, 7–15 cm lang, weißschimmernd, begrannt. **1389,** S. 174.

pennata L., Federgras. Europa bis Sibirien. Blütezeit Juni–Juli. 40–60 cm hohes, Horste bildendes Gras. Blätter zusammengefaltet, borstig. Rispe mit bis 20 cm langen, behaarten Grannen. Für die Vase unreif schneiden, da sonst die Rispe zerfällt. **1390,** S. 174.

Stokesia L'Hérit., *Compositae*

1 Art in N-Amerika.

laevis (Hill.) Greene, Blütezeit August–September. 30–40 cm hohe, reich verzweigte Staude mit wechselständigen, lanzettlichen, ganzrandigen Blättern. Blütenköpfchen blau, weiß oder purpurn, 5–10 cm groß, in endständigen Doldenrispen. Vermehrung durch Aussaat, Teilung oder Wurzelschnittlinge. Für sonnige, warme Stellen mit nährstoffreichem, durchlässigem Boden. Winterdecke aus Laub erforderlich. **1391,** S. 174.

Stranvaesia Lindl., *Rosaceae*

Etwa 5 Arten in China und Himalaja. Bäume oder Sträucher, immergrün, mit ungeteilten, wechselständigen Blättern. Blüten in endständigen Doldentrauben. Früchte (Apfelfrucht) klein.

davidiana Decne., China. Blütezeit Juni. Strauch, bis 3 m hoch (in der Heimat höher), mit lanzettlichen, 12 cm langen, glänzend grünen Blättern. Blüten weiß, in bis 8 cm breiten, flachen Doldentrauben. Früchte scharlachrot, etwa 6 mm dick. Winterhart. Recht widerstandsfähig. Verwendung als Einzelgehölz im Garten. **1917,** S. 240.

Streptocarpus Lindl., *Gesneriaceae*

Etwa 90 Arten, überwiegend in S-Afrika, auch in Madagaskar, Thailand, Burma. Mehrjährige Kräuter, fast stengellos, mit grundständigen Blättern. Einige Arten mit nur einem, aber sehr großen Blatt. Blüten asymmetrisch trichterförmig. Keine Art winterhart. In botanischen Sammlungen werden manche Arten kultiviert. Als blühende Topfpflanzen zur Pflege im Zimmer werden häufiger angeboten:

Hybriden, Hauptblütezeit Februar bis Herbst. An der Entstehung der Hybriden sind außer *S. rexii* noch andere Arten beteiligt. Allgemeine Merkmale der Gruppe sind stengellose, bis 25 cm lange, zungenförmige Blätter, die rosettenähnlich angeordnet sind. Blüten groß, bis 10 cm lang, einzeln oder zu mehreren auf bis 30 cm hohen, achselständigen Stielen. Blütenfarben weiß, violett, blau, rosa, rosarot, in vielen Tönungen. Sie werden entweder als Farbmischungen (Pastellfarben) angeboten oder aber auch als vegetativ vermehrte Sorten, z. B. 'Constant Nymph', die zu den etwas kleinblumigeren, aber reichblühenden Formen gehört. **652,** S. 82. Verwendung als blühende Zimmerpflanzen an hellem, aber nicht sonnigem Standort. Weiterkultur über mehrere Jahre gelingt mitunter, doch ist Kauf neuer Pflanzen ratsam.

Streptosolen Miers, *Solanaceae*

Nur 1 Art in Kolumbien und Ekuador.

jamesonii (Benth.) Miers., Blütezeit April–Juni. 100–150 cm hoher, dicht verzweigter Strauch. Blätter immergrün, oval, ganzrandig und etwas runzlig. Blüten 2–3 cm groß, leuchtend rot, in endständigen Doldentrauben. Vermehrung durch Aussaat oder krautige Stecklinge. Topfpflanze, die hohe Tages- und niedrige Nachttemperaturen benötigt. Wichtig ist das Stutzen zur besseren Verzweigung. **653,** S. 82.

Stylophorum Nutt., Schöllkrautmohn, *Papaveraceae*

3 Arten in N-Amerika und Mittelchina. Stauden mit kriechendem Erdstamm, gelbem oder rotem Milchsaft und wenigen, fiederteiligen Blättern. Blüten mohnartig, gelb oder rot, in Dolden oder einzeln. Vermehrung durch Aussaat oder Teilung. Für schattige Stellen mit lockerem Humusboden.

diphyllum (Michx.) Nutt., Pennsylvanien bis Missouri. Blütezeit Juni–Juli. 30 cm hoch, mit rauhhaarigen, gelappten bis fiederteiligen Blättern. Blüten gelb, in wenigblütigen Dolden. Auch einjährige Kultur durch Aussaat im April an Ort und Stelle möglich. **1392,** S. 174.

Styrax L., Storaxbaum, *Styracaceae*

Etwa 100 Arten in den wärmeren Gebieten Amerikas, Asiens, SW-Europas. Bäume oder Sträucher, immergrün oder sommergrün. Triebe mit Sternhaaren besetzt. Blätter ungeteilt, wechselständig. Blüten fast sternförmig, einzeln oder in Büscheln oder Trauben an kurzen Seitentrieben. Nur wenige Arten winterhart.

hemsleyana Diels, China. Blütezeit Juni. Strauch oder kleiner Baum, sommergrün, 5 m hoch (zuweilen höher), mit schief-eiförmigen, bis 13 cm langen, unterseits behaarten Blättern. Blüten weiß, in bis 15 cm langen, hängenden Trauben. Bei uns am besten frostfrei überwintern, d. h. als Kübelpflanze ziehen, im Sommer im Freien. **1918,** S. 240.

japonica Sieb. et Zucc., China, Japan. Blütezeit Juni–Juli. Strauch oder kleiner Baum, sommergrün, mit breit-elliptischen, bis 6 cm langen Blättern. Blüten weiß, bis 3 cm breit, in wenigblütigen, hängenden, behaarten Trauben. An geschütztem Standort im Freien aushaltend. **1919,** S. 240.

Symphoricarpos Duham., Schneebeere, *Caprifoliaceae*

15 Arten in S-Amerika, 1 in China. Sträucher, sommergrün, mit gegenständigen, ungeteilten Blättern. Blüten glockig oder trichterförmig, in end- oder achselständigen Ähren oder Trauben. Früchte beerenartig. Die angeführten Arten sind winterhart. Ohne besondere Ansprüche. Verwendung vielfältig, häufig als Heckenpflanzung.

albus (L.) Blake 'Laevigatus' (syn. *S. racemosus* Michx.), Gewöhnliche Schneebeere. Westl. N-Amerika. Blütezeit Juni–September. Bis 2 m hoch, aufrecht, mit eirunden, bis 5 cm langen Blättern. Blüten glockig, rosa-weiß. Früchte kuglig, weiß, bis 10 mm dick, mit luftigem Mark gefüllt („Knallerbsen"), bis in den Winter hinein haftenbleibend. **1920,** S. 240.

× **chenaultii** Rehd. (*S. microphyllus* × *S. orbiculatus*), Blütezeit Juni–Juli. Bis 2 m hoch, locker verzweigt, fein behaart. Blätter bis 2 cm lang, dunkelgrün.

Blüten glockig-trichterförmig, rosa. Früchte kuglig, rot. 'Hancock', niedrig, aber breit und stark wachsend, bis 80 cm hoch.

orbiculatus Moench, Korallenbeere. N-Amerika. Blütezeit Juli-August. 2–3 m hoch, straff aufrecht, mit eirunden, bis 4 cm langen, oberseits dunkelgrünen Blättern. Herbstfärbung rötlich. Blüten glockig, nur 4 mm lang, weißlich, mit rosa Anflug. Früchte kuglig, bis 6 mm dick, purpurrot, lange haftenbleibend.

racemosus siehe *albus*

Symphytum L., Beinwell, *Boraginaceae*

17 Arten in Eurosibirien und Vorderasien. Borstig behaarte Stauden mit derben, grund- oder wechselständigen, rauhhaarigen, breit-eiförmigen Blättern. Blüten gelb, weiß, rosa oder violett, in Trugdolden oder Trauben. Vermehrung durch Teilung oder Wurzelstecklinge. Für Sonne oder Halbschatten mit feuchtfrischem, humosem Boden.

officinale L., Europa bis W-Sibirien. Blütezeit Mai–August. 50–100 cm hohe, rauhhaarige Staude mit steif aufrechtem Stengel und lanzettlichen Blättern. Blüten weiß, rosa, violett oder gelb, hängend, in endständigen Trauben. Seit dem 16. Jh. bei uns Gartenpflanze. 'Argenteum', Blätter silberweiß fleckig, Blüten blau, **1393,** S. 175.

peregrinum Ledeb., Kaukasus. Blütezeit Juni–August. 90–120 cm hohe Staude mit länglichen Blättern. Blüten rosa bis blaßblau, hängend, in endständigen Trauben.

Syringa L., Flieder, *Oleaceae*

Etwa 30 Arten in O-Asien und SO-Europa. Sträucher oder kleine Bäume, sommergrün, selten immergrün, mit gegenständigen, meist ungeteilten Blättern. Blüten röhrig, mit ausgebreitetem sternförmigem Saum, zu vielen in end- oder seitenständigen Rispen, meist an den im vorangegangenen Jahr gewachsenen Zweigen. Die angeführten Arten sind winterhart. Verwendung vielfältig, im Garten oder Anlagen. Schwerere Böden bevorzugt.

× **josiflexa** hort. (*S. josikaea* × *S. reflexa*), Blütezeit Juni. Strauch, sommergrün, bis 3 m hoch, aufrecht wachsend. Blüten in langen, endständigen Rispen. **1921,** S. 241. Hierher mehrere Sorten, z. B. 'Bellicent', Blüten rosa.

reflexa Schneid., China. Blütezeit Juni. Strauch, sommergrün, bis 3 m hoch, mit überhängenden Zweigen. Blüten dunkelrosa, in bis 16 cm langen, überhängenden Rispen.

× **swegiflexa** Hesse (*S. reflexa* × *S. sweginzowii*), Blütezeit Juni. Strauch, sommergrün, bis 3 m hoch. Ähnelt der vorigen. Blüten dunkelrosa, dann blasser werdend, in bis 30 cm langen Rispen.

vulgaris L., SO-Europa. Blütezeit Mai. Strauch oder kleiner Baum, sommergrün, bis 7 m hoch. Blüten lila, duftend, in bis 20 cm langen, dicken Rispen. Alte Kulturpflanze, von der heute ein riesiges Sortiment besteht, das zusammengefaßt wird als

Vulgaris-Hybriden, Blütenfarben weiß, lila, rosa, violett, purpurn. Zu allen Farben einfache und gefüllte Sorten. Beispiele **1922-1926,** S. 241.
Blüten einfach: weiß: 'Marie Legraye', 'Madame Florent Stepmann'; gelb: 'Primrose', **1926,** S. 241; lila, rosa: 'Christophe Colomb', 'Ethel M. Webster', 'Macrostachya', 'Ruhm von Hortenstein'; purpurn, violett: 'Andenken an Ludwig Späth', 'Sensation'.
Blüten gefüllt: weiß: 'Ellen Willmott', 'Madame Lemoine', **1924,** S. 241; lila, rosa: 'Katherine Havemeyer', 'Leon Gambetta', 'Madame Antoine Buchner', 'Perle von Stuttgart'; purpurn, violett: 'Charles Iloy', 'General Pershing', 'Mrs. Edward Harding'.

T

Tagetes L., Sammetblume, *Compositae*

Etwa 30 Arten in Amerika. Kräuter mit gegen- oder wechselständigen, meist fiederteiligen Blättern. Blütenkörbe einzeln oder in Doldentrauben, gelb, orange oder braunrot. Von Bedeutung sind die Abkömmlinge von *T. erecta*, *T. patula* und *T. tenuifolia*, von denen ein großes Sortiment vorhanden ist. Verwendung sehr vielfältig, als einjährige Sommerblumen gezogen. Niedrige Sorten für Sommerblumenbeete, auch als Einfassung. Hohe Sorten z. T. als lange haltende Schnittblumen. Bei den zur Schnittblumengewinnung gezüchteten Sorten ist heute der strenge Geruch verschwunden. Aussaat im März unter Glas, Ende Mai ins Freie auspflanzen. Besser ist jedoch Kauf von Jungpflanzen. Standort sonnig. Blütezeit bis zum ersten Frost.

erecta L., Mexiko. Einjährig, bis 75 cm hoch, stark verästelt, mit fiederschnittigen Blättern. Die Art ist nicht in Kultur. Von ihr stammen ab die

Erecta-Hybriden. In der Höhe je nach Sorte verschieden, bis 1,2 m und mehr. Verwendung in hohen Pflanzungen oder zur Schnittblumengewinnung. Blüten bei den meisten Sorten gefüllt, halbkuglig bis fast kuglig, bis über 10 cm groß. Zungenblüten glatt oder auch gekräuselt. Blütenfarben gelb in allen Tönungen, orange, gelbbraun. Das Sortiment ist durch Neuzüchtungen ständigem Wandel unterworfen, daher werden hier keine Sorten angeführt. Beispiele **378, 379,** S. 48.

patula L., Mexiko. Einjährig, bis 50 cm hoch, mit fiederschnittigen Blättern. Die Art ist nicht in Kultur. Von ihr stammen ab die

Patula-Hybriden. In der Höhe je nach Sorte verschieden, meist kompakte, kleine halbkuglige Büsche bildend. Verwendung in Sommerblumenbeeten und als Einfassung. Es gibt Sorten mit einfachen und gefüllten Blüten. Blütenfarben wie bei Erecta-Hybriden. Beispiele **380, 381,** S. 48.

tenuifolia Cav., Mexiko. Einjährig, bis 70 cm hoch, mit zierlich gefiederten Blättern. Hierher gehören einige Sorten, von denen vor allem niedrigwachsende (bis 30 cm) Verwendung finden wie die Patula-Hybriden. Beispiel **382,** S. 48.

Tamarix L., Tamariske, *Tamaricaceae*

Etwa 80 Arten in W-Europa, Mittelmeergebiet bis O-Asien. Sträucher oder Bäume, sommergrün oder immergrün, mit runden, rutenförmigen Zweigen. Blätter wechselständig, schuppenartig. Blüten rosa, in endständigen, meist rispigen Trauben. Die angeführten Arten sind winterhart. Verwendung auch in kleinen Gärten.

odessana siehe *ramosissima*

parviflora DC., SO-Europa. Blütezeit Mai. Strauch oder kleiner Baum, sommergrün, bis 4 m hoch, mit überhängenden, rotbraunen Zweigen. Blätter grün, schuppig. Blüten hellrosa, in kurzen Trauben an vorjährigen Trieben.

pentandra Pall., SO-Europa bis Mittelasien. Blütezeit Juli–August. Strauch, auch baumartig, bis 4 m hoch, mit zuerst purpurroten, überhängenden Zweigen. Blätter blaugrün. Blüten rosa, in dichten, endständigen Rispen. **1927,** S. 241.

ramosissima Ledeb. (syn. *T. odessana* Stev.), SO-Rußland. Blütezeit Juli–September. Strauch, sommergrün, bis 3 m hoch, aufrecht. Blätter graugrün. Blüten rosa, in bis 30 cm langen Rispen.

Tanacetum haradjanii siehe *Chrysanthemum haradjanii*
Tanacetum vulgare siehe *Chrysanthemum vulgare*

Taxodium L. C. Rich., Sumpfeibe, Sumpfzypresse, *Taxodiaceae*

3 Arten in N-Amerika. Nadelbäume, sommergrün, mit nadelförmigen Blättern. Blüten einhäusig.

distichum (L.) L. C. Rich., Baum, bis 40 m hoch, mit schlankem, zunächst konischem Wuchs und rotbrauner, abblätternder Borke. Nadeln hellgrün, im Herbst braun, fallen zusammen mit den Kurztrieben ab. Zapfen kuglig, bis 3 cm dick. Junge Pflanzen sind frostempfindlich, ältere winterhart. Verwendung nur in großen Anlagen, auf nassem, sumpfigem Standort. Unter solchen Bedingungen werden Atemwurzeln gebildet, die senkrecht durch den Sumpf nach oben ragen. **2041,** S. 256.

Taxus L., Eibe, *Taxaceae*

8 Arten in den gemäßigten Zonen der nördl. Halbkugel. Bäume oder Sträucher, immergrün. Blätter nadelartig, flach, meist 2zeilig angeordnet, unterseits hell- oder blaugrün, ohne Harzgänge. Blüten zweihäusig, Früchte beerenartig. Die angegebenen Arten sind winterhart. Verwendung infolge des Formenreichtums sehr vielfältig, für kleine Gärten und auch für große Anlagen.

baccata L., nördl. Halbkugel. Strauch oder im Alter Baum, breit werdend. Kann ein sehr hohes Alter erreichen (viel älter als Eichen und Linden). Nadeln bis 3 cm lang, beiderseits dunkelgrün. Früchte mit roter, fleischiger Hülle, die eßbar ist. Alle anderen Teile der Pflanze sind giftig. Hervorzuheben ist die Schattenverträglichkeit. Verträgt scharfen Schnitt, daher häufig auch als Hecke oder als Formbaum gezogen. **2042,** S. 256. Hierher gehört eine große Zahl von Sorten, die sich vor allem in Wuchsform, z. T. auch in Nadelfarbe unterscheiden, z. B. 'Fastigiata', Säuleneibe, Wuchs straff aufrecht, mit aufstrebenden Ästen; 'Fastigiata Aurea', junge Nadeln mit breitem gelbem Rand, **2043,** S. 256; 'Repandens', bis 70 cm hoch, aber mehrere Meter breit.

cuspidata Sieb. et Zucc., Japan. In der Heimat Baum, bei uns strauchig, mit breit-aufrechtem Wuchs. Nadeln dunkelgrün, stachelspitzig. Einige Sorten, z. B. 'Nana', bis 2 m hoch, mehrere Meter breit.

× **media** Rehd. (*T. baccata* × *T. cuspidata*), ähnelt mehr *T. baccata*. Einige Sorten, z. B. 'Hicksii', bis 3 m hoch, säulenförmig, besonders für Hecken verwendbar.

Tecoma radicans siehe *Campsis radicans*

Tecophilaea Bert., *Amaryllidaceae*

Mehrere Arten in S-Amerika. Mehrjährige, zwiebelbildende Kräuter mit riemenförmigen Blättern. Keine Art winterhart. In Sammlungen, wenn auch selten, wird angetroffen:

cyanocrocus Leyb., „Chilenischer Krokus", Chile. Blütezeit Frühjahr. Bis 10 cm hoch. Blüten blau mit weißem Schlund, bis 4 cm breit. Kultur im Topf, Überwinterung frostfrei. **885,** S. 111.

Teucrium L., Gamander, *Labiatae*

100 Arten in den gemäßigten Gebieten der Erde, besonders im Mittelmeergebiet und Vorderasien. Stauden, Halbsträucher oder Sträucher mit gegenständigen Blättern. Blüten in Quirlen oder endständigen Ähren oder Trauben. Vermehrung durch Teilung oder Ausläufer. Für trockene, sonnige Stellen mit durchlässigem Boden.

chamaedrys hort., Blütezeit Juni–Juli. Unter diesem Namen wird eine nicht genau bekannte Form kultiviert, die vom echten *T. chamaedrys* verschieden ist. Immergrüne, 20–40 cm hohe, weich behaarte Pflanze ohne Ausläufer, mit eiförmigen bis lanzettlichen Blättern, z. T. leicht gekerbt. Blüten rosa, in endständigen Scheinähren.

pyrenaicum L., Pyrenäen, Alpen. Blütezeit Juni–August. 5–20 cm hohe, Ausläufer bildende Staude mit kreisrunden bis länglichen, spitzen, ungleichmäßig gekerbten Blättern. Blüten rotviolett, mit gelblichweißer Unterlippe, in dichten endständigen Trauben. **1394,** S. 175.

Thalictrum L., Wiesenraute, *Ranunculaceae*

120 Arten, vorwiegend auf der Nordhalbkugel. Stauden mit 2–3fach gefiederten oder -teiligen, wechselständigen Blättern. Blüten sehr klein, weiß, gelb, lila oder purpurn, in endständigen großen Rispen oder Trauben. Vermehrung durch Aussaat oder Teilung. Für sonnige bis halbschattige Stellen mit frischem bis feuchtem, humosem Boden. Die hohen Arten sind zum Schnitt geeignet.

aquilegifolium L., Amstelraute. Europa und N-Amerika. Blütezeit Mai–Juli. 40–150 cm hohe kahle Staude. Blätter 2–3fach 3zählig, mit gekerbt-gezähnten Blättchen. Blüten weiß oder violett, in lockeren, vielästigen Rispen. In kalkfreien Boden mit guter Wasserversorgung. **1395,** S. 175.

dipterocarpum Franch., W-China. Blütezeit Juli bis August. 60–180 cm hohe Staude mit 3fach 3zähligen Blättern. Blüten rosaviolett, in schmalen pyramidenförmigen Rispen. 'Hewitts Double', Blüten dunkler und dicht gefüllt, **1396,** S. 175.

lucidum L., Europa. Blütezeit Juli–August. 90 bis 150 cm hohe Staude mit 2–3teiligen, glänzenden grünen Blättern. Blüten grüngelb, in dichten Trauben. **1397,** S. 175.

Thlaspi L., Täschelkraut, *Cruciferae*

60 Arten auf der Nordhalbkugel und in S-Amerika. Stauden mit sitzenden oder stengelumfassenden Stengelblättern und rosettigen Grundblättern, die ganzrandig oder gezähnt sind. Blüten rosa oder weiß, in endständigen Trauben. Vermehrung durch Aussaat. Für sonnige Stellen mit durchlässigem Boden.

rotundifolium (L.) Gaud., Alpen und Karpaten. Blütezeit Juni–September. 5–15 cm hohe, unverzweigte Staude. Blätter blaugrün, dicklich, in einer Rosette stehend. Blüten hellviolett mit dunkleren Adern, in dichter Traube. Im Kalkgeröll, am besten im Alpinum kultivieren. **213,** S. 27.

Thunbergia Retz., *Acanthaceae*

150 Arten in den Tropen und Subtropen der Alten Welt, besonders Afrika. Einjährige Kräuter, Stauden oder Sträucher, z. T. windend. Blätter eirund, lanzettlich, herz- oder spießförmig. Blüten blau, gelb, weiß oder purpurn, einzeln oder in achsel- oder endständigen Trauben. Vermehrung durch Aussaat oder Stecklinge. Für sonnige geschützte Stellen oder Kalt- bis Warmhaus.

alata Boj., Schwarzäugige Susanne. SO-Afrika. Blütezeit Juni–Oktober. Krautige, 100–150 cm hohe Kletterpflanze mit 3eckigen bis herzförmigen Blättern. Blüten hellgelb mit dunklem Schlund, einzeln in den Blattachseln. Bei uns als einjährige Kletterpflanze gezogen, auch als Topfpflanze am sonnigen Fenster zu ziehen. Viele Sorten im Handel mit weißen, gelben, orangen Blüten mit verschiedenfarbigem Schlund. **383,** S. 48.

gregorii S. Moore, S-Afrika. Blütezeit Juli–Oktober. 120–150 cm hoch schlingende Kräuter. Blätter 3eckig. Blütenstiele silbrig behaart. Blüten wachsartig, orange, einzeln in den Blattachseln. **384,** S. 48.

Thuja L., Lebensbaum, *Cupressaceae*

6 Arten in N-Amerika und O-Asien. Bäume oder Sträucher, immergrün, mit meist schuppenförmigen, aber auch nadelförmigen Blättern. Blüten einhäusig. Zapfen eiförmig oder kuglig. Die angeführten Arten sind winterhart. Verwendung meist nur in größeren Anlagen.

gigantea siehe *plicata*

occidentalis L., N-Amerika. Baum, bis 20 m hoch. Blätter schuppenförmig, grün, im Winter bräunlich. Keine besonderen Ansprüche außer feuchtem Boden. Verträgt Schnitt, doch sind frei gewachsene Exemplare vorzuziehen. Zahlreiche Sorten, z. B. 'Columna', Wuchs schmal säulenförmig, geeignet für Heckenpflanzung; 'Ellwangeriana Rheingold', langsamwachsend, bis 1,5 m hoch, mit moosartigen gelben Zweigen, Nadel- und Schuppenblättern; 'Recurva Nana', dicht verzweigt, bis 2 m hoch, breit-kegelförmig.

orientalis L., O-Asien. Baum, bis über 10 m hoch, mit fächerförmigen Zweigen. Blätter schuppenförmig, hellgrün, im Winter bräunlich. Leidet mitunter in strengen Wintern. Einige Sorten, die aber bei uns selten, siehe **2044, 2045,** S. 256.

plicata Donn (syn. *T. gigantea* Nutt.), Riesenlebensbaum. N-Amerika. Baum, in der Heimat bis 60 m hoch, mit kegelförmigem Wuchs. Blätter schuppenförmig, auch im Winter grün. Leidet in strengen Wintern. Hierher einige Sorten, z. B. 'Dura', Wuchs pyramidal, schwächer wachsend, winterhart; 'Fastigiata', Wuchs schmal aufrecht, **2046,** S. 256; 'Zebrina', Blätter gelb, **2047,** S. 256.

Thymus L., Thymian, *Labiatae*

35 Arten in Eurasien, N-Afrika und auf den Kanaren. Niedrige, aromatisch duftende Stauden oder Halbsträucher mit ganzrandigen, kleinen, gegenständigen Blättern; meist teppichartig wachsend. Blüten weiß, rosa oder violett, in wenigblütigen Quirlen oder in lockerblütiger endständiger Ähre. Vermehrung durch Teilung. Für sonnige, warme Stellen mit durchlässigem Boden.

× **citriodorus** (Pers.) Schreb. (*T. pulegioides* × *T. vulgaris*), S-Frankreich. Blütezeit Juni–Juli. 10–30 cm hohe, behaarte Staude. Blätter eirund, 5–8 mm groß, stark nach Zitrone duftend. Blüten hellrosa, in verlängerten Scheinähren. 'Golden Dwarf', 10–20 cm hoch, mit gelbbunten Blättern.

doerfleri Ronn., Albanien. Blütezeit Juni–Juli. 5–8 cm hohe, Polster bildende Staude. Blätter linealspatelig mit grauweißer Behaarung. Blüten purpurrosa, in dichten Quirlen. 'Bressingham Seedling', Wuchs dicht, Blüten reinrosa.

serpyllum L., Quendel. Europa, Asien, N-Afrika. Blütezeit April–September. Sehr formenreich. 5 bis 40 cm hoher Halbstrauch. Triebe behaart, Blätter kahl, elliptisch. Blüten blaßrosa bis purpurn, in breiten Scheinähren. Guter Rasenersatz für trokkene warme Stellen. Einige Sorten, z. B. 'Albus', Blüten weiß; 'Coccineus', Blüten leuchtend scharlachrot, **214,** S. 27.

Tiarella L., Schaumblüte, *Saxifragaceae*

6 Arten im Himalaja, O-Asien und N-Amerika. Stauden mit langgestielten, grundständigen, handförmig gelappten oder geteilten Blättern. Blüten weiß, in einfacher oder aus Wickeln zusammengesetzter Traube. Vermehrung durch Aussaat oder Teilung. Für Halbschatten oder Schatten. Gute Bodendecker.

cordifolia L., N-Amerika. Blütezeit April–Mai. 10–30 cm hohe Staude mit Ausläufern. Blätter breiteiförmig, 5lappig, mit gesägtem Rand. Blüten weiß, in vielblütigen Trauben.

polyphylla D. Don, China, Japan. Blütezeit Juni–Juli. 30–60 cm hohe Staude mit 3lappigen, gezähnten Blättern. Blüten weiß, mit rosa Spitzen, in endständiger Traube. **1398,** S. 175.

wherryi Lakela, N-Amerika. Blütezeit Mai–Juni. 20–30 cm hohe Staude ohne Ausläufer, mit ei- bis herzförmigen, 3–9lappigen Blättern, die sich im Herbst rötlich färben. Blüten weiß bis leicht rosa, duftend, in lockeren Rispen. **1399,** S. 175.

Tibouchina Aubl., *Melastomataceae*

Mehr als 200 Arten im trop. Amerika. Sträucher oder Halbsträucher, immergrün, mit elliptischen oder länglichen, deutlich genervten Blättern. Blüten groß, einzeln oder in endständigen Scheinrispen. Keine Art winterhart. Einige werden in botanischen Sammlungen gezogen. Neuerdings wird als Topfpflanze angeboten:

semidecandra (Schrank et Mart.) Cogn., Brasilien. Hauptblütezeit November–Mai. Strauch, bis mehrere Meter hoch, mit gegenständigen, elliptischen, weichhaarigen Blättern. Blüten violettblau, bis 10 cm breit, zu 1–3 an den Zweigenden. Verwendung als Zimmerpflanze an nicht zu warmem Standort. Da natürliche Verzweigung gering, junge Pflanzen häufig stutzen. Wenn die Pflanzen zu groß werden, ist Rückschnitt erforderlich. Die von Gärtnereien angebotenen Pflanzen sind in der Regel durch besondere Verfahren (sog. Stauchemittel) im Wuchs niedrig. **1928,** S. 241.

Tigridia Juss., Tigerblume, *Iridaceae*

Etwa 13 Arten von Mexiko bis Chile. Mehrjährige, zwiebelbildende Kräuter mit grundständigen, schwertförmigen Blättern. Blüten einzeln oder zu mehreren auf langem Schaft. Keine Art winterhart. Häufiger angeboten wird:

pavonia (L. f.) Ker-Gawl., Mexiko, Guatemala. Blütezeit Juli–September. Bis 50 cm hoch, mit wenigen, schwertförmigen Blättern. Größere Zwiebeln bringen in der Regel mehrere Blütenstände. Blüten schalenförmig, bis 15 cm breit, nur 1 Tag blühend, doch zu mehreren nacheinander aufblühend. Angeboten werden Sorten in weißen, gelben und roten Farben. Pflanzung der gekauften Zwiebeln Mitte April ins Freiland. Nach dem ersten Frost im Herbst herausnehmen und die Zwiebeln kühl wie Gladiolen überwintern. **886,** S. 111.

Tilia L., Linde, *Tiliaceae*

Etwa 30 Arten in den gemäßigten Zonen der nördl. Halbkugel. Bäume, sommergrün, mit wechselständigen Blättern. Blüten meist in hängenden Trugdolden. Verwendung nur in größeren Anlagen. Ansprüche an Boden und Klima sind hoch. Unter günstigen Bedingungen können Linden aber dann sehr alt werden.

cordata Mill., Winterlinde. Europa. Blütezeit Juli. Bis 30 m hoch, mit rundlich-herzförmigen Blättern. Blüten gelblichweiß, duftend, bis zu 9 in Trugdolden.

× **euchlora** C. Koch (vermutl. *T. cordata* × *T. dasystyla*), Krimlinde. Blütezeit Juli. Bis 20 m hoch, mit überhängenden Zweigen. Blätter rundlich-eiförmig, oberseits glänzend. Blüten gelblich, bis zu 7 in Trugdolden. Wenig empfindlich gegen Luftverunreinigungen.

× *intermedia* siehe × *vulgaris*

platyphyllos Scop., Sommerlinde. Mittel- und S-Europa. Blütezeit Mitte–Ende Juni. Bis 40 m hoch, mit kegelförmiger Krone. Blätter rundlich-herzförmig, weich behaart. Blüten gelblichweiß, zu 3 in Trugdolden. Nur für beste Standorte mit hoher Boden- und Luftfeuchtigkeit. Hierher zahlreiche Formen, die in Wuchs und Blattform unterschieden.

tomentosa Moench, Silberlinde, Ungarische Silberlinde. SO-Europa, Vorderasien. Blütezeit Juli. Bis 30 m hoch, mit aufrechten Zweigen. Blätter rundlich-herzförmig, oberseits dunkelgrün, unterseits weißfilzig. Herbstfärbung gelb. Blüten bis zu 10 in Trugdolden. Widerstandsfähig gegen Trockenheit und Luftverunreinigungen.

vulgaris Hayne (*T. cordata* × *T. platyphyllos*, syn. *T.* × *intermedia* DC.), Holländische Linde. Blütezeit Ende Juni–Juli. Bis 30 m hoch (auch mehr), mit schief herzförmigen, oberseits dunkelgrünen Blättern. Blüten gelblich, bis zu 10 in Trugdolden. Widerstandsfähig. **1929,** S. 242.

Tillandsia L., *Bromeliaceae*

Etwa 400 Arten in S-Amerika und südl. N-Amerika. Meist epiphytische, rosettenbildende Pflanzen mit schmalen Blättern. Die Mannigfaltigkeit der Gattung läßt sie zu einem mehr und mehr beliebten Objekt von Pflanzenliebhabern werden, zumal viele Arten recht klein sind. Keine Art ist winterhart. Als Beispiele seien hier genannt:

cyanea Lind. (syn. *T. lindeni* E. Morr., *T. morreniana* Regel), Ekuador. Rosetten aus vielen schmalen, bis 30 cm langen, grünen Blättern bestehend. Blütenstand mit violettrosa Hochblättern, in deren Achseln die großen, blauen Blüten stehen. Wird als blühende Topfpflanze angeboten. Verwendung als Zimmerpflanze an hellem Standort.

lindeni siehe *cyanea*
morreniana siehe *cyanea*

usneoides L., Louisiana-Moos. Verbreitet im trop. Amerika. Stamm dünn, drahtartig, bis mehrere Meter lang. Blätter schmal, bis 8 cm lang. Die ganze Pflanze ist grau beschuppt und wächst in der Heimat herabhängend an Baumästen und auch Telegrafendrähten. Wird bei uns in jeder botanischen Sammlung gezogen und läßt sich auch im Blumenfenster, lediglich an einer Unterlage befestigt, hängend ziehen.

Tithonia Desf., *Compositae*

10 Arten in Mittelamerika, besonders Mexiko. Meist einjährige Kräuter mit ganzrandigen, gezähnten oder 3lappigen Blättern. Blütenköpfchen groß, gelb oder orange, einzeln auf keulenförmig verdickten, starken Blütenstielen. Vermehrung durch Aussaat. Für sonnige, warme Stellen mit nährstoffreichem, tiefgründigem Boden. Bei uns werden alle Arten als Einjahrsblumen kultiviert. Pflanzenanzucht unter Glas bereits ab Februar, um große Pflanzen zu erzielen.

rotundifolia (Mill.) Blake, Mexiko. Blütezeit August–Oktober. Bis 5 m hohe Kräuter. Bei uns als Einjahrsblume, 100–200 cm hoch. Blätter groß, herzförmig, beiderseits rauh, ungeteilt oder 3lappig. Blütenköpfchen rot, orange, langgestielt, 5–8 cm groß. **385,** S. 49. 'Torch', Zungenblüten leuchtend rot, Röhrenblüten gelb.

Torenia L., *Scrophulariaceae*

Etwa 40 Arten im trop. und subtrop. Asien und Afrika. Kräuter mit 4kantigen Stengeln und meist großen Blüten. Keine Art winterhart. Angeboten wird zuweilen:

fournieri Lind., Vietnam, Thailand. Blütezeit Sommer–Herbst. Bei uns einjährig gezogen, bis 30 cm hoch, mit fast lanzettlichen, scharf gesägten Blättern. Blüten in den oberen Blattachseln und endständigen Trugdolden, löwenmaulähnlich, bis 3 cm lang, blau mit gelbem Schlund. Vermehrung durch Aussaat oder Stecklinge im März. Verwendung als Topfpflanze für kühle, aber helle Zimmer, auch Balkon. In günstigen Lagen auch als Sommerblume im Freien ausgepflanzt. Im Handel ist überwiegend eine Sorte mit etwas größeren Blüten, 'Grandiflora', **386,** S. 49.

Trachycarpus H. Wendl., Hanfpalme, *Palmae*

Etwa 6 Arten im Himalaja, China, Japan. Fächerpalmen mit unverzweigtem, hoch werdendem Stamm, der dicht mit braunen Fasern bedeckt ist. Blätter schopfig an der Spitze des Stammes, im Umriß halbkreisrund, tief geschlitzt, ohne Blattspindel, Blattstiele lang, mit kleinen Dornen an den Rändern. Keine Art sicher winterhart.

fortunei (Hook.) H. Wendl. (syn. *Chamaerops excelsa* hort.), China, Japan. Alte Exemplare bis über 10 m hoch. Blätter bis über 1 m breit. Blüten gelb, klein, zu vielen in bis 50 cm langen, überhängenden Rispen. Verwendung als Kübelpflanze, im Sommer im Freien. Überwinterung hell, bei etwa 5°. **1930,** S. 242.

Tradescantia L., Dreimasterblume, *Commelinaceae*

30–50 Arten in Amerika. Stauden mit wechselständigen, länglichen bis lanzettlichen Blättern, am Stiel mit einer deutlich stengelumfassenden Blattscheide. Blüten in den Achseln endständiger Blätter, die die Blütenwickel oft hochblattartig umfassen. Vermehrung durch Aussaat, Teilung oder Stecklinge. Einige Arten winterhart für sonnige warme Stellen mit guter Wasserversorgung im Sommer. Andere Arten auch als Zimmerpflanzen.

albiflora Kunth, trop. S-Amerika. Stengel niederliegend, rund, grün. Blätter sitzend, länglich, zugespitzt, 4–6 cm lang. Blüten weiß, in endständiger Dolde. Ampelpflanze für +5 bis +25° und hellen Stand mit reichlicher Nährstoff- und Wasserversorgung. 'Aureovittata', Blätter mit gelben Streifen.

Andersoniana-Hybriden, Gartentradeskantie (syn. *T. virginiana* hort.). Gruppe von Hybriden, die seit dem frühen 17. Jahrhundert in den europäischen Gärten entstanden sind. Die an der Entstehung beteiligte *T. virginiana* aus N-Amerika verliert ihre Blätter bereits Juni–Juli und zieht ein. Die unter *T. virginiana* gehandelten, winterharten Sorten bleiben bis zum Frost grün. 30–80 cm hohe verzweigte Stauden mit lineal-lanzettlichen, ganzrandigen Blättern. Blüten weiß, rosa, rot, violett, blau, in Dolden, die von ein bis zwei hochblattähnlichen Laubblättern umfaßt werden. Viele Sorten, z. B. **1400,** S. 175. 'Isis', Blüten tiefblau, 4–5 cm groß, **1401,** S. 176.

fluminensis Vell. trop. S-Amerika. Ähnlich *T. albiflora*, jedoch Stengel und Blattunterseite rötlichviolett. Blätter eiförmig, dunkelgrün. Blüten weiß, in Vielzahl erscheinend. Ampelpflanze mit gleichen Ansprüchen wie *T. albiflora*. Viele Sorten, z. B. 'Albovittata', Blätter weißgestreift; 'Laekenensis', Blätter weißrosa gestreift.

Trichinium manglesii siehe *Ptilotus manglesii*

Trichocereus (Berger) Riccob., *Cactaceae*

Etwa 30 Arten in S-Amerika. Strauchige bis baumförmige Kakteen mit mehrrippigen Stämmen. Blüten trichterförmig. In Sammlungen werden zahlreiche Arten kultiviert.

candicans (Gill.) Britt. et Rose, Argentinien. Blütezeit meist Sommer. Stämme dick, säulenförmig, glänzend grün, 9–11rippig, bis 1 m hoch. Blüten bis 25 cm lang, weiß, duftend, nachts blühend. **654,** S. 82.

spachianus (Lem.) Riccob., Argentinien. Bis 2 m hoch, säulig, 10–15rippig. Blüten weiß. Wird häufig als Pfropfunterlage verwendet. Verwendung beider Arten als widerstandsfähige Zimmerpflanzen, hell und warm. Im Sommer an geschütztem Standort auch im Freien. Überwinterung hell, bei etwa 10–15°.

Tricuspidaria lanceolata siehe *Crinodendron hookerianum*

Tricyrtis Wall., Krötenlilie, *Liliaceae*

Etwa 10 Arten im Himalaja und O-Asien. Stauden mit kurzkriechendem Rhizom und aufrechten, beblätterten Stengeln. Blätter wechselständig, eirund oder länglich. Blüten groß, end- oder achselständig. Verwendung im Garten an halbschattigem Standort in humosem Boden. Winterschutz ratsam.

hirta (Thunb.) Hook., Japan. Blütezeit August–September. Bis 1 m hoch, mit behaarten Stengeln. Blüten weiß, mit purpurnen, violetten und bräunlichen Flecken.

stolonifera Matsum., Formosa. Blütezeit August–September. Bis 60 cm hoch. Blüten lila, mit dunkleren Flecken. **1402,** S. 176.

Trillium L., Dreiblatt, Waldlilie, *Liliaceae*

Etwa 30 Arten in N-Amerika und außertrop. Asien. Stauden mit knolligem Rhizom und unverzweigten, aufrechten Stengeln, die nur 3 quirlig angeordnete, sitzende Blätter tragen. Blüten am Ende des Stengels, die 3 äußeren Blütenblätter meist grün, die 3 inneren groß und gefärbt. Verwendung im Garten an schattigem bis halbschattigem Standort auf humosem Boden.

chloropetalum (Torr.) Howell, nordwestl. N-Amerika. Blütezeit April–Mai. Bis 50 cm hoch. Blätter grün, purpurn marmoriert. Innere 3 Blütenblätter weiß oder grünlichweiß oder rosa, bis 10 cm lang. **887,** S. 111.

grandiflorum (Michx.) Salisb., östl. N-Amerika. Blütezeit Mai–Juni. Bis 40 cm hoch. Blätter nicht gefleckt. Innere 3 Blütenblätter weiß, bis 10 cm lang. **888,** S. 111.

sessile L., östl. N-Amerika. Blütezeit Mai. Bis 50 cm hoch. Blätter purpurn gefleckt. Innere 3 Blütenblätter meist rotbraun, bis 5 cm lang, aufrecht, nicht ausgebreitet wie bei den vorigen Arten. **889,** S. 112.

Triteleia Dougl., *Liliaceae*

Mehrere Arten im westl. N- und S-Amerika. Mehrjährige, zwiebelbildende Kräuter, der Gattung *Brodiaea* nahe verwandt. Verwendung im Garten. Guter Winterschutz ratsam. Besser ist Kultur in Töpfen und frostfreie Überwinterung.

laxa Benth. (syn. *Brodiaea laxa* (Benth.) S. Wats.), Kalifornien. Blütezeit Juli. Blütenschaft bis 60 cm hoch. Blüten breit-röhrenförmig, sternförmig geöffnet, violettblau, bis zu 20 in großer, lockerer Dolde. Standort sonnig im Garten. Winterschutz ratsam. **678,** S. 85.

uniflora siehe *Ipheion*

Trollius L., Trollblume, *Ranunculaceae*

15–20 Arten auf der gemäßigten bis arktischen Nordhalbkugel. Stauden mit handförmig geteilten Blättern. Blüten gelb, rosa oder weiß, einzeln end- oder achselständig. Vermehrung durch Aussaat oder

Teilung. Für Sonne und Halbschatten in tiefgründigem feuchtfrischem Boden mit guter Wasserversorgung. Gute Schnittblume. Pflanzen sind giftig, einheimische Trollblumen stehen unter Naturschutz.

chinensis Bunge (syn. *T. ledebourii* hort.), Heimat N-China. Blütezeit Juli–August. 70–90 cm hohe Staude mit handförmig 5teiligen Blättern. Blüten orangegelb, einzeln auf kräftigen Stengeln. 'Golden Queen', Blüten groß, leuchtend dunkelorange, 60–70 cm hoch, **1406,** S. 176.

europaeus L., Europa. Blütezeit Mai–Juni. 40 bis 60 cm hohe Staude mit 5–7teiligen Blättern, Blattteile 3spaltig. Blüten hellgelb, auf einblütigen Stengeln. 'Superbus', Blüten hell zitronengelb, groß. 50–70 cm hoch, **1405,** S. 176.

Hybriden. Entstanden aus Kreuzungen zwischen *T. asiaticus*, *T. chinensis* und *T. europaeus*. Sie ähneln diesen Arten mehr oder minder stark. Blütezeit je nach Sorte März–August. Blütenfarbe reicht von hellgelb bis tieforange.
Sortenbeispiele: 'Earliest of All', Blüten hell orangegelb, 30–50 cm hoch, Blütezeit März–April; 'Golden Monarch', Blüten groß, dunkelgelb, 40–60 cm hoch, starkwachsend, Blütezeit Mai–Juni, **1403,** S. 176; 'Goldquelle', Blüten groß, gelborange, 60–80 cm hoch, Blütezeit Mai–Juni; 'Orange Globe', Blüten dunkel gelborange, 60–80 cm hoch, Blütezeit Mai–Juni, gute Schnittsorte; 'Orange Princess', Blüten leuchtend orange, 60 cm hoch, Blütezeit Mai, gute Schnittsorte, **1404,** S. 176.

ledebourii siehe *chinensis*

Tropaeolum L., Kapuzinerkresse, *Tropaeolaceae*

80 Arten im nördl. S-Amerika. Vielästige Kräuter oder Stauden, meist kletternd, z. T. mit Knollen an den Wurzeln. Blätter langgestielt, schildförmig oder gelappt. Blüten weiß, gelb-orange, rot und blau, langgestielt, einzeln achselständig. Vermehrung durch Aussaat und Stecklinge oder durch die bei einigen Arten gebildeten Knollen. Für vollsonnige, warme Stellen mit durchlässigem, nicht zu nährstoffreichem Boden. Gut blühende Kletterpflanzen zum Bekleiden von Wänden. Gut für Schnitt geeignet. Acht geben auf Erdflöhe, Blattläuse und Kohlweißlingsraupen! Gartenpflanze seit dem 16. Jahrhundert.

canariense siehe *peregrinum*

Hybriden. Entstanden aus Kreuzungen zwischen *T. majus*, *T. minus*, *T. peltophorum*. Sie werden meist als *T. majus* geführt und einjährig gezogen. Blütezeit Juli–Oktober. Langstenglige, kletternde oder niedrige, kurzstenglige Sorten mit langgestielten schildförmigen Blättern. Blüten cremeweiß, gelb, orange oder rot, einfach oder gefüllt, duftend. Aussaat April–Mai an Ort und Stelle. Das Sortiment umfaßt dunkel- und hellaubige Sorten. Angeboten werden Einzelfarben oder Mischungen, z. B. **387, 388,** S. 49.

peregrinum L. (syn. *T. canariense* hort.), Peru und Ekuador. Blütezeit Juli–Oktober. Bis 4 m hoch. Kletternde, verästelte, einjährige Kräuter. Blätter handförmig, 5–7teilig. Blüten zitronengelb, gefranst. Auch für Halbschatten geeignet.

polyphyllum Cav., Chile, Argentinien. Blütezeit Juni–Oktober. Staude mit bis 100 cm langen Stengeln und blaugrauen, rundlichen, schildförmigen Blättern, die bis zur Mitte 7–9spaltig sind. Blüten goldgelb bis orange, langgespornt. In günstigen Lagen mit Winterschutz im Freien. Wurzelstock kann wie bei Dahlien frostfrei überwintert werden. **216,** S. 27.

speciosum Poepp. et Endl., Chile. Blütezeit August–Oktober. Bis 300 cm hohe, kletternde Staude mit fleischigen Wurzeln. Blätter 5–6teilig, kurzstenglig. Blüten leuchtend zinnoberrot. Wurzelstock frostfrei überwintern. Für Halbschatten geeignet. Kalkfliehend. **1994,** S. 250.

tricolor Sw., Bolivien, Chile. Blütezeit März–Mai. Bis 300 cm hohe, kletternde Staude mit kleinen braunen Knollen. Blätter klein, langgestielt, 5–7teilig, unterseits leicht violett. Blüten feurig scharlachrot. Kalthauspflanze. **890,** S. 112.

tuberosum Ruiz et Pav., Peru, Bolivien. Blütezeit August–September. Kletternde Staude mit gelben, rot marmorierten eßbaren Knollen. In der Heimat als Nutzpflanze angebaut. Blätter schildförmig, bis zur Mitte eingeschnitten, 5lappig. Blüten orangegelb bis scharlach, mit langem Sporn, langgestielt. In milden Gegenden mit Winterschutz, besser jedoch Knollen frostfrei überwintern. **891,** S. 112.

Tsuga (Ant.) Carr., Hemlockstanne, Schierlingstanne, *Pinaceae*

14 Arten in Asien und N-Amerika. Nadelbäume, immergrün, mit überhängenden Zweigenden. Nadeln kurz, fast 2zeilig angeordnet. Blüten einhäusig. Zapfen fast kuglig, hängend. Nicht alle Arten winterhart.

canadensis (L.) Carr., nördl. N-Amerika. Bis 20 m (in der Heimat mehr) hoch, mit pyramidalem Wuchs und waagrechten Ästen. Nadeln bis 1,5 cm lang, dunkelgrün, 2zeilig angeordnet. Winterhart. Nur für größere Anlagen. **2048,** S. 256.

Tulipa L., Tulpe, *Liliaceae*

Etwa 150 Arten in W- und Zentralasien, N-Afrika und S-Europa. Zwiebelbildende Stauden mit wenig beblättertem, bei den meisten Arten 1blütigem Stengel. Zwiebel von brauner, trockener Haut umgeben. Blätter linealisch bis breit-lanzettlich. Blüten glockig oder fast trichterförmig, meist aufrecht, seltener nickend. Neben den einige tausend Sorten umfassenden Gartentulpen werden auch zahlreiche Arten kultiviert. Alle sind winterhart. Verwendung verbreitet als leuchtkräftige Frühlingsblumen von Februar bis Mai. Pflanzzeit der gekauften Zwiebeln im Oktober. Faustregel für Pflanztiefe: doppelt so tief, wie die Zwiebel hoch ist. Nach der Blüte stirbt die Zwiebel ab; aus ihr entstehen 1 bis mehrere neue Zwiebeln, von denen in der Regel eine die größte ist, die im selben Jahr einen Blütenstand anlegen und im darauffolgenden Jahr aus der Erde hervorbringen kann. Ob das der Fall sein wird, ist überwiegend von Wachstumsbedingungen und Ernährung abhängig und auch davon, ob die Blätter gesund sind und möglichst lange (bei uns bis Ende Juni/Anfang Juli) Stoffproduktion betreiben können, wodurch die Zwiebeln vergrößert werden. So werden z. B. in Rasenflächen gepflanzte Tulpen keine allzulange Lebensdauer haben, wenn die Blätter gleich abgemäht werden. Entweder spart man die Stellen vom Mähen aus oder man pflanzt alsbald neue. Jährliches Herausnehmen der Tulpenzwiebeln ist in der Regel nicht notwendig. Es sollte dann geschehen, wenn es zur Horstbildung kommt und die jungen Zwiebeln im Boden zu eng stehen. Wenn herausgenommen werden muß, dann warten, bis die Blätter völlig abgestorben sind (etwa Mitte Juli). Aufbewahren der Zwiebeln an luftigem, mäßig warmem Ort. Da die Tulpen bei uns etwa im Juli mit der Bildung der Blüten (in der Zwiebel) für das kommende Jahr beginnen, darf die Temperatur am Aufbewahrungsort nicht zu hoch sein. Es besteht sonst die Gefahr, daß keine Blüten angelegt werden oder schon in Bildung begriffene verkümmern. Nachdem die Zwiebeln abgetrocknet sind, vorsichtig putzen, sortieren (kleine weg!) und wieder einpflanzen im Oktober. Nachstehend werden zuerst die Arten und ihnen noch nahestehende Hybriden behandelt, anschließend die Gartentulpen. Für letztere ist die international gebräuchliche Einteilung angewendet.

batalini Regel, Turkestan. Blütezeit April–Mai. Blätter schmal, mit gewelltem Rand. Bis 20 cm hoch. Blüten hellgelb. *T. batalini* ist die Albinoform von *T. linifolia*.

chrysantha siehe *stellata* 'Chrysantha'

clusiana DC., Persien, Afghanistan. Blütezeit April. Bis 40 cm hoch. Blüten weiß, äußere 3 Blütenblätter außen rosarot. **892,** S. 112.

dasystemon siehe *tarda*

eichleri Regel, Transkaukasien. Blütezeit April. Bis 40 cm hoch. Blüten groß, leuchtend rot, innen am Grunde mit schwärzlichem, gelbgerandetem Fleck. **893,** S. 112.

fosteriana Irving, Turkestan. Blütezeit April. Bis 40 cm hoch. Blüten sehr groß, leuchtend rot. Hierher gehören mehrere Sorten, die die größten Blüten der ganzen Gattung aufweisen:

Fosteriana-Hybriden. 'Cantate', bis 25 cm hoch, leuchtend rot; 'Galata', bis 40 cm hoch, leuchtend orangerot mit gelbem Grund; 'Golden Eagle', bis 50 cm hoch, dunkelgelb; 'Pinkeen', bis 45 cm hoch, rosa mit gelbem Grund; 'Princeps', bis 20 cm hoch, rot, **902,** S. 113; 'Purissima', bis 50 cm hoch, weiß mit gelbem Grund, **895,** S. 112; 'Red Emperor' (syn. 'Madame Lefeber'), bis 60 cm hoch, scharlachrot mit schwärzlichem, gelbgerandetem Grundfleck, **894,** S. 112; 'Torchlight', bis 50 cm hoch, orangescharlach.

greigii Regel, Turkestan. Blütezeit April. Bis 30 cm hoch. Blätter blaugrün mit purpurnen Strichelchen und Fleckchen. Blüten scharlachrot. **896,** S. 112. Hierher gehören mehrere Sorten:

Greigii-Hybriden, z. B. 'Aurea', goldgelb; 'Oriental Splendor', bis 50 cm hoch, zitronengelb.

kaufmanniana Regel, Turkestan. Blütezeit März. Bis 20 cm hoch. Blüten weiß mit gelbem und rosa Anflug. Blüten bei warmem Wetter flach sternförmig geöffnet. **897,** S. 113. Hieraus sind sehr viele Sorten entstanden, die

Kaufmanniana-Hybriden. Gemeinsame Merkmale: Niedriger Wuchs, frühblühend, Blüten sternförmig geöffnet, ziemlich groß. Farben weiß, gelb, rosa, rot, oft 2farbig. Sehr wichtige Gruppe, besonders durch die frühe Blütezeit. Verwendung auch gern in Steingärten. Beispiel **898,** S. 113.

kolpakowskiana Regel, Turkestan bis Altaigebirge. Blütezeit April. Bis 30 cm hoch. Blätter schmal, dem Boden aufliegend. Blüten klein, auf dünnen Stielen, gelb, außen mit rosaroten Streifen. **899,** S. 113.

linifolia Regel, Turkestan. Blütezeit April–Mai. Bis 20 cm hoch. Blätter schmal, mit gewelltem Rand. Blüten leuchtend rot, zierlich. **900,** S. 113.

montana siehe *wilsoniana*

praestans Hoog, Pamir, Altaigebirge. Blütezeit April. Bis 40 cm hoch. Blüten zu mehreren auf einem Stiel, leuchtend scharlachrot. **901,** S. 113. Hierher gehören einige Sorten, z. B. 'Füsilier', niedriger.

stellata Hook. 'Chrysantha' (syn. *T. chrysantha* hort.), Afghanistan bis W-Himalaja. Blütezeit April. Bis 35 cm hoch. Blüten zierlich, auf dünnen Stielen, gelb, außen rot überhaucht. **903,** S. 113.

sylvestris L., Vorderasien, S-Europa, im südl. Mitteleuropa verwildert. Blütezeit April. Bis 50 cm hoch. Blüten goldgelb, sternförmig, auf schlanken, drahtigen Stielen. Verwildert. 'Täbriz', Blüten größer, hellgelb.

tarda Stapf (syn. *T. dasystemon* hort.), Turkestan. Blütezeit April–Mai. Nur bis 15 cm hoch. Blüten zu mehreren auf einem Stiel, sternförmig, weiß mit breiten gelben Streifen auf der Innenseite der Blütenblätter. **904,** S. 113.

turkestanica (Regel) Regel, Turkestan. Blütezeit März–April. Bis 20 cm hoch. Blüten zu mehreren auf einem Stiel, weiß, innen orangegelb. **905,** S. 114.

violacea Boiss. et Buhse, Persien. Blütezeit März. Bis 20 cm hoch, zu Beginn der Blütezeit jedoch niedriger; Stengel streckt sich dann. Blüten fast kuglig, violett. **906,** S. 114.

whittalli (Dykes) A. D. Hall, Griechenland. Blütezeit April–Mai. Bis 30 cm hoch. Blüten orangebräunlich, mit schwärzlichem Grund, auf schlanken, drahtigen Stielen. **907,** S. 114.

wilsoniana Hoog (syn. *T. montana* Lindl.), Persien. Blütezeit Mai. Bis 20 cm hoch. Blüten groß, tiefrot.

Gartentulpen. Unter dieser Bezeichnung wird das riesige, mehrere tausend Sorten umfassende Sortiment zusammengefaßt. Abstammung und Entstehung der Gartentulpen ist unbekannt. Sie sind seit Jahrhunderten in Kultur. International gebräuchlich ist eine Einteilung in 15 Gruppen. Zwischen manchen Gruppen gibt es Übergänge.

1. Duc-van-Tol-Tulpen. Nur von historischem Interesse.
2. Einfache frühe Tulpen. Blütezeit in der Regel Mitte April. Höhe in der Regel niedriger als bei den später blühenden. Beispiele **908, 909,** S. 114.
3. Gefüllte frühe Tulpen. Blütezeit in der Regel April. Wuchs niedrig. Blüten gefüllt. Beispiel **910,** S. 114.
4. Mendel-Tulpen. Blütezeit etwas später als Gruppe 1. Ursprüngliche Entstehung aus Kreuzungen von Duc-van-Tol-Tulpen mit Darwin-Tulpen.
5. Triumph-Tulpen. In der Blütezeit zwischen Gruppe 1 und 6. Wuchs kräftig, Blüten groß. Beispiele **913, 914,** S. 115.
6. Darwin-Tulpen. Meist sehr hoch wachsend, große Blüten. Blütezeit Mai. Beispiele **924-931,** S. 116–117.
7. Darwin-Hybriden. Entstanden aus Kreuzungen von *T. fosteriana* mit Darwin-Tulpen. Im Wuchs am stärksten von allen Tulpen, bis über 1 m hoch, mit sehr großen Blüten. Blütezeit Mai. Beispiele **932–935,** S. 117.
8. Breeder-Tulpen. Blütezeit Mai. Höhe um 70 cm. Blüten ähnlich wie 6. Blütenfarben bronze, braun, purpurn, alle in matten Tönungen.
9. Lilienblütige Tulpen. Blütezeit Mai. Hohe und niedrige Sorten. Kennzeichen: zugespitzte Blütenblätter, deren oberer Teil nach außen zurückgeschlagen ist. Beispiele **915–917,** S. 115.
10. Cottage-Tulpen. Blütezeit Mai. Besondere Kennzeichen außer der späten Blütezeit keine. Beispiele **918–923,** S. 115–116.
11. Rembrandt-Tulpen.
12. Bijbloemen-Tulpen.
13. Bizarre Tulpen.
    Die Gruppen 11, 12, 13 ähneln sich stark. Gemeinsame Merkmale: zweifarbig, geflammt. Beispiele **936–938,** S. 117, 118.
14. Papagei-Tulpen. Blüten groß. Blütenblätter gewellt und gekräuselt, häufig grün geflammt. Beispiele **939, 940,** S. 118.
15. Gefüllte späte Tulpen (einschließlich päonienblütige Tulpen). Blütezeit Mai. Blüten gefüllt. Beispiele **911, 912,** S. 114.

Typha L., Rohrkolben, *Typhaceae*

Etwa 15 Arten auf der ganzen Erde. Stauden mit dicken, kriechenden Rhizomen und aufrechten, linealischen Blättern. Blüten in kolbenförmigen Blütenständen, männliche von den weiblichen getrennt, doch auf dem gleichen Schaft über den weiblichen. Verwendung als winterharte Sumpfpflanzen, die besonders durch die lange haftenbleibenden Kolben zieren.

latifolia L., Europa. Blütezeit Juli–August. Bis über 2 m hoch, mit flachen, graugrünen Blättern. Männlicher Kolben nach der Blütezeit verschwindend, übrig bleibt der schwarzbraune, bis 15 cm lange weibliche. Verwendung nur in größeren Anlagen. Breitet sich rasch aus.

minima Hoppe, Europa, Asien. Blütezeit Mai–Juni. Bis 75 cm hoch. Weibliche Kolben eiförmig, zierlich. Verwendung auch im Sumpfbeet eines kleinen Gartens.
Verwendung der Kolben beider Arten als Trockensträuße.

U

Ulex L., Stechginster, *Leguminosae*

8 Arten in W-Europa. Sträucher, bedornt. Zweige in Dornen endigend. Blätter verkümmert, meist nur dorniger Blattstiel vorhanden. Blüten in den Achseln der oberen Dornen, gelb.

europaeus L., Blütezeit Mai–Juni. Bis 2 m hoch. 'Plenus', Blüten gefüllt. Verwendung an sonnigem Standort auf trockenen Böden. Winterhart. **1931,** S. 242.

Ulmus L., Ulme, Rüster, *Ulmaceae*

Etwa 30 Arten in den nördl. gemäßigten Zonen. Bäume, sommergrün, seltener Sträucher. Blätter wechselständig, am Grunde meist schief, asymmetrisch.

carpinifolia siehe *minor*

glabra Huds. (syn. *U. montana* Stokes), Bergulme. Europa, Vorderasien. Baum, sommergrün, bis 30 m hoch, mit ausladender Krone. Blätter breit-eiförmig, bis 16 cm lang. Winterhart. Verwendung nur in großen Anlagen. Hierher viele Sorten, die in Wuchsform und Blattfarbe unterschieden.

minor Mill. (syn. *U. carpinifolia* Ruppius), Feldulme. Europa, Mittelmeergebiet. Baum, sommergrün, bis 20 m hoch, mit bis 10 cm langen, eiförmig-lanzettlichen bis fast runden, glänzend grünen Blättern. Winterhart. Verwendung nur in größeren Anlagen. Hierzu viele Sorten, z. B. 'Aurea', Blätter goldgelb, **1932,** S. 242.

montana siehe *glabra*

Ursinia Gaertn., *Compositae*

70 Arten in Afrika, besonders S-Afrika. Einjährige Kräuter, Stauden oder Halbsträucher, kahl oder flaumhaarig, mit aromatischem Duft. Blätter wechselständig, gezähnt oder fein gefiedert. Blütenköpfchen gelb oder orange, mit gleichfarbigen Zungen- und Röhrenblüten. Mit Ausnahme von U. anethoides sind die Blüten nur bei Sonnenschein geöffnet. Vermehrung durch Aussaat. Für sonnige warme Stellen mit magerem durchlässigem Boden. Bei uns als Einjahrsblume gezogen. Aussaat an Ort und Stelle im April oder nach Anzucht unter Glas Auspflanzung Anfang Mai.

anethoides (DC.) N. E. Br., S-Afrika. Blütezeit Juni–August. 30–60 cm hohe, meist spinnwebartig behaarte Halbsträucher. Blätter fein fiederschnittig. Blütenköpfchen leuchtend goldgelb, bis abends auch bei trübem Wetter offen. Als Schnittblume geeignet. **389,** S. 49.

versicolor (DC.) N. E. Br., S-Afrika. Blütezeit Juni–August. 30–50 cm hohe, einjährige Kräuter mit fiederspaltigen Blättern und langgestielten, endständigen Blütenköpfchen. Zungenblüten leuchtend gelb mit purpurrotem Fleck am Grunde, Röhrenblüten dunkler. 'Golden Bedder', Zungenblüten hellorange, Röhrenblüten dunkelorange, **390,** S. 49.

V

Vaccinium L., *Ericaceae*

Etwa 150 Arten auf der nördl. Halbkugel. Sträucher, immergrün oder sommergrün, mit wechselständigen, ungeteilten Blättern. Blüten röhrig oder glockig oder krugförmig, einzeln oder in Trauben. Nicht alle Arten winterhart. Verwendung der winterharten auf sauren, frischen Böden, auch in kleineren Gärten. Einige niedrige Arten sind wertvoll als Unterpflanzung.

corymbosum L., Amerikanische Blaubeere. Östl. USA. Blütezeit Mai. Strauch, sommergrün, bis 2 m hoch, mit eiförmigen bis lanzettlichen, bis 8 cm langen Blättern. Herbstfärbung orangescharlach. Blüten krugförmig, bis 10 mm lang, weiß bis rötlich, in Büscheln. Früchte kuglig, bis 15 mm dick, schwarzblau, bereift, eßbar. **1933,** S. 242. Hieraus entstanden die sogenannten „Kulturheidelbeeren" mit mehreren Sorten, die auch bei uns in Norddeutschland zur Fruchtgewinnung angebaut werden. Das Fleisch der Früchte ist weiß.

cylindraceum Sm., Azoren. Strauch, sommergrün, bis 1,5 m hoch, mit elliptischen Blättern. Herbstfärbung scharlachrot. Blüten röhrig-glockig, bis 1 cm lang, gelbgrün mit rotem Anflug. Früchte schwarzblau. Nicht winterhart. **1934,** S. 242.

glaucoalbum Hook. f., Himalaja. Blütezeit Mai bis Juni. Strauch, immergrün, bis 1 m hoch, mit eiförmig-länglichen, ledrigen, oberseits grünen, unterseits blaugrünen, bis 6 cm langen Blättern. Blüten röhrig-bauchig, weiß mit rosa Hauch, in bis 7 cm langen Trauben. Früchte kuglig, schwarzblau. Nicht winterhart. **1935,** S. 242.

myrsinites Lam., USA. Blütezeit April–Mai. Strauch, immergrün, niederliegend, bis 0,5 m hoch. Blätter elliptisch, bis 2 cm lang. Blüten krugförmig, weiß-rosa, in kurzen Trauben. Früchte kuglig, schwarzblau. Unter gutem Schutz im Freien aushaltend. **1936,** S. 242.

myrtillus L., Heidelbeere. Europa, N-Asien. Blütezeit Mai. Strauch, sommergrün, bis 50 cm hoch. Blüten krugförmig, grünlich mit rotem Anflug. Früchte kuglig, schwarzblau, eßbar. Winterhart.

vitis-idaea L., Preiselbeere. Europa, N- und O-Asien. Blütezeit Mai–Juni. Strauch, immergrün, kriechend, bis 30 cm hoch. Blätter ledrig, verkehrteiförmig, oberseits glänzend grün, unterseits mit schwarzen Punkten. Blüten glockig, weiß-rosa, in kleinen Trauben. Früchte kuglig, rot, eßbar. Winterhart. Bodendecker, z. B. unter *Rhododendron.* **1937,** S. 243.

Vallota Salisb., *Amaryllidaceae*

1 Art in S-Afrika.

speciosa (L. f.) Voss, Hauptblütezeit Sommer. Mehrjährige, zwiebelbildende Pflanze mit riemenförmigen, 2zeilig gestellten, dunkelgrünen, am unteren Teil purpurnen Blättern. Blütenschaft bis 40 cm hoch, bis 10blütig. Blüten offen trichterförmig, bis 8 cm breit, leuchtend rot mit gelben Staubfäden. Verwendung als Zimmerpflanze (wie *Hippe-*

astrum), an sonnigem Standort, im Sommer an geschützter Stelle auch im Freien. Überwinterung hell, bei 5–8°. **941,** S. 118.

Veltheimia Gled., *Liliaceae*

5 Arten in S-Afrika. Mehrjährige, zwiebelbildende Kräuter mit grundständigen Blättern. Blüten zylindrisch, mit etwas erweitertem Saum, hängend oder nickend, zu vielen in einer Ähre oder Traube auf langem Blütenschaft. Keine Art winterhart. In Kultur ist:

capensis (L.) DC., Blütezeit Januar–April. Blätter breit-lanzettlich, am Rande meist gewellt, bis 30 cm lang. Blüten gelbgrün mit rosa Hauch, etwa 3 cm lang, zu vielen in dichter Traube auf bis 70 cm hohem Schaft. Verwendung als haltbare Zimmerpflanze, im Sommer an geschütztem Standort im Freien. In der Regel sind von Mai bis August keine Blätter vorhanden. Im Spätsommer beginnen die neuen Blätter zu treiben und wachsen im Winter. Günstige Temperatur etwas über 10°.

Venidium Less., *Compositae*

20 Arten in S-Afrika. Einjährige Kräuter oder Stauden mit wechselständigen, gelappten oder fiederspaltigen Blättern. Blütenköpfchen einzeln, mit helleren Zungenblüten und dunkleren Röhrenblüten, nur bei Sonne offen. Bei uns als Einjahrsblumen gezogen. Vermehrung durch Aussaat. Für sonnige warme Stellen mit magerem durchlässigem Boden.

fastuosum Stapf, S-Afrika. Blütezeit Juli–September. Einjährig, etwa 20 cm hoch, dicht mit langen weißen Haaren besetzt. Blätter länglich, ganzrandig bis leierförmig fiederspaltig. Blütenköpfe mit orangegelben Zungenblüten und bräunlichpurpurnen Röhrenblüten. **391,** S. 49.

Veratrum L., Germer, *Liliaceae*

Etwa 45 Arten in Europa, Asien, N-Amerika. Stauden mit dickem Rhizom. Blätter breit-lanzettlich, gefaltet. Blüten glockig bis sternförmig, zu vielen in großen, endständigen Rispen. Blütenschäfte beblättert. Die angeführten Arten sind winterhart. Verwendung der reichlich Platz beanspruchenden Arten in Staudenpflanzungen, auf feuchten Böden.

album L., Gebirge Europas und Asiens. Blütezeit Juli–August. Bis über 1,5 m hoch, Blüten grünlichweiß.

californicum Dur., westl. N-Amerika. Blütezeit Juli–August. Bis 2,5 m hoch, Blüten weißlich.

nigrum L., S-Europa, Asien. Blütezeit Juli–August. Bis 1,5 m hoch, Blüten schwarzpurpurn.

Verbascum L., Königskerze, *Scrophulariaceae*

320 Arten im Mittelmeergebiet, in N-Afrika bis NW-Indien und Europa. Zweijährige Kräuter, Stauden oder Halbsträucher, meist zottig wollig behaart. Blätter wechselständig, ganzrandig, gekerbt, buchtig gezähnt oder fiederspaltig. Blüten gelb, braun, purpurn oder weiß, in langen endständigen, oft verzweigten Ähren oder Trauben. Vermehrung durch Aussaat, Wurzelschnittlinge oder Teilung. Für sonnige warme Stellen mit trockenem durchlässigem Boden.

chaixii Vill., S-Europa. Blütezeit Juli–August. 80–100 cm hohe, zweijährige Kräuter mit geringer flockigwolliger Behaarung. Blätter herzförmig, untere tief eingeschnitten gekerbt. Blüten hellgelb, zu 2–5 in einer vielästigen Rispe. Kalkliebend. **1407,** S. 176.

dumulosum Davis et Hub.-Mor., Kleinasien. Blütezeit Mai–Juni. 15–40 cm hoch, halbstrauchig. Blätter elliptisch, silbergrau wollig. Blüten 2–3 cm groß, zitronengelb, in kurzen dichten Ähren. Schutz vor Winternässe, besser fürs Alpinenhaus. **217,** S. 28.

Hybriden. Blütezeit Juni–September. Eine Vielzahl von Sorten, deren Ursprung sich nicht mehr feststellen läßt, z. B. 'Cotswold Queen', 90–120 cm hoch, Blüten aprikosenfarben, **1408,** S. 176; 'Gainsborough', 100–150 cm hoch, Blüten kanariengelb, **1409,** S. 177; 'Pink Domino', 100–120 cm hoch, Blüten rosa mit dunkler Mitte, **1410,** S. 177.

spinosum L., Kreta. Blütezeit Juni–Juli. 15–20 cm hoher, sparriger Busch. Blätter graufilzig, schmallanzettlich, leicht gezähnt. Blüten gelb, in verzweigten Rispen. Pflanze fürs Alpinen- bzw. Kalthaus. **218,** S. 28.

Verbena L., *Verbenaceae*

230 Arten in den Tropen und Subtropen, 2 Arten in Europa, N-Afrika und W-Asien. Stauden oder Halbsträucher mit gegenständigen oder zu dritt quirlständigen Blättern. Blüten weiß, rosa, rot, violett, blau, oft mehrfarbig, in dichten, endständigen, doldenähnlichen Ähren. Vermehrung durch Aussaat oder Stecklinge. Für vollsonnige, trockene, warme Stellen mit durchlässigem Boden. Alle bei uns kultivierten Arten werden als Einjahrsblumen gezogen, obwohl sie Stauden sind.

Hybriden, Gartenverbenen. Blütezeit Juli–September. Sie sind entstanden aus Kreuzungen von *V. incisa*, *V. peruviana*, *V. phlogiflora* und *V. platensis*. Die einjährig gezogenen Pflanzen sind 20–50 cm hoch, ganz behaart, besitzen längliche bis eiförmige Blätter, die ganzrandig, gezähnt oder gelappt sind. Die Blüten stehen in vielblütigen, doldenartigen Ähren und sind weiß, rosa, rot, purpurn, violett und blau, z. T. mehrfarbig oder mit weißem Auge. Viele Farbsorten und Mischungen im Handel, z. B. 'Blaze', Blüten leuchtend scharlachrot, Pflanze 20–25 cm hoch; 'Mammoth Royal Bouquet', etwa 30 cm hoch, Mischung mit hellem Auge, **392,** S. 49.

peruviana (L.) Britt., Peru bis Argentinien. Blütezeit Juli–September. 10–15 cm hohe, rauhhaarige Staude mit vielfach verzweigten, dem Boden aufliegenden Stengeln. Blätter länglich-eirund, mit tief gesägtem Rand. Blüten feurig zinnoberrot, in doldiger Traube. Samengewinnung bisher bei uns nicht gelungen. Vermehrung durch Stecklinge, die frostfrei überwintert werden. **1411,** S. 177.

rigida Spreng. (syn. *V. venosa* Gill. et Hook.), N-Mittel- und S-Amerika. Blütezeit Juni–Oktober. 25–45 cm hohe, rauhhaarige Staude mit Knollen und keilförmigen, tief eingeschnitten-gesägten Blättern. Blüten lila, in gedrängter, endständiger Ähre. Die knolligen Wurzeln können wie bei Dahlien frostfrei überwintert und im Frühjahr wieder gepflanzt werden. **1412,** S. 177.

tenera Spreng., Brasilien, Uruguay, Argentinien. Blütezeit Juni–Oktober. 15–30 cm hohe Staude mit ästigen, niederliegenden, wurzelnden Stengeln. Blätter gegenständig, fiederförmig eingeschnitten. Blüten violettrosa, in doldenartigen gestauchten Ähren. 'Maonettii', Blüten dunkellila, weißgestreift, **1413,** S. 177.

venosa siehe *rigida*

Veronica L., Ehrenpreis, *Scrophulariaceae*

300 Arten, meist auf der Nordhalbkugel und in trop. Gebirgen, in Australien und Neuseeland. Stauden oder Halbsträucher mit gegen-, quirl- oder wechselständigen Blättern. Blüten blau, weiß, purpurn oder rosa, in end- oder achselständigen Trauben. Vermehrung durch Aussaat, Teilung oder Stecklinge. Für sonnige bis halbschattige Stellen und nicht sandigen Boden.

exaltata Maund, Herkunft Sibirien. Blütezeit Juli bis August. 120–150 cm hoher Halbstrauch mit lanzettlichen, gezähnten Blättern. Blüten lavendelblau, in schlanken Ähren. **1414,** S. 177.

fruticans Jacq., Europa. Blütezeit Juni–September. 5–10 cm hohe, Polster bildende Staude. Blätter ledrig, eiförmig, leicht gezähnt. Blüten dunkelblau, einzeln oder in wenigblütiger langgestielter Ähre, achsel- oder endständig. Wächst langsam, kalkliebend.

gentianoides Vahl, Kaukasus, Kleinasien. Blütezeit Mai–Juni. 30–50 cm hohe Staude mit derben, breit-lanzettlichen, fein gekerbten Blättern. Blüten hellblau mit dunkleren Adern, in vielblütiger, langer, endständiger Traube. **1415,** S. 177.

incana L., SO-Europa, N-Asien. Blütezeit Juni bis Juli. 30–50 cm hohe Staude mit lanzettlichen silbergrauen Blättern. Blüten klein, blau, in dichten endständigen Trauben. **1416,** S. 177.

latifolia siehe *teucrium*

longifolia L., Mitteleuropa, N-Asien. Blütezeit Juni–Juli. 80–120 cm hohe Staude mit aufrechten, kaum verzweigten Stengeln. Blätter lanzettlich, scharf gesägt, zu 3–4 in Quirlen. Blüten blaulila, in langen endständigen Ähren. Zum Schnitt geeignet. Einige Sorten, z. B. 'Blue Giant', Blüten lavendelblau, **1417,** S. 178.

prostrata L., Mitteleuropa bis Sibirien, Kleinasien. Blütezeit Mai–Juni. 15–20 cm hohe, dichte Matten bildende Staude. Blätter stumpf-lanzettlich, grob gekerbt. Blüten blaulila, in breiten, gedrungenen, endständigen Trauben. **219,** S. 28.

spicata L., Mitteleuropa bis S-Rußland. Blütezeit Juli–September. 10–60 cm hohe Staude mit gegenständigen, schmalen, grob gekerbten Blättern. Blüten hellblau, in schlanken, meist unverzweigten endständigen Ähren. Zum Schnitt geeignet, viele Sorten, z. B. 'Erika', 30 cm hoch, Blüten rosa.

teucrium L. (syn. *V. latifolia* Jacq.), Mitteleuropa bis Sibirien, Blütezeit Mai–Juni. 10–100 cm hohe, behaarte Staude mit sitzenden, am Grunde herzförmigen, am Rande ungleich gekerbten Blättern. Blüten groß (1–2 cm), dunkelblau, in langen achselständigen Trauben. Kalkliebend. Zum Schnitt geeignet.
Viele Sorten, z. B. 'Blue Fountain', Blüten intensiv blau. 60 cm hoch, **1418,** S. 178; 'Crater Lake Blue', Blüten leuchtend ultramarinblau. 30–35 cm hoch, Blüten leuchtend ultramarinblau. **1419,** S. 178; 'Kapitän', 25 cm hoch. Blüten enzianblau. 'Knallblau', 20–25 cm hoch, Blüten leuchtend intensiv blau.

Viburnum L., Schneeball, *Caprifoliaceae*

Etwa 110 Arten, überwiegend in den gemäßigten und subtrop. Gebieten Asiens und N-Amerikas. Sträucher, selten Bäume, sommergrün oder immergrün, mit gegenständigen, selten quirligen, ungeteilten Blättern. Blüten meist weiß, stern- oder radförmig, in Doldentrauben, achsel- oder endständig. Bei manchen Arten sterile, oft große Blüten, entweder am Rande der Dolde oder alle. Verwendung der winterharten Arten als Blütensträucher im Garten.

betulifolium Batal., China. Blütezeit Juni. Strauch, bis 4 m hoch, sommergrün, mit eiförmigen, bis 8 cm langen Blättern. Blüten weiß, in bis 10 cm breiten Trugdolden. Früchte rot, fast kuglig, bis 6 mm lang. Winterhart. **1938,** S. 243.

×**bodnantense** Aberconway (*V. fragrans* × *V. grandiflorum*), Blütezeit Oktober–März, je nach Witterung.

Strauch, sommergrün, bis 3 m hoch, mit lanzettlichen bis eiförmigen, bis 10 cm langen Blättern. Blüten 1 cm lang, zuerst rosa, dann weiß, duftend, in dichten Büscheln. Winterhart. Einige Sorten, z. B. 'Dawn', sie ist das ursprüngliche Produkt der Kreuzung. **1939,** S. 243.

× **burkwoodii** Burkw. et Skipw. (*V. carlesii* × *V. utile*), Blütezeit März–April und nochmals im Herbst. Strauch, immergrün, zuweilen nur wintergrün, bis 2 m hoch, mit elliptischen, bis 7 cm langen, oberseits glänzend dunkelgrünen, unterseits graugrünfilzigen Blättern. Blüten 1 cm breit, erst rosa, später weiß, in bis 6 cm breiten Dolden. Winterhart.

carlesii Hemsl., Korea. Blütezeit April–Mai. Strauch, sommergrün, bis 1,5 m hoch, mit eiförmigen, unterseits braun behaarten, bis 10 cm langen Blättern. Blüten bis 1 cm breit, weiß, außen rosa, in halbkugligen Trugdolden, duftend. Winterhart. **1940,** S. 243.

davidii Franch., China. Blütezeit Juni. Strauch, immergrün, bei uns kaum 1 m hoch, mit elliptischen, derben, bis 14 cm langen Blättern. Blüten zweihäusig, rosa-weiß, in Trugdolden. Früchte bis 6 mm lang, dunkelblau. Winterschutz nötig. **1941,** S. 243.

fragrans siehe *farreri*

farreri Stearn (syn. *V. fragrans* Bunge), China. Blütezeit März–April, mitunter auch im Spätherbst. Strauch, sommergrün, bis 3 m hoch, mit elliptischen, derben, bis 7 cm langen Blättern. Blüten 1 cm breit, weiß bis rosa, duftend, in bis 5 cm langen Rispen. Winterhart. **1942,** S. 243.

hupehense Rehd., China. Blütezeit Mai–Juni. Strauch, sommergrün, bis 2,5 m hoch, mit eiförmigen, bis 7 cm langen, beiderseits behaarten Blättern. Blüten weiß, in bis 5 cm breiten Trugdolden. Früchte bis 10 mm lang, rot. Zierend durch den reichlichen Fruchtansatz. Winterhart. **1943,** S. 243.

× **juddii** Rehd. (*V. bitchiuense* × *V. carlesii*), Blütezeit April–Mai. Strauch, sommergrün, bis 3 m hoch. Ähnlich *V. carlesii*, doch Blüten größer. Duftend. **1944,** S. 243.

opulus L., Gewöhnlicher Schneeball. Europa, N-Afrika, N-Asien. Blütezeit Mai–Juni. Strauch, sommergrün, bis 4 m hoch, mit rundlichen, 3–5lappigen, hellgrünen, bis 12 cm langen Blättern. Herbstfärbung rosarot. Blüten gelblichweiß, in bis 10 cm breiten, flachen Trugdolden; äußere Blüten (Rand) der Trugdolden steril. Früchte 1 cm lang, korallenrot. Winterhart. Anspruchslos, auch für Schutzpflanzungen. **1945,** S. 244. Hierzu mehrere Sorten, z. B. 'Sterile', gefüllter Schneeball. Trugdolden kugelförmig, zuerst grünlich, dann weiß, im Verblühen rosa überlaufen. **1946,** S. 244.

plicatum Thunb., diese schöne Art hat ihre Heimat in China, Japan. Blütezeit Mai–Juni. Strauch, sommergrün, bis 3 m hoch, mit ausgebreiteten Zweigen. Blätter elliptisch, bis 10 cm lang, oberseits dunkelgrün. Herbstfärbung dunkelrot. Blüten weiß, in ballförmigen, bis 8 cm dicken Trugdolden, beim Verblühen rosa. Winterhart. Hierzu mehrere Sorten, z. B. 'Mariesii', **1949,** S. 244; 'Rowallane', **1950,** S. 244; 'Tomentosum' (syn. *V. tomentosum* Thunb.), bis 3 m hoch, Blüten weiß, in 10 cm breiten, flachen Trugdolden. Früchte erst rot, dann schwarz.

rhytidophyllum Hemsl., China. Blütezeit Mai–Juni. Strauch, immergrün, bis 4 m hoch, mit eiförmigen bis lanzettlichen, bis 25 cm langen, oberseits grünen, runzligen, unterseits graufilzigen Blättern. Blüten grünlichweiß, in flachen, bis 20 cm breiten Trugdolden. Früchte bis 8 mm lang, erst rot, dann schwarz. Winterhart. **1947,** S. 244.

tinus L., Mittelmeergebiet. Blütezeit Winter–Frühjahr. Strauch, immergrün, bis 2,5 m hoch, mit eiförmigen, bis 10 cm langen, oberseits glänzend grünen Blättern. Blüten weiß-rosa, in endständigen Trugdolden. Nicht winterhart. Verwendung als robuste Kübelpflanze, im Sommer im Freien. Überwinterung hell, bei etwa 5°. Einige Sorten, z. B. 'St. Ewe', **1948,** S. 244.

tomentosum siehe *plicatum* 'Tomentosum'

Vinca L., Singrün, Immergrün, *Apocynaceae*

5 Arten in Europa und Vorderasien. Halbsträucher, immergrün, kriechend, mit gegenständigen, ungeteilten Blättern. Blüten röhrig, mit tellerförmigem Saum, in den Blattachseln.

major L., S-Europa, Vorderasien. Blütezeit Mai bis September. Blätter eiförmig, bis 7 cm lang, glänzend dunkelgrün. Blüten bis 4 cm breit, blau. Nur an sehr geschützten Stellen winterhart. **1951,** S. 244.

minor L., Europa, Vorderasien. Unser einheimisches Immergrün. Blütezeit Mai–September. Blätter kleiner als bei voriger Art. Blüten bis 3 cm breit. Winterhart. Wertvoll als Bodendecker, sehr dicht schließend. Gedeiht auch in sehr schattigen Lagen unter Bäumen gut, aber auch an sonnigen Standorten. Mehrere Sorten, z. B. 'Alba', Blüten weiß; 'Atropurpurea', Blüten violett; 'Variegata', Blätter gelbbunt, **1420,** S. 178; es gibt auch gefülltblühende.

Viola L., Veilchen, *Violaceae*

Etwa 400 Arten in den gemäßigten Gebieten der nördl. Halbkugel, subtrop. und trop. Amerika und Afrika, Australien und Neuseeland. Überwiegend mehrjährige Kräuter, selten Halbsträucher, mit grund- oder wechselständigen, ei- oder herzförmigen Blättern. Blüten meist einzeln, ansehnlich, in den Blattachseln. Die angeführten Arten sind winterhart. Verwendung im Garten in Staudenpflanzungen, der Stiefmütterchen (Wittrockiana-Hybriden) als Farbträger auf großen Flächen.

canina L., Hundsveilchen. Gemäßigte Gebiete Europas und Asiens. Blütezeit April–Juni. Staude, bis 15 cm hoch. Blüten in der Regel hell- bis dunkelviolett, bis 1,5 cm groß, duftlos.

cornuta L., Hornveilchen. Pyrenäen. Blütezeit Juni–August. Staude, bis 25 cm hoch, mit länglicheiförmigen Blättern. Blüten violett, bis 3,5 cm groß. **1421,** S. 178. Hierzu einige Sorten mit andersfarbigen Blüten, z. B. Abb. **1422, 1423,** S. 178.

Cornuta-Hybriden. Sie sind entstanden aus Kreuzungen von *V. cornuta* mit *V. gracilis* und *V. wittrockiana*. Dadurch sind die Blüten noch etwas größer geworden, und das Farbenspiel der Stiefmütterchen kam mit hinzu. Auch die Blütezeit wurde verlängert. Obwohl Stauden, werden sie in der Regel zweijährig gezogen, da in nassen Wintern größere Ausfälle möglich sind. Im Handel werden sowohl Farbmischungen als auch Einzelfarben angeboten. Beispiele **393, 394,** S. 50. Selten anzutreffen, in der Verwendung gleich ist *V. aetolica* Boiss. et Heldr., Griechenland. **1424,** S. 178.

gracilis Sibth. et Sm., Balkan, Vorderasien. Blütezeit Mai–August. Staude mit rasenartigem Wuchs, bis 15 cm hoch. Blüten bis 3 cm breit, violett oder purpurn, auch gelb. 'Major', Blüten größer, **220,** S. 28.

odorata L., Duftveilchen, Wohlriechendes Veilchen. Mittelmeergebiet, Vorderasien; in Mitteleuropa eingebürgert und weit verbreitet. Blütezeit März bis April, mitunter noch einmal im Spätsommer und Herbst. Staude, mit breit-eiförmigen Blättern, bis 20 cm hoch. Blüten violett, stark duftend. Die violetten Blüten werden nur unter Kurztagbedingungen gebildet. Im sommerlichen Langtag kommt es zur Bildung grünlicher, unter dem Laub verborgener kleistogamer Blüten, das sind Blüten, die sich nicht öffnen und durch Selbstbestäubung Samen ansetzen. Die kriechenden, wurzelnden Ausläufer werden ebenfalls nur unter Langtagbedingungen gebildet. Eine weißblühende Form ist 'Alba'.
V. odorata wird von Gärtnereien auch zur Schnittblumengewinnung angebaut. Hierfür sind einige Sorten entwickelt worden. Als Schnittblume angeboten wird auch das kaum duftende, aber größere Blüten tragende Parmaveilchen (*V. suavis* M. B. 'Cyanea'), das auch als *V. odorata* 'Parmensis' bekannt ist.

suavis 'Cyanea' siehe unter *odorata*

tricolor L., Stiefmütterchen. Europa bis Mittelasien. Blütezeit Mai–August. Ein- oder mehrjährig. Ackerunkraut. **221,** S. 28. Aus dieser Art sind durch Kreuzungen mit anderen Arten entstanden die

Wittrockiana-Hybriden (syn. *V.* × *wittrockiana* Gams, *V. tricolor* 'Maxima'), Gartenstiefmütterchen, Stiefmütterchen. Alte Kulturpflanze, die meist zweijährig gezogen wird. Aussaat im Juli, Pflanzen Anfang Oktober. Stark entwickelte Pflanzen blühen schon im Herbst. Hauptblütezeit aber im Frühjahr. Stiefmütterchen länger in den Sommer hinein stehen zu lassen lohnt kaum, da durch die sommerliche Wärme Wachstum und Blühen ungünstig beeinflußt werden. Das Sortiment ist sehr groß und kann in verschiedene Gruppen eingeteilt werden, worauf hier aber verzichtet wird. Angeboten werden reine Farben, weiß, violett, blau, gelb, rot, mit oder ohne Auge (= mehr oder weniger großer, dunkler oder auch heller Fleck an der Basis der Blütenblätter). Farbmischungen und Sorten mit mehrfarbigen Blüten sind ebenfalls im Handel. Die Sortimente sind in den Katalogen von Blumensamenzüchtern angeführt. Beispiele **395, 396,** S. 50.
Verwendung der Stiefmütterchen vielfältig, zur Grabbepflanzung, im Garten oder auch zur großflächigen Farbwirkung in Anlagen.

Viscaria siehe *Lychnis*

Vitis L., Rebe, *Vitaceae*

Etwa 60 Arten in den gemäßigten Gebieten der nördl. Halbkugel. Sträucher, sommergrün, mit Ranken kletternd. Blätter meist gelappt. Blüten in Rispen. Frucht eine Beere.

coignetiae Pedliat, Japan, Korea. Wuchs sehr stark, mit mehrere Meter langen Jahrestrieben. Blätter rundlich-eiförmig, bis 25 cm breit, unterseits braunfilzig. Herbstfärbung scharlachrot. Früchte schwarz, purpurn bereift, 8 mm dick, nicht eßbar. Winterhart. Verwendung zur Bekleidung von Mauern, Pergolen. Sollte jedoch in Anbetracht des starken Wachstums nur dort gepflanzt werden, wo genügend Platz zur Verfügung steht. **1995, 1996,** S. 250.

vinifera L., Weinstock, Weinrebe. Wahrscheinlich Kaukasus, bis über 10 m hoch kletternd. Blätter rundlich-herzförmig, bis 15 cm breit. Außer den zur Weinherstellung angebauten zahlreichen Sorten werden auch einige als Zierpflanzen verwendet, zur Bekleidung von Pergolen, Mauern, z. B. 'Brandt', Blätter rötlich, Herbstfärbung scharlachrot. Früchte schwarzpurpurn, eßbar. **1997,** S. 250.

Vriesea Lindl., *Bromeliaceae*

Etwa 100 Arten in Süd- und Mittelamerika. Rosettenbildende, meist epiphytische Ananasgewächse, einige Arten sehr groß werdend. Blüten in Ähren oder Rispen, Hochblätter oft lebhaft gefärbt. Keine Art winterhart. Bis zum Blühen vergehen je nach Art mehrere bis viele Jahre. Pflanze blüht nur einmal und stirbt dann ab, hat aber meist Kindl (Seitensprosse) gebildet, die wiederum zu großen Pflanzen herangezogen werden können. Verwendung als

Zimmerpflanzen. Im Handel werden mehrere Arten angeboten. Am meisten verbreitet ist

splendens (Brongn.) Lem., Guayana. Blütezeit unterschiedlich. Da Vorausbestimmung der Blütezeit durch bestimmte Manipulationen (Behandlung mit Wirkstoffen) möglich, werden blühende Pflanzen von den Gärtnereien fast während des ganzen Jahres angeboten. Rosette bis 40 cm im Durchmesser. Blätter mit braunen Querbändern. Blütenstand bis 70 cm lang, schwertförmig. Hochblätter leuchtend rot. Blüten gelb.

W

Waldsteinia Willd., *Rosaceae*

6 Arten in N-Amerika, O-Asien, Transkaukasien und SO-Europa. Kriechende Stauden mit grund- oder gegenständigen, 3–5spaltigen oder 3–5zähligen, langgestielten Blättern. Blüten gelb, zu wenigen auf langen Stengeln. Vermehrung durch Teilung. Für halbschattige und schattige Stellen mit frischem humosem Boden. Gute Bodendecker.

ternata (Steph.) Fritsch, O-Europa bis Japan. Blütezeit April–Mai. 10–20 cm hohe, wintergrüne, behaarte Staude mit Ausläufern. Blätter langgestielt, rosettig stehend, 3zählig. Blüten gelb, bis zu 10 an kurzem Schaft. **222,** S. 28.

Watsonia Mill., *Iridaceae*

Etwa 35 Arten in S-Afrika. Mehrjährige, Sproßknollen bildende Kräuter, sehr ähnlich den Gladiolen. Keine Art winterhart. Kulturansprüche bei uns wenig bekannt.

beatricis Math. et L. Bol., Blütezeit Juli–September. Bis 1 m hoch, Blüten aprikosenfarben. Im Sommer im Freien. Überwinterung bei etwa 10°, hell. **942,** S. 118.

Wattakaka Hassk., *Asclepiadaceae*

5 Arten von Afrika bis SO-Asien. Kletternde Sträucher mit gegenständigen, ovalen, ganzrandigen Blättern. Blüten in großen achselständigen Dolden. Vermehrung durch Stecklinge. Für sonnige warme Stellen mit Winterschutz oder Kalthausüberwinterung.

sinensis (Hemsl.) Stapf, China. Blütezeit Juni–Juli. Bis 3 m hoch, Blätter oval, dunkelgrün, unterseits grau. Blüten duftend, weiß, wachsartig, mit roten Flecken zur Mitte hin, in 7–8 cm großen hängenden Dolden. **1998,** S. 250.

Weigela Thunb., Weigelie, *Caprifoliaceae*

Etwa 10 Arten in O-Asien. Sträucher, sommergrün, mit gegenständigen Blättern. Blüten glockig-trichterförmig, einzeln oder in Trugdolden, achselständig an den im vorangegangenen Jahr gewachsenen Zweigen. Die angegebenen Arten sind winterhart. Verwendung als reichblühende Sträucher im Garten, am besten Einzelstand und sonnige Lage. Keine besonderen Ansprüche. Schnittmaßnahmen auf die Herausnahme zu alter Triebe (Auslichten) beschränken.

florida (Bunge) A. DC., China, Korea. Blütezeit Mai–Juni. Bis 3 m hoch, mit elliptischen, bis 10 cm langen Blättern. Blüten zu 3–4 achselständig, rosa. **1954,** S. 245.

Hybriden. Hierunter wird die große Zahl der überwiegend aus *W. florida*, *W. floribunda* und *W. praecox* entstandenen Sorten zusammengefaßt. Derzeit sind etwa 180 Sorten bekannt. Sie unterscheiden sich vor allem in Wuchshöhe und -stärke und in der Blütenfarbe weiß, rosa, rot. Bei uns bekanntere Sorten sind 'Bouquet Rose', bis 3 m hoch, Blüten weiß; 'Eva Rathke', bis 2 m hoch, Blüten karminrot, **1952,** S. 244; 'Newport Red', bis 3 m hoch, Blüten dunkelrot, **1953,** S. 245.

Weldenia Schult. f., *Commelineaceae*

1 Art in Mexiko und Guatemala.

candida Schult. f., Blütezeit April–Mai (im Haus, sonst später). 10–20 cm hohe Staude mit fleischigen Wurzeln und grundständigen, schmal-lanzettlichen Blättern. Blüten weiß, schalenförmig, 2–3 cm groß, einzeln auf 10–15 cm langen Stielen. Vermehrung durch Samen, Teilung oder Stecklinge. Nicht winterhart. Wurzelstöcke im Herbst herausnehmen und wie Dahlien frostfrei überwintern. Im Alpinenhaus, besser im Kalthaus zu kultivieren. **223,** S. 28.

Wellingtonia gigantea siehe *Sequoiadendron giganteum*

Wisteria Nutt., Glycine, *Leguminosae*

9 Arten in N-Amerika und O-Asien. Sträucher, sommergrün, windend, mit wechselständigen, unpaarig gefiederten Blättern. Blüten zu vielen in hängenden, end- und achselständigen Trauben. Die angegebenen Arten sind winterhart. Verwendung als wertvolle, im Sommer blühende Sträucher zur Bekleidung von Pfeilern, Mauern, Pergolen. Standort sonnig, geschützt.

floribunda (Willd.) DC., Japan. Blütezeit Mai–Juni. Mehrere Meter hoch windend. Blüten violett, bis 2 cm lang, in bis 50 cm langen Trauben. Hierzu mehrere Sorten: 'Alba', Blüten weiß; 'Macrobotrys', Blüten violett, in bis 60 cm langen, lockeren Trauben, duftend, **2000,** S. 250; 'Rosea', Blüten rosa.

sinensis (Sims) Sweet, China. Blütezeit April–Mai. Bis 10 m hoch windend. Blätter bis 30 cm lang. Blüten blauviolett, 2,5 cm lang, duftend, in bis 30 cm langen Trauben. **1999,** S. 250. 'Alba', Blüten weiß.

Y

Yucca L., Palmlilie, *Agavaceae*

Etwa 30 Arten in Mittelamerika und südl. N-Amerika. Mehrjährige, stammlose oder stammbildende Pflanzen mit vielen schwertförmigen, derben, schopfig angeordneten Blättern. Blüten meist groß, glockenförmig, hängend oder nickend, weiß, cremeweiß oder grünlich, zu vielen in großen Rispen oder seltener in Trauben. Jede Rosette blüht nur einmal und verzweigt sich dann unter Bildung neuer Rosetten. Einige Arten sind winterhart und können an warmen, sonnigen Plätzen im Garten ausgepflanzt werden. Sie wirken zur Blütezeit (meist vergehen bis dahin mehrere Jahre) sehr stattlich.

filamentosa L., Südl. USA. Blütezeit meist Spätsommer. Stammlos, mit bis 60 cm langen Blättern. Blütenstand bis 2 m hoch, mit vielen, bis 7 cm langen, weißen, außen grün gezeichneten Blüten. Winterhart. **1955,** S. 245. Hiervon gibt es mehrere Sorten.

gloriosa L., Südl. USA. Blütezeit Juli–September. Stammbildend (aber erst im Alter). Blätter etwa 50 cm lang, graugrün. Blütenstand bis über 2 m hoch, mit vielen, bis 6 cm langen, weißen, außen rötlich gestreiften Blüten. Hierzu mehrere Sorten, z. B. 'Nobilis', Blätter stärker graugrün, **1956,** S. 245. Unter gutem Schutz im Freien aushaltend. Andere, nicht weniger stattliche Arten können als Kübelpflanzen gezogen werden. Im Sommer im Freien, Standort sonnig. Überwinterung hell, bei 5–8°.

Z

Zantedeschia Spreng., *Araceae*

8 Arten im trop. und S-Afrika. Mehrjährige Sumpfpflanzen mit dickem Rhizom und spieß- oder pfeilförmigen, langgestielten, großen Blättern. Spatha (Hochblatt) trichterförmig eingerollt, aufrecht. Keine Art winterhart.

aethiopica (L.) Spreng., Zimmercalla, Calla. Hauptblütezeit Frühjahr. Blätter pfeilförmig, grün, auf langen Stielen. Blütenstand bis 1 m hoch, Spatha weiß, bis 20 cm lang und an der Öffnung bis 15 cm breit. Verwendung als Zimmerpflanze, im Herbst und Winter bei 10–12°. In der Regel sind im Mai bis Juni keine Blätter vorhanden; Standort dann trocken und warm. Mehrere Sorten, z. B. **943,** S. 118.

elliottiana (W. Wats.) Engl., Blütezeit Sommer. Knollenbildend. Blätter oval-herzförmig. Spatha bis 15 cm lang, dunkelgelb. Verwendung als Zimmerpflanze, oder – wie auch bei *Z. aethiopica* – im Sommer im Freien.

Zauschneria K. B. Presl, Kolibritrompete, *Onagraceae*

3 Arten von Kalifornien bis N-Mexiko. Stauden oder Halbsträucher, meist grauweiß behaart. Blüten leuchtend rot, röhrenartig, hängend, in langer end- oder achselständiger Traube. Vermehrung durch Aussaat, Ausläufer oder Stecklinge. Für warme sonnige Stellen mit durchlässigem Boden. Winterschutz oder frostfreie Überwinterung erforderlich.

californica K. B. Presl, Kalifornien. Blütezeit Juli–Oktober. 30–40 cm hohe, Ausläufer treibende Staude mit verzweigten, aufrechten Stengeln. Blätter breit-lanzettlich und weichfilzig. Blüten scharlachrot, 2–3 cm lang, in endständiger, vielblütiger Traube.

cana Greene, Kalifornien. Blütezeit Oktober bis November. Bis 25 cm hohe Staude mit silbergrau behaarten Blättern, sonst ähnlich *Z. californica.* Kalthauspflanze. **224,** S. 28.

Zephyranthes Herb., Zephirblume, *Amaryllidaceae*

Etwa 55 Arten im südl. N-Amerika, Mittel- und S-Amerika. Mehrjährige, zwiebelbildende Pflanzen mit grundständigen, linealischen oder riemenförmigen Blättern. Blüten meist ansehnlich, trichterförmig, aufrecht bis etwas überhängend. Keine Art winterhart. Einige werden als Zimmerpflanzen verwendet, im Sommer besser im Freien, Überwinterung kühl und hell.

candida (Lindl.) Herb., Argentinien, Uruguay. Blütezeit Juli–Oktober. Blätter fast stielrund, bis 30 cm lang. Blüten weiß, bis 6 cm lang, aufrecht, einzeln auf bis 25 cm langem Stiel. **944,** S. 118.

rosea (Spreng.) Lindl., Kuba. Hauptblütezeit Sommer–Herbst. Blätter schmal-riemenförmig, dunkelgrün, bis 25 cm lang. Blüten aufrecht, etwa 7 cm lang, kräftig rosa, einzeln auf bis 25 cm langem Stiel.

Zinnia L., *Compositae*

17 Arten in Amerika, meist in Mexiko. Einjährige Kräuter, Stauden oder Halbsträucher. Blätter ganz-

randig, gegenständig oder sitzend. Blütenköpfchen einzeln langgestielt, achsel- oder endständig. Blütenstengel am Köpfchen verdickt und hohl. Blüten weiß, gelb, rot oder bräunlich, oft mehrfarbig. Vermehrung durch Aussaat. Alle bei uns gezogenen Arten werden einjährig als Sommerblumen kultiviert. Für warme sonnige Stellen mit nährstoffreichem durchlässigem Boden.

angustifolia H. B. K. (syn. *Z. haageana* Regel), Mexiko. Blütezeit Juli–Oktober. 30–40 cm hohe, einjährige Kräuter mit verzweigten aufrechten Stengeln. Blütenköpfchen 4–6 cm groß, mit orangefarbenen Zungenblüten und dunkleren Röhrenblüten. Viele Sorten im Handel, z. B. 'Persian Carpet', Mischung mit ein- und mehrfarbigen, gefüllten Blüten in gelb über orange bis scharlach, **399,** S. 50; 'Thumbelina', 15 cm hoch, Mischung mit halbgefüllten und gefüllten Blüten, **400,** S. 50.

elegans Jacq., Mexiko. Blütezeit den ganzen Sommer über bis zum ersten Frost. 30–100 cm hohe einjährige Kräuter. Steif aufrechte, gablig verzweigte Stengel. Herzförmige bis eiförmig-lanzettliche rauhhaarige, sitzende Blätter. Blütenköpfe 5–12 cm groß, einfach oder gefüllt. Blütenfarben purpurrot, dunkelviolett, scharlachrot, karminrot, goldgelb, schwefelgelb oder weiß, ein- oder mehrfarbig mit unterschiedlichen oder gleich gefärbten Zungen- und Röhrenblüten. Als Einzelfarbsorten oder Mischungen im Handel, z. B. 'Chrysanthemenblütige', **397,** S. 50; 'Dahlienblütige', **398,** S. 50.

haageana siehe *angustifolia*

Zygocactus K. Schum., Gliederkaktus, *Cactaceae*

1 Art in Brasilien (Orgelgebirge). Kleine Sträucher, mehrjährig, immergrün, blattlos, mit flachen Gliedern (Phyllokladien). Blüten in der Regel an den Endgliedern, röhrig, mit ausgebreiteten Blütenblattenden. Als Zimmerpflanze wird häufig gezogen

truncatus (Haw.) K. Schum., Weihnachtskaktus. Blütezeit Dezember–Februar. Wuchs aufrecht-überhängend. Glieder etwa 5 cm lang. Blüten lila. Häufig findet man die Angabe, daß zur Blütenbildung ein Trockenhalten im Spätsommer notwendig sei. Das ist aber falsch. Die Blütenbildung ist abhängig von Temperatur und Tageslänge. Blüten werden bei Temperaturen um 15° und darunter unabhängig von der Tageslänge gebildet, über 15° nur in Kurztagen und bei hohen Temperaturen über 23° überhaupt nicht mehr. Hier erfolgt nur noch Gliederwachstum. Diese Angaben gelten für die verbreitete Sorte 'Vesuv'. Bei anderen Sorten liegen die Verhältnisse ähnlich, doch sind die Temperaturgrenzen anders. Aber auch bei diesen Sorten ist ein Trockenhalten nicht erforderlich. Häufig kann man auch schon im Spätsommer und Frühherbst ein Blühen beobachten, nämlich dann, wenn Pflanzen auf dem Balkon der im Freien herrschenden Temperatur ausgesetzt sind. In kühlen Sommern sinkt die Temperatur oft beträchtlich, und die Blüten können daher auch im Langtag gebildet werden. Ursache des vorzeitigen Abfalles von Blütenknospen besonders im Winter ist zu hohe Temperatur, verbunden mit niedriger Lichtintensität. Abhilfe durch rechtzeitiges Kühlstellen, bei 15–18°. **656,** S. 82.

Nachtrag

Callistemon R. Br., *Myrtaceae*, Zylinderputzer

Etwa 25 Arten in Australien und Tasmanien. Bäume oder Sträucher, immergrün, mit wechselständigen, steifen, linealischen oder lanzettlichen Blättern. Blüten zu vielen dicht um die Zweige herum sitzend, mit unscheinbaren Blütenblättern, aber vielen, lebhaft gefärbten Staubfäden. Dadurch Aussehen, das einem Zylinderputzer ähnlich ist. Keine Art winterhart. Verwendung als Kübelpflanzen, im Sommer im Freien. Überwinterung hell und kühl (um 5°).

citrinus (Curt.) Stapf (syn. *Metrosideros citrina* Curt.), Blütezeit Sommer. Strauch, bis 3 m hoch. Staubfäden scharlachrot. Blüht schon als junge Pflanze.

salignus (Sm.) DC. (syn. *Metrosideros saligna* Sm.), Blütezeit Frühsommer. Strauch oder kleiner Baum. Staubfäden gelb. Blüht erst als größere Pflanze. **1473,** S. 185.

Drimys J. R. et G. Forst., *Winteraceae*

Etwa 40 Arten, überwiegend in Australien und Neuguinea, einige in S-Amerika. Bäume oder Sträucher, immergrün, mit wechselständigen, durchscheinend punktierten Blättern. Blüten achsel- und endständig. Keine Art winterhart.

winteri J. R. et G. Forst., S-Chile, S-Argentinien. Blütezeit Mai–Juni. Bei uns strauchig. Blätter länglich, bis 25 cm lang. Blüten cremeweiß, 4 cm breit, in Dolden, duftend. 'Latifolia', höher wachsend als die Art, mit breiteren Blättern. **1567,** S. 196. Verwendung als Kübelpflanze. Im Sommer im Freien. Überwinterung hell und kühl (um 5°).

Mutisia L. f., *Compositae*

Etwa 60 Arten in S-Amerika, überwiegend in Chile. Sträucher, immergrün, meist kletternd, mit wechselständigen, einfachen oder gefiederten Blättern. Blütenköpfchen groß, rot oder gelb. Keine Art winterhart. Einige Arten werden in botanischen Sammlungen gezogen. Am besten gedeihen sie ausgepflanzt im kühlen Gewächshaus.

oligodon Poepp. et Endl., Gebirge in Chile. Etwas kletternd, bis 1,5 m hoch. Blätter länglich, gezähnt. Blütenköpfchen bis 2,5 cm im Durchmesser, Zungenblüten rosa. **1984,** S. 248.

Autoren der Pflanzennamen

Das Verzeichnis ist auf die Autoren der Pflanzennamen dieses Buches beschränkt. Viele weitere Autoren und biographische Einzelheiten finden sich im „Handwörterbuch der Pflanzennamen".

Aberconway = Lord Aberconway, 1879–1953. Engl. Pflanzenliebhaber.
Adams (auch **J. F. Adam**) = Johannes Michael Friedrich Adams (J. F. Adam), 1780–1838. Dtsch.-russ. Naturwissenschaftler in Petersburg (Leningrad), bereiste Sibirien.
Adans. = Michel Adanson, Aix, Provence 7. 4. 1727–3. 8. 1806 Paris. Franz. Botaniker u. Zoologe, lebte 14 Jahre in Senegal. Nach ihm die Gattung *Adansonia* L.
Ait. = William Aiton, Hamilton, Schottland 1731 bis 1. 2. 1793 Kew. Engl. Botaniker, Vorsteher des Bot. Gartens Kew. Hauptwerk: „Hortus Kewensis, or a catalogue of the plants cultivated in the Royal Botanic Gardens at Kew", 1789. Nach ihm die Gattung *Aitonia* Thunb.
Ait. f. = William Townsend Aiton, Kew 2. 2. 1766 bis 9. 10. 1849 Kensington. Sohn von William Aiton. Engl. Botaniker. Hrsg. der 2. Aufl. von „Hortus Kewensis, ...", 1810–1813.
All. = Carlo Allioni, Torino 3. 9. 1728–30. 7. 1804 Torino. Ital. Botaniker.
Allan = Henry Howard Allan, 1882–1957. Neuseeländ. Botaniker. Autor von „Flora of New Zealand", 1961.
Amann = ... Amann, 19. Jahrh., Botaniker.
Andersen = Johannes C. Andersen, 1873–?. Neuseeländ. Botaniker.
Anderss. = Nils Johan Andersson, Gädserum, Småland 20. 2. 1821–27. 3. 1880 Stockholm. Schwedischer Botaniker. Schriften (Illustrationen) über die skandinavische Flora.
Andr. = Henry C. Andrews, ?–1830. Engl. Botaniker, Blumenmaler u. Stecher.
André = Edouard André, Bourges 17. 7. 1840 bis 1911 Uruguay. Franz. Gartengestalter, Gärtner u. Schriftsteller, „Jardinier principale" der Stadt Paris. Schriftleiter der „Illustration horticole" und der „Revue horticole". Schriften über Garten- u. Parkgestaltung u. a. Bereiste S-Amerika und führte Pflanzen ein.
Ant. = Franz Antoine, Wien 23. 2. 1815–11. 3. 1886 Wien. Österr. Botaniker, Direktor des Schönbrunner Gartens bei Wien. Schrieb u. a. über Coniferen.
Appleg. = Elmer Ivan Applegate, 1876–?. Nordamer. Botaniker.
Arn. = George Arnott Walker, Edinburgh 6. 2. 1799–17. 5. 1868 Glasgow. Engl. Botaniker, Direktor des Bot. Gartens Glasgow. Veröffentlichte zus. mit W. J. Hooker mehrere Werke. Nach ihm die Gattung *Arnottia* A. Richard.
S. Arn. = Sigfrid V. Arnell, 1895– . Schwed. Botaniker.
Arnold = Arnold, vielleicht ein Pseudonym, tätig um 1785. Schrieb „Reise nach Mariazell in Steyermark", 1785.
Aschers. = Paul Friedrich August Ascherson, Berlin 4. 6. 1834–6. 3. 1913 Berlin. Deutscher Botaniker, Kustos am Bot. Museum Berlin. Schrieb einige wichtige Florenwerke. Nach ihm die Gattung *Aschersoniodoxa* Gilg et Muschl.
Ashe = William Willard Ashe, 1872–1932 Washington, DC. Nordamer. Botaniker.
Aubl. = Jean Baptiste Christoph Fusée Aublet, Salon, Provence 4. 11. 1720–7. 5. 1778 Paris. Franz. Botaniker u. Apotheker. Bereiste von 1762–1764 Guayana.
Auch. = P. M. R. Aucher-Eloy, 1792–1838. Franz. Botaniker.
auct. oder **aut.** = auctorum (autorum), der Schriftsteller, der Autoren (Genet. Pluralis). Übliche Abkürzung, wenn der Name von verschiedenen Autoren benutzt wurde.
Audub. = John James Audubon, Cayes, Louisiana 26. 4. 1785–27. 1. 1851 New York. Nordamer. Zoologe u. Maler. Gab zahlreiche, meist von ihm selbst illustrierte Werke über amer. Tiere, vor allem Vögel, heraus.
Aug. = H. Augustin, 1857–1930. Franz. Botaniker.
Avé-Lallem. (auch **Lallem.**) = Jules Léopold Edouard Avé-Lallemant, 1803–1867. Deutscher Botaniker. Nach ihm die Gattung *Lallemantia* Fisch. et Mey.
Backh. = James Backhouse, 1825–1890 (nach Chittenden 1794–1869). Engl. Botaniker u. Gärtner in York. Nach ihm die Gattung *Backhousia* Hook. et Harv.
L. H. Bailey = Liberty Hyde Bailey, South Haven, Michigan 15. 3. 1858–25. 12. 1954 Ithaca, N.Y. Nordamer. Botaniker. Von den vielen Schriften über Botanik, Gartenbau u. Landwirtschaft seien genannt: zus. mit E. Z. Bailey „Hortus, ...", 1930, „Hortus second, ...", 1941; Hrsg. von „Cyclopedia of American horticulture, ...", 1900–1902; „The Standard Cyclopedia of horticulture", 1914 bis 1917, 2. Aufl. 1922; „Cyclopedia of American agriculture", 1907–1909. Nach ihm die Gattung *Baileya* Harv. et A. Gray ex Torr.
Baill. = Henry Ernest Baillon, Calais 30. 11. 1827 bis 18. 7. 1895 Paris. Franz. Botaniker, Direktor des Bot. Gartens Paris. Schrieb verschiedene Monographien u. Florenwerke. Nach ihm die Gattung *Baillonia* Bocq. ex Baill.
Bak. = John Gilbert Baker, Guisborough 13. 6. 1834–16. 8. 1920 Kew. Engl. Botaniker, Kustos am Herbarium Kew. Von ihm mehrere Handbücher, Monographien u. Floren.
Balansa = Benedict Balansa, 1825–1891. Franz. Botaniker. Nach ihm die Gattung *Balansaea* Boiss. et Reut.
Balb. = Giovanni Battista Balbis, Moretta, Saluzzo 17. 11. 1765–13. 2. 1831 Torino. Ital. Botaniker, Prof. in Torino. Schrieb über die „Horti Taurinensis". Nach ihm die Gattung *Balbisia* Cav.
Balf. = John Hutton Balfour, Edinburgh 15. 9. 1808–11. 2. 1884 Edinburgh. Engl. Botaniker, Direktor des Bot. Gartens Edinburgh. Schrieb bot. Lehrbücher, über Pflanzen der Bibel etc. Nach ihm die Gattung *Balfourodendron* Mello ex Oliv.
Balf. f. = Isaac Bayley Balfour, Edinburgh 31. 3. 1853–30. 11. 1922 Haslemere. Sohn von J. H. Balfour. Engl. Botaniker, Prof. in Edinburgh.
Ball = John Ball, 1818–1889. Engl. Botaniker. Schrieb u. a. über Alpenpflanzen u. die marokkan. Flora.
P. W. Ball = P. W. Ball, 1932– . Engl. Botaniker, Liverpool.
Banks = Sir Joseph Banks, London 4. 1. 1743 bis 19. 6. 1820 Spring Grove, Midds. Engl. Naturwissenschaftler, 1772–1820 Leiter von Kew Gardens, die er zu den artenreichsten Sammlungen der Welt machte. Bereiste Labrador u. Neufundland, begleitete Cook auf seiner ersten Weltreise, 1768 bis 1771, durchforschte Island, die Hebriden u. Shetland-Inseln. Sein Herbar u. die riesige Bibliothek heute im Besitz des Brit. Museums London. Schrieb zus. mit Solander „Illustration of the Botany of Captain Cook's voyage round the world ... in 1768–1771. With determinations by James Britton". Hrsg. vom Brit. Museum, London 1900–1905. Nach ihm die Gattung *Banksia* L. f.
Barbier = Barbier u. Söhne, um 1900. Franz. Baumschule in Orléans.
Baroni = Eugenio Baroni, 1865–1943. Ital. Botaniker. Nach ihm die Gattung *Baronia* Bak.
P. Barr et Sugdon = P. Barr (1825–1909) u. ... Sugdon.
Batal. = Alexander F. Batalin, 1847–1898 (nach Chittenden 1896). Russ. Botaniker am Bot. Garten Petersburg (Leningrad).
Batem. = James Bateman, Redivals, Bury, Lanc. 18. 7. 1811–27. 11. 1897 Worthing, Sussex. Engl. Botaniker, Orchideenspezialist. Nach ihm die Gattung *Batemannia* Lindl.
Batsch = August Johann Georg Karl Batsch, Jena 23. 10. 1761–29. 9. 1802 Jena. Deutscher Mediziner u. Botaniker. Verschiedene populärwissenschaftliche u. bot.-histor. Schriften.
Baumg. = Johann Christian Gottlob Baumgarten, Luckau, Lausitz 7. 4. 1765–29. 12. 1843 Schäfsburg, Siebenbürgen. Deutscher Botaniker.
Bausch = J. B. B. Bausch, zeitgenöss. holl. (?) Baumschulist.
Bckbg. = Curt Backeberg, 1894–1966. Deutscher Kakteenforscher, unternahm ausgedehnte Reisen in Mittel- und Südamerika. Hauptwerke: „Cactaceae. Monographie der Familie", 1958–1962; „Das Kakteen-Lexikon", 1966; „Kaktusjagd zwischen Texas und Patagonien", 1930; zus. mit F. M. Knuth „Kaktus ABC", 1935; zus. mit E. Werdermann „Neue Kakteen", 1931.
Bean = William Jackson Bean, 1863–1947. Engl. Botaniker in Kew.
Beauv. (auch **P. Beauv.**, **Pal.** oder **Pal. Beauv.**) = Ambroise Marie François Joseph Palisot de Beauvois, Arras 28. 10. 1752–21. 1. 1820 Paris. Franz. Botaniker u. Forschungsreisender. Mehrere floristische Schriften. Nach ihm die Gattung *Palisota* Rchb.
Beauverd = Gustave Beauverd, 1867–1942. Schweiz. Botaniker u. Künstler, am Herbarium Boissier, Genf. Nach ihm die Gattung *Beauverdia* Hert.
Beck = Lewis Caleb Beck, 1798–1853 New York. Nordamer. Botaniker. Schrieb über die Flora der Nord- u. Mittelstaaten der USA.
G. Beck = Günther Beck von Managetta, Preßburg 25. 8. 1856–23. 6. 1931 Prag. Österr.-tschech. Botaniker. Schriften: „Alpenblumen des Semmeringgebietes", 1898; „Flore Bosne, Hercegovine i Novi pazarskog Sandzaka", 1903–1950; „Flora von Hernstein in Niederösterreich ...", 1884; „Flora von Nieder-Österreich", 1890–1893; in Engler, Das Pflanzenreich „Orobanchaceae", 1930.

Beer = Johann Georg Beer, 1803–1873 Wien. Österr. Liebhaberbotaniker, Stadtrat in Wien. Schrieb u. a. über Bromelien und Orchideen.
Benth. = George Bentham, Stokes, Plymouth 22. 9. 1800–10. 9. 1884 London. Engl. Botaniker. Schrieb zahlreiche Werke, u. a. zus. mit Hooker f. „Genera plantarum", 1862–1883. Nach ihm die Gattung *Benthamia* A. Rich.
Bercht. = Friedrich Graf von Berchtold, 1781– 3. 4. 1876. Österr. Botaniker, bereiste Südamerika (Amazonas). Schrieb zus. mit P. M. Opiz und mit J. Presl.
Berg = Otto Karl Berg, Stettin 18. 8. 1815–20. 11. 1866 Berlin. Deutscher Botaniker u. Pharmazeut. Schrieb hauptsächlich über offizinelle Pflanzen.
Berger = Alwin Berger, Möschlitz bei Schleiz, Thür. 28. 8. 1871–21. 4. 1931 Stuttgart. Deutscher Gärtner, Botaniker, Sukkulentenforscher. 1897 bis 1914 Leiter des Hanbury-Gartens La Mortola, Ventemiglio, 1915–1926 Leiter der Staatl. Gärten Württembergs. Schrieb über Kakteen und andere Sukkulente, u. a. in Engler, Das Pflanzenreich „Liliaceae-Asphodeloideae-Aloineae", 1908. Nach ihm die Gattung *Bergeranthus* Schwant.
Berggr. = Sven Berggren, 1837–1917. Schwed. Botaniker, Prof. der Botanik in Uppsala und Lund. Spezialgebiet: Moose.
Bergm. = Johannes Baptista Bergmans, 1892– . Holl. Gärtner u. bot. Schriftsteller (Nomenklatur der Kulturpflanzen).
Bernh. = Johann Jakob Bernhardi, Erfurt 7. 9. 1774–13. 5. 1850 Erfurt. Deutscher Botaniker. Verschiedene Einzelveröffentlichungen. Nach ihm die Gattung *Bernhardia* P. et K. (*Bernardia* Mill.).
Bert. = Carlo Giuseppe Bertero, 1789–1831. Ital. Arzt, Botaniker u. Reisender, der in Südamerika viele neue Pflanzen entdeckte. Nach ihm die Gattung *Berteroa* DC.
Bess. = Wilibald Swibert Joseph Gottlieb von Besser, Innsbruck 7. 7. 1784–11. 10. 1842 Kiew. Österr.-poln. Botaniker. Nach ihm die Gattung *Bessera* Schult. f.
Bieb. siehe M. B.
Birdsey = Monroe R. Birdsey, 1922– . Nordamer. Botaniker an der University of Miami, Florida. Schrieb u. a. „The Cultivated Aroids", 1951.
Bisset = James Bisset, 1843–1911. Engl. Botaniker.
Bl. = Carl Ludwig Blume, Braunschweig 9. 6. 1796 bis 3. 2. 1862 Leiden. Holl. Botaniker, Direktor des Reichsherbariums in Leiden, bereiste Ostindien u. brachte über 3000 Pflanzenarten von dort mit. Mehrere Schriften über die betreffende Flora. Nach ihm die Gattung *Blumea* DC.
Blake = Sidney Fay Blake, Staughton, Mass. 1892 bis 31. 12. 1959 Beltsville, Md. Nordamer. Botaniker. Autor von mehr als 300 Schriften, vor allem über *Compositae*, außerdem „Geographical Guide to the Floras of the World", 1942 u. 1961; „Guide to Popular Floras of the United States and Alaska", 1954. Nach ihm die Gattung *Blakea* P. Br.
S. T. Blake = Stanley Thatcher Blake, 1910– . Austral. Botaniker. Spezialgebiet: *Gramineae*.
Blanco = Francisco Manuel Blanco, 1778–1845 Manila. Span. Botaniker in Manila. Hauptwerk: „Flora de Filipinas . . .", 1837, 2. Aufl. 1845, 3. Aufl. 1877–1880.
Bois = Désiré Georges Jean Marie Bois, Granville, Manche 1856–1946. Franz. Botaniker. Schrieb u. a. „Atlas des plantes de jardins et d'appartements", 1891–1895.
Boiss. = Edmond Pierre Boissier, Genf 25. 5. 1810 bis 25. 9. 1885 Valleyres. Schweiz. Botaniker. Schrieb mehrere Florenwerke u. Monographien. Nach ihm die Gattung *Boissiera* Hochst. et Steud.
Boj. = Wenzel Bojer, Prag 1. 1. 1797–4. 6. 1856 Port Louis, Mauritius. Österr. Botaniker, bereiste die Insel Mauritius u. schrieb „Hortus Mauritianus". Nach ihm die Gattung *Bojeria* DC.
L. Bol. (auch **L. Bolus**) = H. M. Louisa Bolus, 1877– . Südafr. Botanikerin. Kurator des Bolus-Herbariums in Kapstadt. Spezialgebiet: *Aizoaceae*.
Bonpl. = Aimé Jacques Alexandre, Goujaud dit Bonpland, La Rochelle 28. 8. 1773–11. 5. 1858 Santa Ana Corrientes. Franz. Arzt, Botaniker u. Forschungsreisender. Reisebegleiter A. von Humboldts, entdeckte über 6000 neue Pflanzenarten, die teils er, teils Kunth (s. d.) beschrieb. Von 1804 an Direktor des Malmaison-Gartens, von 1818 an Prof. in Buenos Aires, von wo er weite Forschungsreisen unternahm. Schriften: „Description des plantes rares cultiviées à Malmaison et à Navarre", 1812–1817; zus. mit A. von Humboldt „Essai sur la géographie des plantes", 1805; zus. mit Humboldt u. Kunth „Nova genera et species plantarum quas in peregrinatione . . . orbis novi collegerunt", 1815–1825. Nach ihm die Gattung *Bonplandia* Cav.
Boom = B. K. Boom, 1903– . Holl. Botaniker. Autor von „Nederlandse Dendrologie", 2. Aufl. 1965; „Flora der gekweekte, kruidachtige Gewassen", 1950; „Flora van Kamer- en Kasplanten", 1968.
Boott = Francis Boott, Boston 26. 9. 1792–25. 12. 1863 London. Engl. Botaniker u. Arzt.
Bor. = Alexandre Boreau, 1803–1875. Franz. Botaniker. Schrieb u. a. „Flore du Centre de la France", 1840, weitere Auflagen 1849, 1857.
Borkh. = Moritz Balthasar Borkhausen, Gießen 1760–30. 11. 1806 Darmstadt. Deutscher Naturwissenschaftler, Forstbeamter, Kammerrat. Autor versch. forstbot. Schriften.
Bory = Jean Baptiste George Marcellin Baron Bory de St. Vincent, Agen Juli 1780–22. 12. 1846 Paris. Franz. Oberst, Naturforscher, Botaniker. Reiste in Südafrika, Algerien etc. Nach ihm die Gattung *Borya* Labill.
Bouché = Karl David Bouché, Berlin 1809–27. 9. 1881 Berlin. Entstammte einer berühmten Gärtnerfamilie, von 1843 bis zu seinem Tode Inspektor des Bot. Gartens Berlin. Hauptwerk: „Die Blumenzucht in ihrem ganzen Umfange", 1855.
Bowl. = Edward Augustus Bowles, 1865–1954. Engl. Botaniker. Schrieb u. a. „A handbook of Crocus and Colchicum for gardeners", 1924.
N. E. Br. = Nicholas Edward Brown, Redhill 9. 7. 1849–25. 11. 1934 Kew. Engl. Botaniker in Kew, Sukkulentenforscher (vor allem Aizoaceae), Verfasser vieler systematischer Schriften. Nach ihm die Gattung *Brownanthus* Schwant.
P. Br. = Patrick Browne, Woodstock, Mayo um 1720–29. 8. 1790 Rushbrook, Mayo. Irischer Arzt u. Botaniker, bereiste Westindien, besonders Jamaica. Nach ihm die Gattung *Brownea* Jacq. corr. Murr.
R. Br. = Robert Brown, Montrose 21. 12. 1773 bis 10. 6. 1858 London. Engl. Botaniker, von 1801 bis 1805 auf einer Australien-Expedition, später Kustos am Bot. Museum London. Schrieb mehrere Werke über die australische Flora.
Brandeg. = Townsend S. Brandegee, 1843–1925 Kalifornien. Nordamer. Botaniker u. Pflanzensammler. Nach ihm die Gattung *Brandegea* Cogn.
Briot = Charles Briot, 1804–1888. Franz. Baumschulgärtner.
Britt. = Nathaniel Lord Britton, New Dorp, Staten Island 15. 1. 1859–25. 6. 1934 New York. Nordamer. Geologe u. Botaniker, Direktor des Bot. Gartens New York. Gab u. a. zus. mit Rose (s. dort) das vierbändige Werk „The Cactaceae", 1919–1923, heraus. Nach ihm die Gattung *Brittonella* Rusby.
Brongn. = Adolphe Théodore Brongniart, Paris 14. 1. 1801–18. 2. 1876 Paris. Franz. Botaniker, auf Weltreise von 1822–1825. Schrieb über fossile Pflanzen. Nach ihm die *Brongniartia* Kunth.
Brot. = Felix de Avellar Brotero, Santo Antao do Tojal 25. 11. 1744–4. 8. 1828 Alcolena de Belem. Portug. Botaniker, 1800–1821 Direktor des Bot. Gartens Ajuda bei Lissabon.
Buch.-Ham. = C. Francis Buchanan, später Lord Hamilton, 1762–1829. Engl. Botaniker, Forschungsreisender, Direktor des Bot. Gartens Kalkutta. Verfasser von „A Journey from Madras through the countries of Mysore . . .", 1807.
Buchh. = Günther Buchheim, 1924– . Deutscher Botaniker, heute in den USA. Mitarbeiter am „Syllabus der Pflanzenfamilien", 12. Aufl. 1964, ebenso an der 9. u. 10. Aufl. vom „Handwörterbuch der Pflanzennamen", 1964 u. 1971.
Buhse = F. A. Buhse, 1821–1898. Russ. Botaniker. Nach ihm die Gattung *Buhsia* Bunge.
Buist = Robert Buist, Cupar Fyfe, Schottl. 14. 11. 1805–13. 11. 1880 Philadelphia. Nordamer. Gärtner, seit 1828 in USA, Besitzer einer Gärtnerei u. eines Saatzuchtbetriebes. Schrieb „Rose Manual", „Family Kitchen Garden", „Flower Garden Directory".
Bunge = Alexander Andreievich von Bunge, Kiew 24. 9. 1803–6. 7. 1890 Dorpat. Russ. Arzt u. Botaniker, von 1836 an Professor in Dorpat. Bereiste 1830–1831 China, 1832 den östl. Altai, 1857–1859 Khorassan, Afghanistan. Schrieb über die Flora dieser Länder. Nach ihm die Gattung *Bungea* C. A. Mey.
Bur. = Edouard Bureau, Nantes 20. 5. 1830–1918 Paris. Franz. Botaniker, Direktor des Herbariums am Musée d'Histoire naturelle in Paris. Schrieb u. a. über *Bignoniaceae* und *Moraceae*.
Burk. = Isaac Henry Burkill, 1870–?. Engl. Botaniker. Nach ihm die Gattungen *Burkillanthus* Swingle u. *Burkillia* Ridl.
Burkw. et Skipw. = Burkwood u. Skipwith, engl. Baumschule des 20. Jahrh. Albert Burkwood, 1890 bis ; Arthur Burkwood, 1888– . Erfolgreiche engl. Pflanzenzüchter u. Baumschulgärtner.
Burm. = Johannes Burman, Amsterdam 26. 4. 1706–20. 1. 1779 Amsterdam. Holl. Botaniker. Schrieb mehrere Florenwerke. Nach ihm die Gattung *Burmannia* L.
Burm. f. = Nicolaas Laurens Burman, Amsterdam 27. 12. 1733–11. 9. 1793 Amsterdam. Sohn des vorigen. Holl. Botaniker. Schrieb u. a. „Flora Indica", 1768.
Burret = Carl Ewald Max Burret, 1883–1964 Berlin. Deutscher Botaniker am Bot. Museum Berlin, Palmenspezialist. Veröffentlichte zahlreiche Beiträge über Palmen in verschiedenen Zeitschriften sowie zus. mit E. Potztal „Systematische Übersicht über die Palmen", 1956.
Bury = Mrs. Edward Bury, 19. Jahrh. Engl. Pflanzenmalerin, malte vor allem *Amaryllidaceae* u. *Liliaceae*.
Buser = Robert Buser, 1857–1931. Schweiz. Botaniker. Nach ihm die Gattung *Buseria* Th. Dur.
Bush = Benjamin Franklin Bush, 1858–1937. Nordamer. Botaniker.
Carey = William Carey, Paulespury, Northhamptonshire 17. 8. 1761–9. 6. 1834 Scrampore, Indien. Engl. Botaniker, Gründer eines Bot. Gartens in Scrampore, Sprachwissenschaftler. Nach ihm die Gattung *Careya* Roxb.
Carr. = Élie Abel Carrière, May-en-Multian, Seine et Marne 4. 6. 1818–17. 8. 1896 Paris. Franz. Gärtner, Botaniker u. Schriftsteller. Zeitweise (bis 1869) Leiter der Baumschule des Musée Histoire naturelle Paris und Schriftleiter der „Revue horticole". Nach ihm die Gattung *Carrierea* Franch.
Cass. = Comte de Alexandre Henri Gabriel de Cassini, Paris 9. 5. 1781–16. 4. 1832 Paris. Franz. Botaniker u. Jurist. Nach ihm die Gattung *Cassinia* R. Br.
Cav. = Antonio José Cavanilles, Valencia 16. 1. 1745–4. 5. 1804 Madrid. Span. Botaniker, Direktor des Bot. Gartens Madrid. U. a. Autor von „Icones et descriptiones plantarum . . .", 1791–1801.
Čelak. = Ladislav Josef Čelakovsky, 1834–1902. Tschech. Botaniker, Prof. in Prag. Schrieb u. a. über die Flora von Böhmen.
Chaix = Dominique Chaix, Mont-Auroux, Dauphiné 1731–1800. Franz. Abt u. Botaniker.

Cham. = Ludwig Adalbert von Chamisso (eigentlich Louis Charles Adelaide de Chamisso), Schloß Boncourt, Champagne 30. 1. 1781–21. 8. 1838 Berlin. Deutscher Botaniker u. Dichter. Nahm 1815 bis 1818 an der Weltumseglung des russ. Kapitäns Kotzebue teil. Seit 1818 Kustos am Bot. Museum Berlin. Schrieb u. a. „Reise um die Welt mit der Romanzoffischen Entdeckungsexpedition in den Jahren 1815–1818", 1836; „Übersicht der nutzbarsten und schädlichsten Gewächse, ...", 1827. Nach ihm die Gattung *Chamissoa* Kunth.

Chaub. = Louis Anastase Chaubard, 1785–1854. Franz. Botaniker. Nach ihm die Gattung *Chaubardia* Rchb. f.

Cheng = Wan-Chün Cheng, 1903– . Chin. Botaniker, vor allem Dendrologe.

Chiov. = E. Chiovenda, 1871–1940. Ital. Botaniker. Nach ihm die Gattung *Chiovendaea* Speg.

Choisy = Jacques Denis Choisy, Jussy bei Genf 5. 4. 1799–26. 11. 1859 Genf. Schweiz. Pfarrer, Philosoph, Botaniker. Schrieb Monographien einiger Pflanzenfamilien. Nach ihm die Gattung *Choisya* Kunth.

Christ = Konrad Hermann Heinrich Christ, 1833 bis 1933. Schweiz. Botaniker. Schrieb u. a. „Die Farnkräuter der Erde", 1897; „Die Geographie der Farne", 1910; „Die Rosen der Schweiz", 1873. Nach ihm die Gattung *Christiopteris* Copel.

Clairv. = Joseph Philippe de Clairville, Frankreich 1742–31. 8. 1830 Winterthur. Schweiz. Botaniker.

C. B. Clarke = Charles Baron Clarke, Andover, Hants. 17. 6. 1832–25. 8. 1906 Kew. Engl. Botaniker am Herbarium Kew. Veröffentlichte u. a. über *Commelinaceae* und *Gesneriaceae*.

E. D. Clarke = E. D. Clarke, 1779–1822. Engl. Botaniker. Schrieb u. a. bot. Reiseberichte.

Cock. = Leonhard C. Cockayne, England 1855 bis 1934 Neuseeland. Engl. Botaniker, von 1881 bis zum Tode in Neuseeland. Veröffentlichte von 1899 an viele Beiträge zur neuseeländ. Flora in versch. Zeitschriften und zus. mit E. P. Turner „The Trees of New Zealand", 1928.

Cöem. = Henri Eugène Lucien Coëmans, 1825 bis 1871. Belg. Abt u. Botaniker.

Col. = William Colenso, England 1811–1899 Neuseeland. Engl. Pfarrer u. Botaniker, von 1834 bis zu seinem Tode in Neuseeland, über dessen Flora, vor allem *Pteridophyta*, er arbeitete.

Comm. = Philibert Commerson, Châtillon-les-Dombes 18. 11. 1727–13. 3. 1773 Isle de France. Franz. Arzt u. Naturwissenschaftler. Begleiter Bougainvilles auf dessen Reise um die Welt von 1766 bis 1769. Nach ihm die Gattung *Commersonia* J. R. et G. Forst.

Coss. = Ernest Saint-Charles Cosson, Paris 22. 7. 1819–31. 12. 1889 Paris. Franz. Botaniker. Schrieb über franz. Flora.

Coste = Hippolyte Jacques Coste, 1858–1924. Franz. Abt u. Botaniker.

Cov. (auch **Coville**) = Frederick Vernon Coville, 1867–1937. Nordamer. Botaniker in Washington D.C. Spezialgebiete: *Ericaceae, Juncaceae*.

Craib = William Grant Craib, 1882–1933. Engl. Botaniker. Nach ihm die Gattung *Craibia* Harms et Dunn.

Crantz = Heinrich Johann Nepomuk von Crantz, Roodt, Luxemburg 25. 11. 1722–18. 1. 1797 Judenburg, Obersteiermark. Österr. Arzt u. Botaniker, Prof. in Wien. Schriften: „Materia medica et chirurgica juxta systema naturae digesta", 1762; „Stirpes austriacae", 1762–1767; „Institutiones rei herbariae", 1766; „Classis Umbelliferarum emendata ...", 1767; „Classis Cruciformium emendata ...", 1769; „De duabus draconis arboribus botanicarum ...", 1768.

Crouch. = George Croucher, 1833–1905. Engl. Gärtner.

A. Cunn. = Allan Cunningham, Wimbledon 13. 7. 1791–27. 6. 1839 Sidney. Engl. Botaniker, 1826 u. 1838 in Neuseeland, sonst in New South Wales, Australien. Schrieb über austral. u. neuseeländ. Flora.

R. Cunn. = Richard Cunningham, Wimbledon 12. 2. 1793–25. 4. 1835, Bruder des vorigen, im Inneren Australiens auf einer Forschungsreise ermordet. Engl. Botaniker u. Forscher, 1833/34 in Neuseeland, Direktor des Bot. Gartens Sidney.

Curt. = William Curtis, Alton, Hants. 1746–7. 7. 1799 Brompton. Engl. Apotheker, Entomologe, Botaniker, Vorsteher des Apothekergartens Chelsea. Gründete bot. Gärten in Bermondsey, Lambeth 1771 u. Brompton 1789. Mehrere Werke über Floren u. Botanik. 1787 gründete er das heute noch erscheinende „Curtis' Botanical Magazine" und war bis 1799 sein Herausgeber. Nach ihm benannt die Gattung *Curtisia* Ait.

Cyr. = Domenico Cyrillo, Grumo 1739–1799 Neapel. Ital. Botaniker. Nach ihm die Gattung *Cyrilla* Gard. ex L.

Dallim. = William Dallimore, 1871–1959. Engl. Botaniker. Schrieb zus. mit A. B. Jackson „A Handbook of Coniferae", 1923.

Dandy = James Edgar Dandy, 1903– . Engl. Botaniker am Brit. Museum, London. Spezialgebiet: *Magnoliaceae*. Nach ihm die Gattung *Dandya* H. E. Moore.

P. H. Davis = P. H. Davis, 1918– . Engl. Botaniker. Hrsg. von „Flora of Turkey and the East Aegean Islands", 1965 ff.

DC. = Augustin Pyramus de Candolle, Genf 4. 2. 1778–9. 9. 1841 Genf. Schweiz. Botaniker, Verfasser vieler bot. Schriften, darunter der von seinem Sohn u. anderen Botanikern fortgesetzte „Prodromus systematis naturalis regni vegetabilis", 17 Bände, 1824–1873; „Plantarum succulentarum historia...", 1798–1837; „Regni vegetabilis systema naturale, ...", 1817–1821; „Organographie végétale", 1827; „Physiologie végétale", 1832; „Memoire sur la famille des légumineuses", 1825–1826.

A. DC. = Alphonse Louis Pierre Pyramus de Candolle, Paris 27. 10. 1806–4. 4. 1893 Genf. Sohn des vorigen. Nachfolger seines Vaters in der Professur in Genf. Schrieb u. a. „Monographie des Campanulées", 1830; „Géographie botanique", 1855; „Lois de nomenclature botanique", 1867; „Origine des plantes cultivées", 1882.

Debeaux = Jean Odon Debeaux, 1826–1910. Franz. Botaniker. Spezialgebiet: Flora von China.

Decne. = Joseph Decaisne, Brüssel 7. 3. 1807 bis 8. 2. 1882 Paris. Franz. Botaniker, Prof. am Jardin des Plantes, Paris. Schriften: „Le jardin frutier du Muséum ...", 1858–1875; zus. mit E. Le Maout „Traité général de botanique descriptive et analytique", 1868; zus. mit C. Naudin „Manuel de l'amateur des jardins", 1862–1871; für de Candolle, Prodromus in Bd. VIII „Asclepiadaceae", 1844, in Bd. XIII, 1 „Plantaginaceae", 1852. Nach ihm die Gattung *Decaisnea* Hook. f. et Thoms.

Deg. (auch **Degen**) = Arpad von Degen, 1866 bis 1934. Ung. Botaniker. Schrieb u. a. „Flora delebitica", 1936–1938. Nach ihm die Gattung *Degenia* Hayek.

Del. = Alire Raffeneau Delile, Versailles 23. 1. 1778 bis 5. 7. 1850 Paris. Franz. Botaniker, publizierte u. a. über die Flora von Ägypten.

Delarbre = A. Delarbre, 1744–1841. Franz. Botaniker.

Delavay = Pierre Jean Marie Delavay, 1834–1895. Franz. Missionar, Pflanzensammler, Entdecker vieler neuer westchin. Pflanzen, vor allem aus den Provinzen Kuang-tung u. Yunnan. Nach ihm die Gattung *Delavaya* Franch.

Desf. = Réné Louiche Desfontaines, Tremblay 14. 2. 1750–16. 11. 1833 Paris. Franz. Botaniker, Prof. am Jardin des Plantes, Paris. Hauptwerke: „Choix des plantes du Corollaire des instituts de Tournefort", 1808; „Flora Atlantica ...", 1798 bis 1799; „Histoire des Arbres et des Arbrisseaux...", 1809; „Voyage dans les Régences de Tunis et d'Alger", 1838; „Tableau de l'école de Botanique ...", 1804, 2. Aufl. 1815, 3. Aufl. 1829. Nach ihm die Gattung *Desfontainia* Ruiz et Pav.

De Smet = Louis de Smet, 20. 4. 1813–16. 3. 1887. Belg. Gärtnereibesitzer.

Desp. = Narcisse Henri François Desportes, 1776 bis 1856. Franz. Botaniker.

Desr. = Louis Auguste Joseph Desrousseaux, 1753 bis 1838. Franz. Botaniker.

Desv. = Augustin Nicaise Desvaux, Poitier 18. 8. 1784–12. 7. 1856 Angers. Franz. Botaniker, Direktor des Bot. Gartens Angers. Mehrere Werke über Floren u. allg. Botanik.

Devans. = M. A. de la Devansaye, 1845–1900. Franz. Orchideenliebhaber, Präsident der Société Horticulture d'Angers et du Maine et Loire, Frankreich.

Dicks. = James Dickson, Traguhair, Peebles 1738 bis 14. 8. 1822 Croyden, Surrey. Engl. Botaniker u. Gärtner. Mehrere Werke über Flora Großbritanniens u. a. Nach ihm die Gattung *Dicksonia* L'Hérit.

Diels = Friedrich Ludwig Emil Diels, Hamburg 24. 11. 1874–1945 Berlin. Deutscher Botaniker, Direktor des Bot. Gartens u. Museums Berlin. Bereiste Südafrika, Australien, Neuseeland, Java. Verfasser vieler bot. Schriften, darunter „Flora von Zentral-China", 1901, Nachtrag dazu 1905; „Pflanzenwelt von West-Australien", 1906; für Engler, Das Pflanzenreich „Menispermaceae", 1910; „Droseraceae", 1906; für Engler, Die natürlichen Pflanzenfamilien, 2. Aufl. Bd. 15a „Angiospermae: Reihen Farinosae, Liliiflorae, Scitamineae", 1930; „Jugendformen und Blütenreife im Pflanzenreich", 1906. Nach ihm die Gattungen *Dielsantha* E. Wimm., *Dielsia* Gilg, *Dielsiocharis* O. E. Schulz, *Dielsiochloa* Pilg., *Dielsiothamnus* R. E. Fries.

A. Dietr. = Albert Gottfried Dietrich, Danzig 8. 11. 1795–22. 5. 1856 Berlin. Deutscher Botaniker, Kustos am Bot. Garten Berlin, Lehrer an der Gärtner-Lehranstalt Berlin-Schöneberg. Schriften: „Flora regni Borussici", 1833–1844; „Terminologie der phanerogamischen Pflanzen ...", 1838; zus. mit C. F. Otto Hrsg. der „Allgemeine Gartenzeitung".

D. Dietr. = David Nathanael Friedrich Dietrich, Jena 3. 10. 1799–23. 10. 1888. Deutscher Botaniker u. Gärtner, Kustos am Bot. Garten Jena. Schrieb über Flora Deutschlands, offizinelle Pflanzen u. Flechten.

Dipp. = Leopold Dippel, Santerecken, Pfalz 4. 8. 1827–4. 3. 1914 Darmstadt. Deutscher Botaniker u. Gehölzkenner, Direktor des Bot. Gartens Darmstadt. Hauptwerk: „Handbuch der Laubholzkunde", 1889–1893.

Doerfl. = Ignaz Dörfler, 1866–1950. Österr. Botaniker. Hrsg. von „Herbarium normale".

D. Don = David Don, Doo Hillock 21. 12. 1799 bis 8. 12. 1841 London. Engl. Botaniker, Bibliothekar der Linnean Society, London. Schrieb u. a. „Prodromus Florae Nepalensis ...", 1825.

G. Don = George Don, 1764–1814. Vater von David u. George Don. Engl. Botaniker, Direktor des Bot. Gartens Edinburgh.

Donn = James Donn, 1758–1813 Cambridge. Engl. Botaniker. Veröffentlichte „Hortus Cantabrigiensis", 1796.

Doorenbos = Simon Gottfried Albert Doorenbos, 1891– . Holl. Wissenschaftler, Gehölzkundler, Gartendirektor in Den Haag.

Dougl. = David Douglas, Scone, Schottl. 1798 bis 12. 7. 1834 Sandwich-Inseln. Engl. Pflanzensammler für die Royal Horticultural Society, London. Bereiste vor allem das nordwestl. Amerika, von wo er viele Pflanzen einführte. Nach ihm die Gattung *Douglasia* Lindl.

Druce = George Claridge Druce, 1850–1932. Engl. Botaniker in Oxford.

Dryand. = Jonas Carlsson Dryander, 1748–19. 10. 1810 London. Schwed. Botaniker, lebte in England. Nach ihm die Gattung *Dryandra* R. Br.

Duby = Jean Étienne Duby, Genf 1798–1885. Schweiz. Botaniker u. Pfarrer. Schrieb besonders über *Primulaceae*. Nach ihm die Gattung *Dubyaea* DC.

Duchartre = Pierre Étienne Simon Duchartre, Porticagnes 27. 10. 1811–1894. Franz. Botaniker. Schrieb „Eléments de botanique", 1867; Schriftleiter der „Revue botanique", Paris 1845–1847.

Duham. = Henri Louis Duhamel de Monceau, Paris 1700–13. 8. 1782. Franz. Botaniker, Pomologe u. Dendrologe. Hrsg. vieler reich illustrierter Werke.

Dun. (auch **Dunal**) = Michael Félix Dunal, Montpellier 24. 10. 1789–29. 7. 1856 Montpellier. Franz. Botaniker. Schrieb besonders über *Solanaceae, Cistaceae, Annonaceae, Ericaceae*. Nach ihm die Gattung *Dunalia* Kunth.

Durand (auch **Dur.**) = Théophile Alexis Durand, 1855–1912. Belg. Botaniker. Veröffentlichte zus. mit E. de Wildeman „Illustrations de la flore du Congo", 1898–1902.

Durande = Jean François Durande, 1730–1794. Franz. Botaniker.

Duthie = John Firminger Duthie, 1845–1922. Engl. Botaniker, Leiter des Bot. Gartens Saharanpur, Indien. Schriften: „The Orchids of the Western Himalaya", 1906; „Illustrations of the indigenous fodder grasses of North Western India", 1886–1887. Nach ihm die Gattung *Duthiea* Hack.

Duval = Charles Jeunet Duval, in der Picardie 1851–10. 9. 1928 Irlbach. Franz. Botaniker. Spezialgebiete: Farne u. Flechten.

Dykes = William Rickatson Dykes, 4. 11. 1877 bis 1. 12. 1925. Engl. Botaniker. Veröffentlichte u. a. „The genus Iris", 1913; „Notes of Tulipa Species", 1930.

Eastw. = Alice Eastwood, 1859–1953. Nordamer. Botanikerin in Kalifornien. Nach ihr die Gattung *Eastwoodia* Brandeg.

Eaton (auch **Eat.**) = Amos Eaton, 1776–10. 5. 1842. Nordamer. Lehrer u. Botaniker im Staate New York. Schrieb u. a. „A Manual of Botany for the Northern States", 1817; „Flora of Mexico". Nach ihm die Gattung *Eatonella* A. Gray.

Eckl. = Christian Friedrich Ecklon, Apenrade 17. 12. 1795–1868 Südafrika. Deutscher Apotheker u. Pflanzensammler. Bereiste mit Karl Zeyher Südafrika u. arbeitete mit ihm über die dortige Flora.

Edgew. = Michael Pakenham Edgeworth, 1812 bis 1881. Engl. Botaniker im Dienst der Ostind. Company in Bengalen. Schrieb u. a. einen Katalog der Flora des Banda-Distriktes. Nach ihm die Gattung *Edgeworthia* Meissn.

Ehrenb. (auch **Ehrenbg.**) = Christian Gottfried Ehrenberg, Delitzsch 19. 4. 1795–27. 6. 1876 Berlin. Deutscher Mediziner u. Botaniker, bereiste von 1820 bis 1825 Ägypten, Nubien etc., 1829 mit A. von Humboldt den Ural. Schrieb mehrere Werke über Kleinlebewesen.

Ehrh. = Friedrich Ehrhart, Holderbank, Schweiz 4. 11. 1742–26. 6. 1795 Hannover. Deutscher Apotheker u. Botaniker. 1773–1776 Schüler Linnés, später Leiter der Gärten zu Herrenhausen bei Hannover. Schrieb 7 Bände „Beiträge zur Naturkunde ... besonders der Botanik ...", 1787–1792. Nach ihm die Gattung *Ehrharta* Thunb.

Ellis = John Ellis, Irland um 1710–15. 10. 1776 London. Bot. u. zool. interessierter engl. Kaufmann.

Endl. = Stephan Ladislaus Endlicher, Bratislava (Preßburg) 24. 6. 1804–28. 3. 1849 Wien. Österr. Botaniker, Direktor des Bot. Gartens u. Museums Wien. Schrieb mehrere Florenwerke. Nach ihm die Gattung *Endlicheria* Nees.

Engelm. = Georg Engelmann, Frankfurt a. M. 2. 2. 1809–4. 2. 1884 St. Louis, Missouri. Nordamer. Arzt u. Botaniker, sammelte u. beschrieb viele neue Pflanzen aus Texas etc. Veröffentlichte u. a. über *Cactaceae,* auch zus. mit J. M. Bigelow. Nach ihm die Gattung *Engelmannia* A. Gray ex Nutt.

Engl. = Heinrich Gustav Adolph Engler, Sagan 25. 3. 1844–10. 10. 1930 Berlin. Deutscher Botaniker, seit 1889 Direktor des Bot. Gartens u. Museums Berlin. Begründer u. Hrsg. von „Die natürlichen Pflanzenfamilien" (zus. mit K. A. E. Prantl), 1889 bis 1915, 2. Aufl. seit 1926 erscheinend; „Das Pflanzenreich", seit 1900 erscheinend; „Die Vegetation der Erde" (zus. mit O. Drude); seit 1881 Hrsg. von „Engler's Botanische Jahrbücher". Entwickelte das „Engler'sche Pflanzensystem", seit der 11. Aufl. (1936) dem von ihm begründeten „Syllabus der Pflanzenfamilien" zugrunde gelegt. Weitere wesentliche Schriften: „Versuch einer Entwicklungsgeschichte der Pflanzenwelt", 1879–1882; „Monographie der Gattung Saxifraga", 1872; für „Das Pflanzenreich" bearbeitete er Araceae, Aponogetonaceae (zus. mit K. Krause), Saxifragaceae-Saxifraga (zus. mit E. Irmscher); für Martius, Flora Brasiliensis Araceae, Quiiniaceae, Guttiferae, Olacineae, Icacineae, Rutaceae, Anacardiaceae u. a.; für de Candolle, „Monographiae Phanerogamarum" Araceae, Burseraceae, Anacardiaceae. Nach ihm benannt die Gattungen *Englerastrum* Briq., *Englerella* Pierre, *Engleria* O. Hoffm., *Englerocharis* Muschl., *Englerodendron* Harms, *Englerophytum* Krause.

Eschsch. = Johann Friedrich Eschscholtz, Dorpat 12. 11. 1793–19. 5. 1831 Dorpat. Russ. Botaniker. Nach ihm die Gattung *Eschscholzia* Cham.

Everett = Harry Day Everett, 1880–1908. Engl. Pflanzensammler in Manila.

Fabr. = Philipp Konrad Fabricius, Butzbach 2. 4. 1714–19. 7. 1774 Helmstädt. Deutscher Mediziner u. Botaniker.

Fedde = Friedrich Karl Georg Fedde, 1873–1942. Deutscher Botaniker. Begründer u. Hrsg. von (Feddes) „Repertorium Specierum novarum Regni vegetabilis", Berlin 1905–1942. Bearbeitete für Engler, Das Pflanzenreich „Papaveraceae-Hypecoideae et Papaveraceae-Papaveroideae", 1909. Veröffentlichte „Lichtbilder zur Pflanzengeographie und Biologie", 1912. Nach ihm die Gattung *Feddea* Urb.

B. Fedtsch. = Boris Aleksevitch Fedtschenko, 1872–1947. Sohn von Olga A. u. Alexei P. Fedtschenko. Russ. Botaniker.

O. Fedtsch. = Olga Alexandrovna Fedtschenko, 1845–1921 u. Alexei Pawlowitch Fedtschenko, Irkutsk 7. 2. 1844–15. 9. 1874 Savoyer Alpen. Russ. Botaniker-Ehepaar u. Forschungsreisende, vor allem in Turkestan. Olga A. F. veröffentlichte u. a. „Kritische Übersicht der Gattung Eremurus", 1909.

Fenzl = Eduard Fenzl, Krummnußbaum, Donau 15. 2. 1808–29. 9. 1879 Wien. Österr. Botaniker, Direktor des Bot. Gartens Wien. Schrieb mehrere Werke über Floren u. Pflanzengeographie.

Fern. = Merrit Lyndon Fernald, 1873–1950. Nordamer. Botaniker am Gray Herbarium, Cambridge, Mass.

Fisch. = Friedrich Ernst Ludwig von Fischer, Halberstadt 20. 2. 1782–17. 6. 1854 Petersburg. Deutsch-russ. Botaniker, Direktor des Bot. Gartens Petersburg (Leningrad). Verfasser zahlreicher Schriften. Beschreibungen vieler neuer russ. und nordamer. Pflanzen; „Synopsis Astragalarum tragacantharum", 1853.

Fitzg. = Robert David Fitzgerald, Tralee, Kerry 30. 11. 1830–12. 8. 1892 Sydney. Engl. Botaniker. Veröffentlichte u. a. „Australian Orchids", 1875 bis 1894.

Fletcher = Harold R. Fletcher, 1907– . Engl. Botaniker, Direktor des Bot. Gartens in Edinburgh. Spezialgebiet: *Primula.*

Forrest (auch **Forr.**) = George Forrest, 1873–1932. Engl. Botaniker u. Pflanzensammler. Führte viele neue chin. Pflanzen ein. Schrieb „Man Hunts and Plant Hunts", 1935.

Forsk. = Pehr Forskål, Helsingfors 11. 1. 1732 bis 11. 7. 1763 Jerim, Jemen. Schwed. Naturwissenschaftler, bereiste mit K. Niebur von 1761–1763 Ägypten u. Arabien. Schrieb über Flora Ägyptens u. Arabiens. Nach ihm die Gattung *Forsskalea* L.

G. Forst. (auch **Forst. f.**) = Johann Georg Adam Forster, Nassenhuben bei Danzig 26. 11. 1754 bis 11. 1. 1794 Paris. Deutscher Botaniker, Professor in Kassel, später in Wilna. Zus. mit seinem Vater begleitete er Cook auf dessen Weltreise von 1772 bis 1775. Sie veröffentlichten die Ergebnisse in mehreren Werken, u. a. „Characteres generum plantarum, quas in itinere ad insulas maris Australis collegerunt, ... ", 1776. Nach Vater und Sohn die Gattung *Forstera* L. f.

J. R. Forst. = Johann Reinhold Forster, Dirschau 22. 10. 1729–9. 12. 1798 Halle. Deutscher Naturwissenschaftler, zunächst Pfarrer zu Nassenhuben, dann Prof. der Naturwissenschaft, der deutschen u. franz. Sprache zu Warrington, England, ab 1780 Prof. in Halle. Siehe auch G. Forster.

Fort. = Robert Fortune, Berwickshire 1812–1880 Schottland. Engl. Botaniker u. Forschungsreisender, der von 1843–1861 auf vier Reisen für die Royal Horticultural Society, London, in China, Japan etc. Pflanzen sammelte u. die Teepflanze nach Indien einführte. Nach ihm die Gattungen *Fortunearia* Rehd. et Wils. u. *Fortunella* Swingle.

M. Foster = Michael Foster, 1836–1907. Engl. Arzt u. Iris-Kenner. Schrieb „Bulbous Irises", 1892.

Foug. = Auguste Denis Fougeroux de Bondaroy, 1732–1789. Franz. Botaniker.

Fourn. = Eugène P. N. Fournier, 1834–1884 Paris. Franz. Arzt u. Botaniker. Schrieb u. a. über *Cruciferae* u. *Asclepiadaceae.*

Franch. = Adrien Franchet, 1834–1900 Paris. Franz. Botaniker am Jardin des Plantes, Paris. Bearbeitete viele Sendungen franz. Pflanzensammler, vor allem aus Asien. So erschienen „Plantae Davidianae ex Sinarum imperio", 1884 bis 1888; „Plantae Delavayanae", 1889–1890, etc. Siehe auch Savatier.

Franco = J. do Amaral Franco, 1921– . Portug. Botaniker. Schriften: „De Coniferarum duarum Nominibus", 1950; „Dendrologia florestal", 1943.

Freyer = H. Freyer, 1802–1866. Österr. Botaniker. Nach ihm die Gattung *Freyera* Rchb.

Freyn = Joseph Franz Freyn, 1845–1903. Österr. Botaniker in Prag.

Frikart = Karl Frikart, 19./20. Jahrh. Schweiz. Gärtner, entwickelte *Aster* × *frikartii.*

Fritsch = Karl Fritsch, Wien 24. 2. 1864–17. 1. 1934 Graz. Österr. Botaniker (häufig verwechselt mit dem Prager Meteorologen u. Phänologen gleichen Namens, der von 1812–1878 lebte). Schrieb u. a. über Flora von Österreich und bearbeitete für Engler, Die natürlichen Pflanzenfamilien, in Bd. IV, 3b „Gesneriaceae", 1893–1894.

Friv. = Emmerich Frivaldszky von Frivald, Bacsko, Ungarn 1799–1870. Ung. Botaniker, Direktor des Ung. National-Museums. Schrieb über neue Pflanzen des Balkans u. der Türkei.

Froeb. = Karl Otto Froebel, 1844–28. 8. 1906 Zürich. Schweiz. Gärtner, Pflanzenzüchter u. Gartengestalter.

Gaertn. = Joseph Gaertner, Calw bei Stuttgart 12. 3. 1732–14. 7. 1791 Tübingen. Deutscher Arzt u. Botaniker. Schrieb „De fructibus et seminibus plantarum", 1788–1792. Nach ihm die Gattung *Gaertnera* Lam.

Gagnep. = François Gagnepain, 1866–1952. Franz. Botaniker am Musée National in Paris. Schrieb vor allem über asiatische Pflanzen. Nach ihm die Gattung *Gagnepainia* K. Schum.

Gal. (auch **Galeotti**) = Henri Guillaume Galeotti, Versailles 8. 9. 1814–13. 3. 1858 Brüssel. Belg. Botaniker, Direktor des Bot. Gartens Brüssel.

Gamble = James Sykes Gamble, 1847–1925. Engl. Botaniker in Indien. Veröffentlichte u. a. „The Bambuseae of British India", 1896. Nach ihm die Gattung *Gamblea* C. B. Clarke.

Gams = Helmut Gams, 1893– . Österr. Botaniker, Prof. der Botanik in Innsbruck. Ver-

öffentlichte viele Beiträge in versch. Zeitschriften über die alpine Flora; außerdem u. a. „Kleine Kryptogamenflora Bd. IV: Moos- und Farnpflanzen", 1957.
Gaud. = Jean François Gottlieb Philipp Gaudin, Longirod 1766–15. 7. 1833. Schweiz. Botaniker, Prediger im Kanton Waadt. Veröffentlichte u. a. über Schweizer Pflanzen. Nach ihm die Gattung *Gaudinia* Beauv.
Gaudich. = Charles Gaudichot-Beaufré, Angoulême 4. 9. 1789–16. 1. 1864 Paris. Franz. Botaniker, begleitete als Marine-Apotheker Freycinet u. Vaillant auf ihren Weltreisen und schrieb über deren bot. Ergebnisse. Außerdem „Recherches génerales sur l'organographie, la physiologie et l'organogénie des vegetaux", 1841. Nach ihm die Gattung *Gaudichaudia* Kunth.
Gay (auch **C. Gay**) = Claude Gay, Draguignan 18. 3. 1800–29. 11. 1873 Draguignan. Franz. Botaniker. Hauptwerk: „Historia fisica y politica de Chile", 1844–1871, darin enthalten „Botanica", 1845–1853.
J. Gay = Jacques Étienne Gay, Nyon 11. 10. 1786–16. 1. 1864. Franz. Botaniker. Schrieb über chilen. u. peruan. Pflanzen, ebenso über solche der Pyrenäen. Nach ihm die Gattung *Gaya* Kunth.
Gentil = Louis Gentil, 1874–1949. Belg. Botaniker, Kurator des Bot. Gartens Brüssel.
Gilib. = Jean Emmanuel Gilibert, Lyon 21. 6. 1741–2. 9. 1814 Lyon. Franz. Botaniker, zeitweise Prof. in Wilna, später in Lyon. Schrieb u. a. „Histoire des plantes d'Europe", 1792. Nach ihm die Gattung *Gilibertia* Ruiz et Pav.
Gill. = John Gillies, Brechin, Schottland 1747 bis 1836. Schott. Botaniker. Bereiste Europa u. Südamerika. Nach ihm die Gattung *Gilliesia* Lindl.
Gleditsch = Johann Gottlieb Gleditsch, Leipzig 5. 2. 1714–5. 10. 1786 Berlin. Deutscher Botaniker. Schrieb u. a. systemat. Werke. Nach ihm die Gattung *Gleditsia* L.
Glend. = R. Glendinning, um 1860. Engl. Gärtner oder Botaniker. Publizierte gemeinsam mit G. Gordon.
C. C. Gmel. = Carl Christian Gmelin, Badenweiler 18. 3. 1762–26. 6. 1837 Badenweiler. Deutscher Arzt, Botaniker, Prof. u. Direktor des Bot. Gartens Karlsruhe. Verfasser von „Flora Badensis, Alsatica et confinium regionem", 1805–1826.
J. F. Gmel. = Johann Friedrich Gmelin, Tübingen 8. 8. 1748–1. 11. 1804 Tübingen. Deutscher Mediziner u. Botaniker. Schrieb u. a. „Vollständiges botanisches Wörterbuch", 1772–1778 (anonym erschienen).
Godr. = Dominique Aléxandré Godron, 1807 bis 1880. Franz. Botaniker.
Gord. = George Gordon, Lucan, Irland 1806–1879 Kew. Engl. Gärtner u. Botaniker, zunächst in Chiswick, später in Kew. Mitarb. von Loudon an „Arboretum et Fruticetum Brittanicum", 1835 bis 1838. Nach ihm die Gattung *Gordonia* Ellis.
Gouan = Antoine Gouan, Montpellier 15. 12. 1733–1. 12. 1821 Montpellier. Franz. Botaniker. Schrieb u. a. über franz. Flora. Nach ihm die Gattung *Gouania* Jacq.
Gower = William Hugh Gower, 1835–1894. Engl. Gärtner.
Graebn. = Peter Paul Graebner, Aplerbeck 29. 6. 1871–6. 2. 1933 Berlin. Deutscher Botaniker, Kustos am Bot. Museum u. Garten, Berlin. Veröffentlichte u. a. zus. mit Ascherson „Synopsis der mitteleuropäischen Flora", 1896–1917 (unvollendet); außerdem u. a. „Die Pflanzenwelt Deutschlands", 1909.
Grah. (auch **R. Grah.**) = Robert Graham, Stirling 7. 12. 1786–7. 8. 1845 Coldoch, Pertshire. Engl. Botaniker, Prof. in Edinburgh.
A. Gray = Asa Gray, Paris, New York 18. 11. 1810–30. 1. 1888 Cambridge, Mass. Nordamer. Botaniker, Prof. an der Harvard-University. Schriften u. a.: „A Manual of Botany of the Northern United States", 1848, 2. Aufl. 1850; „Synoptical Flora of North America", 1878; „Contributions to North American Botany", Bd. 1–23, 1846–1888.
M. L. Green = M. L. Green, 1886– . Engl. Botaniker.
P. S. Green = Peter Shaw Green, 1920– . Nordamer. Botaniker am Arnold Arboretum, Jamaica Plains, Mass. Spezialgebiet: *Oleaceae*.
Greene = Edward Lee Greene, 1843–1915. Nordamer. Botaniker. Schrieb u. a. über Flora von N-Amerika u. über Eichen.
Grierson = Andrew J. C. Grierson, 1929– . Engl. Botaniker am Bot. Garten Edinburgh. Spezialgebiete: *Compositae, Incarvillea.*
Griseb. = August Heinrich Rudolph Grisebach, Hannover 17. 4. 1814–9. 5. 1879 Göttingen. Deutscher Botaniker. Schrieb mehrere Werke über europ. u. besonders südamer. Flora sowie „Die Vegetation der Erde nach ihrer klimatischen Anordnung. ...", 1872. Nach ihm die Gattungen *Grisebachia* Klotzsch u. *Grisebachiella* Lorentz.
Guill. = J. B. Antoine Guillemin, Pouilly sur Saône 20. 11. 1796–13. 1. 1842 Montpellier. Franz. Botaniker. Schriften: „Florae senegambiae tentamen", 1831–1833 (zus. mit S. Perrottet u. A. Richard); „Icones lithographicae plantarum Australasiae rariorum", 1827.
A. Guill. = André Guillaumin, 1885–1952. Franz. Botaniker.
Hack. (auch **Hackel**) = Eduard Hackel, 1850–1926. Österr. Lehrer u. Gräserkenner. Nach ihm die Gattung *Hackelia* Opiz.
Haenke = Thaddaeus Haenke, Kreibnitz, Böhmen 5. 12. 1761–1817 Cochabamba, Bolivien. Böhm. Botaniker, bereiste im Auftrag der span. Regierung die Philippinen u. Südamerika. Hrsg. der 8. Aufl. von „Caroli a Linné ... Genera Plantarum ...", 1791. Die von seinen Reisen nach Böhmen gesandten Pflanzen wurden von K. B. Presl bearbeitet in „Reliquiae Hankeanae, seu descriptiones et icones plantarum ...", 1830–1835.
A. D. Hall = A. Daniel Hall, 1864–?. Landwirtschaftl. Schriftsteller u. Tulpenkenner. Schrieb „The Genus Tulipa", 1940.
Hance = Henry Fletcher Hance, 1827–1886. Engl. Botaniker, Konsul in China. Nach ihm die Gattung *Hanceola* Kudo.
Hand.-Mazz. = Heinrich von Handel-Mazzetti, 1862–1940. Österr. Botaniker. Schrieb u. a. „Naturbilder aus Südwest-China", 1937; „Monographie der Gattung Taraxacum", 1907.
Hanst. = Johannes Ludwig Emil Robert von Hanstein, Potsdam 15. 5. 1822–27. 8. 1880 Bonn. Deutscher Botaniker, Prof. in Bonn. Schriften: „Untersuchungen über den Bau und die Entwicklung der Baumrinde", 1853; „Die Milchsaftgefäße und die verwandten Organe der Rinde", 1864; u. weitere Werke. Nach ihm die Gattung *Hansteinia* Oerst.
Hara = Hiroshi Hara, 1911– . Jap. Botaniker. U. a. Herausgeber von „Flora of Eastern Himalaya", 1966.
Harms = Hermann August Theodor Harms, Berlin 16. 7. 1870–1942 Berlin. Deutscher Botaniker am Bot. Museum, Berlin. Bearbeiter der *Bromeliaceae, Leguminosae, Cucurbitaceae, Meliaceae, Araliaceae* etc. Schriftleiter von Engler, Das Pflanzenreich. Schrieb neben vielem anderen zus. mit K. W. Dalla Torre „Genera Siphonogamarum ...", 1900–1907; für Engler, Die natürlichen Pflanzenfamilien, 2. Aufl. „Bromeliaceae". Nach ihm die Gattung *Harmsia* K. Schum.
Harrow = Robert Louis Harrow, 1867– ? . Engl. Botaniker.
Hartw. = Karl Theodor Hartweg, 1812–1871. Deutscher Botaniker u. Pflanzensammler für die Royal Horticultural Society, London. Sammelte von 1836–1848 in Mittelamerika u. Kalifornien. Nach ihm die Gattung *Hartwegiella* O. E. Schulz.
Harv. = William Henry Harvey, Limerick 1811 bis 15. 5. 1866 Torquay. Irischer Botaniker. Veröffentlichte neben vielen Schriften über Algen „The genera of South African plants, ...", 1838; zus. mit O. W. Sonder „Flora Capensis ...", 1860–1865. Nach ihm die Gattung *Harveya* Hook.
Hassk. = Justus Carl Hasskarl, Kassel 6. 12. 1811 bis 5. 1. 1894 Cleve. Deutscher Botaniker, 1837–1846 am Bot. Garten Buitenzorg (Bogor), seit 1856 wieder in Europa. Bereiste 1852 S-Amerika u. brachte von dort *Cinchona succirubra* nach Java. Schrieb über die Flora Javas. „Neuer Schlüssel zu Rumph's Herbarium amboinense", 1866; „Commelinaceae indicae", 1870. Nach ihm die Gattung *Hasskarlia* Baill.
Haw. = Adrian Hardy Haworth, Hull 1768–24. 8. 1833 Chelsea-London. Engl. Botaniker. Veröffentlichte u. a. „Synopsis plantarum succulentarum ...", 1812. Nach ihm die Gattung *Haworthia* Duval.
Hayata = Bunzo Hayata, 1874–1934. Jap. Botaniker. Autor von „Icones Plantarum Formosanarum", 1911–1921. Nach ihm die Gattung *Hayataëlla* Mats.
Hayne = Friedrich Gottlob Hayne, Jüterbogk 18. 3. 1763–28. 4. 1832 Berlin. Deutscher Botaniker. Schriften: „Botanische Kunstsprache durch Abbildungen erläutert", 1807; mehrere Werke über Gehölze und Medizinalpflanzen.
H. B. K. = Friedrich Alexander von Humboldt, Aimé Jacques Alexandre Goujoud Bonpland, Karl Sigismund Kunth. Siehe diese.
Hedl. = Johan Theodor Hedlund, Frötuna, Upland 1861–1953. Schwed. Botaniker, Dozent in Uppsala.
Heist. = Lorenz Heister, Frankfurt a. M. 19. 9. 1683–18. 4. 1758 Bornum bei Königslutter. Deutscher Mediziner u. Botaniker; Prof. der Chirurgie in Helmstedt. Nach ihm die Gattung *Heisteria* Jacq.
Heldr. = Theodor von Heldreich, Dresden 18. 2. 1822–7. 9. 1902 Athen. Deutscher Botaniker, Direktor des Bot. Gartens Athen, Erforscher der Flora Griechenlands, Kretas u. Kleinasiens. Nach ihm die Gattung *Heldreichia* Boiss.
Hemsl. = William Botting Hemsley, Sussex 29. 12. 1843–7. 10. 1924 Broadstairs. Engl. Botaniker in Kew. Schrieb u. a. „Biologia centrali-americana ... Botany", 1879–1888. Nach ihm die Gattung *Hemsleya* Cogn.
L. F. Henders. = Louis Fourniquet Henderson, 1853–1942. Nordamer. Botaniker und Pflanzensammler im nordwestl. Amerika.
M. D. Henderson = Mayda D. Henderson, 1928 bis . Südafr. Botaniker. Spezialgebiet: Flora von Südafrika, speziell *Compositae*.
Henry = Augustine Henry, Irland 2. 7. 1857 bis 23. 3. 1930. Engl. Botaniker, Dendrologe u. Sammler chin. Pflanzen. Nach ihm die Gattung *Henrya* Nees.
Herb. = William Herbert, 12. 1. 1778–28. 5. 1847 London. Engl. Botaniker, Dekan von Manchester, beschäftigte sich vor allem mit *Amaryllidaceae* u. a. Zwiebelgewächsen. Verfasser von „Amaryllidaceae ....", 1837.
Hérincq = François Hérincq, 1820–1891. Franz. Gärtner. Mitarb. an A. Dupuis etc. „Le Règne végétal, divisé en traité de botanique générale, flora médicale ...", 8 Bde., 1864–1871. Hrsg. von "L'Horticulteur français. Journal des amateurs et ...", 1851–1872.
Herrm. = Johann Herrmann, Barr, Elsaß 31. 12. 1738–4. 10. 1800 Straßburg. Franz. Botaniker, arbeitete über Rosen u. Systematik der Heilpflanzen.
Hesse = Hermann Albrecht Hesse, 1852–13. 2. 1937. Deutscher Baumschulbesitzer in Weener (Ems).

Hildebr. = Friedrich Hermann Gustav Hildebrand, Köslin 6. 4. 1835–30. 12. 1915 Freiburg i. Br. Deutscher Botaniker. Hauptwerke: „Geschlechtsverteilung bei den Pflanzen", 1867; „Cyclamen", 1897.

Hildm. = H. Hildmann, ?–1895. Deutscher Botaniker.

Hill = John Hill, Peterborough oder Spalding 1716–21. 11. 1775 London. Engl. Apotheker, Arzt, Botaniker u. Schriftsteller. Veröffentlichte über 70 Schriften, darunter „The British Herbal", 1756–1758; „The Vegetable System . . .", 26 Bde., 1761–1775; „Hortus Kewensis", 1768. Nach ihm die Gattung *Hillia* Jacq.

Hochst. = Christian Friedrich Hochstetter, Stuttgart 16. 2. 1787–20. 2. 1860 Reutlingen. Deutscher Botaniker, Stadtpfarrer von Esslingen. Beschrieb neue afr. Pflanzen. Bearbeitete „Naturgeschichte des Pflanzenreiches in Bildern", 1854.

Hoffm. (auch **G. F. Hoffm.**) = Georg Franz Hoffmann, Marktbreit 31. 1. 1761–17. 3. 1826 Moskau. Deutscher Arzt u. Botaniker, 1792–1804 Prof. in Göttingen, 1804 bis zum Tode in Moskau. Mehrere Werke, u. a. über Kryptogamen. Nach ihm die Gattung *Hoffmannia* Sw.

O. Hoffm. = Karl August Otto Hoffmann, 1853 bis 1909. Deutscher Botaniker. Hauptarbeitsgebiet: *Compositae*.

Hoffmgg. = Johann Centurius Graf von Hoffmannsegg, Dresden 23. 8. 1766–13. 12. 1849 Dresden. Deutscher Botaniker. Zus. mit H. F. Link Hrsg. von „Flore portugaise . . .", 1809–1820.

Hogg = Robert Hogg, Coldstream 1818–14. 3. 1897 Pimlico. Engl. Botaniker. Gemeinsam mit G. W. Johnson Hrsg. von „The wild Flowers of Great Britain", 1861–1880.

Hohen. = Rudolph Friedrich Hohenacker, 1798 bis 1874. Schweiz. Botaniker. Nach ihm die Gattung *Hohenackeria* Fisch. et Mey.

Holtt. = Richard Eric Holttum, 1895– . Engl. Botaniker in Kew. Spezialgebiet: *Pteridophyta*. Schrieb u. a. „Ferns of Malaya", 1954 (Bd. II von „A revised Flora of Malaya").

Th. Hoog = Th. Hoog, zeitgenöss. holl. Gärtner in Haarlem.

Hook. = William Jackson Hooker, Norwich 6. 7. 1785–12. 8. 1865 Kew. Engl. Botaniker, ab 1841 Direktor des Bot. Gartens Kew. Verf. vieler Schriften, darunter „The British Ferns", 1861; „Exotic Flora", 1822–1827; „Filices Exoticae . . .", 1857–1859; „Flora Boreali-Americana, . . .", 1829 bis 1840; „Genera Filicum . . .", 1838–1842; „Niger Flora: . . .", 1849; „Species filicum, . . .", 1846 bis 1864; zus. mit G. A. W. Arnott „The Botany of Capt. Beechey's voyage, . . .", 1830–1841; zus. mit R. K. Greville „Icones filicum: . . .", 1827–1831. Außerdem langjähriger Hrsg. u. Mitarb. von „Botanical Magazine", „Icones Plantarum", Journal of Botany" etc.

Hook. f. = Joseph Dalton Hooker, Sohn von W. J. Hooker, Halesworth, Suffolk 30. 6. 1817 bis 10. 12. 1911 Sunningdale, Berkshire. Engl. Botaniker, seit 1865 Direktor des Botan. Gartens Kew. Begleitete 1839 Kapitän Ross als Arzt u. Naturwissenschaftler auf seiner Südpolfahrt, bereiste 1848 die östl. Länder des Himalaja. Verf. vieler bot. Schriften, darunter „The Botany of the Antarctic Voyage" 1844–1860; „Illustrations of Himalayan plants", 1855; „The Rhododendrons of Sikkim-Himalaya", 1849–1851; „Handbook of the New Zealand Flora", 1867; „The Flora of British India", 1872–1897; „Synopsis filicum", 1874; „A Century of Indian Orchids", 1895; zus. mit T. Thomson „Flora Indica", 1855. Begründer des „Index kewensis", 1895 ff.; außerdem langjähriger Hrsg. u. Mitarb. von „Botanical Magazine" u. „Icones plantarum".

Hope = John Hope, Edinburgh 10. 5. 1725 bis 10. 11. 1786 Edinburgh. Engl. Botaniker. Nach ihm die Gattung *Hopea* Roxb.

Hoppe = David Heinrich Hoppe, Vilsen, Hannover 15. 12. 1760–1. 8. 1846 Regensburg. Deutscher Botaniker u. Arzt. Seit 1808 Hrsg. von „Flora oder allgemeine botanische Zeitung". Nach ihm die Gattung *Hoppea* Willd.

Howell = Thomas Jefferson Howell, 1842–1911. Nordamer. Botaniker. Veröffentlichte u. a. „A Flora of Northwest America", 1897–1903. Nach ihm die Gattungen *Howellia* A. Gray u. *Howelliella* Rothm.

Hu = Hsien-Hsu Hu, 1894– . Chin. Botaniker. Veröffentlichte zus. mit R. C. Ching „Icones filicum Sinicarum", 1930–1937; zus. mit Woon Young Chun „Icones plantarum Sinicarum", 1927–1929.

Hub.-Mor. = Arthur Huber-Morath, 1901– . Schweiz. Botaniker. Spezialgebiete: Flora von Anatolien, oriental. *Verbascum*, *Celsia* u. *Stenophragma*.

Huds. = William Hudson, Kendal, Westermoreland 1730–23. 5. 1793 London. Engl. Apotheker u. Botaniker. Schrieb „Flora anglica . . .", 1762. Nach ihm die Gattung *Hudsonia* L.

Huet = Alfred Huet du Pavillon, 1829–1907. Schweiz. Botaniker.

Hull = John H. Hull, 1761–1843. Engl. Botaniker.

Hultén = Oskar Eric Gunnar Hultén, 1894– . Schwed. Botaniker. Schriften über arktische Flora.

Humb. = Alexander von Humboldt, Berlin 14. 9. 1769–6. 5. 1859 Berlin. Großer deutscher Naturforscher u. Gelehrter. Unternahm von 1799–1804 zus. mit A. Bonpland die berühmte Expedition nach Mittel- u. Südamerika, 1829 zus. mit Ehrenberg u. G. Rose eine Forschungsfahrt nach dem Ural, dem Altai, der chin. Dsungarei u. dem Kaspischen Meer. Hauptwerke: „Voyage aux régions équinoxiales du Nouveau Continent, fait en 1799–1804", 30 Bde., 1811–1826; „Ansichten der Natur", 1808; „Kosmos", 1845–1862; zus. mit A. Bonpland u. K. S. Kunth „Nova Genera et Species Plantarum quas in Peregrinatione orbis novi collegerunt, descripserunt, . . .", 1816–1825. Nach ihm die Gattungen *Humboldtia* Vahl u. *Humboldtiella* Harms.

Hutch. (auch **Hutchins.** oder **Hutchinson**) = John Hutchinson, 1884– . Engl. Botaniker. Schrieb u. a. „The Families of Flowering Plants", 1926, 2. Aufl. 1959; „The Genera of Flowering Plants", 1964 ff.; „Key of the families of flowering plants", 1967; zus. mit J. M. Dalziel „Flora of West Tropical Africa . . .", 1927–1936.

Hyl. = Nils Hylander, 1904–1970. Schwed. Botaniker, Kurator des Bot. Gartens Uppsala. Veröffentlichte u. a. „Nordisk Kärlväxtflora", 1953 ff.

Ingram = Collingwood Ingram, 1880–?. Engl. Gärtner u. Gartenbauschriftsteller. Schrieb u. a. „Ornamental Cherries", 1948.

Irmsch. = Edgar Irmscher, 1887–1968. Deutscher Botaniker. Bearb. für Engler, Die natürlichen Pflanzenfamilien, II. Aufl. in Bd. 21 „Begoniaceae", 1925; für Pareys Blumengärtnerei, II. Aufl. Bd. 2 „Begoniaceae", 1960; in Engler, Das Pflanzenreich zus. mit A. Engler „Saxifragaceae-Saxifraga", 1916 bis 1919.

Irving = Walter Irving, 1816–1855. Engl Botaniker, sammelte Pflanzen in Westafrika. Nach ihm die Gattung *Irvingia* Hook. f..

Jacks. = Benjamin Dayton Jackson, 1846–1927. Engl. Botaniker.

A. B. Jacks. = Albert Bruce Jackson, 1876–1946. Engl. Botaniker.

Jacq. = Nicolaus Joseph von Jacquin, Leiden 16. 2. 1727–24. 10. 1817 Wien. Österr. Arzt, Botaniker, Direktor der Schönbrunner Gärten, sammelte 4 Jahre in Westindien u. Südamerika. Hinterließ ein reiches schriftstellerisches Werk, darunter „Collectanea ad Botanicam, Chemiam et Historiam naturalem spectantia", 1786–1796; „Florae austriacae . . .", 1773–1778; „Icones plantarum rariorum", 1781–1795. Nach ihm die Gattung *Jacquinia* L. corr. Jacq.

Jacq. f. = Joseph Franz von Jacquin, Sohn des vorigen, Schemnitz 7. 2. 1766–4. 12. 1839 Wien. Österr. Botaniker, Direktor der Schönbrunner Gärten. Schrieb u. a. „Eclogae graminum rariorum aut minus cognitarum", 1813–1844.

Jacques = Henri Antoine Jacques, 1782–1866. Franz. Gärtner, Gartendirektor in Neuilly. Schrieb eine Flora der europäischen Gärten.

Johnst. = Ivan Murray Johnston, Los Angeles 28. 2. 1898–31. 5. 1960 Jamaica Plain, Mass. Nordamer. Botaniker. Spezialgebiete: Andine Pflanzen u. *Boraginaceae*, über die allein er von 1923 bis 1959 30 Schriften („Studies in the Boraginaceae") veröffentlichte. Nach ihm die Gattung *Johnstonella* A. Brand.

Jord. (auch **Jordan**) = Alexis Jordan, 1814–1897. Franz. Botaniker. Schrieb u. a. über franz. Flora.

Juss. = Antoine Laurent de Jussieu, Lyon 12. 4. 1748–17. 9. 1836 Paris. Franz. Botaniker, Prof. am Jardin des Plantes, Paris, Begründer des „Neueren Jussieu'schen Pflanzensystems". Hauptwerk: „Genera plantarum", 1789.

A. Juss. = Adrien Henri Laurent de Jussieu, Paris 23. 12. 1797–29. 6. 1853 Paris. Sohn des vorigen. Franz. Botaniker. Veröffentlichte u. a. „De Euphorbiacearum generibus . . .", 1824; weiter Schriften über *Meliaceae* (1830), *Rutaceae* (1825), *Malpighiaceae* (1843).

Karel. = Grigorii Silych Karelin, 1801–1872. Russ. Botaniker.

Karw. = Wilhelm Karwinsky von Karwin, 1780 bis 2. 3. 1855. Deutscher Botaniker u. Forschungsreisender (Mexiko, Brasilien). Nach ihm die Gattung *Karwinskia* Zucc.

Kellerer = Johann Kellerer, 1859–?. Österr. Gärtner, sammelte zus. mit F. Sündermann Hochgebirgspflanzen im Balkan.

Kellogg = Albert Kellogg, 1813–1887. Nordamer. Botaniker, Gründer der „California Academy of Science".

Ker-Gawl. = Vor 1804 John Gawler, danach John Bellenden Ker (Ker-Gawler) oder John Ker Bellenden oder Bellenden-Ker, Andover 1764–Juni 1842 Ramridge. Engl. Botaniker. Schrieb von 1815 bis 1829 die Texte für die ersten 14 Bände des „Botanical Register", außerdem u. a. „Iridearum Genera . . .", 1827. Nach ihm die Gattung *Bellendena* R. Br.

Kerner (auch **Kern.**) = Anton Joseph Kerner von Marilaun, Mautern, Niederösterreich 12. 11. 1831 bis 21. 6. 1898 Wien. Österr. Botaniker, zunächst Prof. der Botanik in Innsbruck u. Wien, später Direktor des Bot. Gartens Wien. Schriften: „Schedae ad Floram exsiccatum Austro-Hungaricam", 1881 bis 1913 (Bd. 8–10 von C. Fritsch u. R. von Wettstein); „Pflanzenleben", 1887–1891.

Kesselr. = 1. Jakob Kesselring, Kradolf, Thurgau 20. 12. 1835–23. 12. 1909 Petersburg (Leningrad). Schweiz. Gärtner, der mit E. von Regel eine bedeutende Baumschule im damaligen Petersburg gründete u. zentralasiat. Pflanzen nach Europa einführte. 2. Friedrich Wilhelm Kesselring, Petersburg 1876 bis 15. 3. 1966 Darmstadt. Schweiz. Gärtner u. bedeutender Pflanzenkenner, von 1909–1919 Mitinhaber u. Leiter der Regel-Kesselringschen Baumschulen. 1926–1947 gärtn. Leiter des Bot. Gartens Darmstadt.

Killick = D. J. B. Killick, zeitgenöss. südafr. Botaniker am Botanical Research Institut, Pretoria.

Kirchner (auch **Kirchn.**) = Georg Kirchner, 1837 bis 1885. Deutscher Gärtner u. Botaniker. Schrieb den bot. Teil von „Arboretum Muskaviense".

J. Kirk = Sir John Kirk, 1832–1922. Engl. Botaniker u. Konsul von Sansibar.

Kit. = Paul Kitaibel, Mattersdorf bei Ödenburg, Ungarn 3. 2. 1757–13. 12. 1817 Pest. Ungar. Arzt, Botaniker, Direktor des Bot. Gartens Pest. Arbeitete u. veröffentlichte zus. mit von Waldstein „Descriptiones et Icones plantarum rariorum Hun-

gariae", 1803–1812. Nach ihm die Gattung *Kitaibelia* Willd.
C. Koch = siehe K. Koch.
K. (C.) Koch = Karl Heinrich Emil Koch, Weimar 6. 6. 1809–25. 5. 1879 Berlin. Deutscher Botaniker, Dendrologe u. Pomologe. Schrieb u. a. „Dendrologie", 1869–1873; „Die deutschen Obstgehölze", 1876; „Index Aroidearum", 1864; „Hortus Dendrologicus", 1853.
Koehne = Bernhard Adalbert Emil Koehne, Sasterhausen bei Striegau 12. 2. 1848–12. 10. 1918 Berlin. Deutscher Lehrer u. Botaniker. Schriften u. a.: „Deutsche Dendrologie", 1893. Nach ihm die Gattung *Koehneola* Urb.
Koidz. = Gen'ichi Koidzumi, 1883–1953. Jap. Botaniker. Schrieb außer versch. phytogeographischen Arbeiten Monographien über *Rosaceae, Aceraceae* u. *Morus*.
Komar. (auch **Kom.**) = Vlademir Leontievitch Komarov, 1869–1946. Russ. Botaniker. Schriften: „Flora Manshuriae", 1901–1907; zus. mit B. K. Schischkin Hrsg. von Bd. 1–13 der „Flora U.R.S.S.", 1935–1948. Nach ihm die Gattung *Komarovia* Korovin.
Korsh. (auch **Korshinsky**) = Sergyei Ivanovitch Korshinsky, 1861–1900. Russ. Botaniker. Nach ihm die Gattung *Korshinskia* Lipsky.
Kostel. = Vincenz Franz Kosteletzky, 1801–1887. Österr. Botaniker, Prof. in Prag. Schrieb „Allgemeine Medizinisch-Pharmazeutische Flora", 1831 bis 1836; „Index plantarum horti caesarii regii botanici Pragensis", 1844. Nach ihm die Gattung *Kosteletzkya* C. Presl.
Kotschy = Carl Georg Theodor Kotschy, Ustron, Österr.-Schlesien 15. 4. 1813–11. 6. 1866 Wien. Österr. Botaniker u. Pflanzensammler, der von seinen Reisen (meist im Orient) mehr als 300000 Exemplare mitbrachte. Veröffentlichte u. a. „Abbildungen und Beschreibungen neuer und seltener Thiere und Pflanzen, in Syrien u. westlichem Taurus gesammelt". Nach ihm die Gattung *Kotschya* Endl.
Krainz = Hans Krainz, 1900– . Schweiz. Kakteenforscher, Leiter der Städt. Sukkulentensammlung in Zürich. Hauptwerk: „Die Kakteen", seit 1956 erscheinend. Bearbeiter der Cactaceae für „Pareys Blumengärtnerei", 2. Aufl. 1961.
Kuendig = Jakob Kündig, 1863–1933. Schweiz. Botaniker.
Kunth = Carl Sigismund Kunth, Leipzig 18. 6. 1788–22. 3. 1850 Berlin. Deutscher Botaniker. Hrsg. von A. v. Humboldts „Nova genera et species plantarum", 1815–1825. Veröffentlichte u. a. „Enumeratio plantarum . . .", 1833–1850.
O. Kuntze (auch **O. Ktze.**) = Carl Ernst Otto Kuntze, Leipzig 23. 6. 1843–28. 1. 1907 San Remo. Deutscher Botaniker in Berlin. Schrieb u. a. „Revisio Generum Plantarum", 1891–1898; zus. mit Post Hrsg. von „Lexicon generum phanerogamarum", 1904.
Kunze = Gustav Kunze, Leipzig 4. 10. 1793 bis 30. 4. 1851 Leipzig. Deutscher Botaniker, Direktor des Bot. Gartens Leipzig. Schrieb u. a. über Farne. Nach ihm die Gattung *Kunzea* Rchb.
L. = Carl von Linné, Råshult in Småland 23. 5. 1707 bis 10. 1. 1778 Uppsala. Berühmter schwed. Naturforscher, Arzt u. Botaniker. Begründer der binären Nomenklatur, nach der jeder Pflanzenname aus Gattungs- u. Artnamen besteht. Stellte 1735 das „Linnésche System" auf. Hauptwerke: „Systema naturae", 1735, letzte von ihm selbst besorgte Auflage, in die auch Tiere u. Mineralien einbezogen sind, 1766–1768; „Genera plantarum", 1737; „Flora lapponica", 1737; „Classes plantarum", 1738; „Philosophia botanica", 1751; „Species plantarum", 1753 (Ausgangspunkt der Nomenklatur für *Phanerogamae* u. *Pteridophyta*). Nach ihm die Gattung *Linnaea* Gronov. ex L.
L. f. (Linné filius) = Carl von Linné, Sohn des vorigen, Falun 20. 1. 1741–1. 11. 1783 Uppsala. Von 1778–1783 Nachfolger seines Vaters auf dem Lehrstuhl für Botanik in Uppsala. Arbeitete vor allem über Farne u. Moose.
Labill. = Jacques Julien Houtton de la Billardière, Alençon, Orne 28. 10. 1755–8. 1. 1834 Paris. Franz. Botaniker u. Forschungsreisender. Bereiste u. a. Südeuropa, Syrien, Libanon, Australien, Java u. schrieb über die Flora dieser Länder. Nach ihm die Gattung *Billardiera* Sm.
Lag. (auch **Lagasc.**) = Mariano Lagasca y Segura, Encinacowa, Aragonien 4. 10. 1776–23. 6. 1839 Barcelona. Span. Botaniker. Schriften u. a. über span. Flora. Nach ihm die Gattung *Lagascea* Cav.
Lagerh. = Nils Gustav von Lagerheim, Stockholm 1860–1926 Stockholm. Schwed. Botaniker, kam 1889 an das Bot. Museum Lissabon, von 1889–1892 nach Quito, 1892–1895 in Tromsö, von 1895 an Prof. der Botanik in Stockholm.
M. S. Lahm = M. S. Lahm, 19. Jahrh. Regierungsrat in Münster, Flechtenforscher.
Lakela = Olga Lakela, 1890– . Nordamer. Botanikerin.
Lam. (selt. **Lamk.**) = Jean Baptiste Pierre Antoine Monnet de Lamarck, Bapaume 1. 8. 1744–18. 12. 1829 Paris. Franz. Botaniker u. Zoologe. Schriften: „Flore française", 1778; „Histoire naturelle des végétaux . . .", 1802; „Encyclopédie methodique Botanique . . .", 1783–1817 (1823); „Tableau Encyclopédique", 1791–1823; stellte in seiner „Philosophie zoologique", 1809, ein System der Transmutationslehre auf. Nach ihm die Gattung *Lamarckia* Moench.
Lamb. = Aylmer Bourke Lambert, Bath 2. 2. 1761 bis 10. 1. 1842 Kew. Engl. Botaniker. Schrieb über *Cinchona, Pinus*. Nach ihm die Gattung *Lambertia* Sm.
Langsd. = Georg Heinrich von Langsdorff, Wöllstein 18. 4. 1774–29. 6. 1852 Freiburg. Deutscher Botaniker, russ. Generalkonsul in Brasilien. Zus. mit F. E. L. von Fischer Hrsg. von „Plantes recueillies pendant le voyage des Russes autour de monde", 1810–1818. Nach ihm die Gattung *Langsdorffia* Mart.
Lapeyr. (auch **La Peyr.**) = Philippe Picot de Lapeyrouse, Toulouse 20. 10. 1744–18. 10. 1818 Toulouse. Franz. Generaladvokat, Inspekteur des Bergwesens, Prof. der Naturwissenschaften, Botaniker. Schrieb über Pflanzen der Pyrenäen. Nach ihm die Gattung *Lapeirousia* Pourr.
Ledeb. = Carl Friedrich von Ledebour, Greifswald 8. 7. 1785–4. 7. 1851 München. Deutscher Botaniker, von 1811–1836 Direktor des Bot. Gartens u. Prof. in Dorpat (Tartu). Schriften u. a.: „Flora Altaica", 1829–1834; „Flora Rossica", 1842–1853. Nach ihm die Gattung *Ledebouriella* H. Wolff.
Lehm. = Johann Georg Christian Lehmann, Haselau, Holstein 25. 2. 1792–12. 2. 1860 Hamburg. Deutscher Botaniker, Direktor des Bot. Gartens Hamburg. Schrieb Monographien über *Primula, Potentilla*.
Leicht. (auch **Leichtl.**) = Max Leichtlin, Karlsruhe 20. 10. 1831–3. 9. 1910 Baden-Baden. Deutscher Gärtner, Kaufmann, Pflanzensammler u. Importeur seltener Stauden u. Zwiebelgewächse. Besaß einen bedeutenden bot. Garten, bereiste Argentinien u. Brasilien.
Leighton = F. M. Leighton, zeitgenöss. südafr. Botaniker. Schrieb u. a. „A brief review of the genus Agapanthus", 1939.
Lem. (auch **C. Lem.**) = Charles Antoine Lemaire, Paris 1801–22. 6. 1871 Gent. Belg. Gärtner, Botaniker, Kakteenkenner, Gartenbauschriftsteller. Veröffentlichte u. a. „Iconographie descriptive des cactées, . . .", 1841–1847; redigierte von 1851–1854 „Jardin fleuriste", von 1854–1869 „Illustration Horticole", von 1845–1855 zus. mit M. Scheidweiler u. L. van Houtte „Flore des Serres et des Jardins de l'Europe". Nach ihm die Gattung *Lemaireocereus* Britt. et Rose.
Léman = Dominique Sebastian Léman, Neapel 30. 12. 1781–28. 2. 1829 Paris. Ital.-franz. Botaniker. Schrieb über die Gattung *Rosa* u. über Kryptogamen.
Lemoine = 1. Pierre Louis Victor Lemoine, Delme, Lothringen 21. 10. 1823–12. 12. 1911 Nancy. Bedeutender franz. Gärtner u. Pflanzenzüchter. Entwickelte Hunderte von Sorten, von denen viele noch heute wichtig sind (*Deutzia, Syringa, Philadelphus, Begonia, Gladiolen* etc.).
2. Emile Lemoine, 1862–1943, Sohn u. Nachfolger des vorigen.
Less. = Christian Friedrich Lessing, Wartenburg, Schlesien 10. 8. 1810–1862. Deutscher Arzt u. Botaniker. Nach ihm die Gattung *Lessingia* Cham.
Lestib. = Thémistocle Lestiboudois, 1797–1876. Franz. Botaniker. Schrieb „Essai sur la famille des Cypéracées, . . .", 1819.
Lév. (auch **Levl.**) = Auguste Abel Hector Léveillé, 1863–1918. Franz. Botaniker.
Lex. = Juan Martinez de Lexarza, 1785–1824. Mexik. Botaniker.
Leyb. = Friedrich Leybold, 1827–1879. Österr. Botaniker.
L'Hérit. = Charles Louis L'Héritier de Brutelle, Paris 1746–16. 8. 1800 Paris. Franz. Botaniker. Schrieb neben mehreren Monographien über einzelne Gattungen u. a. „Stirpes novae aut minus cognitae", 1785–1791; „Geraniologia", 1792 (nur Tafeln ohne Text). Nach ihm die Gattung *Heritiera* Dryand.
Liebl. = Franz Kaspar Lieblein, 1744–1810. Deutscher Botaniker. Schrieb „Flora Fuldensis", 1784.
Liebm. = Frederik Michael Liebmann, Helsingör 10. 10. 1813–29. 10. 1856 Kopenhagen. Dän. Botaniker, Direktor des Bot. Gartens Kopenhagen, bereiste von 1841–1843 Mexiko u. schrieb über die mexik. Flora.
Lind. = Jean Jules Linden, Luxemburg 3. 2. 1817 bis 12. 1. 1898 Brüssel. Belg. Gärtner, Reisender (von 1835–1845 in Brasilien u. Mexiko), Gartenbauschriftsteller. Inhaber großer Gärtnereien in Luxemburg, Brüssel u. Gent. Hrsg. von „L'Illustration Horticole" von 1870–1896, „Lindenia" von 1885 bis zum Tode; veröffentlichte ferner „Hortus Lindenianus", 1859–1860; „Pescatorea" (zus. mit Planchon, Reichenbach filius, Lueddemann), 1860. Nach ihm die Gattung *Lindenia* Benth.
Lindgr. = S. Joh. Lindgren, 1810–1849. (?) Schwed. Botaniker.
Lindl. = John Lindley, Chatton bei Norvich 5. 2. 1799–1. 11. 1865 Chatton. Engl. Botaniker, 40 Jahre lang Sekretär der Royal Horticultural Society, redigierte seit 1841 den bot. Teil von „Gardeners Chronicle". Zahlreiche Werke, u. a. „Rosarum Monographia", 1820; „Digitalium Monographia", 1821; „An introduction to the natural system of botany", 1830, davon die 2. Aufl. unter dem Titel „A natural system of Botany", 1836; „The genera and species of orchidaceous plants", 1830–1840; „The fossil Flora of Great Britain", 1831–1837; „Flora medica", 1838; „Sertum Orchidaceum", 1836; „The theorie of horticulture", 1840; „Pomologia Brittanica", 1841; „The vegetable Kingdom", 1846; „The Flower Garden", 1851–1853; „Collectanea Botanica . . .", 1821–1825; „Folia Orchidacea", 1852–1859. Nach ihm die Gattung *Lindleya* Kunth.
Link = Johann Heinrich Friedrich Link, Hildesheim 2. 2. 1767–1. 1. 1851 Berlin. Deutscher Botaniker, Direktor des Bot. Gartens Berlin, Mitbegründer der Deutschen Gartenbau-Gesellschaft (1822). Schrieb u. a. teilweise zus. mit C. F. Otto u. J. F. Klotzsch „Anatomia plantarum", 1843–1847; „Icones anatomico-botanicae", 1837–1842; „Icones selectae anatomico-botanicae", 1839–1842; „Icones plantarum rariorum horti regii botanici Berolinensis", 1828–1831 u. 1841–1844; „Handbuch zur Erkennung der nutzbarsten und am häufigsten vorkommenden Gewächse", 1829–1833.

Lipsky = Vladimir Ippolitovich Lipsky, 1863 bis 1937. Russ. Botaniker. Nach ihm die Gattung *Lipskyella* Juzepczuk.
Llave (auch **La Llave**) = Canónigo Pâblo de La Llave, 1773–1833. Mexik. Botaniker. Nach ihm die Gattung *Llavea* Lag.
Lodd. = 1. Conrad Loddiges, 1738–13. 3. 1826 Hackney, London.
2. George Loddiges, 12. 3. 1784–5. 6. 1846 Hackney, London, Sohn des vorigen. Engl. Gärtner u. Botaniker, Besitzer einer bedeutenden Gärtnerei. Gemeinsame Hrsg. des „Botanical Cabinet", 1817 bis 1833. Der eigentliche Schriftleiter war George Loddiges. Nach ihm die Gattung *Loddigesia* Sims.
Loisel. = Jean Louis Auguste Loiseleur-Deslongchamps, Dreux 24. 3. 1774–13. 5. 1849 Paris. Franz. Arzt u. Botaniker. Schriften u. a.: „Flora Gallica ...", 1806–1807; „Manual des plantes usuelles indigènes", 1819. Nach ihm die Gattung *Loiseleuria* Desv. ex Loisel.
Lomak. = A. A. Lomakin, russ. Botaniker.
Lour. = João de Loureiro, Lissabon 1710–1796 Lissabon. Port. Missionar u. Botaniker, lebte 30 Jahre in Cochin-China u. 3 Jahre in China. Hauptwerk: „Flora cochinchinensis ...", 1790.
Macbr. = James Francis Macbride, 1892– . Nordamer. Botaniker. Schrieb u. a. „Flora of Peru". Nach ihm die Gattung *Macbrideina* Standl.
Mackenz. = Kenneth Kent Mackenzie, 1877–1934. Nordamer. Botaniker. Spezialgebiet: U. a. *Carex*. Schrieb zus. mit B. F. Bush „Manual of the Flora of Jackson County Missouri", 1902.
Maekawa = Tokujirō Maekawa, 1886– . Jap. Botaniker. Spezialgebiet: *Chrysanthemum*.
Magyar = Pál Magyar, 20. Jahrh. Ung. Forstwissenschaftler.
Maire = René Charles Joseph Ernest Maire, 1878 bis 1949. Franz. Botaniker. Prof. in Algier. Schrieb u. a. „Flore de l'Afrique du Nord ...", Bd. V, 1958.
Mak. = Tomitarō Makino, Sakawa 24. 4. 1862 bis 18. 1. 1957 Tokyo. Jap. Botaniker u. Pflanzenzeichner. Hauptwerke: „Phanerogamae et Pteridophytae Japonicae Iconibus Illustratae", 1899–1901; „Illustrations of the flora of Japan", (1887), 1890ff.; „Icones Florae Japonicae", 1900–1911; „An illustrated Flora of Japan", Enlarged edition 1956 (mit 3235 Abb.). Hrsg. von „The Botanical Magazine" (Tokyo) 1887ff. u. Jg. 1–8 des „The Journal of Japanese Botany", 1916ff.
Manetti = Xavier Manetti, 1723–1784. Ital. Arzt u. Botaniker, Vorsteher des Bot. Gartens Florenz. Schrieb über das Linnésche Pflanzensystem u. über die Flora von Florenz. Nach ihm die Gattung *Manettia* Mutis ex L.
Mansf. = Rudolf Mansfeld, Berlin 17. 1. 1901 bis 30. 11. 1960 Gatersleben. Deutscher Botaniker, zunächst am Bot. Museum Berlin, nach 1945 am Institut für Kulturpflanzenforschung in Gatersleben. Schriften: Zus. mit R. Schlechter „Die Orchideenflora der südamerikanischen Kordillerenstaaten", 1919–1929; „Verzeichnis der Farn- und Blütenpflanzen des Deutschen Reiches", 1940; „Werden und Wesen der wissenschaftlichen Pflanzenbenennung und ihre Regelung", 1942; „Vorläufiges Verzeichnis landwirtschaftlich oder gärtnerisch kultivierter Pflanzenarten", 1959; Bearbeiter der Orchidaceae in „Pareys Blumengärtnerei", 2. Aufl., 1958.
Maratti = Giovanni Francesco Maratti, ?–1777. Ital. Abt u. Botaniker. Prof. der Botanik in Rom. Schriften u. a.: „Descriptio de vera florum existentia in plantis dorsiferis epiphyllospermis" (Über die Blüten der Farne), 1760. Nach ihm die Gattung *Marattia* Sw.
Marq. = Cecil Victor Boley Marquand, 1897–1942. Engl. Botaniker.
Marsh. = Humphry Marshall, 1722–1801. Nordamer. Botaniker. Nach ihm die Gattung *Marshallia* Schreb.
Mart. = Karl Friedrich Philipp von Martius, Erlangen 17. 4. 1794–13. 12. 1868 München. Deutscher Botaniker, Direktor des Bot. Gartens München. Bereiste von 1817–1820 Brasilien. Begründer u. erster Hrsg. von „Flora Brasiliensis", 1840–1906, für die er selbst einige Beiträge beisteuerte. Weitere Schriften über Kryptogamen, Palmen u. „Nova Genera et species plantarum ...", 1824–1829. Nach ihm die Gattung *Martiodendron* Gleas.
Mast. (auch **Masters**) = Maxwell Tylden Masters, Canterbury 15. 4. 1833–30. 5. 1907 Ealing, Midds. Engl. Botaniker, von 1865–1907 Hrsg. von „Gardeners Chronicle". Außerdem Monographien über einige Pflanzenfamilien. Nach ihm die Gattung *Mastersia* Benth.
Math. = Mildred E. Mathias. 1906– . Nordamer. Botanikerin in Los Angeles, Kalifornien. Spezialgebiete: *Umbelliferae*, subtrop. Zierpflanzen. Mitarb. an Lundells „Flora of Texas", 1961–1969 (Umbelliferae).
Matsum. = Jinzō Matsumura, 9. 1. 1856–4. 5. 1928. Jap. Botaniker. Veröffentlichte u. a. „Icones plantarum koisikavenses", 1911–1920.
Mattuschka = Heinrich Gottfried von Mattuschka, 1734–1779. Deutscher Botaniker.
Maund = Benjamin Maund, 1790–11. 4. 1864 Sandown, Isle of Wight. Engl. Apotheker u. Buchhändler. Hrsg. von „Botanic Garden", 1825–1854; „The Botanist", 1837–1846; „The Floral Register", 1825–1851 (ersch. als Beilage zu „Botanic Garden"). Nach ihm die Gattung *Maundia* F. v. Muell.
Mauri = E. Mauri, 1791–1836. Ital. Botaniker. Nach ihm die Gattung *Mauria* Kunth.
Maw = George Maw, London 10. 12. 1832–7. 2. 1912 Kenly, Surrey. Engl. Drogist, sammelte Pflanzen im Mittelmeergebiet. Schrieb „A Monograph of the genus Crocus", 1886.
Maxim. = Karl Johann Maximowicz, Tula 23. 11. 1827–26. 2. 1891 Petersburg (Leningrad). Russ. Botaniker, seit 1852 Konservator u. Oberbotaniker am Bot. Garten Petersburg. Mehrere Werke über Flora von Ostasien.
M. B. = Friedrich August Marschall von Bieberstein, Stuttgart 10. 8. 1768–28. 6. 1826 Marf bei Charkow. Deutsch-russ. Botaniker. Schrieb über Flora Rußlands u. des Kaukasus. Nach ihm die Gattung *Biebersteinia* Steph. ex Fischer.
McClelland = John McClelland, 1805–1883. Engl. Botaniker.
Medik. = Friedrich Casimir Medikus, Grumbach 1736–15. 7. 1808 Mannheim. Deutscher Botaniker, Gartendirektor in Schwetzingen u. Mannheim. Einige seiner vielen Schriften, auch über Gartenkunst u. Forstbotanik: „Botanische Beobachtungen des Jahres 1782 u. 1783", desgl. 1783, 1784; „Theodora speciosa", 1786; „Über einige künstliche Geschlechte aus der Malvenfamilie", 1787; „Philosophische Botanik ...", 1789–1791; „Über nordamerikanische Bäume und Sträucher", 1792; „Pflanzengattungen nach dem Inbegriffe sämmtlicher Fruktifikationstheile gebildet und nach dem Sexual-Pflanzenregister geordnet", 1792; „Geschichte der Botanik unserer Zeiten", 1793.
Meerb. = Nicolaas Meerburgh, 1734–1814. Holl. Universitätsgärtner in Leiden. Schriften: „Afbeeldingen van zeltsaame gewassen", 1775; „Plantae rariores ...", 1789; „Plantarum selectarum Icones picta", 1798.
Meissn. = Carl Friedrich Meissner (Meisner), 1800 bis 1874. Schweiz. Botaniker, zeitweilig Direktor des Bot. Gartens Basel. Monographien über mehrere Pflanzenfamilien, z. B. *Polygonaceae, Proteaceae, Lauraceae, Ericaceae.*
Merr. (auch **Merrill**) = Elmer Drew Merrill, East Auburn, Maine 1876–1956 Cambridge, Mass. Nordamer. Botaniker, langjähriger Direktor des Arnold Arboretums. Schrieb über 500 Abhandlungen u. Bücher, darunter zus. mit E. H. Walker „Bibliography of Eastern Asiatic Botany", 1938; „Index Rafinesquianus", 1949; „An Enumeration of Philippine Flowering Plants", 1923–1926; „A Flora of Manila", 1912; „An Interpretation of Rumphius's Herbarium amboinense", 1917. Nach ihm die Gattungen *Merrillanthus* Chun et Tsiang., *Merrillia* Swingle, *Merrillodendron* Kanehira, *Merrilliopanax* Li.
C. A. Mey. = Carl Anton Meyer, Witebsk 1. 4. 1795 bis 24. 2. 1855 Petersburg (Leningrad). Russ. Botaniker, Direktor des Bot. Gartens Petersburg. Schriften: „Verzeichnis der Pflanzen, welche während der 1829–1830 unternommenen Reise im Kaukasus ... gesammelt worden sind", 1831; „Verzeichnis der im Jahre 1833 am Saisang-Moor ... gesammelten Pflanzen", 1841.
E. Mey. = Ernst Heinrich Friedrich Meyer, Hannover 1. 1. 1791–7. 8. 1858 Königsberg. Deutscher Botaniker, Direktor des Bot. Gartens Königsberg. Verf. versch. bot. Werke.
Mez = Karl Christian Mez, Freiburg 24. 3. 1864 bis 1944 Königsberg. Deutscher Botaniker, Direktor des Bot. Gartens Königsberg. Schriften: „Lauraceae Americanae monographicae descripsit", 1889; bearbeitete für Engler, Das Pflanzenreich, „Myrsiniaceae", 1902; „Theophrastaceae", 1903; „Bromeliaceae", 1934/35. Nach ihm die Gattungen *Mezia* Schwacke ex Engl. et Prantl, *Meziella* Schindl.
Mich. (auch **Micheli**) = Marc Michéli, 1844–1902. Schweiz. Botaniker. Bearbeitete für Martius, Flora Brasiliensis, „Onagraceae".
Michx. = André Michaux, Sartory bei Versailles 7. 3. 1746–13. 11. 1802 Madagaskar. Franz. Botaniker u. Forschungsreisender (1782–1785 Persien, 1785–1796 Nordamerika, 1800 Teneriffa, Madagaskar etc.). Schrieb über die Flora dieser Länder. Nach ihm die Gattung *Michauxia* L'Hérit.
Miers = John Miers, London 25. 8. 1789–17. 10. 1879 Kensington. Engl. Botaniker, bereiste von 1819–1838 Südamerika. Schriften über südamer. Pflanzen u. Reiseberichte. Nach ihm die Gattungen *Miersia* Lindl., *Miersiella* Urb., *Miersiophyton* Engl.
Miki = Shigeru Miki, 1901– . Jap. Botaniker.
Mill. = Philip Miller, Deptford oder Greenwich 1691–18. 12. 1771 Chelsea-London. Engl. Gärtner u. Botaniker, seit 1722 Vorsteher des Apothekergartens in Chelsea. Hauptwerk: „The Gardeners Dictionary", 1. Aufl. 1731, 9. Aufl. „Corrected and newly arranged" von Thomas Martyn 1797–1804. Von der 8. Aufl. (1768) an wurde die Linnésche binäre Nomenklatur verwendet. Es erschienen Übersetzungen in Deutsch, Holl. u. Franz. Ergänzung zum Dictionary „Figures of the most beautiful, useful, and uncommon plants described in the Gardeners Dictionary", 1755–1760.
J. Mill. = 1. John Miller, ursprünglich Johann Sebastian Müller, Nürnberg 1715–1790 London. Deutsch-engl. Botanikmaler u. Stecher. Hrsg. von „Illustratio systematis sexualis Linnaei", 1770–1777.
2. John Frederick Miller, Sohn des vorigen, war von 1776–1785 Hrsg. von „Icones animalium et plantarum", außerdem „Cimelia physica", 1796.
Milne-Redh. = Edgar Milne-Redhead, 1906– . Engl. Botaniker in Kew. U. a. Hrsg. einer „Flora of Tropical East Africa", im Erscheinen begriffen.
Miq. = Friedrich Anton Wilhelm Miquel, Neuenhaus, Hannover 24. 10. 1811–23. 1. 1871 Utrecht. Holl. Botaniker, Prof. in Utrecht, seit 1862 Direktor des Reichsherbariums in Leiden. Verf. von mehr als 20 Büchern, darunter „Genera Cactearum", 1839; „Monographia Cycadearum", 1842; „Illustrationes Piperacearum", 1844; „Flora Indiae Batavae", 1855 bis 1859, dazu „Supplementum primum. Prodromus Florae Sumatranae", 1860–1861; sowie für Martius Flora Brasiliensis Bearbeitung mehrerer Pflanzenfamilien. Nach ihm die Gattung *Miquelia* Meissn.
Mirb. (auch **Mirbel**) = Charles François Brisseau de Mirbel, Paris 28. 3. 1776–12. 9. 1854 Champerret, Paris. Franz. Botaniker, einer der ersten Pflanzenanatomen u. -physiologen. Veröffentlichte u. a. „Traité d'anatomie et de physiologie végétale",

1813; „Exposition de la theorie de l'organisation végétale", 1809; „Histoire naturelle, général et particulière des Plantes", 1802–1806. Nach ihm die Gattung *Mirbelia* Sm.
Mitf. = Algernon Bertram Freeman-Mitford, Lord Redesdale, 1837–1916. Engl. Botaniker. Schrieb u. a. „The Bamboo Garden", 1896.
Moench = Conrad Moench, Kassel 15. 8. 1744 bis 6. 1. 1805 Marburg. Deutscher Botaniker u. Chemiker. Von ihm u. a. „Verzeichniss ausländischer Bäume und Stauden des Lustschlosses Weissenstein bei Cassel", 1785. Nach ihm die Gattung *Moenchia* Ehrh.
Mol. (auch **Molina**) = Juan Ignacio Molina, Talca, Chile 1737–12. 9. 1829 Bologna. Ital. Jesuit, Missionar, Botaniker u. Pflanzensammler. Autor von „Saggio sulla storia naturale de Chile", 1782, 2. Aufl. 1810. Nach ihm die Gattungen *Molinia* Schrank u. *Moliniopsis* Hayata.
H. E. Moore = Harold Emery Moore, 1917– . Nordamer. Botaniker am Bailey Hortiorum, Ithaca, N. Y. Schrieb u. a. „African Violets, Gloxinias and their relatives", 1957; in „Principes", Bd. 7 „An Annotated Checklist of Cultivated Palms", 1963.
S. Moore (auch **Spencer Moore**) = Spencer Le Marchant Moore, 1850–1931. Engl. Botaniker.
T. Moore = Thomas Moore, Stoke, Guildford, Surrey 21. 5. 1821–1. 1. 1887 Chelsea-London. Engl. Botaniker, Kurator des Bot. Gartens Chelsea. Schriften: „The Ferns of Great Britain and Ireland", 1855; weitere Werke über Farne; zus. mit John Lindley „A treasure of Botany ... A popular dictionary", 1866.
Moran = Reid V. Moran, 1916– . Nordamer. Botaniker. Spezialgebiete: *Crassulaceae, Cactaceae.*
Moretti = Giuseppe Moretti, Roncara bei Pavia 30. 11. 1782–1. 12. 1853 Pavia. Ital. Botaniker. Schrieb u. a. über *Saxifraga.* Nach ihm die Gattung *Morettia* DC.
C. Morr. = Charles François Antoine Morren, Gent 3. 3. 1807–17. 12. 1858 Lüttich. Belg. Botaniker. Gründete mit Louis van Houtte die Zeitschrift „Horticulteur Belge", 1853–1857. Von 1851 an Hrsg. der „Belgique horticole", von seinem Sohn bis 1885 weitergeführt. Schrieb außerdem über *Fuchsia, Lobelia, Clusia* etc.
E. Morr. = Charles Jacques Edouard Morren, Gent 2. 12. 1833–28. 2. 1886 Lüttich. Sohn des vorigen. Belg. Botaniker u. Direktor des Bot. Gartens Lüttich. Nach dem Tode seines Vaters Hrsg. von „Belgique horticole". Ausgezeichneter Kenner der Gartenpflanzen, besonders der Bromelien.
Mouillef. = Pierre Mouillefert, Chateau-Chinon, Nièvre 1846–1903. Franz. Gärtner u. Dendrologe. Veröffentlichte u. a. „Traité des arbres et arbrisseaux forestiers, ...", 1892–1898.
F. v. Muell. = Ferdinand Jakob Heinrich von Müller, Rostock 30. 6. 1825–10. 10. 1896 Melbourne. Deutsch-engl. Botaniker, seit 1847 in Australien, von 1857–1873 Leiter des Bot. Gartens Melbourne, Regierungsbotaniker der Kolonie Victoria. Erforschte auf ausgedehnten Reisen die Flora Australiens. Schrieb mehrere Werke über die Flora Australiens. Nach ihm die Gattung *Muelleranthus* Hutch.
Muell. Arg. = Jean Müller (Arg. = Argoviensis = aus dem Aargau), im Aargau 1828–1896 Genf. Schweiz. Botaniker, Direktor des Bot. Gartens Genf. Bearbeitete verschiedene Pflanzenfamilien in Florenwerken.
Muenchh. = Otto Freiherr von Münchhausen, Schwöbber bei Hameln 1716–13. 7. 1774. Landdrost in Kalenberg. Schuf 1748 einen großen Landschaftspark in Schwöbber. Autor von „Der Hausvater. Eine ökonomische Schrift", 1765–1774.
Munz = Philipp Alexander Munz, 1882– . Nordamer. Botaniker, Direktor des Santa Ana Bot. Garden, Claremont, Kalifornien. Schrieb u. a. „A California Flora", 1959; Supplement dazu 1968; Mitarb. an Lundells „Flora of Texas", 1961–1969 (Onagraceae).
Murr. = Johan Andreas Murray, Stockholm 27. 1. 1740–25. 5. 1791 Göttingen. Schwed.-deutscher Botaniker u. Mediziner, Schüler Linnés, Vorsteher des Bot. Gartens Göttingen. Nach ihm die Gattung *Murraya* Koen. ex L.
A. Murr. = Andrew Murray, Edinburgh 19. 2. 1812–10. 1. 1878 Kensington-London. Engl. Botaniker u. Entomologe. Mitarb. von Ravenscroft, „The Pinetum Brittanicum" (S. 4–37), 1863–1884.
Mutis = José Celestino Mutis, Cadic 6. 4. 1732 bis 2. 9. 1808 Santa Fé de Bogotá. Span. Botaniker, Gelehrter u. Arzt, im Alter Kanonikus der Kathedrale zu Santa Fé, Schüler Linnés, seit 1760 in Kolumbien. Brachte reichhaltiges Material der Pflanzen von Kolumbien, Venezuela u. Ekuador zusammen, das er zeichnen ließ, aber nicht zur Veröffentlichung kam. Die 6849 Blatt liegen noch heute im Bot. Garten Madrid. Nach ihm die Gattung *Mutisia* L. f.
Nakai = Takenoshin Nakai, 1882–1952. Jap. Botaniker. Schrieb neben vielem anderen „Flora Sylvatica Koreana", 1915–1935; „Iconographia plantarum Asiae-orientalis", 1935–1952; „Nova Flora Japonica" (unvollendet), 1938–1951.
Naud. = Charles Victor Naudin, Autun 14. 8. 1815–19. 3. 1899 Antibes. Franz. Botaniker. Schriften: „Nouvelles recherches sur l'hybridité dans les végétaux", 1864; zus. mit J. Decaisne „Manuel de l'amateur des jardins", 1862–1871. Nach ihm die Gattung *Naudinia* Planch. et Lind.
Nees = Christian Gottfried Daniel Nees von Esenbeck, Reichenberg bei Erbach i. O. 14. 2. 1776 bis 16. 3. 1858 Breslau. Deutscher Botaniker, von 1818–1858 Präses der Kaiserl. Leopoldin. Carolin. Akademie der Naturforscher. Unter seinen vielen Schriften „Handbuch der Botanik", 1820–1821; „Agrostologia brasiliensis", 1829; „Genera et species Asterearum", 1832; „Systema Laurinarum", 1836.
Nees = Theodor Friedrich Ludwig Nees von Esenbeck, Reichenberg bei Erbach i. O. 26. 7. 1787–12. 12. 1837 Hyères. Deutscher Botaniker, Bruder des vorigen, mit dem zusammen er viele Werke herausgab. Veröffentlichte u. a. „Genera plantarum florae Germanicae", (1833) 1835–1860 (fortgesetzt von Spenner, Putterlick, Endlicher, Schnizlein, Bischoff u. a.); „Plantae officinales", (1821) 1828–1833; „Sammlung schönblühender Gewächse ...", 1831 (zus. mit W. Sinning).
Nel = Gert Cornelius Nel, 1885–1950. Südafr. Botaniker. Veröffentlichte u. a. „Lithops" (eine Monographie der Gattung), 1947; „The Gibbaeum Handbook", hrsg. von P. G. Jordaan u. E. W. Shurley. Nach ihm die Gattung *Nelia* Schwant.
Newm. = Edward Newman, 1801–1876. Engl. Botaniker, Farnspezialist. Schrieb u. a. „A History of British Ferns and allied Plants", 1840, weitere Auflagen 1844, 1854 u. 1865.
Nichols. = George Nicholson, Ripon, Yorkshire 7. 12. 1847–20. 9. 1908 Richmond. Engl. Botaniker, Kurator des Bot. Gartens Kew. Hauptwerk: „The Illustrated Dictionary of Gardening", 1885.
Nutt. = Thomas Nuttall, Long Preston, Settle 5. 1. 1786–10. 9. 1859 Wigan, Lancashire. Engl. Botaniker, ursprünglich Drucker, Prof. der Botanik in Philadelphia. Bereiste Nordamerika für Benjamin S. Barton von 1808–1841 und schrieb über die Flora von Nordamerika.
O'Brien = James O'Brien, 1842–1930. Engl. Orchideenspezialist, Verf. versch. Schriften über Orchideen.
Oerst. = Anders Sandöe Oersted, Rudkjöbing 21. 6. 1816–3. 9. 1872 Kopenhagen. Dän. Botaniker, bereiste von 1845–1848 Mittelamerika u. Westindien.
Oliv. = Daniel Oliver, Newcastle 6. 2. 1830 bis 21. 12. 1916 Kew. Engl. Botaniker in Kew. Schriften: „Illustrations of the principal natural orders of the vegetable Kingdom", 1874; „Flora of tropical Africa", 1868–1877. Hrsg. versch. Bände von Hookers „Icones Plantarum" zwischen 1870 u. 1910.
Otto = Christoph Friedrich Otto, Schneeberg, Erzgebirge 4. 12. 1783–7. 12. 1856. Deutscher Gärtner, von 1805–1843 Inspektor des Bot. Gartens Berlin. Veröffentlichte zus. mit Link „Abbildungen auserlesener Gewächse des botanischen Gartens", 1820–1828, sowie andere Bildwerke. Zus. mit Dietrich Hrsg. von „Allgemeine Gartenzeitung". Nach ihm die Gattung *Ottoa* Kunth.
Palib. = Ivan Vladimirovitch Palibin, 1872–1949. Russ. Botaniker. Spezialgebiet: Flora von Korea.
Pall. = Peter Simon Pallas, Berlin 22. 9. 1741 bis 8. 9. 1811 Berlin. Deutsch-russ. Botaniker, Arzt u. russ. Staatsrat, verbrachte 42 Jahre in Rußland, bereiste Sibirien von 1768–1774, die Krim von 1795–1810. Mehrere Werke über russ. Flora. Nach ihm die Gattung *Pallasia* Klotzsch.
Panč. = Josef Pančic, 1814–1888. Jugoslav. Botaniker. Schrieb u. a. „... Elementa ad Floram Principatus Bulgariae", 1883.
Parker = C. S. Parker, 19. Jahrh. Engl. Botaniker.
Parl. = Filippo Parlatore, Palermo 8. 8. 1816–9. 9. 1877 Florenz. Ital. Botaniker, Prof. der Anatomie, später der Botanik in Florenz. Schriften: „Flora italiana", Bd. 1–5, 1848–1875 (Bd. VI–X von T. Carnel, 1884–1896); außerdem Monographien über *Gnetaceae* u. *Coniferae.* Nach ihm die Gattung *Parlatorea* Boiss.
Pav. = José Antonio Pavon, 1750–1844. Span. Botaniker. Nach ihm die Gattung *Pavonia* Cav. Schriften siehe bei Ruiz et Pavon.
Pax = Ferdinand Albin Pax, Königinhof, Böhmen 26. 7. 1858–1942 Breslau. Deutscher Botaniker, Direktor des Bot. Gartens Breslau. Schriften: „Monographische Übersicht über die Arten der Gattung Primula", 1888; „Allgemeine Morphologie", 1890; „Grundzüge der Pflanzenverbreitung in den Karpathen", 1898; für Engler, Das Pflanzenreich, „Aceraceae", 1902; „Primulaceae", 1905 (zus. mit R. Knuth); „Euphorbiaceae", 1910–1924 (teilweise zus. mit K. Hoffmann). Nach ihm die Gattung *Paxia* Gilg.
Paxt. = Joseph Paxton, Milton Bryant 3. 8. 1803 bis 8. 6. 1865 Sydenham. Engl. Botaniker, Gärtner u. Architekt. Erbauer des großen Glashauses in Chatsworth u. des Kristallpalastes in London. Veröffentlichte zus. mit John Lindley „Paxton's Flower Garden", 1850–1853. Hrsg. des „Magazine of Botany and Register of Flowering Plants", 1834 bis 1849.
Pe'i = C. P'Ei, zeitgenöss. chin. Botaniker, Prof. in Nanking.
Perr. = J. O. E. Perrier, 1843–1916. Franz. Botaniker.
Pers. = Christiaan Hendrik Persoon, Kapstadt 1761–1836 Paris. Franz. Botaniker u. Arzt, bedeutender Mykologe. Publizierte neben vielen mykolog. Schriften die 15. Aufl. von Linnés „Systema vegetabilium", 1797 ff. Nach ihm die Gattung *Persoonia* Sm.
Peter = A. Peter, 1853–1937. Deutscher Botaniker, Direktor des Bot. Gartens Göttingen, durchforschte 1913–1920 das frühere Deutsch-Ostafrika (heute Tanganjika) u. wiederholte die Reise 1925. Schrieb u. a. „Wasserpflanzen und Sumpfgewächse in Deutsch-Ostafrika", 1928. Nach ihm die Gattung *Peterodendron* Sleume.
Pfeiff. = Ludwig Georg Karl Pfeiffer, Kassel 4. 7. 1805–2. 10. 1877 Kassel. Deutscher Arzt, Botaniker u. Kakteenkenner. Schriften: „Beschreibung und Synonymik der in deutschen Gärten lebend vorkommenden Kakteen", 1837; „Flora von Niederhessen und Münden", 1847–1855; zus. mit C. F.

Otto „Abbildung und Beschreibung blühender Cacteen", 1847–1855. Nach ihm die Gattung *Pfeiffera* Salm-Dyck.

Phil. = Rudolph Amandus Philippi, 1808–1904. Chil. Botaniker. Verf. von „Verzeichnis der von Friedrich Philippi auf der Hochebene der Provinzen Antofagasta und Tarapazá gesammelten Pflanzen", 1891. Nach ihm die Gattungen *Philippiandra* Kuntze u. *Philippiella* Spegazz.

Pfitz. = Ernst Hugo Heinrich Pfitzer, Königsberg 26. 3. 1846–3. 12. 1906 Heidelberg. Deutscher Botaniker, Orchideenspezialist, Direktor des Bot. Gartens Heidelberg. Schriften: „Grundzüge einer vergleichenden Morphologie der Orchideen", 1882; für Engler, Das Pflanzenreich, „Orchidaceae-Pleonandrae", 1903; „Orchidaceae–Monandrae-Coelogyninae", 1908; Bearb. der Orchidaceae in Engler u. Prantl, Die natürlichen Pflanzenfamilien, 1889 bis 1909; „Morphologische Studien über die Orchideenblüthe ...", 1886.

Pilg. = Robert Knud Friedrich Pilger, 1876–1953. Deutscher Botaniker am Bot. Museum Berlin. Bearb. für Engler, Das Pflanzenreich, „Taxaceae", 1903; „Plantaginaceae", 1937; für Engler, Die natürlichen Pflanzenfamilien, 2. Aufl., „Gymnospermae", 1926; „Gramineae-Panicoideae", 1940. Nach ihm die Gattung *Pilgerochloa* Eig.

Planch. = Jules Émile Planchon, 1823–1. 4. 1888 Montpellier. Franz. Botaniker, reger Mitarbeiter an „Flores des Serres et des Jardins". Mitherausgeber von „Prodromus Florae Novo-Granatensis", 1862–1867. Nach ihm die Gattung *Planchonia* Bl.

v. Poelln. = Karl von Poellnitz, 1896–1945. Deutscher Botaniker u. Sukkulentenforscher. Nach ihm die Gattung *Poellnitzia* Uitew.

Poepp. = Eduard Friedrich Poeppig, Plauen im Vogtland 16. 7. 1798–4. 9. 1868 Wahren bei Leipzig. Deutscher Zoologe, Botaniker u. Forschungsreisender. Reisen: 1823–1824 Kuba, 1824–1826 Philadelphia, 1826–1829 Chile, 1829–1832 Peru, Amazonas. Ausbeute dieser Reisen etwa 4000 Pflanzenarten. Hauptwerke: „Nova Genera ac species plantarum, quas in regno Chilensi, Peruviano ...", 1835–1845 (zus. mit St. Endlicher); „Reise in Chile, Peru u. auf dem Amazonenstrom 1827–1832", 1835–1836. Nach ihm die Gattung *Poeppigea* C. Presl.

Poir. = Jean Louis Marie Poiret, St. Quentin 1755–7. 4. 1834 Paris. Franz. Botaniker. Hauptwerke: „Voyage a Barbarie, ..., pendant les années 1785 et 1786", 1789; „Histoire philosophique littéraire économique des plantes de l'Europe", 1825 bis 1829. Nach ihm die Gattung *Poiretia* Vent.

Portenschl. = Franz Edler von Portenschlag, Wien 13. 2. 1772–7. 11. 1822 Wien. Österr. Botaniker. Schrieb „Enumeratio Plantarum in Dalmatia lectarum", 1824. Nach ihm die Gattung *Portenschlagia* Vis.

G. E. Post = G. E. Post, 1838–1909. Engl. Botaniker und Geistlicher. Schrieb „Flora of Syria, Palestine, and Sinai, from the Taurus to ...", 1896. Nach ihm die Gattung *Postia* Boiss. et Blanche.

T. E. Post = Tom Erik von Post, 1858–1912. Deutscher Botaniker. Veröffentlichte zus. mit C. E. O. Kuntze „Lexicon Generum Phanerogamarum ...", 1903.

Potzt. = Eva Potztal, 1924– . Deutsche Botanikerin u. Kustodin am Bot. Museum Berlin. Spezialgebiete: Subtrop. u. trop. *Gramineae, Palmae.*

Pourr. = Pierre André Pourret de Figeac, 1754 bis 1818. Franz. Geistlicher u. Botaniker. Arbeitete über die Flora der Pyrenäen, schrieb eine Monographie über die Gattung *Cistus* etc.

Praeg. = Robert Lloyd Praeger, 1865–1953. Irischer Bibliothekar u. Botaniker. Hauptwerke: „An account of the Sempervivum Group", 1932; „An account of the Genus Sedum as found in Culture", 1921.

Prain = David Prain, Schottland 11. 7. 1857 bis 16. 3. 1944 London. Engl. Botaniker, Direktor des Bot. Gartens Kew. Veröffentlichte viele systemat. Schriften. Editor der Bände 133–146 von „Curtis's Botanical Magazine", 1907–1920. Nach ihm die Gattung *Prainea* King ex Hook. f.

Prantl = Karl Anton Eugen Prantl, München 10. 9. 1849–24. 2. 1893 Breslau. Deutscher Botaniker, Direktor des Bot. Gartens Breslau. Zus. mit A. Engler Begründer u. Hrsg. des systemat. Sammelwerkes „Die natürlichen Pflanzenfamilien", 1. Aufl. 1889–1909.

C. Presl = (Carel) Karel Boriwog Presl, Prag 17. 2. 1794–8. 10. 1852 Prag. Österr. Botaniker, Prof. der Naturgeschichte u. Technologie. Schrieb mehrere Werke, u. a. über Farne.

J. Presl = Jan Swatopluk Presl, 1791–1849. Österr. Botaniker. Gemeinsam mit Karel Boriwog Presl Hrsg. von „Flora Čechica ...", 1819.

K. B. Presl = siehe C. Presl.

Pritzel (auch **Pritz.**) = Georg August Pritzel, Carolath in Schlesien 2. 9. 1815–14. 6. 1874 Hornheim bei Kiel. Deutscher Archivar, Kustos der Königl. Bibliothek in Berlin u. Botaniker. Veröffentlichte „Iconum botanicarum index locupletissimus", 1855; „Thesaurus litteraturae botanicae omnium gentium", 1851, 2. Aufl. 1872–1877.

Pugsley = H. W. Pugsley, 1868–1947. Engl. Botaniker. Schrieb u. a. „A Monograph of Narcissus subgenus Ajax", 1933.

Purdy = Carl Purdy, 1861–1945. Nordamer. Sammler u. Kenner kaliforn. Pflanzen, speziell von Zwiebelgewächsen.

Purk. = Emanuel Purkyně, 1831–1882. Österr. Botaniker.

J. A. Purp. = Joseph Anton Purpus, 1860–1932. Deutscher Gärtner, von 1882–1888 am Bot. Garten Petersburg (Leningrad), 1888–1932 Inspektor des Bot. Gartens Darmstadt. Machte zus. mit seinem Bruder versch. Sammelreisen, vor allem in den Westen Nordamerikas u. in Mexiko, von denen sie viele neue Pflanzen mitbrachten u. beschrieben.

Pursh = Frederick Traugott Pursh (ursprünglich Pursch), Großenhain, Sachsen 4. 2. 1774–11. 7. 1820 Montreal, Kanada. Deutsch-kanad. Botaniker u. Gärtner, seit 1808 in Nordamerika, Hauptwerk: „Flora Americae Septentrionalis", 1814. Nach ihm die Gattung *Purshia* DC.

Putz. = J. A. Putzeys, 1809–1882. Belg. Botaniker.

Radde = Gustav Ferdinand Richard Johannes Radde, Danzig 1831–1903. Deutsch-russ. Naturwissenschaftler, Direktor des Kaukasus-Museums in Tiflis. Bereiste Sibirien.

Raf. = Constantine Samuel Rafinesque-Schmaltz, Galata bei Istanbul 22. 10. 1783–1840 (1842?) Philadelphia. Ital.-nordamer. Botaniker. Schrieb meherere Werke über die Flora Italiens u. Nordamerikas. Nach ihm die Gattung *Rafinesquia* Nutt.

Ragioneri = ital. Züchterfamilie. Attilio R., Zeitgenosse, züchtete u. a. *Zantedeschia, Freesia,* Maiblumen, Gladiolen.

Ram. (auch **Ramond**) = Louis François Elisabeth Ramond de Carbonnière, Straßburg 4. 1. 1753 bis 14. 5. 1827 Paris. Franz. Naturwissenschaftler u. Botaniker. Nach ihm die Gattung *Ramonda* Rich.

Raoul = Edouard F. A. Raoul, 1815–1852. Franz. Schiffsarzt u. Botaniker, 1840–1843 in Neuseeland. Hauptwerk: „Choix de Plantes de la Nouvelle-Zélande", 1846. Nach ihm die Gattung *Raoulia* Hook. f.

Rchb. = Heinrich Gottlieb Ludwig Reichenbach, Leipzig 8. 1. 1793–17. 3. 1879 Dresden. Deutscher Botaniker, Direktor des Bot. Gartens Dresden. Von seinen vielen Schriften seien genannt „Flora exotica", 1834–1836; „Iconographia Botanica, ...", 1823–1832; „Iconographia Botanica Exotica ...", 1827–1830; „Icones florae germanicae et helveticae ...", 1837–1850; „Flora germanica excursoria", 1830–1832; „Handbuch des natürlichen Pflanzensystems ...", 1837; „Der Deutsche Botaniker. Bd. 1. Das Herbarienbuch", 1841. ihm die Gattung *Reichenbachia* Spreng.

Rchb. f. = Heinrich Gustav Reichenbach (filius), Sohn des vorigen, Dresden 3. 1. 1824–6. 5. 1889 Hamburg. Deutscher Botaniker, Direktor des Bot. Gartens Hamburg, Orchideenforscher. Schriften: „Xenia Orchidacea", 1854–1900; „Deutschlands Flora ...", Bd. 13–21, 1851–1867; Mitarb. an „Refugium Botanicum", 1869–1882.

K. H. Rech. = Karl Heinz Rechinger, 1906– . Österr. Botaniker am Naturhistor. Museum Wien. Hauptwerke: „Flora Aegaea", 1943; „Flora Aegaea Supplementum", 1949; „Flora of Lowland Iraq", 1964; „Flora Iranica", 1964 ff.

Regel = Eduard August von Regel, Gotha 1. 8. 1815–27. 4. 1892 Petersburg (Leningrad). Deutscher Gärtner u. Botaniker, Direktor des Bot. Gartens Petersburg von 1855–1892. Veröffentlichte viele Schriften über Gartenbau, Obstbau, Anlage von Gärten, Dendrologie etc., alle in russ. Sprache, außerdem Monographien über *Betulaceae* u. *Allium.* Begründer der „Gartenflora" (1852), in der er viele neue Arten beschrieb. Nach ihm die Gattung *Regelia* Schau.

Rehd. = Alfred Rehder, Waldenburg, Sachsen 4. 9. 1863–25. 7. 1949. Deutsch-nordamer. Gärtner, Botaniker, Dendrologe, von 1918–1940 Kurator des Arnold Arboretums, Jamaica Plains, Mass. bei Boston. Begründer des „Journal of the Arnold Arboretum". Hauptwerke: „Manual of cultivated trees and shrubs hardy in North America", 1927, 2. Aufl. 1940; „Bibliography of cultivated trees and shrubs", 1949. Nach ihm die Gattungen Rehdera Mold., *Rehderodendron* Hu, *Rehderophoenix* Burret.

Retz. = Anders Jahan Retzius, Kristianstad 3. 10. 1742–6. 10. 1821 Stockholm. Schwed. Botaniker. Schriften u. a.: „Observationes botanicae", 1779 bis 1791; „Flora Scandinaviae prodromus", 2. Aufl. 1795. Nach ihm die Gattung *Retzia* Thunb.

Reut. = George François Reuter, 1805–1872. Schweiz. Botaniker. Monographie über *Orobanchaceae,* 1847. Nach ihm die Gattung *Reutera* Boiss.

Reyn. = Alfred Reynier, 1845–1932. Franz. Botaniker.

Riccob. = Vincenzo Riccobono, 19./20. Jahrh. Ital. Gärtner, Kakteenforscher.

A. Rich. = Achille Richard, Paris 27. 4. 1794 bis 5. 10. 1852 Paris, Sohn des folgenden. Franz. Botaniker. Veröffentlichte neben vielem anderen „Nouveaux éléments de Botanique ...", 1819; „Botanique medicale", 1823; „Dictionnaire de drogues simples et composées", 1827–1829.

L. C. Rich. = Louis Claude Marie Richard, Auteuil 4. 9. 1754–7. 6. 1821 Paris. Franz. Botaniker, bereiste 1781 Guayana u. die Antillen. U. a. Autor von „Demonstrations botaniques ou analyse du fruit", 1808; „Analyse botanique des embryons endorhizes ou monocotylédones", 1811; „Commentatio botanica de Coniferis et Cycadeis", 1826; „Flora boreali-americana", 1803; „De Musaceis commentatio botanica ...", 1831; „De Orchideis Europaeis annotationes, ...", 1817. Nach ihm die Gattung *Richardia* L.

Richards. = John Richardson, 1787–1865. Engl. Botaniker, Teilnehmer an zwei Polarexpeditionen.

Robins. (auch **Rob.** oder **Robinson**) = Benjamin Lincoln Robinson, 1864–1935. Nordamer. Botaniker, Direktor des Gray Herbariums der Harvard Universität in Cambridge, Mass. Nach ihm die Gattungen *Robinsonella* Rose et Bak. f. u. *Robinsoniodendron* Merr.

N. K. B. Robson = Norman K. B. Robson, 1928 bis . Engl. Botaniker am Herbarium Kew.

Roem. = Johann Jakob Roemer, Zürich 8. 1. 1763–15. 1. 1819 Zürich. Schweiz. Arzt u. Botaniker. Schriften: „Flora europaea inchoata", 1797–1811; „Terminologisches Wörterbuch", 1814–1816; zus. mit J. A. Schultes „Caroli a Linné Systema vegetabilium", 16. Aufl. 1817–1830; zus. mit P. Usteri „Magazin für die Botanik", 1785–1790; „Archiv für die Botanik", 1796–1805. Nach ihm die Gattung *Roemeria* Medik.

M. Roem. = Max J. Roemer, 1. Hälfte des 19. Jahrh. Deutscher Botaniker. Schrieb „Familiarum naturalium Regni vegetabilis Synopses monographicae", 1846–1847.

Rolfe = Robert Allen Rolfe, 1855–1921. Engl. Botaniker in Kew. Orchideenspezialist. U. a. zus. mit Ch. Ch. Hurst Hrsg. von „The Orchid Stud-Book", 1909; „Orchid Review", 1893–1921. Nach ihm die Gattung *Rolfeëlla* Schlechter.

Ronn. = Karl Ronniger, 1871–1954. Österr. Botaniker.

Rose = Josef Nelson Rose, 1862–1928. Nordamer. Botaniker am United States National Herbarium. Siehe auch Britton.

Roth = Albrecht Wilhelm Roth, Dötlingen, Oldenburg 6. 1. 1757–16. 10. 1834 Vegesack. Deutscher Arzt u. Botaniker. Von seinen zahlreichen Schriften seien genannt: „Beiträge zu Botanik", 1782–1783; „Tentamen florae germanicae", 1788 bis 1800; „Manuale botanicum", 1830. Nach ihm die Gattung *Rothia* Pers.

Rothm. = Werner Rothmaler, Sangerhausen 20. 8. 1908–13. 4. 1962 Greifswald. Deutscher Botaniker. Veröffentlichte mehr als 190 Schriften, darunter eine „Monographie der Gattung Antirrhinum" u. „Exkursionsflora von Deutschland", 3 Bde., 1957 (6. Aufl.), 1959 u. 1963. Nach ihm die Gattung *Rothmaleria* Font Quer.

Rouy = Georges C. C. Rouy, 1851–1924. Franz. Botaniker. Hauptschriften: „Flore de France", 1893–1913; „Illustrationes Plantarum Europae rariorum", 1895–1905. Nach ihm die Gattung *Rouya* Coincy.

Rowley = Gordon D. Rowley, 1925–   . Engl. Botaniker an der Universität in Reading. Spezialgebiete: *Cactaceae* u. a. sukkulente Pflanzen.

Roxb. = William Roxburgh, Craigie, Ayrshire 3. 6. 1751–18. 2. 1815 Edinburgh. Engl. Botaniker u. Arzt, von 1793–1815 Direktor des Bot. Gartens Kalkutta. Schriften: „Plants of the coast of Coromandel, ...", 1795–1820; „Flora indica, ...", 1820–1824.

Royle = John Forbes Royle, Cawnpore, Indien 1799–2. 1. 1858 Acton, Midds. Engl. Botaniker, Vorsteher des Bot. Gartens Saharanpur, Indien. Hauptwerke: „Illustrations of the botany and other branches ... of the Himalayan mountains, and of the flora of Cashmere", 1833–1840. Nach ihm die Gattung *Roylea* Wall.

Rozan. = M. A. Rozanova, 1885–1957. Russ. Botaniker.

Rud. = Friedrich Karl Ludwig Rudolphi, Ratzeburg 20. 9. 1801–27. 4. 1849. Deutscher Botaniker, Landphysikus des Herzogtums Lauenburg.

Ruempl. = Karl Theodor Rümpler, Alterstedt bei Langensalza 1817–23. 5. 1891 Erfurt. Deutscher Gartenbauschriftsteller u. Pädagoge. Veröffentlichte viele Schriften für Gärtner u. Gartenfreunde. Zus. mit Groenland, Hrsg. der 1. Aufl. von „Vilmorins Illustr. Blumengärtnerei", 1872 bis 1875; ebenso Hrsg. der beiden ersten Auflagen des „Illustr. Gartenbau-Lexikons".

Ruiz et Pav. = Hipólito Ruiz Lopez, Belorado 1754–1815 Madrid. José Pavón, 1750–1844. Span. Botaniker, bereisten von 1778–1788 Chile, Peru u. die angrenzenden Gebiete. Gemeinsame Hrsg. von „Florae Peruvianae et Chilensis prodromus, ...", 1794, und weitere Werke über die Flora Chiles u. Perus. Nach Ruiz die Gattung *Ruizia* Cav., nach Pavón die Gattung *Pavonia* Cav.

Rupr. = Franz Joseph Ruprecht, Freiburg i. Br. 1. 11. 1814–23. 7. oder 4. 8. 1870 Petersburg (Leningrad). Deutsch-russ. Botaniker, lebte seit 1839 in Petersburg. Schrieb u. a. über Algen, Bambus, Flora des Kaukasus. Nach ihm die Gattung *Ruprechtia* C. A. Mey.

Rusby = Henry Hurd Rusby, 1855–1940. Nordamer. Botaniker, bereiste Neumexiko etc. Nach ihm die Gattungen *Rusbya* Britt., *Rusbyanthus* Gilg, *Rusbyella* Rolfe.

Sabine = Joseph Sabine, 1770–1837. Engl. Botaniker, einer der Gründer u. späterer Sekretär der Horticultural Society of London. Nach ihm die Gattung *Sabinea* DC.

Salisb. = Richard Anthony Salisbury, Leeds 2. 5. 1761–23. 3. 1829 London. Engl. Botaniker, Gärtner u. Zeichner. Veröffentlichte „Icones stirpium rariorum descriptionibus illustrata", 1791; „The Paradisus Londinensis" ...", 1806–1809.

Salm-Dyck = Joseph Maria Franz Anton Hubert Ignaz Fürst von Salm-Reifferscheidt-Dyck, Dyck 4. 9. 1773–21. 3. 1861 Nizza. Deutscher Botaniker, Besitzer einer der reichhaltigsten Sukkulentensammlungen seiner Zeit. Schriften: „Monographia generum Aloes et Mesembrianthemi", 1836–1842, 1849–1863"; „Cactaceae in horto dyckensae culta", 1841, 1844 u. 1850. Nach ihm die Gattung *Dyckia* Schult. f.

Sand. (auch **Sander**) = Henry Frederick Conrad Sander, Bremen 4. 3. 1847–23. 12. 1920. Deutsch-engl. Gärtner, seit 1867 in England. Begründer bedeutender Gärtnereien in St. Albans, England, u. in Brügge, Belgien, Orchideenzüchter, Einführer vieler neuer Pflanzenarten durch eigene Sammler, u. a. Roezl, Wallis, Endres. Hrsg. von „Reichenbachia. Orchids illustrated and described", 1888 bis 1895.

Sandw. = Noel Yvri Sandwith, Harworth, Nottinghamshire 8. 9. 1901–7. 5. 1965. Engl. Botaniker in Kew. U. a. Spezialist für *Bignoniaceae* u. südamer. Flora. Nach ihm die Gattungen *Sandwithia* Lanj., *Sandwithiodendron* Aubrév. et Pellegr., *Sandwithiodoxa* Aubrév. et Pellegr.

Sarg. = Charles Sprague Sargent, Boston, Mass. 24. 4. 1841–22. 3. 1927 Boston. Nordamer. Botaniker, Dendrologe, Gründer u. erster Direktor des Arnold Arboretums. Schriften: „Forrest Flora of Japan ...", 1894; „Manual of the trees of North America", 1905; Hrsg. von „Garden and Forrest", 1888–1897. Nach ihm die Gattungen *Sargentia* S. Wats. u. *Sargentodoxa* Rehd. et Wils.

Sav. (auch **Savat.**) = Paul Amedé Ludovic Savatier, 1830–1891. Franz. Arzt u. Botaniker. Sammelte von 1866–1871 u. von 1873–1876 Pflanzen in Japan. Veröffentlichte zus. mit Franchet „Enumeratio plantarum in Japonia sponte crescentium", 1875 bis 1879, das bis dahin vollständigste Verzeichnis jap. Pflanzen.

Savi = Gaetano Savi, Florenz 13. 6. 1769–28. 4. 1844 Pisa. Ital. Botaniker. Schrieb über die ital. Flora. Nach ihm die Gattung *Savia* Willd.

Schau. = Johann Konrad Schauer, 1813–1848. Deutscher Botaniker, Prof. in Greifswald. Schrieb Monographie über *Verbenaceae*. Nach ihm die Gattung *Schaueria* Nees.

Scheer = Frederick Scheer, (?) 1792–1868. Engl. Liebhaberbotaniker.

Scheidw. = Michael Joseph François Scheidweiler, Köln 1. 8. 1799–24. 9. 1861 Gent. Deutsch-belg. Gärtner-Botaniker, Prof. am Institut Horticole in Gent. Zus. mit C. Lemaire u. L. van Houtte Hrsg. von „Flore des Serres et des Jardins de l'Europe", 1845–1855.

Schlechtend. = Diedrich Franz Leonhard von Schlechtendal, Xanten 27. 11. 1794–12. 10. 1866 Halle. Deutscher Botaniker, seit 1833 Direktor des Bot. Gartens Halle. Schuf zus. mit E. Schenk u. L. E. Langenthal eine 24bändige „Flora von Deutschland", 1840–1873; schrieb außerdem „Adumbrationes plantarum" (Filices capensis), 1825–(1832); „Flora Berolinensis", 1823–1824; „Hortus Hallensis", 1841–1853; zus. mit Mohl Hrsg. der „Botanischen Zeitung" (seit 1843) u. der „Linnaea" (seit 1826). Nach ihm die Gattung *Schlechtendalia* Less.

Schmidel = Casimir Christoph Schmidel, Bayreuth 21. 11. 1718–18. 12. 1792 Erlangen. Deutscher Botaniker. Hrsg. des literarischen Nachlasses von Conrad Gessner unter dem Titel „Conradi Gessneri Opera botanica", 1751–1771.

Fr. Schmidt = Friedrich Schmidt, 1832–1908. Russ. Botaniker.

Schneid. = Camillo Karl Schneider, Groeppendorf, Sachsen 7. 4. 1876–5. 1. 1951 Berlin. Deutscher Botaniker, Dendrologe, Gartenarchitekt u. Schriftsteller. Bereiste 1907/08 Bulgarien, Serbien, Kaukasus etc., 1913 Westchina, von 1915–1918 im Arnold Arboretum. Verf. vieler bot., gartenkünstler. u. gärtner. Schriften. Hauptwerke: „Ill. Handbuch der Laubholzkunde", 1904–1912; zus. mit Silva-Tarouca Kulturhandbücher über „Freiland-Stauden", 1910, „Freiland-Laubgehölze", 1912, „Freiland-Nadelhölzer", 1913. Mitherausgeber der „Gartenschönheit", 1920–1942.

Scholler = F. A. Scholler, 1718–1785. Deutscher Botaniker.

Schott = Heinrich Wilhelm Schott, Brünn 7. 1. 1794–5. 3. 1865 Schönbrunn. Österr. Botaniker u. Gärtner, von 1845 bis zum Tode Direktor der kaiserl. Gärten zu Schönbrunn, bereiste von 1817 bis 1821 Brasilien. Hauptwerke: „Genera Filicum", 1834; „Synopsis Aroidearum", 1856; „Icones Aroidearum", 1857; „Prodromus Systematis Aroidearum", 1860; „Aroideae", 1853–1858; zus. mit St. Endlicher „Meletemata Botanica", 1832.

Schousb. = Peder Kofod Anker Schousboe, 1766–1832. Dän. Botaniker.

Schrad. = Heinrich Adolph Schrader, Ahlfeld 1. 1. 1767–21. 10. 1836 Göttingen. Arzt u. Botaniker, seit 1802 Direktor des Bot. Gartens Göttingen. Schriften: „Nova genera plantarum", 1797; „Journal für die Botanik", 1799–1810; „Flora germanica", 1806; „Hortus Goettingensis", 1809. Nach ihm die Gattung *Schradera* Vahl.

Schrank = Franz von Paula von Schrank, Varnbach am Inn 21. 8. 1747–22./23. 12. 1825 München. Deutscher Botaniker, Direktor des Bot. Gartens München. Schrieb neben vielem anderen „Flora Monacensis", 1811–1818; „Plantae rariores horti academici Monacensis", 1811–1818; „Sammlung von Zierpflanzen", 1819. Nach ihm die Gattung *Schrankia* Willd.

Schreb. = Johann Christian Daniel von Schreber, Weissensee 16. 1. 1739–10. 12. 1810 Erlangen. Deutscher Botaniker, Schüler Linnés, Oberaufseher des Bot. Gartens Erlangen. Schrieb u. a. „Icones et descriptiones plantarum minus cognitarum". Nach ihm die Gattung *Schrebera* Roxb.

Schrenk = Alexander Gustav von Schrenk, 1816 bis 1876. Russ. Botaniker am Bot. Garten Petersburg (Leningrad), bereiste Rußland u. Turkestan. Nach ihm die Gattung *Schrenkia* Fisch. et Mey.

Schult. = Joseph August Schultes, Wien 15. 4. 1773–21. 4. 1831 Landshut. Österr. Botaniker, Prof. in Wien, Krakau u. Innsbruck. Schrieb u. a. über die Flora Österreichs u. Bayerns; „Grundriß einer Geschichte und Literatur der Botanik", 1817; zus. mit J. J. Roemer Hrsg. der 16. Aufl. von „Caroli a Linné systema vegetabilium", 1817–1830. Nach ihm die Gattung *Schultesia* Mart.

Schult. f. = Julius Hermann Schultes, 1804–1840, Sohn des vorigen. Österr. Botaniker.

Schultz-Bip. = Carl Heinrich Schultz, genannt Schultz Bipontinus, Zweibrücken 30. 6. 1805 bis 17. 12. 1867 Deidesheim. Deutscher Arzt u. Botaniker.

F. W. Schultz = Friedrich Wilhelm Schultz, 1804 bis 1876. Franz. Arzt u. Botaniker zu Bitsch im Elsaß. Veröffentlichte „Archives de la Flore de France et d'Allemagne", 1842–1855; „Archives de flore; journal botanique", 1854–1869 (1872).

K. Schum. = Karl Moritz Schumann, Görlitz 17. 6. 1851–22. 3. 1904 Berlin. Deutscher Botaniker, Kustos am Bot. Museum Berlin. Schrieb u. a. „Gesamtbeschreibung der Kakteen", 2. Aufl. 1903; zus. mit C. Lauterbach „Die Flora der deutschen Schutzgebiete in der Südsee", 1901; außerdem Monographien über mehrere Pflanzenfamilien. Nach ihm die Gattungen *Schumannia* Kuntze, *Schumannianthus* Gagnep., *Schumanniophyton* Harms.

Schwant. = G. Schwantes, 1891–1960 Kiel. Deutscher Archäologe u. Botaniker. Veröffentlichte an bot. Schriften u. a. die Bearbeitung der *Aizoaceae* in „Pareys Blumengärtnerei", 1958. Nach ihm die Gattung *Schwantesia* Dint.

Schweick. = H. G. Schweickerdt, zeitgenöss. südafr. Botaniker.

Scop. = Giovanni Antonio Scopoli, Cavalese, Tirol 3. 6. 1723–8. 5. 1788 Pavia. Ital. Naturwissenschaftler. Schrieb u. a. „Flora carniolica", 1760, 2. Aufl. 1772; „Fundamenta botanica", 1783. Nach ihm die Gattung *Scopolia* Jacq. corr. Link.

Sealy = Joseph Robert Sealy, 1907– . Engl. Botaniker am Herbarium Kew. Schrieb u. a. „Camellia", 1958.

Sebast. = A. Sebastiani, 1782–1821. Ital. Botaniker. Autor von „Romanorum plantarum", 1813–1815. Nach ihm die Gattung *Sebastiania* Spreng.

Seem. = Berthold Carl Seemann, Hannover 28. 2. 1825–10. 10. 1871 Nicaragua. Deutsch-engl. Botaniker, Gärtner u. Pflanzensammler, war beteiligt an einer Reise um die Welt von 1845–1851 u. anderen Forschungsreisen. Schriften: „Die Volksnamen der amerikanischen Pflanzen", 1851; „Die in Europa eingeführten Acacien", 1852; „Bonplandia", 1853–1862; „The British Ferns", 1860. Begründer des „Journal of Botany", 1863 ff. Nach ihm die Gattungen *Seemannia* Regel u. *Seemannaralia* R. Viguier.

Sello = Fritz Sello, später Sellow geschrieben, Potsdam 1789–Okt. 1831 im Franciscostrom, Brasilien, ertrunken. Deutscher Gärtner, Botaniker u. Pflanzensammler. Begleitete von 1815–1817 den Prinzen zu Wied auf einer Reise ins Innere Brasiliens. Nach ihm die Gattung *Selloa* Kunth.

Ser. = Nicolas Charles Seringe, Longjumeau 3. 12. 1776–29. 9. 1858 Lyon. Franz. Botaniker, lebte lange in Genf u. Bern, später Direktor des Bot. Gartens Lyon. Veröffentlichte neben vielem anderen „Mélanges botaniques", 1818–1831; ferner Monographien über Cucurbitaceae, Melastomataceae, Rosaceae; „Flore des jardins et des grande cultures", 1847–1849. Nach ihm die Gattung *Seringia* J. Gay.

Sibth. = John Sibthorp, Oxford 28. 10. 1758 bis 8. 2. 1796 Bath. Engl. Botaniker u. Arzt, bereiste von 1786–1787 u. von 1794–1795 Griechenland u. Kleinasien, sammelte dort Pflanzen für eine geplante „Flora graeca", die später von J. E. Smith herausgegeben wurde. Nach ihm die Gattung *Sibthorpia* L.

Sieb. = Philipp Franz von Siebold, Würzburg 17. 2. 1796–18. 10. 1866 München. Deutsch-holl. Botaniker u. Japanforscher. Als Arzt in Japan von 1823 bis 1830 u. von 1859–1862. Hauptwerke: „Nippon, Archiv zur Beschreibung von Japan ...", 1832 bis 1858; „Plantarum, quas in Japonia collegit Dr. Ph. Fr. de Siebold, Genera Nova ...", 1843; „Florae Japonicae Familiae Naturales", 1845–1846; „Flora Japonica", 1826–1870 (die beiden letzten Werke zus. mit J. G. Zuccarini). Führte viele jap. Pflanzen nach Europa ein u. verbreitete sie aus eigener Gärtnerei in Leiden.

Simmonds = Norman W. Simmonds, 1922– . Span. Botaniker am Imp. College of Tropical Agriculture in Trinidad. Spezialgebiete: Flora von Trinidad u. Tobago, *Musa* u. *Ensete*.

Sm. = James Edward Smith, Norwich 2. 12. 1759 bis 17. 3. 1828 Norwich. Engl. Botaniker. Besitzer der naturwiss. Sammlungen, des Herbariums, der Bücher u. Manuskripte Linnés. Erster Präsident der 1788 in London gegründeten „Linnean Society", in deren Besitz nach seinem Tode das Linnésche Herbarium etc. überging. Neben der Herausgabe der „Flora Graeca" (siehe Sibthorp) veröffentlichte er viele Schriften u. Florenwerke (England). Nach ihm die Gattung *Smithia* Ait.

Sims = John Sims, Canterbury 1749–26. 2. 1831 Dorking. Engl. Botaniker. Hrsg. von „Curtis Botanical Magazine", Bd. 14–53, 1785–1826; zus. mit Charles König Hrsg. von „Annals of Botany", 1805–1806. Nach ihm die Gattung *Simsia* Pers.

J. Sm. = John Smith, Aberdour, Fife 5. 10. 1798 bis 14. 2. 1888 Kew. Engl. Botaniker. Hauptwerke: „Bible Plants", 1877; Domestic Botany", 1871 u. 1883; „Cultivated ferns, or a catalogue of exotic indigenous ferns cultivated in British gardens ...", 1857; „Ferns, British and foreign ...", 1866; „Historia filicum ...", 1875.

L. B. Sm. = Lyman Bradford Smith, 1904– . Nordamer. Botaniker, Spezialist für *Bromeliaceae*. Veröffentlichte neben vielem anderen „The Bromeliaceae of Brazil", 1955.

W. G. Sm. = Worthington George Smith, 1835 bis 1917. Engl. Botaniker.

W. W. Sm. = William Wright Smith, Lochnaben, Dumfriesshire 2. 2. 1875–15. 12. 1956 Edinburgh. Engl. Botaniker, von 1907–1911 Direktor des Bot. Gartens Kalkutta, später Direktor des Bot. Gartens Edinburgh. Unternahm ausgedehnte Sammelreisen in den Himalaja etc. Spezialgebiete: *Primula, Rhododendron*.

Soland. = Daniel Carlsson Solander, Pitea, Norrland, Schweden 28. 2. 1736–16. 5. 1782 London. Schwed.-engl. Botaniker u. Bibliothekar am Bot. Museum London, seit 1760 in England. Nahm mit J. Banks (s. dort) an der ersten Weltumseglung von Capt. Cook von 1768–1771 teil. Veröffentlichte zus. mit J. Banks „Illustration of the botany of Captain Cook's voyage round the world in HMS Endeavour in 1768–1771". Nach ihm die Gattung *Solandra* Sw.

Song. = A. Songeon, 1826–1905. Franz. Botaniker.

Soó = Károly Rezsö Soó von Bere, 1903– Ung. Botaniker.

Soul.-Bod. = Etienne Soulange-Bodin, 1774–1846. Franz. Gärtner. Zuerst Diplomat, später Gründer einer Baumschule in Fromont bei Paris.

Spach = Edouard Spach, Straßburg 26. 11. 1801 bis 18. 5. 1879 Paris. Franz. Botaniker. Schrieb „Histoire naturelle des végetaux: Phanérogames", 1834–1848 (14 Bände). Zus. mit H. Jaubert Hrsg. von „Illustrationes plantarum orientalium ...", 1842–1857. Nach ihm die Gattung *Spachea* A. Juss.

Spaeth = 1. Franz Ludwig Späth, Berlin 25. 2. 1839–2. 2. 1913 Berlin. Besitzer einer berühmten Baumschule in Berlin.
2. Hellmut Späth, Sohn des vorigen, Berlin 4. 12. 1885–1945. Baumschulbesitzer u. Botaniker. Veröffentlichungen: „Der Johannistrieb", 1912; „Späthbuch 1720–1930", 1930.

Spegazz. = Carlos Spegazzini, Italien 1858–1926 Argentinien. Ital.-argent. Botaniker, seit 1879 in Argentinien. Dort „Direktor der Landwirtschaft".

Sprague = Thomas Archibald Sprague, Edinburgh 7. 10. 1877–22. 10. 1958. Engl. Botaniker in Kew. Veröffentlichte 280 versch. Schriften, meist systemat. Inhalts. Nach ihm die Gattungen *Spraguea* Torr. u. *Spragueanella* Balle.

Spreng. = Kurt (Curtius) Polycarp Sprengel, Boldekow bei Anklam 3. 8. 1766–15. 3. 1833 Halle. Deutscher Botaniker u. Arzt, Direktor des Bot. Gartens Halle. Neben medizin. Schriften u. a. „Antiquatum botanicarum specimen", 1798; „Anleitung zur Kenntnis der Gewächse", 1802–1804, 2. Aufl. 1817–1818; „Geschichte der Botanik", 1817–1818; „Neue Entdeckungen ...", 1819–1822; „Linnaei Systema vegetabilium ...", XVI. Aufl. 1825–1828. Nach ihm die Gattung *Sprengelia* Sm.

Spring = Frédéric Antoine Spring, Geroldsbach, Oberbayern 8. 4. 1814–17. 1. 1872 Lüttich. Deutsch-belg. Botaniker. Schriften: „Über die naturhistorischen Begriffe von Gattung, Art und Abart ...", 1838; Monographie über *Lycopodiaceae*.

Sprun. = Wilhelm von Spruner, 1805–1874. Deutscher Botaniker, sammelte in Griechenland.

Standl. = Paul Carpenter Standley, 1884–1963. Nordamer. Botaniker am Natural History Museum Chicago. Schriften: „Trees and shrubs of Mexiko", 1920–1926; „Flora of the Panama Canal Zone", 1928; zus. mit L. O. Williams „Flora of Guatemala", im Erscheinen begriffen. Nach ihm die Gattung *Standleya* Brade.

Stapf = Otto Stapf, Ischl, Salzkammergut 23. 3. 1857–3. 8. 1933 Innsbruck. Österr.-engl. Botaniker, von 1891–1922 in England als Vorsteher des Herbariums in Kew. Schrieb u. a. „The Aconites of India", 1905; in Thiselton Dyers Flora Capensis, Bd. 7 „Gramineae", 1898–1900. Nach ihm die Gattungen *Stapfiella* Gilg, *Stapfiola* Kuntze, *Stapfiophyton* Li.

Stearn = William Thomas Stearn, 1911– . Engl. Botaniker am Brit. Museum, London. Verf. vieler Schriften systemat. u. histor. Inhalts.

Stef. = B. Stefanov, 1894– . Bulg. Botaniker. Siehe auch Stojanov.

Steff. = Heinrich Steffens, Stavanger 1788–1845 Berlin. Norweg. Naturwissenschaftler, Prof. in Halle, Breslau u. Berlin.

Steph. (auch **Stephan**) = Christian Friedrich Stephan, 1757–1817 Moskau. Deutsch-russ. Botaniker. Nach ihm die Gattung *Stephania* Lour.

Steud. = Ernst Gottlieb von Steudel, 30. 5. 1783 bis 12. 5. 1856. Deutscher Oberamtsarzt u. Botaniker. Hauptwerk: „Nomenclator botanicus", 1821, 2. Aufl. 1840–1841, ein Vorläufer des „Index kewensis".

Stev. = Christian von Steven, Frederiksham, Finnland 1781–17. 4. 1863 Simferopol. Russ. Botaniker, Direktor des Bot. Gartens Nikita, Krim. Nach ihm die Gattungen *Stevenia* Adams et Fisch., *Steveniella* Schlechter.

St. Hil. = Auguste C. F. P. de Saint-Hilaire, 1779 bis 1853. Franz. Botaniker. Hauptwerk: „Flora Brasiliae meridionalis", 1825–1834.

St. John = Harold St. John, 1892– . Nordamer. Botaniker in Hawaii. Spezialgebiete: Flora von Hawaii, Polynesien u. Mikronesien.

Stoj. = Nicolai Andreev Stojanov, Grodno 9. 11. 1883–9. 10. 1968 Sofia. Bulg. Botaniker. Schrieb gemeinsam mit B. Stefanov (s. dort) „Flora na Bălgarija", 1924–1925, 4. Aufl. 1966–1967.

Stokes = Jonathan Stokes, 1755–1831. Engl. Botaniker. Nach ihm die Gattung *Stokesia* L'Hérit.

Suenderm. = Franz Sündermann, 1864–1946. Deutscher Gärtner, Sammler u. Züchter von Hochgebirgspflanzen. Gründete 1886 einen Alpenpflanzengarten in Lindau a. B., führte viele seltene Pflanzen ein.

Summerh. = Victor Samuel Summerhayes, 1897 bis . Engl. Botaniker am Herbarium Kew. Spezialgebiet: *Orchidaceae* des trop. u. subtrop. Südafrikas u. der Maskarenen.

Suring. = Jan Valckenier Suringar, Leiden 1864 bis 17. 10. 1932. Holl. Botaniker u. Dendrologe.

Sw. (auch **Swartz**) = Olof Peter Swartz, Norrköping 21. 9. 1760–19. 9. 1818 Stockholm. Schwed. Botaniker, Prof. in Stockholm, bereiste von 1783 bis 1787 Westindien. Schriften: „Nova genera et species plantarum", 1788; „Flora Indiae Occidentalis", 1797–1806; „Synopsis Filicum", 1806. Nach ihm die Gattung *Swartzia* Schreb.

Sweet = Robert Sweet, Cockington, S. Devon 1783–20. 1. 1835 Chelsea-London. Engl. Gärtner u. Botaniker. Schriften: „The British Flower Garden", 1823–1829; „Flora Australasica, ...", 1827–1828; „Sweet's Hortus Brittanicus ...", 1826–1827, 2. Aufl. 1830, 3. Aufl. hrsg. von D. Don 1839. Nach ihm die Gattung *Sweetia* Spreng.

Takeda = Hisayoshi Takeda, 1883– . Jap. Botaniker. Schrieb u. a. eine „Alpine Flora", die in vielen Auflagen erschien.
Tausch = Ignaz Friedrich Tausch, Taussing, Böhmen 1793–8. 9. 1848 Prag. Österr. Botaniker. Nach ihm die Gattung *Tauschia* Schlechtend.
N. Tayl. = Norman Taylor, 1883–?. Nordamer. Gärtner in New York.
G. Taylor = George Taylor, 1904– . Engl. Botaniker, seit 1956 Direktor des Bot. Gartens Kew.
Ten. = Michele Tenore, Neapel 5. 5. 1780–19. 7. 1861 Neapel. Ital. Botaniker. Schrieb u. a. „Flora napolitana", 1811–1838.
Thell. = Albert Thellung, 1881–1928. Schweiz. Botaniker. Zus. mit H. Schinz Hrsg. der 3. u. 4. Aufl. von „Flora der Schweiz", 1909–1914 u. 1923. Nach ihm die Gattung *Thellungia* Stapf.
Thoms. = Thomas Thomson, 1817–1878. Engl. Botaniker, von 1854–1861 Inspektor des Bot. Gartens Kalkutta, bereiste Indien u. arbeitete zus. mit J. D. Hooker an der Flora von Indien. Nach ihm die Gattung *Thomsonia* Wall.
Thou. (auch **Thouars**) = Louis Marie Aubert du Petit-Thouars, 1758–1831. Franz. Botaniker und Reisender. Schrieb u. a. über die Flora Madagaskars. Nach ihm die Gattung *Thouarsiora* Homolle ex Arènes.
Thunb. = Carl Pehr Thunberg, Jönköping 11. 11. 1743–8. 8. 1828 Thunaberg bei Uppsala. Schwed. Botaniker, Schüler Linnés u. Nachfolger von Linné f. auf dessen Lehrstuhl. Bereiste zwischen 1772 u. 1778 Südafrika, Ceylon u. Japan. Schriften: „Flora Japonica", 1784; „Icones plantarum japonicarum", 1794–1805. „Flora Capensis", 1807–1820. Nach ihm die Gattung *Thunbergia* Retz.
Tod. (auch **Todaro**) = Agostino Todaro, Palermo 14. 1. 1818–18. 4. 1892 Palermo. Ital. Botaniker. Nach ihm die Gattung *Todaroa* Parl.
Torr. = John Torrey, New York 15. 8. 1796–11. 3. 1873 New York. Nordamer. Botaniker. Schrieb über die nordamer. Flora; zus. mit A. Gray „A flora of Northamerica", 1838–1843. Nach ihm die Gattung *Torreya* Arn.
Tratt. = Leopold Trattinick, Klosterneuburg 26. 5. 1764–24. 1. 1849 Wien. Österr. Botaniker. Schriften: „Archiv der Gewächskunde", 1811–1818; „Die eßbaren Schwämme des Österreichischen Kaiserstaates", 1809; „Flora des Österreichischen Kaiserthumes", 1816–1820; „Roseacearum Monographia", 1823–1824. Nach ihm die Gattung *Trattinickia* Willd.
Trautv. = Ernst Rudolph Trautvetter, Mitau 20. 2. 1809–24. 1. 1889 Petersburg (Leningrad). Russ. Botaniker. Schrieb über russ. u. sibir. Flora. Nach ihm die Gattung *Trautvetteria* Fisch. et Mey.
Trelease = William Trelease, Mount Vernon, New York 22. 2. 1857–1. 1. 1945 Urbana, Illinois, Nordamer. Botaniker, Direktor des Missouri Botanical Garden, St. Louis, Missouri. Schrieb u. a. „The American Oaks", 1924.
Trew = Christoph Jakob Trew, Lauf bei Nürnberg 26. 4. 1695–18. 7. 1769 Nürnberg. Deutscher Arzt u. Naturwissenschaftler. Hrsg. vieler prächtiger anatom. u. bot. Tafelwerke, Besitzer einer 34000 Bände umfassenden Bibliothek. Gab u. a. heraus: „Hortus Nitidissimus ...", 1750–1786; „Plantae selectae ... pinxit Georgius Dionysius Ehret ...", 1750–1773; „Herbarium Blackwellianum ...", 1757 bis 1773. Nach ihm die Gattung *Trewia* L.
Trin. = Karl Bernhard von Trinius, Eisleben 7. 3. 1778–2./12. 3. 1844 Petersburg (Leningrad). Deutsch-russ. Botaniker, russ. Staatsrat. Veröffentlichte u. a. „Species graminum iconibus et descripionibus", 1823–1836. Nach ihm die Gattung *Trinia* Hoffm.
Turcz. = Nicolaus Stepanovich Turczaninow, 1796–1864. Russ. Botaniker. Schrieb u. a. „Flora baicalensis-dahurica", 1842–1856. Nach ihm die Gattung *Turczaninovia* DC.
Turra = Antonio Turra, 1730–1796. Ital. Botaniker. Schrieb u. a. „Florae Italicae Prodromus", 1780. Nach ihm die Gattung *Turraea* L.
Turrill (auch **Turr.**) = William Bertram Turrill, Woodstock, Oxfordshire 14. 6. 1890–15. 12. 1961 Richmond. Engl. Botaniker. Mithrsg. von „Flora of Tropical East Africa"; Autor von „The Plantlife of the Balkan Peninsula", 1929.
Ucria = Bernardino da Ucria (Michelangelo Aurifici), 1739–1796. Ital. Botaniker.
Ulbr. = Eberhard Ulbrich, 1879–1952. Deutscher Botaniker am Bot. Museum Berlin. Nach ihm die Gattung *Ulbrichia* Urb.
Urb. = Ignatz Urban, Warburg, Westf. 7. 1. 1848 bis 7. 1. 1930. Deutscher Botaniker, Unterdirektor am Bot. Garten Berlin. Schrieb „Symbolae antillanae seu fundamenta florae Indiae occidentalis", 1898 bis 1925; ferner Monographien über *Umbelliferae*, *Loasaceae*. Nach ihm die Gattungen *Urbania* Phil., *Urbanodendron* Mez, *Urbanoguarea* Harms, *Urbanolophium* Melch., *Urbanosciadium* H. Wolff.
Vahl = Martin Hendriksen Vahl, Bergen 10. 10. 1749–24. 12. 1804 Kopenhagen. Dän. Botaniker, Schüler Linnés. Schriften: „Symbolae Botanicae, ...", 1790–1794.
Van Geert = August van Geert, 1818–1886. Belg. Azaleenzüchter. Veröffentlichte „Iconographie of Indian Azaleas", 1881; „Iconographie des Azalées de l'Inde ...", 1882.
Van Houtte = Louis van Houtte, Ypres 29. 6. 1810–9. 5. 1876 Gent. Belg. Gärtner, Gelehrter u. Künstler. Bereiste fast 4 Jahre Brasilien u. die westl. Küstenstriche Afrikas als Pflanzensammler, gründete eine Großgärtnerei u. eine Gartenbauschule (1849). Gründer u. Hrsg. von „Flore des serres et des jardins de l'Europe", 1845–1883. Nach ihm die Gattung *Vanhouttea* Lem.
Vauvel = Léopold Eugène Vauvel, 1848–1915. Franz. Gärtner.
Veitch = John Gould Veitch, 1839–13. 8. 1870 Combwood. Besitzer einer großen, von seinen Vorfahren gegründeten Gärtnerei. Bereiste von 1860 bis 1862 Japan, China, Philippinen, von 1864–1866 Australien u. führte von dort viele Pflanzen ein. Sein Nachfolger James Herbert Veitch, 1840–1924, machte von 1891–1893 eine Reise um die Welt. Die Firma Veitch schickte viele Jahrzehnte hindurch eigene Sammler in alle Welt. Über sie u. die von ihnen eingeführten Pflanzen siehe „Hortus Veitchi", 1906. Weitere Schriften „Manual of Coniferae", 2. Aufl. 1900; „Manual of Orchidaceous Plants", 1884. Nach James Veitch jun. (1815–1869) u. John Gould Veitch die Gattung *Veitchia* H. Wendl.
Vell. = José Mariano da Conceição Velloso, St. José, Minas Geraes 1742–13. 6. 1811 Rio de Janeiro. Bras. Botaniker. Nach seinem Tode von Fr. Antonio de Arrabida hrsg. „Florae Fluminensis, seu descriptionum plantarum ..., sistit J. M. D. C. Vellozo 1790", Text 1825, Atlas 1835. Nach ihm die Gattungen *Vellozia* Vand., *Velloziella* Baill.
Vent. = Étienne Pierre Ventenat, Limoges 1. 3. 1757–13. 8. 1808. Bibliothekar des Pantheon, franz. Botaniker. Schriften: „Description des plantes nouvelles ... dans le jardin de J. M. Cels", 1800 bis 1802; „Principes de botanique ...", 1795. Nach ihm die Gattung *Ventenata* Koel.
Vig. = Alexandre Viguier, 1790–1867. Franz. Bibliothekar u. Botaniker in Montpellier. Nach ihm die Gattung *Viguiera* Kunth.
Vill. = Dominique Villars, Villar Noyer, Dep. les Hautes Alpes 14. 11. 1745–20. 6. 1814 Paris. Franz. Botaniker. Schriften: „Histoire des plantes de Dauphiné", 1786–1789. Nach ihm die Gattung *Villarsia* Vent.
Vis. = Roberto de Visiani, Sebenico 9. 4. 1800 bis 4. 5. 1878 Padua. Ital. Botaniker. Verf. von „Flora Dalmatica, ...", 1842–1852, Supplemente 1872, 1877, 1882; „Plantae quaedam Aegypti ac Nubiae enumeratae ...", 1836.
Viv. = Domenico Viviani, Legnaro, Ligurien 29. 7. 1772–15. 2. 1840 Genua. Ital. Botaniker. Schriften: „Florae Italicae Fragmenta ...", 1808; „Florae Libycae Specimen ...", 1824. Nach ihm die Gattung *Viviania* Cav.
Voigt = Johann Otto Voigt, 1798–1843. Deutscher Botaniker in Kalkutta.
Voss = Andreas Voss, Lyke bei Bremen 12. 3. 1857–9. 4. 1924 Heiligendamm. Deutscher Gartenbauschriftsteller. Hrsg. der 3. Aufl. von „Vilmorins Blumengärtnerei", 1896–1897.
Vved. = Aleksei Ivanovich Vvedenski (Vvedensky), 1898– . Russ. Botaniker. Spezialgebiet: *Liliaceae*. Nach ihm die Gattungen *Vvedenskya* Korovin, *Vvedenskyella* Botschs.
Wahlenb. = Göran Wahlenberg, Kroppa, Värmland 1. 10. 1780–22. 3. 1851 Uppsala. Schwed. Botaniker, Nachfolger Thunbergs auf den Lehrstuhl in Uppsala. Schriften: „Flora Lapponica", 1812; ferner über die Flora der Karpaten u. der Schweiz. Hrsg. der Bände 9–11 der „Svensk Botanik", 1823–1838. Nach ihm die Gattung *Wahlenbergia* Schrad. ex Roth.
Waldst. = Franz de Paula Adam Graf von Waldstein, Wien 24. 2. 1759–24. 5. 1823 Oberleutensdorf, Böhmen. Österr. Botaniker. Veröffentlichte zus. mit P. Kitaibel (s. dort) „Descriptiones et icones plantarum rariorum Hungariae", 1799–1812. Nach ihm die Gattung *Waldsteinia* Willd.
Wall. = Nathaniel Wallich (Nathan Wolff), Kopenhagen 28. 1. 1786–28. 4. 1854 London. Dän.-engl. Arzt, Pflanzensammler u. Botaniker, von 1815–1841 in Kalkutta, zeitweilig als Vorsteher des Bot. Gartens. Schrieb u. a. „Plantae Asiaticae rariores ...", 1829–1832. Nach ihm die Gattung *Wallichia* Roxb.
Walp. = Wilhelm Gerhard Walpers, Mühlhausen 26. 12. 1816–18. 6. 1853 Berlin. Deutscher Botaniker. Hauptwerk: „Repertorium botanices systematicae", 1842–1847.
Walt. = Thomas Walter, 1740–1788. Nordamer. Botaniker. Schrieb „Flora Caroliniana", 1788, die erste ernsthafte in Nordamerika geschriebene Flora.
Warb. = Otto Warburg, 1859–1938. Deutscher Botaniker. Schrieb u. a. „Die Pflanzenwelt", 1923 bis 1926.
F. K. Ward = Frank Kingdon Ward, 1885–1958. Engl. Botaniker u. Pflanzensammler, vor allem in Westchina u. Nordburma. Entdecker u. Einführer vieler neuer Pflanzen. Schrieb u. a. „The Land of the blue Poppy", „A Plant Hunter in Tibet". Nach ihm die Gattungen *Wardaster* Small, *Wardenia* King.
S. Wats. = Sereno Watson, East Windsor Hill, Conn. 1. 12. 1826–1892. Nordamer. Botaniker.
W. Wats. = William Watson, 1858–1925. Engl. Gärtner, Kurator des Bot. Gartens Kew. Schrieb über Orchideen, Kakteen, Rhododendron.
Watt = George Watt, 1851–1930. Engl. Botaniker in Indien. Veröffentlichte „A dictionary of the economic products of India", 1889–1893.
D. A. Webb = David A. Webb, 1912– . Irischer Botaniker an School of Botany, Trinity College, Dublin. Verf. von „An Irish Flora", 1943, 4. Aufl. 1963.
Wehrh. = Heinrich Rudolf Wehrhahn, 1887–1940. Deutscher Gartenbauschriftsteller, Botaniker, Direktor der Gartenbauschule Hohenheim. Hauptwerk: „Die Gartenstauden", 1931. Mitarb. an der 1. Aufl. von „Pareys Blumengärtnerei", 1931–1932.
Wendl. (auch **J. C. Wendl.**) = Johann Christoph Wendland, Landau 18. 7. 1755–17. 7. 1828 Hannover. Deutscher Gärtner, Botaniker, Zeichner, Inspektor der königl. Gärten Herrenhausen. Schriften: „Hortus Herrenhusanus, ...", 1789–1801; „Verzeichnis der Glas- und Treibhauspflanzen, welche ... zu Herrenhausen bei Hannover befinden", 1797; „Ericarum icones et descriptiones", 1798–1823.
H. Wendl. = Hermann Wendland, Hannover 11. 10. 1825–12. 1. 1903 Hannover. Deutscher

Gärtner-Botaniker, Palmenspezialist, von 1869 an Direktor der königl. Gärten zu Herrenhausen. Bereiste von 1856–1857 Mittelamerika, insbesondere San Salvador u. Costa Rica. Schriften: „Die Königlichen Gärten zu Herrenhausen“, 1852; zus. mit O. Drude „Palmae australasicae“, 1875. Nach ihm die Gattung *Wendlandiella* Dammer.

Werderm. = Erich Werdermann, 1892–19. 4. 1959. Deutscher Botaniker u. Kakteenspezialist, Direktor des Bot. Gartens Berlin. Veröffentlichte u. a. „Brasilien und seine Säulenkakteen“, 1933. Nach ihm die Gattung *Werdermannia* O. E. Schulz.

West. (auch **Weston**) = Richard Weston, 1733 bis 1806. Engl. Botaniker.

Weyer = W. van de Weyer, 19./20. Jahrh. Engl. Botaniker.

Whittall = Edward Whittall, 19./20. Jahrh. Engl. Gärtner.

Wieg. (auch **Wiegand**) = Karl Mckay Wiegand, 1873–1942. Nordamer. Botaniker an Cornell University, Ithaca, N. Y.

Willd. = Karl Ludwig Willdenow, Berlin 22. 8. 1765–10. 7. 1812 Berlin. Deutscher Botaniker, seit 1810 Direktor des Bot. Gartens Berlin. Schriften: „Hortus Berolinensis, sive icones et descriptiones ...“, 1803–1816; „Grundriss der Kräuterkunde“, 1792; „Abbildung der deutschen Holzarten ...“, 1815–1820; „C. Linnaei species plantarum“, 4. Aufl. 1797–1806. Nach ihm die Gattung *Willdenowia* Thunb.

Willk. = Heinrich Moritz Willkomm, Herwigsdorf, Sachsen 29. 6. 1821–26. 8. 1895 Schloß Wartenberg, Böhmen. Deutscher Botaniker. Schrieb mehrere Werke über die Flora Spaniens sowie „Forstliche Flora von Deutschland und Österreich“, 1872; „Atlas der Botanik“, 1873. Nach ihm die Gattung *Willkommia* Hackel.

Wils. (auch **E. H. Wils.**) = Ernest Henry Wilson, 1876–1930. Nordamer. Botaniker, Direktor des Arnold Arboretums bei Boston. Sammelte von 1899–1905 für Veitch & Sons in West- u. Mittelchina, von 1907–1910 für das Arnold Arboretum in China, Japan, Korea. Führte viele wertvolle Pflanzen in die Gartenkultur ein. Publizierte vor allem zus. mit A. Rehder (s. dort). U. a. Verf. von „Plant Hunting“, 1927; „The Lilies of Eastern Asia“, 1925.

G. F. Wils. = George Fox Wilson, 1896–1951. Engl. Botaniker.

A. Wood = Alphonso Wood, 1810–1881. Nordamer. Botaniker.

J. Wood = John Medley Wood, Mansfield, Notts. 1. 12. 1827–26. 8. 1915 Durban. Engl. Botaniker in Südafrika. Schrieb zus. mit M. S. Evans „Natal Plants, ...“, 1899–1912. Nach ihm die Gattung *Woodia* Schlechter.

W. Wood = W. Wood, 1775–1808. Engl. Botaniker.

Woynar = Heinrich Woynar, 1865–1917. Österr. Botaniker.

Wright = Charles Wright, 1811–1886. Nordamer. Naturwissenschaftler. Sammelte Pflanzen auf vielen Reisen, so innerhalb der USA, Kuba etc.

C. H. Wright = Charles Henry Wright, 1864–1941. Engl. Botaniker am Herbarium Kew.

Wulf. = Franz Xaver von Wulfen, Belgrad 5. 11. 1728–17. 3. 1805. Österr. Mathematiker, Physiker u. Botaniker. Schrieb u. a. „Cryptogamia aquatica“, 1803. Nach ihm die Gattung *Wulfenia* Jacq.

Yuncker = Truman George Yuncker, 20. 3. 1891–6. 2. 1963 Greencastle, Indiana. Nordamer. Botaniker. Schrieb u. a. über neu- u. altweltliche *Cuscuta, Piperaceae* des nördl. Südamerikas u. Brasiliens. Nach ihm die Gattung *Yunckeria* Lundell.

Zab. (auch **Zabel**) = Hermann Zabel, Neu-Katzow bei Greifswald 22. 9. 1832–26. 4. 1912 Gotha. Deutscher Dendrologe. Schrieb „Die strauchigen Spiräen der deutschen Gärten“, 1893. Nach ihm die Gattung *Zabelia* (Rhed.) Mak.

Zeyh. = Karl Ludwig Philipp Zeyher, Dillenberg 2. 8. 1799–30. 12. 1858 Kapstadt. Deutscher Pflanzensammler, der mit C. F. Ecklon Südafrika bereiste u. dort sammelte. Nach ihm die Gattung *Zeyheria* Mart.

Zucc. = Joseph Gerhard Zuccarini, München 10. 8. 1797–18. 2. 1848 München. Deutscher Botaniker. Schriften: „Monographie der amerikanischen Oxalisarten“, 1825, Nachtrag 1831; „Charakteristik der deutschen Holzgewächse in blattlosem Zustand“, 1823–1831; Mitarb. von Siebold (s. dort) an „Florae Japoniae Familiae Naturales“, 1843, u. „Flora Japonica“, 1826–1870. Nach ihm die Gattung *Zuccarinia* Bl.